Geschichtsbuch 4

Die Menschen und ihre Geschichte in Darstellungen und Dokumenten

Von 1918 bis 1995

Herausgegeben von
Prof. Dr. Bernd Mütter, Dr. Falk Pingel und Prof. Norbert Zwölfer
unter Mitarbeit von Dr. Dirk Hoffmann

Neue Ausgabe

Cornelsen

Geschichtsbuch – Neue Ausgabe
Die Menschen und ihre Geschichte in Darstellungen und Dokumenten
Herausgegeben von: Prof. Dr. Hilke Günther-Arndt, Dr. Hans-Georg Hofacker, Prof. Dr. Jürgen Kocka, Prof. Dr. Jochen Martin, Prof. Dr. Bernd Mütter, Dr. Falk Pingel, Dr. Thomas Schuler, Prof. Norbert Zwölfer

Band 4
Neue Ausgabe: Von 1918 bis 1995

Herausgegeben von: Prof. Dr. Bernd Mütter, Oldenburg
Dr. Falk Pingel, Braunschweig
Prof. Norbert Zwölfer, Freiburg
unter Mitarbeit von Dr. Dirk Hoffmann, Stadthagen

Erarbeitet von: Andreas Dilger, Wien
Ulrich Ernst, Potsdam (S. 217–219, 228–231, 250–253)
Prof. Dr. Hilke Günther-Arndt, Oldenburg (S. 62–97)
Dr. Dirk Hoffmann, Stadthagen (S. 18, 142–159, 178–179, 182–183, 189–207, 300–311)
Dr. Helga Jung-Paarmann, Bielefeld (S. 48–59, 176–177, 184–188, 302–303)
Prof. Dr. Christoph Kleßmann, Potsdam (S. 210–216, 220–227)
Dr. Dr. Klaus Mäding, Düsseldorf (S. 256–273, 276–289)
Prof. Dr. Bernd Mütter (S. 38–47)
Dr. Falk Pingel, Braunschweig (S. 98–141, 290–299)
Götz Schwarzrock, Berlin (S. 239–249)
Gerald Syring, Freiburg (S. 232–238)
Dr. Manfred Vasold, Großkarolinenfeld (S. 8–17, 20–32, 164–168, 192–195, 256–273)
Elisabeth Zwölfer, Freiburg (S. 312–322)
Prof. Norbert Zwölfer, Freiburg (S. 19, 33–37, 60–61, 160–163, 169–175, 180–181, 208–209, 254–255, 274–275, 295–299, 312–322)

Redaktion: Birgit Hackfeld

Technische Umsetzung: Skip G. Langkafel

Grafiken und Karten: Carlos Borrell
Skip G. Langkafel

Dieses Werk berücksichtigt die Regeln
der reformierten Rechtschreibung und Zeichensetzung.

1. Auflage ✔ Druck 5 4 3 2 Jahr 2000 99 98 97

Alle Drucke dieser Auflage können im Unterricht nebeneinander verwendet werden.

Druck: Cornelsen Druck, Berlin

ISBN 3-464-64204-6 broschiert, 3-464-64206-2 gebunden

Bestellnummer 642046 broschiert, 642062 gebunden

gedruckt auf säurefreiem Papier, umweltschonend hergestellt aus chlorfrei gebleichten Faserstoffen

Inhalt

Hinweise zur Benutzung

Zum Aufbau des Buches

Der Band 4 des „Geschichtsbuchs“ hat 13 Kapitel. Das letzte Kapitel ist als „Längsschnitt“ aufgebaut, d. h. ein wichtiges Thema, Krieg und Frieden, wird dort zusammenhängend von der Antike bis in die heutige Zeit betrachtet. Die Kapitel 1 bis 12 bestehen aus jeweils vier Teilen.

Auftaktseiten

Jedes Kapitel beginnt mit einer Doppelseite, die auf grünem Farbton gedruckt ist. Diese „Auftaktseiten“ mit Bildern und einem Einleitungstext sollen dir eine erste Vorstellung von dem geben, was in dem jeweiligen Kapitel behandelt wird.

4. Die Weimarer Republik 1918–1933:

Darstellende Teile

Nach den Auftaktseiten folgen in den Kapiteln 1 bis 13 die Darstellungen, die Autoren dieses Schulbuchs geschrieben haben. Sie stellen die wichtigsten Entwicklungen und Zeitabschnitte so dar, dass du sie zusammenhängend lesen und bearbeiten kannst. Die darstellenden Teile eines Kapitels kannst du immer an den gelben Farbstreifen am oberen Rand erkennen.

Deutschland seit 1945

Der Weg zur deutschen Einheit 1989–1990

Seit dem 3. Oktober 1990 ist Deutschland wieder vereinigt. Ein Jahr vorher stand die Einheit Deutschlands nicht auf der politischen Tagesordnung. Wie konnte es zu der rasanten Entwicklung kommen?
Anzeichen einer Krise der DDR hatte es seit Anfang der 80er Jahre gegeben. In der Wirtschaft war trotz aller Erfolgsparolen der wissenschaftlich-technische Rückstand und die mangelnde Produktivität der DDR-Planwirtschaft nicht zu verdecken gewesen. Dem Devisenmangel und der Staatsver-

Arbeitsteile

Schließlich gehören zu den Kapiteln 1 bis 13 mehrere Arbeitsteile, die mit blauen Farbstreifen gekennzeichnet sind. Sie enthalten zu einem Thema schriftliche Quellen (durch **Q** gekennzeichnet), Bilder, Karten, Tabellen, Schaubilder und Ausschnitte aus wissenschaftlichen Darstellungen (durch **D** gekennzeichnet). Die schriftlichen Quellen sind in der Regel unserer heutigen Schreibweise angepasst, manchmal haben wir sie aber wie im Original belassen. Nur so wird deutlich, dass selbst die Sprache sich ständig verändert. Aus den Quellen kannst du nicht nur etwas über die Zeit und die Menschen erfahren, sondern auch über die Methode, wie

Historiker zu Kenntnissen und Urteilen kommen. Und sie zeigen vielleicht auch, wie du selbst die Geschichte an deinem Ort oder Kreis in Archiven und Museen erforschen kannst.

Die Sowjetunion und Osteuropa

Reformpolitik in der Sowjetunion zwischen Beharrung und radikaler Umwälzung

1 *„Zeig, wie du springst!" Karikatur von R. Lurie, 1990*

erschließt ihr demokratisches, humanitäres Potential noch weiter – und zwar im Interesse der Menschen.

zit. aus: M. Gorbatschow, Glasnost. Das neue Denken, Frankfurt am Main/Berlin 1990, S. 52f.

3 *In einem Gespräch mit der Wochenzeitschrift „Der Spiegel" sagte Michail Gorbatschow im März 1991:*

Q Die Ziele bleiben unverändert, der politische Kurs wird beibehalten. Das bedeutet Demokratie, Glasnost, eine in ihren Eigentumsverhältnissen gemischte Wirtschaft, neue …

Hilfen beim Lesen und Untersuchen

Zum Nachschlagen und Weiterarbeiten

Am Schluss der Kapitel 1 bis 12 findest du jeweils eine Doppelseite zum Nachschlagen und Weiterarbeiten, die rot unterlegt ist. Eine Zahlentafel, die Erklärung der zentralen Begriffe oder eine Karte helfen dir beim Wiederholen der wichtigsten Zusammenhänge. Damit du die Begriffe, die dort erklärt werden, leichter finden kannst, sind sie in den Darstellungsteilen und im Register mit einem * gekennzeichnet. Im Register ist die Seitenzahl, auf der der entsprechende Begriff erklärt wird, **fett** gedruckt. Manchmal gibt es am Ende des Kapitels Tips zum Weiterlesen und eine Filmempfehlung.

Die Welt nach 1945

Zeittafel

1945	Tod des amerikanischen Präsidenten Roosevelt, Nachfolger im Amt Harry S. Truman Gründung der UNO; Konferenz von Potsdam, Abwurf der ersten Atombombe
1946	Churchill-Rede über den „Eisernen Vorhang"
1947	Der „Kalte Krieg" wird offenbar: Truman-Doktrin und Marshallplan
1948	Kommunistischer Umsturz in der Tschechoslo- …
	renz der USA, UdSSR, Großbritanniens und Frankreichs über Europa und Deutschland nach dem Ausbruch des Kalten Krieges
1956	Unruhen und Aufstände gegen die kommunistische Herrschaft in Polen und Ungarn; Krise um den Suezkanal in Ägypten
1958	Berlin-Ultimatum der Sowjetunion
1959	Außenministerkonferenz der …

Querverweise

Damit du beim Lesen und Untersuchen Zusammenhängendes schneller finden kannst, sind in den darstellenden Teilen und Arbeitsteilen manchmal Querverweise (siehe S.) aufgenommen worden. Wörter, die durch *schrägen* (= kursiven) Druck hervorgehoben sind, spielen in den darstellenden Teilen eine besondere Rolle und helfen dir den Text zu gliedern und Zusammenhänge leichter zu verstehen.

Namen- und Sachregister

Das alphabetische Namen- und Sachregister am Ende des Buches kann dir helfen Informationen über Personen, Ereignisse und wichtige Begriffe im Buch schnell zu finden.

Tabelle wichtiger Daten

Damit du dir über die wichtigsten Ereignisse in der Zeit, die dieser Band behandelt, einen Überblick verschaffen kannst, enthält das Buch am Ende eine „Tabelle wichtiger Daten".

1. Der Erste Weltkrieg und seine Folgen:

Der Soldatenfriedhof „La Maison Blanche" in Neuville Saint Vaast, Ostfrankreich

„Wie alles Gute ist der Krieg am Anfang halt schwer zu machen. Wenn er dann erst floriert, ist er auch zäh; dann schrecken die Leut' zurück vorm Frieden wie die Würfler vorm Aufhören, weil dann müssens zählen, was sie verloren haben."

Der Dichter Bertolt Brecht lässt diese Worte einen Landsknecht im Dreißigjährigen Krieg sprechen. Sie treffen aber auch auf den Ersten Weltkrieg und die anschließenden Bemühungen um Frieden zwischen den Völkern der Welt zu. Dennoch schienen noch im Kriegsjahr 1917 zwei Ereignisse Wege in die Zukunft zu weisen. Die Vereinigten Staaten von Amerika traten auf der Seite der Entente in den Krieg ein und entschieden ihn dadurch zugunsten Frankreichs und Großbritanniens. Gleichzeitig setzte aber Präsident Wilson in seinem 14-Punkte-Programm für einen Weltfrieden diesem Kriegseintritt wegweisende Ziele: Durchsetzung der liberalen Demokratie, Achtung des Selbstbestimmungsrechts der Völker, Schaffung eines Völkerbundes als Schiedsrichter zwischen den Nationen und Gerechtigkeit für die Kolonialvölker. Die Beachtung dieser Ziele hätte eine radikale Abkehr von den bisherigen Prinzipien europäischer Großmachtpolitik bedeutet.

Das zweite große Ereignis von 1917 war die Revolution in Russland, aus der die Kommunisten im Oktober als Sieger hervorgingen. Russland wurde zum ersten sozialistischen Staat der Welt. Die neue Sowjetmacht unter Lenin verkündete den sofortigen Rückzug aus dem Krieg: Friede ohne Gebietsabtretungen und Kriegsentschädigungen aller Seiten und Freiheit für alle Kolonialvölker – auch im Russischen Reich – wurden vor aller Welt proklamiert. Auch hier konnte die Hoffnung auf eine grundsätzlich neue Politik aufkommen.

Durch das Kriegsende 1918 und die Erschöpfung der europäischen Völker schienen tatsächlich die Voraussetzungen für eine neue Epoche da zu sein. Es zeigte sich, dass die Welt nie mehr wie vor 1914 sein würde. Die politische Vorherrschaft der Europäer in der Welt und ihr Imperialismus hatten einen erschütternden Schlag erlitten. Ökonomisch hatten alle Mächte mit Ausnahme der USA diesen Krieg verloren. In den Kolonien begann sich Widerstand zu regen. Die europäischen Mächte hatten die Kolonien für ihren Krieg in Anspruch genommen und ihnen dafür mehr Selbständigkeit in Aussicht gestellt. Nun verlangten Länder wie Indien die Einlösung solcher Versprechungen. Die so eindeutige antikoloniale Proklamation des kommunistischen Russland lenkte gerade auf dieses Land die Hoffnungen der Kolonialvölker.

Wie aber konnten die geweckten Hoffnungen auf einen dauerhaften Frieden und solidarische Konfliktlösung in der Welt realisiert werden? Vier Jahre grausamer Krieg, in dem Greuel- und Hetzpropaganda die Völker zum Durchhalten angestachelt hatten! Wie sollte man sich da versöhnen? Wer waren die Schuldigen am Krieg? Und wer sollte für die Schäden des industriellen Zerstörungskrieges aufkommen? Wie sollte das Selbstbestimmungsrecht der Völker dort, wo viele Nationen zusammenlebten, praktiziert werden?

Im Schloss Versailles bei Paris, der ehemaligen Residenz der französischen Könige und dem Ort der Proklamation des Deutschen Kaiserreiches von 1871, trafen sich 1919 die Siegermächte ohne Russland, um über diese Fragen zu beraten. Ihre jeweilige Lage jedoch und damit auch ihre Interessen waren sehr unterschiedlich. Die USA hatten keine Zerstörungen erlitten. Frankreich und Belgien waren in weiten Landstrichen durch den Stellungskrieg verwüstet. Zusammen mit Großbritannien hatten sie Millionen von Menschen opfern müssen, ungeheuere Mengen an Kriegsmaterial aufbringen müssen.

Schnell waren da die idealen Friedensziele Präsident Wilsons in den Hintergrund gedrängt. Die europäischen Siegermächte blieben in ihren traditionellen nationalen und machtpolitischen Vorstellungen verhaftet, um sich vor Deutschland zu sichern und vor allem Reparationen zu erhalten. Mit den besiegten Mächten wurde nicht verhandelt, ihnen wurden vielmehr die Beschlüsse der Siegermächte verkündet. Dieses Verfahren und die Höhe der Belastungen durch die Friedensverträge lösten besonders in Deutschland große Empörung aus, die für die neue deutsche Republik von Weimar eine ungeheuere Hypothek wurde.

Der Nationalitätenstreit war eine der Ursachen für den Ausbruch des Ersten Weltkrieges gewesen. Völker wie die Polen, Tschechen, Slowaken, Serben und Kroaten in Europa, wie die arabischen Völker im Osmanischen Reich strebten nach nationaler Selbstbestimmung. Nach dem Willen der Siegermächte sollte zukünftig jede Nation auch ihren eigenen Staat bilden können. Nach dem Weltkrieg entstanden in Europa so fast 20 000 Kilometer neue Staatsgrenzen. Aber in all diesen neuen Staaten lebten verschieden starke nationale Minderheiten. Anstatt die Konflikte zu verringern, führte das Selbstbestimmungsrecht zu mehr Streit zwischen den Nationalitäten und zu ständigen Grenzkonflikten. So konnten sich z. B. die Deutschen nicht mit der Grenze zu Polen, zur Tschechoslowakei und zu Österreich abfinden. Die arabischen Völker erhielten das in Aussicht gestellte Selbstbestimmungsrecht nicht. Sie kamen vielmehr unter britische und französische Verwaltung. So entstand in diesem Raum ein Konfliktherd, dessen Auswirkungen bis heute noch nicht bewältigt sind.

Zwar vermochte Wilson die Schaffung des Völkerbundes durchzusetzen, aber den besiegten Mächten und dem kommunistischen Russland wurde der Zutritt zunächst verwehrt. Die USA blieben gegen den Willen des Präsidenten fern aus Enttäuschung über einen ihrer Meinung nach falschen Friedensvertrag. So ist bis heute die Auffassung verbreitet, dass der Friede von Versailles schon die Keime für den Zweiten Weltkrieg in sich getragen habe. „Revision von Versailles“ wurde vor allem in Deutschland zur Kampfparole zwischen den Kriegen.

Die neue Ordnung: Eine dauerhafte Sicherung des Friedens?

Die Friedensschlüsse 1919/20 und die Probleme der Neuordnung

Die Pariser Friedenskonferenz

In den Jahren 1814/15, am Ende der Napoleonischen Kriege, tagte die Konferenz, die eine neue Friedensordnung für Europa festlegen sollte, in Wien, weit entfernt von den Orten, wo der Krieg geführt worden war. Hier trafen sich Regierungen zu Verhandlungen, die auf Massenstimmungen ihrer Völker wenig Rücksicht zu nehmen brauchten.

Ganz anders 1918/19: Die Siegermacht Frankreich bestand auf Paris als Konferenzort, obwohl diese Stadt – so nahe an den durch den Krieg verwüsteten Landschaften und voll mit Kriegsverwundeten, die an die Schrecken des Krieges erinnerten – für einen versöhnlichen Friedensschluss sicherlich nicht besonders geeignet war. In Wien hatten damals die Besiegten gleichberechtigt mit am Konferenztisch gesessen, in Paris wurden sie von den Verhandlungen ausgeschlossen.

Die Siegermächte Großbritannien, Frankreich und die USA hatten zwar in vielen Punkten dieselben Vorstellungen über Friedensregelungen, es gab aber auch große Interessenunterschiede. Die *USA*, die in ihrer Sicherheit am wenigsten bedroht waren, forderten – entsprechend den 14 Punkten von Wilson – einen gerechten Ausgleich zwischen Siegern und Besiegten, vor allem aber die Errichtung eines Völkerbundes, um künftige Kriege zu verhindern. *Großbritannien* sah in der Wiederherstellung des alten Gleichgewichts der Mächte auf dem Kontinent die größte Garantie dafür, künftig den Frieden zu wahren und den weltweiten Machtverlust des eigenen Landes aufhalten zu können. Für *Frankreich* stand die Sicherheit gegenüber Deutschland im Vordergrund. Es wollte nie wieder einen wirtschaftlich und militärisch starken Nachbarn haben. Großbritannien und vor allem Frankreich verlangten Reparationszahlungen zur Wiedergutmachung der Kriegsschäden und zur Begleichung ihrer Schulden gegenüber den USA.

Die Regierungsvertreter, die im Januar 1919 in Paris zusammenkamen, mussten zwischen diesen unterschiedlichen Interessen einen Kompromiss finden; sie mussten dabei auch auf die Interessen ihrer Verbündeten und auf die Stimmung in ihren Ländern Rücksicht nehmen – und an die nächsten Wahlen denken. Das Ergebnis war ein mühsam ausgehandelter Kompromiss zwischen den Siegern, bei dem allerdings die französischen Interessen die meiste Berücksichtigung fanden. Die Friedensregelungen betrafen vor allem drei Punkte: zuerst territoriale Veränderungen; als zweites Abrüstung und Errichtung des Völkerbundes und drittens Wiedergutmachung der Kriegsschäden, d. h. Reparationen.

Die territorialen Veränderungen

Die wichtigsten Veränderungen in Europa waren, dass die alte Donaumonarchie Österreich-Ungarn aufgelöst wurde und Deutschland Posen und Westpreußen an Polen abtreten musste. Die Errichtung neuer selbständiger Staaten (Polen, Tschechoslowakei, Ungarn, Jugoslawien) sollte das im Europa der Vorkriegszeit krisenverschärfend wirkende Nationalitätenproblem lösen. Der „Gürtel" neuer Staaten im östlichen Europa wurde durch die drei baltischen Staaten, die nach dem Frieden von Brest-Litowsk gegründet worden waren, bis an die Ostsee verlängert. Diese Neuordnung hatte noch eine zweite Funktion: Der mit Frankreich eng verbundene Staatengürtel sollte die Ausbreitung des revolutionären sowjetischen Systems verhindern, Russland unter seiner neuen Sowjetregierung sollte politisch isoliert bleiben.

Im Nahen Osten profitierten Großbritannien und Frankreich von der territorialen Aufteilung des früheren Osmanischen Reiches. Schon 1916 hatten die britische und die französische Regierung vereinbart die Türkei weitgehend aufzuteilen: Frankreich sollte in Syrien Fuß fassen, Großbritannien in Mesopotamien. Die Briten halfen zwar den Arabern sich gegen die Oberhoheit des türkischen Sultans zu erheben – in Wirklichkeit benutzten sie sie als Werkzeug zur Zerschlagung des Osmanischen Reiches. Im November 1917 erklärte der britische Außenminister Balfour, London begrüße „die Errichtung einer nationalen Heimstätte für das jüdische Volk in Palästina". Von einem jüdischen Staat war nicht die Rede. Aber es sollte sich bald zeigen, dass die Balfour-Erklärung unvereinbar war mit den Wünschen der Araber. Im Auftrag des Völkerbundes oder als direkte Kolonialmächte verwalteten Großbritannien und Frankreich nach dem Friedensvertrag von Sèvres jetzt die arabischen Teile des Osmanischen Reiches und kontrollierten damit die durch ihre Ölvorkommen wichtigen Regionen im Nahen und Mittleren Osten. Ihre durch den Ersten Weltkrieg erschütterte Stellung als weltweite Kolonialmächte schien damit wieder gefestigt.

Die Abrüstung

Die Abrüstung* war ein wichtiger Punkt des Friedensprogramms von Präsident Wilson. Weniger Waffen in allen Staaten sollten die Kriegsgefahr mindern. Die Abrüstung der besiegten Armeen sollte ein erster Schritt sein; die Siegermächte versprachen gleichzeitig in absehbarer Zeit ebenfalls drastisch abzurüsten. Dieses Versprechen lösten sie jedoch nicht ein. Die Abrüstungskonferenzen der Nachkriegszeit scheiterten. Die abgerüsteten besiegten Staaten fühlten sich hintergangen und der militärischen Übermacht der Sieger ausgeliefert. Ihre Versuche die Abrüstungsbestimmungen der Pariser Friedenskonferenz durch paramilitärische Verbände oder – wie im Deutschen Reich – durch eine „Schwarze Reichswehr“ zu umgehen riefen umgekehrt das Misstrauen der Siegermächte hervor. Die Abrüstung, eigentlich als eine vertrauensbildende Maßnahme zwischen Siegern und Besiegten gedacht, erwies sich so als eine neue Quelle von Konflikten.

Der Völkerbund

Die neue Friedensordnung sollte den Frieden sicherer machen. Das war vor allem der Wunsch des amerikanischen Präsidenten Wilson. Die Amerikaner knüpften dabei an die Haager Friedenskonferenzen der Vorkriegszeit an, auf denen versucht worden war die Gewaltanwendung zwischen den Staaten einzudämmen. Wilson wollte sich nicht länger auf die alten Rezepte Europas – Machtpolitik, Bündnissysteme und Gleichgewicht der Mächte – verlassen. Er wünschte, dass alle Völker zukünftig in einem Völkerbund ohne Geheimdiplomatie zusammenarbeiteten. Sie sollten sich gegenseitig Sicherheit geben, indem sie Friedensstörer isolierten und sie mit gewaltfreien Mitteln – z. B. Wirtschaftssanktionen – zwangen von Eroberungen Abstand zu nehmen.

Der auf der Pariser Friedenskonferenz von den Siegermächten beschlossene und 1920 in Genf erstmals zusammentretende Völkerbund litt allerdings von Anfang an unter dem Mangel, dass ihm wichtige Staaten nicht angehörten. In den besiegten Staaten andererseits konnte er leicht als ein Instrument der Siegermächte hingestellt werden, das nur die Einhaltung der von ihnen abgelehnten Nachkriegsordnung garantieren sollte. Der erste bedeutsame Versuch in der Geschichte den Frieden in der Welt durch eine internationale Organisation zu sichern war dadurch mit großen Hypotheken belastet.

Die Schäden des Krieges

Zehn Millionen Soldaten waren gefallen, sieben Millionen kehrten erwerbsunfähig in ihre Heimat zurück, weitere 15 Millionen hatten Verwundungen erlitten, die ihnen nur noch eingeschränkte Erwerbstätigkeit erlaubten. Eine im Krieg geschrumpfte Bevölkerung musste sie mit unterhal-

Der Völkerbund 1920–1939

ten, wobei die Geburtenausfälle der Kriegsjahre einen weiteren Bevölkerungsrückgang bewirkten. Weniger Bevölkerung bedeutete aber, dass die Nachfrage zurückging, was wiederum das Wirtschaftswachstum stark beeinflusste.
Viele Soldaten, die sich während der Kriegsjahre an ein Leben im Krieg gewöhnt hatten, kamen im normalen Alltagsleben nicht mehr zurecht, zumal in der nach dem Kriege zerrütteten Wirtschaft Arbeitsplätze knapp waren. Für viele dieser ehemaligen Frontsoldaten war Kämpfen das Einzige, was sie verstanden. „Ich sehe im Kampf das Schicksal aller Wesen", bekannte einer dieser Entwurzelten, der erst im Krieg den Sinn des Lebens für sich entdeckt zu haben glaubte. Er hieß Adolf Hitler.
Der Krieg hatte ungeheure Summen verschlungen; die meisten kriegführenden Staaten waren hoch verschuldet. Und um den Krieg zu finanzieren hatten die Regierungen mehr Geld drucken lassen; in Großbritannien und Deutschland hatte z. B. der Notenumlauf von 1913 bis 1918 um das Elffache zugenommen. Aber diesen neuen Banknoten standen keine Güter gegenüber. Mehr Geld und weniger Waren – das bedeutete Inflation* in den meisten europäischen Ländern. Das wirtschaftlich erschöpfte Europa war ein Kontinent von Schuldnern geworden. Die Länder hätten mehr aus- als einführen müssen, um ihre Schulden – vor allem bei den USA – bezahlen und einen wirtschaftlichen Aufstieg bewerkstelligen zu können. Doch wie sollte das gelingen?

Protestversammlung der SPD gegen den Versailler Vertrag an der Berliner Siegessäule am 13. Mai vor dem „Eisernen Hindenburg"

Reparationen

Die den besiegten Staaten auferlegten Reparationen waren, wie sich bald herausstellte, nicht geeignet die wirtschaftlichen Kriegsschäden der Siegermächte zu beheben. Statt dessen verschärften sie die politischen Probleme in Deutschland und in Europa. Die den Menschen in Deutschland damals ungeheuerlich erscheinende Summe von 269 Milliarden Goldmark Reparationen und die in Artikel 231 des Versailler Vertrages formulierte These von der Alleinschuld Deutschlands und seiner Verbündeten am Ausbruch des Ersten Weltkrieges erschienen den meisten Deutschen ungerecht. Bald nutzten die entstehenden nationalistischen Bewegungen dies, um die unzufriedene Bevölkerung politisch aufzuwiegeln. Mit Parolen wie „Versklavt bis ins dritte Glied" schürten sie die Empörung. Der Ruf nach „Revision" des Versailler Vertrages in Deutschland verstärkte umgekehrt bei den Siegermächten, allen voran bei Frankreich, die Neigung, eine buchstabengetreue Erfüllung besonders der Reparationsregelung zu verlangen.
Politikern der Weimarer Republik gelang es zwar die schwersten Lasten des Versailler Vertrages im folgenden Jahrzehnt durch Verhandlungen abzumildern und einen Ausgleich mit Frankreich einzuleiten (siehe S. 73). Statt mit dem Erreichten aber zufrieden zu sein, konnten sich schließlich die nationalistischen Kräfte durchsetzen, die die gesamte Friedensordnung zu sprengen versprachen.

Revisionsforderungen

Mit den Kompromissen der Friedenskonferenz waren die wenigsten Staaten zufrieden. Den Besiegten erschienen sie zu hart, einigen Siegern zu milde; andere waren enttäuscht, dass der große Entwurf einer völlig neuen Friedensordnung nicht gelungen war. Die weit verbreitete Unzufriedenheit bildete eine Grundlage dafür, dass in der Nachkriegszeit Verständigung zwischen den Völkern so schwer zu erreichen war und diejenigen Stimmen immer mehr Gehör fanden, die nach „Revision", d. h. Änderung der Verträge, schrien.
Unzufriedenheit herrschte auch bei einigen kleineren Siegermächten. Die Italiener z. B. sprachen von einem „verstümmelten Sieg", weil es ihnen nicht gelungen war die

Adria zu einem italienischen Meer zu machen. Der Faschist Benito Mussolini gewann als nationalistischer Agitator gegen den Frieden große Popularität.

Ungelöste Nationalitätenfrage und innere Krisen in Ost- und Südosteuropa

Die neuen oder stark veränderten Staaten in Ost- und Südosteuropa waren ebenfalls unzufrieden mit der Nachkriegsordnung. Polen, das aus Gebieten wiedererstand, die seit den polnischen Teilungen im 18. Jahrhundert zu Deutschland, Österreich und Russland gehört hatten, erhob zusätzlich Ansprüche auf polnische Siedlungsgebiete in Litauen und der Tschechoslowakei. In der Tschechoslowakei wiederum waren nur knapp zwei Drittel der Bevölkerung Tschechen oder Slowaken, daneben gab es viele nationale Minderheiten*. Im neu geschaffenen Jugoslawien entstand ein scharfer Nationalitätenstreit zwischen Serben, Kroaten und Slowenen. Und auch in Ungarn und Rumänien gab es starke nationale Minderheiten, die die Grenzziehungen der Pariser Friedenskonferenz nicht akzeptierten.
Die Nationalitätenfrage wurde so zu einer schweren Belastung in all diesen Staaten. Die Friedensverträge sicherten zwar den nationalen Minderheiten einen gewissen Schutz zu; aber die Einhaltung dieser Bestimmungen ließ sich in den neuen Staaten nur schwer kontrollieren. Permanente Konflikte waren die Folge.
Alle diese Staaten in Ost- und Südosteuropa hatten außerdem weitere innenpolitische und wirtschaftliche Probleme. Einige von ihnen versuchten 1918/19, die Demokratie einzuführen, doch diese scheiterte in allen Ländern mit Ausnahme der Tschechoslowakei. Der neue Staat der Tschechen und Slowaken hatte allerdings auch den Vorteil, dass er aus der alten österreichisch-ungarischen Monarchie viel Industrie übernehmen konnte. Wirtschaftlich bedeutend schlechter ging es dagegen Rumänien, Bulgarien und Jugoslawien, denn sie waren überwiegend Agrarstaaten, in denen drei Viertel der Bevölkerung von der Landwirtschaft lebten. Die durchgeführten Agrarreformen gingen den Massen der armen Bauern und Landarbeiter nicht weit genug. Die Unzufriedenheit auf dem Lande wurde bald von faschistischen Bewegungen nach dem italienischen Vorbild Mussolinis ausgenutzt.

Probleme der Siegermächte

Am wenigsten Grund zur Unzufriedenheit hatten die großen europäischen Siegermächte Frankreich und Großbritannien, da sie die Nachkriegsordnung wesentlich bestimmt hatten. Ihnen war es nicht nur gelungen ihre Kolonien zu behalten, sondern ihren Kolonialbesitz noch auszuweiten. Von Zeitgenossen wenig beachtet hatte der Weltkrieg jedoch auch in den Kolonien Veränderungen bewirkt. In einigen von ihnen, z. B. in Indien, regten sich Unabhängigkeitsbewegungen, die das Prinzip der Selbstbestimmung* nicht nur in Europa angewandt wissen wollten. Noch gelang es aber den Kolonialmächten diese durch Einsatz von Militär zu unterdrücken. Dass Frankreich und Großbritannien nicht zu den wirklichen Gewinnern zählten, war besonders daran abzulesen, dass sie auf die Reparationszahlungen aus Deutschland angewiesen waren, um ihre Schulden bei den Vereinigten Staaten bezahlen zu können.
Die wenigen wirklichen Gewinner des Krieges lagen außerhalb Europas: USA, Kanada, Australien, Neuseeland, Südafrika und Japan. Während die USA vor allem deshalb zum größten Gläubiger aufstiegen, weil sie Kriegsmaterial an die Verbündeten geliefert hatten, waren es bei den anderen Staaten überwiegend Nahrungsmittel und landwirtschaftliche Produkte gewesen, die zur Versorgung der Menschen nach Europa geschickt worden waren und einen wirtschaftlichen Aufschwung bewirkt hatten.

Fragen und Arbeitsaufgaben

1. *Lege die Friedensziele der USA, Großbritanniens und Frankreichs dar. Erörtere die Probleme ihrer Verwirklichung.*
2. *In einem politischen Witz zu den Friedensverhandlungen in Paris heißt es: Der französische Präsident Clémenceau diskutiert mit einem Engländer über den Unterschied zwischen „Unfall" und „Katastrophe". Clémenceau erklärte das so: „Wenn Präsident Wilson ins Wasser fiele, wäre es ein Unfall. Käme er aber wieder heraus, wäre es eine Katastrophe." Welche Haltung Clémenceaus gegenüber Wilson wird hier deutlich? Diskutiert über die Berechtigung dieser Haltung.*
3. *Erörtert in einem Rollenspiel mit Vertretern der drei Siegermächte und Deutschlands die Probleme des Versailler Vertrages und erarbeitet mögliche Verbesserungen.*
4. *Stellt Grenzveränderungen bzw. -festlegungen und Konfliktherde in Europa und Nahost seit 1989/90 zusammen. Vergleicht die Ereignisse mit den territorialen Veränderungen nach dem Ersten Weltkrieg.*

Der Versailler Vertrag von 1919: Ein verlorener Frieden?

Die Pariser Friedenskonferenz: Unterschiedliche Interessen

1 *Der spätere amerikanische Präsident Herbert Hoover, der als Berater Präsident Wilsons an der Pariser Friedenskonferenz teilnahm, schrieb in seinen Memoiren:*

Q Als Präsident Wilson in Europa eintraf, wurde er von den einfachen Bürgern aller Nationen wie ein zweiter Messias begrüßt. Bald nach dem Waffenstillstand jedoch drängten sich die unausrottbaren europäischen Kräfte in die Lenkung des Schicksals und bereiteten Präsident Wilson erstaunliche Schwierigkeiten. Am Tisch der Friedenskonferenz saßen zerstörerische Kräfte. Dort ging es um die Zukunft von 25 aufeinander eifersüchtigen europäischen Völkern. Die Keime tausendjährigen angeborenen Hasses und tausendjähriger Furcht, die sich von Generation zu Generation vererbt hatten, lagen ihnen im Blut. Zu jeder Stunde des Tages erhob sich die Rachsucht erlittenes Unrecht zu vergelten. Aber nicht die Delegierten allein waren von diesem Geist besessen. Diese Gefühle des Hasses, der Rache, des Verlangens nach Reparationen und das berechtigte Bewusstsein erlittenen Unrechts tobten auch in den Völkern daheim wie ein Fieber. England hatte nach dem Waffenstillstand gerade Lloyd George mit dem Schlagwort „Häng den Kaiser" von neuem gewählt und verlangte vom Feind für Großbritannien phantastische Schadensersatzleistungen. Clémenceau hatte in der französischen Nationalversammlung mit einem blutrünstigen Programm, Deutschland für alle Zeiten unschädlich zu machen und die französischen Verluste auf den Pfennig genau aufwiegen zu lassen, ein Vertrauensvotum erhalten. Da standen nun die Völker mit ihren Erinnerungen an das erlittene unsägliche Unrecht. Jede Nation in Europa, die im Krieg gestanden hatte, war erschöpft, wirtschaftlich in einem hoffnungslosen Zustand und die meisten hungrig. Es war ganz natürlich, dass ihre Vertreter jeden Fetzen eines Vorteils für ihre Völker zu sichern suchten … Die Amerikaner hatte dieser Krieg nicht so schwer getroffen und bei ihnen war der Hass auch am geringsten. Unsere Staatsmänner konnten sich frei über ihn erheben. Wir hatten nicht die geringste Absicht, Gebiete und Reparationen zu erlangen oder Gewinne zu machen. Wir wollten nur, dass sich Europa eine Ordnung gab, durch die ein Ende der Kriege herbeigeführt würde.

H. Hoover, Memoiren. Jahre der Abenteuer 1874–1920, Mainz 1951, S. 390–391.

2 *Der gemeinsame Oberbefehlshaber der alliierten Heere, der französische Marschall Ferdinand Foch, stellte eine Woche vor Beginn der Pariser Friedenskonferenz am 10. Januar 1919 fest:*

Q Ohne Zweifel kann man in einer unbestimmten Zukunft auf eine derartige Entwicklung der Zivilisation und des sittlichen Empfindens der Völker rechnen, dass man in einem stark organisierten Bunde oder Liga der Völker ein wirksames Hindernis gegen den Eroberungskrieg finden wird. Damit jedoch dieser entstehende Völkerbund eine so starke Autorität erlangt, dass er durch sich selbst eine Bürgschaft für die Erhaltung des Friedens bildet, ist es erforderlich, dass er jetzt schon die hinreichende Grundlage und die besondere Kraft erhält, die seine Entwicklung sicherstellen. Man muss daher die bisherige Lage der Völker kennen …
Deutschland bleibt noch für lange Zeit, bis zu einer völligen Wandlung seiner Politik und seiner Weltanschauung, eine furchtbare Drohung für die Zivilisation. Unter solchen Umständen gebietet die elementarste Vorsicht den alliierten Nationen, die den ersten Ansatz zu einem Völkerbund bilden, Deutschland gegenüber eine Gesamtheit von reinen Abwehrmaßnahmen und von grundlegenden Vorbereitungsmaßnahmen zu ergreifen. Diese Maßnahmen werden zugleich durch ihre Deutlichkeit die feste Absicht bekunden das erstrebte Ziel, den Frieden, zu erreichen und Deutschland in die Unmöglichkeit zu versetzen einen neuen Eroberungskrieg zu beginnen, sein Programm der Herrschaft durch Waffengewalt wieder aufzunehmen …
Die Natur hat nur eine Schranke über den Weg des einbrechenden Feindes gezogen: den Rhein. Er muss … schon im Frieden besetzt und befestigt werden. Ohne diese Vorsichtsmaßnahme bleibt Westeuropa ohne jede natürliche Grenze und steht wie früher den Gefahren eines feindlichen Einfalls offen, der noch gewaltsamer werden kann. Ohne diese Vorsicht werden die friedlichen Industriegegenden Nordwesteuropas unmittelbar von der zerstörenden Flut des Barbarenkrieges überschwemmt, dem kein Damm Halt gebietet … Unter diesen Bedingungen kann man gemäß dem allgemein anerkannten Grundsatz der Freiheit der Völker die Bildung neuer unabhängiger Staaten am linken Rheinufer ins Auge fassen.

Ursachen und Folgen. Vom deutschen Zusammenbruch 1918 bis zur staatlichen Neuordnung Deutschlands in der Gegenwart, Bd. 3, hg. v. H. Michaelis u. E. Schraepler, Berlin o. J., S. 333–336.

3 *Der britische Premierminister David Lloyd George schrieb in einer Denkschrift im März 1919:*

Q In der gegenwärtigen Lage besteht die größte Gefahr, die ich sehen kann, darin, dass Deutschland sein Schicksal mit dem Bolschewismus verbindet und seine Rohstoffe, sein geistiges Potential und sein großes Organisationstalent fanatischen Revolutionären zur Verfügung stellt, deren Traum es ist die Welt mit Waffengewalt für den Bolschewismus zu erobern.

Wenn wir klug sind, werden wir Deutschland einen Frieden anbieten, der nicht nur gerecht ist, sondern auch jedermann vor Augen führt, dass er der Alternative Bolschewismus vorzuziehen ist. Ich würde dem Friedensvertrag daher gern folgenden Gedanken vorausstellen: Sobald Deutschland unsere Bedingungen akzeptiert hat, insbesondere die Reparationsverpflichtungen, erlauben wir Deutschland den Zugang zu den Rohstoffen und zu den Weltmärkten zu gleichem Recht und wir werden alles in unserer Gewalt Stehende tun, damit das deutsche Volk aus eigener Kraft wieder auf die Beine kommt. Wir können dieses Land nicht verstümmeln und ihm zugleich die offene Hand hinhalten. Letzten Endes müssen wir ihm Bedingungen anbieten, die eine sich ihrer Verantwortlichkeit bewusste Regierung auch wirklich ausführen kann.

D. Lloyd George, Memoiren, zit. nach: P. Renouvin, Le Traité de Versailles, Paris 1969, S. 120–121. Übers. d. Verf.

1. *Stelle nach den Quellen 1 bis 3 die unterschiedlichen Vorstellungen über die Bedingungen eines Friedensvertrages zusammen. Ordne dabei nach politischen, wirtschaftlichen und militärischen Gesichtspunkten.*
2. *Schildere die Verhandlungsatmosphäre bei der Friedenskonferenz. Ziehe dazu auch die Darstellung S. 10 heran.*
3. *Nimm Stellung zu den Quellen 1 bis 3 aus der Sicht der Deutschen, z. B. aus der Sicht eines Unternehmers, Soldaten, Beamten, Arbeiters, einer Kriegshinterbliebenen, Arbeiterin oder Hausfrau.*

Reaktionen in Deutschland

4 *Der Zentrumspolitiker Matthias Erzberger, der im November 1918 den Waffenstillstand unterzeichnet hatte, notierte in einer vertraulichen Aufzeichnung am 1. Juni 1919:*

Q *I. Wenn der Friede unterzeichnet wird:*

Ungeheuer schwere Lasten ruhen auf dem deutschen Volk.

1. Außenpolitische Folgen: Der Kriegszustand hört auf. Die Blockade wird beseitigt. Die Grenzen öffnen sich, es kommen wieder Lebensmittel und Rohstoffe ins Land … Der Export kann wieder beginnen. Die Kriegsgefangenen kommen in die Heimat zurück. Polen wird gezwungen, seine Angriffsabsichten aufzugeben. Die Einheit des Reiches bleibt bestehen.

2. Innenpolitische Folgen: Die Steuerlasten werden außerordentlich drückend sein, aber durch die vermehrte Einfuhr von Lebensmitteln, Waren und Rohstoffen wird eine Beruhigung und ein gewisser Ausgleich geschaffen. Die Arbeit wird in steigendem Umfang wieder aufgenommen werden können. Neben der Befriedigung der Inlandsbedürfnisse kommt der Außenhandel wieder in Gang. Der Bolschewismus verliert an Werbekraft. Arbeitslust und Arbeitsleistungen werden wieder wachsen … Die gegenwärtige Regierung bleibt aller Voraussicht nach. Von rechts her und von einem Teil des liberalen Bürgertums wird ein erbitterter Kampf gegen die Regierung entbrennen. Es ist nicht ausgeschlossen, dass es zu einem militärischen Putsch kommt … Die Bewegung wird aber wahrscheinlich an der vorbehaltlosen Friedenssehnsucht der großen Mehrheit des Volkes wie an der greifbar in die Erscheinung tretenden Besserung der allgemeinen Lage durch den Friedenszustand bald verpuffen.

II. Wenn der Friede nicht unterzeichnet wird:

… 1. Zertrümmerung des Reiches, Auflösung desselben in Einzelstaaten. Der Hass der Einzelstaaten gegen Preußen, dem die Verantwortung für die Katastrophe Deutschlands zugeschrieben wird, würde die Trennung der Einzelstaaten zu einer dauernden machen.

2. Nach kurzer Frist müsste doch Frieden geschlossen werden, aber nicht vom Reich, sondern von den Einzelstaaten, denen zur Bedingung gemacht würde, keine Einheitsbildung mehr einzugehen. Dieser Friede wäre ein noch schlimmerer als der jetzige.

3. Sturz der Regierung und Ersetzung derselben durch Unabhängige und Kommunisten, Auflösung der Reichswehrbrigaden, Ordnungslosigkeit im ganzen Lande.

5 *Der deutsche Historiker Hans Delbrück fasste in einem Gesprächsprotokoll über seine Unterredung mit einem amerikanischen Teilnehmer der Friedensverhandlungen am 18. März 1919 die deutsche Reaktion auf die am 7. Mai übergebenen Friedensbedingungen zusammen:*

Q Ich blieb dabei, dass Deutschland, was auch kommen werde, den Frieden ablehnen werde, und sagte schließlich, die deutsche Regierung werde vermutlich, wenn alle Verhandlungen zu nichts führten, erklären, wir könnten den Frieden nicht annehmen, da das unehrlich sei, und ihn auch nicht ablehnen, da wir den Krieg weder wieder aufnehmen könnten noch wollten; wir müssten also, sei es die Entente, sei es den Völkerbund selber bitten die Regierung von

Deutschland zu übernehmen ... Dann entgingen wir wenigstens neuen Kriegshandlungen und der erneuten Hungerblockade und die fremden Regierungen könnten sehen, was sie aus dem versklavten Volk herausbekämen. Dieser Gedanke werde jetzt in weiten Kreisen in Deutschland erörtert und man spreche sich vielfach dahingehend aus, dass diese völlige Aufgabe der Souveränität besser sei als die Erhaltung der Scheinsouveränität, wie sie dieser Friede in Aussicht stelle.

Quelle 4 und 5 zit. nach: Ursachen und Folgen. Vom deutschen Zusammenbruch 1918 bis zur staatlichen Neuordnung Deutschlands in der Gegenwart, Bd. 3, hg. v. H. Michaelis und E. Schraepler, Berlin o. J., S. 355–356 und 360–362.

6 *Karikatur von Th. Th. Heine aus dem Jahr 1919*

7 *Adolf Hitler schrieb in seinem Buch „Mein Kampf" über den Versailler Vertrag:*

Q Was konnte man aus diesem Friedensvertrag von Versailles machen! Wie konnte dieses Instrument einer maßlosen Erpressung und schmachvollsten Erniedrigung in den Händen einer wollenden Regierung zum Mittel werden die nationalen Leidenschaften bis zur Siedehitze aufzupeitschen! Wie konnte bei einer genialen propagandistischen Verwertung dieser sadistischen Grausamkeiten die Gleichgültigkeit eines Volkes zur Empörung und die Empörung zur hellsten Wut gesteigert werden!

Wie konnte man jeden einzelnen dieser Punkte dem Gehirn und der Empfindung dieses Volkes so lange einbrennen, bis endlich in sechzig Millionen Köpfen, bei Männern und Weibern, die gemeinsam empfundene Scham und der gemeinsame Hass zu jenem einzigen feurigen Flammenmeer geworden wäre, aus dessen Gluten dann stahlhart ein Wille emporsteigt und ein Schrei sich herauspresst:

Wir wollen wieder Waffen!

Jawohl, dazu kann ein solcher Vertrag dienen. In der Maßlosigkeit seiner Unterdrückung, in der Schamlosigkeit seiner Forderungen liegt die größte Propagandawaffe zur Wiederaufrüttelung der eingeschlafenen Lebensgeister einer Nation. Dann muss allerdings, von der Fibel des Kindes angefangen bis zur letzten Zeitung, jedes Theater und jedes Kino, jede Plakatsäule und jede freie Bretterwand in den Dienst dieser einzigen großen Mission gestellt werden, bis dass das Angstgebet unserer heutigen Vereinspatrioten „Herr, mach uns frei!" sich in dem Gehirn des kleinsten Jungen verwandelt zur glühenden Bitte: „Allmächtiger Gott, segne dereinst unsere Waffen; sei so gerecht, wie du es immer warst; urteile jetzt, ob wir die Freiheit nun verdienen; Herr, segne unseren Kampf!"

A. Hitler, Mein Kampf, München 1927, S. 714–715.

1. *Welche Folgen hätte nach Quelle 4 eine Ablehnung der Friedensbedingungen gehabt?*
2. *Welche Lösung wird in Quelle 5 vorgeschlagen? Welche Folgen hätte sie nach deiner Meinung für die zukünftige Entwicklung in Deutschland?*
3. *Welche Auffassung über den Versailler Vertrag drückt die Karikatur (Mat. 6) aus? Welche zeichnerischen Mittel setzt Th. Th. Heine ein? Welcher Eindruck soll bei dem Betrachter der Karikatur erweckt werden?*
4. *Unter welchen Gesichtspunkten betrachtet Hitler (Q 7) den Versailler Vertrag? Vergleiche mit den vorangehenden Stellungnahmen.*

Urteile über die 1919 geschaffene Friedensordnung

8 *Der französische Ministerpräsident Georges Clémenceau schrieb in seinen Memoiren im Jahr 1930:*

Q Der Vertrag von Versailles wird in der Geschichte vielleicht gar nicht so schlecht wegkommen, vor allem dann nicht, wenn man sich nicht scheut, die Zugeständnisse zu erwähnen, welche es den Besiegten gestatteten, dank der Unterstützung unserer ehemaligen Alliierten ihn zu ihrem Vorteil zu kehren. Das erste Verdienst dieses Versuchs, einen dauerhaften Frieden zu schaffen, ist, dass man – zum ersten Mal in der Geschichte – feste Punkte einer Gerechtigkeit zwischen den Völkern suchte, welche bislang nur Gewalttätigkeiten mitangesehen hatten. Napoleon machte sein Europa mit Axtschlägen. Seine Verträge waren schnell gemacht, hatten keinerlei Dauer, aber er kümmerte sich darum, dass sie zunächst nicht diskutiert wurden. Versailles musste sich jeder Kritik unterziehen, nur ein Behelf zu sein, und es gelang diesem Vertragswerk sicherlich nicht, die verschiedenen Hoffnungen eines jeden zu erfüllen ... Aber jedenfalls hat es den Versuch gewagt, in einem zerteilten Europa wieder eine allgemeine Ordnung herzustellen.

G. Clémenceau, Grandeurs et misères d'une victoire, Paris 1930, S. 140–141. Übers. d. Verf.

9 *Der deutsche Historiker Heinrich-August Winkler 1993:*

D Deutschland fühlte sich durch den Vertrag von Versailles auf den Platz einer Nation zweiten Ranges zurückgeworfen. Vom Völkerbund, der zunächst ein Areopag der Siegermächte und der Neutralen blieb, war es fürs Erste ausgesperrt; seine Souveränität war drastisch eingeschränkt, sein Territorium geschrumpft, seine Wirtschaftskraft geschwächt, sein militärisches Potential nur noch ein schwacher Abglanz dessen, was der Hohenzollernstaat einst besessen hatte. Aber das Reich bestand fort; es war noch immer das bevölkerungsreichste Land westlich der russischen Grenzen und die wirtschaftlich stärkste Macht Europas.
Auch außenpolitisch war Deutschlands Lage keineswegs hoffnungslos. Mochte Frankreich in Polen und den Staaten der „Kleinen Entente“ von 1920/21 – der Tschechoslowakei, Jugoslawien und Rumänien – seine natürlichen Partner finden, so verblieb Deutschland die Chance besonders enge Beziehungen zum übrigen „Zwischeneuropa“, von Finnland über das Baltikum bis Bulgarien, aufzubauen. Wichtiger noch war, dass von einer „Einkreisung“ Deutschlands, wenn es sie denn je gegeben hatte, nach dem Ersten Weltkrieg keine Rede mehr sein konnte. Zwischen den Westmächten und Sowjetrussland klaffte ein Abgrund ... Aber eine Annäherung der beiden „Parias“[1] der Friedensordnung von 1919 [Deutschland und Sowjetrussland – d. Verf.] lag in der Logik der Entwicklung. Deutschlands Aussichten wieder zu einer europäischen Großmacht aufzusteigen waren durch den Vertrag von Versailles keineswegs zerstört worden.

[1]Paria: ein von der Gesellschaft Ausgestoßener

H.-A. Winkler, Weimar 1918–1933, München 1993, S. 97.

1. *Vergleiche die beiden Beurteilungen der Friedensordnung (Q 8 und 9).*
2. *Nimm aufgrund der Materialien und der Darstellung zu den Beurteilungen Stellung.*
3. *Versetze dich in die Lage eines Franzosen oder Engländers nach Beendigung des Ersten Weltkriegs. Was hätten sie gesagt, wenn Deutschland keine Reparationen hätte zahlen müssen oder Deutschland durch den Anschluss Österreichs vergrößert worden wäre?*

Eine Friedensperspektive

10 *Der deutsche Historiker Arthur Rosenberg 1929:*

D Als der Vertrag von Versailles ausgearbeitet wurde, waren sich die drei führenden Ententemächte Amerika, England und Frankreich grundsätzlich über die Behandlung Deutschlands einig. Indessen war doch das Interesse an den deutschen Angelegenheiten bei den drei Mächten verschieden. Für die amerikanische Politik hatten die europäischen Angelegenheiten nur sekundäre Bedeutung. Besonders nach dem Rücktritt Wilsons trat die Abwendung der amerikanischen Politik von Europa immer stärker hervor. England ist eine europäische Macht, aber seine Lebensinteressen sind mit dem britischen Weltreich verbunden, das sich über die fünf Erdteile erstreckt. Frankreich besitzt ebenfalls ein bedeutendes Kolonialreich, aber die Lebensinteressen des französischen Volkes hängen von den europäischen, ja den mitteleuropäischen Vorgängen ab. Unter diesen Umständen war Frankreich die Macht innerhalb der Entente, mit der sich Deutschland in erster Linie auseinanderzusetzen hatte. Bei einer Verständigung mit Frankreich konnten die Angelsachsen für Deutschland nicht gefährlich werden. Dagegen nützte auf der anderen Seite eine Verständigung mit den Angelsachsen Deutschland nichts: Denn weder Amerika noch England wollten Deutschland zuliebe in eine Situation kommen, die ihnen die offene Feindschaft Frankreichs gebracht hätte. Wenn es gelang eine deutsch-französische Einigung herbeizuführen, dann hatte weder die Reparation noch die Ostfrage für Deutschland ernstliche Schwierigkeiten. Denn wenn Frankreich die Überzeugung gewonnen hatte, dass es mit Deutschland zusammenarbeiten müsse, dann musste man die Kriegsentschädigung so gestalten, dass Deutschlands Wirtschaft dabei nicht zugrunde ging. Ferner war Polen bei einem Konflikt mit Deutschland machtlos, wenn ihm die französische Rückendeckung fehlte.

A. Rosenberg, Geschichte der Weimarer Republik, Frankfurt/M. 1971, S. 83.

1. *Diskutiert die Realisierungsmöglichkeiten der außenpolitischen Perspektive Arthur Rosenbergs für eine friedliche Zukunft Europas. Siehe dazu auch Quelle 9.*

Zeittafel

1914	1. August: Beginn des Ersten Weltkriegs
1916	21. Februar–21. Juli: Schlacht um Verdun, bis heute Symbol für den Material- und Stellungskrieg
1916/17	Erste Friedensbemühungen unter Einschaltung des US-Präsidenten Wilson scheitern
1917	Kriegseintritt der USA auf der Seite der Entente; Sieg der Kommunisten in der Oktoberrevolution in Russland; Proklamation eines Friedens ohne Annexionen und Reparationen sowie des Rechts auf Unabhängigkeit aller Völker durch Lenin
1918	18. Januar: Verkündigung der „Vierzehn-Punkte" durch den US-Präsidenten Wilson als Grundlage für einen dauerhaften Frieden 29. Oktober: Meuterei der deutschen Hochseeflotte und Beginn der Revolution in Deutschland 11. November: Waffenstillstand nach vorheriger Abdankung Kaiser Wilhelms II.
1919	18. Januar: Eröffnung der Friedenskonferenz in Paris 28. April: Annahme der Satzung des Völkerbundes durch die Vollversammlung der Versailler Friedenskonferenz 26. Juni: Unterzeichnung des Friedensvertrages mit Deutschland, darin eingeschlossen die Völkerbundssatzung, im Spiegelsaal zu Versailles; bis 1920 Friedensschlüsse mit den anderen besiegten Staaten: Österreich, Bulgarien, Ungarn, Türkei
1920	November: Erster Zusammentritt der Völkerbundsversammlung
1926	Eintritt Deutschlands in den Völkerbund infolge der Annäherungspolitik zwischen Deutschland und Frankreich unter den Außenministern Briand (Frankreich) und Stresemann (Deutschland)
1934	Aufnahme der Sowjetunion in den Völkerbund

Abrüstung. In Konferenzen und Verhandlungen versuchten die Regierungen im 20. Jh. immer wieder Rüstung zu vermindern und zu kontrollieren. Auf den Haager Friedenskonferenzen von 1899 und 1907 kam es neben allgemeinen Erklärungen zur Abrüstung und Regelungen des Kriegsrechts zu keinen konkreten Schritten. Auch die Abrüstungsbemühungen nach dem Ersten Weltkrieg im Zuge der Pariser Friedenskonferenz 1919 und – ausgehend vom Völkerbund – in den 20er und Anfang der 30er Jahre brachten keine wesentlichen Erfolge. Die Entwicklung von Atomwaffen seit dem Zweiten Weltkrieg, weitere konventionelle Aufrüstung, der Einzug moderner Elektronik in die Rüstungsindustrie sowie die Einsatzmöglichkeit bakteriologischer, chemischer und Weltraumwaffen lassen die mögliche Vernichtung menschlicher Zivilisation wahrscheinlicher werden. Erst die unmittelbare Bedrohung der Welt durch einen atomaren Krieg im Zuge der Kuba-Krise 1962 führte zu Abrüstungsverhandlungen, die sich jedoch auf die Begrenzung von Aufrüstung und den Abbau des Misstrauens der beiden Großmächte (USA, UdSSR) beschränkten. Die Entspannungspolitik* der 70er Jahre brachte auf der Basis des „Gleichgewichts des Schreckens" vordergründig ein Ende des Wettrüstens der beiden Supermächte, das jedoch immer wieder zu Rückschlägen führte. Die von der Friedensbewegung in den 80er Jahren geforderte weltweite Abrüstung kam erst in Gang, als der sowjetische Präsident Gorbatschow 1985 eine Änderung der sowjetischen Außenpolitik einleitete. Seither erklärten sich die beiden Großmächte zu freiwilligen und einseitigen Abrüstungsmaßnahmen sowohl von atomaren Waffen als auch von konventionellen Streitkräften bereit.

Nationalitäten. Unterschiedliche Volksgruppen, die in einem Staat zusammenleben. Seit Ende des 19. Jh. häuften sich in Staaten mit ethnischen Minderheiten* bzw. uneinheitlichen Nationalitäten in Mittel- und Osteuropa Konflikte zwischen den Bevölkerungsgruppen, weil die staatstragende Gruppe die Minderheiten benachteiligte oder einzelne Nationalitäten Autonomie* verlangten; die Neugründung von Staaten nach dem Ersten Weltkrieg haben diese Probleme nur teilweise lösen können. Besondere Nationalitätenprobleme ergeben sich heute nach dem Zerfall des Ostblocks in den ehemaligen Unionsrepubliken der UdSSR und im ehemaligen Jugoslawien. Auch in der Dritten Welt kommt es häufig zu Nationalitätenkonflikten, weil die alten Stammes- und Kulturgrenzen oft nicht den von den Kolonialmächten gezogenen Landesgrenzen entsprechen.

Selbstbestimmungsrecht. Das Recht von Völkern und Nationen ihre Staatszugehörigkeit frei und ohne fremde Einmischung zu bestimmen (Autonomie). Selbstbestimmung schließt Selbstregierung ein. Hervorgegangen ist das Selbstbestimmungsrecht aus den Forderungen der Französischen Revolution 1789, in deren Folge das individuelle Recht des Einzelnen auf Nationen übertragen wurde. Diese Forderungen beherrschten das 19. und bestimmen 20. Jh. als politisches Programm.

Die Bestimmungen der Friedensverträge

Vertrag von Versailles mit dem Deutschen Reich:

- Abtretung der deutschen Kolonien an den Völkerbund;
- Abtretung von etwa zehn Prozent des deutschen Territoriums, vor allem von Elsass-Lothringen an Frankreich, von Posen und Westpreußen, später auch von Oberschlesien an Polen, obwohl hier eine Volksabstimmung stattfand, die zugunsten Deutschlands ausging;
- Das Saarland wird unter Völkerbundverwaltung gestellt, die saarländischen Kohlegruben fallen an Frankreich;
- Besetzung des linken Rheinufers durch alliierte Truppen für fünf bis zehn Jahre;
- Entmilitarisierung des Rheinlandes;
- Abrüstung der deutschen Armee bis auf ein Berufsheer von 100 000 Stammsoldaten;
- Auslieferung des gesamten Kriegsmaterials an die Alliierten;
- Auslieferung des Kaisers und noch zu benennender Generäle und Politiker als Kriegsverbrecher an die Alliierten (wurde niemals durchgeführt);
- Das Deutsche Reich wird zur Wiedergutmachung aller Kriegsschäden der Alliierten verpflichtet. Als Sachlieferungen werden festgesetzt: alle Handelsschiffe mit mehr als 1600 Bruttoregistertonnen, ein Viertel der Fischfangflotte, Lokomotiven, Eisenbahnen, Maschinen, Vieh usw. Als Kriegsschuld werden am 21. Juni 1920 auf der Konferenz von Boulogne 269 Milliarden Goldmark festgesetzt, zahlbar in 42 Jahresraten. Diese Kriegsschuld wird in den folgenden Jahren mehrmals ermäßigt. 1932 wird Deutschland auf der Konferenz von Lausanne von den Reparationszahlungen bis auf weiteres befreit.

Vertrag von St.- Germain-en-Laye mit Österreich:

- Auflösung Österreich-Ungarns;
- Abtretung von Südtirol und anderen kleinen Gebieten an Italien und Jugoslawien;
- Verbot des Namens „Deutsch-Österreich" und des Anschlusses an das Deutsche Reich;
- Verbot des Anschlusses der Sudetendeutschen in der neugegründeten Tschechoslowakischen Republik an Österreich;
- Abrüstung auf ein Berufsheer von 30 000 Soldaten.

Vertrag von Sèvres mit der Türkei:

- Internationalisierung der Meerengen;
- Abtretung der arabischen Landesteile an Frankreich und Großbritannien und Verwaltung im Auftrag des Völkerbundes (Völkerbundsmandat), Abtretung der ägäischen Inseln und Smyrnas an Griechenland sowie von Rhodos und der Dodekanes an Italien.

Jünger, Ernst, In Stahlgewittern, Stuttgart (Klett-Cotta) 1995. – *Dieses 1920 geschriebene Buch ist die wohl bekannteste konservative Auseinandersetzung mit dem Ersten Weltkrieg, in der der Krieg als Hervorbringer eines neuen heroischen, gestählten Tatmenschen überhöht wird. Gerade dieser Roman steht für das Lebensgefühl der neuen, später auch nationalsozialistischen Rechten in der Weimarer Republik.*

Köppen, Edlef, Heeresbericht, Reinbek (rororo) 1992. – *Der Roman zeichnet unter Verwendung von Dokumenten und Montagen den Weg des Freiwilligen Adolf Reisiger von jugendlicher Kriegsbegeisterung zur Erkenntnis nach, dass Krieg von Menschen befohlener Mord ist.*

Remarque, Erich-Maria, Im Westen nichts Neues, Köln (Kiepenheuer & Witsch) 1993. – *Die klassische, anklagende Auseinandersetzung mit dem Ersten Weltkrieg aus dem Jahr 1928, die im Gegensatz zum fast totgeschwiegenen Köppen (s. o.) zu erregter und seitens der Rechten geradezu diffamierender Auseinandersetzung geführt hat. Der Roman wurde verfilmt.*

Richert, Dominik, Beste Gelegenheit zum Sterben. Meine Kriegserlebnisse im Kriege 1914–1918. München (Knesebeck & Schuler) 1989. – *Ein elsässischer Soldat berichtet ergreifend aus dem Ersten Weltkrieg. In seiner Geschlossenheit ist dies ein besonderes historisches Dokument, das zeigt, wie sich ein Soldat in den Kriegsgreueln doch seine Menschlichkeit bewahren kann.*

Wette, Wolfram (Hrsg.), Der Krieg des kleinen Mannes. Eine Militärgeschichte von unten. München (Piper-TB) 1992. – *Zusammenstellung von Berichten einfacher Soldaten aus dem 20. Jahrhundert, wobei das Kaiserreich und der Erste Weltkrieg einen breiten Raum einnehmen.*

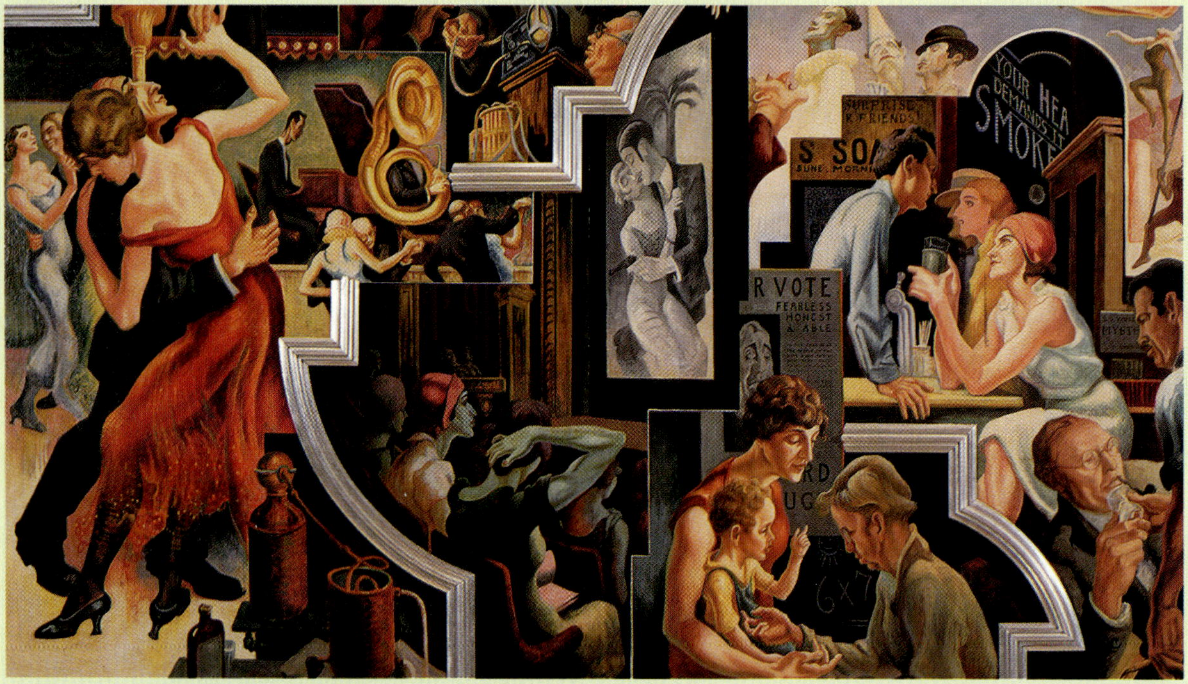
YOUR HEA
DEMANDS IT
SMOKE
R VOTE
FEARLESS
HONEST
& ABLE

2. Die USA 1917–1941

An den Kriegshandlungen des Ersten Weltkrieges waren die Vereinigten Staaten von Amerika nur seit April 1917 beteiligt; trotzdem wurden sie die große Siegermacht. Sie waren es, die durch ihr Militärpotential den Sieg der Alliierten herbeiführten, sie waren es, bei denen auch die europäischen Siegermächte hoch verschuldet waren.
Auf der Pariser Friedenskonferenz saß zum ersten Mal ein amerikanischer Präsident an einem Verhandlungstisch, an dem Probleme des alten Kontinents so gelöst werden sollten, dass zukünftig die Rivalität der europäischen Mächte nicht wieder zu Kriegen führe. Aber der Einfluss des amerikanischen Präsidenten Wilson war begrenzt, denn vor allem Frankreich, aber auch Großbritannien bestanden auf einer harten Bestrafung der Mittelmächte und versuchten ihre Interessen an einer Sicherheitskontrolle in Europa durchzusetzen.
Jedenfalls entsprach das Ergebnis der Friedensverhandlungen nur sehr wenig dem, was sich die Amerikaner erhofft hatten. Es war deshalb nicht verwunderlich, dass in den USA immer mehr Stimmen laut wurden, die an die Abschiedsbotschaft ihres ersten Präsidenten Washington erinnerten, der 1796 gesagt hatte: „Was fremde Nationen betrifft, lautet unser Gebot: Wir wollen Handelsbeziehungen zu ihnen unterhalten, aber so wenig politische Beziehungen wie möglich ... Europas oberste Interessen gehen uns nichts oder kaum etwas an."
Entsprechend diesem Motto wandten sich die Vereinigten Staaten schließlich nach dem Ersten Weltkrieg von Europa ab und traten außenpolitisch in eine Phase, die man mit dem Begriff „Isolationismus" bezeichnet. Damit ist allerdings nicht gemeint, dass sich die USA von allen Aktivitäten außerhalb ihres Kontinentes fern hielten; denn ökonomisch blieben sie mit Europa verbunden und im pazifischen Raum weiteten sie sogar in den folgenden beiden Jahrzehnten ihren politischen und ökonomischen Einflussbereich aus, um für ihre Wirtschaft Absatzmärkte zu sichern.
Seit der Jahrhundertwende waren die USA zur wirtschaftlichen Weltmacht aufgestiegen. Sie waren das reichste Land der Erde – im Vergleich zu den meisten Völkern schienen sie unermesslich reich. Sie waren der größte Erzeuger von industriellen und landwirtschaftlichen Produkten, der größte Verbraucher von Rohstoffen und der größte Exporteur; zeitweise bestritten sie fast ein Fünftel des Welthandels.
Aber der Reichtum war jetzt ungleicher verteilt als früher. 100 Jahre zuvor war Amerika ein Land selbstbewusster Farmer gewesen. Durch die Industrialisierung in der zweiten Hälfte des 19. Jahrhunderts hatte sich das grundlegend gewandelt. Jetzt bestimmten Großindustrie, Handel und Banken in den schnell wachsenden Großstädten das wirtschaftliche Leben. Als erstem Land der Welt war den USA durch Fließband- und Massenproduktion der Schritt in die moderne Konsumgesellschaft gelungen. Was vielen Europäern noch ein Traum schien, konnten sich die Amerikaner jetzt leisten – das Schlagwort von den „Goldenen Zwanziger Jahren" kam auf.
Die Blüte dieser Jahre erwies sich jedoch bald als Scheinblüte, denn der Weg des ungebremsten Kapitalismus führte 1929 zum großen Börsenkrach und zur darauf folgenden lang anhaltenden Wirtschaftskrise. „Wir hatten mehr Weizen, mehr Mais, mehr Nahrungsmittel, mehr Baumwolle, mehr Geld auf der Bank, ... mehr als irgendeine Nation je hatte – und doch hungern wir uns zu Tode. Wir sind die erste Nation der Geschichte, die im Auto zum Armenhaus fahren muss", stellte der amerikanische Komiker Will Rogers 1931 fest. Die Wirtschaftskrise warf die Frage auf, ob der Staat an den Grundsätzen des Wirtschaftsliberalismus, nach denen der Aufbruch in die Konsumgesellschaft gelungen war, weiterhin festhalten sollte.
Die Wahl Franklin Delano Roosevelts zum neuen Präsidenten bedeutete 1933 einen entscheidenden Wandel. Roosevelt war der Überzeugung, dass der Staat angesichts des Massenelends und der daniederliegenden Wirtschaft nicht tatenlos zusehen dürfe, sondern regulierend eingreifen müsse. In seinem umfangreichen Reformprogramm des New Deal setzte er in den 30er Jahren Maßnahmen zur Kontrolle der Banken, zur Unterstützung der Landwirtschaft und zur Hilfe für Arbeitslose durch; große staatlich finanzierte Projekte sollten gleichzeitig einen neuen Wirtschaftsaufschwung bringen.
Dieser „Interventionsstaat" war in den 30er Jahren Amerikas Antwort auf die Weltwirtschaftskrise. Doch der erhoffte Aufschwung stellte sich nur sehr langsam ein. Erst mit dem Eintritt der USA in den Zweiten Weltkrieg 1941 konnte die Wirtschaftskrise endgültig überwunden werden. Dennoch hat der New Deal eine große Bedeutung gehabt: Die Amerikaner fügten damit den liberalen und demokratischen Traditionen ihres Landes die ersten Ansätze eines Wohlfahrtsstaates hinzu.

Oben: „Stadtleben". Gemälde aus dem Wandbildzyklus „Amerika heute" von Thomas H. Benton, 1930 (Ausschnitt)
Unten: „Armenfürsorgeheim". Gemälde von Loise Ribak, 1932

Die 20er Jahre: Aufbruch in die Konsumgesellschaft

Amerikas Abkehr von Europa

Das Scheitern von Wilsons Friedenskonzeption

Auf der Pariser Friedenskonferenz 1919 verstand sich der amerikanische Präsident Woodrow Wilson als Schlichter zwischen den verfeindeten europäischen Staaten. Er wollte einen Frieden ohne Sieger und Besiegte auf der Grundlage des Selbstbestimmungsrechts* der Völker.

Die europäischen Siegermächte aber beharrten auf territorialen Sicherheitsgarantien. Vor allem die Franzosen fürchteten, Wilsons Friedenspläne würden zu ihren Lasten gehen. Wilson vermochte sich auch mit der Forderung nach maßvollen Reparationen nicht durchzusetzen. Denn die Westmächte glaubten auf hohe deutsche Reparationen nicht verzichten zu können, solange sie bei den USA verschuldet waren. Als dann das Friedenspaket den Deutschen vorgelegt wurde, war die amerikanische Delegation bestürzt. Dennoch gab Wilson nach, weil er befürchtete, dass sonst bei den nächsten Wahlen in Frankreich noch radikalere Kräfte gewinnen würden.

Die Pariser Friedenskonferenz beschloss, dass die Satzung des Völkerbundes Bestandteil des Vertrages von Versailles sein sollte. Das erwies sich als problematisch. Denn Artikel 10 der Völkerbundsatzung sah vor, dass die Mitglieder des Völkerbundes sich verpflichteten gemeinsam gegen einen Angreifer vorzugehen. Wilson hatte die Errichtung eines Völkerbundes vorgeschlagen. Würde aber der amerikanische Senat einer solch weit reichenden internationalen Verpflichtung zustimmen, die die USA in kommende europäische Streitigkeiten verwickeln könnte?

In der amerikanischen Öffentlichkeit jedenfalls gab es eine breite Strömung, die eine politische Abkehr von Europa forderte. Als der Versailler Vertrag zusammen mit der Völkerbundsatzung dann dem Senat als ganzes Paket vorgelegt wurde, fand er nicht die erforderliche Zweidrittelmehrheit. Damit war Wilson mit seiner Völkerbundsidee im eigenen Land gescheitert. Die USA traten der Pariser Friedensordnung nicht bei.

Die Außenpolitik zwischen Isolationismus und „Politik der Offenen Tür“

Der Nachfolger Wilsons, Warren Harding, trat für eine Politik der Abkehr von Europa ein. Dieser sogenannte Isolationismus* bedeutete aber nicht, dass sich die USA von der Außenwelt abkapselten. Ein wichtiges nationales Interesse bestand für sie darin, dass die ehemaligen europäischen Kriegspartner ihre Schulden bezahlen und die amerikanische Wirtschaft möglichst viel nach Europa exportieren konnten. Wirtschaftlich und finanziell blieb Amerika deshalb eng mit Europa verflochten. Als noch wichtigeres nationales Interesse sahen es die USA an im pazifisch-asiatischen Raum eine dauerhafte Befriedung zu erreichen. Mit der traditionellen „Politik der Offenen Tür“ – der gleichberechtigten Möglichkeit für alle Industrienationen sich Absatzgebiete zu sichern – wollten sie den internationalen Handel ankurbeln und Märkte zurückgewinnen. Denn Japan hatte seinen Einfluss in diesem Raum während des Weltkrieges vergrößert.

Um die Gefahr militärischer Konflikte zu begrenzen versuchten die USA das Wettrüsten zur See einzudämmen. 1921 gelangen auf einer Abrüstungskonferenz in Washington erste Fortschritte:

- In einem *Fünf-Mächte-Pakt* verpflichteten sich die USA, Großbritannien, Japan, Frankreich und Italien ihre Kriegsmarine zu beschränken.
- Im *Vier-Mächte-Abkommen* sagten sich die USA, Großbritannien, Frankreich und Japan zu in den nächsten zehn Jahren ihre Rechte im Pazifik gegenseitig zu achten und sich über alle strittigen Fragen zunächst friedlich zu verständigen.
- Alle Partner erkannten die Unabhängigkeit Chinas an und bestätigten das Prinzip der „Politik der Offenen Tür“ in diesem Raum.

1927 regte der amerikanische Außenminister Kellogg einen internationalen Pakt zur Ächtung des Krieges an. Nachdem der französische Außenminister Briand diesen Gedanken aufgegriffen hatte, unterzeichneten 62 Staaten den *Briand-Kellogg-Pakt*, nach welchem jede kriegerische Aggression international geächtet werden sollte.

All diese Verträge sollten einen neuen Krieg verhindern, sie blieben aber ohne große Wirkung, weil es nicht gelang sich auf konkrete Bestimmungen zu einigen, wie man mit einem aggressiven Friedensbrecher verfahren sollte.

Der Rückzug des Staates aus Wirtschaft und Gesellschaft

Schon bald nach Kriegsende gelang es der amerikanischen Wirtschaft ihre Fabriken, die in den letzten Jahren vermehrt Kriegsmaterial für Europa produziert hatten, wieder auf die Produktion umzustellen, die in Friedenszeiten benötigt wurde. Bedenklich war jedoch die Inflationsgefahr; denn während des Krieges war der Export sehr hoch gewesen und diese starke Nachfrage aus Europa hatte die

Preise steigen lassen. Nach dem Krieg ging die Nachfrage zurück, weil die europäischen Länder verschuldet waren. So sanken auch in den USA zunächst die Produktion und dann auch die Einkommen. Betroffen von dieser Talfahrt war vor allem die Landwirtschaft, die noch immer ein Viertel aller Amerikaner beschäftigte. Hilfe vom Staat konnten weder die Landwirtschaft noch andere Bevölkerungsschichten erwarten, die unter sinkenden Einkommen litten.
Präsident Harding verkündete die Devise für den neuen wirtschaftspolitischen Kurs: „Less government in business and more business in government", d. h. weniger staatliches Eingreifen in das wirtschaftliche Geschehen und mehr wirtschaftliches Denken in staatlichen Angelegenheiten. Entsprechend der traditionellen liberalen Wirtschaftstheorie sollte sich der Staat aus der Wirtschaft so weit wie möglich heraushalten. So senkte die Regierung die Staatsausgaben und begünstigte bei ihrer Steuerpolitik vor allem die industriellen Unternehmen, weil sie sich davon eine rasche Belebung des Binnenmarktes versprach. Außerdem gewährte sie hohe Schutzzölle, um die einheimische Wirtschaft vor billigen ausländischen Industrieprodukten zu schützen.

Die „Roaring Twenties"

Die stürmische Industrialisierung und der Wirtschaftsaufschwung während des Krieges hatten Amerika zu einem anderen Land gemacht: verstädtert, konsum- und vergnügungsfreudig, wohlstandsorientiert. Nicht mehr das Land, sondern die großen Städte prägten jetzt das Gesicht Amerikas. L. H. Sullivan war der Architekt der ersten Wolkenkratzer, die in Manhattan in den Himmel wuchsen, und der Geschäfts- und Warenhäuser des 20. Jahrhunderts.
Von großer Bedeutung war der Wandel, der mit dem Siegeszug des Automobils zusammenhing. Seit Henry Ford die Fließbandproduktion für die Massenherstellung von Autos entwickelt hatte, wurde die Automobilproduktion zum führenden Industriezweig (siehe Tabelle S. 23). Davon wieder profitierten viele Zulieferindustrien: Erdöl, Gummierzeugung, Polsterei, Lackherstellung, Straßenbau und viele andere.
Doch die Entwicklung der Autoindustrie war nur der augenfälligste Ausdruck einer umwälzenden wirtschaftlichen Expansion. Viele andere Konsumgüter wie Kühlschränke und Waschmaschinen gehörten bald zum gängigen Lebensstandard vieler Haushalte. Der Siegeszug des Radios und damit auch einer neuartigen breiten Werbung kurbelte das Kon-

Fifth Avenue in New York, um 1925

Massenproduktion langlebiger Konsumgüter

Neuzulassungen von Personen- und Lastkraftwagen

Jahr	PKWs	LKWs
1920	8 131 522	1 107 639
1922	10 704 076	1 569 523
1924	15 436 102	2 176 838
1926	19 220 885	2 807 354
1928	21 308 159	3 171 542
1929	23 060 421	3 408 088

	Verkauf von Kühlschränken	Verkauf von Radiogeräten
1920/21	5 000	—
1922/23	18 000	600 000
1924/25	75 000	3 500 000
1926/27	390 000	4 100 000
1928/29	890 000	7 678 000

sumverhalten der Amerikaner an. Und die neue Erfindung der Ratenzahlung ermöglichte vielen am wachsenden Wohlstand teilzuhaben, ohne zu bemerken, dass sie eigentlich über ihre Verhältnisse lebten.
Möglichst viele sollten möglichst viel kaufen – das war das Rezept für den Aufbruch in die Konsumgesellschaft, der die 20er Jahre in den USA bestimmte. Vom Konsum profitierte die Industrie, dann stiegen die Einkommen und es konnte wieder mehr gekauft werden. Auch wenn viele Amerikaner durch den Ratenkauf verschuldet waren: Es ging ihnen gut, weil sie sich vieles leisten konnten, was früher das Privileg weniger Reicher war. Was würde aber geschehen, wenn der Markt dank der Langlebigkeit der Güter gesättigt war oder wenn die Zinsen für die billigen Verbraucherkredite plötzlich stiegen?
Daran dachten vorerst nur wenige. Für viele waren es goldene Jahre. Die Arbeitszeit sank in diesen Jahren, das Einkommen vieler Arbeitnehmer stieg, immer mehr Menschen fanden eine Beschäftigung und Arbeiter stiegen zu Angestellten auf. Doch nicht alle hatten am Aufschwung teil: Vor allem ungelernte Arbeiter und Schwarze wurden immer wieder in die Arbeitslosigkeit entlassen und fanden keine Unterstützung bei den Gewerkschaften oder beim Staat. Und in den Arbeitskämpfen unterstützte die Regierung fast immer die Unternehmer, die ohnehin von der allgemeinen Entwicklung profitierten, da die Gewinne weitaus stärker stiegen als die Löhne.

Charlie Chaplin in dem Film „Moderne Zeiten", 1936

Kunst und Kultur

Aus Kreisen der Künstler und Intellektuellen kam die schärfste Kritik an dem neuen „American way of life", an Massenkonsum und Geldgier, an Gedankenlosigkeit und Intoleranz. Der Prophet des Jugendprotestes F. Scott Fitzgerald fasste es in die Worte: „Alle Götter sind tot, alle Kriege gekämpft, aller Glaube an den Menschen zerbrochen." Die Amerikaner seien „das ängstlichste, weinerlichste und feigste Pack von Leibeigenen und Konformisten", klagte der Essayist Mencken.
Wenn wir heute von Europa aus an die 20er Jahre in den USA denken, dann fallen uns zuerst Chaplin-Filme, Hollywoodglanz und Jazzmusik ein. Tatsächlich machte Amerika in dieser Zeit gewaltige Fortschritte in Kunst und Kultur, seine Kunst fand erstmals internationale Anerkennung.
Der Film wurde das Medium Amerikas. Die Amerikaner exportierten ihre Filme nicht nur, sie wurden selbst ein Volk von Kinogängern: 1929 gingen zwei von drei Amerikanern wöchentlich einmal ins Kino. Die amerikanische Musik gewann höchste Wertschätzung. Jetzt plötzlich begeisterten sich Weiße für den Jazz, der bislang die Musik der Schwarzen gewesen war. Von New Orleans trat der klassische Jazz seinen Siegeszug bis hinauf nach Chicago und zu den großen Küstenstädten an. Hier nahm er in Form des Dixieland und Swing eine neue Gestalt an. Aber die Amerikaner verstanden es auch die Rhythmen des Jazz mit der Volksmusik und der klassischen Sinfonie zu verbinden, z. B. George Gershwin in „Rhapsody in Blue" und „Ein Amerikaner in Paris" oder in der sozialkritischen Oper „Porgy and Bess". Selbst in der Kunst des Romans und der Theaterstücke brauchte Amerika bald nicht mehr hinter den Europäern zurückzustehen. Den Nobelpreis für Literatur bekam 1930 der Dichter Sinclair Lewis, 1936 der Dramatiker Eugene O'Neill, 1938 die Schriftstellerin Pearl S. Buck.

Fragen und Arbeitsaufgaben

1. *Erkläre, warum Wilson mit seiner Friedenskonzeption scheiterte und welche Politik die USA nach 1920 eingeschlagen haben.*
2. *Kennzeichne und beurteile die innenpolitische Entwicklung der USA in den 20er Jahren. Inwiefern wurden die USA zum Modell des Kapitalismus?*

Fotografie und Malerei in den USA der Zwischenkriegszeit

1 *Die Fotografie als historische Quelle*

D „Das Bild ist die Literatur des Laien“, hieß es im Mittelalter. Da die meisten Menschen nicht lesen konnten und der Buchdruck noch nicht erfunden war, hatten Bilder vielfach die Aufgabe Informationen mitzuteilen, aufzuklären und Gedanken zu verbreiten.

Doch auch nachdem immer mehr Bücher preiswert hergestellt wurden und immer mehr Menschen lesen konnten, verlor das Bild nicht seine Bedeutung. Im Gegenteil: Bücher wurden reichhaltig durch Bilder illustriert, in Zeitungen wurden immer mehr Abbildungen aufgenommen, denn vieles ließ sich in Bildern einprägsamer darstellen als in Worten. Besonders Karikaturen, die politische und gesellschaftliche Ereignisse „mit spitzer Feder“ kommentierten, erfreuten sich großer Beliebtheit.

Im 18. und 19. Jahrhundert nahmen aber auch große Schriftsteller manchmal Maler auf ihre Reisen mit, die ihre Reiseberichte illustrieren sollten; Johann Wolfgang von Goethe ist dafür ein Beispiel. Seit Ende des 19. Jahrhunderts ergänzte der Kameramann den schreibenden Reporter. Angesichts des Fernsehens als Massenkommunikationsmittel fragen heute schon wieder viele: Sind wir nicht dabei, das Lesen zu verlernen und uns nur noch über Bilder Inhalte einzuprägen? Diese Entwicklung ist wesentlich von Amerika beeinflusst worden. In den USA erreichte die Verwendung und Verbreitung von Bildern seit Beginn des 20. Jahrhunderts sehr große Ausmaße; hier entstanden die „Illustrierten“, frühzeitig wurden hier Bilder auf Plakaten in der Massenwerbung eingesetzt, um neue Konsumbedürfnisse zu wecken. Vor allem aber begannen hier Fotografie und Film in den 20er Jahren ihren Siegeszug um die Welt.

Die Fotografie ist – wie das gemalte Bild – für den Historiker eine Quelle. Das Foto kann Ereignisse dokumentieren. Doch nicht immer sind Fotos Beweise dafür, dass ein Ereignis so war, wie es das Bild wiedergibt. Bei einem Gemälde fragen wir fast automatisch: „Was will uns der Maler damit sagen?“ Bei einem Foto vergessen wir leicht, diese Frage nach dem subjektiven Standpunkt des Fotografen zu stellen. Fotografien können deshalb leicht auch den Historiker zu falschen Schlüssen verleiten, wenn er nicht fragt:

- Zu welchem Anlass ist das Bild aufgenommen worden?
- In welchen zeitlichen, politischen, wirtschaftlichen und sozialen Zusammenhang ist das Bild einzuordnen?
- Ist das Foto authentisch oder eine Montage?
- Ist das Abgebildete repräsentativ?
- Welche Absicht verfolgt der Fotograf?

2 *Der amerikanische Präsident Franklin D. Roosevelt im Wahlkampf, 1936*

3 *Opfer einer Überschwemmung in Louisville stehen nach Lebensmitteln an, 1937*

4 *Frauen in einem Konversationsklub im mittleren Westen, 1937*

1. *Wie unterscheiden sich Anlässe und abgebildete Personengruppen auf den Fotos?*
2. *Welche unterschiedlichen Wirkungen sollen erzielt werden?*
3. *Was erfährst du aus den Bildern über das Leben in den USA in den 20er und 30er Jahren? Vergleiche mit der Darstellung S. 22–24.*

Der Maler Thomas H. Benton

5 *„Boom Town“. Gemälde aus dem Jahr 1928*

6 *„City Building“. Gemälde aus dem Wandbildzyklus „Amerika heute“, 1930*

7 *„Getreideernte". Gemälde aus dem Jahr 1939*

8 *Thomas H. Benton über seine Einstellung zu Amerika:*

Q Ich liebe Amerika so sehr, dass alle seine Rohheit und dreiste Dummheit für mich nur kleine Unvollkommenheiten sind, die einer eigenwilligen Schönheit Charakter und Individualität verleihen. Eine Windmühle, ein Schrotthaufen, ein Mitglied des Rotary-Clubs in ihrer amerikanischen Umgebung sagen mir mehr als Notre-Dame, der Parthenon oder die unsterblichen Helden alter Zeiten. Ich verstehe sie, sie packen mich emotional …
Das ganze Zeug des heutigen Amerikas, das ich kenne, ist mir von der Aktualität und Substanz her wichtiger als alle Kunst der Vergangenheit.

T. H. Benton in: R. M. Pearson, Experiencing American Pictures, New York 1943, S. 140. Übers. d. Verf.

9 *Über den Weg, wie er zu seinem eigenen Kunststil fand, sagte Thomas H. Benton in einem Interview 1935:*

Q Ich empfand meine Malerei als steril und nahm an der sogenannten modernen Bewegung teil, deren trockenen Schemata und unoriginellen Wiederholungen althergebrachter Formen. Um zu einer eigenständigen Form zu finden schien es mir nötig mich nicht nur auf die Kunst zu beziehen. Ich musste etwas finden, einen Boden, auf dem Neues wachsen konnte. Ich fand es, als ich mich für den Hintergrund des amerikanischen Lebens zu interessieren begann: Dinge, Orte, Gesichter. Falls wir es jemals zu einer nationalen Kunst von universeller Gültigkeit bringen sollten, müssen wir uns dem Druck der regionalen Umwelt aussetzen. Andernfalls, fürchte ich, wird es bei der Imitation anderer Formen bleiben.

T. H. Benton, Interview, in: Art Front, April 1935. Übers. d. Verf.

1. *Stelle aus den Gemälden zusammen, welche Aspekte von Amerika in den 20er und 30er Jahren Thomas H. Benton in seinen Bildern wiedergibt. Ziehe auch das Bild auf S. 20 heran.*
2. *Welche Einstellung hat er zu Amerika? Wie spiegelt sich diese in seinen Gemälden wider?*
3. *Vergleiche diese Gemälde mit Bildern europäischer Maler über Amerika in den 20er Jahren.*

Zusammenfassende Arbeitsaufgaben:

1. *Gib aufgrund der Fotografien und Gemälde eine Darstellung des Lebens in Amerika zwischen den Weltkriegen.*
2. *Wie unterscheiden sich die Aussagen der Fotografien von denen der Gemälde? Worauf sind die Unterschiede zurückzuführen?*

Die Große Depression und ihre Überwindung

Börsenkrach und Wirtschaftskrise

Im Oktober 1929 kam es in New York zu einem schweren Börsenkrach. Innerhalb einer Woche fielen die Aktienkurse auf einen nicht gekannten Tiefstand. Je mehr die Kurse sanken, um so rascher wollten immer mehr Menschen ihre Aktien verkaufen. Dadurch aber rutschten die Kurse noch stärker nach unten. Am 25. Oktober brach die Börse zusammen. Einen Tag darauf mussten viele Banken ihre Schalter frühzeitig schließen, weil sie zahlungsunfähig waren.
Welche Ursachen hatte dieser „Schwarze Freitag"? Seit Mitte der 20er Jahre waren die Kurse an den amerikanischen Börsen unaufhaltsam gestiegen. Dieser anhaltende Boom hatte zur Folge, dass sich immer mehr Menschen an den Börsenspekulationen beteiligten in der Hoffnung große Gewinne zu machen. 1928/29 wurden fast unbegrenzt Aktien ausgegeben, die den Kapitalmarkt aufblähten, obwohl bereits in der Automobilindustrie und in der Landwirtschaft durch eine Überproduktion erste Warnzeichen für einen Einbruch der Konjunktur sichtbar wurden. Als die Finanzexperten dem Spekulationsrausch ein Ende setzen wollten, bewirkten sie nur, dass bei sinkenden Kursen jeder schnell seine Aktien verkaufen wollte und so der Einbruch an der Börse nicht mehr aufzuhalten war.
Die Folgen dieses größten Börsenkrachs in der Geschichte waren katastrophal. Fast 10 000 Banken brachen zusammen, die Industrieproduktion schrumpfte um etwa zehn Prozent. In der Automobilbranche produzierte man im Dezember 1929 sogar 20 Prozent weniger als fünf Monate zuvor. Da weniger Autos hergestellt wurden, brauchte man auch weniger Reifen, weniger Öl, weniger Blech und anderes. In fast allen Industriezweigen kam es bald zu Massenentlassungen. Wer arbeitslos wurde, bekam in den USA aber keine Arbeitslosenunterstützung, denn eine Arbeitslosenversicherung gab es nicht. Die Nachfrage sank weiter, die Preise und Löhne fielen. Wer noch Arbeit hatte, verdiente bald nur noch so viel um sich das Lebensnotwendigste kaufen zu können. Die sinkenden Preise hatten vor allem in der Landwirtschaft Folgen. Da die Farmer schon längere Zeit Absatzschwierigkeiten für ihre Produkte hatten, waren ihre Einkommen immer stärker zurückgegangen und ihre Schulden immer größer geworden. Im Winter 1929/30 brach für sie die Katastrophe herein: Hunderttausende mussten ihre Farmen verlassen. Die Krise ernährte die Krise. Vier Jahre nach dem Börsenkrach hatten die USA fast 13 Millionen Arbeitslose, das war fast ein Viertel aller Erwerbstätigen.

Arbeitslose in einem Arbeitsvermittlungsbüro. Gemälde von Isaac Soyer, 1937

Jahr	Bruttosozialprodukt (in Mrd. Dollar)	Gewerbliche u. industrielle Produktion (1947–1949 = 100)	Arbeitslose (in Mio.)
1929	104,4	58	1,55
1930	91,1	48	4,34
1931	76,3	39	8,02
1932	58,5	30	12,06
1933	56,0	36	12,83
1934	65,0	39	11,34
1935	72,5	46	10,61
1936	82,7	55	9,03
1937	90,8	60	7,70
1938	85,2	46	10,39
1939	91,1	57	9,48

Daten zur Wirtschaftsentwicklung der USA in der Großen Depression 1929–1939

Der New Deal: Ein Ausweg aus der Krise?

Wie sollte der Staat auf die neue Situation des Wirtschaftseinbruchs und der Massenarbeitslosigkeit reagieren? Der amtierende Präsident Hoover hielt es als Verfechter der liberalen Wirtschaftstheorie nicht für die Aufgabe des Staates unterstützend in die Wirtschaft einzugreifen. Dies würde nur den Unternehmensgeist und die Erfindungskraft des Einzelnen abtöten, den „Geist der Freiheit und des Fortschritts ersticken", war seine Meinung.

Im Wahlkampfjahr 1932 sprach sich Franklin Delano Roosevelt, der Gegenkandidat Hoovers, dafür aus, dass der Staat „eine ständige Verantwortung für die allgemeine öffentliche Wohlfahrt" übernehmen müsse. Er versprach ein Programm des New Deal*, der „Neuverteilung der Karten" in der amerikanischen Gesellschaft. 1933 trat Roosevelt nach einem überwältigenden Wahlsieg sein Amt an. Die Mehrheit der Amerikaner hatte zu diesem Mann Vertrauen gefasst, der Tatkraft und Optimismus ausstrahlte, obwohl er durch eine Krankheit an einen Rollstuhl gefesselt war.

In seiner Antrittsrede verlangte der neue Präsident politische Vollmachten, als stehe eine fremde Armee im Land. Der Vergleich war nicht unpassend, denn seine Vorstellungen zur Überwindung der Krise knüpften tatsächlich an die Erfahrungen der Kriegswirtschaft an. Zeit für die Ausarbeitung eines geschlossenen Programms war angesichts der Ausmaße, die das Elend auf dem Land und in den Städten angenommen hatte, nicht vorhanden. So ist der New Deal mehr ein improvisiertes Experimentieren mit verschiedenartigen Maßnahmen. Dennoch hat er die amerikanische Gesellschaft grundlegend verändert. Erstmals griff der amerikanische Staat in Wirtschaft und Gesellschaft ein, um mit sozialen und wirtschaftspolitischen Reformen den Bedürftigen zu helfen. Dem liberalen Wirtschaftssystem wurden jetzt von staatlicher Seite Grenzen gesetzt und Schritte zum Aufbau eines Sozialstaates* unternommen.

In den ersten beiden Jahren des New Deal standen Maßnahmen im Vordergrund, mit denen die Zahl der Arbeitslosen gesenkt, den Not leidenden Farmern geholfen und das Bankwesen neu geordnet und staatlicher Kontrolle unterworfen werden sollten. Den Farmern wurde ein – allerdings nur sehr niedriges – Einkommen gesichert; jugendliche Arbeitslose erhielten die Möglichkeit bei staatlichen Projekten zur Aufforstung und Errichtung von Nationalparks eine Arbeit zu finden oder sogar einen Beruf zu erlernen. Der Staat ließ öffentliche Gebäude, Dämme, Brücken und Krankenhäuser bauen, mit finanziellen Zuschüssen wurden zahlreiche Städte und Gemeinden bei der Sanierung unterstützt. Selbst Schriftsteller und Künstler erhielten staatliche Aufträge für Theaterstücke und Gemälde an öffentlichen Gebäuden. Das größte Projekt war die Gründung der *Tennessee Valley Authority*, die entlang des Tennessee und seinen Nebenflüssen 30 Staudämme errichtete, die billige Energie lieferten und den Wasserhaushalt regulierten. In der Umgebung entstand ein riesiges Naherholungs- und Feriengebiet.

Verbunden mit diesen Maßnahmen zur Behebung der Not und zum Wiederaufbau waren Reformgesetze, die die sozial Schwachen schützen und ihnen mehr Rechte geben sollten. So wurden der Wettbewerb auf dem Arbeitsmarkt eingeschränkt, erste Ansätze einer staatlichen Arbeitslosenversicherung geschaffen und die Koalitionsfreiheit der Arbeitnehmer anerkannt. Die Position der Gewerkschaften wurde gegenüber den Unternehmern zusätzlich gestärkt, indem ihnen jetzt das Recht zum Abschluss kollektiver Lohnverträge zugestanden wurde und dadurch nicht mehr jeder Unterneh-

mer nur für seinen Betrieb Löhne mit den Arbeitern aushandeln konnte. Roosevelts Politik fand große Zustimmung bei der Masse des amerikanischen Volkes, zumal er es verstand, seine Erfolge bekannt zu machen. Widerstand gegen den New Deal kam jedoch von der Großindustrie, die ihre Schwierigkeiten den staatlichen Eingriffen in das Wirtschaftsleben anlastete und vor allem die Stärkung der Gewerkschaften und die zunehmende Zahl der Streiks nicht hinnehmen wollte. Vor dem Obersten Bundesgericht klagten die Unternehmer gegen zahlreiche Regierungsmaßnahmen und bekamen Recht: Das Gericht erklärte wichtige New-Deal-Gesetze für verfassungswidrig, weil sie nur einzelne soziale Gruppen begünstigen würden. Roosevelt, 1936 mit noch größerer Mehrheit als bei seiner ersten Wahl im Amt bestätigt, behielt jedoch seinen Kurs bei. Er selbst klagte in seiner zweiten Antrittsrede darüber, dass immer noch „ein Drittel der Nation schlecht behaust, schlecht gekleidet und schlecht ernährt" sei. Die Auswirkungen der großen Wirtschaftskrise waren also auch 1936 in den USA noch nicht überwunden.
Roosevelt hatte mit seinem New Deal aber ein wesentliches politisches Ziel erreicht: Viele Amerikaner fassten neues Vertrauen in den demokratischen Staat, der sich für die Wohlfahrt seiner Bürger verantwortlich fühlte; nicht zuletzt deshalb hatten radikalere Lösungsversuche zur Überwindung der Wirtschaftskrise in den USA keine Chance.

Westeuropa und die Weltwirtschaftskrise

Die Krise in den USA hatte sich rasch auch auf Europa ausgeweitet und dort fast alle Staaten in den Strudel der Großen Depression* gerissen. Die Suche nach einem Ausweg aus dem Niedergang der Weltwirtschaft fand aber ohne die USA statt. Denn die größte Wirtschaftsmacht konzentrierte sich allein darauf, ihre eigenen Wirtschaftsprobleme zu lösen. Sie übernahm keine Führungsrolle, um nach einem internationalen Ausweg zu suchen.
Großbritannien sah sich deshalb auch auf nationale Lösungsmöglichkeiten angewiesen. Die Arbeitslosigkeit, die schon in den 20er Jahren bei zehn Prozent lag und zu harten Arbeitskämpfen geführt hatte, stieg mit der Weltwirtschaftskrise sprunghaft an. Wie in den USA – nur in weit geringerem Umfange – förderte die Regierung öffentliche Arbeiten, vor allem im Wohnungsbau. Die Schutzzollpolitik der anderen Staaten traf Großbritannien bald nicht mehr so hart, weil es seinen Außenhandel vermehrt mit den Commonwealthländern und seinen Kolonien abwickelte.
Frankreich traf die Wirtschaftskrise weniger heftig als andere Industriestaaten. Die Regierung hatte nach dem Krieg den Aufbau neuer Industriezweige, vor allem der chemischen Industrie, begünstigt. Aber politische Spannungen belasteten das Land und damit auch die wirtschaftliche Ent-

„Sieg der Liliputaner über Gulliver". Amerikanische Karikatur auf den New Deal, 1935

Die Buchstaben bezeichnen wichtige Maßnahmen des New Deal, z. B.
AAA: Agricultural Adjustment Act (Staatliche Prämien für Farmer bei Anbaubeschränkungen)
CCC: Civilian Conversation Corps (Freiwilliger Arbeitsdienst zur Aufforstung der Nationalparks)
NRA: National Recovery Act (Schutzbestimmungen für Arbeitnehmer und Lohnregelungen)
TVA: Tennessee Valley Authority (Aufbau des Tennessee-Tales)

wicklung. Eine Kabinettskrise folgte der anderen; 1934/35 stand Frankreich sogar am Rande eines Bürgerkrieges zwischen linken und rechten politischen Kräften. 1936 versuchte eine Volksfrontregierung aus Sozialisten und Kommunisten unter Leon Blum durch soziale und wirtschaftspolitische Maßnahmen eine wirtschaftliche und politische Beruhigung zu erreichen. Der Widerstand der Wirtschaft und rechter Kreise vertiefte aber die politischen Gegensätze.

Amerikanische Außenpolitik in den 30er Jahren: Die Überwindung der Neutralität

Hitlers aggressive Außenpolitik nach 1933 (siehe S. 118f.) verstärkte zunächst in den USA die Tendenzen sich aus allen politischen Verwicklungen in Europa herauszuhalten. Neutralitätsgesetze wurden erlassen und auch angewandt, als Italien 1935 in Äthiopien einfiel und als das spanische Militär gegen die gewählte Regierung putschte. Die USA unterstützten keine Seite; selbst als der Völkerbund aufrief die Angreifer zu isolieren, blieben die USA bei ihrer Neutralität.

Erst als Japan 1937 in China einmarschierte, änderten die USA ihre isolationistische Haltung. Angesichts der zunehmenden Aggressionen forderte Roosevelt in der sogenannten *Quarantäne-Rede* die Amerikaner zu einer Abkehr von der Neutralität auf: Friede, Freiheit und Sicherheit seien nur gesichert, wenn es den friedliebenden Völkern gelänge die internationalen Rechtsbrecher gemeinsam in „Quarantäne“ zu stecken. Als Deutschland den „Anschluss“ Österreichs an das Deutsche Reich vollzog, bewilligte der Kongress Maßnahmen zur Aufrüstung. In den USA wuchs die Einsicht, dass man sich gegen die expansionistische Machtpolitik Japans, Italiens und Deutschlands engagieren müsse. Mit jeder neuen Aggression dieser Mächte engagierten sich die USA Schritt für Schritt mehr:

- Nach dem deutschen Sieg über Polen 1939 wurde das Ausfuhrverbot von Waffen aufgehoben. Die *„Cash-and-Carry“-Regelung* erlaubte es Großbritannien, Waffen in den USA zu kaufen, allerdings mussten die Engländer diese auf eigenen Schiffen transportieren.
- Nach der Niederlage Frankreichs 1940 verabschiedete der Kongress den *„Lend-Lease-Act“* (Leih- und Pachtgesetz); er erlaubte dem Präsidenten die Staaten zu unterstützen, deren Verteidigung er im Interesse der USA ansah.

Damit hatten die USA ihre isolationistische Haltung endgültig aufgegeben und sich zu einer weltpolitischen Verantwortung bekannt. Durch die Leih- und Pachtgesetze erhielt sogar die Sowjetunion nach Hitlers Überfall 1941 Waffenunterstützung. Als die Japaner am 7. Dezember 1941 überraschend den amerikanischen Militärstützpunkt Pearl Harbor auf Hawaii überfielen, erklärten die USA den Japanern und drei Tage später Deutschland und Italien den Krieg. Damit begann für die USA der Zweite Weltkrieg.

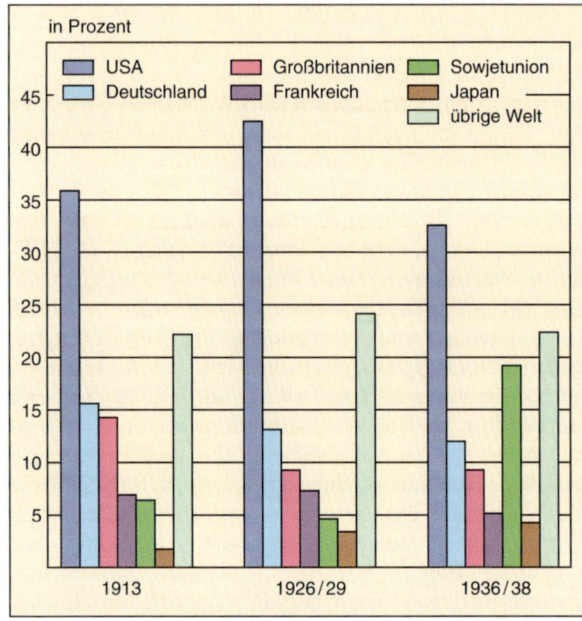

Die Entwicklung der Industrieproduktion 1913–1938 (Anteil an der Weltindustrieproduktion in Prozent)

Fragen und Arbeitsaufgaben

1. *Stelle Gründe und Folgen der Wirtschaftskrise in den USA zusammen.*
2. *Erläutere, inwiefern Roosevelts New Deal einen Ausweg aus der Krise brachte. Worin siehst du die besonderen Leistungen von Roosevelts Politik?*
3. *Erkläre, wie Gegner Roosevelts seine Politik beurteilt haben. Interpretiere dazu die Karikatur auf S. 31.*

Die Große Depression: Eine Herausforderung für den Staat?

1 *Über den Zusammenbruch der Aktienkurse an der New Yorker Börse im Oktober 1929 schreibt ein Historiker:*

D Die neue wirtschaftliche Epoche endet mit einer Orgie von Spekulationen. Seit März 1928 steigen die Wertpapiere rasch im Kurs … Überall hörte man Gerüchte von Riesenvermögen, die an der Börse verdient worden wären … Der Zusammenbruch des Börsenmarktes kam im Oktober 1929 mit erschreckender Plötzlichkeit. In der ersten Septemberwoche waren die Kurse gefallen, aber Spekulanten ergriffen die Gelegenheit ein besonders gutes Geschäft zu machen und der Markt erholte sich wieder. Anfang Oktober herrschte eine etwas nervöse Stimmung, aber niemand war auf das gefasst, was nun geschah. Am Mittwoch, dem 23. Oktober, wurde eine Rekordzahl von fast 6,5 Millionen Aktien verkauft. Am folgenden Tag herrschten an der New Yorker Börse Panik und Chaos. Hauptgrund der Panik war die Unsicherheit. Wenn ein Anleger in das Büro seines Maklers kam, um sich über den Stand seiner Aktien zu informieren, zeigte der Fernschreiber, dass die Kursgewinne von Monaten an diesem einen Vormittag zu nichts zerronnen waren … Kein Aktionär konnte den jeweiligen Kurs seiner Aktien genau feststellen und er verkaufte in der Hoffnung, dass sich seine Verluste nach Abschluss des Geschäfts in erträglichen Grenzen halten würden. Das zweite Problem war das der Kreditkäufe. Viele Aktien waren den Maklern auf Kredit abgekauft worden. Die Kredite sollten durch Kursgewinne laufend finanziert werden. Als die Kurse fielen, schwand diese Finanzierungsmöglichkeit und die Käufer mussten mit Bargeld zahlen, das sie nur durch den Verkauf eines Teils ihrer Aktien aufbringen konnten. Also mussten sie um jeden Preis verkaufen. Über -all kursierten Gerüchte: Die Börse in Chikago sei geschlossen worden; mehrere prominente Finanziers hätten sich aus den Fenstern von Wolkenkratzern gestürzt … Am späten Nachmittag des 28. Oktober, einem Montag, entstand eine neue Panik. Neun Millionen Wertpapiere wurden verkauft. Am folgenden Tag wurde die unerhörte Zahl von sechzehneinhalb Millionen erreicht. Die Kurse waren in einer Woche um 40 % gefallen, lagen aber immer noch deutlich über dem Stand vom März 1928, als der letzte Boom der Aktienkurse begonnen hatte. Als der Kursverfall schließlich im Sommer 1932 den Tiefpunkt erreichte, lag der Kursindex 83 % unter dem Höchststand des Jahres 1929.

Die Vereinigten Staaten von Amerika, hg. von W. P. Adams, Frankfurt/M. 1978, S. 313–316.

2 *Schlange von Arbeitslosen, die Weihnachten 1931 in New York nach einer warmen Mahlzeit anstehen*

3 *Arbeitsloser vor seiner Wellblechhütte in „Hooverville", wie die Barackensiedlungen in Anspielung auf den 1929–1933 amtierenden Präsidenten Hoover genannt wurden, um 1932*

4 *Aus der Rede Franklin D. Roosevelts auf dem Parteitag der Demokratischen Partei im Juli 1932, auf dem er zum Präsidentschaftskandidaten nominiert wurde:*

Q Unsere republikanischen Führer sagen uns, dass die Gesetze der Wirtschaft – heilig, unverletzbar, unveränderbar – Krisen verursachen, die niemand verhindern kann. Aber während sie über die Gesetze der Wirtschaft plappern, hungern Männer und Frauen. Wir müssen endlich begreifen, dass die Gesetze der Wirtschaft nicht von der Natur, sondern von Menschen gemacht worden sind.

Wenn wir die Chance bekommen, wird die Bundesregierung die mutige Führung übernehmen die Not und das Elend zu lindern. Jahrelang hat Washington abwechselnd den Kopf in den Sand gesteckt und gesagt, dass es nicht viele Arme unter uns gebe, die Nahrung und Kleidung brauchen, und dann wiederum sagte es, dass sich die Einzelstaaten um sie kümmern sollten, falls es welche gäbe. Anstatt vor zweieinhalb Jahren zu planen, was die Regierung jetzt versucht, hat sie es von Tag zu Tag, von Woche zu Woche verschoben, bis das Gewissen Amerikas Handlungen forderte. Ich behaupte, dass die Bundesregierung, obwohl die primäre Verantwortung für die Hilfsmaßnahmen wie eh und je bei den Gemeinden liegt, dennoch eine ständige Verantwortung für die allgemeine öffentliche Wohlfahrt hatte und immer noch hat ... Ich verpflichte Sie, ich verpflichte mich auf ein Programm der neuen Ordnung für das amerikanische Volk. Alle hier Versammelten sollen sich zu Propheten einer neuen, leistungsfähigen und mutigen Ordnung konstituieren. Dies ist mehr als ein politischer Wahlkampf, dies ist der Ruf zu den Waffen.

Materialien zur Amerikakunde, hg. vom Verein für Amerikakunde, Hamburg 1976.

5 *Aus einer Rede des für eine zweite Amtszeit kandidierenden republikanischen Präsidenten Herbert Hoover kurz vor den Wahlen im November 1932 in New York:*

Q Verweilen wir einen Augenblick und betrachten wir die Staatsordnung, das soziale und wirtschaftliche Leben Amerikas, die wir nun, wie unsere Gegner es möchten, verändern sollen. Unsere Ordnung ist ein Werk unseres Volkes und unserer Erfahrung im Aufbau einer Nation, die wir auf eine Höhe geführt haben, für die es in der Weltgeschichte keine Parallele gibt. Es ist eine Ordnung, die nur dem amerikanischen Volk eigen ist ... Sie beruht auf der Vorstellung, dass nur durch disziplinierte Freiheit, durch Freiheit und gleiche Möglichkeiten für alle, die Initiative und der Unternehmungsgeist so angeregt werden, dass sie jeden Einzelnen dazu bringen, den Fortschritt noch schneller voranzutreiben ... Eins kann ich ohne jeglichen Zweifel sagen: dass es der Geist des Liberalismus ist, der freie Menschen hervorbringt, und nicht die Reglementierung der Menschen oder die Ausweitung der Bürokratie. Ich habe in dieser Stadt schon früher erklärt, dass man die Herrschaft der Regierung oder des Staates nicht auf das tägliche Leben der Menschen ausdehnen kann, ohne sie an irgendeinem Punkt zum Herrn der Seelen und Gedanken des Volkes zu machen. Das Übergreifen der staatlichen Tätigkeit auf wirtschaftliches Gebiet bedeutet, dass der Staat, um sich vor den politischen Folgen seiner Irrtümer zu schützen, unweigerlich zu einer immer größeren Beherrschung der Presse und der Redefreiheit getrieben wird, ohne je Frieden zu finden. Die Freiheit der Meinungsäußerung wird den Tod der freien Wirtschaft nicht lange überleben.

Echter Liberalismus ist nicht das Bestreben die Bürokratie weiter auszubreiten, sondern ihr Schranken zu setzen. Echter Liberalismus sucht die richtigen Freiheiten als Erstes in dem vertrauensvollen Glauben, dass ohne solche Freiheit das Trachten nach anderen Segnungen vergeblich ist. Der Liberalismus ist eine wahrhaft geistige Kraft, die der tiefen Erkenntnis entspringt, dass die wirtschaftliche Freiheit nicht geopfert werden kann, wenn die politische Freiheit erhalten bleiben soll.

Selbst wenn die Führung der Wirtschaft durch den Staat uns ein Höchstmaß an Leistungsfähigkeit sicherte, so wäre diese auf Kosten der Freiheit erkauft. Sie würde Missbrauch und Korruption eher vergrößern als verringern, keine wirklich führenden Köpfe hervorbringen, die geistigen und seelischen Kräfte unseres Volkes verkümmern lassen, die Gleichheit der Möglichkeiten auslöschen und den Geist der Freiheit und des Fortschritts zum Verdorren bringen.

H. Hoover, Memoiren, Bd. 3, Mainz 1952, S. 329–333.

1. *Entwirf nach Text 1 eine Art „Fieberkurve" zum Zusammenbruch der Kurse an der New Yorker Börse, indem du für die einzelnen Phasen Schlagzeilenüberschriften formulierst.*
2. *Schreibe an Hand von Mat. 2 und 3 und der Abbildungen S. 20 und 29 einen Bericht darüber, wie Arbeitslose die Wirtschaftskrise erlebt haben. Vergleiche mit der Situation von Arbeitslosen in der Bundesrepublik Deutschland.*
3. *Was wirft Roosevelt der amtierenden Regierung vor? Welchen Ausweg aus der Krise schlägt er vor?*
4. *Warum lehnt Hoover staatliche Eingriffe in die Wirtschaft zur Lösung der Krise ab?*
5. *Vergleiche die Auffassungen Roosevelts und Hoovers über die Aufgaben des Staates. Nimm dazu Stellung.*

6 *Entwicklung der Arbeitslosenzahlen in den USA 1929–1941:*

Jahr	Arbeitslose (in Tausend)	Prozent der Bevölkerung
1929	1550	3,2
1930	4340	8,7
1931	8020	15,9
1932	12060	23,6
1933	12830	24,9
1934	11340	21,7
1935	10610	20,1
1936	9030	16,9
1937	7700	14,3
1938	10390	19,0
1939	9480	17,2
1940	8120	14,6
1941	5560	9,9

7 *Einnahmen, Ausgaben und Verschuldung der USA 1929–1941 (in Milliarden Dollar):*

Jahr	Einnahmen	Ausgaben	Staatsschuld
1929	4,0	3,3	16,9
1930	4,2	3,4	16,2
1931	3,1	3,6	16,8
1932	1,9	4,7	19,5
1933	2,0	4,6	22,5
1934	3,1	6,7	27,0
1935	3,7	6,5	28,7
1936	4,1	8,5	33,8
1937	5,0	7,8	36,4
1938	5,6	6,8	37,2
1939	5,0	8,9	40,4
1940	5,1	9,1	43,0
1941	7,1	13,3	49,0

Tabelle 6 und 7 zusammengestellt nach: Historical Statistics of the United States, Colonial Times to 1957, Washington 1960, S. 139 und 711.

8 *„New-Deal-Arzeneien“, Karikatur von Clifford Berryman, 1936. Roosevelt zum Kongress: „Natürlich müssen wir die Arzeneien wechseln, wenn wir keine Erfolge haben.“*

9 *Der New Deal im Urteil eines amerikanischen Historikers:*

D Das Hauptproblem lag darin, dass die New-Deal-Gesetze so viel auf einmal bewerkstelligen sollten. Sie mussten die unmittelbare Not lindern. Roosevelt konnte es sich weder als Politiker noch aus humanitären Gründen erlauben die Schlangen hungernder Menschen und die ruinierten Farmer zu übersehen. Der New Deal versuchte dann die Wirtschaft wieder in Gang zu bringen, d. h. die Industrieproduktion anzukurbeln. Um einer neuen derartigen Wirtschaftskrise vorzubeugen versuchte Roosevelt das politische System zu reformieren – insbesondere das Verhältnis von Wirtschaft und Regierung. Viele dieser Ziele, die an sich alle erstrebenswert waren, schlossen sich gegenseitig aus …

In Wirklichkeit war der New Deal keineswegs unternehmerfeindlich. Er setzte seine Bürokraten nur dort ein, wo die privaten Unternehmer versagt hatten, und auch nur so lange, bis sich die Privatwirtschaft wieder erholt hatte. Indem er einer radikaleren Lösung zuvorkam, war er der Retter und nicht der Zerstörer des Kapitalismus. Es gab keine kollektivistische Planung und keine klar umrissene Ideologie, weder eine sozialistische noch eine andere. Schon mit dem Schlagwort vom New Deal war gesagt, dass der Einzelne seine Karten selbst ausspielen sollte.

Die Vereinigten Staaten von Amerika, hg. von W. P. Adams, Frankfurt/M. 1978, S. 351–352.

1. *Schildere an Hand der Tabellen 6 und 7 den Verlauf der Großen Depression und die Wirkung der Maßnahmen des New Deal.*
2. *Welche Beurteilung des New Deal kommt in der Karikatur zum Ausdruck? Vergleiche mit der Karikatur S. 31.*
3. *Nimm zur Beurteilung des New Deal in Text 9 Stellung. Vergleiche mit den Quellen 4 und 5.*

Zeittafel

1920	Senat verweigert die Ratifizierung des Versailler Vertrags, USA treten damit dem Völkerbund nicht bei (Isolationismus)
1920	Einführung des Frauenwahlrechts
1927	Briand-Kellogg-Pakt: Internationaler Pakt zur Ächtung des Krieges
1929	25. Oktober: Börsenkrach „Schwarzer Freitag", Beginn der Weltwirtschaftskrise
1929–33	Präsidentschaft von Herbert Hoover
1933	Amtsantritt von Präsident Franklin D. Roosevelt Beginn der Politik des New Deal
1939	„Cash-and-Carry"-Klausel: Nach dem Sieg der Deutschen über Polen wird das Ausfuhrverbot von Waffen aufgehoben
1940	Lend-Lease-Act (Leih- und Pachtgesetz) Präsident darf Staaten unterstützen, wenn dies im Interesse der USA ist

Depression nennt man eine Phase wirtschaftlichen Niedergangs. Kennzeichen sind eine Abnahme der Produktion, Beschäftigung, Einkommen und Gewinne, steigende Arbeitslosigkeit, sinkende Nachfrage nach Konsumgütern, auch Preisverfall und Massenelend. Die Weltwirtschaftskrise 1929 wird als Große Depression bezeichnet.

Inflation. Anhaltende Preissteigerung und Geldentwertung, u. a. durch ein Missverhältnis zwischen Angebot und Nachfrage, steigende Lohn- und Rohstoffkosten oder staatliche Finanzpolitik hervorgerufen.

Interventionismus. In der Volkswirtschaft versteht man darunter das gezielte Eingreifen des Staates in die kapitalistische Wirtschaft, um unerwünschte Folgen der freien Marktwirtschaft zu korrigieren. Politisch, völkerrechtlich und militärisch bezeichnet Interventionismus das Eingreifen eines Staates in die inneren Angelegenheiten eines anderen Staates.

Isolationismus. Politik eines Staates die Eigeninteressen zu betonen und sich von außenpolitischen Bindungen an andere Staaten fern zu halten. Der amerikanische Isolationismus betraf nur das Verhältnis zu Europa; gegenüber Asien und Südamerika hielten die USA an der Open-Door-Politik fest. Im Sinne einer außenpolitischen Nichteinmischung verabschiedete der amerikanische Kongress in den 30er Jahren sogenannte Neutralitätsgesetze, die die USA auf ein striktes Waffen- und Kreditembargo gegenüber kriegführenden Staaten festlegten. Mit der sog. Quarantäne-Rede (1937) begann Roosevelt, die amerikanische Außenpolitik vom Isolationismus zu lösen.

Liberalismus. Politische Bewegung des Bürgertums seit dem 18. Jh., die für die freie Entfaltung des Menschen, vor allem für die Freiheit und Selbstbestimmung des Individuums gegenüber kollektiven Ansprüchen von Staat und Kirche, eintritt. Verwirklichung der Menschen- und Bürgerrechte, Volkssouveränität und Gewaltenteilung gehörten von Anfang an zu den politischen Grundforderungen genauso wie auf wirtschaftlichem Gebiet der freie Wettbewerb der Unternehmer (*Wirtschaftsliberalismus*). Nach der Durchsetzung vieler liberaler Vorstellungen in den Verfassungskämpfen des 19. Jh. in den westeuropäischen Ländern nahm der Einfluss des politischen Liberalismus ab. Eine Blüte erlebte der Wirtschaftsliberalismus in den USA.

New Deal heißt die Wirtschafts- und Reformpolitik, mit der Präsident Roosevelt in den 30er Jahren den Folgen der Weltwirtschaftskrise in den USA begegnete. Die amerikanische Wirtschaft sollte durch Arbeitsbeschaffungsprogramme, Verringerung der Überproduktion in Industrie und Landwirtschaft, Arbeitszeitverkürzungen, Erhöhung der Mindestlöhne und sozialstaatliche Maßnahmen belebt werden.

Konsumgesellschaft. Form der modernen kapitalistischen Wohlstands- und Industriegesellschaft. Sie ist vor allem durch eine relativ hohe Massenkaufkraft und materiellen Wohlstand breiter Bevölkerungsschichten sowie durch Massenproduktion von Verbrauchs- und Gebrauchsgütern geprägt. Infolge der weitgehend gesicherten Befriedigung existentieller Bedürfnisse (Lebensmittel u. ä.) richtet sich in der Konsumgesellschaft das Ansehen der Bürger teilweise nach Konsumgewohnheiten. Mit Konsumgesellschaft bezeichnet man heute deshalb auch abwertend eine Gesellschaft, in der die Steigerung der Produktion und der Verbrauch von Gütern ein Übermaß an Aufmerksamkeit findet.

Sozialstaat. Wohlfahrtsstaat, der durch seine Wirtschafts- und Sozialpolitik für das materielle Wohl und die soziale Sicherheit seiner Bürger sorgt. Erste Ansätze des Sozialstaates in Deutschland gehen auf die Sozialgesetzgebung der 1880er Jahre im Kaiserreich zurück. In der Bundesrepublik ist die Sozialstaatsverpflichtung Bestandteil des Grundgesetzes.

Traumfabrik Hollywood

Als im Jahre 1910 eine Gruppe von Künstlern, die von den Einheimischen als „Movies" verspottet wurde, sich in Hollywood in Kalifornien niederließ, um Filme zu machen, ahnte noch niemand, dass wenige Jahre später diese Stadt zum Inbegriff der neuartigen Kunst mit den bewegten Bildern werden würde. Keine vier Jahre vergingen, da war Hollywood bereits Zentrum einer millionenschweren Filmindustrie.

Es war nicht allein das Klima, weshalb die „Movies" hierher gezogen waren; 350 Tage wolkenloser Himmel und Sonnenschein im Jahr boten hervorragende Bedingungen, da man damals nur unter optimalen Lichtverhältnissen drehen konnte. Ein zweiter Grund für die Wahl des Ortes war die große Entfernung zu New York, wo Th. Edison – neben den französischen Brüdern Lumière Erfinder der bewegten Bilder – mit anderen Investoren Patente aufgekauft hatte, um sich eine Monopolstellung in der amerikanischen Filmproduktion zu verschaffen.

In Hollywood setzte man von Anfang an auf großen Aufwand bei der Herstellung der Filme, die bis 1927 Stummfilme waren. Die Zukunft galt nicht dem Streifen, der eine kleine Episode erzählte, sondern dem Monumentalfilm, oft Historienfilm, der den wohlhabenden bürgerlichen Schichten in luxuriösen „Filmpalästen" rund um die Welt vorgeführt werden sollte. Als der Tonfilm sich endgültig von 1928 an durchsetzte, war Hollywood schon der Inbegriff für die neue Filmkunst. Bedeutende Regisseure und Schauspieler aus Europa siedelten nach Hollywood über, um hier ihren künstlerischen Visionen Gestalt zu geben, so Friedrich Murnau, Fritz Lang, Ernst Lubitsch, Greta Garbo, Marlene Dietrich u. a.

Ein Name ist mit dem Aufstieg des Films untrennbar verbunden – Charlie Chaplin. Geboren in London, aufgewachsen in großer Not, schloss er sich einer Theatergruppe an, um als Schauspieler sein Geld zu verdienen. So kam er auch 1910 in die USA. Drei Jahre später begann seine Karriere zunächst als Filmschauspieler, dann auch als Regisseur und Drehbuchautor. Seine Filme liefen in der ganzen Welt, er wurde Millionär. Zu den berühmtesten Streifen von Chaplin zählen „Gold rush", (1925, Goldrausch), „City lights", (1931, Lichter der Großstadt), „Modern times", (1936, Moderne Zeiten), „The great dictator", (1940, Der große Diktator).

Wer war's?

Er wurde 1863 in der Nähe von Chicago geboren. Mit zehn Jahren baute er eine Turbinen-Dampfmaschine, mit 29 Jahren ein berühmtes Rennauto und mit 45 den ersten Serien-PKW, davon im ersten Produktionsjahr 10 000 Stück. Das war ungeheuer viel in jener Zeit, als von anderen Automodellen kaum 100 Stück hergestellt wurden. Sein bekanntestes Fahrzeug war das legendäre Modell T, das die Amerikaner liebevoll „Tin-Lizzy" (Blech-Liesel) nannten.

Der Gesuchte hatte Erfolg, weil er in seiner Firma eine sensationelle Neuerung einführte: die Arbeit am Fließband. So konnten die Autos nicht nur schneller, sondern auch billiger gebaut werden. Bis 1927 baute er 15 Millionen dieses Autotyps. Einen vergleichbaren Erfolg hatte später nur der VW-Käfer.

Noch zu Beginn des Ersten Weltkrieges organisierte der Unternehmer eine Art Friedensbewegung und weigerte sich seine Autos für Kriegszwecke zur Verfügung zu stellen. Später änderte er seine Einstellung. Weil er sich dagegen wehrte, in seinen Fabriken Gewerkschaften zuzulassen, kam es zu einem großen Streik der Automobilarbeiter.

Fließbandarbeit in Detroit, 1913

3. Vom Zarenreich zur kommunistischen Sowjetunion:

Die sozialistische Revolution als Weg in die Moderne?

In der Zeit nach dem Zweiten Weltkrieg war die Sowjetunion bis zu ihrem Zerfall 1991 neben den USA die zweite Weltmacht. Genauso wie der rasante Zerfall der Sowjetunion in den letzten Jahren ist allerdings auch der rasche Aufstieg zur Weltmacht erstaunlich: Im Ersten Weltkrieg zählte Russland noch zu den Verlierern; das Zarenreich hatte seit 1914 schwere Niederlagen erlitten, die Versorgung war zusammengebrochen. Im Februar 1917 wurde der Zar durch einen Massenaufstand – die Februarrevolution – gestürzt. Neben einer neuen bürgerlichen Regierung bildeten sich Sowjets der Arbeiter, Soldaten und Bauern; die Periode der Doppelherrschaft begann. Ein halbes Jahr später ergriff in der Oktoberrevolution die Partei der Bolschewiki unter Lenin die Macht. Dies war die erste erfolgreiche sozialistische Revolution in der Geschichte. Die Sowjetmacht war jedoch erst gesichert, nachdem sie in einem Bürgerkrieg die Gegner der Revolution besiegt hatte.

Mit der Revolution 1917 wurde nicht nur der Untergang des Zarentums besiegelt. Durch sie fiel auch die Entscheidung, dass Russland keinen „westlichen" Weg in die moderne Welt gehen, sich nicht in Richtung auf eine pluralistische Demokratie und ein marktwirtschaftlich-kapitalistisches Wirtschaftssystem entwickeln würde. In Russland siegte damals der Marxismus leninistischer Prägung.

Das Jahr 1917, das bereits den Eintritt der USA in den Ersten Weltkrieg und damit in die Weltpolitik gebracht hatte, wurde so auch für Russland zum Epochenjahr. Historiker haben mit diesem Jahr die „Zeitgeschichte" beginnen lassen, weil damals die Grundlagen für den ideologischen Gegensatz gelegt wurden, der die Welt bis zum Ende der Nachkriegsepoche 1990/91 bestimmte: die Auseinandersetzung zwischen einem liberaldemokratischen Kapitalismus im Westen und dem Kommunismus im Osten.

„Höher die Fahne Lenins - sie führt uns zum Sieg!" Propagandaplakat zum 2. Fünfjahresplan, 1934

Vorgeschichte und Verlauf der Revolution sowie die Umwandlung des Landes durch das kommunistische Herrschaftssystem bis hin zum deutschen Angriff 1941 bilden einen wichtigen Einschnitt in der Geschichte Russlands bzw. der Sowjetunion. Dabei geht es um die zentralen Fragen, die für das Verständnis auch der späteren Entwicklung in der Sowjetunion wichtig sind: Warum brach die traditionsreiche Zarenherrschaft 1917 so schnell zusammen? Warum gingen die Bolschewiki als Sieger aus der Revolution hervor? Seit Ende der 20er Jahre machte das Herrschaftssystem unter Stalin bedeutende Wandlungen durch. In der Zeit zwischen den beiden Weltkriegen blieb die Sowjetunion eine isolierte Macht, die an den wesentlichen weltpolitischen Entscheidungen nicht beteiligt wurde. Im Innern wandelte sie sich unter der Herrschaft Stalins seit Mitte der 20er Jahre von einem noch weithin rückständigen Agrarland in einen kommunistischen Industrie- und Agrarstaat. War diese Umwandlung eine der Voraussetzungen für den Sieg über das nationalsozialistische Deutschland und die spätere Weltmachtstellung der Sowjetunion?

Der Stalinismus gilt heute in der öffentlichen Meinung als Synonym für Schreckensherrschaft. Was ist Stalinismus? Wie ist er zu beurteilen?

An der Oktoberrevolution und der nachfolgenden Entwicklung in der Sowjetunion haben sich lange Zeit weltweit die Geister geschieden, sowohl in den Ländern des Ostblocks als auch in denen des Westens und der Dritten Welt. Für viele waren die Errungenschaften der Revolution große Vorbilder, viele lehnten sie aber auch ab, weil die Oktoberrevolution eine der wichtigsten Ursprünge der Spannungen in der Zeit nach dem Zweiten Weltkrieg gewesen sei. Die einen wiesen auf die wirtschaftlichen und gesellschaftlichen Erfolge des Sowjetstaates hin, z. B. den industriellen Fortschritt, die Verbesserung des Lebensstandards und die Aufstiegs- und Bildungsmöglichkeiten für große Teile der Bevölkerung. Die anderen betonten, dass dabei nicht nur westliche Vorstellungen von Menschenrechten und Demokratie, sondern auch wichtige Revolutionsideale – z. B. die Befreiung von Zwängen – auf der Strecke blieben. Nach dem Niedergang des Kommunismus in den letzten Jahren und angesichts des Raubbaus, den das sozialistische System im Ostblock an Mensch, Umwelt und Natur betrieben hat und der jetzt langsam ans Tageslicht kommt, scheint dieser Streit heute entschieden zu sein. Um die Schwierigkeiten, Probleme und Konflikte verstehen zu können, die heute in den Nachfolgestaaten der Sowjetunion bestehen, ist es aber notwendig die Entstehung und den Aufstieg der Sowjetmacht zu kennen.

Die Russische Revolution und die kommunistische Sowjetunion bis 1918

Die Februarrevolution

Internationaler Frauentag 1917 in Petrograd (so hieß St. Petersburg seit 1914): Textilarbeiterinnen – meist Frauen, deren Männer an der Front waren – rufen zu einem Streik auf, Arbeiterinnen anderer Betriebe schließen sich an. Leo Trotzki, einer der führenden Bolschewiki, schrieb rückblickend über diesen 23. Februar: „Eine große Menge Frauen, und zwar nicht nur Arbeiterinnen, zog zur Stadtduma mit der Forderung nach Brot. Das war dasselbe, wie von einem Bock Milch zu verlangen. Es tauchten in verschiedenen Stadtteilen rote Banner auf, deren Aufschriften besagten, dass die Werktätigen Brot wollen, das Selbstherrschertum und den Krieg aber nicht mehr wollen. Der Frauentag verlief erfolgreich, mit Schwung und ohne Opfer. Was er aber in sich barg, das ahnte am Abend noch niemand."

Schon seit Monaten demonstrierten Frauen, weil die Versorgung der Städte mit Lebensmitteln nicht mehr klappte. Die Zahl der Streiks in wichtigen Fabriken stieg seit Anfang 1917 sprunghaft an, da durch die Kriegskosten eine immer schnellere Geldentwertung eingetreten war. Die Löhne sanken unter das Existenzminimum. Immer mehr Bauern und Arbeiter wurden an die Front geschickt, um die hohen Verluste auszugleichen. Zar und Regierung kümmerten sich anscheinend schon lange nicht mehr um die Nöte der Bevölkerung, sondern waren mit Machtkämpfen und Intrigen am Hof beschäftigt. So kam es, dass sich die ersten Demonstrationen innerhalb von vier Tagen zu Massenumzügen ausweiteten, an denen schließlich 200 000 Menschen teilnahmen. Sie verlangten Frieden, Brot, höhere Löhne, aber auch eine neue Regierung.

Um die Ordnung wiederherzustellen, griff der Zar zu dem Mittel, das er schon 1905 erfolgreich eingesetzt hatte: Er gab den in der Hauptstadt stationierten Truppen den Befehl auf die Demonstranten zu schießen. Doch diesmal weigerten sich die Soldaten in die Menge zu schießen. Es handelte sich meist um Rekruten und ältere Familienväter, die erst kurz zuvor eingezogen worden waren und den Fronteinsatz in einem sinnlos gewordenen Krieg fürchteten. Nun stürmten die Massen die Waffenarsenale, das Staatsgefängnis und das Hauptquartier der verhassten Geheimpolizei. Kurz darauf dankte Zar Nikolaus II. ab, das Ende der Zarenherrschaft war gekommen.

Innerhalb weniger Tage wurde aus dem noch halb absolutistischen Russland eines der freiesten Länder der Welt mit unbegrenzter Meinungs-, Presse- und Organisationsfreiheit – und das mitten im Krieg. Die Voraussetzungen für die dauerhafte Errichtung einer parlamentarischen Demokratie schienen nicht schlecht. Aber es kam anders: Acht Monate nach der Februarrevolution übernahmen in einer neuen Revolution* die Bolschewiki unter Lenin die Macht und begannen ihre Vorstellungen einer sozialistischen Demokratie zu verwirklichen. Wie ist dieser Umschwung zu erklären?

Die Ursachen der Russischen Revolution

Russland gehörte zu Beginn des 20. Jahrhunderts zu den rückständigsten Ländern in Europa. Die wirtschaftliche und gesellschaftliche Entwicklung hinkte weit hinter der Westeuropas zurück.

Die Ursachen dafür lagen zum Teil im politischen System. Der Zar herrschte ohne jede Kontrolle aus eigener Machtvollkommenheit, seine wichtigste Stütze hatte er in der orthodoxen Kirche. Diesem Bündnis zwischen Zar und Kirche war es wohl zu verdanken, dass es bis ins 20. Jahrhundert kaum zu einer ernsthaften Bedrohung der Autokratie (= Selbstherrschaft) des Zaren kam, da über 80 Prozent der Bevölkerung Bauern waren, die sehr kirchen- und damit zarentreu waren. Bis 1861 waren die Bauern in der Leibeigenschaft eingebunden gewesen, ohne Freiheitsrechte und die geringsten Bildungsmöglichkeiten. In Westeuropa hingegen hatten die Bauern bereits ein halbes Jahrhundert zuvor im Zusammenhang mit der Französischen Revolution die persönliche Freiheit erhalten.

Eine weitere Erklärung für die Rückständigkeit Russlands ist, dass sich das Bürgertum politisch und wirtschaftlich – anders als in Westeuropa – nicht emanzipieren konnte. Während sich in Westeuropa das Bürgertum über die Autonomie* im spätmittelalterlichen Stadtwesen, im Zeitalter der Renaissance und des Humanismus, in der Reformation und während der Revolutionen von 1789 und 1848 Mitbestimmungsmöglichkeiten im modernen Verfassungsstaat erkämpft hatte, hatte sich in Russland so gut wie keine bürgerliche Schicht entwickelt. Nur in wenigen Großstädten wie Moskau und St. Petersburg fand man eine dünne Schicht von bürgerlichen Kaufleuten. Folglich kam es auch zu keiner Einschränkung der absoluten Gewalt des Herrschers, wie sie 1688 in England und 1789 in Frankreich durchgesetzt worden war.

Die Niederlage Russlands im Krimkrieg (1854–56) deckte die Rückständigkeit Russlands gegenüber den modernen Staaten wie Frankreich und England endgültig auf. Die Folge war, dass Reformpolitiker am Zarenhof Einfluss gewannen. Sie wollten die Bauern befreien und die Industrialisie-

Arbeitslose in St. Petersburg. Zeitgenössische Fotografie

rung des Landes vorantreiben. Zugleich forderten sie eine grundsätzliche Liberalisierung, um die Alleinherrschaft des Zaren durch Mitwirkungsmöglichkeiten des Parlaments einzuschränken. Aber keines dieser Ziele wurde richtig erreicht. Bis zum Ausbruch des Ersten Weltkriegs blieb, bis auf die Bauernbefreiung, die den Bauern keine bessere soziale Lage bescherte, fast alles beim Alten. Die Folgen waren vermehrte Bauernaufstände und eine zunehmende Radikalisierung der zahlenmäßig kleinen, verelendeten Arbeiterschaft.

Gegen diese Unfähigkeit zu gesellschaftlichen Reformen protestierte die Opposition gegen Ende des Jahrhunderts immer heftiger. Sie wurde von der „Intelligencija“ angeführt, von bürgerlichen Intellektuellen, Studenten, Schriftstellern, Rechtsanwälten und Lehrern. Die Opposition sprach für „das Volk“, das noch weitgehend aus Analphabeten bestand. Die Opposition bestand aus unterschiedlichen Gruppierungen. Während die einen sich an der Entwicklung der westeuropäischen Staaten orientieren wollten („Westler“), propagierten die anderen eine Rückbesinnung auf die eigene slawische Tradition („Slawophile“). Die wichtigsten Reformen, die angestrebt wurden, waren:

- Die Sozialrevolutionäre strebten eine grundlegende Bodenreform an, verbunden mit einer raschen Industrialisierung des Landes.
- Die Menschewiki wollten den Weg der kapitalistischen Staaten Westeuropas einschlagen und über soziale und politische Reformen eine Verbesserung der Lage der Industriearbeiterschaft erreichen.
- Die Bolschewiki* dagegen sahen in einer radikalen sozialen und politischen Revolution den einzigen Weg, um Zarenherrschaft und Feudalismus zu beseitigen. Sie wollten den Sozialismus*, um die kapitalistische Entwicklung, wie sie in den westeuropäischen Staaten vonstatten gegangen war, zu vermeiden.

Eine erneute militärische Niederlage Russlands gegen Japan 1904/05 war der Anlass dafür, dass sich die ungelösten sozialen Spannungen in einer Revolution (1905) entluden. Sie wurde vom zaristischen Militär blutig niedergeschlagen. Damit der Zar seine Herrschaft noch behaupten konnte, musste er liberale Zugeständnisse an die demokratische Bewegung machen: Er gewährte ein geringes Maß an Menschenrechten und ein Parlament (Duma), das durch allgemeine, aber ungleiche Wahlen bestellt wurde. Auch eine Landreform gewährte der Zar, aber sie brachte nicht ein marktwirtschaftlich produzierendes Bauerntum, das fähig gewesen wäre die Agrarkrise mit ihren ständigen Hungerkatastrophen zu überwinden. Weiterhin fehlte für den Aufbau einer Industrie das nötige Kapital.

Als der Erste Weltkrieg ausbrach, beschleunigte dieser den sozialen Verfall des Landes. So wurde der Krieg, der das Zarensystem stabilisieren sollte, zum Geburtshelfer der Revolution.

Die Zeit der Doppelherrschaft

Sowjets und Provisorische Regierung

Noch bevor der Zarismus gestürzt war, bildeten sich in den großen Städten des Landes Arbeiterräte und an der Front und auf dem Land Soldaten- und Bauernräte. Die Räte* (russisch: Sowjets), die sich als Vertretungen der revolutionären Massenbewegung verstanden, wurden durch Arbeiter, Soldaten und Bauern direkt gewählt; Adel und Bürgertum waren ausgeschlossen. Die Räte übernahmen die Aufgabe eines Parlaments, nämlich Gesetze zu beraten und zu beschließen, aber auch die einer Regierung, d. h. die Ausführung dieser Gesetze zu überwachen oder selbst in die Hand zu nehmen.

Die Russische Revolution 1917

Gemeinsam ging es Arbeitern, Bauern und Soldaten in den Räten vor allem darum, einen sofortigen Friedensschluss zu erreichen, waren es doch die verheerenden Kriegsfolgen gewesen, weshalb sie demonstriert, gemeutert und gestreikt hatten. Die Räte wollten aber noch mehr:

- In den Fabriken sollte die Arbeitszeit verkürzt und der Kauf von Rohstoffen, der Ablauf der Produktion und auch der Verkauf der Produkte von den Arbeitern selbst bestimmt werden.
- Auf dem Land sollten die Bauern ohne Entschädigungszahlungen ein Stück Land oder Wald, eine Kuh oder ein Pferd aus dem Besitz des Grundherrn bekommen.

Zur Durchsetzung dieser weitgehenden Forderungen, die auf eine sozialistische Revolution in Russland hinausliefen, hätten die Räte selbst die Regierungsgewalt im Lande übernehmen müssen. Als Nachfolgerin der gestürzten zaristischen Regierung hatte sich aber schon während der ersten Revolutionstage aus einer Parteienkoalition der Duma eine sogenannte „Provisorische (d. h. vorläufige) Regierung“ gebildet, die große Bedenken hatte die Forderungen der Räte sofort zu erfüllen. In ihr waren zuerst – mit Ausnahme des sozialrevolutionären Parteiführers und Justizministers Kerenski – nur bürgerlich-liberale Politiker vertreten. Diese befürchteten, dass eine Umgestaltung der gesamten Wirtschaft – und nichts anderes bedeuteten die Forderungen der Räte – schon während des Krieges die Verteidigungskraft Russlands schwächen würde; deshalb kam eine solche Umgestaltung nach ihrer Meinung vor Abschluss eines Friedensvertrages nicht in Frage.

Die ungelöste Machtfrage

Auf der einen Seite die Räte, auf der anderen Seite die Provisorische Regierung: Mit diesem Ergebnis der Februarrevolution war die Frage, wer in Russland zukünftig die Macht ausüben sollte, nicht entschieden; es existierte vielmehr eine „Doppelherrschaft“.

Mit ihrem Rückhalt in der Bevölkerung hätten die Räte die Machtfrage wohl zu ihren Gunsten entscheiden können, doch waren die Menschewiki in den Räten unter Berufung auf die Theorien von Karl Marx der Ansicht, dass

das rückständige Russland für eine sozialistische Umgestaltung des Staates, der Wirtschaft und der Gesellschaft noch nicht reif sei.
Anders die Bolschewiki: Sie traten seit April in den Sowjets für die Parole „Alle Macht den Räten!" ein. Unter der Führung Lenins, der Anfang April 1917 mit deutscher Hilfe aus seinem Schweizer Exil nach Petrograd zurückgekehrt war, forderten sie unter der Losung „Frieden, Land und Brot" sofortige Friedensverhandlungen und eine konsequente Weiterführung der Revolution bis zur sozialistischen Umgestaltung der Gesellschaft. Schon einen Tag nach seiner Rückkehr verkündete Lenin in Opposition zu den Vorstellungen der Menschewiki: „Die Eigenart der gegenwärtigen Lage in Russland besteht im Übergang von der ersten Etappe der Revolution, die ... die Bourgeoisie an die Macht brachte, zur zweiten Etappe der Revolution, die die Macht in die Hände des Proletariats und der ärmsten Schichten der Bauernschaft legen muss." Die Bolschewiki waren zu dieser Zeit noch eine kleine Minderheit in den Räten. Doch ihre Anhängerschaft wuchs.
Als die Provisorische Regierung mit einer neuen Offensive an der Front scheiterte, einen Arbeiteraufstand mit Waffengewalt niederschlug, die Lebensmittelversorgung zusammenbrach, ein Militärputsch von der bolschewistisch beeinflussten Eisenbahnergewerkschaft verhindert wurde, war in den Augen vieler Arbeiter und Soldaten deutlich geworden, dass nur noch die Bolschewiki die Revolution retten konnten. Massenhaft verließen Soldaten ihre Truppen an der Front, die Arbeiter gingen daran, in den Fabriken die Unternehmer auf eigene Faust abzusetzen, in den Dörfern begannen die Bauern die Gutsbesitzer zu enteignen, ohne sich um die Regierung zu kümmern.

Die Oktoberrevolution

Der Aufstand der Bolschewiki

Bei den Wahlen im September 1917 erhielten die Bolschewiki erstmals die Mehrheit in den wichtigen Arbeiter- und Soldatenräten von Petrograd und Moskau (siehe S. 46). Lenins bedeutendster Mitstreiter, Leo Trotzki, der noch zwei Monate vorher von der Provisorischen Regierung verhaftet worden war, wurde Vorsitzender des Petrograder Sowjets.
Den Zulauf der Massen nutzten die Bolschewiki, um den Machtzerfall der Regierung zu beschleunigen und die eigene Machtübernahme zu planen. Am 13. Oktober wurde Trotzki Vorsitzender eines neu gegründeten „Militärrevolutionären Komitees". Dem Komitee gelang es, bedeutende Teile der Petrograder Garnison unter seine Befehlsgewalt zu bekommen. Auch innerhalb der bolschewistischen Führung war umstritten, ob ein bewaffneter Aufstand – gegebenenfalls auch gegen die Stimmen der Sozialrevolutionäre und Menschewiki in den Sowjets – gewagt werden sollte. Aber Lenin und Trotzki setzten den Beschluss zum Aufstand durch. Nach einem generalstabsmäßig ausgearbeiteten Plan stürmten am 25. Oktober Truppen des „Militärrevolutionären Komitees" das Winterpalais, den Regierungssitz, und setzten die Regierung Kerenski ab. Ganz anders als im Februar gab es keine Massendemonstrationen und nur wenige Tote. Der amerikanische Journalist John Reed, der sich zu dieser Zeit in Petrograd aufhielt, erlebte die Stunden des Sturzes der Regierung Kerenski in der Nähe des Winterpalais: „Straßenbahnen fuhren hier nicht, man sah kaum einen Fußgänger, die Laternen waren gelöscht. Ein paar Straßen weiter jedoch ging das Leben seinen gewohnten Gang: überfüllte Straßenbahnen, auf und nieder wogende Menschenmassen, erleuchtete Schaufenster, die Reklame der Lichtspieltheater. Wir hatten Einlasskarten für das Ballett des Marientheaters – alle Theater waren geöffnet –, wir fanden es jedoch draußen interessanter."

Der „Rat der Volkskommissare"

Die ersten Maßnahmen der neuen bolschewistischen Regierung – sie nannte sich „Rat der Volkskommissare" – veränderten Russland innerhalb weniger Tage grundlegend. Mit den Kriegsgegnern Deutschland und Österreich-Ungarn wurden ohne Rücksicht auf die verbündeten Westmächte sofort Verhandlungen eingeleitet, die im März 1918 zu dem für Russland sehr harten Frieden von Brest-Litowsk führten. Russland verlor seine wirtschaftlich wertvollsten Gebiete im Westen und Südwesten, außerdem Finnland, die Ostseeprovinzen, Polen, die Ukraine. Aber jede Weiterführung des Krieges – das hätte nach Lenins Meinung das Schicksal der Provisorischen Regierung bewiesen – hätte die Massen zur Ablehnung auch der neuen Regierung geführt. Im Innern gab der Rat der Volkskommissare den Forderungen der großen Mehrheit der Arbeiter und Bauern ebenfalls sofort nach. Er machte die weitgehend bereits durchgeführte entschädigungslose Verteilung des Gutsbesitzes an die Bauern und die in den Fabriken schon eingeführte Arbeiterkontrolle nachträglich zum Gesetz.
Nach solchem Eingehen auf die Massenwünsche konnte sich die neue bolschewistische Sowjetregierung innerhalb weniger Wochen ohne großen Widerstand in den wichtigsten Gebieten des Landes durchsetzen. Aber noch war keine endgültige Entscheidung zugunsten der „Diktatur der Arbeiter und Bauern", der Diktatur des Proletariats*, und gegen die parlamentarische Demokratie, wie sie den Führern der Menschewiki und Sozialrevolutionäre vorschwebte, gefallen.

„Das Gold Frankreichs, die Bourgeoisie, die Generäle und Tschernow, der Führer der Sozialrevolutionäre, haben sich verbündet, um das Schiff der Konstituierenden Versammlung zu lenken!“ Plakat, Januar 1918

Auf Druck aller Revolutionsparteien hatte vor der Oktoberrevolution die Provisorische Regierung für November Wahlen zu einer verfassunggebenden Nationalversammlung angesetzt. Den Ausgang dieser erstmals freien Wahlen (siehe S. 46) beeinflussten nicht allein die Arbeiter und Soldaten, die den bisherigen Revolutionsverlauf bestimmt hatten, sondern vor allem die bäuerlichen Volksmassen auf dem Land. Entsprechend erhielten die Sozialrevolutionäre die Mehrheit, während die Bolschewiki nur ein Viertel der Stimmen bekamen. Mit ihren Stimmen hätten die Sozialrevolutionäre eine Verfassung durchsetzen können, die nicht den Vorstellungen der Bolschewiki von der revolutionären Sowjetmacht entsprach. Doch die Bolschewiki, die vor der Oktoberrevolution auf die Abhaltung freier Wahlen gedrängt hatten, akzeptierten nach ihrer Machtübernahme das Ergebnis dieser Wahlen nicht. Als im Januar 1918 die Nationalversammlung zusammentrat und sich weigerte die Sowjetmacht uneingeschränkt anzuerkennen, löste der Rat der Volkskommissare sie durch Truppeneinsatz auf.

Warum siegten die Bolschewiki?

Im Rückblick von heute sieht man deutlich, dass im Jahr 1917 in Russland gegen die Massenbewegung der Arbeiter, Soldaten und Bauern mit ihren Forderungen nach Frieden, Land und Brot keine Politik zu machen war. Lenin hat das schneller erkannt als die anderen Revolutionsführer. Die Unfähigkeit der Provisorischen Regierung, ohne Verzögerung den aussichtslosen Krieg zu beenden und den Landhunger der armen Bauern durch eine grundlegende Neuverteilung zu stillen, erleichterte es den Bolschewiki sich an die Spitze der revolutionären Massenbewegung zu setzen und – gestützt auf die gut organisierten Industriearbeiter und Soldaten – die Macht gewaltsam zu erobern.
Aber die Politik der Bolschewiki barg auch Gefahren, vor denen Sozialrevolutionäre und Menschewiki frühzeitig warnten. Denn für die grundsätzlichen Probleme, die das neue Russland nach dem Krieg zu lösen hatte, konnten die Bolschewiki während der sich überstürzenden Ereignisse des Jahres 1917 keine Lösungen anbieten. Wie sollte der Wiederaufbau der kriegszerstörten Wirtschaft organisiert werden? Woher sollten die Mittel für die Modernisierung der Landwirtschaft und für den Aufbau einer Industrie genommen werden? Wie konnte der wirtschaftliche, soziale und politische Ausgleich zwischen Stadt und Land bewältigt werden? Unklar war auch, wie sich die kapitalistischen Westmächte gegenüber dem neuen sozialistischen System der Bolschewiki verhalten würden. Offen blieb, wie sich die Bolschewiki, die ja nur eine Minderheit vertraten, die politische Zusammenarbeit mit den anderen politischen Gruppierungen vorstellten.

Fragen und Arbeitsaufgaben

1. *Erkläre, warum Russland um die Jahrhundertwende ein rückständiges Land war. Gliedere nach wirtschaftlichen, politischen und gesellschaftlichen Ursachen.*
2. *Erläutere, welche Ziele die unterschiedlichen Oppositionsgruppen dem Zarismus entgegensetzten.*
3. *Stelle die unterschiedlichen Positionen der Provisorischen Regierung und des Petrograder Sowjets einander gegenüber. Warum verlor die Provisorische Regierung die Unterstützung beim Volk?*
4. *Vergleiche die Oktoberrevolution mit der Februarrevolution von 1917. Unterscheide nach Trägern der Revolution, Zielen und Rollen des Volkes.*
5. *Wie beurteilst du den Sieg der Bolschewiki?*

Parlamentarische Demokratie, Rätesystem und Parteidiktatur in Russland 1917

1 *Die ersten Sowjets entstanden während der Revolution von 1905 u. a. bei den Arbeiteraufständen in St. Petersburg. Leo Trotzki, der Vorsitzende des Petersburger Arbeitersowjets, schrieb über die Vorteile dieser Organisationsform:*

Q Der Arbeiter-Delegiertenrat entstand als die Erfüllung eines objektiven, durch den Gang der Ereignisse erzeugten Bedürfnisses nach einer Organisation, die die Autorität darstellen könnte, ohne Traditionen zu haben, einer Organisation, die mit einem Male die zerstreuten, nach Hunderttausenden zählenden Massen umfassen könnte, ohne ihnen viele organisatorische Hemmungen aufzuerlegen, nach einer Organisation, die die revolutionären Strömungen innerhalb des Proletariats vereinigen, die einer Initiative fähig und automatisch sich selbst kontrollieren könnte und, was die Hauptsache ist, einer Organisation, die man innerhalb 24 Stunden ins Leben rufen könnte. Die sozialdemokratische Organisation, die im Geheimen einige hundert Arbeiter eng zusammenhielt und außerdem auf einige tausend Petersburger Arbeiter bedeutenden politischen Einfluss ausübte, hatte es verstanden den Massen die Parole zu geben, ... aber die hunderttausendköpfigen Massen durch ein lebendiges Band einer Organisation zu vereinigen, dazu reichte ihre Kraft schon deshalb nicht aus, weil sie den Hauptteil ihrer Arbeit stets in den vor der Masse verborgenen konspirativen Laboratorien vollbrachte.

L. Trotzki, Die russische Revolution 1905, Berlin 1923, S. 82.

1. *Welche Merkmale hat der Arbeiterrat? Worin unterscheidet er sich von einem Parlament in den westlichen Demokratien?*

2 *Aufruf der Reichsduma an die Bevölkerung Petrograds am 27. Februar 1917:*

Q Unter den schwierigen Umständen des inneren Chaos, in die uns die Maßnahmen des alten Regimes gestürzt haben, hat sich das Provisorische Komitee der Reichsduma[1] verpflichtet gefühlt, selbst die Verantwortung für die Wiederherstellung der nationalen und öffentlichen Ordnung zu übernehmen. Im Bewusstsein der schweren Verantwortung, die das Komitee damit übernommen hat, spricht es die Erwartung aus, dass die Bevölkerung und die Armee ihm bei der schwierigen Aufgabe helfen werden eine neue Regierung zu schaffen, die den Hoffnungen der Bevölkerung entspricht und deren Vertrauen rechtfertigt.

[1] Am 2. März wurde von diesem Komitee die Provisorische Regierung ernannt.

3 *Aufruf des Petrograder Arbeitersowjets an die Bevölkerung vom 28. Februar 1917:*

Q Das alte Regime hat das Land ruiniert und der Bevölkerung die Hungersnot gebracht. Es war unmöglich sie länger zu ertragen und die Bewohner von Petrograd gingen auf die Straße, um ihrem Unwillen Ausdruck zu geben. Sie wurden mit Gewehrsalven empfangen. Anstelle von Brot gaben ihnen die Minister des Zaren Karten.[1]

Aber die Soldaten wollten nicht gegen das Volk handeln und wandten sich gegen die Regierung. Zusammen mit dem Volk nahmen sie Waffen, Arsenale und die wichtigen Regierungsgebäude in Besitz.

Der Kampf hat begonnen und muss bis zu Ende durchgekämpft werden. Das alte Regime muss vollständig beseitigt und der Weg für eine Volksregierung freigemacht werden. Das ist die Rettung für Russland. Um in diesem Kampf um die Demokratie erfolgreich zu sein, muss das Volk sein eigenes Regierungsorgan wählen. Gestern, am 27. Februar, wurde in der Hauptstadt ein Sowjet der Arbeiter-Deputierten gebildet, der aus Vertretern der Fabriken, der Werkstätten, der meuternden Truppen und aus demokratischen und sozialistischen Parteien und Gruppen besteht. Der Sowjet, der einen Sitz in der Duma hat, hat sich selbst zur Aufgabe gemacht die Volkskräfte zu organisieren und für die Sicherstellung der politischen Freiheit und eine Volksregierung zu kämpfen.

[1] Lebensmittelkarten

Quelle 2 und 3: Die Russische Revolution 1917, hg. von M. Hellmann, München 1964, S.128f.

1. *Wie begründen das Provisorische Komitee der Duma (Q 2) und der Arbeitersowjet (Q 3) ihre Konstituierung?*
2. *Welche Chancen und welche Gefahren ergeben sich aus dem Nebeneinander dieser beiden Institutionen in der revolutionären Situation des Frühjahrs 1917?*

4 *Einen Tag nach seiner Rückkehr aus dem Exil in der Schweiz trug Lenin am 4. April seinen Genossen zehn Thesen zur Politik der Bolschewiki in der Revolution vor. In diesen berühmt gewordenen „Aprilthesen“ heißt es:*

Q 2. Die Eigenart der gegenwärtigen Lage in Russland besteht in dem Übergang von der ersten Etappe der Revolution, die infolge des ungenügend entwickelten Klassenbewusstseins und der mangelhaften Organisiertheit des

Proletariats die Bourgeoisie an die Macht brachte, zur *zweiten* Etappe, die die Macht in die Hände des Proletariats und der armen Schichten der Bauernschaft legen muss ... Diese Eigenart verlangt von uns die Fähigkeit uns den *besonderen* Bedingungen der Parteiarbeit unter den ungeheuren, eben erst zum politischen Leben erwachten Massen des Proletariats anzupassen.

3. Keinerlei Unterstützung der Provisorischen Regierung, Aufdeckung der ganzen Verlogenheit aller ihrer Versprechungen ...

4. Anerkennung der Tatsache, dass in den meisten Arbeiterdeputiertenräten unsere Partei in der Minderheit ist ... Solange wir in der Minderheit sind, ist unsere Arbeit die Kritik und Aufdeckung der Fehler, wobei wir gleichzeitig den unerlässlichen Übergang der gesamten Staatsgewalt auf die Arbeiterdeputiertenräte propagieren, damit die Massen ihre Fehler durch Erfahrung überwinden.

5. Nicht parlamentarische Republik – eine Rückkehr von Arbeiterdeputiertenräten zu dieser wäre ein Schritt rückwärts –, sondern eine Republik von Arbeiter-, Landarbeiter- und Bauerndeputiertenräten im ganzen Lande, von unten bis oben.

5 *Sitzverteilung in der 4. Duma, dem 1. und 2. Allrussischen Sowjetkongress und der Konstituierenden Versammlung*

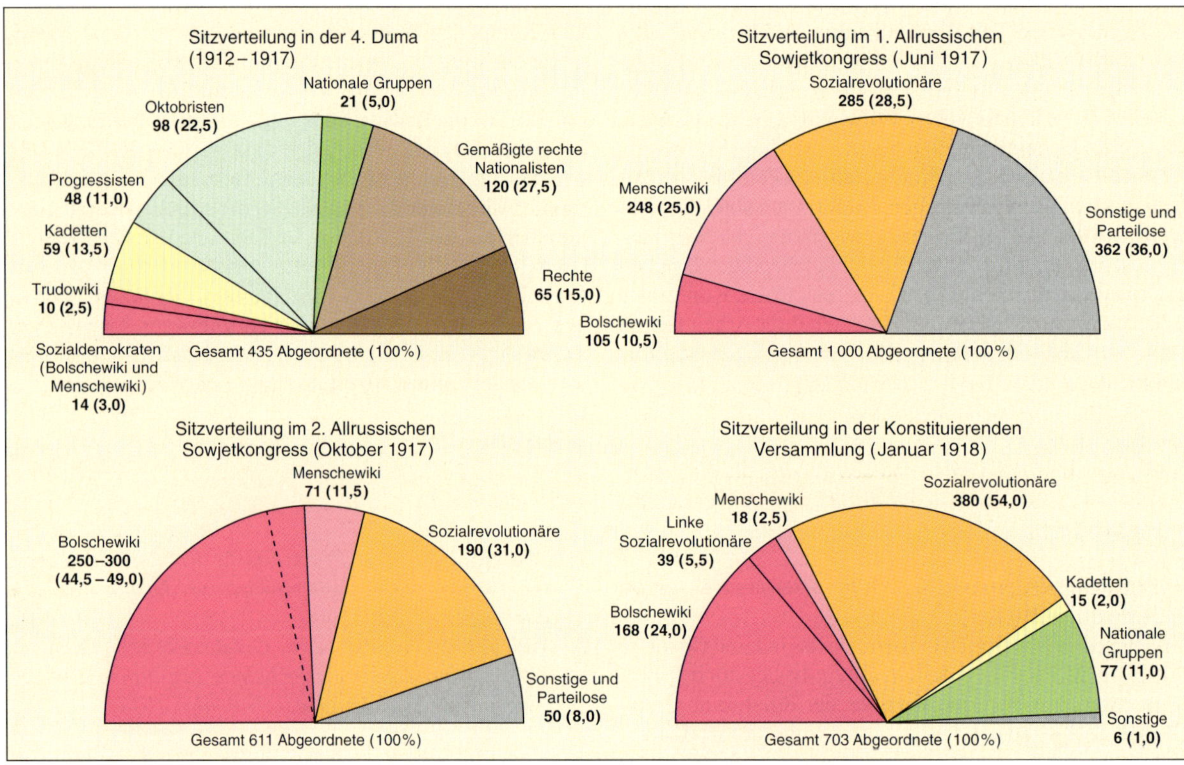

1 *Vergleiche die Sitzverteilungen und beschreibe die wichtigsten Veränderungen.*

2. *Wie lässt sich die veränderte Sitzverteilung zwischen dem 1. und 2. Allrussischen Sowjetkongress erklären?*

3. *Auf welche Ursachen sind die Veränderungen in der Sitzverteilung zwischen dem 2. Allrussischen Kongress und der Konstituierenden Versammlung zurückzuführen? Ziehe dazu auch Quelle 6 und die Darstellung S. 43f. heran.*

4. *Fasse an Hand der Grafiken die politischen Veränderungen im Revolutionsjahr 1917 in einer Tabelle zusammen. Untergliedere dabei in einzelne Phasen und ordne diesen einzelne politische Ereignisse (siehe Darstellung S. 40–44) zu.*

6 *In dem von Lenin verfassten Dekret über die Auflösung der Konstituierenden Versammlung vom 6. Januar 1918 heißt es:*

Q Im Laufe der ganzen ersten Periode der russischen Revolution mehrten sich die Sowjets, wuchsen und erstarkten, überwanden aufgrund der eigenen Erfahrungen die Illusionen des Paktierens mit der Bourgeoisie, erkannten, dass die Formen des bürgerlich-demokratischen Parlamentarismus trügerisch sind, und zogen praktisch die Schlussfolgerung, dass die Befreiung der unterdrückten Klassen unmöglich ist ohne den Bruch mit diesen Formen und mit allen Kompromissen. Ein solcher Bruch war die Oktoberrevolution, die die ganze Macht in die Hände der Sowjets legte.

Die Konstituierende Versammlung, gewählt aufgrund von Kandidatenlisten, die vor der Oktoberrevolution aufgestellt worden waren, brachte das alte politische Kräfteverhältnis zum Ausdruck, aus einer Zeit, als die Kompromissler und die Kadetten an der Macht waren. Das Volk konnte damals, als es für die Kandidaten der Partei der Sozialrevolutionäre stimmte, nicht zwischen den Rechten Sozialrevolutionären, den Anhängern der Bourgeoisie, und den Linken Sozialrevolutionären, den Anhängern des Sozialismus, seine Wahl treffen. So kam es, dass diese Konstituierende Versammlung, die die Krönung der bürgerlichen parlamentarischen Republik sein sollte, sich der Oktoberrevolution und der Sowjetmacht unvermeidlich in den Weg stellen musste …

Die werktätigen Klassen mussten sich aufgrund der eigenen Erfahrung davon überzeugen, dass sich der alte bürgerliche Parlamentarismus überlebt hat, dass er mit den Aufgaben der Verwirklichung des Sozialismus absolut unvereinbar ist, dass nicht gesamtnationale, sondern nur Klasseninstitutionen (wie es die Sowjets sind) imstande sind den Widerstand der besitzenden Klassen zu brechen und das Fundament der sozialistischen Gesellschaft zu legen. Jeder Verzicht auf die uneingeschränkte Macht der Sowjets, auf die vom Volk eroberte Sowjetrepublik zugunsten des bürgerlichen Parlamentarismus und der Konstituierenden Versammlung wäre jetzt ein Schritt rückwärts, würde den Zusammenbruch der ganzen Oktoberrevolution der Arbeiter und Bauern bedeuten.

Quelle 4 und 6: W. J. Lenin, Ausgewählte Werke, Bd. 2, Berlin 1966, S. 40–41 und 601–602.

7 *Der österreichische Publizist H. Portisch beurteilt in seinem Buch über Aufstieg und Fall des Sowjetkommunismus die Entwicklung im Jahr 1917:*

D Es wird oft die Frage gestellt, wann die Gewaltherrschaft eingesetzt hat, die in der Sowjetunion unter Stalin zu ihrer größten Entfaltung gekommen ist, ob schon unter Lenin oder doch erst unter Stalin. Heute ist die Frage eindeutig beantwortet … : Lenin war fest davon überzeugt, dass die Diktatur des Proletariats, wie jede Diktatur, nur unter Anwendung aller Gewaltmittel zu errichten und zu erhalten ist. Er hat diese Gewaltmittel gegen wirkliche und vermeintliche Gegner von Anfang an eingesetzt und sich die Instrumente zu ihrer Anwendung so rasch und so effektiv wie möglich geschaffen… Dennoch bleibt für den Historiker immer noch ein Rätsel, wie es einer an sich so kleinen Partei gelingen konnte, sich gegen so große Mehrheiten durchzusetzen ... Die heutigen sowjetischen Historiker geben auf diese Frage eine einfache Antwort: Es kommt der Zeitpunkt, an dem ein Volk müde wird. Die Ferbruarrevolution hatte in der Bevölkerung gewaltige Hoffnungen geweckt, da war man bereit alle Energien zu einem Neuaufbau Russlands einzusetzen, jubelte über den Sturz des Zaren, begrüßte die Demokratie, erhoffte den Frieden und erwartete eine rasche Verbesserung der Lebensverhältnisse. Doch die politischen Führer waren schwach, unerfahren, zögerlich. Statt den revolutionären Schwung zu nutzen, … verschob man alles auf die Zeit nach dem Krieg. Die Lebensverhältnisse wurden nicht besser, sondern nur schlechter, die Produktion nahm ab, der Hunger nahm zu. In dieser Situation gewinnt der, der handelt, Lenin handelte. Und er hatte der Bevölkerung auch etwas sehr Konkretes zu bieten: den sofortigen Frieden und die sofortige Landverteilung. Die Bolschewiki waren nicht beliebt, bei den Wahlen blieben sie in der Minderheit, aber ihren Staatsstreich haben sich mehr oder weniger alle gefallen lassen. Es war niemand da, der dem Volk mehr oder Besseres anzubieten hatte als Lenin. Vor allem war niemand da, der an seiner Statt gehandelt hätte.

H. Portisch, Hört die Signale. Aufstieg und Fall des Sowjetkommunismus, München 1991, S. 77 und 83.

1. *Die Bolschewiki hatten im Laufe des Jahres 1917 ebenfalls die Wahl und Einberufung der Konstituierenden Versammlung gefordert und nach der Oktoberrevolution auch durchgeführt. Wie begründet Lenin die veränderte Haltung zur Konstituierenden Versammlung nach der Oktoberrevolution?*
2. *Wie sieht Lenin in den Quellen 4 und 6 das Verhältnis von den Räten zur bolschewistischen Partei?*

1. *Nimm aus der Sicht Lenins Stellung zu den Vorwürfen in den Zeilen 5–10. Ziehe dazu auch die Quellen 4 und 6 heran.*
2. *Erläutere, inwiefern die politischen Führer „schwach, unerfahren und zögerlich“ waren. Welche Versäumnisse wirft ihnen der Verfasser vor?*
3. *Leuchtet dir die Behauptung in Zeile 16ff. ein? Begründe deine Meinung.*

Die Sowjetmacht zwischen Bürgerkrieg, Rätedemokratie und Wirtschaftsaufbau

1918–1921: Bürgerkrieg und Kriegskommunismus

Die Bedrohung der neuen Sowjetmacht

Die ersten Jahre nach der Revolution standen ganz im Zeichen des Bürgerkrieges. Bis zur Revolution von 1917 waren es der Adel und die Großgrundbesitzer, die Kirche und die Träger des zaristischen Staatsapparates, die Besitzer der Industriebetriebe und Banken gewesen, die das wirtschaftliche, politische und gesellschaftliche Leben Russlands bestimmt hatten. Nun bekämpften sie die neue Staatsmacht: Sie verweigerten die Zusammenarbeit oder sabotierten die Maßnahmen zur Neuordnung von Wirtschaft und Gesellschaft.

Viele von ihnen schlossen sich den *„Weißen"* an. Diese Truppen aus Teilen der alten Armee unter dem Kommando zaristischer Generäle wollten die junge Sowjetmacht vernichten und die vorrevolutionären Zustände wiederherstellen. Nach der Kapitulation Deutschlands 1918 wurden sie von Großbritannien und Frankreich, den Kriegsverbündeten des gestürzten Zaren, mit Material und Truppen versorgt; auch die USA und Japan unterstützten sie, weil sie die Entstehung und Ausbreitung dieser neuartigen sozialistischen Gesellschafts- und Wirtschaftsordnung im Keim ersticken wollten.

Für viele Arbeiter und Bauern hatte die Revolution die Erfüllung langgehegter Wünsche gebracht: den Bauern das Land von enteigneten Großgrund- und Gutsbesitzern, den Arbeitern Mitbestimmungs- und Kontrollrechte, zum Teil auch die Selbstverwaltung in den Betrieben. Beide Gruppen hatten jetzt die Möglichkeit durch ihre gewählten Vertreter in den Räten die Geschicke ihres Dorfes, ihrer Stadt, ihrer Gemeinde und des Staates zu beeinflussen. Als diese Ergebnisse der Revolution durch die „Weißen" bedroht wurden, überwanden viele ihre Kriegsmüdigkeit und Erschöpfung und waren zur militärischen Verteidigung der neuen Ordnung bereit. Unter der Leitung Trotzkis wurde innerhalb kurzer Zeit die Rote Armee aufgebaut. Nach anfänglichen Rückschlägen gelang es ihr schließlich bis Herbst 1920 die „Weißen" zu schlagen, zumal diese sich durch die Rivalität ihrer Führer untereinander selbst geschwächt hatten.

Der Zwang zum Kriegskommunismus

In dem bereits durch den Krieg erschöpften Land konnten die Mittel für diese Kämpfe nur dadurch aufgebracht weden, dass die gesamte wirtschaftliche und staatliche Tätigkeit auf die Bedürfnisse des Bürgerkrieges ausgerichtet wurde. Zugleich wollten die Revolutionäre aber damit beginnen eine neue Gesellschaftsordnung aufzubauen. So entstand der *Kriegskommunismus*, der durch folgende Maßnahmen geprägt war:

- Die Bauern wurden verpflichtet, alle Agrarerzeugnisse abzuliefern, die den Eigenbedarf überstiegen, um die Rote Armee und die Menschen in den Städten versorgen zu können. Beschaffungsabteilungen der Roten Armee und der städtischen Betriebe gingen in die Dörfer und verlangten von den reicheren Bauern Getreide. Sie arbeiteten dabei mit den Armen in den Dörfern zusammen, denen sie einen Teil der eingezogenen Abgaben überließen. Da sich die Bauern gegen die Ablieferung wehrten, kam es oft zu blutigen Auseinandersetzungen.

„Tod dem Weltimperialismus". Plakat von Dimitri Moor, 1919

- Alle Betriebe bis hin zur Kleinindustrie wurden verstaatlicht und der Kontrolle der Arbeiter unterstellt. Um die Produktion und den Transport der kriegswichtigen Güter zu sichern, bestand gleichzeitig eine Arbeitspflicht. Die Arbeiterbetriebskomitees, die die Industriebetriebe leiteten, waren jedoch kaum in der Lage, gesamtwirtschaftliche Belange zu berücksichtigen und eine überregionale Wirtschaftsorganisation aufzubauen.
- Um das Wenige, das vorhanden war, gerecht zu verteilen wurden Lebensmittel und Brennstoffe von staatlichen Stellen kostenlos zugeteilt. Auch für Wohnung und öffentliche Dienstleistungen – Post, Verkehrsmittel, Kultur- und Bildungseinrichtungen – musste nichts bezahlt werden. Manche begannen allerdings das, was nichts kostete, zu verschwenden.
- Die Zuteilung der Rohstoffe und anderer Mittel an die Betriebe erfolgte nach einem einheitlichen Wirtschaftsplan, um die knappen Vorräte so sinnvoll wie möglich einzusetzen. Allerdings besaßen die Wirtschaftsplaner nur sehr unvollständige Daten über die einzelnen Betriebe und die Landwirtschaft, sodass ihre Planungen oft realitätsfern blieben.

Nach sechs Jahren Krieg und Bürgerkrieg befand sich die Wirtschaft des Landes in einem katastrophalen Zustand. Im Februar 1920 schrieb die Zeitung „Prawda“: „Die Arbeiter der Städte und zum Teil auch der Dörfer krümmen sich vor Hunger. Die Eisenbahnen rücken kaum vom Fleck. Die Häuser verwittern und verfallen. Die Städte sind voller Unrat. Epidemien breiten sich aus und der Tod holt überall seine Opfer. Die Industrie ist zugrunde gerichtet.“ Im Verhältnis zu 1913 war die Produktion in der Landwirtschaft um ein Drittel zurückgegangen, genau um den Anteil, den die Städte benötigten. Die Industrieproduktion war um 82 Prozent gesunken, das Verkehrswesen in weiten Bereichen zusammengebrochen. In dieser Situation entwickelten sich die Interessen von Stadt und Land immer weiter auseinander.

Die Bauern gingen dazu über, nur noch so viel zu produzieren, wie sie für ihren eigenen Bedarf benötigten. Sie weigerten sich Überschüsse für die Arbeiter und Städter zu erwirtschaften, da diese ihnen keine nützlichen Produkte anbieten konnten, z. B. Nägel, Werkzeug, landwirtschaftliche Geräte, Stoffe, Schuhe. Im Herbst 1920 kam es im ganzen Land zu Bauernunruhen. Selbst unter den Arbeitern fand die Politik der Bolschewiki immer weniger Unterstützung. Die Arbeiter forderten bessere Bezahlung und Versorgung mit Lebensmitteln, wandten sich gegen die staatliche Reglementierung in den Betrieben und gegen die Bevormundung ihrer Gewerkschaften durch die Partei. Im Winter 1920/21 kam es zu Streiks und Aufständen, denen sich die Kronstädter Matrosen anschlossen. Dieser *Kronstädter Aufstand* wurde mit Waffengewalt niedergeschlagen. Für viele Kommunisten war dies ein offener Bruch mit den Zielen, für die sie im Jahr 1917 gekämpft hatten.

„Neue Ökonomische Politik“ und Wirtschaftsaufschwung

Die Unruhen unter den Bauern und Arbeitern veranlassten die Sowjetregierung im Frühjahr 1921 zur Abkehr vom Kriegskommunismus. In vielen Punkten gab sie den Forderungen ihrer Kritiker nach und leitete eine neue Wirtschaftspolitik ein, die sogenannte *„Neue Ökonomische Politik“* (russisch abgekürzt NEP).

Die bisherige Ablieferungspflicht der Bauern wurde durch eine geringere Naturalsteuer ersetzt, die bald in eine Geldsteuer umgewandelt wurde. Ihre Überschüsse konnten die Bauern nun wieder frei auf Märkten verkaufen. Dadurch wurden sie ermutigt mehr und so zu produzieren, wie es den Bedürfnissen der städtischen Bevölkerung und der Industrie entsprach. Aber nicht nur für die Bauern gab es Änderungen. Die verstaatlichten Kleinbetriebe wurden ihren ehemaligen Besitzern zurückgegeben und auch der Handel auf lokaler Ebene wurde wieder privat betrieben. Die größeren Betriebe erhielten mehr wirtschaftliche Entscheidungsfreiheit, aber auch mehr Verantwortung. Sie mussten rentabel arbeiten und Gewinne erzielen. Die Löhne wurden nach Leistungen gestaffelt. Nicht mehr ein gewähltes Betriebskomitee, sondern ein von der zuständigen staatlichen Wirtschaftsbehörde eingesetzter Betriebsleiter führte den Betrieb. Großindustrie, Banken, Verkehrswesen, Außenhandel und Großhandel blieben weiterhin in der Hand des Staates, genauso wie die gesamtwirtschaftliche Planung. Um die Staatsausgaben zu drosseln, wurde die unentgeltliche Versorgung der Bevölkerung mit Lebensmitteln und Dienstleistungen stark eingeschränkt.

Die NEP stellte einen neuen Versuch dar die beiden zentralen wirtschaftlichen Probleme zu lösen, an denen schon der Zarismus trotz Bauernbefreiung und Agrarreform gescheitert war und die auch der Kriegskommunismus nicht hatte bewältigen können: die unzureichende Versorgung der Bevölkerung durch die Landwirtschaft und die Rückständigkeit der durch Krieg und Bürgerkrieg zusätzlich geschwächten Industrie zu überwinden. Die Maßnahmen konnten jedoch nicht mehr verhindern, dass es im Jahr 1921 zu einer großen Missernte und einer schrecklichen Hungersnot kam. Aber in den Jahren danach begann sich die Landwirtschaft und dann auch die Industrie zu erholen, 1926 hatte das Land die Zerstörungen durch Krieg und Bürgerkrieg überwunden

„Frau, lerne lesen und schreiben!" Plakat von Jelisaweta Kruglikowa, 1923

und das Niveau der Vorkriegsproduktion wieder erreicht. Für jeden Einzelnen war der Aufschwung spürbar: Die Reallöhne stiegen, die Versorgung mit Lebensmitteln und Verbrauchsgütern besserte sich. Auch im kulturellen Leben machte sich dies bemerkbar. Das Analphabetentum wurde bekämpft, das Bildungswesen ausgebaut. Viele Künstler, Schriftsteller, Theater- und Filmregisseure beteiligten sich an einer „Kulturrevolution*", entwickelten neue künstlerische Ausdrucksmittel, die auch in den westlichen Ländern große Beachtung fanden.
Anders als auf wirtschaftlichem Gebiet gab die Sowjetregierung aber auf politischem Gebiet ihren Kritikern nicht nach. Die Konsequenz, die sie aus der Krise 1920/21 zog, war vielmehr oppositionelle Strömungen außerhalb und innerhalb der Partei der Bolschewiki zu unterdrücken. Die anderen Parteien wurden verboten, damit sie nicht zum Sammelbecken für verbreitete antikommunistische Stimmungen werden konnten. Mit der im Rahmen der NEP erfolgten Wiederzulassung der Privatwirtschaft befürchteten viele Bolschewiki, dass das durch die Oktoberrevolution beseitigte kapitalistische Wirtschaftssystem wieder erstehen und mit Hilfe von oppositionellen Strömungen auch innerhalb der Kommunistischen Partei die Oberhand gewinnen könnte. Je mehr Zugeständnisse die Bolschewiki im wirtschaftlichen Bereich machten, um so stärker verteidigten sie ihr Monopol der politischen Macht und um so intoleranter wurden sie gegenüber Minderheiten in ihren eigenen Reihen.

Die innerparteilichen Auseinandersetzungen um den richtigen Kurs

Das durch die NEP geschaffene Nebeneinander einer privaten Landwirtschaft und Kleinindustrie auf der einen Seite und einer verstaatlichten, erst im Aufbau befindlichen Schwerindustrie andererseits führte zu Spannungen und Interessengegensätzen. Denn der Aufbau von Stahl- und Elektrizitätswerken oder von Fabriken für Werkzeugmaschinen erforderte hohe Investitionen. Woher sollte nach dem Versiegen des Auslandskapitals das dafür nötige Kapital kommen, wenn nicht aus der Landwirtschaft? Die Bauern aber interessierten sich eher für solche Betriebe, die Güter ihres täglichen Bedarfs herstellten, nämlich die privaten Kleinbetriebe und die Konsumgüterindustrie. Diese Interessengegensätze führten in den 20er Jahren, besonders seit Lenins Tod im Jahr 1924, zu Auseinandersetzungen innerhalb der bolschewistischen Partei, in deren Verlauf Josef Stalin immer mehr Macht gewann.

Der Aufstieg Stalins

Seit 1912 gehörte Stalin als fähiger Organisator zur Führungsgruppe der Bolschewiki. 1922 wurde er mit dem neu eingerichteten Amt des Generalsekretärs der Partei betraut. Dieses Amt hatte sich als notwendig erwiesen, weil die Bolschewiki aus einer kleinen, illegalen Gruppe von Berufsrevolutionären innerhalb weniger Jahre zu einer Massenpartei geworden waren. Zudem mussten sie als Regierungspartei immer mehr Aufgaben in Staat, Wirtschaft und Gesellschaft übernehmen. Stalin sollte die Arbeit der verschiedenen Parteigremien koordinieren. Dadurch gewann er, ohne dass seine Parteigenossen dies gleich bemerkten, eine ungeheure Macht. Denn er konnte ihm genehme Personen fördern, missliebige in untergeordnete Funktionen versetzen und den Informationsfluss zwischen den Parteigremien steuern. Als er diese Möglichkeiten rücksichtslos zu nutzen begann, empfahl Lenin kurz vor seinem Tod Stalins Ablösung. Dieser Rat wurde jedoch vom Zentralkomitee nicht befolgt, vielleicht, weil es schwer war einen Nachfolger mit

ähnlichen organisatorischen Fähigkeiten zu finden, vielleicht aber auch, weil Stalin bereits zu einflussreich geworden war.
Bei den innerparteilichen Auseinandersetzungen zwischen 1924 und 1929 waren sich alle führenden Bolschewiki in einem Punkt einig: Eine Spaltung der Partei müsse auf jeden Fall vermieden werden. Strittig war nur, welche Gefahr man für die größte hielt. Der sogenannte linke Flügel der Partei, dem Trotzki angehörte, sah die Hauptgefahr darin, dass der privatwirtschaftliche Sektor gegenüber dem verstaatlichten die Oberhand gewinnen könnte, was schließlich zu einer politischen Umwälzung führen müsse. Er forderte deshalb eine möglichst rasche und planmäßige Industrialisierung des Landes. Die Mittel dafür sollten vor allem von der Landwirtschaft aufgebracht weden. Der sogenannte rechte Flügel der Bolschewiki, zu dem u. a. Bucharin zählte, sah die Hauptgefahr dagegen darin, dass durch eine zu starke Belastung der Bauern das Bündnis zwischen Stadt und Land zerbrechen und die Bauern sich wieder auf eine Selbstversorgerwirtschaft zurückziehen könnten. Deshalb sollten die Bauern und Händler unterstützt und ihre Kaufkraft gestärkt werden, um so die Nachfrage nach Industriegütern zu erhöhen. Auf diesem Wege sollte dann auch der Aufbau der verstaatlichten Industrie gefördert werden.

Die Unterordnung des Staates unter die Partei

Ausschaltung der innerparteilichen Opposition

Zwischen diesen beiden gegensätzlichen Meinungen und Interessen kam es zu heftigen Auseinandersetzungen innerhalb der Parteiführung. Nach außen aber wollte sie den Eindruck von Einmütigkeit erwecken. Denn das Vertrauen in die Fähigkeit der Partei die Interessen von Stadt und Land, Industriearbeitern und Bauernschaft auszugleichen und bei dem Experiment der sozialistischen Umgestaltung von Wirtschaft und Gesellschaft den richtigen Weg zu finden sollte nicht erschüttert werden. Freier Meinungsaustausch in der Presse und offene Diskussion in der Partei wurden der Geschlossenheit nach außen untergeordnet. Je schwieriger diese Gratwanderung war, desto heftiger beschuldigten sich die Parteiflügel gegenseitig die Sowjetunion in einen Abgrund zu stürzen.
Stalin nahm bei den Auseinandersetzungen zwischen den Parteiflügeln die Position der Mitte ein. Er unterstützte bald diese, bald jene Seite, um seine eigene Machtposition weiter auszubauen. Ihm ging es vor allem darum, dass andere führende Bolschewiki an Ansehen verloren, aus der Parteiführung abgewählt und schließlich aus der Partei ausgeschlossen wurden, was auch bald geschah. Zunächst war der linke Parteiflügel um Trotzki davon betroffen, der 1927 aus der KPdSU ausgeschlossen, in die Verbannung geschickt und schließlich 1940 von einem Agenten Stalins im Exil in Mexiko ermordet wurde. 1929 wurde die sogenannte rechte Opposition entmachtet. Zuletzt blieb nur Stalin als unangefochtener Führer der Partei übrig.

Zerfall der Rätedemokratie

Die Räte* hatten während der Revolution 1917 unmittelbar die Wünsche und Meinungen der von ihnen vertretenen Arbeiter, Bauern und Soldaten zum Ausdruck gebracht.
In den 20er Jahren entwickelte sich das Rätesystem immer mehr zu einem schwerfälligen staatlichen Verwaltungsapparat, der eng mit dem Parteiapparat verzahnt war. Auf allen Ebenen der Verwaltung von Staat und Wirtschaft bestimmten die jeweils zuständigen Parteigremien die Zielsetzungen und Richtlinien des Handelns und überwachten deren Einhaltung, während für Fehler und Mängel die ausführenden staatlichen Verwaltungsorgane verantwortlich gemacht wurden. Weil innerhalb der Verwaltung an die Stelle demokratischer Kontrollen von unten nach oben autoritäre Anordnungen von oben nach unten traten, kam es an den Spitzen von Partei und Staat zu einer enormen Machtkonzentration. Die Schwächen dieses Systems traten schließlich zutage, als unter Stalin Ende der 20er Jahre der „Aufbau des Sozialismus* in einem Land" durch Kollektivierung der Landwirtschaft und forcierte Industrialisierung propagiert wurde.

Fragen und Arbeitsaufgaben

1. *Mit welchen Maßnahmen reagierten die Bolschewiki auf die Bedrohungen der neuen Sowjetmacht und welche Folgen hatten diese?*
2. *Erörtere, inwiefern die NEP eine Abkehr von den Prinzipien des Kommunismus ist.*
3. *Wodurch unterschieden sich die Zielvorstellungen des linken und rechten Flügels der Bolschewiki hinsichtlich des Aufbaus der UdSSR?*
4. *Wie lässt sich in diesem Zusammenhang der Aufstieg Stalins erklären?*

Die Sowjetunion unter Stalin: Erfolge und Kosten der kommunistischen Modernisierung

Die Umwälzung der Agrarverhältnisse

Der Kampf um das Getreide

Für die gesamtwirtschaftliche Planung und Entwicklung in der Sowjetunion war das Getreideaufkommen ein entscheidender Faktor. Getreide war – wie schon in der Zeit der Zarenherrschaft – das wichtigste Exportgut, mit dessen Erlös die Maschinen bezahlt wurden, die für den Aufbau der Industrie eingeführt werden mussten. Die Höhe des Getreideangebotes auf dem Markt war aber nur schwer vorauszuplanen; denn im NEP-System hing es von 25 Millionen Einzelbauern ab, wie viel Getreide sie den staatlichen Aufkäufern zu den festgesetzten Preisen anbieten wollten. Das Wachstum der Industrie übertraf Mitte der 20er Jahre alle Erwartungen der Planer. Dadurch wurden die Wirtschaftspolitiker ermutigt ein schnelleres Industrialisierungstempo anzustreben. Nach zwei guten Erntejahren rechneten sie im Herbst 1927 mit einem hohen Getreideaufkommen für den Export. Statt dessen blieb das Angebot an Marktgetreide weit hinter den Erwartungen zurück, sodass ein großer Teil der geplanten Maschineneinfuhren unmöglich wurde. Wie kam es zu dieser unerwarteten Entwicklung? Die Bauern zogen es vor mit ihrem Getreide Vieh zu mästen oder Schnaps zu brennen. Sie hatten kein Interesse am Verkauf ihres Getreides, da die Regale in den Geschäften oft leer waren; denn die forciert aufgebaute Schwerindustrie erzeugte keine Produkte, die die Bevölkerung kaufen konnte. Als Propaganda und gutes Zureden nichts nützten, kehrten die Behörden zu den Zwangsmethoden des Kriegskommunismus zurück und nahmen den Bauern das Getreide gewaltsam ab.

Offiziell führte Stalin den Kampf um das Getreide als eine Klassenkampfkampagne gegen die *Kulaken:* Zu ihnen gehörten nach russischen Maßstäben Mittel- und Großbauern, die zwar nur etwa fünf Prozent der dörflichen Bevölkerung ausmachten, aber über 20 Prozent des Marktgetreides produzierten. Die Parteiführung spielte die Armut der Landarbeiter gegen den vermeintlichen Reichtum der *Kulaken* aus. Sie wurden als diejenigen hingestellt, die den Aufbau des Sozialismus sabotierten, und wurden deshalb als konterrevolutionäre Klasse angeklagt, nach Sibirien deportiert oder hingerichtet. Nach neuen Schätzungen verloren bei diesem staatlich gelenkten Kampf gegen die Kulaken rund acht bis neun Millionen Bauern ihren Besitz und ihre Heimat. Viele landeten als Opfer des von den Stalinisten organisierten Klassenkampfes in den Lagern in Sibirien.

Die Kollektivierung der Landwirtschaft

Anders als 1920 reagierten die Bauern nicht mit Aufständen, sondern sie suchten sich durch den Eintritt in die staatlich propagierten Kollektivwirtschaften, die sogenannten Kolchosen, zu retten. Hier lebten die Bauern als

„Getreidebeschaffung ist Klassenkampf. Rote Wagenzüge – den Kulaken entgegen!" Plakat eines unbekannten Künstlers, 1930

	1928	1929	1930	1931	1932	1933	1934
Anteil der kollektivierten Haushalte (in % aller Haushalte)	1,7	20,0	44,7[1]	52,7	61,5	71,4	83,2
Getreideernte (in Mio t)	73,3	71,7	83,5	69,5	69,6	68,4	67,6
Getreidebeschaffung (in Mio t)	10,8	16,1	22,1	22,8	18,5	22,6	22,8

[1] bis Mitte März auf 57,6 % steigend, in den folgenden Monaten bis 1. Juni aber wieder auf 23,6 % sinkend

Daten zur Landwirtschaftsentwicklung 1928–1934

Landarbeiter mit höchstens einem halben Hektar Eigenbesitz. Der meiste Boden, die Arbeitsgeräte, das Arbeitsvieh und die Wirtschaftsgebäude wurden gemeinsam genutzt; die Gemüse- und Obstgärten wurden weiter privat bewirtschaftet, ebenso behielten die Bauern Kleinvieh und Geflügel, teilweise auch Kühe. Der Staat forcierte seit 1928 diese Kollektivierung*, teilweise mit brutalem Zwang, um die landwirtschaftliche Produktion zu steigern. Die Zerstörung der traditionellen bäuerlichen Arbeitsorganisation und die mit der Kollektivierung verbundene Umwälzung der Agrarverhältnisse führte aber im Gegenteil in den folgenden Jahren zu einem drastischen Rückgang der Erträge. Da die staatlichen Zwangseintreiber nun die Ernteerträge besser erfassen konnten, auf schlechte Ernten aber keine Rücksicht nahmen, kam es in den Wintern 1931/32 und 1932/33 zu Hungersnöten, die vor allem auf dem Land Millionen Opfer forderten.

Für den Staat dagegen brachte die Zwangskollektivierung eine Vereinheitlichung der Wirtschaftsorganisation. Der private Sektor der Wirtschaft spielte in der Sowjetunion künftig keine Rolle mehr. Obwohl sich die Versorgung der Landwirtschaft mit Maschinen rasch besserte – diese wurden in Maschinen-Traktoren-Stationen zusammengefasst und von dort an die Kollektivwirtschaften ausgeliehen –, stagnierte die Landwirtschaft. Die Bauern resignierten. Selbst geringe Arbeitsleistungen konnten nur mit Hilfe von staatlichen Zwangsmaßnahmen erreicht werden. Kollektivierung und Mechanisierung der Landwirtschaft brachten also keine Ertragssteigerung. Dagegen konnte die Regierung ihr Ziel, die Marktleistung der Landwirtschaft zu erhöhen, verwirklichen: 1940/41 lieferte die Landwirtschaft dreimal so viel Getreide wie 1928/29 an den Staat. Denn nach dem Verschwinden der selbständigen Bauern war es der Regierung möglich, der Landbevölkerung nur das Lebensnotwendigste zu belassen und alle übrigen Produkte zum Aufbau der Industrie zu verwenden.

Die beschleunigte Industrialisierung

„Einholen und Überholen“

Die Abkehr von der NEP hing auch mit einer neuen Industrialisierungspolitik zusammen, deren Ziel Stalin 1931 so formulierte: „Wir sind hinter den fortgeschrittenen Ländern um 50 bis 100 Jahre zurückgeblieben. Wir müssen diese Distanz in 10 Jahren durchlaufen. Entweder bringen wir das zustande oder wir werden zermalmt.“

Während unter der NEP die einzelnen Industriebereiche gleichmäßig und aufeinander abgestimmt entwickelt worden waren, sollte nun das Wachstumstempo beschleunigt werden, indem einzelne Schlüsselindustrien – vor allem Metallproduktion, Maschinenbau und Energieerzeugung – bevorzugt ausgebaut wurden. Zahlreiche Großprojekte wurden in Angriff genommen. Gleichzeitig sollte der bisher wenig entwickelte, aber rohstoffreiche Osten des Landes erschlossen werden. So verband das neue Ural-Kusnezk-Kombinat die Kohlefelder Westsibiriens mit den Erzlagern des Urals. Die Mittel für diese riesigen Investitionsvorhaben wurden durch den erzwungenen Konsumverzicht aufgebracht: Das durchschnittliche Einkommen von Arbeitern und Bauern blieb sehr niedrig.

Für Aufbau und Betrieb der neuen Fabriken waren außerordentliche Leistungen der Arbeiter erforderlich. Sie wurden teils durch Förderung der Einsatzbereitschaft, teils durch Zwang erreicht. Hohe Arbeitsleistungen wurden prämiert und propagandistisch groß herausgestellt: Der Hauer Stachanow wurde als „Held der Arbeit“ und Vorbild gefeiert, weil er 1935 in einer – sorgfältig vorbereiteten – Schicht 102 Tonnen Kohle, d. h. das 14-fache seiner Norm, abgebaut hatte. Waren Arbeiter aber durch Geld und gute Worte nicht zu höheren Arbeitsleistungen zu bewegen, wurden sie unter Druck gesetzt. Wer zu spät zur Arbeit kam, bummelte oder sich unerlaubt vom Arbeitsplatz entfernte, wurde mit Lohnabzügen bestraft. Bei einigen Verstößen musste man sogar mit Verbannung und Zwangsarbeit rechnen. Die Zwangsmaßnahmen wurden im Laufe der 30er Jahre so weit verschärft, dass die Arbeiter fast einer militärischen Disziplin unterworfen waren. Auf diese Weise gelang es der Sowjetunion, die industrialisierten Staaten einzuholen. Ende der 30er Jahre nahm sie, gemessen am Umfang der Produktion, den zweiten Platz in der Welt hinter den USA ein (siehe Grafik S. 32). Als die Sowjetunion 1941 von Deutschland unter Hitler angegriffen wurde, zeigte sich, dass ihre wirtschaftlichen und technischen Möglichkeiten inzwischen so weit entwickelt waren, dass sie dieser Existenzbedrohung standhalten konnte.

„Wir bauen den Sozialismus". Propagandaplakat von Jurij Pimenov, 1927

Die Kosten der forcierten Industrialisierung

Das unerhörte Industrialisierungstempo war mit hohen Kosten und mit viel menschlichem Leid erkauft worden. Wie in den westlichen Industriestaaten im 18. und 19. Jahrhundert, so hatte auch in der Sowjetunion die Umwandlung von einem Agrar- in ein Industrieland für die gesamte Bevölkerung tiefgreifende Veränderungen ihrer gewohnten Arbeits- und Lebensverhältnisse zur Folge. Millionen von Bauern mussten ihr Leben auf dem Land aufgeben und ein Auskommen in den Städten und neu entstehenden Industriezentren suchen. Hinzu kam, dass es nur wenige Facharbeiter und Ingenieure gab. Die Arbeiter waren oft nur unvollkommen auf ihre Aufgaben in den neuen Industriebetrieben vorbereitet und verursachten viel Fehlproduktion. Durch die sprunghafte Entwicklung der Industrie kam es häufig vor, dass neue Industriebetriebe fertig gestellt wurden, ehe Zulieferbetriebe, Energieversorgung und Verkehrsverbindungen vorhanden waren. Aber nicht nur deshalb konnten die Wirtschaftspläne oft nicht eingehalten werden. Auch die organisatorischen Voraussetzungen für eine zentrale Planwirtschaft, nämlich genaue Daten und die Möglichkeit sie richtig zu interpretieren und zu verarbeiten waren nur ungenügend entwickelt.

Stalinistische Gewaltherrschaft

Nach der politischen Theorie der Sowjetunion waren Mitte der 30er Jahre die Grundlagen für den Sozialismus*, das Ziel der Oktoberrevolution, geschaffen: Alle Produktionsmittel befanden sich in den Händen des Volkes, die ehemals herrschenden Klassen gab es nicht mehr, das Land war industrialisiert und das Proletariat war die führende Klasse, die durch die KPdSU die politische Macht ausübte. Wenn aber der Sozialismus theoretisch verwirklicht war, wer war dann für die in der Praxis unübersehbaren Fehlentwicklungen, für Misswirtschaft, Bürokratismus und das niedrige Lebensniveau großer Teile der Bevölkerung verantwortlich? Wofür brauchte man dann eine Geheimpolizei? Warum war staatlicher Zwang zur Aufrechterhaltung der Arbeitsdisziplin notwendig?
Die Erklärung hierfür wurde nicht im System selbst gesucht, sondern es wurden „Spione und Feinde der Sowjetunion" verantwortlich gemacht. Um nicht an der Vernunft der Partei zweifeln zu müssen, um nicht den Sinn aller Opfer und Entbehrungen der vergangenen Jahre in Frage zu stellen, wurde für jeden Fehler ein Sündenbock gesucht, dem dann der Prozess gemacht und der als Agent des Auslandes „entlarvt" wurde (siehe S. 58–59). Von den durch Stalin Mitte der 30er Jahre in Gang gesetzten Verfolgungs- und Verhaftungswellen, den sogenannten „Säuberungen", waren vor allem diejenigen betroffen, die zu irgendeinem Zeitpunkt Verantwortung getragen hatten: in erster Linie die alten Bolschewiki in Partei und Armee, die seit den Oktobertagen politisch tätig gewesen waren, dann die Techniker und Ingenieure, die den Aufbau der Industrie geleitet hatten.
In den 30er Jahren wurden ungefähr acht Millionen von Menschen verfolgt, verurteilt, ermordet, in Zwangsarbeitslager verbannt. Dort mussten sie unter härtesten Bedingungen Eisenbahnen, Straßen und neue Industriebetriebe bauen und in der Forstwirtschaft arbeiten. Viele kamen dabei um. Ein Klima der Angst und des Misstrauens breitete sich aus. Verantwortung zu übernehmen, eine Initiative zu erreichen war gefährlich, weil jeder Misser-

Stalin im Kreml, 1932

folg als „konterrevolutionäre Sabotage" ausgelegt werden konnte. Zugleich aber bot diese Situation ungeahnte Karrieremöglichkeiten. Denn während in Partei, Armee und Wirtschaft die Führungskräfte der Aufbaujahre ausgeschaltet wurden, konnten die Leitungspositionen von jenen Nachwuchskräften übernommen werden, die bereits von dem rasch ausgebauten Bildungswesen profitiert hatten. Ihnen ermöglichte der Stalinismus die persönliche Karriere, sie wurden zu ergebenen Anhängern des bestehenden Staats- und Gesellschaftssystems.

Die Sowjetunion unter Stalin: Versuch einer Bilanz

Am Vorabend des Zweiten Weltkrieges war die Sowjetunion ein Land, das sich weit von den Vorstellungen der Revolutionäre des Jahres 1917 entfernt hatte. Der Staat war nicht – wie Lenin propagiert hatte – abgestorben, sondern seine Zugriffsmöglichkeiten auf den einzelnen Bürger hatten ungeahnte Ausmaße angenommen. Aus der allmählichen Überzeugung der Bauern von den Vorteilen der Kollektivierung war die Zwangskollektivierung geworden. Obwohl sich die Bolschewiki geschworen hatten, sich nicht – wie die französischen Revolutionäre von 1789 – gegenseitig umzubringen, fiel ein Großteil von ihnen den stalinistischen „Säuberungen" und Schauprozessen zum Opfer.
Der rasche Sprung in die Industrialisierung jedoch war der Sowjetunion gelungen. Die Bevölkerung passte sich dem staatlich kontrollierten Produktionssystem und den neuen Formen des Alltagslebens an. Der Partei-, Staats- und Militärapparat eröffnete gleichzeitig denen, die sich anpassten, eine individuelle Karriere, die allerdings immer vom politischen Wohlwollen der Parteispitze abhängig war. Als sich die Sowjetunion 1941 nach dem deutschen Überfall zur Wehr setzen musste, erwies sich die Parole vom „Großen Vaterländischen Krieg" als stabilisierend für das System. Aus diesem Kampf um das Überleben ging die Sowjetunion sogar noch gestärkt hervor. Mit der Ausweitung der sowjetischen Vormacht bis nach Mitteleuropa begann der Aufstieg zur Weltmacht.
Doch lassen sich damit die Opfer des staatlichen Terrors und der Verbrechen der Stalinzeit rechtfertigen? Konnte die Industrialisierung wirklich nur unter dem stalinistischen Zwang bewältigt werden? Bestand nicht die Gefahr, dass die Bevölkerung nur die Entwicklung hinnahm, da sie von den politischen Entscheidungen ausgeschlossen war?

Fragen und Arbeitsaufgaben

1. *Erkläre die politische und wirtschaftliche Zielsetzung, die Stalin mit der Kollektivierung verfolgte. Welche Folgen hatten seine Maßnahmen?*
2. *Worin siehst du Leistung und Grenzen des Industrialisierungsprogrammes von Stalin? Welche Probleme ergaben sich daraus für die Bevölkerung?*
3. *Der Stalinismus wird von manchen Menschen noch heute als gigantische Aufbauleistung, von anderen als krasse Fehlentwicklung bewertet. Wie stehst du dazu? Begründe deine Meinung.*

Erlebter Stalinismus

1 *In einem Bericht über die Sowjetunion in den 30er Jahren schreibt der deutsche Fernsehautor Dieter Frank:*

D Die alte Dampflokomotive mit ihrem trichterförmigen Schornstein keucht im Frühjahr 1930, von Westen her kommend, die schneebedeckten Hänge des Urals hinauf. Für so viele Güterwaggons war sie von der zaristischen Eisenbahnverwaltung nicht bestimmt worden. Doch wen kümmert das heute, im dreizehnten Jahr nach der Oktoberrevolution! Eine zweite Revolution hat eingesetzt: die Umformung des altmodischen Agrarlandes in den modernen Industriestaat Sowjetunion. Für dieses Ziel wird aus Mensch und Maschine das Letzte herausgeholt, ohne Rücksicht auf die Grenzen der Kraft. Die Güterwaggons hinter der alten Lok befördern Menschen. Auf roh gezimmerten Gestellen hocken sie zweistöckig und gedrängt, junge Männer mit zerschlissenen Jacken und hoffnungsvollem Gesicht unter der speckigen Kappe. Ziel solcher Transporte ist die Zukunft. Im Ural und in fernen Steppen Sibiriens werden Industriekombinate und Städte aus dem Nichts gestampft ...
Magnitogorsk heißt dieser riesige Bauplatz im südöstlichen Ural. Schon jetzt hat das Wort „Magnitogorsk" nahezu magische Bedeutung. Es steht für den gewaltigen Sprung in die industrielle Zukunft, den Joseph Stalin der rückständigen Sowjetunion verordnet hat. Als Fundament dieser Zukunft wird hier eine neue Eisen- und Stahlindustrie aufgebaut ...
Der große Sprung nach vorn transportiert nicht nur die Arbeitslosen und die Zwangsarbeiter zu den neuen Industriezentren. Die Idee von der Erneuerung des Landes begeistert viele junge Sowjetbürger. Die Jugendorganisation Komsomol organisiert den Einsatz der Freiwilligen, die harte Entbehrungen auf sich nehmen.

D. Frank, Die Welt der dreißiger Jahre, München 1985, S. 57–62.

2 *Der sowjetische Schriftsteller Konstantin Paustowskij berichtet in seinen Erinnerungen über den Besuch einer Großbaustelle im Jahr 1931 im westlichen Uralgebiet, wo er sich als Berichterstatter der amtlichen sowjetischen Telegraphenagentur „ROSTA" aufhielt:*

Q Das Bauvorhaben erschien mir übertrieben groß. Es bestand aus mehreren Fabriken – einer Schwefelsäurefabrik, einer Ätzmittelfabrik und einigen anderen –, einem Wärmekraftwerk und einem ganzen Heer von bunten Rohren.
Es herrschte die lange nordische Nacht. In der ersten Zeit irrte ich in der Dunkelheit lange zwischen Baugruben und Ziegelbergen, Zementplatten und Zubringergleisen, Eisenarmaturen zum Betonieren, riesigen Rahmen und Trägern, unvollendeten Gebäuden, Wärmehallen und Baggern umher. Nur mit Mühe fand ich zu dem kleinen Gasthof, der aus der Zeit der alten Sodafabrik übrig geblieben war. Dieser Gasthof stellte ein zwar warmes, aber wenig zuverlässiges Asyl dar. Jedes Zimmer war mit zehn, zwölf Personen belegt. Wir Nüchternen fanden vor lauter Krach und Schlägereien zwischen den Betrunkenen nächtelang keinen Schlaf ...
Aber trotz dieser freudlosen Verhältnisse begegneten mir in Berjosniki viele Menschen, die sich ihrem Werk mit einem Fanatismus hingaben, wie ich ihn bis dahin nur bei Künstlern beobachtet hatte. In Berjosniki arbeiteten, wie ich schon sagte, Verbannte. Doch die Verbannung war eins, die Arbeit ein anderes. Die Tatsache, dass sie Verbannte waren, wirkte sich auf die Hingabe an die Arbeit in keiner Weise aus.
Zum erstenmal, erzählten mir die Chemiker, bauten sie so moderne, nie gesehene Maschinen und Anlagen ein. Von ihnen hätten sie bislang nur träumen oder in ausländischen wissenschaftlichen und technischen Zeitschriften lesen können. In der Tat war vieles für Uneingeweihte verblüffend und erschien einfach als Wunder.
Am häufigsten kam ich ins Elektrizitätswerk – ein Wärmekraftwerk –, wo unter dem ungeheuren Druck des Dampfes die englischen Kessel von Babcock und Wilcocks summten und leise auf ihren Sockeln vibrierten; die Kessel hatten die Höhe eines dreistöckigen Hauses.
Ich kannte mich bald mehr oder weniger gut auf der ganzen Baustelle, in allen Fabriken und Werkhallen aus, erstieg die Dächer von Gasbehältern, holte mir Vergiftungen durch Stickstoffoxyd, fuhr mit Betriebslokomotiven und Schleppern und trug ständig eine Gasmaske bei mir. Bei dem geringsten unbekannten Geruch, der einer unerfindlichen Quelle entströmte, musste man gleich die Gasmaske anlegen – man lief sonst Gefahr zu ersticken.
Das ganze Leben auf der Baustelle vollzog sich im Dunkel der nordischen Nacht ... Im Morgenfrost pfiffen die Schlittenkufen und hallten die Zurufe in den verschiedenen Sprachen besonders hell.

K. Paustowskij, Buch der Wanderungen. Erzählungen vom Leben, Frankfurt/M. 1984, S. 167–170.

1. *Vergleiche die Perspektiven, aus denen in Mat. 1 und Quelle 2 die Arbeits- und Lebensbedingungen zur Zeit der verstärkten Industrialisierung beschrieben werden.*
2. *Welche Arbeitshaltung haben die in den Texten genannten unterschiedlichen Gruppen von Arbeitern?*
3. *Welche Auswirkung hat diese Haltung für die Herrschaft Stalins?*

3 *„Schicken wir Millionen qualifizierter Arbeitskader zu den 518 neuen Fabriken und Produktionsstätten!" Plakat, 1931*

4 *„Arbeiterin und Bäuerin, kämpfe gegen Relikte der alten Zeit! Baue eine neue sozialistische Lebensweise." Plakat, 1931*

5 *In ihrem Tagebuch hat die 17-jährige Nina Kosterina ihre Erlebnisse im Jahr 1937/38 festgehalten. Bei Kriegsausbruch 1941 meldete sie sich freiwillig zur Roten Armee und fiel im Dezember. Ihr Tagebuch vermachte sie ihrer Freundin. 1962 wurde es in der Sowjetunion veröffentlicht.*

Q *22. August (1937):*

Bei unseren Wirtsleuten[1] hat sich etwas Furchtbares ereignet. Heute, gegen zwölf Uhr mittags, kommt plötzlich der Wirt von der Arbeit nach Hause zurück. Marussja, seine Tochter, glaubte, er sei krank geworden, so elend sah er aus. Aber er kam in Begleitung zweier Männer, die sofort die Wohnung durchsuchten. Zuerst stellten sie bei den Wirtsleuten alles auf den Kopf, dann kamen sie zu uns. Diese Männer waren von einer eisigen Höflichkeit. Ich vermochte mich vor Angst kaum zu bewegen. In unserem Zimmer steht der Wäscheschrank der Wirtin. Nachdem sie darin herumgewühlt hatten, wollten die beiden NKWD-Agenten[2] sich an die Durchsuchung unserer Sachen machen, aber unser Wirt sagte, dass wir nur zur Sommerfrische bei ihm wohnten. Er war so aufgeregt, dass er auf die Frage des NKWD-Beamten, ob ich seine Tochter sei, mit „ja" antwortete. Dann gingen sie wieder in das Zimmer der Wirtsleute hinüber und unterhielten sich lange Zeit mit ihnen. Plötzlich hörten wir den Wirt mit lauter, tränenerstickter Stimme „Lebt wohl!" sagen. Alle begannen zu weinen, am lautesten Marussja. Sie warf sich schreiend in die Arme des Vaters: „Papa! Papa! Wohin bringen sie dich?" Der Wirt begann daraufhin noch lauter zu weinen. Schließlich machte er sich aus Marussjas Umklammerung frei und ging hinaus. Mit ihm die beiden Eisklötze. Dann weinten wir alle. Ich ging zu den Wirtsleuten hinüber, um Marussja zu trösten. Die fasste sich so gut es ging und sagte: „Ich gehe! Zu Vater!" Und lief hinaus.

Nach dem Mittagessen kam Marussja mit ihrer Mutter zurück, die, kaum dass sie das Haus betrat, sofort zu jammern anfing. Großmutter versuchte sie zu beruhigen, worauf ihr die Wirtin sagte, dass man ihren Mann als Trotzkisten verhaftet und ins Gefängnis gebracht habe.

Ich habe lange über das Geschehene nachgedacht. Auch Stellas und Irmas Väter sind verhaftet worden. Irgendetwas Furchtbares ist im Gange. Nach langem Nachdenken kam ich zu dem Schluss: Wenn mein Vater Trotzkist ist, und das heißt so viel wie Vaterlandsverräter, werde ich ihn nicht beweinen, sondern mich von ihm lossagen. Jetzt steht das auf dem Papier und ich muss eingestehen, dass ich mich schäme.

10. September:

Neulich rief mich unser Komsomolführer zu sich. Er wollte mit mir über Lora sprechen: Ihren Vater und ihre Mutter hat man verhaftet. Lora ist volljährig; jetzt wohnt sie noch bei einer Freundin, aber zu der kehren in der nächsten Woche die Eltern aus den Ferien zurück und Lora wird dann kein Dach über dem Kopfe haben. Wanja bestand darauf sie aus dem Komsomol auszuschließen. Ich war damit nicht einverstanden, aber er redete so lange auf mich ein, dass ich schließlich nachgab. Mir war ganz schlecht, als ich nach Hause ging.

Und nun beginnen auch uns böse Gerüchte zu erreichen. Onkel Ilja, Mamas Bruder, arbeitet im Baikalgebiet. Auf ein Telegramm, das wir ihm vor ein paar Tagen schickten, bekamen wir die rätselhafte Antwort: Empfänger nicht aufzufinden. Wir fragten uns bestürzt, was wohl mit Onkel Ilja geschehen sein könnte. Seine Frau Marina schickte ihm nacheinander vier Telegramme, vergebens! Die Stimmung ist dementsprechend. Großmama weint. Ich weine. Wo ist Ilja? Vielleicht wird auch mein Vater verhaftet. Nein, ich glaube an Papa! Er ist Parteimitglied, alter Partisan, er kann nie ein Volksfeind sein! Und doch, wie groß ist meine Angst!

Dabei ist die Arbeit im Komsomol sehr interessant. Ich habe die 5. Klasse, in der auch meine Schwester Ljolja ist, zur erzieherischen Arbeit bekommen …

13. September:

Heute fand eine schreckliche Komsomolversammlung statt. Sie war Loras Fall gewidmet. Sie wurde ausgeschlossen. Während der Versammlung saß sie die ganze Zeit hinter uns auf ihrem Stuhl und weinte. Alle waren sehr bedrückt.

Sergejew wurde zum Gruppenführer gewählt …

2. Dezember:

Das Leben in der Schule wird immer interessanter und abwechslungsreicher. Gleich nach dem Unterricht beginnt eine irrsinnige Geschäftigkeit: Komsomolversammlungen, Orchesterproben, die Pioniere laufen mit Banner und Wimpeln im Hof herum, man hört Trommelwirbel und Fanfarensignale. In den Klassenräumen tagen die einzelnen Arbeitsgruppen für Dramaturgie, für Musik, für Tanz. Chorproben finden statt. Meine Kinder aus der 5. Klasse basteln an ihren Dekorationen.

Für unser Komsomolaktiv griff der Direktor tief in die Kasse. Wir bekommen allmorgendlich umsonst ein Frühstück. Die Wurstsemmeln verschlingen wir wie hungrige Wölfe.

Heute bin ich hundemüde, musste ich doch einen Vortrag über die Bauernaufstände bis zum Jahre 1917 halten …

15. Dezember:

Von Papa ein Brief:

„Liebe Nina! Verzeih, dass ich so lange geschwiegen habe. Aber mir war nicht nach Schreiben zumute, und zwar aus folgenden Gründen: Man hat mich aus der Partei ausgeschlossen und von der Arbeitsstelle entlassen. Die Einzelheiten erspare ich dir, in deinem Alter sind sie wohl nicht zu verstehen. Aber merke dir das eine: Verliere nicht den Kopf. Ich weiß zwar nicht, welchen Verlauf die Sache nehmen wird, doch selbst wenn das Schlimmste eintritt, musst du wissen, dass dein Vater niemals ein Verräter gewesen ist. Deshalb bleibe mutig und gefasst. Wir werden alle Hindernisse überwinden. Glaube mir, dein ‚Alter' hat noch Pulver auf der Pfanne; mich dem Schicksal zu beugen, will ich nicht.

Grüße an Ljolja und Veruschka, küsse Mama und alle anderen von mir. dein Paps." Ich hätte am liebsten gerufen „Zu Befehl, Paps!" Und doch glaube ich, dass wir uns auf böse Dinge gefasst machen müssen …

20. Dezember:

Heute spielte sich eine furchtbare Szene ab.

Aus dem Fernen Osten kam Papas gute Bekannte Esther Pawlowna zurück. Sie rief sofort bei uns an. Mama war nicht zu Hause, deshalb ging ich ans Telefon. Sie erkundigte sich nach unseren Sorgen. Sie weiß über das Meiste in unserem Leben Bescheid, Papa hat sie als Parteimitglied immer in alles eingeweiht. Deshalb erzählte ich ihr auch, dass Onkel Mischa, Tante Anja und Onkel Ilja verhaftet worden sind; dass Irma sich im Kinderheim befindet, dass Onkel Wassja, Papas Bruder, angeblich ebenfalls aus der Partei ausgeschlossen worden ist. Esther Pawlowna sagte, dass Papa sich vorbildlich verhalte. Obwohl er entlassen ist, bekommt er noch immer sein Gehalt ausgezahlt, anscheinend ist man in Moskau an seinem Fall interessiert. Als ich mit meiner Unterhaltung zu Ende war, begann mir Großmama wegen meiner Geschwätzigkeit Vorwürfe zu machen. Ich antwortete, dass Esther Pawlowna mit Papa seit Jahren befreundet sei, dass ich nichts zu verbergen habe und auch in der Schule die Wahrheit sagen werde. Da begann sie zu zetern, ich solle gefälligst den Mund halten. Als ich erwiderte, dass ich die Lüge hasse, stürzte sie sich auf mich, warf mich aufs Bett und drückte mir den Hals zu. „Ich bringe dich um!", schrie sie dabei wie eine Irre. Nun wurde ich rasend, befreite mich aus ihrem Griff und begann meinerseits zu schreien, dass sie eine richtige Hexe sei, die ganz unverdient die Pension ihres Mannes, eines verdienten alten Bolschewisten, in Anspruch nehme.

Ich verstehe natürlich, dass sie alle Angst haben. Ich war danach richtig fertig. Papa! Papa! Komm doch bald zurück!

10. Januar (1938):

Die Ferien haben begonnen. Silvester war recht hübsch ... Papas Freund Andrjuscha besuchte uns aus dem Fernen Osten. Er ist jung, lustig und ein bisschen frech. Er erzählte uns von Papa. Sein Fall schleppt sich noch immer hin. Man beschuldigt ihn mit seinen Brüdern sowie mit den Volksfeinden Bucharin, Radek[3] und anderen Kontakt gehabt zu haben. Papa kannte sie noch vor der Revolution, jetzt hält man ihm das vor. Bin ich wirklich so beschränkt, dass ich darin kein Verbrechen sehen kann?

[1] Sie verbrachte ihre Sommerferien mit ihrer Freundin Stella in einem Dorf nahe Moskau.

[2] Sowjetischer Geheimdienst

[3] Führer der von Stalin verfolgten „Rechten Opposition"

Das Tagebuch der Nina Kosterina, Frankfurt/M. 1981, S. 30–39.

1. *Welches Frauenbild wird in den Plakaten (Mat. 3 u. 4) propagiert? Vergleiche es mit der Darstellung.*
2. *Welche Auffassung von außerhäuslicher Berufsarbeit und von Ehe und Familie kommt in Mat. 4 zum Ausdruck?*
3. *Mit welchen Themen beschäftigt sich Nina Kosterina in ihrem Tagebuch? Stelle die Situationen zusammen, in denen Politik in ihr Leben eingreift.*
4. *Wie wirken sich die stalinistischen „Säuberungen" auf das Leben der Betroffenen aus?*
5. *Beschreibe das Verhältnis von Überzeugungstreue, Familienbindung und Kameradschaft im Komsomol. Wie verhält sich Nina in den Konfliktfällen?*

6 *Der 1981 aus der Sowjetunion ausgebürgerte und in der Bundesrepublik Deutschland lebende Schriftsteller Lew Kopelew schildert in seiner Autobiographie, warum er Stalinist wurde:*

D Ich hatte zu keiner Zeit geglaubt, Bucharin und Trotzki seien Gestapo-Agenten gewesen, hätten Lenin ermorden wollen; und ich war sicher, dass auch Stalin dies nie angenommen hat. Aber ich glaubte in den Prozessen 1936–1938 Stalins weitblickende politische Taktik zu erkennen, glaubte, dass er „im Endergebnis" Recht gehabt hatte, ein für allemal jede Art von Opposition auf so fürchterliche Weise zu diskreditieren.

Wir lebten ja in einer belagerten Festung, mussten dicht zusammenstehen, durften kein Schwanken und keine Zweifel zulassen. Was bedeuten schon theoretische Unstimmigkeiten für all unsere Millionen Menschen, für die „breite Masse"? Die meisten werden sowieso nicht begreifen, worin der Unterschied zwischen Linken und Rechten besteht, die einen wie die anderen berufen sich auf Lenin, schwören der Oktoberrevolution und der Arbeiterklasse Treue. Und eben darum muss man alle Abweichler, alle politisch unsicheren, schwankenden Kleingläubigen als so überdimensional abscheuliche Schurken anprangern, dass jeder sich entsetzt von ihnen abwendet, dass das Volk sie verflucht und hasst.

Ich selbst hatte ja einmal mit denen sympathisiert, gegen die Fluch und Hass sich richten müssen[1], mich dann von ihnen rigoros losgesagt und meinen Standpunkt danach nicht mehr gewechselt. Seit ich selbst Häftling war[2], war ich mit aller Energie bedacht diese Fähigkeit, „objektiv" über Geschichte und Gegenwart zu urteilen, nicht zu verlieren und entwickelte mich im Gefängnis zu einem viel konsequenteren Stalinisten, als ich es je vorher gewesen war. Am ärgsten fürchtete ich mich davor, dass mein eigener bitterer Kummer, die unverdiente Demütigung mir die Augen trüben und mich hindern könnten die Hauptsache klar zu sehen, das Wichtigste für das Leben des Landes und der Welt. Darin lag für mich die notwendige Quelle seelischer Kräfte: in der Überzeugung der großen Einheit anzugehören. Nur so behielt das Leben seinen Sinn – das ganze Leben, auch Vergangenheit und Zukunft ... In diesem Bewusstsein verbarg sich aber auch ein durch und durch individualistischer Selbsterhaltungstrieb: Mag es mir auch schlecht gehen, mag man mich quälen; ich gebe nicht nach, ich bin und bleibe ehrlicher, vernünftiger und in jeder Hinsicht besser als die, die mich anklagen, verurteilen, bewachen.

[1] 1928/29 hatte Kopelew mit der Opposition sympathisiert.

[2] Als Offizier einer Propagandaeinheit der Roten Armee wurde Kopelew 1945 verhaftet und wegen „kleinbürgerlichem Humanismus und Mitleids mit dem Feind" zu 10 Jahren Straflager verurteilt; 1956 wurde er rehabilitiert.

L. Kopelew, Aufbewahren für alle Zeit, Reinbek 1976, S. 31–33.

1. *Warum unterstützte Kopelew Stalin, als er frei war, und warum, als er im Straflager war?*
2. *Wie beurteilst du die Rechtfertigung des Stalinismus?*

Zusammenfassende Arbeitsfragen:

1. *Vergleiche Quelle 2, 5 und 6. Beachte dabei, aus welchen Lebens- und Erfahrungsbereichen die Verfasser kommen.*
2. *Stelle die unterschiedlichen Gründe zusammen, warum sich die Menschen nicht gegen den Stalinismus aufgelehnt haben. Welche Alternativen hätte es gegeben? Welche Konsequenzen hätte ein anderes Verhalten gehabt?*

Zeittafel

1905	Russisch-japanischer Krieg Revolution in Russland
1917	Februarrevolution Ende der Zarenherrschaft
1917	Februar–Oktober: Zeit der Doppelherrschaft: Provisorische Regierung und Sowjets
1917	25. Oktober: „sozialist. Oktoberrevolution“: Machtübernahme der Bolschewiki
1918	6. Januar: Gewaltsame Auflösung der Konstituierenden Versammlung
1918	Friede von Brest-Litowsk
1918–21	Zeit des Kriegskommunismus Bürgerkrieg
1921	„Neue Ökonomische Politik“
1924	Tod Lenins; Machtübernahme Stalins
1928	Beginn der Zwangskollektivierung
1931	Stalinistischer Industrialisierungsprozess
1934	Beginn der sog. „Säuberungen“: stalinistische Prozesse/GULAG

Bolschewismus. Im weiteren Sinne ist Bolschewismus gleichbedeutend mit Kommunismus. Der Name leitet sich von den radikalen sozialdemokratischen Anhängern Lenins in Russland, den „Bolschewiki“ („Mehrheitler“), ab, die sich 1903 für Lenin und seine revolutionäre Taktik entschieden (Leninismus). Nach seiner Theorie braucht eine revolutionäre Partei eine Avantgarde, die einen politischen Führungsanspruch erhebt. Die Partei versteht sich als Kaderpartei, d. h. als streng von oben nach unten gegliederte Organisation, die in allen gesellschaftlichen Gruppierungen (Gewerkschaften, Jugendverbände usw.) führende Positionen ausübt, um die Massen auf den Weg zum Sozialismus zu führen. Vor allem unter Stalin wurde der Bolschewismus in Partei, Staat und Gesellschaft durch Terror und Personenkult zu einem diktatorischen Unterdrückungsapparat.

Diktatur des Proletariats. Nach marxistischer Auffassung versteht man darunter die Herrschaft der Mehrheit (d. h. das Proletariat) über die Minderheit (die Bourgeoisie) in der revolutionären Umwandlungsperiode vom Kapitalismus zum Kommunismus.

Kollektivierung. Überführung der privaten Produktionsmittel, besonders von landwirtschaftlichem Boden, in genossenschaftlich bewirtschaftetes Gemeineigentum, v. a. in der UdSSR nach 1927 und den Volksdemokratien nach 1945. Im Gegensatz zur Sozialisierung ging bei der Kollektivierung das Privateigentum nicht in Staatsbesitz über, sondern in Genossenschaftsbesitz (z. B. der Kolchosen in der UdSSR, LPGs in der DDR).

Kommunismus. Der Begriff hat mehrere Bedeutungen: Einerseits kennzeichnet er die von Marx und Engels entwickelte politische Theorie einer klassenlosen Gesellschaftsform ohne Privatbesitz an Produktionsmitteln; andererseits wird als Kommunismus auch die weltweite politische Bewegung bzw. die seit der Oktoberrevolution 1917 in Russland an die Macht gekommene Herrschaftsform bezeichnet. Oft wird der Begriff stellvertretend für Sozialismus verwendet. Nach der politischen Lehre des Kommunismus wird die Aufhebung der bürgerlich-kapitalistischen Ordnung mit einer Revolution eingeleitet und nach einer Übergangsphase der Diktatur des Proletariats vollendet. Seit 1918/19 trennte sich die kommunistische von der sozialistischen Bewegung. Von da an prägte die UdSSR die kommunistischen Bewegungen.

Marxismus-Leninismus. Durch Lenin und teilweise Stalin vorgenommene Auslegung und Erweiterung des Bolschewismus und der Diktatur des Proletariats als revolutionäres Übergangsstadium.

Räte. Ursprünglich Konzept für eine Form der Demokratie, in der alle Einwohner an der Ausübung und Kontrolle der Herrschaft direkt beteiligt werden sollen. Das Modell der Rätedemokratie versteht sich als Gegenmodell zur repräsentativen parlamentarischen Demokratie, weil die Räte gesetzgebende, ausführende und richterliche Gewalt in sich vereinigen und die gewählten Delegierten den Wählern direkt verantwortlich, rechenschaftspflichtig und jederzeit abwählbar sind. Als Kampforganisationen der Arbeiter, Bauern und Soldaten bildeten sich in den russischen Revolutionen von 1905 und 1917 spontan Räte (russ. = Sowjets), die aber in den 20er Jahren zu Instrumenten der Herrschaft der kommunistischen Partei wurden.

Revolution. Eine tiefgreifende oder vollständige Umwälzung der gesellschaftlichen, politischen und kulturellen Ordnung. Bei einer politischen Revolution, die auf eine grundlegende Veränderung der Machtverhältnisse abzielt, ist das Vorhandensein eines bewussten Willens zur Veränderung, einer entsprechenden Aktionsgruppe mit Unterstützung im Volk oder in einer Bevölkerungsgruppe typisch.

Revolution, Bürgerkrieg und Gründung der UdSSR 1917–1928

Sergei Eisenstein (1898–1948) hat mit seinem 1925 im Auftrag der Regierung gedrehten Stummfilm **„Panzerkreuzer Potemkin"**, der 1958 auf der Brüsseler Weltausstellung zum „besten Film aller Zeiten" gewählt wurde, größten Einfluss auf die Filmkunst ausgeübt. Der Film schildert den Aufstand der Matrosen im Jahr 1905: Er setzt an die Stelle einer äußeren Handlung eine innere Spannung, die durch die Bilder bestimmt wird. Durch wiederholtes Schneiden gelang es Eisenstein, die Szenen in ihrer Ausdruckskraft zu verdichten. Der Regisseur hat sich auch mit seinen späteren Filmen „Alexander Newski", „Iwan der Schreckliche" und „Oktjabr" (Zehn Tage, die die Welt erschütterten) ganz in den Dienst der revolutionären Bolschewiki gestellt. Legendär ist die Szene auf der Hafentreppe von Odessa geworden (s. oben).

4. Die Weimarer Republik 1918–1933:

Der Niedergang einer Demokratie

Am Anfang der Weimarer Republik stand im November 1918 eine Revolution, die den Obrigkeitsstaat des Kaiserreichs beseitigte und eine demokratische Republik schuf, an ihrem Ende, am 30. Januar 1933, die „Machtergreifung“ der Nationalsozialisten und die Errichtung einer Diktatur. Ohne den 30. Januar 1933 hätte es wahrscheinlich keinen Zweiten Weltkrieg, keinen Holocaust an der jüdischen Bevölkerung Europas und keine Teilung Deutschlands gegeben. Weil die Folgen des 30. Januar so grauenvoll und umstürzend waren, haben Zeitgenossen und Historiker immer wieder zu erklären versucht, warum es in weniger als 15 Jahren zur Zerstörung der Demokratie in Deutschland kommen konnte.

Manche von denen, die die Ereignisse damals miterlebt haben, sagen, die Arbeitslosigkeit von fast sechs Millionen Menschen 1932, die Verdrossenheit über die vielen Parteien und häufig wechselnden Regierungen, die Verbitterung über den Versailler Vertrag – all das habe dazu geführt, dass so viele Menschen Hitler gewählt hätten. Der sozialdemokratische Politikwissenschaftler Franz Neumann schrieb 1933: „Die deutsche Demokratie hat Selbstmord verübt und ist gleichzeitig ermordet worden.“ Historiker unserer Zeit sprechen von einer „Republik ohne Republikaner“ oder einer „Demokratie ohne Demokraten“. Weil die Fragen nach dem Scheitern der Weimarer Republik heute noch wichtig sind, steht die politische Geschichte in der folgenden Darstellung im Mittelpunkt. Besonders ausführlich werden dabei die „Krisenjahre“ 1918–1923 und 1930–1933 behandelt.

Einige Historiker meinen, das Scheitern der Republik sei schon in ihrem Anfang begründet. Die Revolution sei nicht „konsequent“ genug gewesen, die Wirtschaft nicht sozialisiert, Verwaltung und Heer nicht durchgreifend demokratisiert worden. Aber wollte die Mehrheit der Bevölkerung 1918/19 überhaupt tiefgreifende Umwälzungen? War sie nicht eher für Reformen? Hätte eine „konsequente“ Revolution Deutschland nicht in den Bürgerkrieg gestürzt, ähnlich wie in Russland? Und wie hätten die Alliierten angesichts eines kommunistischen Deutschlands gehandelt?

Andere Historiker sehen 1918/19 zwar Versäumnisse, betonen aber stärker die Belastungen der jungen Republik durch die militärische Niederlage und das Erbe des Kaiserreichs. Da waren einmal die Staatsschulden aus den Kriegsanleihen, die die Republik bezahlen musste. Sie waren ein Grund für die erst langsame, dann immer schnellere Geldentwertung bis Oktober 1923. Durch die Inflation verloren Millionen von Sparern ihr Geld und gaben dafür der Republik und der Demokratie die Schuld. Dazu kamen die anderen Folgen der Niederlage: Reparationen und Gebietsabtretungen. Beinahe mehr als die materiellen Verluste erregte die Deutschen der Artikel 231 des Versailler Vertrages, der allein ihr Land für den Kriegsausbruch 1914 verantwortlich machte. Für viele Zeitgenossen war der Versailler Vertrag ein Dokument der Demütigung. Nationale Verbände hatten Hochkonjunktur. Und niemand spielte besser auf der nationalistischen Klaviatur als Hitler! Die Weltwirtschaftskrise ab 1929 verstärkte antidemokratische und nationalistische Einstellungen, aber sie brachte sie nicht hervor.

So wichtig die genannten Punkte als Erklärung für den 30. Januar 1933 sind, andere Faktoren dürfen nicht übersehen werden. Durch die Revolution war Deutschland eine parlamentarische Demokratie geworden, doch es gelang nicht die politische Demokratie durch eine soziale Demokratie zu ergänzen. In den Revolutionsmonaten 1918 hatte es Ansätze zu einer Sozialpartnerschaft zwischen Gewerkschaften und Unternehmern gegeben, aber sie wurde Schritt für Schritt von den Unternehmern ausgehöhlt und schließlich 1928 aufgekündigt. Dem Scheitern der politischen Demokratie ging das Scheitern des sozialen Ausgleichs zwischen Arbeitnehmern und Unternehmern voraus. Mit der sozialen, wirtschaftlichen und kulturellen Entwicklung 1918 bis 1933 beschäftigen sich vor allem die Arbeitsteile dieses Kapitels.

Ist die Geschichte der Weimarer Republik aber nur eine Geschichte des Scheiterns und des Niedergangs? Das Ende am 30. Januar 1933 verstellt leicht den Blick auf die großen Leistungen der Republik: die demokratische Verfassung, den Ausbau des Sozialstaates durch die Arbeitslosenversicherung 1927, die Einführung des Wahlrechts für Frauen, die Verbesserung der Bildungschancen für Kinder und Jugendliche. Viele neue Schulen und Schwimmbäder wurden errichtet. Die Anfänge eines sozialen Wohnungsbaus fallen in die Zeit der Weimarer Republik. Es gab auch Gründe stolz auf diese Republik und die Demokratie zu sein. Vielleicht gab es zu wenige solcher Leistungen, vielleicht hat es gerade zu Beginn der Republik zu wenig solcher Reformen gegeben. Aber sie zeigen, dass die demokratische Republik nicht in einer Diktatur enden musste. Auch wenn wir uns in den folgenden Abschnitten trotzdem zumeist mit den Gründen für das Scheitern beschäftigen, weil die Geschichte der Weimarer Republik immer die Vorgeschichte der nationalsozialistischen „Machtergreifung“ ist, unser Urteil über die Weimarer Republik muss ihre Leistungen einbeziehen.

„Werkhaltestelle (Arbeiterhäuser)“. Gemälde von Hans Baluschek, 1929, Ausschnitt

1918–1923: Revolution und Krisenjahre

Die Revolution von 1918/19

Der Ausbruch der Revolution im November 1918 war mit der militärischen Niederlage Deutschlands im Ersten Weltkrieg eng verknüpft. Nachdem im August 1918 die deutschen Offensiven an der Westfront gescheitert waren und die militärische Niederlage unmittelbar bevorstand, verlangte General Ludendorff, der starke Mann in der Obersten Heeresleitung, im September von der zivilen Reichsleitung die sofortige Einleitung von Waffenstillstandsverhandlungen. Im Oktober 1918 überschlugen sich dann die Ereignisse. In das Kabinett des neuen Reichskanzlers Max von Baden traten Vertreter der drei Parteien ein, die im Juli 1917 die Friedensresolution des Reichstages getragen hatten: Zentrum, Linksliberale, SPD. Seit dem 14. Oktober verhandelte die Regierung mit dem amerikanischen Präsidenten Wilson über einen Waffenstillstand. Am 28. Oktober trat eine grundlegende Verfassungsänderung in Kraft. Der Reichskanzler war künftig nicht mehr vom Vertrauen des Kaisers, sondern von dem einer Mehrheit im Reichstag abhängig. Durch die *Oktoberreformen* war Deutschland eine parlamentarische Monarchie geworden.

Die Revolution beginnt

Die Erklärung der militärischen Niederlage durch Ludendorff und Hindenburg traf die Soldaten an der Front und die Bevölkerung in der Heimat völlig unvorbereitet. Sollten alle Opfer, der Tod von mehr als zwei Millionen deutscher Soldaten und Zivilisten, der Hunger, die Entbehrungen umsonst gewesen sein? Und was würde die Zukunft bringen? In dieser Situation der Enttäuschung und der Zukunftsangst brachen die Autorität des Staates und der militärischen Führung zusammen. Verzögerungen bei den Waffenstillstandsverhandlungen wurden der schwankenden Haltung der Obersten Heeresleitung und dem Kaiser, der sich nicht zum Rücktritt entschließen konnte, zur Last gelegt. Es bedurfte nur eines Anlasses, um die Friedenssehnsucht der kriegsmüden Bevölkerung in politische Aktionen umschlagen zu lassen.

Dieser Anlass kam Ende Oktober 1918. Die Marineleitung befahl das Auslaufen der vor Wilhelmshaven liegenden Flotte. Doch die Matrosen auf den Schiffen gehorchten nicht. Was sollte dieser Befehl? Wollten die Offiziere den „Heldentod“ auf See suchen und die Matrosen in den „ehrenhaften Untergang“ mitnehmen? Wollte die Marineleitung die Friedensbemühungen der neuen Regierung stören, den Kampf weiterführen? Alles war unklar und so löschten die Matrosen das Feuer unter den Kesseln. Die Marineleitung verhaftete mehr als tausend Matrosen. Teile der Flotte wurden nach Kiel verlegt. Aber die Matrosen ließen sich nicht mehr disziplinieren. Sie gingen in Kiel von Bord, forderten in Versammlungen die Freilassung ihrer verhafteten Kameraden und Frieden. Offiziere wurden entwaffnet, es wurde geschossen, Soldatenräte bildeten sich. Am 4. November war Kiel völlig in der Hand von aufständischen Matrosen und Soldaten.

Revolution und Arbeiterbewegung

Die Revolution* begann als „Generalstreik einer Armee“. Doch sie entsprach einer weit verbreiteten Stimmung in der Bevölkerung, die Frieden und politische Reformen wollte. Den Soldaten und Matrosen schlossen sich Arbeiter an; Teile des liberalen und katholischen Bürgertums rückten von der alten Ordnung ab. Es dauerte kaum eine Woche, bis sich die Revolution überall in Deutschland durchgesetzt hatte. In den größeren Städten, aber auch in kleineren Gemeinden bildeten sich Ausschüsse von Arbeitern und Soldaten, die sich nach den russischen Vorbildern von 1905 und 1917 Räte* nannten. Bürgermeister und Gemeindevorsteher unterstellten sich den neuen Räten praktisch ohne Gegenwehr. Ebenso wie die staatliche Bürokratie wurden auch die politischen Parteien von den spontanen Massenaktionen überrascht. Schneller als alle anderen erkannte die SPD, die mit ihrem Eintritt in die Regierung Max von Baden eher einen geordneten Übergang zum Frieden und politische Reformen angestrebt hatte, die Bedeutung der Massenbewegung und versuchte sich an ihre Spitze zu stellen.

Stärkeverhältnis der Parteien der Arbeiterbewegung 1919–1924

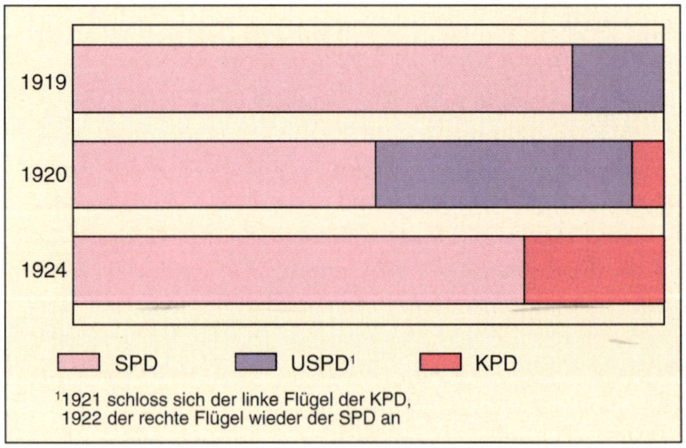

Doch die Partei war durch die Spaltung der Arbeiterbewegung im Weltkrieg geschwächt. Eine Minderheit hatte sich wegen der Zustimmung der SPD zu den Kriegskrediten im August 1914 von ihr getrennt und im April 1917 die „Unabhängige Sozialdemokratische Partei Deutschlands“ (USPD) gegründet. Auch die USPD war in sich gespalten. Der größere Teil um den ehemaligen SPD-Vorsitzenden Hugo Haase fühlte sich weiterhin den politischen Zielen und Traditionen der deutschen Arbeiterbewegung verpflichtet. Eine Minderheit um Karl Liebknecht und Rosa Luxemburg im „Spartakusbund“ und um die „Revolutionären Obleute“ in Berlin orientierte sich dagegen am Vorbild der russischen Bolschewiki, das sie auf Deutschland übertragen wollten. Anhänger des „Spartakusbundes“ gründeten am 31. Dezember 1918 die „Kommunistische Partei Deutschlands“ (KPD). Damit war die Arbeiterbewegung in drei Gruppen zerfallen.

Der Rat der Volksbeauftragten

Am 9. November 1918 erreichte die revolutionäre Massenbewegung Berlin. Doch noch weigerte sich Wilhelm II. auf die Krone zu verzichten. Der Abschluss eines Waffenstillstandes wurde immer unsicherer. In dieser Situation verkündete der Reichskanzler Max von Baden eigenmächtig den Rücktritt des Kaisers und übergab die Regierungsgeschäfte an den Vorsitzenden der SPD, Friedrich Ebert. Währenddessen formierten sich Demonstrationszüge von Arbeitern in den Straßen, Soldaten schlossen sich an. Ein Gerücht schwirrte durch Berlin: „Liebknecht will die Sowjetrepublik ausrufen!“ Aber nicht Liebknecht, sondern der Sozialdemokrat Philipp Scheidemann erklärte in einer Ansprache an die vor dem Reichstag zusammengeströmten Demonstranten das Ende der Monarchie: „Das deutsche Volk hat auf der ganzen Linie gesiegt. Das Alte, Morsche ist zusammengebrochen; der Militarismus ist erledigt! Die Hohenzollern haben abgedankt! Es lebe die deutsche Republik!“

Die Massendemonstrationen hatten gezeigt: Die Arbeiter und Soldaten wünschten Frieden, Ordnung und eine einheitlich handelnde Arbeiterbewegung. „Kein Bruderkrieg!“ – so schrieb am 10. November 1918 der sozialdemokratische „Vorwärts“. SPD und USPD entsprachen diesem Bedürfnis. Sie bildeten eine neue provisorische Regierung, den „Rat der Volksbeauftragten“, dem je drei Mitglieder der SPD und USPD angehörten. Die Schwierigkeiten, die die neue Regierung zu bewältigen hatte, waren groß:

- Am 11. November war der Waffenstillstand in Compiègne unterzeichnet worden. In ihm verpflichtete sich Deutschland innerhalb weniger Tage seine Truppen zu entwaffnen und vollständig in das Reichsgebiet zurückzuziehen. Angesichts der Millionen von Soldaten bedeutete das eine enorme organisatorische Kraftanstrengung.
- Die Bevölkerung musste für den Winter mit Nahrung und Heizmaterial versorgt werden.
- Die Kriegswirtschaft war so schnell wie möglich auf Friedensproduktion umzustellen. Die abgemusterten Soldaten brauchten wieder Arbeitsplätze.
- Selbst die Einheit des Reichs schien in den Revolutionsmonaten gefährdet. In den Ostgebieten, wo die neuen Grenzen noch nicht feststanden, kam es mehrfach zu Grenzkämpfen.

In dieser Phase der Verunsicherung machte die SPD die Erhaltung oder Wiederherstellung geordneter staatlicher Verhältnisse zu ihrem ersten Ziel. Beamte, Offiziere und Richter blieben in ihren Ämtern, wenn sie sich nicht aktiv gegen die neue Regierung stellten.

Räte oder Parlament?

Die SPD-Vertreter sahen im Rat der Volksbeauftragten nur eine Übergangsregierung. Entsprechend der eher reformerisch-parlamentarischen Tradition der Mehrheit in der SPD setzten sie sich für den baldigen Zusammentritt einer vom ganzen Volk gewählten Nationalversammlung ein. Nur eine Nationalversammlung sei berechtigt grundlegende Entscheidungen für die Zukunft des deutschen Volkes zu treffen. Die USPD wollte dagegen so lange an der revolutionären Übergangsregierung festhalten, bis wichtige Reformen durchgesetzt waren. Die Anhänger des Spartakusbundes plädierten für ein reines Rätesystem nach sowjetischem Vorbild. Der Reichskongress der Arbeiter- und Soldatenräte entschied sich – der SPD-Position folgend – am 16. Dezember 1918 mit 400 gegen 50 Stimmen für baldige Wahlen zur Nationalversammlung. Diese fanden dann am 19. Januar 1919 statt. Davor lag jedoch noch ein Ereignis, das die Spaltung der Arbeiterbewegung vertiefte.

„Januaraufstand“ und Wahlen

Obwohl der Reichskongress der Räte die politischen Kräfteverhältnisse deutlich zum Ausdruck gebracht hatte, entschloss sich die von USPD-Linken unterstützte KPD die politische Macht mit Gewalt an sich zu bringen. Seit dem 5. Januar 1919 erhoben sich ihre bewaffneten Anhänger in Berlin. Die Regierung, inzwischen allein von der SPD gestellt, war bereit zu verhandeln. Sie verlangte aber zunächst die Niederlegung der Waffen, was die Aufständischen ablehnten. Daraufhin entschied sich die Regierung die staatliche Autorität mit militärischen Mitteln wiederherzustellen. Die SPD hatte aber keine eigenen Revolutionstruppen und die Reichswehr erklärte keine regierungstreuen Einheiten stellen zu können. Deshalb bediente sich der neuernannte

Reichswehrminister Noske der Hilfe von Freikorps. Das waren bewaffnete Gruppen von ehemaligen Offizieren und Unteroffizieren, die vor allem in den östlichen Grenzgebieten und im Baltikum operierten. Noske ließ den kommunistischen Aufstand niederschlagen und rettete so vielleicht die Republik. Aber er trieb den Teufel mit dem Beelzebub aus: In den Freikorps hatten sich Männer gesammelt, die die Republik und die Demokratie hassten. 1920 werden sie das militärische Rückgrat der Gegenrevolution des Kapp-Lüttwitz-Putsches bilden. Dazu kam die psychologische Wirkung der rohen Gewalttaten dieser Freikorps, die am 15. Januar 1919 nach der Beendigung des Aufstandes Karl Liebknecht und Rosa Luxemburg ermordeten. Der Graben zwischen den Arbeiterparteien war durch die Berliner Ereignisse tiefer geworden. Unter dem Eindruck der Januarkämpfe fanden die Wahlen zur Nationalversammlung statt. Die SPD wurde mit 37,9 Prozent der abgegebenen Stimmen die stärkste Partei und hatte auch die meisten Arbeiter hinter sich bringen können. Denn trotz aller Kritik auch aus den eigenen Reihen: Die Partei hatte seit dem 9. November 1918 viele Ziele verwirklicht, für die die Arbeiter im Kaiserreich vergeblich gekämpft hatten, insbesondere das gleiche Wahlrecht für Männer und Frauen und den Achtstundentag.

Wahlplakat der SPD, 1919

Die „Weimarer Koalition"

Die großen sozialen und wirtschaftlichen Reformen wollte die SPD nach den Wahlen als Mehrheitspartei, legitimiert durch den Willen des ganzen Volkes, in Angriff nehmen. Aber die fehlende absolute Mehrheit zwang die SPD zu einem Bündnis mit bürgerlichen Parteien*. Als Bündnispartner boten sich das Zentrum und die Linksliberalen an, mit denen die SPD schon bei der Friedensresolution von 1917 zusammengearbeitet hatte. Dieses Bündnis wurde bald die *„Weimarer Koalition"* genannt. Das katholische Zentrum und die neu gegründete linksliberale „Deutsche Demokratische Partei" (DDP) traten für die Republik und für bürgerliche Freiheitsrechte ein. Die Abgeordneten der drei Parteien wählten am 11. Februar 1919 Friedrich Ebert zum ersten Reichspräsidenten. Ende Juli verabschiedeten sie die erste demokratische Verfassung für das Deutsche Reich (siehe Grafik S. 75).
An eine Weiterführung der Revolution war in der „Weimarer Koalition" jedoch nicht zu denken. Über wichtige Punkte konnten sich die Parteien nicht einigen. Die DDP wandte sich strikt gegen jede Beeinträchtigung des Privateigentums und das Zentrum blockierte im Interesse der katholischen Bekenntnisschule Reformen im Bildungswesen. Vielen SPD-Anhängern dagegen gingen die Veränderungen nicht weit genug: Ihre Erwartungen, alles würde nun besser werden, waren vor der Wahl groß gewesen und wurden nun enttäuscht. Die Schwierigkeiten im täglichen Leben drückten die Stimmung zusätzlich. Die Lebensmittel blieben infolge der fortdauernden Blockade der Häfen durch die Siegermächte bis zum Abschluss des Friedensvertrages knapp und teuer. Die Zahl der Arbeitslosen stieg. Die Bergarbeiter streikten im Frühjahr 1919 für die Sozialisierung der Kohlegruben und für höhere Löhne. Der Streik führte zu einer Reduzierung der Kohleförderung. Deshalb schritt die Regierung ein und beendete ihn – teils durch Verhandlungen, teils durch den Einsatz von Truppen. Das verbitterte viele Arbeiter. Bei den Wahlen 1920 erhielt die radikalere USPD 17,8 Prozent der abgegebenen Stimmen, die SPD nur noch 27,7 Prozent. Der Stimmenanteil von 2 Prozent für die KPD zeigte allerdings, dass die Arbeiter keine revolutionäre Diktatur nach russischem Vorbild wollten.

Bürgertum und Revolution

Das Bürgertum stand in den Revolutionsmonaten weitgehend abseits. Eine geregelte Ordnung im Staat und in der Wirtschaft hielten viele Bürgerliche für wichtiger als die Demokratie. Schließlich war man damit im Kaiserreich nicht schlecht gefahren. Mancher bürgerlich Gesinnte wählte 1919 aber auch die DDP oder die SPD, weil er glaubte, diese würden Verhältnisse wie in Russland verhindern und bei den Friedensverhandlungen von den Siegern schonender behandelt werden als die Repräsentanten des Kaiserreichs. Als dann die Bedingungen des Versailler Vertrages bekannt wurden (siehe S. 15–17 und S. 19), führte das zu einer ersten Radikalisierung bürgerlicher Wähler. Zwar lehnten alle Parteien von rechts bis links den Vertrag ab – aber was war die Alternative? Die Kriegshandlungen wieder aufnehmen? General Groener, der neue Chef der Heeresleitung, erklärte der Regierung, militärisch bedeute die Ablehnung des Versailler Vertrages die Besetzung Deutschlands binnen kürzester Frist durch die Westmächte. Die Reichswehr sei zu schwach die Heimat zu schützen. Am 22. Juni 1919 stimmten die Abgeordneten der SPD und des Zentrums sowie einige DDP-Abgeordnete (zusammen 237) der Annahme des Versailler Vertrages notgedrungen zu, die Abgeordneten der „Deutschen Volkspartei“ (DVP), der „Deutschnationalen Volkspartei“ (DNVP) und die meisten DDP-Abgeordneten (zusammen 138) lehnten ab. Die Gegner der Vertragsunterzeichnung bescheinigten in der Nationalversammlung den Befürwortern ausdrücklich ehrenhafte Motive. Doch das hinderte sie nicht daran diese in der Öffentlichkeit als „Vaterlandsverräter“ zu diffamieren. Dabei hatten nicht die Politiker der „Weimarer Koalition“ die Folgen des Krieges zu verantworten. Verantwortlich waren die politischen, wirtschaftlichen und militärischen Eliten* des Kaiserreichs, die sich nun vor allem in der DNVP und der DVP politisch organisierten und in der nationalen Presse gegen die „Weimarer Koalition“ hetzten.

Unterstützung erhielt diese Kampagne durch eine Aussage Hindenburgs vor einem Untersuchungsausschuss des Reichstages, die die sogenannte Dolchstoßlegende* begründete: Heer und Flotte seien im Krieg planmäßig zersetzt, die deutsche Armee nicht militärisch besiegt, sondern durch die Revolution „von hinten erdolcht“ worden. Damit wurden zwar die Tatsachen auf den Kopf gestellt, aber bürgerliche Wähler glaubten dieser Propagandalüge. Viele von ihnen waren überhaupt gegen das ganze von den „Novemberverbrechern“ geschaffene „System von Weimar“, wie sie es nannten. Bereits bei der Reichstagswahl von 1920 steigerte die DVP ihren Stimmenanteil von 4,4 auf 13,9 Prozent, die DNVP von 10,3 auf 15,1 Prozent, während jener der DDP von 18,5 auf 8,3 Prozent sank. Dieses Auszehren einer bürgerlich-demokratischen Mitte gefährdete die Republik je länger desto mehr.

Wahlplakat der DNVP zu den Reichstagswahlen am 7. Dezember 1924

Vom Kapp-Lüttwitz-Putsch 1920 bis zur Ruhrkrise 1923

Der Kapp-Lüttwitz-Putsch

Wie stark die Welle von rechts schon im zweiten Jahr der Republik geworden war, zeigte sich am 13. März 1920. Eine Gruppe von Rechtsextremisten um General Ludendorff und den ostpreußischen Generallandschaftsdirektor Kapp verbündete sich mit dem Freikorps-General von Lüttwitz, um die Regierung gewaltsam zu stürzen. Reichswehrminister

Noske wollte den Putsch durch die Reichswehr niederkämpfen lassen. Aber die Reichswehr blieb in den Kasernen. „Reichswehr schießt nicht auf Reichswehr," erklärte ihr neuer Chef, General von Seeckt. Der Putsch scheiterte schließlich nach wenigen Tagen, weil Arbeiter und Beamte in den Generalstreik traten und Politiker der DNVP, die eigentlich die Ziele des Putsches unterstützten, die Zeit noch nicht reif dafür hielten.
Die Republik hatte noch einmal gesiegt. Aber wie brüchig ihr Fundament war, zeigte das Ergebnis der Reichstagswahlen vom 6. Juni 1920: Die bürgerlichen Wähler „belohnten" die nationalen Parteien, die die Verfassung und den Versailler Vertrag abgelehnt hatten. DNVP und DVP verfügten nun zusammen über 28,9 Prozent der abgegebenen Stimmen, die DDP war auf 8,2 Prozent zurückgefallen. Die politische Rechtswanderung des Bürgertums hatte begonnen.

Inflation und Ruhrkrise

Mehr als für Aufstandsversuche von rechts und links interessierten sich die meisten Menschen in den Anfangsjahren der Republik für das Geld oder, genauer gesagt, dafür, was das Geld wert war. Die Inflation* beschleunigte sich seit 1918 ständig. Ein Grund dafür waren die Staatsschulden. 1913 hatten sie 5 Milliarden Mark betragen und waren durch die Kriegsanleihen bis 1919 auf 144 Milliarden Mark angewachsen. Die Republik machte weiter Schulden, vor allem aus politischen Gründen. Eine rigorose Sparpolitik des Staates hätte die sozialen Spannungen ungeheuer verschärft. Die Unterstützung der Familien gefallener Soldaten und von Kriegsinvaliden, Entschädigungszahlungen für Verluste der Industrie in den abgetretenen Gebieten, Zinsen für die Kriegsanleihen, Hilfen für Arbeitslose – all das verschlang Unsummen Geld, ohne dass der Staat entsprechende Steuereinnahmen hatte (siehe S. 69). Die immer größer werdenden Fehlbeträge im Staatshaushalt wurden durch die Ausgabe von immer mehr Banknoten ausgeglichen. Im Dezember 1922 betrugen die Staatsschulden 469 Milliarden Mark.
Ende 1922 war die deutsche Regierung mit den Reparationslieferungen von Holz und Kohle in Rückstand geraten. Der französische Ministerpräsident Poincaré ließ daraufhin zur Sicherung der alliierten Ansprüche das Ruhrgebiet besetzen, Belgien schloss sich dem französischen Vorgehen an. Die Reichsregierung, die sich nicht militärisch zur Wehr setzen konnte, rief die Bevölkerung des Ruhrgebiets zum „passiven Widerstand" auf, um Frankreich und Belgien zum Rückzug ihrer Truppen zu zwingen. Während des passiven Widerstandes musste die Bevölkerung auf Kosten des Reichs über Monate versorgt werden. Aus der in den ersten Jahren der Republik schleichenden und dann trabenden Inflation wurde jetzt eine galoppierende Inflation. Die Banknotendruckereien arbeiteten Tag und Nacht.
Die Mark war bald nichts mehr wert: Im Dezember 1922 hatte 1 Dollar noch 8000 Mark, im April 1923 schon 20 000 Mark gekostet. Anfang August musste man für einen Dollar 1 Million Mark bezahlen; und die französischen und belgischen Soldaten hielten immer noch das Ruhrgebiet besetzt. Schließlich, nach fast neun Monaten, erklärte der neue Reichskanzler Gustav Stresemann (DVP) am 26. Oktober 1923 den passiven Widerstand für beendet. Er hatte erkannt, dass der Konflikt um die Reparationen nur durch Verhandlungen zu lösen war und die Gesundung der deutschen Währung das Ende der Ruhrkrise voraussetzte.
Im November 1923 wurde die neue „Rentenmark" eingeführt. 1000 Milliarden Mark entsprachen einer neuen Rentenmark. Damit war zwar die Inflation beendet, doch die Arbeitslosigkeit stieg zunächst. Besitzer von Kapitalvermögen und viele kleine Sparer verloren ihr Geld; ihr Vertrauen in die Republik war von nun an tief erschüttert (siehe S. 70).

Fragen und Arbeitsaufgaben

1. *Erläutere den Zusammenhang zwischen der militärischen Niederlage Deutschlands und der Revolution von 1918/19.*
2. *Entwirf für jede der drei Arbeiterparteien ein Plakat, das deren politische Ziele um 1918/19 darstellt.*
3. *Die Vorgänge von 1918/19 werden im Text als Revolution bezeichnet. Ist dieser Begriff deiner Meinung nach gerechtfertigt? Beziehe dabei auch Stellung zu der Auffassung der KPD, die sozialdemokratischen Parteiführer hätten die Revolution verraten.*
4. *Erkläre die Bedeutung des Versailler Vertrages für die Weimarer Zeit (siehe auch S.15–17). Beurteile den Entschluss von SPD und Zentrum den Vertrag zu unterzeichnen.*
5. *Welche Ziele verfolgten die Vertreter der „Dolchstoßlegende"? Diskutiert die Aussage des Plakats auf S. 67.*
6. *Erkläre das Verhalten der Reichswehr während des Kapp-Lüttwitz-Putsches. Informiere dich über die Funktion der Bundeswehr in unserem Staat und vergleiche.*
7. *Diskutiert die These, die Weimarer Republik sei eine „Demokratie ohne Demokraten" gewesen.*

Das Krisenjahr 1923

Die Inflation

1 *Wirtschaftsdaten des Deutschen Reiches zum Krieg und zur Inflation 1914–1923:*

	1914	1916	1918	1919	1920	1921	1922	1923
Großhandelspreise[1]								
Lebensmittel	1,80	1,62	2,28	3,52	12,15	17,69	301,34	149 708 100 000
Industriestoffe	0,99	1,34	1,95	5,34	19,93	21,75	417,50	197 029 000 000
Brotpreise[2]	0,29	0,39	0,49	0,60	2,02	3,01	27,56	50 145 000 000 000
Realwochenlöhne[3]								
Ungelernte Arbeiter	23,03	17,50	23,65	28,39	21,47	24,66	16,86	14,69
Hauer und Schlepper	37,80	30,12	25,80	33,36	35,82	39,48	21,30	22,56

[1] 1913 = 1 [2] 1 kg Roggenbrot in Berlin in Mark bzw. Reichsmark
[3] in Mark, bei Reallöhnen wird der Kaufkraftverlust durch die Inflation berücksichtigt

nach: D. Petzina/W. Abelshauser/A. Faust, Sozialgeschichtliches Arbeitsbuch, Bd. III, Materialien zur Statistik des Deutschen Reiches 1914–1945, München 1978, S. 83.

2 *Einnahmen des Deutschen Reiches aus Steuern und Zöllen 1913–1923 und Deckung der Gesamtausgaben durch diese Einnahmen:*

Jahr	Einnahmen (in Milliarden Goldmark)	Deckung der Ausgaben durch Steuern und Zölle (in Prozent)
1913	1,958	46
1914	2,302	23
1915	1,070	5
1916	1,037	5
1917	4,064	11
1918	2,836	8
1919	1,930	15
1920	3,163	32
1921	2,970	19
1922	3,529	35
1923	2,913	20

F.-W. Henning, Das industrialisierte Deutschland 1914–1972, Paderborn 1974, S. 61.

3 *Die Lehrerin Wilhelmine Siefkes aus Leer in Ostfriesland erinnert sich an das Jahr 1923:*

Q Wir erlebten die Inflation, die das Geld in wertloses Papier verwandelte: Hartgeld verschwand, die Scheine wurden an Menge immer mehr und mit Zahlen bedruckt, die in schwindelnde Höhen stiegen. Wir wurden papierne Millionäre und Milliardäre und schließlich gar Besitzer von Billionen, nur dass der Gegenwert sich bald in nichts auflöste. Unser Gehalt bekamen wir in wöchentlichen Raten. Unser ältester Kollege holte die ganze Summe jede Woche vom Rathaus; und seine Aktentasche war so voll, dass sie sich nicht mehr schließen ließ. Wir nannten ihn unseren Finanzminister. Während wir in der Pause im Lehrerzimmer saßen, legte er jedem von uns seinen Packen Scheine auf den Platz. Kaum hatten wir sie, so sausten wir damit los um uns zu kaufen, was wir dafür noch kriegen konnten – schließlich war es kaum noch ein halbes Brot oder eine andere notwendige Kleinigkeit. Wir aber waren froh unser Geld umgesetzt zu haben. Denn jeden Mittag um 1 Uhr war ein neuer Kurs fällig, der sich nach dem Dollar richtete – und dann war unser „Reichtum" null und nichtig!

W. Siefkes, Erinnerungen, Leer 1979, S. 80.

4 *Eintrittspreise für das Schlossparktheater in Berlin auf dem Höhepunkt der Inflation 1923*

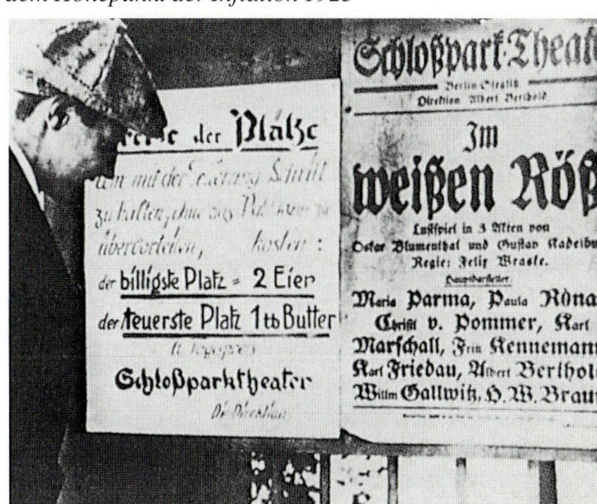

5 *Arbeitslosenzahlen im Deutschen Reich 1918–1935*

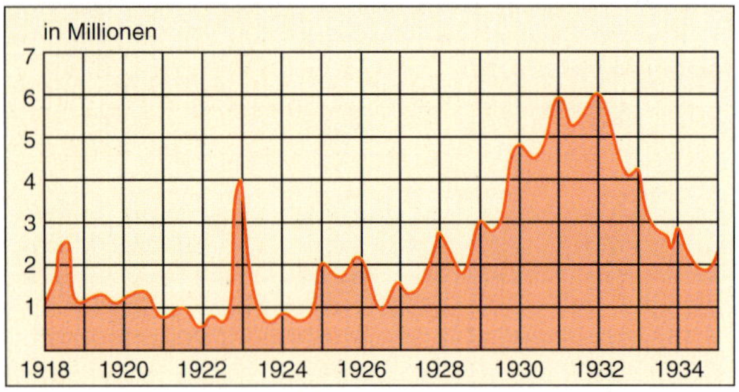

6 *Außenminister Gustav Stresemann (DVP) am 29. Juni 1927 über die Auswirkungen der Inflation von 1923:*

Q Der Geschichtsforscher sieht heute noch den Ausgang des Krieges für Deutschland vielfach nur in verlorenen Gebietsteilen, verlorener praktischer Kolonialbetätigung, verlorenem Staats- und Volksvermögen. Er übersieht vielfach den schwersten Verlust, den Deutschland miterlitten hat. Dieser schwerste Verlust bestand meiner Auffassung nach darin, dass die geistige und gewerbliche Mittelschicht, die traditionsgemäß Träger des Staatsgedankens war, ihre völlige Hingabe an den Staat im Kriege mit der völligen Aufgabe ihres Vermögens bezahlte und proletarisiert wurde. Wie weit die Staatsräson dazu befugt war dieses Opfer von einer ganzen Generation zu fordern dieses Opfer, das darin bestand, dass das vom Staat ausgegebene Geld wertlos und nicht wieder ersetzt wurde, darüber ist der Streit der Geister und vielleicht auch die Praxis der Gesetzgebung bis heute nicht zum Abschluss gekommen.

G. Stresemann, Schriften, hg. von A. Harttung, Berlin 1976, S. 375f.

7 *Der Historiker Eberhard Kolb 1984 über die Auswirkungen der Inflation von 1923:*

D Die weitverbreitete Vorstellung von der „Vernichtung des Mittelstandes" durch die Inflation ist nach einhelliger Auffassung der Wirtschafts- und Sozialhistoriker falsch. Der „Mittelstand" bestand aus sehr verschiedenen Gruppen, die in sehr unterschiedlicher Weise die Auswirkungen der Inflation – die nahezu totale Entwertung aller Geldvermögen und die damit einhergehende totale Entschuldung aller Schuldner (einschließlich der öffentlichen Hände) – zu spüren bekamen. Während Sparer, Hypothekengläubiger[1] und Inhaber öffentlicher Anleihen ihr Vermögen verloren und die Schicht der Kapitalrentner[2] ganz verschwand, litten Kleingewerbetreibende, Kleinhändler und Handwerker unter der Inflation kaum in nennenswertem Maße und machten gute Geschäfte, auch die Landwirtschaft wahrte insgesamt ihren sozialen Besitzstand.
Allerdings lässt sich nicht bestreiten, dass der Umverteilungsprozess innerhalb der deutschen Mittelschicht die Auflösung des deutschen „Bürgertums" als eines sozialen und politischen Machtfaktors beschleunigte, die Interessengegensätze innerhalb der bürgerlichen Parteien erheblich verstärkte und nachhaltig auf die Konfiguration[3] des deutschen Parteiensystems zurückwirkte.

[1] Kreditinstitute oder Privatpersonen, die Geld gegen Deckung von Grund und Boden und Häusern verliehen hatten

[2] Menschen, die von den Zinsen ihres Geldvermögens lebten

[3] Gestalt, Gestaltung

E. Kolb, Die Weimarer Republik, München/Wien 1984, S. 180f.

1. *Welche Ursachen hatte die Inflation, die 1923 ihren Höhepunkt erreichte? Berücksichtige die Statistiken und die Darstellung S. 68. Unterscheide nach wirtschaftlichen und politischen Ursachen.*
2. *Welche Folgen hatte die Inflation für Löhne, Preise, Staatshaushalt, Produktion und Arbeitsmarkt? Unterscheide dabei zwischen der Phase der „schleichenden" Inflation bis 1921/22 und der Phase der „galoppierenden" Inflation 1923. Welche Folgen hatte sie im Alltag der Menschen?*
3. *Welche Auswirkungen hatte die Inflation von 1923 nach Meinung Gustav Stresemanns (Q 6)? Wie erklärst du die unterschiedlichen Deutungen von Stresemann und dem Historiker Kolb?*

Putsche, Putsche, Putsche ...

8 *Ruhrkrise und Inflation verschärften 1923 die innenpolitischen Spannungen im Deutschen Reich (siehe S. 68). Der damalige preußische Ministerpräsident Otto Braun (SPD) schreibt über jene Zeit in seinen Erinnerungen:*

Q Am 1. Oktober putschte unter Führung eines Majors namens Buchrucker in Küstrin ein Teil der „schwarzen Reichswehr", zu der sich die als Arbeitskommandos getarnten Zeitfreiwilligen-Formationen entwickelt hatten. Durch Wachsamkeit der preußischen Polizei wurde dieser Putsch im Keime erstickt. Auch ein kommunistischer Aufruhr in Hamburg und Umgebung (24.–26. Oktober 1923) konnte durch Zusammenwirken der preußischen mit der Hamburger Polizei unterdrückt werden, bevor er die von der kommunistischen Zentrale vorgesehene Ausdehnung angenommen hatte …
In Sachsen war das unter Führung des sozialdemokratischen Ministerpräsidenten Buck stehende Kabinett durch gemeinsames Vorgehen der Kommunisten und der bürgerlichen

Parteien gestürzt worden. Der neugewählte Ministerpräsident Zeigner, ein erst nach dem Umsturz zur Sozialdemokratie gestoßener jüngerer Mann, voll guten Wollens, aber geringen Könnens, ohne hinreichende politische Erfahrung, bildete später (10. Oktober 1923) ein Kabinett mit Einschluss der Kommunisten. Diese zeigten bald, dass sie weit entfernt davon waren, eine die politischen Machtverhältnisse berücksichtigende Politik zu treiben. Sie blickten mehr nach Moskau als nach Berlin.

Proletarische Hundertschaften wurden aufgestellt, hier und dort im Übereifer in behördliche Funktionen und in die Wirtschaft eingegriffen. Die Aufforderung diesem Treiben ein Ende zu bereiten[1] wurde von der sächsischen Regierung ignoriert. Zeigner war wohl schon zu sehr der Gefangene seiner kommunistischen Koalitionsgefährten. Das veranlasste die Reichsregierung, die bereits den Ausnahmezustand verhängt hatte, dem militärischen Befehlshaber die vollziehende Gewalt zu übertragen. Durch dessen nicht immer glückliches Eingreifen wurde der Konflikt verschärft und schließlich wurden durch den vom Reiche eingesetzten Reichskommissar Heinze mit militärischer Gewalt die Minister aus ihren Ämtern gedrängt.[2] In Thüringen[3] verließen die Kommunisten ohne stärkeren Druck auf die Aufforderung des Befehlshabers ihre Ämter.

[1] Am 27. Oktober forderte die Reichsregierung unter Stresemann den sächsischen Ministerpräsidenten Zeigner ultimativ auf innerhalb des 28. Oktober 1923 „den Rücktritt der sächsischen Landesregierung zu vollziehen".

[2] Am 31. Oktober 1923 wählte der sächsische Landtag ein neues, nur aus Sozialdemokraten gebildetes Kabinett. Daraufhin wurden die Reichsmaßnahmen gegen Sachsen aufgehoben.

[3] In Thüringen hatte der sozialdemokratische Ministerpräsident am 12. Oktober ein neues Kabinett unter Einschluss zweier Minister aus der KPD gebildet.

O. Braun, Von Weimar zu Hitler, Hildesheim 1979, S. 132f.

9 *Zur gleichen Zeit weigerte sich die rechtsorientierte bayerische Regierung Anordnungen der Reichsregierung zu befolgen. Als Reichswehrminister Geßler (DDP) daraufhin General von Lossow, Kommandeur der in Bayern stationierten 7. Division, anwies die NSDAP-Zeitung „Völkischer Beobachter" zu verbieten, verweigerte Lossow den Gehorsam und plante einen Staatsstreich. In einer Besprechung im Wehrkreiskommando VII mit den „Vaterländischen Verbänden" erklärte er am 24. Oktober 1923:*

Q Meine Herren! Es gibt drei Möglichkeiten:

1. Einmarsch nach Berlin und Ausrufung der Errichtung der nationalen Diktatur.
2. Weiterwursteln und „Bayern bei der Stange bleiben".
3. Trennung Bayerns vom Reich.

Für uns in Bayern kommt nur die erste Möglichkeit in Betracht. Und zwar haben wir dazu keine lange Zeit mehr; sobald alles vorbereitet ist, tritt die erste Möglichkeit in Kraft. Länger als 14 Tage oder drei Wochen warten dürfte den zweiten Punkt hervorrufen!

Ich habe Sie hierher berufen, um Sie zu befragen, wie Sie sich den Aufbau und die Weiterentwicklung bei einem eventuellen Vormarsch Ihrer Verbände vorstellen. Nach meiner Ansicht ist nur eine Eingliederung sämtlicher vaterländischer Verbände in die Reichswehr bzw. Landespolizei als Mannschaftsreservoir möglich ... Sie werden daraus ersehen, dass wir auf demselben Boden stehen wie Sie als Führer der Vaterländischen Verbände und dass wir unsere Arbeit auch in diesem Sinne eingestellt haben: Wir haben alle ein Ziel, Deutschland vom Marxismus zu befreien unter dem Banner der schwarz-weiß-roten Fahne.

10 *Erklärung der Vorläufigen Regierung der „Rheinischen Republik" vom 29. Oktober 1923:*

Q Die Stunde hat geschlagen. Zur Rettung des Rheinlandes vor völliger Verelendung, herbeigeführt durch die Schuld einer verbrecherischen Regierung, haben die freien Rheinländer die Republik erklärt und die Zivilgewalt übernommen. In der Nacht vom Donnerstag, dem 25., auf Freitag, den 26. Oktober, wurde neben den anderen öffentlichen Gebäuden das Coblenzer Schloss genommen und die provisorische Regierung gebildet, die dann sofort zusammentrat ...

Durch die Bildung der Regierung ist die Loslösung der Rheinlande von Berlin Tatsache geworden. Das Rheinische Volk hat gesprochen und sein Urteil lautet: Los von Berlin! Die großen Stadtkreise des Rheinlandes ... und die zugehörigen Landkreise sind zur Stunde fest in unserer Hand. Niemals vermag Preußen den Befreiungswillen des Rheinischen Volkes aufzuhalten! – Darum: Hoch das freie Rheinland!

11 *Proklamation der „Pfälzischen Republik" am 12. November 1923:*

Q Beginnend am 5. November 1923 in Kaiserslautern und folgend in den Städten Neustadt, Landau, Kirchheimbolanden, Bergzabern, Germersheim sowie in Herxheim, Hochspeyer und in vielen anderen Landgemeinden hat die Regierung der autonomen Pfalz die Pfälzische Republik im Verbande der Rheinischen Republik ausgerufen.

Nachdem diese Regierung seit dem 11. November 1923 in dem Regierungsgebäude in Speyer ihren Sitz hat, ist die

Pfälzische Republik von nun an für die ganze Pfalz proklamiert … Indem die Regierung hiermit das Standrecht verkündet, verpflichtet sie sich jegliche Attentate und sonstige Angriffe in der Pfalz gegen das gemeine Recht sowie gegen Personen und deren Eigentum mit aller Strenge zu unterdrücken. Gegen Personen, welche sich in dieser Hinsicht strafbar machen, wird unnachsichtig vorgegangen werden.
Die Regierung der Autonomen Pfalz.

Quelle 9–11: Die ungeliebte Republik, hg. von W. Michalka und G. Niedhart, München 1980, S. 88, 90 und 94–95.

12 *Münchener Flugblatt vom 9. November 1923*

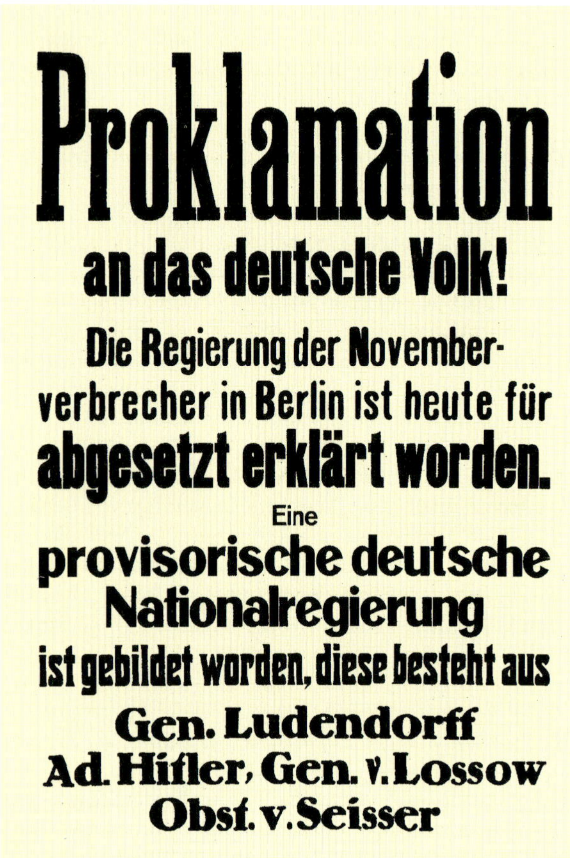

Proklamation
an das deutsche Volk!
Die Regierung der November-
verbrecher in Berlin ist heute für
abgesetzt erklärt worden.
Eine
provisorische deutsche
Nationalregierung
ist gebildet worden, diese besteht aus
Gen. Ludendorff
Ad. Hitler, Gen. v. Lossow
Obst. v. Seisser

13 *Der britische Botschafter in Berlin Viscont d'Abernon notierte am 31. Dezember 1923 in seinem Tagebuch:*

Q Nun geht das Krisenjahr zu Ende. Die inneren und äußeren Gefahren waren so groß, dass sie Deutschlands ganze Zukunft bedrohten. Eine bloße Aufzählung der Prüfungen, die das Land zu bestehen hatte, wird einen Begriff davon geben, wie schwer die Gefahr, wie ernst der Sturm war. Obwohl ich diesen ganzen Zeitraum miterlebte und mich an manchen Ereignissen aktiv beteiligte, habe ich nicht immer im Augenblick erfasst, wie schicksalsschwer die Lage war. Wenn man zurückblickt, sieht man klarer, wie nah dieses Land am Abgrund stand.
In den zwölf Monaten vom Januar bis heute hat Deutschland die folgenden Gefahren überstanden:
die Ruhrinvasion;
den kommunistischen Aufstand in Sachsen und Thüringen;
den Hitlerputsch in Bayern;
eine Wirtschaftskrise ohnegleichen;
die separatistische Bewegung im Rheinlande.
Jeder einzelne dieser Faktoren, falls er sich ausgewirkt hätte, würde eine grundlegende Veränderung entweder in der inneren Struktur des Landes oder in seinen Beziehungen nach außen herbeigeführt haben. Jeder dieser Gefahrenmomente, falls er nicht abgewendet worden wäre, hätte jede Hoffnung auf eine allgemeine Befriedigung vernichtet. Politische Führer in Deutschland sind nicht gewohnt, dass ihnen die Öffentlichkeit Lorbeeren spendet, und doch haben diejenigen, die das Land durch diese Gefahren hindurchgesteuert haben, mehr Anerkennung verdient, als ihnen zuteil werden wird.

E. V. d'Abernon, Ein Botschafter der Zeitwende. Memoiren, Bd. II: Ruhrbesetzung, Leipzig 1929, S. 337–338.

1. *Stelle mit Hilfe der Materialien dieses Arbeitsteils und der Darstellung S. 68 eine Chronik des Krisenjahres 1923 zusammen.*
2. *Welche politischen Gruppen versuchten 1923, das Reich und die Verfassung zu zerstören? Welche politischen Motive und Ziele hatten sie?*
3. *Wie beurteilt der britische Botschafter d'Abernon (Q 13) die Situation im Jahr 1923? Nimm zu dieser Beurteilung Stellung.*

Politik, Wirtschaft und Gesellschaft in der Weimarer Republik: Leistungen und Versäumnisse

Die Außenpolitik

Der Rapallo-Vertrag

In der Ruhrkrise von 1923 ging es nur vordergründig um die pünktliche Ablieferung der Reparationsleistungen. Der deutschen Regierung, aber wohl auch der überwiegenden Mehrheit der Bevölkerung, die wirtschaftlich schwere Opfer auf sich nahm, ging es um mehr: Durch den passiven Widerstand sollte das Vertragswerk von Versailles – wenn es schon nicht zu beseitigen war – zugunsten Deutschlands verändert, „revidiert" werden. Die *Revision* des Versailler Vertrages war für alle deutschen Regierungen zwischen 1919 und 1933 das wichtigste außenpolitische Ziel.

Voraussetzung dafür war, dass Deutschland seine seit dem Ersten Weltkrieg bestehende außenpolitische Isolierung überwand (siehe S. 10–11). Ein erster Schritt dazu war der *Rapallo-Vertrag* vom April 1922 mit der Sowjetunion, den Außenminister Walter Rathenau (DDP) aushandelte. Die diplomatischen Beziehungen zwischen beiden Ländern wurden wieder aufgenommen, die gegenseitigen Ansprüche aus der Kriegs- und Nachkriegszeit für erledigt erklärt. Für die Zukunft versprachen sich beide Seiten wohlwollende wirtschaftliche Zusammenarbeit.

Die Konferenz von Locarno

Die Normalisierung der Beziehungen zu den ehemaligen Kriegsgegnern im Westen wurde durch die Ruhrkrise außerordentlich erschwert. Der Durchbruch gelang erst, als Stresemann, seit 1923 Außenminister, das Sicherheitsbedürfnis Frankreichs gegenüber Deutschland in seiner Politik berücksichtigte. Stresemanns Konzept ruhte auf drei Pfeilern:

1. Gewaltverzicht, d. h., Deutschland strebte eine Revision von Versailles mit ausschließlich friedlichen Mitteln an;
2. Anerkennung der neuen Westgrenzen, um das Sicherheitsbedürfnis Frankreichs zu befriedigen;
3. Aufnahme Deutschlands als führendes Mitglied in den Völkerbund und damit Anerkennung Deutschlands als gleichberechtigte Großmacht durch die Westmächte.

Durch geschicktes Verhandeln und begünstigt durch innenpolitische Veränderungen in England und Frankreich gelang es Stresemann in der Konferenz von *Locarno* im Oktober 1925 die Grundzüge seiner Politik durchzusetzen. Im sogenannten Rheinpakt garantierte Deutschland gegenüber Frankreich und Belgien die Unverletzlichkeit der Westgrenzen. Außerdem erkannte es die Entmilitarisierung des Rheinlandes an. Die Frage der deutschen Ostgrenzen wurde im Rheinpakt nicht berührt. Die Furcht Polens und der Tschechoslowakei vor einem möglichen deutschen Angriff beruhigte Frankreich durch Beistandsverträge. Im Herbst 1926 trat Deutschland dem Völkerbund bei und wurde ständiges Mitglied im Völkerbundsrat.

Mit diesen Verträgen war eine teilweise Revision des Versailler Vertrages erreicht. Doch die nationalen Parteien und Verbände in Deutschland bezichtigten Stresemann des „nationalen Verrats", vor allem wegen des Verzichts auf Elsass-Lothringen. Die DNVP schied aus der Regierung aus. Da von 1924 bis 1928 Kabinette bürgerlicher Parteien regierten, ergab sich eine paradoxe Situation: Stresemann konnte seine Verständigungspolitik im Reichstag nur mit Hilfe der oppositionellen SPD durchsetzen.

Den Schlussstein in Stresemanns außenpolitischem Vertragswerk bildete der *Berliner Vertrag* von 1926. Darin sicherte Deutschland der Sowjetunion wohlwollende Neutralität für den Fall eines Angriffs von dritter Seite zu. Beide Seiten hatten dabei Polen im Blick, dessen Bündnissituation sich nach 1926 verschlechterte. Gegenüber der Sowjetunion bestand nämlich für Polen kein Schutz mehr durch den Bündnispartner Frankreich, weil dieser im Kriegsfalle nicht durch deutsches Gebiet marschieren konnte, und gegenüber Deutschland nur dann, wenn dieses zweifelsfrei der Angreifer war.

Stresemanns Politik der Mäßigung

Das Deutsche Reich hatte mit den beiden Verträgen außenpolitischen Handlungsspielraum zurückgewonnen. Um den Preis der Anerkennung der Westgrenzen hatte Stresemann die endgültige Zugehörigkeit des Rheinlandes zum Deutschen Reich gesichert und die Frage der deutschen Ostgrenzen offen gehalten. So kompromissbereit Stresemann, der 1926 zusammen mit seinem französischen Kollegen Briand mit dem Friedensnobelpreis geehrt wurde, bei der Anerkennung der Westgrenzen gegenüber Frankreich war, so wenig zeigte er sich bereit die neuen Grenzen im Osten zu akzeptieren. Ein „Ostlocarno" lehnte er ab, weil er die Abtretung der ehemals deutschen Gebiete im polnischen Korridor und in Oberschlesien für nicht endgültig ansah. Wahrscheinlich hätte die nationalistisch erhitzte deutsche Öffentlichkeit einen Verzicht darauf auch nicht hingenommen. Im Ganzen wird man Stresemanns Politik als eine Politik der Mäßigung bezeichnen können. Erst die Nationalsozialisten ersetzten sie durch eine Politik der militärischen Stärke und Gewalt.

Die soziale und wirtschaftliche Entwicklung

Eine neue Gesellschaft?

„Die Klassen der Republik waren die Klassen des Kaiserreichs … Die Revolution hatte die politische Ordnung verändert, nicht die Gesellschaft.“ Mit dieser These aus dem Jahre 1958 formulierte der Historiker Golo Mann ein Grundproblem der Weimarer Republik: Es ging damals nicht allein um die Verfassung, um Annahme oder Ablehnung des Versailler Vertrages, um Rapallo und Locarno, um Wähleranteile einzelner Parteien. Ob die demokratische Republik Bestand haben würde, hing nicht zuletzt von der sozialen und wirtschaftlichen Entwicklung ab. Konnte die Wirtschaft nach dem Krieg wieder Anschluss an die Vorkriegsentwicklung finden und dadurch die vielen neuen Ausgaben finanzieren helfen? Konnten die im Kaiserreich begonnenen Ansätze zum Aufbau eines Sozialstaates fortgesetzt und die tiefen Gräben in der Gesellschaft zwischen Bürgertum und Arbeiterschaft langsam geschlossen werden?

Sozialpartnerschaft oder Klassenkampf?

Am 15. November 1918, in den Wirren der ersten Revolutionstage, schlossen Unternehmerverbände und Gewerkschaften einen Vertrag ab, in dem erstmals die Beziehungen zwischen Kapital und Arbeit genauer geregelt wurden. Dieser Vertrag ist häufig als „sozialer Gründungskompromiss“ von Weimar bezeichnet worden: Die Unternehmer erkannten die Gewerkschaften als Vertreter der Arbeitnehmer an und gestanden den Achtstundentag zu.

Sehr bald zeigte sich jedoch, dass sie sich nicht mehr an die Vereinbarungen halten wollten, nachdem die Gefahr gebannt war, dass durch die Revolution die Planwirtschaft eingeführt und die Wirtschaft sozialisiert würde. Immer häufiger beklagten die Unternehmer nun die zu hohen Löhne der Arbeiter und die zu kurze Arbeitszeit. Sie glaubten, der Vertrag von 1918 verhindere eine günstige Entwicklung der Wirtschaft. Die Gewerkschaften – freie Gewerkschaften, christliche Gewerkschaften und Angestelltengewerkschaften – befürchteten dagegen eine Rückkehr zu den Arbeitsbeziehungen von vor 1914. Die von den Unternehmern angestrebte Rücknahme der sozialen Errungenschaften der Revolution werteten sie als Anschlag auf die Grundlagen der Republik. 1924 schon wurde der Vertrag aufgelöst.

Strittige Fragen zwischen Unternehmern und Gewerkschaften konnten in der Weimarer Republik auf zweierlei Weise gelöst werden: durch Vereinbarungen zwischen den Tarifparteien oder durch den Schiedsspruch eines staatlichen Schlichters, wenn sich die Tarifparteien nicht einigten. Seit 1923 wurden die staatlichen Schlichter immer häufiger angerufen. Diese versuchten zumeist eine mittlere Linie zwischen den Interessen von Kapital und Arbeit einzuhalten. Den Unternehmerverbänden war jedoch selbst das zu arbeitnehmerfreundlich. Mehr und mehr griffen sie in der Öffentlichkeit das staatliche Schlichtungswesen an. Spätestens seit dem Ruhreisenstreit von 1928 – also noch vor der Weltwirtschaftskrise – war klar, dass die Unternehmer den sozialen Gründungskompromiss von Weimar aufgekündigt hatten: Sie wollten wie im Kaiserreich allein im Betrieb bestimmen können – wenn das in einer Demokratie nicht möglich sei, dann müsse eben das „System“ geändert werden.

Dennoch gelangen der Weimarer Republik große sozialpolitische Errungenschaften, wie z. B. die Einführung der *Arbeitslosenversicherung* im Jahre 1927. Zum ersten Male waren damit Arbeiter und Angestellte gegen das Risiko der unfreiwilligen Arbeitslosigkeit geschützt, das sie bisher allein zu tragen hatten. Auch wenn die Arbeitslosenversicherung durch das Anschwellen der Zahl der Arbeitslosen seit 1929 in eine schwere Krise und den politischen Streit geriet (siehe S. 88), war sie ein wichtiger Stein im Bau des deutschen Sozialstaates.

Wachstum der industriellen Produktion im Deutschen Reich 1900–1940 (logarithmisch)

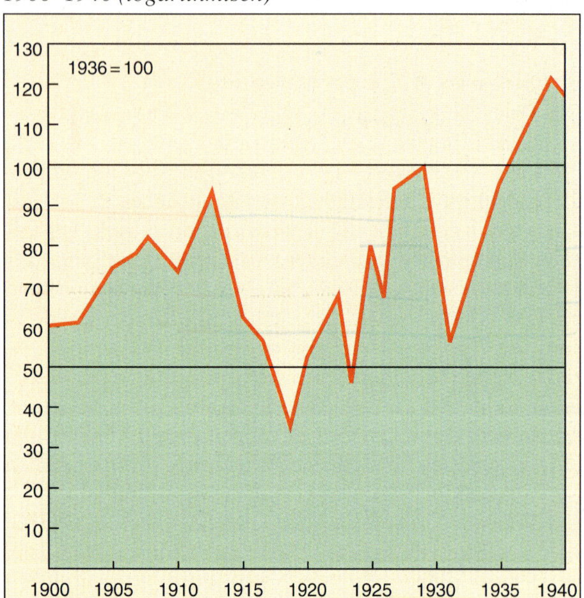

Die wirtschaftliche Entwicklung

Die Industrieproduktion und das Bruttosozialprodukt erreichten zwischen 1920 und 1930 ungefähr die Werte der Jahre vor dem Ersten Weltkrieg. Insgesamt war es wohl eine Zeit eher stockender Wirtschaftsentwicklung, die jedoch durch die schnelle Aufeinanderfolge von Umstellungskrise nach dem Krieg, Inflationskonjunktur, Krise nach der Währungsreform von 1923 und Weltwirtschaftskrise ihr besonderes Gepräge erhielt. Auch wenn man die Entwicklung der Investitionen, d. h. die Erneuerung alter Betriebsausrüstungen oder die Schaffung neuer Produktionsstätten, betrachtet, wiederholt sich das Bild einer schnell wechselnden Konjunktur: 1919 bis 1922 und 1924 bis 1926 waren die Investitionen höher, in allen anderen Jahren niedriger als vor dem Krieg.

Die Reallöhne der Arbeitnehmer stiegen im Durchschnitt der Jahre 1920 bis 1930, während die Arbeitszeit sank. Innerhalb der einzelnen Arbeitnehmergruppen gab es allerdings starke Unterschiede: Die Realeinkommen von Arbeitern, kleinen Angestellten und Beamten wuchsen, während besserverdienende Angestellte und Beamte real wahrscheinlich weniger verdienten als vor 1914. Während der Weltwirtschaftskrise verminderten sich die Realeinkommen aller Arbeitnehmer.

Das politische System

Die Verfassung

Durch die im August 1919 in Kraft getretene Verfassung war das Deutsche Reich eine parlamentarische Demokratie* geworden. Der *Reichstag* war das wichtigste Organ der Reichsgewalt, die *Reichsregierung* vom Vertrauen des Reichstages abhängig. Als Gegengewicht zu dem mit vielen Rechten ausgestatteten Reichstag gestand die Verfassung dem neuen Amt des *Reichspräsidenten* weitreichende Befugnisse zu. Er war zwar nicht so mächtig wie vorher der Kaiser, aber er hatte das Recht den Reichstag aufzulösen und er konnte mit Hilfe des Artikels 48 für eine beschränkte Zeit die Gesetzgebungs- und Kontrollrechte des Parlaments außer Kraft setzen. Was würde geschehen, wenn ein weniger demokratisch denkender Reichspräsident als Friedrich Ebert einmal

Die Verfassung des Deutschen Reiches von 1919 (Weimarer Verfassung)

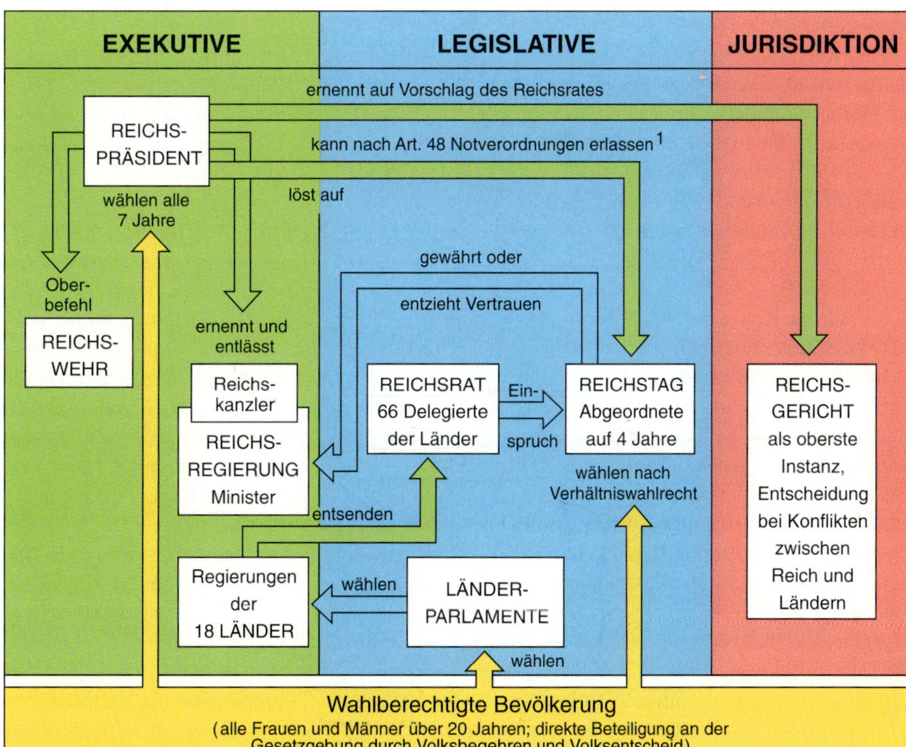

[1] Reichstag kann mit Mehrheit der Stimmen Notverordnungen aufheben

über dieses Machtmittel verfügen konnte? Außerdem wurden die Parlamentsrechte durch die Möglichkeit des Volksbegehrens oder Volksentscheids eingeschränkt. Und schließlich gab es noch den *Reichsrat,* die Vertretung der Länder, der an der Gesetzgebung des Reiches mitwirkte. Trotz mancher Mängel, die die Weimarer Verfassung aufwies und die sich vor allem nach 1930 zeigten, war mit ihr eine demokratische Entwicklung der neuen Republik möglich.

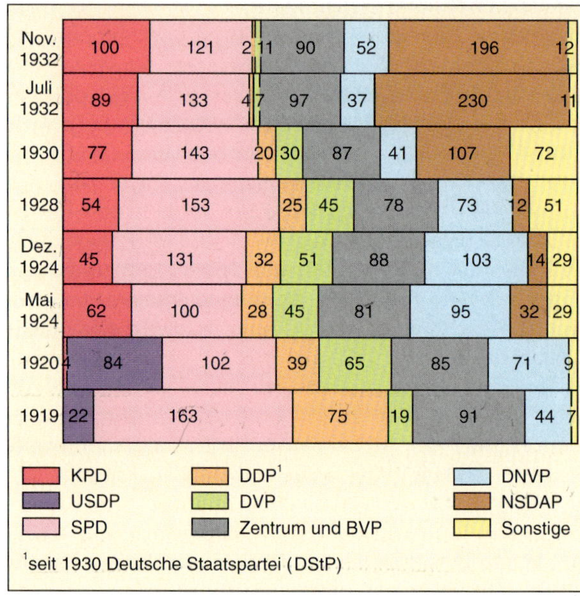

Sitzverteilung in der Nationalversammlung 1919 und im Deutschen Reichstag 1920–1932

Parteien und Regierungen

Eine parlamentarische Demokratie setzt voraus, dass sich im Parlament eine Mehrheit von Abgeordneten findet, die bereit ist Kompromisse zu schließen und Regierungsverantwortung zu übernehmen. Gerade das gelang in der Weimarer Republik immer nur kurzfristig. Häufige Regierungswechsel (21 Regierungen in 14 Jahren) und Wahlen (7 Reichstagswahlen 1920 bis 1932) waren die Folge. Woran lag es, dass das parlamentarische Regierungssystem so schlecht funktionierte?

Schon die Wahlen zur Nationalversammlung 1919 brachten für keine Partei die absolute Mehrheit. Die Regierungsbildung erforderte eine Koalition mehrerer Parteien. 1919/20 regierte die „Weimarer Koalition“ aus SPD, DDP und Zentrum (siehe S. 66). Trotz großer Unterschiede der drei Koalitionsparteien hätte diese Koalition am ehesten eine parlamentarisch-demokratische Regierungsweise entsprechend der Verfassung garantieren können, weil alle drei Parteien die Verfassung und die Republik respektierten. In den Wahlen von 1920 verlor sie jedoch für die ganze Dauer der Republik die Mehrheit im Reichstag. Seitdem gab es nur noch drei Koalitionsmöglichkeiten:

1. die „Bürgerblock“-Koalition zwischen Zentrum, DVP und DNVP;
2. die „Große Koalition“ aus Zentrum, DVP, DDP und SPD;
3. Minderheitsregierungen der verschiedenen bürgerlichen Parteien einschließlich der DDP.

Die Bürgerblock-Parteien stimmten in wichtigen Fragen der Innen- und Wirtschaftspolitik überein, nicht jedoch in den Grundfragen der Außenpolitik. Die DVP als Nachfolgerin der Nationalliberalen Partei des Kaiserreichs vertrat die Interessen der industriellen Spitzenverbände. In der Wirtschafts- und Sozialpolitik konnte sie mit der DNVP zusammenarbeiten, hinter der Verbände der Landwirtschaft, des Handwerks und der Industrie standen. Außenpolitisch gab es dagegen zwischen diesen Parteien keine Gemeinsamkeiten: Die DVP mit ihrem Vorsitzenden Gustav Stresemann strebte die Revision des Versailler Vertrages durch eine Verständigungspolitik nach Westen an, die nationalistische DNVP lehnte das strikt ab. Die erste Bürgerblock-Regierung stürzte im Oktober 1925 nach nur neun Monaten wegen der Locarno-Verträge (siehe S. 73). Die zweite Bürgerblock-Regierung von 1927 zerbrach nach knapp einem Jahr, weil sich das katholische Zentrum und die in Schul- und Kulturfragen immer noch eher liberale DVP nicht über ein neues Schulgesetz einigen konnten.

Die Große Koalition stimmte zwar in den Grundfragen der Außenpolitik überein, in der Innen-, Wirtschafts- und Sozialpolitik bestanden jedoch zwischen der eng mit den Freien Gewerkschaften verbundenen SPD und der industrieorientierten DVP große Differenzen. Die erste Große Koalition, im August 1923 auf dem Höhepunkt der Ruhrkrise gebildet, bestand nur drei Monate. Ein Grund für den Austritt der SPD am 3. November 1923 waren die Auseinandersetzungen um den Achtstundentag, ein anderer das unterschiedliche Vorgehen gegenüber linken und rechten Putschbestrebungen durch Reichsregierung und Reichswehr. Einen kommunistischen Aufstandsversuch in Sachsen und Thüringen im Oktober 1923 hatte die Reichsregierung durch den Einmarsch von Reichswehrtruppen energisch bekämpft, zur gleichen Zeit aber Befehlsverweigerungen der Reichswehr und Aufstandsvorbereitungen der bewaffneten nationalistischen „Vaterländischen Verbände“ in Bayern tatenlos hingenommen (siehe S. 70–72). Die zweite Große Koalition entstand nach dem großen Wahlerfolg der SPD 1928. Sie war von Anfang an durch die auseinanderstrebenden Positionen von SPD und DVP gefährdet. Eine heftige Auseinandersetzung um Arbeitslöhne und -zeit zwischen Gewerkschaften und Unternehmern im Ruhreisenstreit von 1928 überstand die Große Koalition noch. Aber spätestens nach dem Tod Stresemanns 1929 waren die industriellen Interessenvertreter in der DVP entschlossen diese scheitern zu lassen. Da seit 1928 im Zentrum die christlichen Gewerkschaften an Einfluss verloren und die Partei sich stärker nach rechts orientierte, war der Streit um die Beiträge zur Arbeitslosenversicherung 1930 nur noch der Anlass zum Bruch der Großen Koalition. DVP und Zentrum waren nun entschlossen die Probleme nicht mehr auf parlamentarische Weise zu lösen, sondern durch ein Präsidialkabinett, das sich auf das Vertrauen des Reichspräsidenten, nicht des Reichstages stützte. Diesen Vorstellungen kam entgegen, dass seit 1925 der inzwischen 83-jährige Generalfeldmarschall Hindenburg Reichspräsident war, ein Mann ohne politische Erfahrung, der in der Vorstellungswelt des Kaiserreichs wurzelte. Seine Wahl hatte die Rückwärtsorientierung der bürgerlichen Wähler selbst in politisch ruhigen Zeiten dokumentiert.

Weil sowohl die Bürgerblock-Koalition als auch die Große Koalition in sich wenig handlungsfähig waren, entwickelten sich Minderheitsregierungen der bürgerlichen Parteien praktisch zum Normalfall. Da sie sich im Reichstag auf wechselnde Mehrheiten von rechts und links stützen mussten, waren sie aber in der Regel zu schwach, um politisch wichtige Fragen zu entscheiden.

Das Selbstverständnis der Parteien

Eine zweite Ursache für die Mängel des parlamentarischen Regierungssystems lag im Selbstverständnis der Parteien*. Die führenden Parteien der Weimarer Republik waren in der einen oder anderen Form aus den Parteien des Kaiserreichs hervorgegangen. Im Kaiserreich hatten sie zwar bei der Gesetzgebung mitgewirkt, aber keine Regierungsverantwortung getragen. Dadurch waren sie Interessen- und Weltanschauungsparteien mit geringer Kompromissfähigkeit geblieben. Das parlamentarische Regierungssystem verlangte dagegen die Machtausübung durch die Parteien selbst und – da keine Partei allein regieren konnte – Kompromisse von allen. Mit dieser neuen Rolle hatten alle Parteien Schwierigkeiten. Sie wollten zwar auf die Regierungen Einfluss nehmen oder sich sogar beteiligen, um ihre eigenen Interessen besser durchsetzen zu können; wenn es aber darum ging, Verantwortung für einen notwendigen Kompromiss zu übernehmen, waren sie dazu selten bereit. Sie befürchteten, dadurch Anhänger zu verlieren. Im Grunde wollten sie Regierungs- und Oppositionsparteien zugleich sein.

Besonders deutlich wurde dieses Dilemma bei der DNVP. Sie war nach der Revolution als Sammlungspartei nationalistischer, konservativer, völkischer und antisemitischer Gruppen entstanden. Sie hatte gegen die Verfassung und den Versailler Vertrag gestimmt und bekämpfte erbittert die Republik und die parlamentarische Demokratie. Als sich nach dem Ende der Ruhrkrise und der Inflation die politische Situation für einige Zeit beruhigte, drängten die mit der DNVP verbundenen Verbände aus Landwirtschaft, Handwerk und Industrie auf eine Regierungsteilnahme, weil sie sich davon eine bessere Durchsetzung ihrer wirtschaftlichen Interessen versprachen. Viele DNVP-Wähler sahen in der Regierungsbeteiligung aber eine Unterstützung des verhassten „Systems". 1928 ging die DNVP unter ihrem neuen Vorsitzenden Hugenberg deshalb wieder auf einen extrem nationalistischen und antidemokratischen Oppositionskurs und kooperierte seitdem mit der „Nationalsozialistischen Deutschen Arbeiterpartei" (NSDAP) und ihrem „Führer" Adolf Hitler.

Gegner der Demokratie

Die NSDAP erregte im November 1923 durch den sogenannten „Hitler-Putsch" in München erstmals Aufmerksamkeit. Die kleine Partei, der Hitler 1919 mit der Parteinummer 555 beigetreten war und deren effektvollster Propagandaredner er bald wurde, war bis dahin durch eine sogar die DNVP übertrumpfende Hetze gegen das „Weimarer System", gegen die Erfüllung des Versailler Vertrages und gegen Juden aufgefallen. Im Krisenjahr 1923 sah Hitler seine Chance. Er erklärte von München aus die „Regierung der Novemberverbrecher" in Berlin für abgesetzt und proklamierte eine „provisorische deutsche Nationalregierung" mit ihm und General Ludendorff an der Spitze (siehe S. 72). Die von den Putschisten erhoffte Unterstützung durch die bayerische Regierung blieb jedoch aus. Sie wurden verhaftet und wegen Hochverrats angeklagt, dann aber nur zu sehr geringen Strafen verurteilt.

Soziale Zusammensetzung der NSDAP 1930 (in Prozent)

	NSDAP	Gesellschaft insgesamt (1925)
Arbeiter	28,1	45,1
Angestellte	25,6	15,9
Selbständige	20,3	10,7
Beamte	8,3	4,3
Bauern	14,1	6,7

Plakat der Hamburger SPD zur Bürgerschaftswahl 1927/28

Nach 1925 änderte die als „Arbeiterpartei" wenig erfolgreiche NSDAP ihre politische Strategie und warb nun vor allem um Landwirte, Angestellte sowie kleine selbständige Handwerker und Kaufleute. Die militärisch aufgebauten „Sturmabteilungen" (SA) und „Schutzstaffeln" (SS) der NSDAP sprachen manchen ehemaligen Weltkriegssoldaten an. Und schließlich waren es besonders viele junge Männer, die sich vom Uniformkult und von den nationalen Versprechen der NSDAP angezogen fühlten. Unter den Studenten und Schülern gewann die NSDAP schon lange vor 1930 die absolute Mehrheit.

An der NSDAP wird eine dritte Ursache für die Schwächen des parlamentarischen Regierungssystems von Weimar deutlich: Es geriet von Anfang an in eine Zangenbewegung rechts- und linksextremistischer Parteien. In den ersten Jahren der Republik waren das die DNVP und die KPD. Beide waren gegen die parlamentarische Demokratie, ließen sich aber ins Parlament wählen, um das „System" lächerlich zu machen und aus dem Reichstag heraus zu bekämpfen. Wirklich bedrohlich wurde diese Zangenbewegung erst durch die aufsehenerregenden Wahlerfolge der NSDAP bei den Reichstagswahlen 1930, als sie die Zahl ihrer Abgeordneten von 12 auf 107 steigern konnte und damit die zweitstärkste Fraktion im Reichstag wurde. Die KPD erhöhte die Zahl ihrer Abgeordneten bei dieser Wahl von 54 auf 77. Bei den Wahlen im Juli 1932 errangen die antiparlamentarischen Parteien zusammen dann sogar eine satte absolute Mehrheit: NSDAP 196 Sitze, DNVP 52 Sitze, KPD 100 Sitze. Hatte die Demokratie angesichts dieser negativen Mehrheit überhaupt noch eine Chance in Deutschland?

Länder und Kommunen

Viel weniger dramatisch und krisenhaft als im Reich vollzog sich zwischen 1919 und 1933 die politische Entwicklung in den Ländern und Kommunen. Vor allem Preußen war ein – wie die Zeitgenossen sagten – „demokratisches Bollwerk". Die „Preußen-Koalition" (SPD, Zentrum, DDP und zeitweise auch DVP) unter dem sozialdemokratischen Ministerpräsidenten Otto Braun entwickelte sich zu einem stabilen Regierungsbündnis und wurde Wahl für Wahl dafür von den Wählern unterstützt. Als die Reichsregierung von Papen am 20. Juli 1932 mit einem Staatsstreich, dem sogenannten „Preußen-Schlag", die Regierung Braun absetzte, war ein wichtiges Hindernis für den Übergang zur Diktatur* beseitigt. Auch in vielen Städten und Gemeinden kam es zu festen und erfolgreichen Bündnissen zwischen SPD, DDP und Zentrum. Vor allem SPD und DDP setzten sich hier für Reformen zugunsten der breiten Bevölkerung ein. Schulen, Schwimmbäder und Volksbibliotheken wurden in großer Zahl errichtet. Unterstützt durch staatliche Wohnungsbauprogramme wurde der Bau von Arbeiterwohnungen mit menschenwürdigen sanitären Einrichtungen, mit viel Licht, Platz und Grün für das Leben und Spielen der Kinder vorangetrieben. Die damals errichteten Siedlungen wie die Hufeisensiedlung in Berlin-Britz oder die Bruchfeldstraßensiedlung in Frankfurt gelten noch heute als vorbildlich.

Fragen und Arbeitsaufgaben

1. *Erläutere die Bedeutung des Vertrages von Locarno für Deutschland. Vergleicht und diskutiert die Vertragsbedingungen Deutschlands mit Frankreich und mit Polen.*
2. *Beschreibe die Einstellung der Deutschnationalen zur Außenpolitik Stresemanns. Diskutiert den Vorwurf, Stresemann hätte die Nation verraten.*
3. *Welche gewerkschaftlichen Ziele wurden durch den „sozialen Gründungskompromiss" von 1918 verwirklicht? Wie sahen die Unternehmer die Rolle der Gewerkschaften? Erkläre und bewerte die verschiedenen Standpunkte und ihre Folgen.*
4. *Erläutere an Hand des Schaubildes (S. 75) die Stellung des Reichspräsidenten, des Reichstages und der Reichsregierung in der Weimarer Verfassung. Vergleiche sie mit dem Grundgesetz der Bundesrepublik Deutschland.*
5. *Schreibe aus der Sicht eines amerikanischen Journalisten einen Zeitungsbericht zur Lage Deutschlands im Jahr 1929.*

Jugend in der Weimarer Republik

1 *Altersgliederung der Gesamtbevölkerung und der Erwerbstätigen unter 25 Jahren im Deutschen Reich im Jahr 1925 (in Mio.):*

Alter	männlich	davon erwerbstätig	weiblich	davon erwerbstätig	insgesamt	davon erwerbstätig
unter 12	6,22		6,04		12,26	
12 bis 13	1,28	0,12	1,26	0,09	2,54	0,21
14 bis 17	2,62	2,14	2,60	1,62	5,22	3,76[1]
18 bis 24	4,35	4,11	4,37	3,09	8,72	7,20

[1] davon rund ein Drittel Lehrlinge

nach: Statistik des Deutschen Reichs, Bd. 408, Berlin 1931, S. 11 und 314–315.

2 *Schüler und Studenten im Deutschen Reich 1926/27 (in Mio.):*

	männlich	weiblich	insgesamt
Volksschulen	3,37	3,33	6,70
Mittelschulen	0,12	0,12	0,26
Höhere Schulen	0,55	0,27	0,82
Berufsschulen	0,18	0,26	0,44
Wissenschaftliche Hochschulen	0,09	0,01	0,10

nach: Statistisches Jahrbuch für das Deutsche Reich, 1928, S. 509, und 1931, S. 427–429.

3 *Dr. Erika Fuchs, die deutsche Übersetzerin von „Donald Duck" und anderen Comics von Walt Disney, erinnert sich an ihre Schulzeit in Belgard (Hinterpommern), wo sie 1927 Abitur machte:*

Q Für Mädchen gab es nur die Töchterschule, die ein schlichtes Bildungsniveau hatte. Als wir zum Beispiel einmal einen Lehrer fragten, was Fensterbrett auf französisch heiße, antwortete der „Fenêtre bret". Eines Tages bekamen wir eine richtige Studienrätin, bei der wir Geschichte hatten. Dieser Unterricht war für uns eine Offenbarung. Wirklich. Wir haben diese Lehrerin geliebt. Und mir wurde zum erstenmal klar, dass Frauen auch etwas werden können. Da beschloss ich, die Töchterschule nicht länger zu besuchen, sondern aufs Knabengymnasium zu gehen, das gleich nebenan lag. Mein Bruder war dort, obwohl er zum Lernen keine Lust hatte. Mein Wunsch nach Schulwechsel wurde dann ein richtiges Politikum. Zwar waren meine Eltern auf meiner Seite, doch musste der Stadtrat zu dieser unerhörten Sache seine Einwilligung geben. Es war ein städtisches Gymnasium. Die deutschnationalen Freunde meines Vaters waren ganz dagegen. Sie malten sich die schlimmsten Situationen aus. Ein Mädchen unter lauter Jungen. Die Sozialdemokraten, die in der Mehrheit waren, dachten fortschrittlicher. Sie erlaubten mir, obwohl ich die Tochter eines Bürgerlichen war, den Übertritt ins Knabengymnasium.

A. Scheib, Die Dolmetscherin des schrägen Vogels, in: Süddeutsche Zeitung, 13./14. Dezember 1986.

4 *Ergebnisse einer Untersuchung über die Lage der erwerbstätigen Jugend im Jahr 1927 (Darstellung):*

1. 63 Prozent der befragten Jugendlichen arbeiteten bis zu 48 Stunden in der Woche, 9 Prozent mehr als 60 Stunden. In kleinen Gemeinden und auf dem Lande war die Arbeitszeit wesentlich länger: In Gemeinden unter 5000 Einwohnern mussten fast zwei Drittel der Jugendlichen über 60 Stunden arbeiten, in der Großstadt nur 8 Prozent.
2. 41,7 Prozent der Befragten hatten sonnabends bis 14 Uhr Arbeitsschluss, 11,3 Prozent erst nach 7 Uhr abends …
3. Die tägliche Arbeitszeit war durchweg länger als 8 Stunden und reichte bis zu 11 Stunden.
4. 23 Prozent der Jugendlichen hatten keinen Urlaub, 16 Prozent bis 3 Tage, 8 Prozent 4–5 Tage, 38 Prozent 6–8 Tage, 4 Prozent 9–10 Tage, 2 Prozent 11–14 Tage und 4 Prozent über 14 Tage. Fast der Hälfte der Jugendlichen, denen Urlaub gewährt wurde, wurde auch der Lohn weitergezahlt.

H. Giesecke, Vom Wandervogel zur Hitlerjugend, München 1981, S. 162.

1. *Beschreibe mit Hilfe der Materialien 1 bis 5 die Lage der berufstätigen Jugendlichen in der Weimarer Republik. Vergleiche mit heute.*
2. *Welche Erklärung gibt es für die beträchtliche Zahl nicht erwebstätiger Mädchen und junger Frauen?*
3. *Setze die Zahl der Schüler an höheren Schulen in Beziehung zur Gesamtzahl der 12- bis 17-jährigen und die Zahl der Studenten zu der der 18- bis 25-jährigen. Was sagt das über die Bildungschancen in der Weimarer Republik aus? Vergleiche die Bildungschancen von Mädchen und Jungen.*

5 *Zahl der in Verbänden organisierten Jugendlichen im Deutschen Reich 1927:*

595 000	Evangelische Verbände	44 000	Politische Verbände
881 000	Katholische Verbände	29 000	Bündische Gruppen
4 000	Jüdische Verbände	1 577 000	Sportverbände
56 000	Sozialistische Verbände	544 000	Sonstige Verbände
401 000	Berufsverbände		

nach: H. Giesecke, Vom Wandervogel zur Hitlerjugend, München 1981, S. 140–141.

6 *Wahlspruch der „Jungdeutschen" von Reinhard Neubert. Bei den „Jungdeutschen" sammelten sich von 1919 bis 1923 die bürgerlichen, „bündischen" Anhänger der Jugend- und Wandervogelbewegung, vor allem Gymnasiasten und Studenten:*

Jungdeutsch heißt stark und echt sein
in Wort und Tun!
Jungdeutsch heißt keines Knecht sein
und nimmer ruhn!
Jungdeutsch: in völkisch Wesen
verwurzelt stehn!
Für seines Volkes Genesen
den Dornpfad gehn!
Da sprenget jede Schranke,
die hemmend trennt,
der einende Gedanke,
der in uns brennt!
So wollen wir in Treue
fest vorwärts schaun,
unseres Volkes neue
Gemeinschaft baun!

7 *Gedicht von Will Engwicht für den „Wandervogel – Deutscher Jugendbund", der 1925 wiedergegründet wurde, sich 1926 mit Pfadfindern zusammenschloss und ab 1927 „Deutsche Freischar" hieß:*

Wer von innen geschaut
die Not unserer Zeit,
wem die Ruhe geraubt,
all die Schreie im Leid,
und wer opfernd sich selbst
dem Weh hingegeben
und Errettung gezeigt
durch ein lichtvoll Leben –
der allein ist fürwahr
der Held unserer Schar,
ihm jubeln wir zu:
Heil! Führe uns! Du!

8 *Das „Weimarlied" der „Sozialistischen Arbeiterjugend" von 1920, geschrieben von Hermann Claudius. Die Arbeiterjugendbewegung stand der SPD nahe.*

Wann wir schreiten Seit' an Seit'
und die alten Lieder singen
und die Wälder widerklingen,
fühlen wir, es muss gelingen;
Mit uns zieht die neue Zeit.

Einer Woche Hammerschlag,
einer Woche Häuserquadern
zittern noch in unsren Adern.
Aber keiner wagt zu hadern:
Herrlich lacht der Sonnentag.

Birkengrün und Saatengrün:
Wie mit bittender Gebärde
hält die alte Mutter Erde,
dass der Mensch ihr eigen werde, ihm die vollen Hände hin …

Mann und Weib und Weib und
Mann sind nicht Wasser mehr
und Feuer. Um die Leiber legt ein
neuer Frieden sich. Wir blicken
freier, Mann und Weib, uns an.

Wann wir schreiten Seit' an Seit'
und die alten Lieder singen
und die Wälder widerklingen,
merken wir, es muss gelingen:
Mit uns zieht die neue Zeit.

9 *Plakat der „Naturfreundejugend", die der SPD nahestand*

1. *Welche Grundgedanken werden in den Materialien 6 und 7 formuliert? Aus welchen Begriffen wird das deutlich? Welcher politischen Orientierung sind die Anhänger dieser Gruppe wohl gefolgt?*
2. *Welche Grundgedanken werden in den Materialien 8 und 9 formuliert? Wie werden Natur und Arbeit gesehen? Und wie das Verhältnis von Mann und Frau?*

10 *Titelblatt einer Jugendzeitschrift, um 1930*

11 *1932 schrieben Schüler einer Volksschulabschlussklasse in Hamburg über ihre Zukunftsaussichten:*

Q „Mein Vater sagt, wenn das neunte Schuljahr kommt, soll ich noch bis 1933 zur Schule gehen; im nächsten Jahre könnte die wirtschaftliche Lage schon viel besser sein."

„… weil mein Vater schon fast zweieinhalb Jahre arbeitslos ist. Er glaubt, dass ich keine Stellung mehr bekommen werde, weil allein 700 000 junge Leute in Deutschland stellungslos sind. Das ist eine schreckliche Zahl; man könnte mit diesen Menschen sieben Großstädte bevölkern."

„Meine Hoffnung, in der Fabrik in der Süderstraße als Mechanikerlehrling eingestellt zu werden, hat sich leider zerschlagen. Statt meiner tritt dort ein Abiturient als Volontär ein. Der Meister sagt, er hätte mehr Nutzen davon."

„Ich möchte gern Elektriker werden, aber der Meister darf nun doch keinen Lehrling mehr einstellen, weil er kürzlich wieder zwei Gehilfen entlassen musste. Ich muss nun doch bei meinem Vater im Milchgeschäft bleiben. Aber heute bei der großen Arbeitslosigkeit muss man ja froh sein, wenn man überhaupt etwas hat."

„Ich bin manchmal ganz wirr im Kopf vom Vorstellen. Ich bin jeden Tag auf jede Anzeige losgewesen, aber immer war es schon besetzt."

„Meine verheiratete Schwester sagte neulich: Wie war es früher doch besser; bei uns gab es höchstens ein oder zwei Mädchen, die keine Stelle hatten, und jetzt …? In der Mädchenschule nebenan haben von 30 Mädchen erst zwei eine Lehrstelle! Wie wird es da mit mir werden!"

„Ich bin sehr froh, dass ich bei unserem Bäcker in die Lehre komme, weil meinem Vater zum 1. April gekündigt ist und ich nun schon mithelfen kann zu verdienen. Eigentlich wollte ich ja Kaufmann werden."

Stempelchronik. 261 Arbeitslosenschicksale, aufgezeichnet von B. N. Haken, Hamburg 1932, S. 49–50.

12 *Aus den Erinnerungen eines „Cliquenbullen" bei den „Wilden Cliquen" in Berlin. Die „Wilden Cliquen", Gruppen oder Banden von Jugendlichen aus der Unterschicht, hatte es schon lange gegeben, ihre Zahl stieg aber nach 1929 stark an. In Berlin soll es rund 600 „Wilde Cliquen" gegeben haben, die Namen wie „Ostpiraten", „Tatarenblut", „Waldbanditen", „Tarzan" oder „Sing-Sing" führten. Der Cliquengruß war „Wild und frei". Die meisten waren Wandercliquen:*

Q Zu meiner Zeit gehörten der Clique „Edelweiß" 10–16 Mitglieder an, davon waren 5–6 Mädchen. Die Gruppe war ziemlich konstant.

Es wurden nur Leute aus dem Kiez aufgenommen, die der Clique bekannt sind. Wir wohnten am Schlesischen Bahnhof, in der Langestraße. Wir hatten eine rote Cliquenfahne mit grün-weißen Streifen. Auch die Cliquenkleidung war grün-weiß. Wir trugen sie nur, wenn wir als Clique auftraten. Wir hatten eine Cliquenkasse, in der fast nie Geld war. Wenn wir Geld hatten, wurde es versoffen. Unser Beitrag war 50 Pf. die Woche.

Von Sonnabendmittag bis Montag machten wir Fahrten nach Königswusterhausen, Bernau, Strausberg, Potsdam usw.

Im Sommer stellten wir die Zelte auf irgendein Feld an einem See. Der Bauer wurde nicht gefragt. Er duldete es, weil er Angst hatte. Die vielen, die arbeitslos sind, blieben den ganzen Sommer da … Ich war von meinem 14. Lebensjahr bis 1933 fast immer arbeitslos. Die ersten 30 Jahre meines Lebens hatte ich immer Hunger. Ab und zu klauten wir Kartoffeln vom Feld, fischten und wurden von unseren Müttern bzw. den Mädchen unterstützt. Wenn wir in Zelten wohnten, kochten wir immer selbst. Im Winter wohnten wir bei den Eltern. Mein Vater war froh, dass ich in der Clique war, weil er so einen weniger zu versorgen hatte. Ich hatte 20 Geschwister und erhielt oft Schläge von meinem Vater. Mehr in Erinnerung sind mir aber die täglichen Hiebe des Lehrers. Das letzte Schuljahr schwänzte ich und machte Gelegenheitsarbeiten.

Ich war der Cliquenbulle, obwohl ich der Jüngste war. Ich bin mehr oder weniger „automatisch“ Bulle geworden. Es gab keinen Stellvertreter. Alle Cliquenmitglieder spielten Musikinstrumente, die wir auf die Fahrten mitnahmen. Manchmal verdienten wir uns in einer Dorfkneipe damit ein paar Bier. Wenn einer „Scheiße“ gebaut hatte oder frech wurde, bekam er Cliquenkeile … Freitags trafen wir uns in unserer Cliquenkneipe „Zur Taubenbörse“ und besprachen, wohin wir am nächsten Tag fahren werden. Der Cliquenbulle hatte aber das letzte Wort darüber. Vom Dezember bis März hielten wir uns besonders in Kneipen und Tanzböden auf, weil wir nicht rausfahren konnten.

H. Lessing/M. Liebel, Wilde Cliquen. Szenen einer anderen Arbeiterjugendbewegung, Bensheim 1981, S. 38.

13 *Aus den Erinnerungen eines Hitlerjungen:*

Q Weder mein Vater noch irgendjemand sonst hat mich gedrängt, in die Hitlerjugend einzutreten. Ich entschloss mich selbständig dazu, einfach weil ich in einer Jugendgruppe sein wollte, in der ich einem nationalen Ideal nachstreben konnte. Die Hitlerjugend machte Lager, Wanderungen und Heimatabende. Ich war Nummer 9 in der Thalburger[1] Gruppe, als ich 1930 eintrat. Die Jungen stammten aus Familien aller Schichten, wenn auch überwiegend aus denen der Kleinbürger und Arbeiter. Es gab keine sozialen oder Klassenunterschiede, was mir sehr gefiel. Eine direkte oder auffällige politische Schulung gab es erst später – als Hitler an die Macht kam. Ohne sich eigentlich zu bemühen neue Mitglieder zu finden, wuchs die HJ in Thalburg rasch. Ich glaube, die meisten anderen Jungen traten aus dem gleichen Grund wie ich ein. Sie suchten eine Möglichkeit mit andern Jungen zu solchen aufregenden Betätigungen zusammenzukommen. Außerdem war es eine Krisenzeit und es gab überall viele schlechte Einflüsse, denen anständige Jungen entgehen wollten. Jedenfalls glaube ich nicht, dass die politische Seite der Hauptgrund war, aus dem die Jungen eintraten. Wir machten Aufmärsche und hassten die SPD, aber das war alles ganz allgemein, galt nicht den Einzelnen – das alles gehörte dazu …

[1] Thalburg = Northeim (Niedersachsen)

W. S. Allen, „Das haben wir nicht gewollt!“ Die nationalsozialistische Machtergreifung in einer Kleinstadt 1930–1935, Gütersloh 1966, S. 79f.

14 *Plakat der KPD zur Reichstagswahl am 31. Juli 1932*

1. *Interpretiere die Situation und die Zukunftserwartungen der Schüler und Jugendlichen in den Materialien 10 bis 13. Vergleiche mit deiner eigenen Lebenssituation.*
2. *Beschreibe das Gruppenleben der Wilden Cliquen. Welche sozialen Ursachen für die Wilden Cliquen lassen sich angeben?*
3. *Setze Quelle 13 und Mat. 14 in Beziehung. Welche Wünsche von Kindern und Jugendlichen wurden jeweils angesprochen? Vergleiche mit den Materialien 6 bis 10.*

Die Kultur der „goldenen zwanziger Jahre"

Die „goldenen zwanziger Jahre" – das ist ein Begriff, der noch heute viel gebraucht wird, vor allem im Zusammenhang mit der Hauptstadt Berlin. Erinnert werden damit Charleston und schmissige Schlager, freche Kabaretts, Tanzpaläste, Revuetheater und Filmstars, moderne Malerei und Jazz, Theaterskandale und Zeitungsjungen, die zu jeder Tages- und Nachtzeit die neuesten Meldungen an das Publikum bringen. Die Erinnerung ist mit Vorstellungen wie aufregend und modern verbunden, die „goldenen zwanziger Jahre" gelten als „Blütezeit" der deutschen Kultur im 20. Jahrhundert, aber auch als hektisch, mondän und politisch wirr. Was war an den „goldenen zwanziger Jahren" eigentlich so neu und faszinierend?

Durchbruch der modernen Kunst

Wirklich neu war an der bildenden Kunst, der Literatur und Musik der zwanziger Jahre wenig. Pablo Picasso hatte sein erstes kubistisches Gemälde „Les Demoiselles d'Avignon" bereits 1907 gemalt und von Paris aus verbreitete sich diese neue Ausdrucksform in andere Kunstzentren, wie Berlin oder New York; der Expressionismus hatte seinen Höhepunkt in der Malerei und Literatur vor 1914. Auch die moderne Musik, etwa die Zwölftontechnik von Arnold Schönberg, war vor dem Ersten Weltkrieg entstanden. Den Wechsel von der gründerzeitlichen Architektur der Zeit vor 1900 hatten neue Baumaterialien und -techniken, wie Stahl und Beton, aber auch Architekten wie Peter Behrens und Otto Wagner bewirkt. Ihnen war die „Funktion" eines Gebäudes für die Menschen wichtiger als die Fassade. Die „Revolution" in Kunst und Wissenschaft fand um 1900 statt, nicht in den zwanziger Jahren.

In den zwanziger Jahren differenzierten sich all diese modernen Strömungen aus: Expressionismus, kubistische und gegenstandslose Malerei, Dadaismus, Konstruktivismus, Futurismus, Neue Sachlichkeit. Die Inhalte dieser Kunst waren für den „normalen" Bürger oft ähnlich „unnormal" wie ihre künstlerischen Ausdrucksformen: Armut, Kriminalität, Krankheiten, Drogen, Sexualität. Auch das unterschied die „Moderne" vor und nach dem Ersten Weltkrieg nicht sehr voneinander. Doch in den zwanziger Jahren waren die „Modernen", zumindest in der Kunst selbst, nicht länger ein paar merkwürdige Außenseiter. Als „modern" verstand sich wohl die Mehrheit der jüngeren Künstler und, das war das Neue, sie verbanden sich mit der Massenkultur.

Massenmedien und Massenkultur

Ihr Publikum suchten viele Künstler der zwanziger Jahre nicht nur im wohlhabenden Bürgertum, das sich Kunst „leisten" konnte. Sie zeichneten Karikaturen und Illustrationen für Zeitungen und Zeitschriften, entwarfen Plakate für Fil-

„Stützen der Gesellschaft". Gemälde von George Grosz, 1926

me, politische Parteien und Sportveranstaltungen, schrieben, wie etwa Erich Kästner oder Kurt Tucholsky, Lieder und Sketche für Revuen und das Kabarett. So erreichten sie ein viel größeres Publikum als früher. Neue und billigere Techniken zur Verbreitung von Informationen aller Art begünstigten die Ausbreitung der Massenkultur: die vor allem in den Großstädten verbreitete Massenpresse (allein in Berlin erschienen zu jener Zeit täglich vierzehn verschiedene Tageszeitungen); die neuen illustrierten Zeitungen mit ihren Fotoreportagen aus aller Welt; der Rundfunk (siehe S. 97), das Grammophon, die Schallplatte; die Filmindustrie mit ihren Filmtheatern. Auch diese Medien der entstehenden Massenkultur waren fast alle eine Erfindung der Zeit vor 1914. Größere Verbreitung fanden sie erstmals in den zwanziger Jahren, aber sie gehörten, anders als heute, noch nicht zum Alltag. Das Publikum der Massenkultur waren überwiegend jüngere, ledige Angestellte und Arbeiter in den Großstädten. Ein gemeinsamer Kinobesuch war für Familien z. B. oft zu teuer. Auf dem Lande und in den Kleinstädten gab es bestenfalls Wanderkinos und der Besitz eines Radios galt als Sensation.

Zur Massenkultur gehörten nicht nur die Massenmedien*, sondern auch Sportveranstaltungen. Besonders das Boxen, der Fußball, Radrennen, etwa das berühmte Sechstagerennen im Berliner Sportpalast, und Autorennen wurden populär, ein Teil der Massenkultur. Zu den großen Boxkämpfen der zwanziger Jahre versammelten sich um den Boxring Filmstars und Intellektuelle, Politiker und Wirtschaftsbosse, Arbeiter und Handwerksmeister, Studenten und Professoren. George Grosz' Gemälde des Boxers Max Schmeling ist im gleichen Jahr, 1926, entstanden wie „Stützen der Gesellschaft". Die Massenkultur bot Ablenkung, Vergnügen, Spannung, sie war ein Teil der neuen Unterhaltungsindustrie, die in dieser Form in den USA entstanden war. Diesen „kulturlosen Amerikanismus" lehnten viele Bürger als „undeutsch" ab. Aber die Massenkultur brachte auch neue Ausdrucksformen der Kunst hervor, etwa die Verbindung von Elementen des Jazz und klassischer europäischer Musik in den Songs von Kurt Weill für die „Dreigroschenoper". Vor allem zeigten sich hier erstmals Tendenzen einer „klassenlosen Kultur", einer Kultur, die über neue Medien alle Bevölkerungsschichten ansprach und erreichte. Wenige haben das so gut erkannt wie der spätere NS-Propagandaminister Joseph Goebbels: Er zog 1933 nach der „Machtergreifung" der Nationalsozialisten sofort die Kontrolle über den Rundfunk und die Filmindustrie an sich, „inszenierte" Massenveranstaltungen, in gewisser Weise „machte" er Hitler zum „Massenidol". Über die Medien der Massenkultur, das zeigt die Geschichte des Nationalsozialismus und des Stalinismus, können nicht nur demokratische Werte und moderne Kunst verbreitet werden, sondern auch politischer Größenwahn, antisemitische Hetze und völkische Kunst.

Politisches und soziales Engagement der Kunst

Die relativ große öffentliche Bedeutung der Künstler in den zwanziger Jahren war, neben der Verbindung mit der Massenkultur, auch in ihrem politischen und sozialen Engagement begründet. Viele von ihnen, etwa Bertolt Brecht, engagierten sich politisch für die KPD, schrieben gegen die ja immer noch sehr große soziale Ungerechtigkeit und sahen in der Sowjetunion das große politische Vorbild. Andere warben für die SPD und die Gewerkschaften, etwa der Schriftsteller Thomas Mann (siehe S. 90) oder der Maler Hans Baluschek (siehe S. 62). Die meisten von ihnen haben nach der Machtübernahme der Nationalsozialisten ihr Engagement mit Gefängnishaft, dem Tod im Konzentrationslager oder mit der Vertreibung aus Deutschland bezahlen müssen.

Politisches Engagement äußerte sich jedoch nicht allein in Aufrufen, Reden oder Plakatentwürfen. Ein Beispiel dafür ist die Geschichte des Bauhauses in Weimar, wo sich Maler, Architekten und Kunsthandwerker zusammenfanden. Hier experimentierten die Maler Paul Klee, Oskar Schlemmer und Lyonel Feininger mit neuen Formen und Farbtheorien der Malerei, und zwar auch für die Gestaltung von Innen- und Außenwänden. Hier entstanden durchdachte Grundrisse für kinderfreundliche Wohnungen oder die Hausarbeit erleichternde Küchen, die im entstehenden sozialen Wohnungsbau der Städte verwirklicht wurden. Hier entwarfen Künstler und Handwerker gemeinsam formschöne, zweckmäßige Möbel und Gegenstände des täglichen Gebrauchs für die preiswerte Massenproduktion, z. B. Porzellan, Gläser und Lampen. Für alle, ob wohlhabend oder arm, sollten die gleichen Standards der Lebensqualität gelten. Bauhaus-Möbel oder Bauhaus-Gläser kann man noch heute kaufen, sie sind ein Teil der modernen Massenkultur geworden. Vielleicht erklären Produkte und Ideen wie diese die fortdauernde Faszination der „goldenen" zwanziger Jahre.

Fragen und Arbeitsaufgaben

1. *Informiert euch über den Maler George Grosz und stellt eine kleine Ausstellung mit Reproduktionen seiner Arbeiten zusammen. Erläutert an seinem Leben und Werk die Begriffe „moderne Kunst" und „Massenkultur".*
2. *Tragt Beispiele der Massenkultur der Gegenwart zusammen und vergleicht diese mit der Zeit der zwanziger Jahre.*

Der Film – Medium des 20. Jahrhunderts

1 *Aus einem 1919 verteilten Flugblatt:*

Q Für das Kino gibt es keine Ehrfurcht, kein Schamgefühl, keinen Sinn für echten Humor und wirkliche Tragik, alles wird unter seinen Händen zur Sensation. Man muss nur beobachten, wie stumpf, stier, blöde und dabei doch gierig Stammgäste des Großstadtkinos die verschiedensten gemeinen Szenen anstarren, um zu merken, wie roh und tierisch ihr Geistesleben durch diese ständige Überreizung geworden ist. Fast alle Kinodramen wirken außerdem noch durch ihre Milieuschilderung verhetzend. Sie geben maßlos übertriebene und verallgemeinerte Gesellschaftsbilder, die, obwohl sie von den Filmleuten nur erdacht und gespielt sind, sich aber vor dem Zuschauer mit der Objektivität, die der Photographie innewohnt, als ein Stück Wirklichkeit ausgeben. Vergegenwärtigt man sich die Verbreitung des Kinos, so muss jedem klar werden, dass das Kino eines der hauptsächlichsten Seuchenherde ist, an dem sich unser Volk täglich aufs Neue ansteckt und vergiftet.

zit. nach: Kunstmetropole Berlin 1918–1933, hg. von B. Schrader/J. Schebera, Berlin und Weimar 1987, S. 75–76.

2 *Das Wachsen der Filmindustrie:*

D 1911 gab es 11 Filmgesellschaften, um 1915 war die Zahl auf 36 angestiegen, erreichte 131 im Jahre 1918 und 1922 waren es 360. Dieses Emporschießen war größtenteils eine Nebenerscheinung der Inflation und die überwiegende Mehrheit der Gesellschaften musste zusammenbrechen. Aber die ursprüngliche Vermutung der Geldgeber erwies

3 *Aus dem Kölner Stadtanzeiger vom 13. April 1922:*

Eröffnung der Schauburg

Mitten in der schweren Zeit für alle Kunst, und nicht zuletzt für den Film, der um seine Anerkennung als Kunst noch ringt, ein Kampf, in dem an einen längern Schluß der Theater als Zeichen des Einspruchs gegen die besonders hohe Vergnügungssteuer zurzeit gedacht wird, mitten in dieser Zeit wurde Mittwoch nachmittag ein neues Lichtspielhaus, die Schauburg, an der Breiten Straße, feierlich eröffnet. Unmittelbar neben den Agrippina-Lichtspielen öffnet sich in Stein gehauen ein weiter Flur, mit Reklamevitrinen und kleinen Verkaufsständen ausgestattet und mit den Kleiderablagen für das Parterre des Theaters, das sich im Hintergrunde öffnet. Ein breiter, weiter Saal mit einer Galerie darüber; keine verkästelten Logen mehr, alles offen dastehend. Klappsitze unten, bequeme Sessel oben. In Rot und einer fahlen Fleischfarbe, zu hellstem Braun neigend, ist alles gehalten, grünlich die Decke. Die Galeriebrüstung weist in den fast pompejanisch roten Füllungen expressionistische Zeichnungen auf. Zur Galerie führt eine breite Treppe, in hellgrüner Dekoration gehalten, ein Vorraum mit Bildverzierungen in expressionistischem Stil. Grüner Samt deckt die weiße Leinwandfläche, auf der die Bilder abrollen sollen.

Zur Eröffnung war allerhand aufgeboten. Goldne Lorbeerkränze der Zunftgenossen und Blumengebinde zierten den weiten Flur. Mit Beethovens Weihe des Hauses eröffnete die Hauskapelle den Reigen der Darbietungen und der Vorstellungen in dem neuen Hause.

4 *Das Universum-Lichtspielhaus am Lehniner Platz in Berlin entstand 1926–28 nach Plänen von Erich Mendelsohn (1887–1953).*

sich als richtig: Der Film war tatsächlich eine aufblühende Industrie. Die Zahl der Kinos wuchs ständig: von 2000 vor dem Krieg auf 3700 im Jahre 1920 und 1929 waren es über 5000. Während Filmvorführungen vor dem Krieg oft in Scheunen oder bestenfalls in einem umgebauten Lokal dargeboten worden waren, wurden die Kinos der Zwanziger- und Dreißigerjahre, wie ihre Namen verkündeten, oft zu kleinen Palästen.

W. Laqueur, Weimar. Die Kultur der Republik, Frankfurt/M. 1976, S. 289.

5 *Der Schriftsteller Alfred Döblin am 8. Januar 1922:*

Q Ein Film mit Chaplin orientiert über Witz, Lachen, Humor. Also: Er läuft Rollschuh. Er kann Rollschuh laufen. Er reißt den dicken Nebenbuhler um, nachdem er, nämlich Chaplin, sich unsere Sympathien erworben hat. Da lachen wir. Dass der Dicke hinstürzt, plärrt, Chaplin mit der Liebsten abzieht, macht uns Spaß. Wir sind mit Chaplin identisch, fühlen uns fabelhaft überlegen, siegen spielend. Gelächter ist allemal Überlegenheitsgelächter. Ein bißchen Grausamkeit würzt.
Zu Silvester, um Silvester bin ich durch dies und dies Theater gegangen. Es hat mich nicht sehr gelockt … Aber die Abende sind lang. Und wären die Abende nicht lang, so wäre es schlimm mit den Theatern. Sie leben in Europa nur von unseren langen Abenden. So wie Frankreich von Deutschlands Zahlungsfähigkeit. Es soll früher anders gewesen sein mit den Theatern. Literaturgeschichten erzählen noch davon.

A. Döblin, Ein Kerl muss eine Meinung haben. Berichte und Kritiken 1921–1924, München 1981, S. 38.

6 *Der Schriftsteller Thomas Mann im Jahre 1928:*

Q Heute nur so viel, dass mein Interesse für diese moderne Lebenserscheinung in den letzten Jahren bis zu wirklicher Angelegentlichkeit gewachsen ist, ja den Charakter einer heiteren Passion gewonnen hat. Ich besuche sehr häufig Filmhäuser und werde des musikalisch gewürzten Schauvergnügens stundenlang nicht müde; weder dann, wenn es sich um Reisebilder und wilde Welt handelt, noch wenn die lebendige Zeitung, genannt „Wochenschau“, vorgeführt wird, noch wenn irgendein trickhafter Spaß, eine packende Schurkerei, eine rührende Liebesgeschichte vorüberzieht … Ich sprach von einer „Lebenserscheinung“ – denn mit Kunst hat, glaube ich, verzeihen Sie mir, der Film nicht viel zu schaffen und ich halte es für verfehlt, mit der Sphäre der Kunst entnommenen Kriterien an ihn heranzutreten. Dies ist die Art humanistisch-konservativ gestimmter Gemüter, welche sich dann, verachtungsvoll und trauernd, als von einer niedrig und wild demokratischen Massenunterhaltung von ihm abwenden. Was mich betrifft, so verachte ich ihn auch, aber ich liebe ihn. Er ist nicht Kunst, er ist Leben und Wirklichkeit … Besonders übrigens hat der Film nichts mit dem Drama zu tun. Er erzählt in Bildern; die sinnliche Gegenwärtigkeit seiner Geschichte hindert nicht, dass sein Geist, seine besten Wirkungen episch sind, und wenn irgendwo er sich mit dem Dichterischen berührt, so hier. Um Theater zu sein, ist er viel zu wirklich. Die Theaterdekoration ist auf geistige Illusionierung berechnet; die Szenerie des Films ist Natur, wie die reine Phantasieerregung der Erzählung sie dem Leser einbildet. Auch haben die menschlichen Gestalten des Films nicht die körperliche Gegenwart und Wirklichkeit der Träger des Dramas. Sie sind lebendige Schatten. Sie sprechen nicht, sie sind nicht, sie waren, aber genau so waren sie – und das ist Erzählung.

Th. Mann, Gesammelte Werke in zwölf Bänden, Bd. X, Frankfurt/M. 1960, S. 898–900.

7 *Plakat zu dem Film „Das Fräulein von Kasse 12“ aus dem Jahr 1927*

8 *Plakat zu dem Film „Metropolis“ (Regie: Fritz Lang) aus dem Jahr 1927*

9 *Plakat zu dem Film „Liebe im Ring“ aus dem Jahr 1930*

1. *Erläutert und diskutiert die Kritik am Kino in Quelle 1. Welche Wörter müsste man durch andere ersetzen, damit der Text wie manche Kritik von heute an den Massenmedien klingt?*
2. *Vergleicht die Filmplakate. Was sagen sie über Inhalte und Bedeutung des Films in den zwanziger Jahren aus?*
3. *Was schätzen Alfred Döblin und Thomas Mann am Film (siehe Q 5 und Q 6)? Welche neuen Erfahrungen werden durch das neue Medium möglich? Gab es auch Manipulationsmöglichkeiten?*
4. *Diskutiert die Gegenübersetzung von Film und Theater in Quelle 5 und 6. Interpretiert den Begriff „demokratische Massenunterhaltung“.*
5. *Schreibt mit Hilfe der Mat. 1 bis 9 einen Artikel zur Geschichte des Films bis 1933. Zieht dazu auch S. 83–84 heran sowie Lexika und eventuell Bücher zur Filmgeschichte.*

1930–1933: Zwischen Demokratie und Diktatur

Für das Scheitern der Weimarer Republik 1933 werden viele Gründe genannt: Strukturfehler der Verfassung, Wirtschaftskrisen, die Schwächen der Parteien, die Stellung der Reichswehr, die Niederlage im Weltkrieg, der Versailler Vertrag, das politische Handeln der Eliten* aus Wirtschaft und Armee. Keiner der genannten Gründe erklärt *allein* die Errichtung der nationalsozialistischen Diktatur. Erst ihr Zusammentreffen in einer politischen und wirtschaftlichen Dauerkrise ab 1929/30 führte das Ende der Demokratie in Deutschland herbei.

Weltwirtschaftskrise und Deflationspolitik

Die Auswirkungen der Weltwirtschaftskrise

Eine sehr populäre Erklärung für 1933 ist die Weltwirtschaftskrise. Sie muss deshalb besonders genau geprüft werden. Die Wirtschaftsstatistiken der letzten Jahre der Weimarer Republik verkünden einen ständigen Niedergang. Die Arbeitslosenquote stieg von 6,3 Prozent im Jahre 1928 auf 14 Prozent im Jahre 1930 und erreichte 1932 mit 29,9 Prozent ihren Höhepunkt. Die absoluten Zahlen vermitteln einen noch plastischeren Eindruck: 1928 waren durchschnittlich 1,4 Millionen Arbeitnehmer ohne Arbeitsplatz, 1932 5,6 Millionen. Im Herbst 1932 lebten 23,3 Millionen Deutsche von Arbeitslosengeld oder Sozialhilfe.

Die sinkenden Realeinkommen von Arbeitern, Angestellten und Beamten und die hohe Zahl der Arbeitslosen führten zu einem Rückgang des privaten Verbrauchs. Das traf Schneider, Schuster, Möbelhändler und Bauunternehmer ebenso wie Kinobesitzer oder Zeitungsverleger. So verminderten sich auch die Einkommen des gewerblichen Mittelstandes*.

Besonders kritisch war die Lage der Landwirte. Schon vor der Weltwirtschaftskrise hatte eine weltweite Agrarkrise eingesetzt. Die Preise für Agrarprodukte fielen in Deutschland um mehr als ein Drittel. Diesen Rückgang konnten die teilweise hochverschuldeten Betriebe nicht immer ausgleichen. Zwischen 1930 und 1932 gab es allein in der Landwirtschaft rund 4700 Zwangsversteigerungen. Außerdem nahmen seit 1928 auch die Staatsschulden wieder zu.

Zu der wirtschaftlichen Krise kam ab 1930 eine politische Dauerkrise. Nach den Wahlen von 1928, die die SPD gestärkt und die bürgerlichen Regierungsparteien geschwächt hatten, war eine „Große Koalition" aus SPD, Zentrum, DDP und DVP gebildet worden. Reichskanzler war der Sozialdemokrat Hermann Müller. Die beginnende Weltwirtschaftskrise sprengte im März 1930 die Regierung Müller, weil die wirtschaftspolitischen Unterschiede zwischen der eher gewerkschaftsorientierten SPD und der eher unternehmerorientierten DVP zu groß waren. Anlass für den Bruch der „Großen Koalition" war der Streit um die 1927 eingeführte Arbeitslosenversicherung, die infolge der steigenden Zahlungen für Arbeitslose ins Defizit geraten war. Wie sollte dieses Defizit ausgeglichen werden? Durch Senkung der Leistungen, wie es die DVP und die Unternehmer forderten, oder durch Erhöhung der Beiträge und Reichszuschüsse, wie von der SPD und den Gewerkschaften vorgeschlagen? So gering der Anlass heute auch scheint – am Ende ging es um die Frage, ob die Beiträge zur Arbeitslosenversicherung um ein halbes Prozent erhöht werden sollten oder nicht –, es handelte sich um eine Grundsatzentscheidung: Fortführung der Parteiendemokratie und des Sozialstaates* *oder* Präsidialregierung und Senkung der Sozialleistungen? Alle Parteien rechts von der SPD befürworteten den zweiten Weg. Nur zwei Tage nach dem Rücktritt der Regierung Müller wurde Heinrich Brüning (Zentrum) zum Kanzler ernannt.

Die Regierung Brüning und die Deflationspolitik

Brünings erstes Ziel war die Verabschiedung eines ausgeglichenen Staatshaushaltes für 1930. Innenpolitisch strebte Brüning eine Verfassungsänderung an. Die parlamentarische Regierungsform sollte abgeschafft werden. Langfristig erwog er sogar die Wiedereinführung der Monarchie. Außenpolitisches Ziel blieb die Revision von Versailles und die Senkung, besser noch die Beendigung der deutschen Reparationszahlungen an die Siegermächte des Ersten Weltkrieges. Brünings Grundidee dafür war, dass nur die Existenz eines wirtschaftlich darniederliegenden Deutschlands die Alliierten dazu bewegen könne, auf ihre Reparationsansprüche von jährlich rund einer Milliarde Mark zu verzichten. So kam es zu einer von der Regierung Brüning in Kauf genommenen Verschärfung der Wirtschaftskrise in Deutschland. Brünings Konzept zum Ausgleich des Staatshaushaltes lautete: Reduzierung der Staatsausgaben, Senkung der Beamtengehälter um rund ein Viertel, Erhöhung der Steuern und Sozialabgaben. Mit dieser Politik verfolgte er noch eine zweite Absicht. Mit der Senkung der Löhne und Sozialleistungen auf den Stand von vor 1914 sollte die deutsche Exportwirtschaft gestärkt und das Handelsbilanzdefizit ausgeglichen werden. Brünings Politik trug aber auch einer seit 1923 in Deutschland in vielen Bevölkerungsgruppen vorherrschenden Angst vor einer neuen Inflation Rechnung:

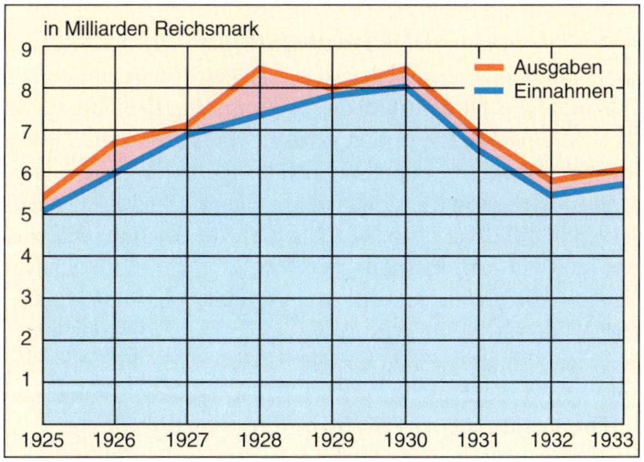

Einnahmen und Ausgaben des Deutschen Reiches 1925–1933

Der Staat darf nicht mehr ausgeben, als er an Steuern einnimmt – das war nicht nur die Überzeugung Brünings, hier folgten ihm fast alle Parteien im Reichstag.

Die von Brüning erwartete Zuspitzung der Wirtschaftskrise durch diese *Deflationspolitik* nahm im Sommer 1931 durch die Bankenkrise dramatische Formen an. Die Danat-Bank, eines der größten deutschen Kreditinstitute, musste schließen. Das Vertrauen in die Seriosität der Banken war erschüttert. Große Mengen ausländischer und deutscher Guthaben wurden abgezogen. Weitere Bankenzusammenbrüche waren die Folge. Die Kapitalknappheit ließ die Zinssätze stark ansteigen. Viele Betriebe konnten die erhöhten Kreditkosten nicht auffangen. Betriebsschließungen und noch mehr Arbeitslose waren die Folge.

Hat die Konsequenzen der Deflationspolitik niemand vorausgesehen? Hat es damals keine Alternativen zur Deflationspolitik gegeben? Von den Historikern werden diese Fragen sehr unterschiedlich beantwortet.

Einige meinen, die Krise der deutschen Wirtschaft sei schon vor 1929 so schwer gewesen, dass Konjunkturprogramme der Regierung die wirtschaftliche Situation nicht grundlegend verbessert hätten. Auch sei die uns heute vertraute Vorstellung, dass in Zeiten einer schweren Wirtschaftskrise der Staat durch mehr Ausgaben die Konjunktur und damit die Beschäftigung stützt, den damals politisch Verantwortlichen fremd gewesen. Sie hätten zudem keine gesetzlichen Möglichkeiten gehabt, solche Konjunkturprogramme aus staatlichen Geldern zu finanzieren. Schließlich sei es wegen der Inflationsfurcht der deutschen Bevölkerung politisch unmöglich gewesen, Konjunkturprogramme in Gang zu setzen. Eine Alternative zur Deflationspolitik habe es deshalb nicht gegeben. Andere Historiker meinen, die Regierung Brüning habe durchaus Handlungsspielräume besessen. Die wirtschaftspolitischen Berater Brünings, aber auch die Gewerkschaften hatten Pläne für staatliche Investitionsprogramme entwickelt. Danach sollte der Staat Projekte in der Boden- und Wasserwirtschaft sowie im Straßen- und Wohnungsbau durchführen. Mindestens eine Million Menschen hätten so Arbeit gefunden. Der Finanzminister hatte dafür auch einen rechtlich einwandfreien Finanzierungsplan erstellt. Brüning habe sich diesen Plänen aber versagt, weil eine Verbesserung der wirtschaftlichen Lage Deutschlands die Last der Reparationszahlungen nicht gesenkt hätte und weil er geglaubt habe, nur eine Belebung der Weltwirtschaft könne auch die deutsche Wirtschaftskrise beenden.

Die Krise des parlamentarischen Systems

Das Regieren mit Notverordnungen

Bald nach dem Antritt der Regierung Brüning brachte diese im Reichstag eine Gesetzesvorlage ein, die durch Leistungskürzungen und Steuererhöhungen das Defizit im Staatshaushalt beseitigen sollte. Der SPD ging die Vorlage zu weit. Sie bot jedoch Verhandlungen darüber an, die von Brüning brüsk abgelehnt wurden. Im Juli 1930 brachten SPD, KPD, Teile der DNVP und die noch sehr kleine NSDAP die Vorlage zu Fall.

Genau das hatte Brüning erwartet. Noch am Abend setzte er die Vorlage mit Hilfe des Reichspräsidenten Hindenburg als *Notverordnung* nach Artikel 48 der Weimarer Verfassung in Kraft. Danach war der Reichspräsident befugt, ohne Zustimmung des Reichstages Maßnahmen „zur Wiederherstellung der öffentlichen Sicherheit und Ordnung" zu treffen. Der Reichstag hatte das Recht die vom Reichspräsidenten erlassenen Notverordnungen mit Mehrheit aufzuheben. Und das tat der Reichstag zwei Tage später. Auch darauf hatte Brüning sich vorbereitet. Er verlas eine Erklärung des Reichspräsidenten, mit der dieser den Reichstag nach Artikel 25 der Verfassung auflöste.

Durch die Kombination der beiden Verfassungsartikel war es Brüning gelungen, die parlamentarische Zustimmung zu den Spargesetzen zu unterlaufen. Aber der politische Preis dafür war hoch: Bei den Reichstagswahlen vom 14. September 1930 erhielten die NSDAP 18,3 Prozent, die KPD 13,1 Prozent der abgegebenen Wählerstimmen; die SPD und die bürgerlichen Parteien büßten gegenüber den extremistischen Parteien Stimmen ein. Eine parlamentarische Regierungsmehrheit für Brüning war nicht mehr vorhanden. Aber auch jede andere mögliche Koalition schied aus, weil das

Aus dem Fotozyklus „Ein Tag im Leben des arbeitslosen Schlossers Karl Döhler“ von Walter Ballhause, Hannover, um 1930, Ausschnitt

Zentrum an Brüning als Kanzler festhielt und die NSDAP, die KPD und die DNVP als Koalitionspartner wegen ihrer antiparlamentarischen und antidemokratischen Haltung nicht in Frage kamen. So regierte Brüning mit Hilfe von Notverordnungen weiter. Die SPD, die Alternative Hitler vor Augen, sah in einer Regierung Brüning das „kleinere Übel“ und tolerierte deren Politik im Reichstag.

Die Radikalisierung der Wähler

Es war also nicht allein die Wirtschaftskrise, die den Aufstieg des Nationalsozialismus und den Niedergang der Demokratie verursachte. Die politischen Krisen und die Radikalisierung der Wähler trugen dazu ebenfalls bei. Aber warum wandten sich die Wähler der NSDAP und nicht etwa der DNVP oder auch der oppositionellen SPD zu? Bei der SPD ist die Erklärung relativ einfach. Für viele bürgerliche Wähler war sie die Partei der „Novemberverbrecher“ und außerdem war sie eben eine Arbeiterpartei, die durch manche gesellschaftliche Schranke von ihnen getrennt war. Einen Monat nach den Septemberwahlen 1930 hatte der Nobelpreisträger für Literatur Thomas Mann in einer Rede in Berlin das bürgerliche Deutschland eindringlich zur Besinnung aufgefordert und die Überzeugung geäußert, „dass der politische Platz des deutschen Bürgertums heute an der Seite der Sozialdemokratie ist“. Sein „Appell an die Vernunft“, der Versuch eine neue demokratische Mitte zu bilden, verhallte ungehört.
Dass die DNVP von der Radikalisierung der Wähler nicht profitierte, hatte andere Gründe: Im Mobilisieren von Protestwählern auf der Straße war die NSDAP der bürgerlichen Honoratiorenpartei DNVP weit überlegen. Die NSDAP organisierte landauf, landab fast jeden Tag Versammlungen, Umzüge oder paramilitärische Aufmärsche. Der Zulauf zu ihr wurde nach 1930 immer größer, weil sie praktisch jeder sozialen Interessengruppe die Erfüllung ihrer Wünsche versprach: den Landwirten Entschuldung und hohe Agrarpreise, dem gewerblichen Mittelstand Schutz vor der Industrie und den Kaufhäusern, der Industrie Abschirmung vor der ausländischen Konkurrenz und vor gewerkschaftlichen Lohnforderungen, den Arbeitern und Angestellten sichere Arbeitsplätze und höhere Einkommen. Dass die Versprechen miteinander unvereinbar waren, sahen wohl die Gegner der NSDAP, nicht aber ihre Anhänger, die gläubig das Heil von einer ganz anderen Politik und vom „Führer“ erwarteten.

Sturz der Regierung Brüning 1932

Die Regierung setzte der nationalsozialistischen Propagandawelle nichts entgegen. Sie sah auch zu, als sich DNVP, NSDAP und nationalistische Gruppen und Verbände im Oktober 1931 zur Mobilisierung der nationalistischen Opposition zusammenschlossen, zur sogenannten „Harzburger Front“. Brüning machte keinerlei Anstrengungen seine Politik der Bevölkerung zu erklären. Er verkündete öffentlich, dass ihn die Stimmung im Lande kühl lasse. Ihm ging es – was viele in der Bevölkerung nicht sahen – vor allem um die angestrebte Beendigung der Reparationsleistungen. Hier zeigten sich erste Erfolge: 1931 stimmten die ehemaligen Kriegsgegner einem einjährigen Zahlungsaufschub zu, 1932 wurde auf der Konferenz von Lausanne Deutschland bis auf weiteres von den Reparationszahlungen befreit.
Diesen Erfolg erlebte Brüning aber schon nicht mehr als Reichskanzler. Hindenburg hatte ihn am 30. Mai 1932 entlassen. Warum? Wegen der hohen Arbeitslosenzahlen? Wegen fehlender Unterstützung im Reichstag? Wohl kaum. Für die Wirtschaftsentwicklung gab es erste Zeichen der Besserung. Der Reichstag wurde zur Entlassung Brünings gar nicht befragt. Der Historiker Karl Dietrich Erdmann hat die Antwort kurz und bündig formuliert: „Der Sturz wurde als regelrechte Hofintrige inszeniert.“ Beteiligt an dieser Intrige waren die Repräsentanten der ostelbischen Großgrundbesitzer und die Spitzen der Reichswehr, besonders General Kurt von Schleicher. Die Großgrundbesitzer erhofften sich von einer neuen Regierung jene hohen Subventionen für die Landwirtschaft, die Brüning ihnen verweigert hatte. Reichspräsident Hindenburg sah diese Gruppen als „seine Leute“ an: Männer, die sich eher dem Kaiserreich als der Republik verpflichtet fühlten. Ihrem politischen Rat vertraute der greise Reichspräsident.

Das Ende der Republik

Der neue Reichskanzler Franz von Papen, ein konservativer ehemaliger Zentrumspolitiker, wollte der NSDAP durch eine extrem nationalistische Politik den Wind aus den Segeln nehmen. Aber die Reichstagswahlen vom 31. Juli 1932 endeten für von Papen mit einem Fiasko. Die NSDAP wurde mit 37,2 Prozent der abgegebenen Stimmen die mit Abstand stärkste Partei, die KPD erhielt 14,2 Prozent. Damit hatten die rechts- und linksextremen Kräfte erstmals eine Mehrheit, der Reichstag war durch diese antiparlamentarische Mehrheit blockiert.

Angst vor einer bolschewistischen Revolution?

Der geringfügige Stimmenanstieg von 13,1 auf 14,2 Prozent für die KPD belegt, dass die Gefahr einer bolschewistischen Machtübernahme in jenen Jahren nicht bestand. Ein Bündnis zwischen SPD und KPD wurde zwar in der Öffentlichkeit diskutiert, stand aber weder in der SPD noch in der KPD ernsthaft zur Debatte. In beispielloser Verkennung der politischen Realität sah die KPD in den von ihr als „Sozialfaschisten" beschimpften Sozialdemokraten den Hauptfeind. Die NSDAP und Hitler wurden lediglich als Übergangserscheinung bewertet. Nach der offiziellen, von Stalin ausgegebenen Einschätzung würde der Faschismus* in Deutschland nach ein bis zwei Jahren zusammenbrechen. Damit dann die Macht in die Hände der KPD fallen würde, gelte es zunächst, gegen die stärkste Arbeiterpartei, die SPD, den Kampf zu führen und nicht die NSDAP zu bekämpfen. Dies war ein folgenschwerer Irrtum: für die KPD selbst, für die gesamte Arbeiterbewegung und für die Republik, wie sich bald zeigen sollte.

Der relativ geringe Stimmenanstieg der KPD beruhigte jedoch die Angst der meisten bürgerlichen Wähler vor einer „bolschewistischen Revolution" nicht. Sie sahen vor allem die 1931 und 1932 fast zum Bürgerkrieg ausartenden Straßenkämpfe zwischen der NSDAP und der KPD. Bei Demonstrationen, Aufmärschen und Versammlungen kam es regelmäßig zu Zusammenstößen, die Woche für Woche Verletzte und Tote forderten. Im Mai und Juni 1932 prügelten sich NSDAP- und KPD-Abgeordnete in den Landtagen von Bayern und Preußen, im Dezember 1932 lieferten sich beide Parteien im Reichstag eine Saalschlacht. Gleichwohl erwarteten große Teile der bürgerlichen Bevölkerung die Wiederherstellung von Ruhe und Ordnung ausgerechnet von der NSDAP, die vor allem für diese Gefährdung der öffentlichen Sicherheit verantwortlich war, ja den Straßenterror bewusst als Mittel zur Einschüchterung der Linken einsetzte. Das war das Problem: Der staatlichen Autorität, der Polizei, vertrauten viele nicht mehr. Allein Hitler und seine Bewegung seien in der Lage, mit dem „bolschewistischen Gesindel" aufzuräumen.

Wahlplakat der NSDAP zu den Reichstagswahlen am 7. November 1932

Da Papen im Reichstag wieder keine Mehrheit hatte, musste im November 1932 erneut gewählt werden. Aber in den vier Monaten hatte sich eine Stimmungsänderung ergeben. Die Wirtschaftskrise hatte ihren Höhepunkt überschritten. Die Reparationsfrage war gelöst. Der sich seit August steigernde Straßenterror der SA, das Bündnis von NSDAP und KPD beim Berliner Verkehrsarbeiterstreik Anfang November, auch der Staatsstreich Papens gegen das „demokratische Bollwerk" Preußen (siehe S. 78) hatten manchen Wähler nachdenklich gemacht. Die NSDAP verlor 4,2 Prozent der Stimmen. Eine parlamentarische Regierungsbildung war aber auch nach den Novemberwahlen nicht möglich.

Der Übergang zur Diktatur

Mit dem Scheitern der Regierung Papen kam die Stunde des Generals von Schleicher, der im Dezember 1932 von Hindenburg zum Reichskanzler ernannt wurde. Sein Rezept zur Lösung der Krise bestand in dem Versuch die NSDAP zu spalten. Er wollte eine Art soziale Militärdiktatur, getragen von der Reichswehr, dem linken Flügel der NSDAP unter Gregor Strasser und den Gewerkschaften. Ein Bündnis dieser drei Gruppen war nach von Schleichers Meinung in der Lage die Ordnung im Lande zu garantieren und die Arbeitslosigkeit durch staatliche Beschäftigungsprogramme zu drosseln. Sein waghalsiges Manöver scheiterte nach weniger als zwei Monaten, weil Strasser zu Hitler hielt und die Gewerkschaften dem General misstrauten. So stand das Deutsche Reich im Januar 1933 erneut ohne Regierung da. Die Lösungskonzepte „nationalkonservative Regierung" und „Reichswehrdiktatur" waren gescheitert. In dieser Situation setzten die konservativen Partei- und Wirtschaftsführer auf Hitler. Nur er konnte ihnen mit seiner „Bewegung" die notwendige Massenbasis für eine Regierung verschaffen. Die NSDAP stimmte dem politischen Programm der konservativen Verhandlungsführer Papen und Hugenberg zu und stellte zu deren Freude scheinbar bescheidene personelle Forderungen: das Amt des Reichskanzlers und das des Innenministers. Die Konservativen sahen ihre politische Rechnung aufgehen. Hitler würde im Reichskabinett von „zuverlässigen" nationalen und konservativen Politikern „eingerahmt" sein. „In drei Monaten haben wir Hitler so an die Wand gedrückt, dass er quietscht", soll von Papen erklärt haben. Am 30. Januar 1933 ernannte Hindenburg Hitler zum Reichskanzler. Aber die Konservativen hatten den Machtwillen Hitlers und der NSDAP unterschätzt. Schon im August 1932 hatte Joseph Goebbels, der spätere „Reichspropagandaminister", in seinem Tagebuch notiert: „Haben wir die Macht, dann werden wir sie nie wieder aufgeben, es sei denn, man trägt uns als Leichen aus unseren Ämtern heraus." So sollte es kommen.

Karikatur von Bernard Partridge zum 30. Januar 1933 in Deutschland im Londoner „Punch" vom 8. Februar 1933

THE TEMPORARY TRIANGLE.

VON HINDENBURG AND VON PAPEN (*together*)—
"FOR HE'S A JOLLY GOOD FELLOW,
FOR HE'S A JOLLY GOOD FELLOW,
FOR HE'S A JOLLY GOOD FE-EL-LOW,
(*Aside:* "Confound him!")
AND SO SAY BOTH OF US!"

Fragen und Arbeitsaufgaben

1. *Diskutiert die Motive und die Folgen der Deflationspolitik. Hätte die Regierung Brüning der Wirtschaftskrise mit geeigneteren Mitteln begegnen können?*
2. *Erläutere die Ergebnisse der Reichstagswahlen von 1930 und 1932 an Hand des Schaubildes (siehe S. 76).*
3. *Warum griff die Regierung Brüning zum Mittel der Notverordnung? Prüft, ob ihr Verhalten verfassungsgemäß war, und diskutiert die politischen Folgen.*
4. *Stelle zusammenfassend dar, wie Hitler und die Nationalsozialisten an die Macht kamen. Erklärt und beurteilt die Auffassung der Konservativen, die glaubten Hitler „eingerahmt" zu haben.*

Die Weltwirtschaftskrise und ihre Folgen in Deutschland

1 *Das Volkseinkommen und wichtige gesamtwirtschaftliche Größen im Deutschen Reich 1927 bis 1933 (in Milliarden Reichsmark):*

Jahr	Volks-einkommen	Arbeitnehmer-einkommen	Unternehmer-einkommen[1]	Laufende Staatsausgaben	Reparationszahlungen
1927	66,2	42,1	21,0	8,7	1,6
1928	71,2	46,4	21,8	9,6	2,0
1929	70,9	46,9	21,6	10,0	2,3
1930	64,6	43,7	19,4	8,7	1,7
1931	52,1	37,0	16,2	7,8	1,0
1932	41,1	28,8	13,0	6,9	0,2
1933	42,6	29,1	13,6	7,0	0,1

[1] Der Posten „Unternehmereinkommen" erfasst Einkommen privater Haushalte aus Unternehmertätigkeit und Vermögen.

nach: F. Blaich, Der Schwarze Freitag. Inflation und Weltwirtschaftskrise, München 1985, S. 167.

2 *Wirtschaftsdaten des Deutschen Reiches in der Weltwirtschaftskrise 1929–1933 (1928 = 100):*

	1929	1930	1931	1932	1933
Produktion und Beschäftigung:					
Produktionsgüter	103	86	61	46	54
Verbrauchsgüter des täglichen Bedarfs	101	101	95	85	88
Verbrauchsgüter des elastischen Bedarfs[1]	97	91	87	74	85
Beschäftigte	99	92	80	71	74
Preise und Löhne					
Produktionsgüter	102	101	96	86	83
Verbrauchsgüter	98	91	80	67	64
Lebenshaltung	102	98	90	80	78
Reallöhne	101	97	83	87	91

[1] z. B. Möbel, Kleidung, Luxusgüter

nach: D. Petzina / W. Abelshauser / A. Faust, Sozialgeschichtliches Arbeitsbuch, Bd. III, München, Materialien zur Statistik des Deutschen Reiches 1914–1945, 1978, S. 84.

3 *Aus dem Roman „Kleiner Mann – was nun?" von Hans Fallada (erschienen 1932), der von dem Leben des kleinen Angestellten Johannes Pinneberg aus Berlin in der Endphase der Weimarer Republik erzählt:*

Q Da ist eine große Delikatessenhandlung, strahlend erleuchtet. Pinneberg drückt sich die Nase platt an der Scheibe …

Eine Stimme sagt halblaut neben ihm: „Gehen Sie weiter!" Pinneberg fährt zusammen, er hat richtig einen Schreck bekommen, er sieht sich um. Ein Schupo steht neben ihm.

Hat er ihn gemeint?

„Sie sollen weitergehen, Sie, hören Sie!", sagt der Schupo laut. Es stehen noch mehr Leute am Schaufenster, gutgekleidete Herrschaften, aber denen gilt die Anrede des Polizisten nicht, es ist kein Zweifel, er meint allein von allen Pinneberg. Der ist völlig verwirrt. „Wie? Wie? Aber warum –? Darf ich denn nicht –?"

Er stammelt, er kapiert es einfach nicht. …

Alle Leute starren auf Pinneberg. Es sind schon mehr stehengeblieben, es ist ein richtiger beginnender Auflauf. Die Leute sehen abwartend aus, sie nehmen weder für noch wider Partei, gestern sind hier in der Friedrich und in der Leipziger Schaufenster eingeworfen worden.

Der Schupo hat dunkle Augenbrauen, blanke gerade Augen, eine feste Nase, rote Bäckchen, ein schwarzes Schnurrbärtchen unter der Nase … „Wirds was?", sagt der Schupo ruhig. Pinneberg möchte sprechen, Pinneberg sieht den Schupo an, seine Lippen zittern, Pinneberg sieht die Leute an. Bis an das Schaufenster stehen die Leute, gutgekleidete Leute, ordentliche Leute, verdienende Leute.

Aber in der spiegelnden Scheibe des Fensters steht noch einer, ein blasser Schemen, ohne Kragen, mit schäbigem Ulster, mit teerbeschmierter Hose.

Und plötzlich begreift Pinneberg alles, angesichts dieses Schupo, dieser ordentlichen Leute, dieser blanken Scheibe begreift er, dass er draußen ist, dass er hier nicht mehr hergehört, dass man ihn zu Recht wegjagt: ausgerutscht, versunken, erledigt. Ordnung und Sauberkeit: es war einmal. Arbeit und sicheres Brot: es war einmal. Vorwärtskommen und Hoffen: es war einmal. Armut ist nicht nur Elend, Armut ist auch strafwürdig. Armut ist Makel, Armut heißt Verdacht.

„Soll ich dir Beine machen?", sagt der Schupo. …

Und Pinneberg setzt sich in Bewegung, er trabt an der Kante des Bürgersteigs auf dem Fahrdamm entlang, er denkt an furchtbar viel, an Anzünden, an Bomben, an Totschießen.

Hans Fallada, Kleiner Mann – was nun?, Hamburg 1970, S. 238f.

4 *Die Ärztin Käte Frankenthal berichtet über ihre Erfahrungen mit Berliner Patienten in den Jahren der Inflation und der Weltwirtschaftskrise:*

Q Ein großer Teil meiner Patienten litt an psychischen und nervösen Störungen. Die Behandlung war deprimierend,

weil die Ursachen nicht zu beseitigen waren. Es war die Zeit der Inflation, in der das Geld wertlos wurde, bevor es vom Arbeitsplatz nach Hause gelangte. Es war die schwierige Jagd nach Lebensmitteln und Kleidung und dazu kamen die elenden Wohnverhältnisse. Es gab Familienzerwürfnisse durch Arbeitslosigkeit erwachsener Kinder oder durch eigene Arbeitslosigkeit. Es gab die Folgen der Hungersnot und des dumpfen Hinbrütens in völliger Hilflosigkeit gegenüber einer Situation ohne Ausweg und Ziel. Wie immer in Krisenzeiten wurde viel über den Zusammenhang zwischen Arbeitslosigkeit und Arbeitsunwilligkeit gesprochen. In den Krisenjahren war ich Stadtarzt (1928–1931) in einem proletarischen Bezirk (Neukölln) mit einer Einwohnerschaft von 300 000 und hatte daher reichlich Gelegenheit mich mit dieser Frage zu beschäftigen.
Wenn nach jahrelanger Arbeitslosigkeit ein Arbeitsplatz gefunden wurde, wartete man meist vergebens auf einen Ausdruck von Freude. Statt dessen erschienen die Betreffenden oft beim Stadtarzt und gaben mannigfaltige Gründe an, warum sie die Arbeit nicht annehmen konnten. Dieselben Leute waren aber oft vorher gekommen und hatten um Arbeit gebettelt. Sie hatten die Arbeitslosigkeit als Unglück empfunden und waren ernstlich bemüht gewesen einen Arbeitsplatz zu finden. Die Zeit des erfolglosen Suchens war zu lang gewesen. Sie bekamen Unterstützung, die gerade dafür sorgte, dass sie nicht verhungerten, und sie hatten sich psychisch und physisch auf eine Art Winterschlaf eingestellt. Wenn sie plötzlich wieder zu Leben und Arbeit zurückgerufen wurden, waren sie oft selbst überrascht zu finden, dass sie nicht mehr dazu in der Lage waren. Es war kein moralisches Versagen, sondern ein psychisches. Für die Volkswirtschaft und allgemeine Moral war aber dieser Kampf gegen den Arbeitsplatz schlimm, auch wenn er nur die Folge des langen, ergebnislosen Kampfes für den Arbeitsplatz war. Es wurde bei einer Erwerbslosenzahl von 6 Millionen ein Massenproblem.

K. Frankenthal, Der dreifache Fluch: Jüdin, Intellektuelle, Sozialistin. Lebenserinnerungen einer Ärztin in Deutschland und im Exil, Frankfurt/New York 1981, S. 113–114.

5 *Aus der Entschließung des Außerordentlichen Kongresses der Gewerkschaften Deutschlands zur Verminderung der Arbeitslosigkeit vom 13. April 1932:*

Q Die Massenarbeitslosigkeit und das soziale Elend im Lande haben ein Ausmaß erreicht, das den Staat verpflichtet, unter Aufwand seiner ganzen Kraft dem Schrumpfungsprozess der Wirtschaft entgegenzuwirken und den aus der Produktion ausgeschalteten Arbeitskräften wieder Beschäftigung zu verschaffen.
Der Kongress richtet an die Reichsregierung die Forderung, unverzüglich Anordnungen zur Inangriffnahme öffentlicher Arbeiten und zur Vergebung öffentlicher Aufträge sowie zur Förderung geeigneter Privataufträge zu treffen in einem Umfange, dass eine fühlbare Entlastung des Arbeitsmarktes eintritt. Zu diesem Zweck müssen solche zusätzlichen Arbeiten in Gang gebracht werden, die wirtschaftlich nützlich sind und von deren Kostenaufwand ein möglichst großer Teil auf die Löhne entfällt. In erster Linie kommen hierfür in Betracht Straßenerhaltung und Straßenbau, landwirtschaftliche Meliorationen[1] und Siedlungen, Hochwasserschutz, Kleinwohnungsbau und Unterhaltung des vorhandenen Wohnraumes, Aufträge der Reichsbahn und der Reichspost. Bei der Durchführung der Arbeiten müssen die beschäftigten Arbeitskräfte den üblichen Tariflohn erhalten; die Arbeitszeit darf höchstens 40 Stunden in der Woche betragen. Der Kongress verkennt nicht die Schwierigkeiten, die der Finanzierung der Arbeiten entgegenstehen. Die Lage erfordert jedoch, dass die Anstrengungen zu ihrer Überwindung gesteigert werden. Alle noch auftreibbaren Mittel, auch gewisse Steuermittel, wie die durch die Reichsfluchtsteuer erfassten Beträge und die Hauszinssteuer, sind vorübergehend zur Arbeitsbeschaffung zu verwenden, ferner die beträchtlichen Summen der durch die Wiederbeschäftigung von Arbeitslosen ersparten Unterstützungen sowie der von den Wiederbeschäftigten aufzubringenden Steuern und Beiträge zur Arbeitslosenversicherung. …
Der Kongress wiederholt im übrigen die früheren Forderungen der Gewerkschaften zur Bekämpfung der Arbeitslosigkeit, insbesondere gesetzliche Beschränkung der wöchentlichen Arbeitszeit auf höchstens 40 Stunden und Stärkung der Massenkaufkraft.

[1] Bodenverbesserungen

6 *Aus einem Brief von zwanzig Vertretern der Industrie und der Banken, unter anderem Hjalmar Schacht, Graf Kalckreuth und Erwin Merck, an Hindenburg, Mitte November 1932:*

Q Ew. Exzellenz, Hochzuverehrender Herr Reichspräsident!
Gleich Eurer Exzellenz durchdrungen von heißer Liebe zum deutschen Volk und Vaterland, haben die Unterzeichneten die grundsätzliche Wandlung, die Eure Exzellenz in der Führung der Staatsgeschäfte angebahnt haben, mit Hoffnung begrüßt. Mit Eurer Exzellenz bejahen wir die Notwendigkeit einer vom parlamentarischen Parteiwesen unabhängigeren Regierung, wie sie in dem von Eurer Exzellenz formulierten Gedanken eines Präsidialkabinetts zum Ausdruck kommt.
Der Ausgang der Reichstagswahl vom 6. November d. J.

hat gezeigt, dass das derzeitige Kabinett, dessen aufrechten Willen niemand im deutschen Volke bezweifelt, für den von ihm eingeschlagenen Weg keine ausreichende Stütze im deutschen Volke gefunden hat, dass aber das von Eurer Exzellenz gezeigte Ziel eine volle Mehrheit im deutschen Volke besitzt, wenn man – wie es geschehen muss – von der staatsverneinenden kommunistischen Partei absieht. Gegen das bisherige parlamentarische Parteiregime sind nicht nur die Deutschnationale Volkspartei und die ihr nahestehenden kleineren Gruppen, sondern auch die Nationalsozialistische Deutsche Arbeiterpartei grundsätzlich eingestellt und haben damit das Ziel Eurer Exzellenz bejaht …

Wir bekennen uns frei von jeder engen parteipolitischen Einstellung. Wir erkennen in der nationalen Bewegung, die durch unser Volk geht, den verheißungsvollen Beginn einer Zeit, die durch Überwindung des Klassengegensatzes die unerlässliche Grundlage für einen Wiederaufstieg der deutschen Wirtschaft erst schafft. Wir wissen, dass dieser Aufstieg noch viele Opfer erfordert. Wir glauben, dass diese Opfer nur dann willig gebracht werden können, wenn die größte Gruppe dieser nationalen Bewegung führend an der Regierung beteiligt wird. Die Übertragung der verantwortlichen Leitung eines mit den besten sachlichen und persönlichen Kräften ausgestatteten Präsidialkabinetts an den Führer der größten nationalen Gruppe wird die Schwächen und Fehler, die jeder Massenbewegung notgedrungen anhaften, ausmerzen und Millionen Menschen, die heute abseits stehen, zu bejahender Kraft mitreißen.

Quelle 5 und 6: Die ungeliebte Republik. Dokumente zur Innen- und Außenpolitik Weimars 1918–1933, hg. von W. Michalka und G. Niedhart, 2. Aufl., München 1981, S. 321ff. und 340ff.

7 *Arbeitslose Jugendliche in Hamburg. Gegen Bezahlung haben sie einen Schlafplatz an der Leine erhalten. Fotografie aus dem Jahr 1931*

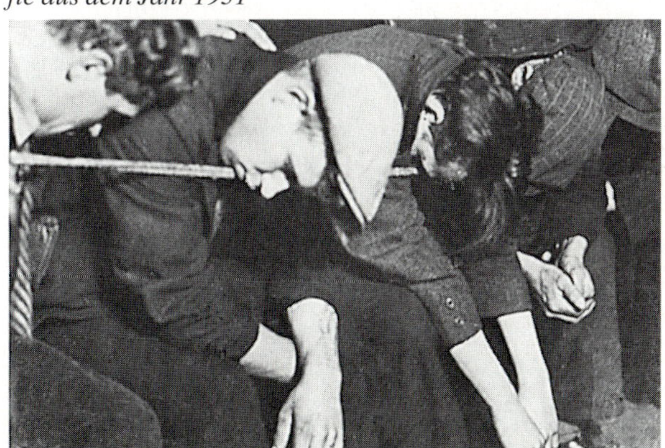

8 *Arbeitsloser in Köln. Fotografie von August Sander aus dem Jahr 1928*

1. *Welche Ursachen der Weltwirtschaftskrise sind den Materialien und der Darstellung (siehe S. 88) zu entnehmen?*
2. *Erkläre die Folgen der Weltwirtschaftskrise für Löhne, Preise, Staatshaushalt, Produktion und Arbeitsmarkt. Welche Gruppen waren von der Krise besonders betroffen?*
3. *Beschreibe die Reaktionen der Menschen auf die Krisen (Q 3 und 4, Mat. 7 und 8). Wie sind sie zu erklären?*
4. *Erläutere und bewerte die Entschließung der Gewerkschaften und den Brief der Unternehmer aus dem Jahr 1932 (Q 5 und 6).*
5. *Vergleicht die Wirtschaftskrisen bis 1923 (siehe S. 68–72) und ab 1929. Diskutiert, warum die eine Krise ohne Gefährdung der Demokratie gelöst werden konnte, die andere nicht.*

Zeittafel

1918	Revolution; Abdankung Kaiser Wilhelms II. und Ausrufung der Republik (9. November); Waffenstillstand (11. November)
1919	Januaraufstand in Berlin; Wahlen zur Weimarer Nationalversammlung; Friedrich Ebert wird erster Reichspräsident; Unterzeichnung des Versailler Vertrages; Weimarer Verfassung
1920	Kapp-Lüttwitz-Putsch
1922	Vertrag von Rapallo
1923	Besetzung des Ruhrgebietes durch Frankreich und Belgien; die deutsche Regierung ruft die Bevölkerung zum passiven Widerstand auf; die Währungsreform beendet die Inflation; Hitlerputsch in München
1925	Vertrag von Locarno; Wahl Paul von Hindenburgs zum Reichspräsidenten
1929	New Yorker Börsenkrach; Beginn der Weltwirtschaftskrise
1930	Reichstagswahlen; starker Anstieg der NSDAP, die zur zweitstärksten Fraktion wird; Heinrich Brüning wird zum Reichskanzler ernannt und regiert mit Hilfe von Notverordnungen (Präsidialregierung)
1932	Über sechs Millionen Arbeitslose; bei den Reichstagswahlen im Juli und November wird die NSDAP stärkste Partei
1933	Hindenburg ernennt Hitler zum Reichskanzler (sogenannte „Machtergreifung")

Diktatur ist ein auf Gewalt beruhendes, uneingeschränktes Herrschaftssystem eines Einzelnen, einer Gruppe oder Partei (Einparteienstaat). In modernen Diktaturen ist die Gewaltenteilung aufgehoben; staatliche Überwachung dringt in alle Lebensbereiche vor, jegliche Opposition wird unterdrückt. Typische Merkmale von Diktaturen im 20. Jh. sind staatliche Propaganda mit Aufbau von Feindbildern sowie Abschaffung der Presse- und Meinungsfreiheit; politische Machtmittel sind Terror und Gewalt. Beispiele für Diktaturen sind der Nationalsozialismus unter Hitler, die Alleinherrschaft Mussolinis und Francos in Italien und Spanien, der Stalinismus* in der UdSSR.

Dolchstoßlegende. Darunter versteht man die nach 1918 in Deutschland von den Nationalisten verbreitete Propaganda, die die Schuld an der deutschen Niederlage im Ersten Weltkrieg nicht dem Militär und der monarchischen Führung, sondern Demokraten und Sozialisten zuschob (siehe S. 67). Später auch als politische Kampfparole der antidemokratischen, nationalistischen Kräfte gegen die Weimarer Republik benutzt.

Elite(n) nennt man die kleine soziale Gesellschaftsschicht, die in Staat, Wirtschaft und Gesellschaft Führungsaufgaben wahrnimmt und besonderen Einfluss auf die Gesellschaft ausübt. Die jeweilige Zugehörigkeit zu dieser privilegierten Gesellschaftsschicht haben ihre Repräsentanten durch Besitz, Herkunft oder Fähigkeiten (z. B. Ausbildung) erworben.

Inflation. Anhaltende Preissteigerung und Geldentwertung, durch ein Missverhältnis zwischen Angebot und Nachfrage, steigende Lohn- und Rohstoffkosten oder staatliche Finanzpolitik hervorgerufen.

Massenmedien sind Informationsträger, die im 20. Jh. potentiell die gesamte Bevölkerung erreichen. Man unterscheidet Druckmedien (Bücher, Zeitungen, Zeitschriften) und elektronische Medien (Radio, Fernsehen, Schallplatte bzw. CD). Mit der massenhaften Verbreitung von Computern werden die Grenzen zwischen den Medien fließend (Multimedia).

Mittelstand. Gesellschaftsschicht einer Industriegesellschaft, die in ihrem sozialen Status – also in Einkommen und Bildung – weder zu den Kapitalbesitzern und Führungskräften noch zur Arbeiterschaft gehört. Unterschieden werden *alter Mittelstand* (Kaufleute, Handwerker, Bauern) und *neuer Mittelstand,* zu dem Beamte, Angestellte und Angehörige freier Berufe gehören.

Parlamentarische Demokratie. Form der Demokratie, in der das Parlament nicht nur die Gesetze beschließt, Staatsausgaben bewilligt und die Regierung kontrolliert, sondern auch – im Gegensatz zur Präsidialdemokratie – die Regierung wählt.

Parteien. Politische Organisationen, die dauerhaft Einfluss auf die politische Willensbildung und die Regierung eines Staates nehmen wollen. Entstanden im 19. Jh. haben die Parteien im 20. Jh. im Zusammenhang mit der Entwicklung der repräsentativen Demokratie zunehmend an Macht und Bedeutung gewonnen. Man spricht deshalb heute auch von Parteienstaat. In den meisten westlichen Demokratien haben sich aus den früheren Honoratiorenparteien (einem losen Zusammenschluss einflussreicher Bürger, meist Abgeordneter) und Weltanschauungsparteien, die ihre Politik aus einer Ideologie ableiten, große Volksparteien entwickelt.

Radiozeiten

Das Radio wurde in den zwanziger Jahren zum Symbol des neuen Medienzeitalters. 1920 übertrug der Langwellensender Königswusterhausen bei Berlin das erste Konzert. Mit der Umstellung von Lang- auf Mittelwellen 1921 in den USA verbesserte sich die Empfangsqualität der Sendungen erheblich. 1922 entstanden mit „Komintern" der erste russische, mit „Radiola" der erste französische und mit der „British Broadcasting Corporation" (BBC) der erste englische Radiosender. 1923 begann der deutsche Mittelwellensender in Berlin mit dem regelmäßigen Sendebetrieb. Nur wer viel technisches Verständnis besaß und viel Freizeit in die komplizierten Geräte investierte, konnte damals den „Funkzauber" störungsfrei empfangen. Man hörte allein oder im kleinen Kreis, je nachdem, wie viele Kopfhörer zur Verfügung standen, denn einen Radiolautsprecher gab es noch nicht. Wegen der hohen Empfangsgebühren war das „Schwarzhören" weit verbreitet. Nach dem Ende der Inflation 1923, Gebührennachlässen und einer Amnestie für Schwarzhörer begann in Deutschland die „Radiomanie"; der Schlager „Bubi, ich habe eine Radiostation" war der Hit der Saison 1924. 1928 gab es rund zwei Millionen Rundfunkteilnehmer. Die entstehende Radioindustrie sorgte für ein breites Angebot von Bausätzen für die „Radiosportler". Ab 1929 gab es Radios mit eingebauten Lautsprechern, bei denen man die Sender, wie noch heute, auf beschrifteten Skalen einstellen konnte.

Die deutschen „Radiosportler" schlossen sich in Vereinen zusammen, etwa dem „Arbeiter-Radio-Bund", der eine eigene Zeitschrift herausgab, den „Arbeiterfunk". Am liebsten hätten diese „Radiosportler" auch selbst gesendet wie in anderen Ländern, aber in Deutschland wurde der Sendebetrieb staatlich konzessioniert und geregelt. 1925 gingen die privaten Sendeanstalten in der „Reichsrundfunkgesellschaft" auf. 1933 konnte Propagandaminister Goebbels diese mit einer Unterschrift im Sinne des Nationalsozialismus „gleichschalten". Die Massenwirksamkeit des NS-Rundfunks erhöhte der 1933 entwickelte „Volksempfänger" VE 301, der nur noch 75 Mark kostete. Die Typenbezeichnung 301 verweist auf den Tag der nationalsozialistischen „Machtergreifung", den 30. Januar 1933. Das Fernsehen, die „sehende Maschine", von der die Erfinder schon lange träumten, ist ein Kind des Hörrundfunks. Die Technik dafür war Anfang der dreißiger Jahre vorhanden, schon von der Olympiade 1936 gab es Fernsehbilder. Die Technik war aber noch zu teuer und ein Empfangsgerät für normale Wohnungen zu groß. In den USA begann das „Fernsehzeitalter" in den vierziger Jahren, in der Bundesrepublik Deutschland gab es 1953 erst 1524 Teilnehmer. Erst um 1960 gelang dem Fernsehen der Durchbruch zum Massenmedium.

Radiohören im Jahr 1926. Zeitgenössische Fotografie

Der Radiohörer. Ölgemälde von Max Radler, 1930

5. Nationalsozialismus und Faschismus:

Industriegesellschaft ohne Demokratie

Mit der nationalsozialistischen „Machtergreifung" am 30. Januar 1933 werde das Jahr 1789 aus der Geschichte gestrichen, verkündete der neue Propagandaminister Joseph Goebbels. Tatsächlich hat die „Nationale Revolution" – so bezeichneten die Nationalsozialisten die Errichtung der Diktatur in Deutschland – viele Errungenschaften wieder abgeschafft, die seit der Französischen Revolution mühsam erkämpft worden waren: Meinungs- und Koalitionsfreiheit, Gleichheit vor dem Gesetz, das freie Wahlrecht, um nur einige zu nennen. So wie die nationalsozialistische Herrschaft nach *innen* alle Freiheitsrechte gewaltsam unterdrückte, so brach sie nach *außen* mit den seit dem Ende des Ersten Weltkrieges unternommenen Versuchen internationale Konflikte durch Verhandlungen friedlich zu lösen. Wie kam es ausgerechnet in Deutschland zu dieser Entwicklung?
Erst während der Weltwirtschaftskrise war die NSDAP zu einer Massenpartei aufgestiegen. Die Krise hatte die Handlungsfähigkeit der Arbeiterbewegung und das Vertrauen in die Demokratie bei der Bevölkerung so weit geschwächt, dass sich die alten Eliten mit der nationalsozialistischen Bewegung erfolgreich gegen die junge Republik verbünden konnten. Es zeigte sich, dass Industrialisierung und Demokratisierung nicht notwendig zusammengehören – wie viele Sozialisten gemeint hatten.
Nicht nur in Deutschland, sondern auch in vielen anderen Ländern Europas hatten sich nach dem Ersten Weltkrieg parlamentarisch-demokratische Verhältnisse nicht festigen können: In Italien kam die faschistische Regierung schon 1922 an die Macht; in den baltischen Staaten, in Rumänien, Griechenland und Ungarn waren in den 20er und 30er Jahren die Regierungen zumindest zeitweise faschistisch beeinflusst. Gegen den wachsenden Einfluss der Arbeiterschaft in manchen dieser Länder, aber auch großer Teile der ländlichen Bevölkerung waren nach dem Weltkrieg reaktionäre Sammelbewegungen aufgetreten. Mit uniformierten Verbänden, meist ehemaligen Soldaten, beschützten sie ihre Aufmärsche und stellten die Macht der staatlichen Organe in Frage. In Italien nannten sich die Kampfbünde unter ihrem Führer Benito Mussolini „fasci di combattimento". Sie gaben ähnlichen Bewegungen in Europa und der nationalsozialistischen Herrschaftsform in Deutschland 1933 bis 1945 den Namen: Faschismus.

Oben: Eröffnung der 4. Großen Deutschen Kunstausstellung im „Haus der Deutschen Kunst" in München am 27. Juli 1940
Unten: Jüdische Mitbürger auf dem Weg zur Deportation nach dem 9. November 1938, begleitet von SS und SA

Was ist der „Faschismus"? Ganz allgemein kann man sagen, dass er eine Form der modernen Diktatur darstellt, in der alle individuellen und demokratischen Freiheitsrechte abgeschafft sind, ohne dass die industrielle Entwicklung aufgehalten werden soll. Höhere Produktion ja, aber nicht mehr Rechte für die, die sie erarbeiten. Faschistische Bewegungen wandten sich daher vor allem gegen sozialistische und kommunistische Organisationen, aber auch gegen die bürgerliche Demokratie insgesamt, da diese erst *allen* Bürgern die Möglichkeit gleichberechtigten politischen Einflusses im Parlament verschafft hatte.
Da Deutschland unter allen diktatorisch regierten Ländern industriell am weitesten entwickelt war, konnte die NSDAP nach der Machtübernahme die modernsten Propagandamittel, die gesamte industrielle Kraft und eine hochentwickelte Bürokratie in den Dienst der inneren Unterdrückung und äußeren Eroberungen stellen. Die Ausschaltung der Demokratie und die Verbreitung einer rassistischen „Herrenmenschen"-Ideologie hatten unter dem Nationalsozialismus in Deutschland deshalb weitaus schrecklichere Folgen als in anderen Ländern. Nur der Nationalsozialismus bildete Rassenlehre und Antisemitismus zu einer Weltanschauung aus, die das gesamte gesellschaftliche Leben umfasste. Über Verfolgung und Entrechtung führte sie schließlich zur systematischen Vernichtung der jüdischen Bevölkerung. Nur der Nationalsozialismus steigerte die Politik der Revision des Versailler Vertrages bis zum Zweiten Weltkrieg, der die gesamte Welt einbezog.
Dennoch haben viele Menschen in Deutschland später gesagt, sie hätten diese Zeit in guter Erinnerung, manchmal fügten sie allerdings hinzu: Jedenfalls, wenn sie dabei nicht an den Krieg dächten. Vielleicht, weil viele Menschen manches von dem, was wir hier beschreiben, nicht selbst erlebt haben, war die Mehrheit der Bevölkerung mit dieser Zeit zufrieden. Für viele standen andere, man kann sagen, gegenteilige Erfahrungen im Vordergrund: z. B. beruflicher Aufstieg, nicht politische Verfolgung. Das ist schwer zu begreifen: Alle lebten in demselben Land, aber sie erlebten nicht dasselbe. Viele hatten wohl Angst die volle Wahrheit über ihre Zeit zu erfahren. Schien sie ihnen zu bedrohlich? Kennen wir das auch von uns? Gibt es Fragen, mit denen wir uns nicht auseinander setzen, weil sie uns zu gefährlich erscheinen?
Wenn ihr den folgenden Text und die Dokumente lest, ist es wichtig zu fragen: Wer wusste was? Wer war beteiligt, wer hielt sich fern? In welcher Weise fühlten die einzelnen Menschen sich in ihren Handlungen und Überzeugungen vom nationalsozialistischen Herrschaftssystem betroffen?

Die „Machtergreifung“ zwischen Kabinettspolitik und Terror

Seit der Kanzlerschaft Brünings 1930 hatte sich die Regierung nicht unmittelbar auf eine Partei oder Parteienkoalition im Reichstag gestützt. Sie war vielmehr vom Vertrauen des Reichspräsidenten und dem Einfluss von Gruppierungen außerhalb des Parlaments wie den Industrie- und Landwirtschaftsverbänden oder der Reichswehr abhängig. Auch Hitlers Regierungsantritt waren Gespräche mit angesehenen und einflussreichen Industriellen und Bankiers vorausgegangen. Diese trugen dazu bei die Einwände des greisen Generalfeldmarschalls Hindenburg gegen den Gefreiten Hitler als Kanzler zu überwinden.

Zwar gelangte am 30. Januar 1933 mit Hitler der „Führer“ der größten Wählerpartei an die Regierung, aber damit war nicht etwa eine Rückkehr zu einer Regierung, die vom Parlament getragen wurde, beabsichtigt, sondern das Gegenteil: Konservativen Politikern, Teilen der Großindustrie und der Reichswehr ging es jetzt um die endgültige Ablösung der Regierung von parlamentarischen Mehrheitsverhältnissen – und das bedeutete vor allem, auf die „Tolerierung“ der SPD nicht mehr angewiesen zu sein. Um die dabei zu erwartende bürgerkriegsähnliche Situation meistern zu können bedurften sie der Unterstützung der uniformierten und militärisch gedrillten Organisationen der NSDAP. Wenn deren Sturmabteilungen (SA) und ihre Schutzstaffeln (SS) sich Polizei und Reichswehr unterordneten, dann müsste die Abschaffung der Demokratie und die Ausschaltung der Arbeiterbewegung gelingen – so war das Kalkül dieser Politiker, Generäle und Unternehmer.

Die Zerstörung der Demokratie

Die letzten Wahlen

Die bereits auf der zweiten Kabinettssitzung am 31. Januar 1933 beschlossenen Wahlen zum Reichstag sollten nach dem Willen der neuen Regierung unter allen Umständen die letzten sein. Hitlers Ziel war es, mit dieser Wahl zu versuchen so viele Stimmen auf sich und die NSDAP zu vereinigen, dass seine Herrschaft als vom Volk beauftragt erscheinen konnte, obwohl es in Wirklichkeit darum ging die Demokratie abzuschaffen. Bereits im Wahlkampf behinderte die NSDAP Veranstaltungen von SPD, KPD und auch des Zentrums; sozialdemokratische und kommunistische Zeitungen wurden zeitweilig verboten. Hermann Göring, der als Staatskommissar in Preußen für die Polizei zuständig war, ernannte SA- und SS-Männer zur „Hilfspolizei“, sodass diese Parteiorganisationen in staatlichem Auftrag gegen Gegner der Regierung willkürlich vorgehen konnten. Von Hitler über die Regierungsziele und den Wahlkampfzweck informiert, erklärten sich Vertreter der wichtigsten Industriezweige bereit mit drei Millionen Mark den Wahlkampf der NSDAP und der DNVP zu unterstützen.

Als am 27. Februar das Reichstagsgebäude in Berlin in Flammen aufging, nutzte die nationalsozialistische Führung die Situation für sich aus und unterschob der KPD die Brandstiftung. Bis heute ist nicht mit Sicherheit geklärt, ob ein Einzeltäter, z. B. der deswegen angeklagte und verurteilte Holländer Marinus van der Lubbe, dafür verantwortlich war oder ob die Nationalsozialisten selbst den Brand legten. Jedenfalls nahm die nationalsozialistische Führung den Brand zum Vorwand, um noch in derselben Nacht Mitglieder und Anhänger der Kommunistischen Partei zu verhaften. Die KPD war damit vor den Wahlen in die Illegalität gezwungen. Aber der Reichstagsbrand hatte auch für andere Gruppen und Einzelpersonen Konsequenzen. Schon am nächsten Tag wurde eine „Notverordnung zum Schutz von Volk und Staat“ erlassen, die wesentliche Grundrechte* wie die freie Meinungsäußerung, die Versammlungsfreiheit und das Postgeheimnis außer Kraft setzte; sie erlaubte auch Beschränkungen des Eigentums und der persönlichen Freiheit. Die NSDAP verstand es, den Wahlkampf auf die Alternative „Marxismus oder Nationalsozialismus“ zuzuspitzen. Sie

Das Ergebnis der Reichstagswahlen vom 5. März 1933

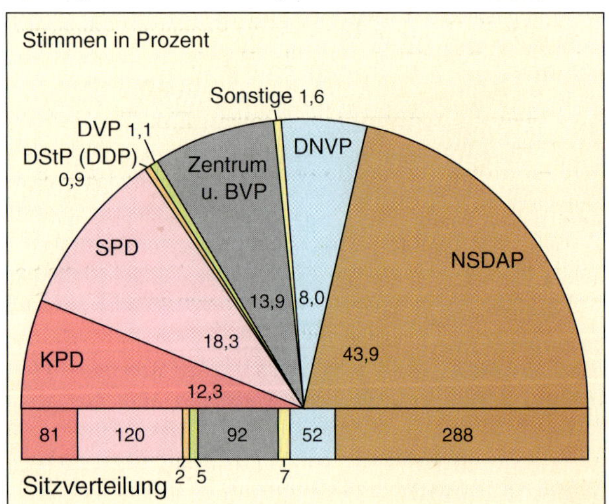

forderte eine Entscheidung zwischen „bolschewistischem Klassenkampf“ und „nationalsozialistischer Volksgemeinschaft“ heraus. Massenverhaftungen auf der einen, Massenaufmärsche und -kundgebungen auf der anderen Seite schufen eine Atmosphäre von Angst und Hoffnung zugleich: Sich den Nationalsozialisten zu widersetzen schien gefährlich; ihnen zu folgen versprach Stärke. Trotz Terror und Propaganda konnten die Parteien der Regierung aber nur knapp die Mehrheit der Stimmen auf sich vereinigen.

Die Ermächtigung zur Diktatur

Da die Wahlen nicht die erhoffte Mehrheit für die Nationalsozialisten erbracht hatten, legte die Regierung dem neugewählten Reichstag ein Gesetz vor, das sie ermächtigen sollte – vorerst für die Zeit von vier Jahren – von der Verfassung abzuweichen. Für ein solches verfassungsänderndes „Gesetz“ mussten sich zwei Drittel der Abgeordneten aussprechen. Die Regierung erklärte die Mandate der KPD für ungültig. Mit der Zustimmung der SPD rechnete sie nicht. Es hing deshalb von der Unterstützung des Zentrums ab, ob die erforderliche Mehrheit zustande kam.

In den Verhandlungen, die Hitler mit dem Zentrumsvorsitzenden, dem Prälaten Kaas, führte, formulierte er noch einmal die unmittelbaren Ziele seiner Regierung: Sozialdemokraten und Kommunisten sollten aus dem politischen Leben ausgeschlossen werden; Kaas ließ sich von Hitler versichern, dass die Rechte der Kirche im Schul- und Erziehungswesen erhalten blieben. Hitler sagte dies zu, verweigerte aber anderen als den beiden christlichen Konfessionen die gleichen Garantien. Das Judentum sei keine Religion, sondern eine „Rasse“ und habe daher auf einen entsprechenden Schutz keinen Anspruch. Die Zentrumsfraktion ließ sich von Hitler die Zusage geben, dass die Rechte des Reichspräsidenten, z. B. auf Entlassung des Kanzlers, und die Nichtabsetzbarkeit der Richter – nicht jedoch deren politische Unabhängigkeit – gewahrt bleiben sollten. Eine Zustimmung zum Ermächtigungsgesetz unter diesen Bedingungen schien dem Zentrum die einzige Möglichkeit, „chaotischen Entwicklungen einen festen Damm entgegenzusetzen“ – wie es Kaas in seiner Rede im Reichstag formulierte – und Gewaltanwendung, wie sie die Kommunisten und zum Teil die Sozialdemokraten bereits getroffen hatte, von den übrigen Parteien abzuwenden. So lehnten bei der Abstimmung im Reichstag allein die Sozialdemokraten das Gesetz ab.

Nach dem Ermächtigungsgesetz sollte der Reichstag auf vier Jahre seine parlamentarischen Rechte auf die Regierung übertragen. Es wurde dann aber vom formal weiter bestehenden Reichstag verlängert und bildete die rechtliche Grundlage des nationalsozialistischen Staates, der weiterhin

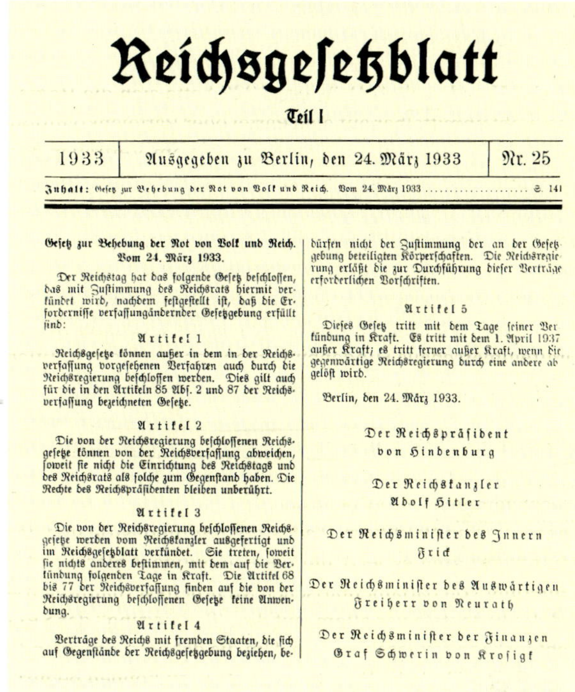

Reichsgesetzblatt

Teil I

1933	Ausgegeben zu Berlin, den 24. März 1933	Nr. 25

Inhalt: Gesetz zur Behebung der Not von Volk und Reich. Vom 24. März 1933 .... S. 141

Gesetz zur Behebung der Not von Volk und Reich. Vom 24. März 1933.

Der Reichstag hat das folgende Gesetz beschlossen, das mit Zustimmung des Reichsrats hiermit verkündet wird, nachdem festgestellt ist, daß die Erfordernisse verfassungändernder Gesetzgebung erfüllt sind:

Artikel 1

Reichsgesetze können außer in dem in der Reichsverfassung vorgesehenen Verfahren auch durch die Reichsregierung beschlossen werden. Dies gilt auch für die in den Artikeln 85 Abs. 2 und 87 der Reichsverfassung bezeichneten Gesetze.

Artikel 2

Die von der Reichsregierung beschlossenen Reichsgesetze können von der Reichsverfassung abweichen, soweit sie nicht die Einrichtung des Reichstags und des Reichsrats als solche zum Gegenstand haben. Die Rechte des Reichspräsidenten bleiben unberührt.

Artikel 3

Die von der Reichsregierung beschlossenen Reichsgesetze werden vom Reichskanzler ausgefertigt und im Reichsgesetzblatt verkündet. Sie treten, soweit sie nichts anderes bestimmen, mit dem auf die Verkündung folgenden Tage in Kraft. Die Artikel 68 bis 77 der Reichsverfassung finden auf die von der Reichsregierung beschlossenen Gesetze keine Anwendung.

Artikel 4

Verträge des Reichs mit fremden Staaten, die sich auf Gegenstände der Reichsgesetzgebung beziehen, bedürfen nicht der Zustimmung der an der Gesetzgebung beteiligten Körperschaften. Die Reichsregierung erläßt die zur Durchführung dieser Verträge erforderlichen Vorschriften.

Artikel 5

Dieses Gesetz tritt mit dem Tage seiner Verkündung in Kraft. Es tritt mit dem 1. April 1937 außer Kraft; es tritt ferner außer Kraft, wenn die gegenwärtige Reichsregierung durch eine andere abgelöst wird.

Berlin, den 24. März 1933.

Der Reichspräsident
von Hindenburg

Der Reichskanzler
Adolf Hitler

Der Reichsminister des Innern
Frick

Der Reichsminister des Auswärtigen
Freiherr von Neurath

Der Reichsminister der Finanzen
Graf Schwerin von Krosigk

Faksimile des Ermächtigungsgesetzes vom 24. März 1933

Gesetze und Verordnungen erließ, also nach außen hin den Anschein der Rechtlichkeit wahrte. Dieser Anschein von Legalität war nicht nur während der nationalsozialistischen Herrschaft für manchen ein Grund zu sagen, es gehe alles nach „Recht und Ordnung“ zu. Da viele Gesetze als *formal* rechtlich zustande gekommen galten, wirkten sie sogar über das Ende des nationalsozialistischen Staates hinaus, auch wenn wir die *Inhalte* vieler dieser Gesetze heute als Unrecht ansehen. Richter z. B., die nach diesen Gesetzen Unrecht gesprochen haben, wurden nicht zur Verantwortung gezogen.

Terror und Propaganda

Mit Notverordnungen und dem Ermächtigungsgesetz wurde die demokratische Ordnung der Weimarer Verfassung zerstört. Offener Terror und Propaganda waren hingegen die wesentlichen Mittel, die benutzt wurden, um den nationalsozialistischen Staat aufzubauen.

Der 1. Mai, der traditionelle Demonstrationstag der Arbeiterbewegung, wurde zum staatlichen Feiertag erklärt und mit Aufmärschen gefeiert, um die Arbeiterschaft für den neuen Staat zu gewinnen. Aber am Tag darauf wurden die Gewerkschaften aufgelöst und eine Woche später in der

„Deutschen Arbeitsfront“ (DAF) mit den Unternehmerverbänden zwangsvereinigt (siehe S. 108). Am 22. Juni wurde nach der KPD auch die SPD verboten. Die bürgerlichen Parteien lösten sich unter dem Druck der politischen Gleichschaltung in den folgenden Wochen selbst auf. Das „Gesetz gegen die Neubildung von Parteien“ vom 14. Juli 1933 erklärte dann die NSDAP zur einzig erlaubten Staatspartei. Schon vorher – Anfang April – war ein Gesetz erlassen worden, das Juden vom öffentlichen Dienst ausschloss und die Entlassung von Beamten ermöglichte, die „nach ihrer bisherigen politischen Betätigung nicht die Gewähr dafür bieten, dass sie jederzeit rückhaltlos für den nationalsozialistischen Staat eintreten“.
Die Judenfeindschaft des Nationalsozialismus wurde für alle sichtbar, als die SA am 1. April 1933 Eingänge zu jüdischen Geschäften verstellte, Ladeneinrichtungen zerstörte und die Bevölkerung zum Boykott jüdischer Kaufhäuser und Läden aufrief.
Ende Juli 1933 befanden sich im Reich fast 30 000 Sozialisten, Kommunisten und engagierte Demokraten, darunter zahlreiche Juden, in vorbeugender „Schutzhaft“, wie die politische Haft juristisch genannt wurde. Viele Häftlinge wurden nicht in Polizeigefängnisse, sondern in Konzentrationslager* eingeliefert, die die SA und SS errichteten. Man schätzt, dass allein in den ersten sechs Monaten die nationalsozialistisch-konservative Koalitionsregierung ca. 100 000 Menschen aus politischen Gründen verhaften ließ.
Nach Feststellung des Völkerbundes hatten bis 1935 mehr als 80 000 Menschen Deutschland verlassen, weil sie wegen ihrer „Rasse“ oder ihrer politischen Haltung verfolgt wurden. Neben Politikern wurden Tausende von Wissenschaftlern, Schriftstellern und Künstlern durch den nationalsozialistischen Terror zur Flucht und zu einem Leben im Exil getrieben. Zu ihnen gehörten der Atomphysiker Albert Einstein, die Schriftsteller Heinrich und Thomas Mann, Bertolt Brecht und Kurt Tucholsky, deren Werke verboten und verbrannt wurden, und Künstler wie Max Beckmann und Ernst Barlach, deren Gemälde und Skulpturen als „entartete Kunst“ diffamiert wurden.

Litfasssäule in Berlin, aufgenommen am 30. März 1933

Partei und Staat

Gleichschaltung im Führerstaat

Es ist wichtig zu verstehen, dass diese Diktatur* nicht nur aus Gewalt und Willkür bestand, sondern mit Gesetzen und Verwaltungseinrichtungen arbeitete, die den Schein eines normalen Geschäftsganges aufrechterhielten. Viele Menschen wurden in den Vollzug des Unrechts in kleinen Schritten eingespannt.
Dem Ermächtigungsgesetz folgten zahlreiche weitere Gesetze, die die Herrschaftsstruktur in Deutschland nachhaltig änderten. Bereits nach ungefähr einem Jahr waren die wichtigsten Elemente durchgesetzt. Je länger die Nationalsozialisten regierten, desto mehr verlor das Kabinett an Bedeutung. Dagegen wuchs die Macht einzelner Ministerien, vor allem des Innenministeriums, zu dem die Polizei gehörte. Schon in der Weimarer Republik hatte es eine gesonderte Abteilung mit der Bezeichnung „Politische Polizei“ gegeben. Diese Abteilung wurde nun zur *„Geheimen Staatspolizei“* (Gestapo) erweitert, deren Aufgabe die Verfolgung der Regimegegner war. Die ordentlichen Gerichte wurden durch Sondergerichte ergänzt, die politische Strafverfahren durchführten. Das wichtigste war der für Hoch- und Landesverrat zuständige Volksgerichtshof.
Joseph Goebbels leitete das neugebildete *„Reichsministerium für Volksaufklärung und Propaganda“*, das festlegte, welche Kunstrichtung gefördert und welche verboten, wel-

che Nachrichten verbreitet und welche unterdrückt werden sollten. Die Menschen konnten kaum noch frei wählen, was sie hörten, lasen oder sahen. Eine oppositionelle Meinung zu vertreten war viel schwerer geworden, allerdings nicht unmöglich. Aber wer keine starke Überzeugung hatte, gewöhnte sich an die neue „Normalität". Und noch etwas kam hinzu: Mitgliedschaft in der NSDAP versprach Einfluss, berufliche Sicherheit, Karriere. Viele, die nach 1945 in den Entnazifizierungsverfahren (siehe S. 212) nach den Gründen ihrer Mitgliedschaft gefragt wurden, gaben an, sie hätten sich und ihre Angehörigen schützen wollen. In Wirklichkeit stärkten sie die Partei und die nationalsozialistische Herrschaft; denn je größer und mächtiger die Partei war, desto schwerer hatten es ihre Gegner Gehör zu finden.
Im Aufbau des Reiches, dem Verhältnis von Reich und Ländern, änderte sich vieles. Die Länderparlamente wurden – wie der Reichstag – ausgeschaltet. Ein Reichsstatthalter in den Ländern hatte dafür zu sorgen, dass Reichs- und Landespolitik direkt aufeinander abgestimmt wurden. In den Gemeinden stärkte die Regierung die Stellung der – oft nach Ablösung der Vorgänger von ihr eingesetzten – Bürgermeister und entmachtete den Rat. Mit dieser Vereinheitlichung der politischen Entscheidungsträger von der Reichsregierung bis zur kleinen Ortsgemeinde war der Prozess der Gleichschaltung* im Wesentlichen noch im Jahr 1933 abgeschlossen.
Neben der staatlichen Verwaltung stand die Parteiorganisation, die auf allen Ebenen in die Behörden „hineinregieren" konnte. Was sich über die Verwaltungen nicht durchsetzen ließ, wurde über die Parteigliederungen in Gang gesetzt. Partei- und Staatsämter waren oft verbunden. Propagandaminister Goebbels war z. B. Gauleiter von Berlin, d. h., er leitete die NSDAP in Berlin und war direkt Hitler unterstellt. Dem „Reichsführer SS", Heinrich Himmler, unterstand ab 1936 die gesamte Polizei. Nach Hindenburgs Tod am 2. August 1934 übernahm Hitler, Reichskanzler und Führer der NSDAP, auch das Amt des Reichspräsidenten; damit wurde er zugleich Oberbefehlshaber der Reichswehr. Da so die wichtigsten Staats- und Parteiämter in einer Person vereinigt waren und Weisungen nach unten – an die „Gefolgschaft" – gegeben wurden, nennt man diese Staatsform auch „Führerstaat". Doch war es wirklich so, dass Hitler oder andere „Führer" alles entschieden? Polizei, Armee, SS, Wirtschaft, Verwaltung und Partei – sie alle bemühten sich ihren Einfluss auszubauen oder zumindest zu erhalten. Es gab deshalb mehrere Machtzentren, die zum Teil selbständig handelten und oft nur in Zweifelsfällen oder aber bei gegenseitiger Konkurrenz direkt eine Entscheidung Hitlers einholten.

Machtkampf in den eigenen Reihen

Für Teile der SA war mit der von Hitler verkündeten „Nationalen Revolution" die Machtergreifung nicht beendet. Sie strebten noch eine „soziale Revolution" an. Ihr Ziel war eine antikapitalistische, direkte Kontrolle der Wirtschaft. Viele Unternehmer wehrten sich deshalb gegen einen zu großen Einfluss der SA. Noch schärfer war aber der Gegensatz zwischen der Reichswehr und der SA. Da Hitler aufrüsten und die Wehrmacht vergrößern wollte, drängte die SA-Führung unter ihrem mächtigen Chef Röhm darauf, die führende Rolle bei diesem neuen „Volksheer" zu übernehmen. Dieses Konzept aber widersprach Hitlers Absicht mit den bewährten Kräften der alten Reichswehr auf den kommenden Krieg hinzuarbeiten.
Hitler suchte den Machtkampf innerhalb der nationalsozialistischen Reihen und führte ihn in der gleichen Brutalität aus, mit der er auch die oppositionellen Kräfte ausgeschaltet hatte. Am 30. Juni 1934 ließ Hitler den Stabschef der SA Ernst Röhm sowie weitere SA-Führer und einige konservative Gegner wie den ehemaligen Reichskanzler Schleicher durch SS-Kommandos ohne Gerichtsurteil erschießen. Wehrmachtseinheiten standen bereit, um die SS zu unterstützen, falls die SA sich erheben würde. Offiziell wurde die Ermordung der SA-Führer als Niederschlagung eines Umsturzversuches gerechtfertigt. Aber nicht nur die Wehrmacht war Nutznießer dieser Aktion. Die SS unter Heinrich Himmler stieg zur stärksten innenpolitischen Macht auf. Nur noch ihr unterstanden jetzt die Konzentrationslager; sie hatte die Leitung der Gestapo und von 1936 an auch der gesamten Polizei in Händen; und sie hatte sich einen *„Sicherheitsdienst"* (SD) aufgebaut, der die eigene Parteiorganisation ebenso wie das allgemeine politische Leben in Deutschland bespitzelte und Regimegegner der Gestapo anzeigte.

Fragen und Arbeitsaufgaben

1. *Durch welche Maßnahmen und mit welchen Mitteln der Massenbeeinflussung wandelten die Nationalsozialisten Deutschland in eine Diktatur um?*
2. *Erkläre, welche Bedeutung das Ermächtigungsgesetz hatte.*
3. *Erläutert den Begriff „Gleichschaltung". Durch welche Verordnungen und Verwaltungseinrichtungen erreichten die Nationalsozialisten die Gleichschaltung von Partei und Staat?*
4. *Die Ausschaltung der SA im Juni 1934 wird meist mit dem Begriff „Röhm-Putsch" bezeichnet. Begründe, warum dieser Begriff irreführend ist.*

Machtergreifung oder Machtübergabe?

Die Machtergreifung in der Karikatur

1 *Brautvorführung. Karikatur aus dem Schweizer Nebelspalter, Februar 1933*

Links Vizekanzler von Papen, rechts der DNVP-Vorsitzende A. Hugenberg, im Hintergrund von Hindenburg

1. *Beschreibe Haltung und Gestik der Personen.*
2. *Wie ist das ausstaffierte Zimmer zu deuten und welche Aussage enthält die Karikatur zur Machtergreifung?*

Hitler über Staat und Staaten

2 *Hitler über die nationalsozialistische Bewegung:*

Q Damit ist die Bewegung aber antiparlamentarisch und selbst ihre Beteiligung an einer parlamentarischen Institution kann nur den Sinn einer Tätigkeit zu deren Zertrümmerung besitzen, zur Beseitigung einer Einrichtung, in der wir eine der schwersten Verfallserscheinungen der Menschheit erblicken.

A. Hitler, Mein Kampf, München 1927, S. 379.

Q Stets hat vor Gott und der Welt der Stärkere das Recht, seinen Willen durchzusetzen. Die Geschichte beweist: Wer nicht die Kraft hat, dem nutzt das „Recht an sich" gar nichts! ... Die ganze Natur ist ein gewaltiges Ringen zwischen Kraft und Schwäche, ein ewiger Sieg des Starken über den Schwachen. Nichts als Fäulnis wäre in der ganzen Natur, wenn es anders wäre. Verfaulen würden die Staaten, die gegen diese Elementargesetze sündigen.

Aus einer Rede Hitlers am 13. 4. 1923, zit. nach: E. Boepple, A. Hitlers Reden, München 1934, S. 44.

Q Die Idee des Kampfes ist so alt wie das Leben selbst, denn das Leben wird nur dadurch erhalten, dass anderes Leben im Kampf zugrunde geht ... In diesem Kampf gewinnt der Stärkere, Fähigere, während der Unfähigere, der Schwache verliert. Der Kampf ist der Vater aller Dinge ... Nicht durch die Prinzipien der Humanität lebt der Mensch oder ist er fähig sich neben der Tierwelt zu behaupten, sondern einzig und allein durch die Mittel des brutalsten Kampfes.

Aus Reden Hitlers in Kulmbach am 5.2.1928, zit. nach: A. Bullock, Hitler. Eine Studie über Tyrannei, Bd. 1, Frankfurt 1964, S. 28.

1. *Wie steht Hitler zur Demokratie? Warum lehnt er sie ab?*
2. *Erkläre, worin das Menschenverachtende der nationalsozialistischen Ideologie besteht. Ziehe auch die Darstellung auf S. 106–111 heran.*

Methoden der Nationalsozialisten im Wahlkampf

3 *Aus den Tagebucheintragungen von Goebbels vom 8. Februar 1933:*

Q Haben wir die Macht, dann werden wir sie nie wieder aufgeben, es sei denn, man trägt uns als Leichen aus unseren Ämtern heraus. Ich spreche mit dem Führer ausführlich die jetzt beginnende Wahlkampagne durch. Nun ist es leicht den Kampf zu führen, denn wir können alle Mittel des Staates für uns in Anspruch nehmen. Rundfunk und Presse stehen uns zur Verfügung ... Der Rundfunk macht mir einige Sorgen. An ... entscheidenden Stellen sitzen immer noch die alten Systembonzen. Sie müssen möglichst schnell ausgebootet werden, und zwar bis zum 5. März so weit, dass der Schluss unserer Wahlaktion nicht mehr gefährdet werden kann. ... Göring räumt in Preußen auf mit einer herzerfrischenden Forschheit. Er hat das Zeug dazu, ganz radikale Sachen zu machen ... Göring mistet aus. Ein Oberpräsident nach dem anderen wird umgekippt. Namen, die gestern noch die Welt bedeuteten, verblassen heute zu wesenlosen Schemen.

4 Aus einer Rede Görings in Frankfurt am 3. März 1933:

Q Ich denke nicht daran, in bürgerlicher Manier und in bürgerlicher Zaghaftigkeit nur einen Abwehrkampf zu führen. Nein, ich gebe das Signal auf der ganzen Linie zum Angriff vorzugehen! Volksgenossen, meine Maßnahmen werden nicht angekränkelt sein durch irgendwelche Bedenken. Meine Maßnahmen werden nicht angekränkelt sein durch irgendwelche Bürokratie. Hier habe ich keine Gerechtigkeit zu üben, hier habe ich nur zu vernichten und auszurotten, weiter nichts! Dieser Kampf, Volksgenossen, wird ein Kampf gegen das Chaos sein und solch einen Kampf führe ich nicht mit polizeilichen Machtmitteln. Das mag ein bürgerlicher Staat getan haben. Gewiss, ich werde die staatlichen und die polizeilichen Machtmittel bis zum Äußersten auch dazu benutzen, meine Herren Kommunisten, damit Sie hier nicht die falschen Schlüsse ziehen, aber den Todeskampf, in dem ich euch die Faust in den Nacken setze, führe ich mit denen da unten, das sind die Braunhemden! Ich werde dem Volk klarmachen, dass die lebendigen Kräfte des Volkes hier mobilisiert werden müssen. Und darum habe ich mit voller Absicht erklärt: In Zukunft, meine Herren, kommt in den Staat nur mehr hinein, wer aus den nationalen Kräften stammt ... Ich messe mit zweierlei Maß. Ich wäre nicht gerecht, wenn ich nicht endlich die roten Bonzen zum Teufel jagen würde.

H. Göring, Reden und Aufsätze, hg. von E. Britzbach ,1943, S. 27.

1. *Erläutere, mit welchen Methoden die Nationalsozialisten in den Wahlkampf gezogen sind.*
2. *Diskutiert die Folgen einer solchen Wahlkampfmethode.*

Die Machtergreifung aus der Sicht von außen

5 Aus einem Bericht des französischen Botschafters Fr. Poncet an Außenminister Paul-Boncour vom 8. April 1933:

Q Einer der bedrückendsten Aspekte des Schauspiels, dem man seit zwei Monaten in Deutschland beiwohnt, ist der Kleinmut der Gegner des neuen Regimes, ist der schwache Widerstand, den die Oppositionsparteien der Errichtung der Hitler-Diktatur entgegensetzen und ist der Übergang immer größerer Kreise des Volkes zur Politik der siegreichen Parteien ...

Es vergeht kaum ein Tag, an dem die Presse nicht Erklärungen politischer Organisationen, von Beamtenverbänden und Vereinigungen aller Arten und Richtungen veröffentlicht, deren Mitglieder Wert darauf legen der Regierung ihre Loyalität und ihren Wunsch nach Mitarbeit zu versichern. Bei den Kommunisten besteht zwar ein harter Widerstandskern ... Aber zu Hunderten verfolgt, gejagt und verhaftet, in Zwangsarbeitslager eingewiesen ... sind die deutschen Kommunisten zur Zeit zur Ohnmacht verurteilt. Schon bei den Sozialisten ist die Situation anders. Zwar haben die sozialdemokratischen Abgeordneten im Reichstag einstimmig gegen das Ermächtigungsgesetz gestimmt. In den Mitgliederreihen der Partei beobachtet man aber schon charakteristische Einbrüche ... Herr Leipart, der Vorsitzende des Allgemeinen Deutschen Gewerkschaftsbundes (hat) an den Kanzler eine Erklärung gerichtet, in der er die Loyalität der sozialistischen Gewerkschaften versichert ...

Was die liberale Presse angeht, so beweist sie gegenüber der Regierung eine Gefügigkeit, die jeder Würde bar ist. Das „Berliner Tageblatt", gegen das ein Verbot von 14 Tagen verhängt worden war, zeigte sich, um den Widerruf dieser Maßnahme zu erreichen, bereit seinen Chefredakteur, Herrn Theodor Wolff, zu entlassen und sich in den Dienst der nationalen Koalition zu stellen ... In den öffentlichen Institutionen, den wirtschaftlichen Organisationen und den Berufsverbänden findet man den gleichen frappierenden Mangel an Zivilcourage. Die preußische Akademie hat in einem Pressekommuniqué mitgeteilt, dass sie Herrn Einstein zum Austritt aufforderte und dass sie scharf die Propaganda verurteilt, die er im Ausland führt ...

Der Katholische Volksschullehrerverband, der Deutsche Philologenverband, der Preußische Philologenverband, die gestern noch Verteidiger der Schulpolitik der Weimarer Parteien waren, haben die Regierung dazu beglückwünscht, dass sie die Pflege des christlichen und völkischen Ideals in Deutschland wiederherstellen wolle ...

Welches auch immer die Erklärungen für das Schweigen der alten Regierungsparteien der Weimarer Republik oder jener zahlreichen Persönlichkeiten sein werden, die Zeuge der schmählichen Judenverfolgung sind, von der sie oft profitieren – eine Tatsache in der Geschichte dieser letzten Entwicklung wird überraschend bleiben: Die Begründung der Diktatur wird weder Helden noch Märtyrer hervorgebracht haben. Deutschland wird sich in die Knechtschaft gestürzt haben, ohne eine Klage zu erheben und ohne einen Protest laut werden zu lassen. Die Deutsche Demokratie hat nichts retten können, nicht einmal ihr Gesicht.

J. und R. Becker, Hitlers Machtergreifung, München 1983, S. 217.

1. *Fasse die Aussagen des französischen Botschafters zusammen.*
2. *Wie erklärst du dir, dass die deutsche Demokratie nicht einmal ihr Gesicht retten konnte?*

Denken und Handeln: Die Ideologie des Nationalsozialismus

Immer wieder ist nach 1945 die Frage gestellt worden, warum der Faschismus in Deutschland nicht von innen her besiegt wurde, sondern von außen militärisch niedergekämpft werden musste. Eine einfache Antwort darauf gibt es nicht. Aber teilweise findet man eine Erklärung, wenn man das Gedankensystem analysiert, mit dem die Nationalsozialisten ihr Handeln begründeten, und dabei untersucht, auf welche Wurzeln in der deutschen Geschichte die nationalsozialistische Ideologie zurückgriff. Diese Fragestellung hilft bei der Erklärung, warum der überwiegende Teil der Bevölkerung dem Regime folgte und diejenigen, die sich widersetzten, bis zum Schluss eine Minderheit blieben.

Die NS-Ideologie

Das Ideal der Volksgemeinschaft

Einer der zentralen Programmpunkte der Nationalsozialisten war die Ablehnung aller demokratischen und sozialistischen Anschauungen. Für sie bestimmten nicht Klassengegensätze oder Interessenkonflikte die sozialen und politischen Auseinandersetzungen in Staat und Gesellschaft, sondern sie propagierten das Ideal einer einheitlichen Volksgemeinschaft, in der alle sozialen Gruppen zu einer Einheit verschmolzen seien. Entsprechend lehnten die Nationalsozialisten die Anschauung ab, dass z. B. die Arbeiterschaft eigene Organisationen benötigte, um ihre Interessen wahrnehmen zu können. In der Volksgemeinschaft würden vielmehr alle Berufsstände zum gemeinsamen Nutzen beitragen. Dem „Volkswillen", den der Führer formuliert, habe sich deshalb jeder bedingungslos unterzuordnen. Der soziale Kampf hatte die Weimarer Republik gekennzeichnet. Die Anhänger der Dolchstoßlegende* (siehe S. 67) hatten in ihm bereits die innere Ursache für die Niederlage Deutschlands im Ersten Weltkrieg gesehen. Genauso machte die nationalsozialistische Propaganda Parteienzersplitterung, Gewerkschaften und Arbeiterparteien für die Wirtschaftskrise der Republik verantwortlich. Vielen Deutschen, die vor der Wirtschaftskrise die traditionellen bürgerlichen Parteien gewählt hatten, schien dieser nationalsozialistische Vorwurf richtig. Im Antimarxismus und im Antirepublikanismus trafen sich viele mit nationalsozialistischen Gedanken.

Der Glaube an die deutsche Überlegenheit

Die Vorstellungen des imperialistischen Zeitalters prägten noch große Teile des Denkens im Bürgertum: Eroberung neuer Märkte, nationale Größe, Unterdrückung der wirtschaftlich Schwachen, Konkurrenz der Großmächte untereinander, selbst wenn dies das Risiko eines Krieges einschloss. Hieraus formte sich auch die Gedankenwelt Hitlers und seiner Anhänger. Kampf, nicht Verständigung galt ihnen als das eigentliche Lebensprinzip.

Den Kampf der Staaten um Macht setzten die Nationalsozialisten dabei mit dem Überlebenskampf gleich, der sich unter den Tieren in der Natur abspielt. Wie die Tiere nach erblich festgelegten Arten eingeteilt sind, so sahen sie die Menschen in erblich festgelegte Rassen unterteilt, deren Gaben von Natur aus unterschiedlich seien: Die besten Anlagen hatten natürlich sie selbst – die „germanische Rasse" – und

„Der Bildhauer Deutschlands". Karikatur von Oskar Garvens, 1933

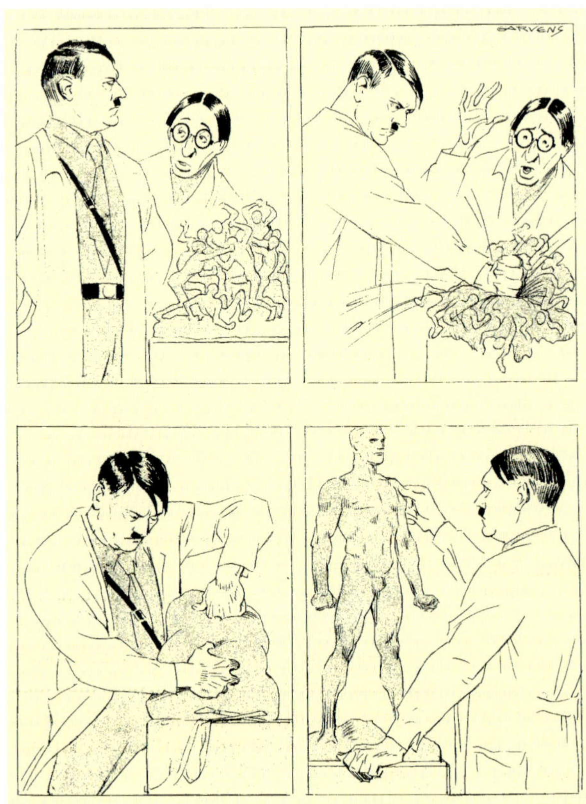

sie rechtfertigten damit ihren Herrschaftsanspruch. Sie stilisierten die Deutschen zum „arischen“ Herrenvolk, das zur Herrschaft über andere bestimmt sei. Die Slawen dagegen stempelte Hitler in seiner Programmschrift „Mein Kampf“ zu einer den „Ariern“ untergeordneten Rasse. Die von ihnen bewohnten Gebiete böten einen „natürlichen Lebensraum“ für die deutsche Bevölkerung. Hitler griff damit auf bereits im Kaiserreich verbreitete Vorurteile gegenüber den osteuropäischen Völkern zurück und rechtfertigte mit seinem Rassismus deutsches Expansionsstreben.

Der Antisemitismus

Ein weiteres Feindbild der Nationalsozialisten, der Antisemitismus*, war ebenfalls nicht etwas völlig Neues. Bereits im 19. Jahrhundert hatten sich große Teile des Bürgertums dafür empfänglich gezeigt. Seit der Zerstörung Jerusalems im Jahre 70 n. Chr. hatten die Juden kein eigenes Staatswesen mehr; in verschiedenen Nationen und Staaten verstreut bildeten sie oft rechtlich und sozial diskriminierte Minderheiten*. Seitdem sie Anfang des 19. Jahrhunderts in Deutschland die bürgerliche Gleichstellung erhalten und sich besonders erfolgreich im Finanzwesen und in akademischen Berufen betätigt hatten, wurden sie von manchen Gruppen als unliebsame Konkurrenten gefürchtet – vor allem von solchen, die vom wirtschaftlichen Abstieg bedroht waren.

Die nationalsozialistische Propaganda ordnete nun auch die Vorurteile gegenüber Juden in den Rassismus ein und diskriminierte die jüdische Bevölkerung als einen weltweit verbreiteten „rassischen“ Gegner, der den inneren Frieden und den Frieden zwischen den Völkern bedrohe. Obwohl viele Bürger den Antisemitismus der Partei teilten, hatten sie kaum genaue Vorstellungen darüber, was er praktisch bedeuten würde, wenn die NSDAP erst an der Regierung wäre. Die Juden sind in Wirklichkeit ja weder eine Rasse, noch stellen sie eine einheitliche soziale Schicht in der Gesellschaft dar.

Heute werden Menschen, die während des Nationalsozialismus gelebt haben, überwiegend bestreiten, an den nationalsozialistischen Rassismus geglaubt zu haben – und oft stimmt das wohl auch. Aber viele teilten einige vorurteilsbeladene Ansichten, auf denen das nationalsozialistische Gedankensystem aufbaute: Der eine meinte, die Armee sollte endlich wieder eine Stärke erreichen, in der sie mit anderen Mächten konkurrieren könne; andere fanden, dass die Nazis ruhig diesen oder jenen jüdischen Bankdirektor absetzen könnten, denn die Juden hätten ja ohnehin zu viel Macht; und wieder andere stimmten damit überein, dass der Staat die Arbeitslosen zur Arbeit zwang. Allen gemeinsam war daran gelegen, dass die inneren politischen Kämpfe vorbei zu sein schienen und sich die Kraft des Staates wieder auf äußere Entfaltung richten könne. Die Nationalsozialisten formten daraus eine Gesamtvorstellung, eine Ideologie. Aber in Wirklichkeit hörten mit der „Machtergreifung“ der Nationalsozialisten die inneren Auseinandersetzungen nicht auf. Im Gegenteil: Hinter den Mauern der Lager und Gefängnisse wurden sie mit vorher nie gekannter Schärfe weitergeführt.

„Marxisten“ oder „Arbeitsscheue“, die die nationalsozialistische Volksgemeinschaft stören konnten, galten, ebenso wie die Juden oder die slawischen Völker, als „erblich minderwertig“. Damit war aber nicht mehr nur ihre soziale oder rechtliche Stellung bedroht – ihr Leben war insgesamt gefährdet. So ernst hatten viele, die antisemitische Äußerungen machten, das gar nicht genommen.

Plakat von H. Stalüter zur Ausstellung „Der ewige Jude“, 1937

Loyalität der Massen – Ausgrenzung von Minderheiten

Die Mobilisierung der Volksgemeinschaft

Durch die Ausschaltung der Arbeiterbewegung und die Abschaffung der Demokratie, durch die in Aussicht gestellte Aufrüstung und durch die Abwehr konkurrierender Herrschaftsansprüche der SA hatte Hitler weite Kreise von Industrie und Banken sowie der Reichswehr für seine Regierung gewonnen. Die von Regimegegnern „gesäuberte“ staatliche Bürokratie verhielt sich weitgehend kooperativ. Wie aber setzte sich das Regime im „Volke“ durch?

Terror und staatlich-parteiliche Kontrolle allein erklären nicht, warum sich nur schwacher Widerstand regte. Zur Stabilisierung der nationalsozialistischen Regierung und zur Integration der Bevölkerung trug vor allem der nach den Jahren der Weltwirtschaftskrise erfolgte wirtschaftliche Aufschwung bei, der für viele unmittelbare Not beseitigte. 1935 erreichte der Wert der produzierten Güter fast wieder den Stand von vor der Weltwirtschaftskrise. Etwas langsamer wurde die Arbeitslosigkeit abgebaut. Die Propaganda gab diese wirtschaftliche Besserung als Verdienst der „Volksgemeinschaft“ aus, die die Zersplitterung in sozial und politisch sich bekämpfende Gruppen und Organisationen überwunden habe. Unternehmer, Arbeiter und Angestellte würden nun gemeinsam ihre Kräfte für die Steigerung der Produktion einsetzen. Wie stand es damit wirklich? War die Abschaffung der Demokratie die Voraussetzung des wirtschaftlichen Erfolges?

Arbeitsbeschaffung und Rüstung

Die Produktion stieg auch in anderen Industrieländern an, die Parteien und Gewerkschaften nicht verboten hatten. Denn langsam begann sich die weltwirtschaftliche Lage zu verbessern. Die nationalsozialistische Regierung unterstützte den Aufschwung mit zusätzlichen Mitteln. Der freiwillige Arbeitsdienst wurde zum *„Reichsarbeitsdienst“* umgestaltet, der mit Anreizen und zunehmendem staatlichen Druck die Arbeitslosen von der Straße holte, sie in Lagern zusammenfasste und z. B. im Straßenbau einsetzte. Arbeitsdienstler – es waren 1934 über eine Million – verschwanden aus der Arbeitslosenstatistik. Dass damit aber noch etwas anderes bezweckt wurde, zeigt folgende Tatsache: 1935, als die Arbeitslosigkeit schon weitgehend abgebaut war, wurde der Reichsarbeitsdienst zu einer halbjährigen Pflicht für alle männlichen Jugendlichen. Hier sollten sie auf den Wehrdienst, auf das Leben in Kasernen und Lagern vorbereitet und im Sinne der nationalsozialistischen Ideologie erzogen werden. Den wichtigsten Anreiz zum Wirtschaftsaufschwung bildeten staatliche Rüstungsaufträge. Da dem Staat noch das Geld fehlte, um die Aufträge zu bezahlen, mussten Banken und Industrie einspringen und einen Teil des benötigten Geldes vorschießen. Hinzu kam, dass vorübergehend ein Preisstopp eingeführt wurde und vor allem die Löhne niedrig blieben. Denn seit der Auflösung der Gewerkschaften wurden die Löhne von sogenannten „Treuhändern der Arbeit“ festgesetzt, die von Weisungen der Regierung abhängig waren.

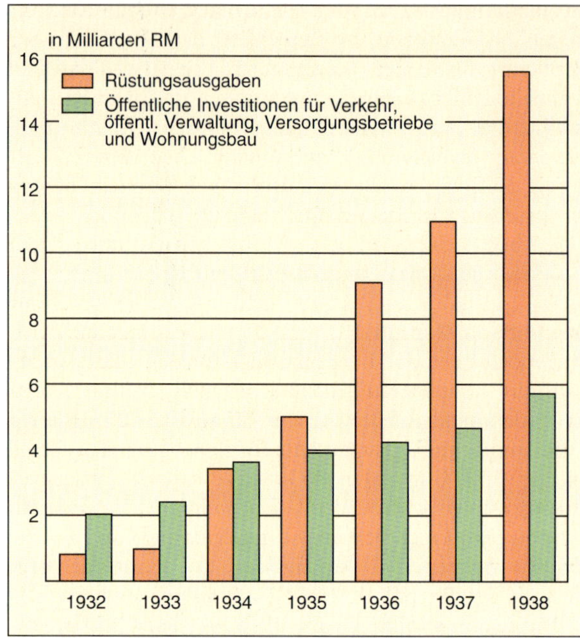

Öffentliche Ausgaben im Deutschen Reich 1932–1938

Die „Deutsche Arbeitsfront“

An die Stelle der Gewerkschaften trat jetzt eine andere Organisation, die ein Zwangszusammenschluss von Unternehmervereinigungen, Angestelltenverbänden und Lohnabhängigen war: die *„Deutsche Arbeitsfront“* (DAF) als „Organisation aller schaffenden Deutschen der Stirn und Faust“, wie sie von den Nationalsozialisten propagiert wurde. Das Führerprinzip wurde nun auch in den Betrieben eingeführt. „Vertrauensräte“ ersetzten die Betriebsräte, der Vertrauensmann durfte den „Betriebsführer“, d. h. den Unternehmer, nur noch beraten. Bei den Wahlen zu den Vertrauensräten konnten nur Kandidaten aus einer Liste ausgewählt werden, die Betriebsführung und DAF miteinander abgestimmt hatten. Die ersten Vertrauensratswahlen 1935

spiegelten das Misstrauen der Belegschaften gegenüber den neuen Institutionen wider: Nur 60 Prozent gaben überhaupt ihre Stimme ab. Als auch ein Jahr später die nationalsozialistischen Kandidaten nicht das erwartete Vertrauen bekamen, wurden zukünftig keine Wahlen mehr durchgeführt.
Die Regierung legte jetzt das Schwergewicht darauf, durch soziale Maßnahmen wenigstens die Leistungsbereitschaft der Arbeiterinnen und Arbeiter zu fördern. Die DAF setzte eine Reihe von betrieblichen Verbesserungen durch, wie z. B. Pausenräume, Freizeiteinrichtungen und Arbeitssicherheitsmaßnahmen, ein gesetzlicher Mindestanspruch auf ein bis zwei Wochen Urlaub im Jahr wurde eingeführt. Die DAF gründete auch eine eigene Urlaubs- und Freizeitorganisation: *„Kraft durch Freude"* (KdF). Was mit diesem Ausdruck gemeint war, drückte der Führer der Arbeitsfront, Robert Ley, vor Vertretern der DAF so aus: „Der beste Staatsmann kann mit einem Volk mit zerrütteten Nerven keine Politik betreiben. Der verlorene Weltkrieg sollte uns diese Erkenntnis für immer eingehämmert haben."
Mit dem, woran sich ältere Menschen noch heute erinnern, wenn sie den Begriff „KdF" hören, haben diese Ziele vielleicht wenig gemeinsam. Ihnen fallen da eher Landverschickungen, Ausflüge und Betriebsfeste ein. Und doch drückte Ley die wirkliche Absicht des Regimes aus. Denn durch die „KdF"-Veranstaltungen sollte die permanente ideologische Beeinflussung gesichert und die Identifikation des Einzelnen mit den Zielen des Regimes gefördert werden. Parteifeste, Massenaufmärsche, Volksfeste, die Olympischen Spiele 1936 gehörten zur Wirklichkeit des Lebens im nationalsozialistischen Staat ebenso wie Entrechtung und Verfolgung.

Die Erfassung der Jugend und die neue Rolle der Frau

Die nationalsozialistische Führung bemühte sich in besonderer Weise die Jugend für den Staat zu gewinnen. Die Jugendorganisation der NSDAP, die *Hitlerjugend* (HJ), zählte kurz vor dem Regierungsantritt Hitlers etwa 100 000 Mitglieder. 1933 lösten sich viele Jugendgliederungen der Weimarer Parteien freiwillig auf und schlossen sich der HJ an oder sie wurden zwangsweise gleichgeschaltet. So wuchs die Mitgliederzahl der HJ bis Ende 1934 auf 3,5 Millionen Jugendliche im Alter von 10 bis 18 Jahren an. 1936 wurde die HJ schließlich zur einzigen Organisation erklärt, die alle deutschen Jugendlichen erfasste. Sie gliederte sich in verschiedene Altersabteilungen. Jungen und Mädchen bildeten getrennte Gruppen; die Mädchen waren im *Bund Deutscher Mädel* (BDM) zusammengefasst.
Stärker als andere Altersgruppen übernahmen Jugendliche die Inhalte der nationalsozialistischen Propaganda, denn sie wuchsen mit ihr auf. Die Propaganda setzte Demokratie mit Parteienkampf, Wirtschaftskrise und Wehrlosigkeit nach außen gleich.
Leitbild der nationalsozialistischen Gesellschaft war der „kämpfende Mann" – das wurde den Jugendlichen in der HJ schon frühzeitig beigebracht, das wurde in Plakaten und in

Jugendliche bei einer Geländeübung der Hitlerjugend, 1937

Plakat des Hilfswerks „Mutter und Kind", um 1940

Rundfunksendungen aus dem Volksempfänger ständig wiederholt. Er verkörperte Stärke, Tatkraft, militärische Disziplin und die Bereitschaft im Kampf für die Volksgemeinschaft sein Leben zu opfern. Die Rolle der Frau sah die nationalsozialistische Propaganda dagegen in Haushalt und Familie. Die Frau sollte dem Leben des Mannes Geborgenheit und Wärme verleihen – und Kinder sollte sie gebären. „Das Kind adelt die Mutter", stand auf dem „Mutterkreuz", das jährlich anlässlich des neu eingeführten „Muttertages" „deutschblütigen" und „erbtüchtigen" Frauen verliehen wurde, die mindestens vier Kinder geboren hatten.
Tatsächlich sank in den ersten Jahren der nationalsozialistischen Regierung der Anteil der erwerbstätigen Frauen, da bevorzugt Männern Stellen eingeräumt wurden. Sobald aber die Vollbeschäftigung erreicht war, warben die Betriebe wieder um Frauen. Allerdings verrichteten sie vor allem niedrig bezahlte Bürotätigkeiten oder Fließbandarbeit. Frauenarbeit galt als – oft notwendiger – Zuverdienst, nicht als berufliche Erfüllung.

Die Reaktionen der Kirchen

Die Haltung der kirchlichen Amtsträger und – mehr noch – der aktiven Gemeindemitglieder zum nationalsozialistischen Regime war uneinheitlich. In vieler Hinsicht stellte die Kirche eine weltanschauliche Konkurrenz dar, weil die Grundlehren des Christentums mit der nationalsozialistischen Ideologie unvereinbar waren. Dennoch hat das nationalsozialistische Regime nie gewagt die Kirchen aufzulösen, weil es dann mit einem breiten Widerstand hätte rechnen müssen. So aber trugen die Amtskirchen politisch überwiegend mit dazu bei, die Loyalität der Gläubigen dem Staat gegenüber zu erhalten.
Papst Pius XI. schloss im Juli 1933 mit dem Deutschen Reich ein Konkordat ab, d. h. einen Vertrag, der die Rechte der katholischen Kirche zur freien Religionsverkündigung und zur Ausübung seelsorgerischer Aufgaben ebenso sichern sollte wie den katholischen Religionsunterricht. Zugleich verpflichtete das Konkordat aber die Bischöfe auf „das Wohl und Interesse des deutschen Staatswesens". Der Vertrag mit dem Heiligen Stuhl verschaffte der nationalsozialistischen Regierung Anerkennung, sowohl bei den Katholiken in Deutschland als auch im Ausland.
Opposition entwickelte sich vor allem dann in katholischen Kirchengemeinden, wenn Staat oder Partei in das religiöse Leben eingriffen, wie z. B. bei der erzwungenen Auflösung der katholischen Jugendverbände, die sich bis 1936 gegen die „Hitlerjugend" hatten behaupten können, oder anlässlich des Verbotes, Kreuze in Klassenräumen aufzuhängen. Grundlegenden Protest, gegründet auf die Überzeugung, dass Nationalsozialismus und katholische Glaubenslehre unvereinbar seien, erhoben anfangs nur wenige. Erst der Massenmord an den Behinderten führte hier eine Wende herbei (siehe S. 117).
Die evangelischen Landeskirchen spalteten sich bereits im Sommer 1933 in zwei Flügel. Die Mehrheit der Kirchenführer wünschte keinen dauerhaften Konflikt mit Staat und Partei. Sie öffneten die Kirchen dem Einfluss der „Deutschen Christen", die Christentum und nationalsozialistische Weltanschauung zu verbinden suchten. Diejenigen Pfarrer und Gemeindemitglieder dagegen, die christliches Bekenntnis mit dem nationalsozialistischen Rassismus, mit kriegerischem Nationalismus und Führerkult als unvereinbar ansahen, fanden sich 1934 in der „Bekennenden Kirche" zusammen. Dabei traten besonders die Pfarrer Martin Niemöller und Dietrich Bonhoeffer hervor. Die Gestapo beobachtete häufig die Gottesdienste und verhaftete einzelne Pfarrer der „Bekennenden Kirche".

Jenseits der Volksgemeinschaft

Je mehr sich die nationalsozialistische Herrschaft festigte, desto größer wurde die Zahl derer, die aus der Gesellschaft ausgeschlossen wurden. Hierzu gehörten nicht nur diejenigen, die weiterhin für demokratische oder klassenkämpferische Vorstellungen eintraten. Hierzu gehörten auch Einzelne, die aus Menschlichkeit Verfolgte unterstützten. In zunehmendem Maße zählten zu den Verfolgten viele, die den herrschenden Moralvorstellungen nicht entsprachen und als „Volksschädlinge" gebrandmarkt wurden: Landstreicher, Personen ohne festen Wohnsitz, Prostituierte, Homosexuelle, mehrfach Vorbestrafte. Ihnen allen drohte wie den politischen Gegnern die Einweisung in ein Konzentrationslager*. 1939, zu Beginn des Kriegs, waren 24 000 Menschen in diesen Lagern inhaftiert.

Gegen Juden waren nach den Boykottaufrufen und dem Ausschluss aus dem öffentlichen Dienst im April 1933 bald weitere Maßnahmen gefolgt. Jüdische Rechtsanwälte durften nur noch Juden vertreten, jüdische Ärzte nur noch Juden behandeln. Einzelne Städte und Gemeinden schlossen jüdische Mitbürger von der Benutzung kommunaler Einrichtungen aus. Im September 1935, anlässlich des alljährlich in Nürnberg stattfindenden Parteitages der NSDAP, wurden die sogenannten „Nürnberger Gesetze" verkündet. Sie nahmen den Juden die staatsbürgerlichen Rechte, Ehen zwischen Juden und Nichtjuden wurden verboten.

Die antijüdischen Maßnahmen steigerten sich in den folgenden Jahren bis zum offenen Terror am 9./10. November 1938. Unter der Leitung des Propagandaministers Goebbels setzten nationalsozialistische Parteiformationen fast überall in Deutschland Synagogen in Brand und zerstörten jüdische Wohnungen und Geschäfte. Im Volk prägte man hierfür den zynischen Ausdruck „Reichskristallnacht". Innerhalb weniger Tage wurden jetzt mehr als 30 000 Juden verhaftet und in Konzentrationslager gebracht. Für die von der NSDAP angerichteten Schäden mussten die Juden dem Reich eine Entschädigung von einer Milliarde Reichsmark zahlen. Jüdische Unternehmer wurden gezwungen ihre Betriebe unter Wert an „arische" Geschäftsleute zu verkaufen. Und viele Deutsche kauften; wie auch immer sie die Gewalttaten am 9. November beurteilten, sie waren bereit, deren Nutznießer zu werden. Wer von den Juden es irgendwie konnte, floh jetzt aus Deutschland, um nach Entrechtung und Ausschaltung aus dem Wirtschaftsleben Verelendung und sozialer Ächtung zu entgehen.

Titelseite des „Illustrierten Beobachters" vom 3. Dezember 1936

Fragen und Arbeitsaufgaben

1. *Erkläre an Hand der Leitbegriffe Staat – Partei – Individuum Unterschiede zwischen der nationalsozialistischen Diktatur und der modernen Demokratie.*
2. *Inwiefern knüpften die Nationalsozialisten an traditionelle Denkweisen an?*
3. *„Verführung und Gewalt" lautet der Titel eines Buches über den Nationalsozialismus. Erkläre an Hand dieser beiden Begriffe, warum es nach der Machtergreifung so viel Zustimmung und so wenig Widerstand gegen Hitler und die Nationalsozialisten gegeben hat.*
4. *Charakterisiere und beurteile das Bild der Frau, das die Nationalsozialisten hatten. Inwiefern widerspricht dies dem Gleichheitsgrundsatz der Menschen?*
5. *Untersuche die Eigenschaften, die dem Juden auf dem Plakat S.107 zugewiesen werden. Woher stammen diese Zuweisungen?*
6. *Erläutere die Folgen der „Nürnberger Gesetze". Warum rührte sich für die Juden kaum eine Hand?*

Leben in der Diktatur: Mitmachen, Anpassen oder Widerstehen?

Der SA-Führer Willi F. Habsheim

1 *Tabellarischer Lebenslauf:*

1910	Als Sohn eines deutschnational orientierten Postbeamten in Mühlhausen im Elsass geboren
1916	Umzug der Familie nach Mannheim
1929	Mitglied im „Studentensturm" der SA an der Universität Heidelberg
1932	Sportreferent der SA-Standarte
1934	Obersturmführer der SA
1935	Pressereferent der Obersten SA-Führung und Chefredakteur der Zeitschrift „Der SA-Mann" in München; mitverantwortlich für die Neuordnung der SA nach der „Röhm-Affäre" 1934
1938	Persönlicher Referent des Stabschefs der SA, Viktor Lutze, dem Nachfolger von Ernst Röhm, in Berlin; u. a. Chef der SA-Presse, zuletzt im Rang eines SA-Standartenführers
1939–45	Kriegsdienst in Frankreich, Italien und Nordafrika, meist mit besonderen Aufgaben für Propaganda betraut; 1945 amerikanische Gefangenschaft
1947	Entlassung aus der Gefangenschaft

2 *Als Erziehungsziele seiner Eltern beschreibt Willi F. Habsheim:*

Q Man muss ehrlich sein, zuvorkommend, anständig, ordentlich, fleißig, genügsam, Tugenden also, die heute nicht mehr so gängig sind, damals aber sozusagen zum ethischen Katechismus einer jeden Familie gehörten.

3 *Über seine Mitgliedschaft in der SA als junger Student vor der „Machtergreifung" berichtet er:*

Q Wir marschierten in soldatischen Formationen durch die Straßen und wollten damit ein Bekennertum zur nationalsozialistischen Bewegung zeigen. ... Wir trugen die gleichen Stiefel, die gleichen Hemden, die gleichen Koppel und fühlten uns gleichermaßen in treuer Pflichterfüllung zum Dienst für Deutschland verpflichtet.

Und ich muss hier eines sagen, mich hat die SA immer kolossal beeindruckt als soziale Integrationskraft. Da war der Sohn des Pfarrers, der Sohn des Rektors, der Sohn des Postbeamten, der Sohn des Arztes und der Sohn des Schlossers sowie des Arbeitslosen ... Das war mit eine der mächtigsten Triebfedern, dass ich gesagt habe, das kann nicht so sein, dass der Arbeiter gegen den sogenannten Kapitalisten und der „Arbeiter der Stirn" gegen den „Arbeiter der Faust" kämpft, der Landwirt gegen den Gutsherrn und der Gutsherr gegen den Landwirt ...

Nun war für uns junge Idealisten innerhalb der SA die rote Hochburg der Kommunisten und Sozialdemokraten in Mannheim ein begehrtes Angriffsziel.

4 *Zur Verfolgung politischer Gegner und Juden stellt er fest:*

Q Natürlich haben wir damals gewusst, dass sozialdemokratische und kommunistische Funktionäre nach Kislau, in eine Art Konzentrationslager, gebracht worden sind. Ich war nie in einem solchen Lager, in meinem ganzen Leben nicht, ich habe also nie ein Konzentrationslager gesehen ... ich glaube, wir haben nicht das Empfinden des Unrechts in einem solchen Falle gehabt. Im Gegenteil. Wir sagten uns, dieser Mann, der hat doch den Nationalsozialismus bekämpft, der hat uns das Nebenzimmer seines Lokals nicht zur Verfügung gestellt, der hat über den Hitler furchtbare Sachen verbreitet, der hat über das deutsche Volk Empörendes gesagt – das ist also sozusagen die Strafe ...

Wir wussten natürlich aufgrund der Nürnberger Rassengesetze, wie die Juden eingestuft waren ... Was aber nicht publik gemacht wurde, war zum Beispiel, dass ein Jude, weil er Jude war, erschossen worden ist oder erhängt wurde ... Und man hört ja immer wieder, auch von der jungen Generation, wenn also sechs Millionen Juden tatsächlich vergast worden sind, das willst du nicht gewusst haben? Ich sage Ihnen, so wahr Sie und ich hier sitzen, ich wusste das nicht, ich wusste es bis zum Kriegsende nicht. Ich habe nie ein KZ gesehen.

5 *Über die Einstellung der Bevölkerung zum Zweiten Weltkrieg berichtet er:*

Q In der Bevölkerung war die Stimmung bei Kriegsausbruch zwar gedämpft, keine Begeisterung, doch viele glaubten wie wir überzeugten Nationalsozialisten, dass es zu keinem Weltkrieg komme. Nach dem, was sich in den Jahren seit der Machtergreifung abgespielt hatte, musste man Hoffnung haben. Man hatte das Sudetenproblem gelöst. Man hatte den Anschluss Österreichs erlebt und den überwältigenden Jubel der Österreicher. Da sagte man sich, der Führer wird das schon hinkriegen ... Zudem ist ja immer vom Nationalsozialismus gepredigt worden, es sei ehrenhaft, für das Vaterland zu sterben. Das war dem SA-Mann in Fleisch und Blut übergegangen. Selbst wenn man heute von Leichtsinn oder Wahnsinn spricht, diese Haltung der Opferbereitschaft ist in vielen Schulungsabenden eingeimpft worden, wenn es um die Gemeinschaft geht, muss der Eigensinn zurückweichen ... Der Krieg war eine Art Bewährungsprobe, ob das, was an Überzeugung vermittelt worden ist, nun auch hält. Und es hat gehalten. Ich möchte sagen bis 1944, dann kam manchem mit den Absetzbewegungen, vielleicht schon nach Stalingrad, die Frage, wie wird das alles enden.

6 *Über die Auseinandersetzung mit der nationalsozialistischen Vergangenheit während seiner zweijährigen Gefangenschaft in einem amerikanischen Lager für belastete Nationalsozialisten nach dem Zweiten Weltkrieg sagt er:*

Q Im Internierungslager hatten wir Zeit zum Grübeln und Nachdenken über unsere eigene Vergangenheit. Aber ich muss sagen, wir haben sofort begonnen uns zu beschäftigen, uns abzulenken, damit uns die Zeit nicht auffrisst. Die Devise der Amerikaner war zunächst einmal die, uns im eigenen Saft schmoren zu lassen. Erst allmählich setzte die „Umerziehung“ ein. Wir kriegten Filme von KZs vorgeführt, Dachau, und das andere KZ, glaube ich, soll Auschwitz gewesen sein. Was wir da sahen, schien uns unglaubwürdig, weil es so menschenunwürdig war. Dann versuchten einige von uns sogleich die Dinge zu bagatellisieren, die Opfer von Dachau stammten von einem Bombenangriff der Amerikaner usw. Wir versuchten natürlich immer wieder eigene Perspektiven zu entdecken. Wie hätten wir sonst den Zusammenbruch ertragen sollen, der ja bei vielen seelisch ein Zusammenbruch war? ... Man hat als Belasteter aus vielen betrüblichen Erfahrungen den Versuch unternommen eine Wand um sich herum zu errichten, also jetzt bloss nicht nachforschen, war das richtig, was ich gemacht und geglaubt habe. Andere wiederum, ich möchte sagen die Masse, hat nicht das Bedürfnis gehabt sich mit der Vergangenheit auseinanderzusetzen. Für sie zählte in erster Linie, wie komme ich schnell hier heraus, wie komme ich nach Hause, wie zu einer neuen Arbeitsstelle usw.

Quelle 2 bis 6: L. Steinbach, Ein Volk, ein Reich, ein Glaube? Ehemalige Nationalsozialisten und Zeitzeugen berichten über ihr Leben im Dritten Reich, Berlin-Bonn 1983, S. 26, 33–34, 40, 49, 56–58, 59–60.

Die Sozialdemokratin Irma Keilhack

7 *Der Lebenslauf:*

D Irma Keilhack, 1908 geboren, wuchs in einer Hamburger Arbeiterfamilie auf. Nach dem Besuch der Volksschule machte sie eine dreijährige Bürolehre. In dieser Zeit trat sie in die Gewerkschaft und bei den Jungsozialisten ein. 1926 wurde sie Mitglied der SPD. 1932 arbeitete sie als Sekretärin des damaligen Hamburger SPD-Vorsitzenden Karl Meitmann. Im Juni 1933 wurde sie ... verhaftet, aber nach einer Woche wieder entlassen. Seit der Ausbombung ihrer Wohnung 1943 lebte sie in einer Schrebergartenkolonie in Hamburg-Bergstedt. 1943 Geburt eines Sohnes. Seit 1945 war sie wieder in der SPD aktiv, zuerst als Bürgerschaftsabgeordnete, später als Bundestagsabgeordnete und von 1962 bis 1970 als Hamburger Senatorin.

8 *Über ihre politische Arbeit in den Jahren 1932 bis 1934 berichtet Irma Keilhack:*

Q Die erste Riesenenttäuschung erlebten wir, als 1932 die sozialdemokratisch geführte Regierung in Preußen durch von Papen und die Reaktion gestürzt werden konnte ohne Widerstand der preußischen Polizei. Bis zu diesem Zeitpunkt hatten wir die preußische Polizei für eine zuverlässige republikanische Stütze gehalten im Gegensatz zur Reichswehr, die damals schon völlig durchsetzt war mit Deutschnationalen, Mitgliedern des Stahlhelms und Nationalsozialisten ... Dennoch haben 1933 viele von uns gehofft und auch fest geglaubt, dass Hitler auf den gewaltsamen Widerstand der organisierten Arbeiterschaft stoßen würde, wenn er versuchen würde die Macht zu erobern ... Bei den letzten Wahlen im März (1933) wollte mich meine Partei noch als Kandidatin aufstellen, weil viele Genossen nicht mehr auf einer sozialdemokratischen Liste kandidieren mochten, aus Angst dadurch ihre Existenz zu verlieren. Sie haben an meine Kameradschaft appelliert und gesagt: „Du musst jetzt einfach rein, du bist Parteiangestellte, dir kann nichts passieren.“ Ich hab mich aber nicht mehr aufstellen lassen. Ich hatte zwar keine Angst, aber auf diese Weise wollte ich nicht gerne Kandidatin werden ... Ich hatte sofort (nach Verhaftung und Wiederfreilassung im Juni 1933) versucht Verbindung zu Genossen und Genossinnen aufzunehmen, die nicht verhaftet worden waren, um sie über das zu informieren, was wir ausgesagt hatten ...
Wir haben dann abgesprochen, dass ich versuchen sollte die noch vorhandenen Gelder bei den Kassierern an der Basis hereinzubringen, um damit wenigstens den allerwichtigsten Verpflichtungen nachkommen zu können. Die Parteigelder wurden dann auch dringend gebraucht, um Anwälte für Verhaftete zu bezahlen, Gefährdete ins Ausland zu bringen und den zurückgebliebenen Familien über die Runden zu helfen. Die Solidarität mit den Verfolgten und Verhafteten und ihren Familien war eine wichtige Aufgabe in der Illegalität. Hinzu kamen die Prozessbeobachtungen, um bei weiteren Verhaftungen die Aussagen steuern zu können.

9 *Ihr Leben in der Diktatur schildert sie folgendermaßen:*
Q Das war schon eine niederdrückende Sache, die Parteiarbeit fast ganz allein auf sich gestellt abzuwickeln. Das hat mich ganz schön geschockt. Plötzlich war man ohne Rückhalt eines Arbeitsplatzes, ohne Rückhalt durch die Freunde und Genossen in der Organisation. Dazu kam die Frage, was politisch aus diesem Land überhaupt werden soll? Wie werden wir alle leben? ... Da wir fast alle arbeitslos waren – entweder durch die Wirtschaftskrise schon lange Jahre arbeitslos waren oder durch die Naziherrschaft unsere Arbeitsplätze verloren hatten –, haben wir uns mit mehreren befreundeten Paaren zusammengetan und uns noch 1933 am Stadtrand von Hamburg Schrebergärten zugelegt. Schrebergärten hatten seinerzeit einen großen Zulauf, nicht nur, um durch Gemüseanbau die wirtschaftliche Not etwas zu lindern, sondern viele sozialdemokratische und kommunistische Aktive flüchteten sich in die „Schreberidylle“, um den politischen Pressionen und Bedrohungen in der Stadt zu entgehen.

10 *Über die Zeit während des Zweiten Weltkrieges sagt sie:*
Q Die Frauen in dem Entbindungsheim (1943) kamen aus allen Schichten der Bevölkerung; denn ausgebombt wurden sie alle, ob sie Villen hatten oder in Slums wohnten. Hier waren sie alle hilflos und mussten sich der NS-Fürsorge ausliefern. Ich war erschrocken und ernüchtert über die Mentalität dieser Frauen, die im besten Fall völlig unkritisch waren. Sie nahmen es hin, so wie es war, völlig angepasst, ohne jede Wut, was immer ihnen und ihren Männern auf dem Höhepunkt des Vernichtungskrieges auch widerfahren war. Ich würde sagen, diese Frauen waren passiv Leidende ... Das war wirklich eine furchtbare Zeit, die ich ein zweites Mal bestimmt nicht mehr durchleben möchte. Die Kriegszeit war viel schlimmer als die ersten Jahre nach 1933, weil wir nur noch leiden konnten. Vorher konnte man Dampf ablassen durch List oder Aktivität oder indem man sich dadurch rächte, dass man trotzdem etwas tat. Aber im Krieg konnte man nur leiden, war man voll ausgeliefert. Wir haben überlebt, weil wir draußen waren und weil wir eine hervorragende Kameradschaft hatten. Es kam mancher Schicksalsschlag auf uns zu: die Mitteilungen zu verkraften, wo die Männer waren, wochen- und monatelang keine Post zu bekommen, dann den Familien darüber hinwegzuhelfen, wenn einer fiel oder schwer verletzt war oder in hoffnungsloser Situation schien. Wenn wir nicht zusammen gewohnt hätten, wäre alles noch viel schlimmer gewesen. Die gegenseitige Unterstützung unter diesen gleichgesinnten Frauen, die sich schon so lange kannten, war großartig. Wenn man sich noch nachträglich darauf besinnt, dann war das bewegend.

11 *Warum sie nach Kriegsende wieder politisch aktiv wurde, begründet Irma Keilhack folgendermaßen:*
Q Ich muss ganz ehrlich bekennen, dass ich mir nach dem Zusammenbruch des Dritten Reiches geschworen habe, nie wieder in die Politik zu gehen, weil mir der Rückblick auf die Weimarer Republik und das, was wir hinter uns hatten, als so aufreibend, so nervenzersetzend erschien, dass ich das nicht erneut mitmachen wollte.
Aber als die Jüngsten einspringen mussten und ich aufgefordert wurde, wieder mitzumachen, hab' ich mich doch besonnen und gemeint, dass nach dieser furchtbaren Episode jeder, der noch konnte, am Neuaufbau mit seinen Erfahrungen helfen müsste. Und Erfahrungen hatten wir ja weiß Gott genug hinter uns. Für uns alle war nach diesem grausamen Krieg wohl das Wichtigste alles zu tun, was den Frieden bringen und ihn erhalten könnte. Und soweit wie möglich wollten wir daran mitarbeiten, dass die breite Masse unseres Volkes – und das waren ja die, für die wir immer gearbeitet haben – aus der Misere rauskam und wieder in der Lage war ein menschenwürdiges Leben zu führen. Eine andere ganz wesentliche Aufgabe sahen wir in der Erziehung zur Demokratie, zur Menschlichkeit. Es war schon immer meine Meinung, dass man durch eine bessere Erziehung – angefangen bei den Kindern – zu einer wirklich reformierten Gesellschaft kommen kann.

Quelle 7 bis 11: Der alltägliche Faschismus. Frauen im Dritten Reich, hg. von C. Schüddekopf, Bonn 1981, S. 116ff.

1. *Beschreibe deinen ersten Eindruck nach dem Lesen der Quellen. Welche Fragen würdest du stellen, wenn du Willi F. Habsheim und Irma Keilhack interviewen könntest?*
2. *Halte die wichtigsten Angaben über die jeweiligen familiären Hintergründe, über soziale und berufliche Stellung, Alter fest. Vergleiche die Lebensläufe.*
3. *Welche Erfahrungen stammen aus der Zeit vor 1933, nach 1933, nach 1945? Stellen sich diese Daten als Brüche im Lebenslauf dar?*
4. *Vergleiche die Wahrnehmung des Zeitgeschehens durch Willi F. Habsheim und Irma Keilhack. Welche Unterschiede fallen auf? Welche Erklärungen lassen sich dafür geben? Wie lernen die Betroffenen aus der Erfahrung der Diktatur?*
5. *Welche Erfahrungen erscheinen dir geschlechtsspezifisch und warum?*
6. *Gibt es auch heute ähnlich unterschiedliche Erfahrungen und Beurteilungen der politischen Verhältnisse? Worin könnten sie begründet sein?*

Kommunistischer Widerstand

12 *Jacob Zorn, geboren 1907, trat 1928 der KPD bei und erlebte die nationalsozialistische „Machtergreifung“ in Köln. Über den Widerstand berichtet er:*

Q Wir waren damals, in dem Jahre 1929/30, als die Krise schon sehr stark sich auswirkte, da waren wir alle der Überzeugung, dass dieser Klassenkampf in Deutschland zur Revolution sich ausbreiten würde. Wir waren noch fest davon überzeugt, also ich wenigstens, dass wir damals die Kraft in Deutschland wären, die die Revolution durchführen könnte ... Dieser Rückschlag, der 1933 kam, war eigentlich unfassbar für mich. Ich hätte nie gedacht, dass die organisierte Arbeiterschaft in Deutschland, die starken Gewerkschaften – der ADGB – schon damals riesige Gewerkschaften, dass die in der entscheidenden Stunde versagen würden ... Wir waren uns damals auch noch nicht klar darüber, mit welcher Brutalität die Faschisten gegen uns vorgehen würden. Wir haben die Faschisten gekannt aus den Kämpfen vor 1933. Wir haben mit ihnen Auseinandersetzungen gehabt und es ist auch zu blutigen Zusammenstößen gekommen. Wir haben aber auch viel mit ihnen diskutiert auf den Straßen. Wir haben diese unmenschlichen Methoden, die nachher angewendet wurden, ich muss von mir aus sagen, dass ich die nicht in diesem Maße vorausgeahnt habe ...
Wir haben unseren Widerstand anfangs verhältnismäßig offen geführt. Wir haben die konspirativen Regeln, die man gegenüber einem solchen brutalen Feind anwenden muss, die haben wir nicht in dem Maß beachtet; das halte ich für die Hauptursache für die schweren Verluste, die wir erlitten haben. Denn es sind eine Masse Spitzel in die Partei eingeschleust worden, von schwankenden Menschen, von Menschen, die sich kaufen ließen, die es immer gibt; fast hinter jedem Prozess in Köln stand irgendein Spitzel, der in der Arbeiterbewegung organisiert gewesen ist. Dann wurden die Genossen in einer Weise gequält, dass Kettenreaktionen, d. h. also Verhaftungen, Verhaftungswellen erfolgen konnten. Also, wenn ein Genosse nicht ganz fest war in der Haft, dann war es für ihn schwer all diesem standzuhalten.

13 *Jacob Zorn wurde im Mai 1933 verhaftet und nach sechs Monaten wieder entlassen.*

Q Ich habe dann wieder Verbindung aufgenommen mit den Genossen. Die Organisation arbeitete damals ausgezeichnet. Alle Stadtteile waren intakt ... Die Kommunistische Partei war, wenn ich mich recht entsinne, eigentlich die einzige Partei, die einen organisierten Widerstand leistete, also einen Widerstand auf einer breiten Basis. Mit einem organisierten Widerstand meine ich jetzt den mit Kassierung für die Organisation, mit Verbreitung von Flugblättern, mit Verbindung zum Ausland, mit all diesen Dingen.

14 *Nach einer Verhaftung im Jahr 1934 wurde Jacob Zorn zu einer Zuchthausstrafe verurteilt. Als er 1937 entlassen wurde, erlebte er folgendes:*

Q Es hat ein Jahr gedauert, bis ich Kontakt hatte. In diesem ganzen Jahr habe ich dann feststellen können, der Widerstand war sehr zusammengeschrumpft, die Opfer waren riesig. Also, es war nicht mehr der Widerstand, der im Jahre 33/34 ein großer massiver Widerstand gewesen war. Durch die Verluste, die die Partei erlitten hatte ... war der Widerstand verhältnismäßig klein geworden ... Es kam ja nicht mehr darauf an, dass eine Partei ihre politischen Ziele verwirklichen konnte, meinetwegen wir als Kommunisten ein sozialistisches Deutschland, die „Sozialistische Republik“, wie unsere Zeitung hieß, oder die Sozialdemokraten oder die Katholiken, sondern es kam nur darauf an, den Hitlerfaschismus zu beseitigen, die Kriegsgefahr zu verhindern. Später sogar dem Krieg ein schnelles Ende zu machen.

15 *Nach Kriegsbeginn betrieb Jacob Zorn seine Aufnahme in die Armee, um unter den Soldaten für seine Ziele zu werben.*

Q Die Möglichkeiten, die wir uns aber vorgestellt hatten, in der Armee zu arbeiten, die waren an und für sich nicht gegeben. Die Soldaten waren dort im Allgemeinen von den Siegen so berauscht und sie glaubten auch, dass das alles richtig wäre, und sie waren überzeugt, dass wir siegen würden. Also während meiner Kommisszeit bis Anfang 1944 habe ich festgestellt, dass man wenig Hoffnung hatte auf eine wirkungsvolle antifaschistische Arbeit bei der Truppe.

16 *Einen Urlaub 1944 benutzte Jacob Zorn, um zu desertieren und sich seiner alten Kölner Gruppe anzuschließen.*

Q Ich habe sofort andere Papiere bekommen, ich wurde in die Organisation eingebaut, die ich ja all die Jahre schon kannte, und die Organisation hatte unterdessen auch einen anderen Charakter angenommen, immer mehr volksfrontähnlichen Charakter. Die Organisation war nach einer Berechnung, die wir später aufgestellt haben, über 300 Menschen stark ... Wir haben die illegalen Sendungen systematisch abgehört, nicht nur die englischen Sendungen, auch die Sendungen aus Moskau ... Wir haben an die Betriebe durch unsere Betriebsgruppen Anweisungen an die Arbeiter gegeben, in Flugblattform, sehr oft mit Handzetteln, wie man im Betrieb die Kriegsproduktion sabotieren kann. Wir haben Plakate geklebt. Wir hatten damals immer ein Schlagwort: „Hitlers Tod: Frieden, Freiheit, Brot!" Das stand dann immer über den Plakaten oder über den Flugblättern.

Quelle 12 bis 16: Antifaschisten, hg. von D. Gerhard, Berlin 1976, S. 92–101.

17 *Illegaler Handzettel der KPD aus dem Jahr 1936*

1. *Vergleiche die Erlebnisse von Jacob Zorn in den Jahren 1933 bis 1945 mit denen von Irma Keilhack (siehe S. 113–114).*
2. *Mit welchen Erwartungen verband Jacob Zorn seinen Widerstand gegen den Nationalsozialismus?*
3. *Welche Inhalte des Widerstandes werden in dem Flugblatt angesprochen?*

Widerstand aus dem Militär

18 *Im Mai 1938 beauftragte Hitler die Wehrmachtsführung Kriegsvorbereitungen zu treffen, falls es bei der geplanten Zerschlagung der Tschechoslowakei zu einem Krieg kommen sollte. Der Chef des Generalstabes, Generaloberst Ludwig Beck, warnte Hitler mehrfach vor einem Krieg. Da Hitler die Vorbereitungen jedoch nicht einstellen ließ, trug Beck am 16. Juli 1938 dem Oberbefehlshaber des Heeres, Generaloberst von Brauchitsch, folgendes vor:*

Q Die Aussicht, in absehbarer Zeit die Tschechoslowakei durch eine militärische Aktion zu zerschlagen, ohne sofort Frankreich und England auf den Plan zu rufen, besteht nicht … Ich halte mich heute für verpflichtet … die dringende Bitte auszusprechen den Obersten Befehlshaber der Wehrmacht zu veranlassen die von ihm befohlenen Kriegsvorbereitungen einzustellen und die Absicht der gewaltsamen Lösung der tschechischen Frage solange zurückzustellen, bis sich die militärischen Voraussetzungen grundlegend geändert haben … Alle aufrechten und ernsten deutschen Männer in staatsverantwortlichen Stellungen müssen sich berufen und verpflichtet fühlen, alle erdenklichen Mittel und Wege bis zur letzten Konsequenz anzuwenden, um einen Krieg gegen die Tschechei abzuwenden, der in seinen Auswirkungen zu einem Weltkrieg führen muss, der das finis Germaniae[1] bedeuten würde.

Die höchsten Führer in der Wehrmacht sind hierzu in erster Linie berufen … Die Geschichte wird diese Führer mit einer Blutschuld belasten, wenn sie nicht nach ihrem fachlichen und staatspolitischen Wissen und Gewissen handeln. Ihr soldatischer Gehorsam hat dort eine Grenze, wo ihr Wissen, ihr Gewissen und ihre Verantwortung die Ausführung eines Befehls verbietet. Finden ihre Ratschläge und Warnungen in solcher Lage kein Gehör, dann haben sie das Recht und die Pflicht vor dem Volk und vor der Geschichte von ihren Ämtern abzutreten. Wenn sie alle in einem geschlossenen Willen handeln, ist die Durchführung einer kriegerischen Handlung unmöglich. Sie haben damit ihr Vaterland vor dem Schlimmsten, vor dem Untergang, bewahrt … Wenn man die Augen und Ohren offenhält, wenn man sich durch falsche Zahlen nicht selbst betrügt, wenn man nicht in dem Rausch einer Ideologie lebt, dann kann man nur zu der Erkenntnis kommen, dass wir zur Zeit wehrpolitisch, wirtschaftspolitisch und stimmungspolitisch für einen Krieg nicht gerüstet sind.[2]

[1] Deutschlands Ende

[2] Becks Warnung blieb erfolglos; er reichte daraufhin seinen Rücktritt ein. In den Umsturzversuch vom 20. Juli 1944 verwickelt, erschoss er sich am Abend des gleichen Tages.

zit. nach: G. Buchheit, Ludwig Beck. Ein preußischer General, München 1964, S. 154–155.

1. *Welche Gefahr sieht General Beck? Was schlägt er vor, um sie abzuwenden?*
2. *Inwiefern erfüllten sich Becks Voraussagen?*
3. *Wie bestimmt Beck das Verhältnis von militärischem Auftrag und politischer Verantwortung?*

Widerstand aus der Kirche

19 *Aus einer Predigt des Bischofs von Münster, Clemens August Graf von Galen, am 13. Juli 1941:*

Q Der physischen Übermacht der Gestapo steht jeder deutsche Staatsbürger schutzlos und völlig wehrlos gegenüber! ... Keiner von uns ist sicher, und mag er sich bewusst sein der treueste, gewissenhafteste Staatsbürger zu sein, mag er sich völliger Schuldlosigkeit bewusst sein, dass er nicht eines Tages aus seiner Wohnung geholt, seiner Freiheit beraubt, in den Kellern und Konzentrationslagern der Gestapo eingesperrt wird ...
Meine Christen! Die Gefangensetzung vieler unbescholtener Personen ohne Verteidigungsmöglichkeit und Gerichtsurteil nötigen mich heute öffentlich an die alte, niemals erschütterte Wahrheit zu erinnern: „Justitia est fundamentum regnorum. Die Gerechtigkeit ist das einzige tragfeste Fundament aller Staatswesen!" Das Recht auf Leben, auf Unverletzlichkeit, auf Freiheit ist ein unentbehrlicher Teil jeder sittlichen Gemeinschaftsordnung ... Darum erhebe ich im Namen des rechtschaffenen deutschen Volkes, im Namen der Majestät der Gerechtigkeit, im Interesse des Friedens und der Geschlossenheit der inneren Front meine Stimme, darum rufe ich laut als deutscher Mann, als ehrenhafter Staatsbürger, als Vertreter der christlichen Religion, als katholischer Bischof: Wir fordern Gerechtigkeit!

20 *Aus einer Predigt von Galens am 8. August 1941:*

Q Deutsche Männer und Frauen! Noch hat Gesetzeskraft § 211 des Reichsstrafgesetzbuches, der bestimmt: „Wer vorsätzlich einen Menschen tötet, wird, wenn er die Tötung mit Überlegung ausgeführt hat, wegen Mordes mit dem Tode bestraft." Wohl um diejenigen, die jene armen, kranken Menschen, Angehörige unserer Familien, vorsätzlich töten, vor dieser gesetzlichen Bestrafung zu bewahren, werden die zur Tötung bestimmten Kranken aus der Heimat abtransportiert in eine entfernte Anstalt. Als Todesursache wird dann irgendeine Krankheit angegeben. Da die Leiche sogleich verbrannt wird, können die Angehörigen und auch die Kriminalpolizei es hinterher nicht mehr feststellen, ob die Krankheit wirklich vorgelegen hat und welche Todesursache vorlag ...
Als ich von dem Vorhaben erfuhr Kranke aus Mariental abzutransportieren, um sie zu töten, habe ich am 28. Juli bei der Staatsanwaltschaft, beim Landgericht in Münster und bei dem Polizeipräsidenten in Münster Anzeige erstattet durch eingeschriebenen Brief mit folgendem Wortlaut: „Nach mir zugegangenen Nachrichten soll im Laufe dieser Woche (man spricht vom 31. Juli) eine große Anzahl Pfleglinge der Provinzialheilanstalt bei Mariental in Münster als sog. ‚unproduktive Volksgenossen' nach der Heilanstalt Eichberg überführt werden, um dann alsbald, wie es nach solchen Transporten aus anderen Heilanstalten nach allgemeiner Überzeugung geschehen ist, vorsätzlich getötet zu werden. Da ein derartiges Vorgehen nicht nur den göttlichen und natürlichen Sittengesetzen widerstreitet, sondern auch als Mord nach § 211 des Reichsstrafgesetzbuches mit dem Tode zu bestrafen ist, erstatte ich gemäß § 139 des RStrGB pflichtgemäß Anzeige und bitte, die bedrohten Volksgenossen unverzüglich durch Vorgehen gegen die den Abtransport und die Ermordung beabsichtigenden Stellen zu schützen und mir von dem Veranlassten Nachricht zu geben."
Nachricht über Einschreiten der Staatsanwaltschaft und der Polizei ist mir nicht zugegangen.

Quelle 19 und 20 zit. nach: G. van Norden, Das Dritte Reich im Unterricht, Frankfurt/M. 1970, S. 49 und 50–51.

1. *Wogegen wendet sich der Bischof von Münster?*
2. *Worin siehst du eine spezifisch christlich begründete Argumentation?*

Zusammenfassende Arbeitsaufgaben:

1. *Welche unterschiedliche Kritik am Nationalsozialismus wird in den Quellen angeführt, wo bestehen Gemeinsamkeiten?*
2. *Welche unterschiedlichen Formen des Widerstandes werden in den Quellen genannt? Welche Gründe gibt es für diese unterschiedlichen Formen?*
3. *An wen wenden sich die Vertreter des Widerstandes jeweils? Von wem erwarten sie Unterstützung?*
4. *Gib an Hand der Quellen, der Darstellung S. 132–133 und des Berichts von Irma Keilhack (siehe S. 113–114) einen Überblick über den Widerstand gegen die nationalsozialistische Herrschaft.*

Die Außenpolitik: Von der Aufrüstung zum Krieg

Auf dem Weg zur Politik der Aggression

Die Revision des Versailler Vertrages

Das vordringliche Ziel der nationalsozialistischen Außenpolitik legte Hitler bereits am 3. Februar 1933 dem Chef der Heeresleitung und weiteren Offizieren dar: Aufrüstung bis zur „Gleichberechtigung" mit anderen europäischen Ländern um Druck auf die Nachbarstaaten auszuüben und die in Versailles festgelegten Gebietsabtretungen rückgängig zu machen. In einem späteren Schritt sollte Deutschlands Wirtschaftsraum erweitert und „Siedlungsraum im Osten" gewonnen werden. Diese Politik der Aufrüstung brach mit der von Stresemann verfolgten Verständigungspolitik, die auf internationalen Vereinbarungen beruhte.

Im Oktober 1933 trat das Deutsche Reich aus dem Völkerbund und der seit 1932 in Genf tagenden Internationalen Abrüstungskonferenz aus. Im Januar 1935 entschieden sich in der nach dem Versailler Vertrag vorgeschriebenen Abstimmung über die zukünftige nationale Zugehörigkeit des Saargebietes 90 Prozent der Bevölkerung für die Rückgabe an Deutschland. Die nationalsozialistische Propaganda stellte dieses Abstimmungsergebnis als überwältigende Zustimmung zur Politik der Revision groß heraus und gab es als Legitimation dafür aus, die Vertragsbestimmungen zu brechen. Bereits 1935 erreichte die Armee eine Stärke von 300 000 Mann und überstieg damit die im Versailler Vertrag vorgesehene Begrenzung um das Dreifache. Im gleichen Jahr wurde die allgemeine Wehrpflicht wieder eingeführt. Auch dies war ein offener Bruch des Vertrages, doch die Westmächte beließen es bei einem Protest. Hitler sah sich dadurch in der Meinung bestärkt den Vertrag endgültig beiseite schieben zu können. Im März 1936 marschierte die Reichswehr in die entmilitarisierte Zone entlang des Rheins ein, die das größte Rüstungszentrum des Reiches, das Ruhrgebiet, einschloss.

Die Wiedergewinnung militärischer Stärke brachte Hitler mehr Zustimmung als die mühsame Verhandlungspolitik, die die demokratischen Regierungen der Weimarer Republik verfolgt hatten. Der langsame wirtschaftliche Aufstieg und die Aktivierung nationalistischen Denkens galten vielen mehr als die politische Freiheit.

Die Wirtschaft im Dienst der Kriegsvorbereitung

Nachdem der Versailler Vertrag praktisch aufgegeben war, formulierte Hitler das eigentliche Fernziel seiner Außenpolitik. In einer Denkschrift, dem sogenannten Vierjahresplan, forderte er 1936, dass sich Deutschland wirtschaftlich und militärisch auf einen Krieg gegen die Sowjetunion vorbereiten müsse, da die Auseinandersetzung zwischen Nationalsozialismus und Marxismus unvermeidlich sei. Um einen solchen Krieg führen zu können müsse Deutschland weitgehend autark sein, d. h. die zur Kriegführung und Ernährung benötigten Produkte im eigenen Lande herstellen können. Die Denkschrift schloss: „Ich stelle damit folgende Aufgabe: I. Die deutsche Armee muss in vier Jahren einsatzfähig sein. II. Die deutsche Wirtschaft muss in vier Jahren kriegsfähig sein."

Der Kurs der verstärkten Aufrüstung, „wirtschaftliche Mobilmachung" genannt, verlangte von der Regierung weitreichende wirtschaftspolitische Entscheidungen. Panzer, Schlachtschiffe, Flugzeuge und Lastwagen verbrauchten nicht nur große Mengen Energien, zu ihrer Produktion bedurfte es auch Rohstoffe, die in Deutschland kaum vorhanden waren. Sie mussten also eingeführt werden. Hierzu fehlten dem Reich jedoch die Devisen. Die Regierung entschied daher, die unverzichtbaren Rohstoffe soweit wie möglich künstlich herzustellen oder mit erhöhten Kosten im eigenen Land zu fördern. Zu den wichtigsten Vorhaben zählte dabei die Herstellung von gummiartigem Kunststoff, von Zellwolle für Textilien und die Gewinnung von Benzin aus Kohle. Großkonzerne wie der Chemiegigant I. G. Farben, die zu hohen Investitionen fähig waren, bekamen dabei riesige Aufträge und wurden begünstigt. Der unrentable Abbau deutscher Eisenerze sollte mit staatlicher Hilfe in Angriff genommen werden, wozu die „Hermann-Göring-Werke" gegründet wurden, aus denen nach dem Krieg die Salzgitter AG hervorging.

Führende Wirtschaftspolitiker und Manager, die bisher die Wirtschaftspolitik Hitlers unterstützt hatten, verloren jetzt an Einfluss, weil sie im Gegensatz zu der neuen Politik dem freien wirtschaftlichen Austausch mit dem Ausland Priorität einräumten. Der Rücktritt von Hjalmar Schacht – zuerst als Reichswirtschaftsminister 1937, dann als Reichsbankpräsident 1939 – symbolisierte diesen Machtverlust. Göring übernahm nun als „Beauftragter für den Vierjahresplan" formal die Leitung der Wirtschaftsplanung, die praktisch in den Händen von Fachleuten aus der Wirtschaft lag. Eine aggressive Außenpolitik unterstützte den neuen Wirtschaftskurs. Hitler nutzte die soziale und politische Zerrissenheit der südosteuropäischen Staaten, z. B. Rumäniens und Bulgariens, um sie von Deutschland abhängig zu machen. Das Deutsche Reich kaufte zu überhöhten Preisen landwirtschaftliche

Erzeugnisse dieser Länder; Devisen- und Handelsverträge zwangen die Verkäufer allerdings das eingenommene Geld für deutsche Industriewaren wieder auszugeben. Die Nachbarländer Österreich und Tschechoslowakei sollten unter dem deutschen Druck sogar ihre politische Selbständigkeit verlieren. So schuf die Regierung das Fundament für einen europäischen Großwirtschaftsraum, der von Deutschland kontrolliert wurde.

Der Faschismus als europäische Macht

Die Kräfteverhältnisse in Europa

Begünstigt wurde die nationalsozialistische Expansionspolitik durch die Kräfteverhältnisse in Europa. In den meisten der kleineren mittel- und osteuropäischen Staaten, die erst als Ergebnis des Ersten Weltkrieges ihre nationale Souveränität erhalten hatten, konnten sich aufgrund der wirtschaftlichen Probleme und des Nationalitätenstreits die Ansätze demokratischer Regierungsformen nicht lange halten. Vielfach hatten die z. T. noch feudal geprägten Oberschichten mit Hilfe des Militärs wieder eine zentrale Machtstellung erlangt, die sie durch ein autoritäres Regierungssystem zu sichern suchten. Wirtschaftlich schwach, politisch antidemokratisch und antisozialistisch eingestellt konnten sie dem zunehmenden nationalsozialistischen Druck wenig entgegensetzen.

Obwohl die Ziele der nationalsozialistischen Expansionspolitik immer deutlicher wurden, hielten die Regierungen Großbritanniens und Frankreichs an einer Politik des Appeasement*, d. h. der Friedenswahrung und des friedlichen Ausgleichs in Europa, fest. Die Bevölkerung in beiden Ländern erwartete nach der Weltwirtschaftskrise vor allem eine Besserung der sozialen Lage. Erneute Aufrüstung hätte diese in Frage gestellt und zudem eine Phase zunehmender internationaler Spannungen herbeiführen können. Die Erinnerung an die krisenreichen Jahre vor dem Ersten Weltkrieg war zu tief und zu schmerzlich, als dass die Mehrheit der Bevölkerung in Großbritannien oder Frankreich diesen Weg noch einmal gehen wollte.

Die Regierungen beider Länder versäumten es aber, eine wirksame internationale Bündnispolitik gegen das expansive nationalsozialistische Deutschland zu entwickeln. Großbritannien stimmte im „Flottenabkommen" vom Juni 1935 sogar einer begrenzten deutschen Aufrüstung zu, soweit diese

Staatsformen in Europa und die Expansion des natinalsozialistischen Deutschlands 1933–1939

„Guernica". Ölgemälde von Pablo Picasso, 1937

die britische Seeherrschaft nicht gefährdete, Westeuropa aber gegen die Sowjetunion abschirmte. Die britische Regierung erwartete, dass eine Wiedereingliederung der in den Friedensverträgen von 1919 vom Deutschen Reich abgetretenen deutschsprachigen Gebiete und eine Ausweitung der deutschen Wirtschaftsbeziehungen die sozialen und nationalen Gegensätze in den Anliegerstaaten beruhigen könnten. Sie übte daher Druck auf Frankreich aus Deutschland als gleichberechtigte Macht in Europa anzuerkennen und von jeder militärischen Intervention abzusehen. Und da sich in Frankreich seit der Errichtung der Volksfrontregierung 1936, dem Regierungsbündnis von Kommunisten und Sozialisten, die innenpolitischen Auseinandersetzungen verschärften, war es außenpolitisch um so mehr von Großbritannien abhängig.

Die Achse Berlin – Rom

Das faschistische Italien wurde bald zum wichtigsten Bündnispartner Deutschlands. Nach dem Ersten Weltkrieg hatte sich in Italien, das laut Verfassung eine parlamentarische Monarchie war, eine sozialistische Bewegung entfaltet, die radikaler handelte als in Deutschland. In norditalienischen Industriestädten besetzten Arbeiter Fabriken, Kleinbauern taten sich zu Kooperativen zusammen und besitzlose Landarbeiter bebauten in eigener Regie brachliegenden Großgrundbesitz. Die sozialistische Partei bildete die stärkste Fraktion im Parlament, der Einfluss der zerstrittenen bürgerlichen Regierungsparteien ging demzufolge zurück. Die in Italien traditionell mächtigen Besitzer der großen Landgüter und die einflussreichen Familienverbände der Industriellen sahen ihre Herrschaft bedroht. So nahmen sie die Hilfe nationalistisch ausgerichteter Kampfbünde an, in denen sich vor allem ehemalige Soldaten, Studenten und Arbeitslose sammelten und mit Gewalt gegen die Selbstorganisation von Arbeitern und Bauern vorgingen. Unter der Führung von Benito Mussolini formte sich daraus eine einheitliche Bewegung, die faschistische Partei. Nach dem von Mussolini geführten „Marsch auf Rom" ernannte ihn der König auf Druck der Industrie- und Bankenverbände im Oktober 1922 zum Ministerpräsidenten.

Mussolini setzte schrittweise die parlamentarische Verfassung außer Kraft. Die Arbeiter suchte er vor allem durch eine in Italien bisher fehlende Sozialgesetzgebung zu gewinnen. Das Mittelmeer mit seinen Anliegerstaaten sollte zum „Mare nostro", zum italienischen Großwirtschaftsraum werden, die Eroberung von weiteren Kolonien den Einfluss Italiens politisch absichern. 1935 überfielen die italienischen Streitkräfte ohne Kriegserklärung Äthiopien, einen der wenigen unabhängigen Staaten Afrikas. Nach einem kurzen, mit modernen Waffen grausam geführten Krieg wurde das Land italienische Kolonie. Die deutsche Regierung unterstützte die italienische Expansion. 1936 wurde die sogenannte Achse Berlin – Rom gegründet, die eine Abstimmung der deutsch-italienischen Politik bedeutete.

Der Spanische Bürgerkrieg

Gemeinsam halfen beide Mächte dann dem spanischen General Franco in den Jahren 1936 bis 1939 eine Diktatur zu errichten, die das faschistische Regime in Deutschland und Italien um 30 Jahre überleben sollte.
In der erst seit 1931 bestehenden Republik in Spanien hatten sich nach den Wahlen von 1936 Demokraten, Sozialisten und Kommunisten zu einer sogenannten „Volksfrontregierung" zusammengeschlossen um die überkommenen Vorrechte von Adel, Kirche und Großgrundbesitz abzuschaffen. Gegen diese Regierung erhoben sich im Juli Teile des Militärs unter General Franco, doch erst durch deutsch-italienische Luftwaffeneinsätze konnten Francos Truppen die Republik nach heftigen Kämpfen ernsthaft gefährden. Erstmals in der Geschichte wurde 1937 von deutschen Flugzeugen eine Stadt, das baskische Guernica, durch Brand- und Splitterbomben zerstört. Die Sowjetunion unterstützte die Republikaner in diesem blutigen Krieg mit Materiallieferungen; aus vielen europäischen Staaten, insbesondere Frankreich, beteiligten sich Freiwillige in „Internationalen Brigaden", unter ihnen auch deutsche Emigranten. Die französische und britische Regierung erklärten sich aber für neutral. Die deutsche und italienische Waffen- und Truppenhilfe verhalf Franco schließlich zum Sieg. Gestützt auf die alten Eliten* des Landes, auf Kirche und Armee, errichtete er eine Diktatur*, die Parlament und Parteien ausschaltete. An der Politik der Aggression, wie sie Deutschland und Italien betrieben, beteiligte er sich jedoch nicht.

Einmarsch in Österreich und Besetzung von Tschechien

Die Eingliederung Österreichs

Das nächste Opfer der deutsch-italienischen Interessenabstimmung wurde Österreich. Bis zur Bildung der deutsch-italienischen „Achse" im Herbst 1936 hatte Italien darauf bestanden, dass das bei der Pariser Friedenskonferenz 1919 festgelegte Verbot eines Anschlusses von Österreich an das Deutsche Reich eingehalten wurde. Nun aber gab Mussolini Hitler freie Hand. Allerdings widersetzte sich weder die österreichische Regierung noch die Mehrheit der Bevölkerung ernsthaft dem Druck des Deutschen Reiches. Denn im Innern hatte sich Österreich den faschistischen Regimen schon angepasst: Die vor allem in der Hauptstadt Wien starke sozialdemokratische Partei war verboten, das Parlament aufgelöst. Als am 11. März 1938 deutsche Truppen einmarschierten, begrüßten viele Österreicher diese „Heimführung" ins Reich, wie die Eingliederung Österreichs genannt wurde.

Die Zerschlagung der Tschechoslowakei

Nach diesem Erfolg ging Hitler noch einen Schritt weiter. Nun machte er sich zum Fürsprecher der deutschen Minderheit im Sudetenland, die den Anschluss an Deutschland forderte. Als sich die Regierung der Tschechoslowakei weigerte dem deutschen Verlangen zu entsprechen, schien ein Krieg im Herbst 1938 nicht ausgeschlossen, denn Großbritannien und Frankreich hatten sich vertraglich verpflichtet die Tschechoslowakei bei einem militärischen Eingreifen Deutschlands zu unterstützen. Um einen Krieg zu verhindern erklärten sich der britische Premierminister Chamberlain und der französische Ministerpräsident Daladier zu einem Treffen mit Hitler und Mussolini in München bereit. Im Münchener Abkommen vom 29. September 1938 stimmten sie der Abtretung des Sudetenlandes an das Deutsche Reich zu, der slowakische Landesteil sollte gegenüber der Zentralregierung in Prag eine stärkere Autonomie bekommen. Die tschechoslowakische Regierung war an dieser Vereinbarung nicht beteiligt, wurde aber gezwungen sie auszuführen.
In der Hoffnung mit diesem Abkommen den Frieden in Europa zu retten hatten die Westmächte Hitlers Forderungen nachgegeben. Und bestand nicht wirklich die Möglichkeit einer neuen Stabilisierung der europäischen Ordnung? Schließlich hatte Hitler immer wieder beteuert, dass mit dem Anschluss des Sudetenlandes „Deutschland territorial befriedigt" sei.
Doch diese Hoffnungen wurden bald enttäuscht. Hitler setzte seine Aggressionspolitik fort. Das Münchener Abkommen hielt die Zerstörung der Tschechoslowakei nicht auf, sondern trieb sie voran. Als die Prager Regierung die slowakischen Autonomiebestrebungen mit militärischen Mitteln zu verhindern suchte, besetzten deutsche Truppen am 15. März 1939 die „Tschechei" und gliederten sie als „Protektorat Böhmen und Mähren" dem Deutschen Reich an. Die Slowakei wurde ein formal autonomer, praktisch jedoch unter deutscher Oberhoheit stehender Staat.
In wenigen Jahren hatte sich das Kräfteverhältnis auf dem Kontinent entscheidend geändert. Die Revision der Bestimmungen des Versailler Vertrages hatte in Wirklichkeit die deutsche Eroberung fremden Territoriums vorbereitet. Dagegen erwies sich das britisch-französische Bündnissystem als wirkungslos. Nun begannen auch die Konservativen in Großbritannien, das nationalsozialistische Deutschland – und nicht die kommunistische Sowjetunion – als den zumindest kurzfristig gefährlicheren Gegner anzusehen.

Der deutsch-sowjetische Nichtangriffsvertrag

Tatsächlich übte die nationalsozialistische Führung gleich nach der Zerschlagung der Tschechoslowakei auf den polni-

„Mal sehen, wie lange die Flitterwochen dauern werden!" Englische Karikatur, September 1939

schen Staat Druck aus einer Wiedereingliederung der Freien Stadt Danzig ins Reich zuzustimmen. Vor den Oberbefehlshabern der Wehrmacht legte Hitler allerdings seine wirklichen Ziele dar: Es gehe ihm nicht um Danzig, sondern um die Eroberung von „Lebensraum im Osten".

Das „Lehrstück" Tschechoslowakei hatte aber den Standpunkt der Westmächte gegenüber Deutschland entscheidend verändert. Die britische Regierung garantierte jetzt Polens Unabhängigkeit. Großbritannien und Frankreich verhandelten sogar mit der Sowjetunion über ein Militärbündnis. Die sowjetische Führung unter Stalin war gegenüber den Absichten der Westmächte jedoch misstrauisch. Stalin hegte den Verdacht, dass Großbritannien und Frankreich die deutsche Expansion bewusst in Richtung Osten lenken und die Sowjetunion in Polen schließlich in einen Krieg mit Deutschland hineinziehen wollten, um eigene Opfer zu vermeiden. Je offensichtlicher daher die deutschen Angriffsabsichten auf Polen wurden, desto weniger war Stalin zu einem Bündnis mit den beiden kapitalistischen Großmächten bereit, zumal die polnische Regierung eine militärische Hilfeleistung durch die Sowjetunion ablehnte. Ein Krieg um Polen hätte zudem für die Sowjetunion die Gefahr eines Zweifrontenkrieges heraufbeschworen; denn 1938 und 1939 hatten japanische Truppen mehrfach versucht, die Grenze zur Sowjetunion zu überschreiten. Japan hatte sich zudem im „Antikominternpakt" mit den faschistischen Mächten Deutschland und Italien zur gemeinsamen Bekämpfung des Kommunismus verpflichtet (siehe S. 259).

Auf dem Höhepunkt der Krise vollzog Stalin eine Wende, die die internationale Öffentlichkeit überraschte: Am 23. August 1939 schlossen das faschistische Deutschland und die kommunistische Sowjetunion einen Nichtangriffsvertrag ab, der sie zu gegenseitiger Neutralität für den Fall verpflichtete, dass sich eine der beiden Mächte im Krieg befinde. Ein geheimes Zusatzprotokoll legte für den Fall „territorial-politischer Umgestaltungen" – womit offensichtlich das Wort „Krieg" umschrieben wurde – deutsche und sowjetische „Interessensphären" in Osteuropa fest. Polen wurde – nach den drei Teilungen im 18. Jahrhundert – zum vierten Mal geteilt, die baltischen Staaten und Finnland überließ Hitler der Sowjetunion als Interessengebiet.

Der Beginn des Zweiten Weltkrieges

Die Zerstörung Polens

Nicht nur Stalin, auch Hitler hatte durch den Nichtangriffsvertrag die Gefahr eines Zweifrontenkrieges für sein Land beseitigt. Das Schicksal des polnischen Staates war besiegelt, bevor der deutsche Einmarsch am Morgen des 1. September 1939 begann. Aber entgegen Hitlers Erwartungen ließ sich Großbritannien durch den deutsch-sowjetischen Vertrag nicht davon abhalten seine Garantieerklärung für Polen einzulösen. Am 3. September erklärten die beiden Westmächte dem Deutschen Reich den Krieg, ohne allerdings Polen unmittelbar militärisch durch eine Offensive an der Westfront zu entlasten. So gelang es der waffentechnisch überlegenen deutschen Armee bis Mitte September an die mit der Sowjetunion vereinbarte Interessenlinie vorzurücken. Daraufhin überschritten auch sowjetische Truppen die polnische Ostgrenze.

Anfang Oktober war der Krieg in Polen praktisch beendet. Ein Teil des polnischen Gebietes wurde dem Reich eingegliedert, das Restgebiet bis zur neuen sowjetischen Grenze erhielt als „Generalgouvernement für die besetzten polnischen Gebiete" eine deutsche Zivilregierung. Fast 100 000 polnische Soldaten flohen über Rumänien und Ungarn und bildeten eine polnische Exilarmee, die sich der polnischen Exilregierung unterstellte und an der Seite Großbritanniens und Frankreichs den Kampf fortsetzte.

Hitler hatte gehofft, dass die beiden Westmächte nach dem schnellen Sieg über Polen bereit sein würden einen vorläufigen Frieden zu schließen. Sie lehnten dieses Angebot jedoch ab. Ihre Strategie lief darauf hinaus eine direkte Konfrontation mit der deutschen Armee vorerst zu vermeiden und durch großräumige Operationen auf dem Balkan und in Nordeuropa Deutschland von Rohstoff- und Nahrungsmittellieferungen abzuschneiden. Hitler und die Wehrmachtsführung wussten, dass die Westmächte langfristig allein aus wirtschaftlichen Gründen überlegen waren. Der Sinn des deutschen „Blitzkriegskonzeptes" bestand deshalb darin die militärischen Kräfte stets auf einen Punkt zu konzentrieren und einen langen Stellungskrieg wie im Ersten Weltkrieg zu vermeiden. Zugleich sollten die Belastungen für die deutsche Bevölkerung, die die Hungerjahre des letzten Krieges noch deutlich in Erinnerung hatte, in Grenzen gehalten werden, um möglichem Widerstand von innen her zu begegnen. Alle Großmächte behandelten die kleineren Staaten, die in ihrem militärischen oder wirtschaftlichen Interessengebiet lagen, als Objekte ihrer jeweiligen Strategie. So marschierten sowjetische Truppen in Finnland ein. Nach einem verlustreichen Winterkrieg schlossen beide Seiten im März 1940 einen Frieden, der der Sowjetunion einen wichtigen Gebietszuwachs erbrachte. Deutsche Truppen besetzten Anfang April 1940 „präventiv" Dänemark und Norwegen, um den britischen Streitkräften zuvorzukommen, die von hier aus einen Zugriff auf die Ostsee erreichen und die schwedischen Erztransporte nach Deutschland unterbinden wollten.

Frankreichs Niederlage

Nachdem die deutsche Rüstungsproduktion im Winter 1939/40 speziell hierauf abgestellt worden war, erteilte Hitler der Wehrmachtsführung den Befehl zum Angriff auf Frankreich für den 10. Mai 1940. Unter Verletzung der Neutralität von Luxemburg, Belgien und den Niederlanden gelang ein rascher Vormarsch, der einen Teil des französischen Heeres sowie die britischen Truppen in Nordfrankreich von ihren Nachschublinien abschnitt. Nur knapp konnten die britischen und ein Teil der französischen Soldaten – zusammen über 300 000 Mann – bei Dünkirchen über den Ärmelkanal nach England entkommen.

Die militärische Niederlage führte in Frankreich zu einem Regierungswechsel. Der neue Ministerpräsident Marschall Pétain drängte auf einen Ausgleich mit Deutschland, um ein unabhängiges Restfrankreich und vor allem Teile der Armee als inneren Ordnungsfaktor zu bewahren. Am 22. Juni 1940 unterzeichneten beide Seiten den Waffenstillstand. Nordfrankreich mit der Hauptstadt Paris und die gesamte Atlantikküste wurden der deutschen Militärverwaltung unterstellt; die Regierung Pétain nahm ihren Sitz im mittelfranzösischen Kurort Vichy; formal selbständig, war sie jedoch praktisch von Deutschland abhängig. Von London aus rief General Charles de Gaulle, ehemaliger Staatssekretär im französischen Kriegsministerium, die Franzosen zum Widerstand gegen die Besatzer auf.

Kurz vor der französischen Niederlage war Italien auf deutscher Seite in den Krieg eingetreten, um seine imperialistischen Mittelmeerpläne zu verwirklichen. Zur Unterstützung der italienischen Verbände entsandte die deutsche Wehrmachtsführung Truppen nach Nordafrika und Südosteuropa. Jugoslawien und Griechenland wurden im April 1941 von deutschen Truppen erobert.

Großbritanniens Widerstand

Anders als in den übrigen Ländern führte in Großbritannien die militärische Bedrohung nicht zu einer inneren Schwächung. Die Zeit der Kompromisse mit dem deutschen Faschismus war vorbei. Am Tag des deutschen Angriffs gegen Frankreich war Ministerpräsident Chamberlain zurückgetreten. Winston Churchill, der schon im Ersten Weltkrieg dem britischen Kabinett angehört hatte und in den 30er Jahren für eine stärkere Aufrüstung gegen Deutschland eingetreten war, bildete nun eine Allparteienregierung, die bis zum Kriegsende bestehen blieb und die britischen Verteidigungsanstrengungen intensivierte. Die Verstärkung der britischen Armeeausrüstung wurde wesentlich von den USA mitgetragen, die beträchtliche Mengen an militärischen Gütern nach England verschifften. Der Versuch der deutschen Marine, eine totale Seeblockade gegen England zu verhängen, scheiterte; auch die Luftwaffe konnte durch die Bombardierung englischer Städte und Flugplätze nicht die Voraussetzungen für eine geplante Invasion auf der Insel schaffen.

Aber auf dem Kontinent war Deutschland nun die stärkste Macht. Und auch Kritiker aus Wirtschaft und Armee, die auf einen vorsichtigeren Expansionskurs gesetzt hatten, ließen sich von den Erfolgen mitreißen.

Fragen und Arbeitsaufgaben

1. *Erläutere mit Hilfe der Karte (siehe S. 119) die Expansion des nationalsozialistischen Deutschlands zwischen 1933 und 1939. Erkläre die Motive und die Mittel dieser Außenpolitik.*
2. *Warum wird im Text die Zerschlagung der Tschechoslowakei als „Lehrstück" bezeichnet?*
3. *Der britischen Regierung ist später vorgeworfen worden, sie sei Hitler nicht entschlossen genug entgegengetreten. Hätten ihr deiner Meinung nach Alternativen offen gestanden?*

Polen und Deutsche seit Beginn des Zweiten Weltkriegs

Polen im Zweiten Weltkrieg

1 *Als Aufgaben der nationalsozialistischen Besatzungspolitik im Generalgouvernement Polen formulierte Hitler im Oktober 1939:*

Q Die Durchführung (der Verwaltung) bedingt einen harten Volkstumskampf, der keine gesetzlichen Bindungen gestattet ... Der Generalgouverneur soll der polnischen Nation nur geringe Lebensmöglichkeiten geben und die Grundlage für die militärische Sicherheit erhalten ... Die Führung des Gebietes muss es uns ermöglichen auch das Reichsgebiet von Juden und Polacken zu reinigen.

Nürnberger Prozess, Bd. XXXVI, S. 378.

2 *In einem Aktenvermerk vom Oktober 1939 gab Martin Bormann, einer der engsten Vertrauten Hitlers, dessen Vorstellungen über die Behandlung der Polen folgendermaßen wieder:*

Q Die Menschen des Generalgouvernements, die Polen also, seien nun nicht qualifizierte Arbeiter wie unsere deutschen Volksgenossen und sollten es auch gar nicht sein; sie müssten, um leben zu können, ihre eigene Arbeitskraft, d. h. sozusagen sich selbst, exportieren. Die Polen müssten also nach dem Reich kommen und dort Arbeit in der Landwirtschaft, an Straßen und sonstige niedrige Arbeiten leisten ... Noch einmal müsse der Führer betonen, dass es für die Polen nur einen Herrn geben dürfe und das sei der Deutsche; zwei Herren nebeneinander könne es nicht geben und dürfe es nicht geben, daher seien alle Vertreter der polnischen Intelligenz umzubringen. Dies klingt hart, aber es sei nun einmal das Lebensgesetz.

Nürnberger Prozess, Bd. XXXIX, S. 425.

3 *Der Reichsführer der SS, Heinrich Himmler, schlug 1939 folgende Behandlung polnischer Schulkinder vor:*

Q Eine grundsätzliche Frage bei der Lösung aller dieser Probleme ist die Schulfrage und damit die Frage der Sichtung und Siebung der Jugend. Für die nichtdeutsche Bevölkerung des Ostens darf es keine höhere Schule geben als die vierklassige Volksschule. Das Ziel dieser Volksschule hat lediglich zu sein: Einfaches Rechnen bis höchstens 500, Schreiben des Namens, eine Lehre, dass es ein göttliches Gebot ist den Deutschen gehorsam zu sein und ehrlich, fleißig und brav zu sein. Lesen halte ich nicht für erforderlich. Außer dieser Schule darf es im Osten überhaupt keine Schulen geben.

Vierteljahreshefte für Zeitgeschichte 5, 1975, S. 195–196.

1. Welche Aufgaben sollte das Generalgouvernement innerhalb des nationalsozialistischen Herrschaftsbereichs erfüllen?

2. Warum erschien es der nationalsozialistischen Führung erforderlich, hierfür eine eigene Herrschafts- und Verwaltungseinheit einzurichten, die nicht – wie andere Teile Polens – „eingedeutscht“ wurde?

4 *In einer Untersuchung über die polnische Widerstandsbewegung wird über den Kreis Neu-Sandes berichtet:*

D Als Folge der verfügten Schließung der Oberschulen konnten ca. 1800 Schüler ihre Ausbildung nicht fortsetzen. Zunächst bildeten sich spontan geheime Unterrichtsgruppen ... Anfang 1940 wurden die ersten Kontakte mit der Schulkommission in Krakau geknüpft und es begann der systematische Aufbau illegaler Komplets[1].
In Übereinstimmung mit Krakau wurden in diesem Rahmen auch drei „Examenskommissionen“ gebildet, die dafür sorgten, dass das Vorkriegsprogramm der Oberschulen für Unterricht und Prüfungen eingehalten wurde. Gleichzeitig begann die allmähliche Einbeziehung der Grundschulen in den organisierten Geheimunterricht in der Form der Ergänzung des von den deutschen Schulbehörden zugelassenen Stoffes oder auch durch Schaffung eigener Komplets innerhalb der Schulen. Anfang 1941 waren 68 Lehrer im illegalen Unterricht tätig ...
Die Komplets kamen in der Regel in Privatwohnungen zusammen, daneben auch in Klöstern, Kirchen, Magazinen, Schuppen usw. Sicherheitserwägungen erforderten einen möglichst häufigen Wechsel der Lokale.

[1] Abendgebet; hier gebraucht als Tarnung für Unterrichtskreise

Ch. Kleßmann, Die Selbstbehauptung einer Nation, Düsseldorf 1971, S. 124ff.

5 *In einem Artikel der Untergrundzeitschrift „Gwardzista“ vom 1. Januar 1943 hieß es:*

Q Der Besatzer siedelt in der Umgebung von Lublin systematisch ganze Dörfer und Kreise aus. Ein Teil wird zur Arbeit abtransportiert, ein Teil bleibt als Knecht für die deutschen Kolonisten, die hierherkommen sollen. Ein erheblicher Teil ist zur „vollständigen Beseitigung“ bestimmt – anders gesagt für den Tod.
Die unglückliche Bevölkerung leistet nicht selten verzweifelten Widerstand, verbrennt ihre Hütten, vernichtet ihr Hab

und Gut, es gab Fälle der Vernichtung der Begleitmannschaft und der Flucht aus dem Zug. Diese heldenhaften Formen der Selbstverteidigung halten die Verbrecher nicht auf. Die Nazihenker liquidieren die Juden und jetzt haben sie schließlich im ganzen Land damit begonnen die Polen mit derselben Methode zu liquidieren.
Wie soll man dieser Aktion entgegenwirken?
Die einzige Form der Verteidigung ist den Feind anzugreifen und das Leben sowie die Verwaltung in den bedrohten Gebieten zu desorganisieren. Die Zerstörung des Nachrichten- und Verkehrswesens, der Ämter, die erbarmungslose Bekämpfung der Besatzer – das ist die einzige Möglichkeit die entsetzliche Aktion zur Vernichtung der Polen zu beenden.

Das deutsch-polnische Verhältnis in Geschichte und Gegenwart, hg. von J. Vietig und N. H. Weber, Weinheim 1983, S. 116–117.

1. *Woran entzündete sich der polnische Widerstand? Welches waren seine Formen?*
2. *Wie werden deiner Meinung nach deutsche Soldaten den polnischen Widerstand beurteilt haben?*
3. *Versuche, das Leben der polnischen Bevölkerung unter deutscher Besatzung zu beschreiben.*

Deportation, Flucht und Vertreibung

6 *Deportation, Flucht und Vertreibung von Polen und Deutschen*

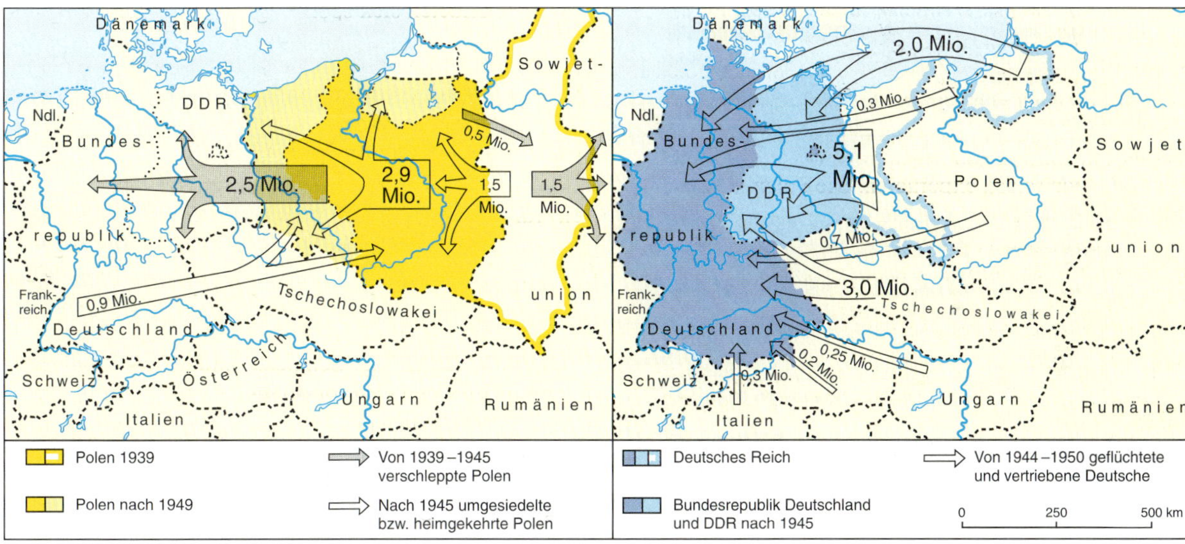

1. *Welche politischen Ereignisse waren die wichtigsten Ursachen für die Deportation, Flucht und Vertreibung?*
2. *Was sagen die Karten über die Ursachen und Folgen von Deportation, Flucht und Vertreibung aus?*

7 *Schilderung der Flucht einer jungen Frau aus Ostpreußen (Niederschrift 1951):*

Q Bis zum 10. Februar 1945 blieben wir in Braunsberg … Wir fassten den Entschluss die Stadt zu verlassen. In der Dunkelheit verließen wir mit einigen anderen Leidensgefährten unser Domizil und tappten uns durch eine stockfinstere Nacht auf einer von Menschenleichen und Tierkadavern besäten Landstraße vorwärts … Gegen Mitternacht erreichten wir – völlig verdreckt und verschlammt – das Städtchen Passarge am Frischen Haff … Inzwischen war die eisige Kälte anhaltendem Regenwetter gewichen. Wir erreichten den Uferrand des Frischen Haffs, verpusteten einige Minuten und traten dann den Marsch zur gegenüberliegenden Nehrung an. Das Eis war brüchig; stellenweise mussten wir uns mühsam durch 25 cm hohes Wasser hindurchschleppen … Ich sah Frauen Übermenschliches leisten. Als Treckführerinnen fanden sie instinktiv den sichersten Weg für ihre Wagen. … Verwundete krochen mit bittenden Gebärden zu uns heran … Sechs Stunden dauerte unser Weg durch dieses Tal des Todes. Dann hatten wir, zu Tode ermattet, die Frische Nehrung erreicht … Unsere Mägen knurrten vor Hunger.

Ursachen und Folgen, hg. von H. Michaelis und E. Schraepler, Berlin 1958, Bd. 22, S. 388ff.

8 *Sonderbefehl für die deutsche Bevölkerung der niederschlesischen Stadt Bad Salzbrunn vom 14. Juli 1945*

Sonderbefehl

für die deutsche Bevölkerung der Stadt Bad Salzbrunn einschliesslich Ortsteil Sandberg.

Laut Befehl der Polnischen Regierung wird befohlen:

1. Am 14. Juli 1945 ab 6 bis 9 Uhr wird eine Umsiedlung der deutschen Bevölkerung stattfinden.
2. Die deutsche Bevölkerung wird in das Gebiet westlich des Flusses Neisse umgesiedelt.
3. Jeder Deutsche darf höchstens 20 kg Reisegepäck mitnehmen.
4. Kein Transport (Wagen, Ochsen, Pferde, Kühe usw.) wird erlaubt.
5. Das ganze lebendige und tote Inventar in unbeschädigtem Zustande bleibt als Eigentum der Polnischen Regierung.
6. Die letzte Umsiedlungsfrist läuft am 14. Juli 10 Uhr ab.
7. Nichtausführung des Befehls wird mit schärfsten Strafen verfolgt, einschließlich Waffengebrauch.
8. Auch mit Waffengebrauch wird verhindert Sabotage u. Plünderung.
9. Sammelplatz an der Straße Bhf. Bad Salzbrunn-Adelsbacher Weg in einer Marschkolonne zu 4 Personen. Spitze der Kolonne 20 Meter vor der Ortschaft Adelsbach.
10. Diejenigen Deutschen, die im Besitz der Nichtevakuierungsbescheinigungen sind, dürfen die Wohnung mit ihren Angehörigen in der Zeit von 5 bis 14 Uhr nicht verlassen.
11. Alle Wohnungen in der Stadt müssen offen bleiben, die Wohnungs- und Hausschlüssel müssen nach außen gesteckt werden.

Bad Salzbrunn, 14. Juli 1945, 6 Uhr.

Abschnittskommandant
(-) Zinkowski
Oberstleutnant

9 *Artikel XIII des Potsdamer Protokolls vom 2. August 1945:*

Q Ordnungsgemäße Überführung deutscher Bevölkerungsteile:

Die Konferenz erzielte folgendes Abkommen über die Ausweisung Deutscher aus Polen, der Tschechoslowakei und Ungarn:

Die drei Regierungen haben die Frage unter allen Gesichtspunkten beraten und erkennen an, dass die Überführung der deutschen Bevölkerung oder Bestandteile derselben, die in Polen, der Tschechoslowakei und Ungarn zurückgeblieben sind, nach Deutschland durchgeführt werden muss. Sie stimmen darin überein, dass jede derartige Überführung, die stattfinden wird, in ordnungsgemäßer und humaner Weise erfolgen soll.

Da der Zustrom einer großen Zahl Deutscher nach Deutschland die Lasten vergrößern würde, die bereits auf den Besatzungsbehörden ruhen, halten wir es für wünschenswert, dass der Alliierte Kontrollrat in Deutschland zunächst das Problem unter besonderer Berücksichtigung der Frage einer gerechten Verteilung dieser Deutschen auf die einzelnen Besatzungszonen prüfen soll …

Die tschechoslowakische Regierung, die Polnische Provisorische Regierung und der Alliierte Kontrollrat in Ungarn werden gleichzeitig von Obigem in Kenntnis gesetzt und ersucht werden inzwischen weitere Ausweisungen der deutschen Bevölkerung einzustellen.

Geschichte in Quellen, Bd. 7, Die Welt nach 1945, hg. von H. Krause und K.H. Reif, München 1980, S. 78–79.

10 *Bevölkerungsbilanz für die Ostgebiete des Deutschen Reiches (Gebietsstand vom 31. 12. 1937) und die deutschen Siedlungsgebiete im Ausland 1945–1950:*

	deutsche Bevölkerung 17. 5. 1939	Vertriebene Sept. 1950 (in Mio.)	zurückgebliebene deutsche Bevölkerung
Ostdeutschland	9,5	7,1	1,1
Ostpreußen	2,4	1,9	0,1
Ostpommern	1,8	1,4	0,05
Ostbrandenburg	0,6	0,4	0,01
Schlesien	4,5	3,2	0,8
Auslandsdeutsche	7,4	4,9	1,4
Baltikum	0,2	0,1	0,01
Danzig	0,3	0,2	0,004
Polen	1,3	0,6	0,4
ČSR	3,4	3,0	0,2
Ungarn	0,6	0,2	0,2
Jugoslawien	0,5	0,2	0,008
Rumänien	0,7	0,2	0,4
insgesamt	16,9	12,0	2,5

nach: Gebhardt, Handbuch der Deutschen Geschichte. Bd. 4, Stuttgart 1978, S. 808.

11 *Bundeskanzler Willy Brandt vor dem Mahnmal im ehemaligen Warschauer Ghetto, 1970*

12 *Anlässlich der Unterzeichnung des sogenannten Warschauer Vertrages 1970, der die Unverletzlichkeit der bestehenden Grenze zwischen der Bundesrepublik Deutschland und Polen bekräftigte, hielt der damalige Bundeskanzler Willy Brandt folgende Rundfunk- und Fernsehansprache:*

Q Die Zeit ist gekommen für einen Schlussstrich und für einen Neubeginn ... Das polnische Volk hat Unsagbares erleiden müssen. Der Krieg und seine Folgen haben beiden Völkern, auch uns Deutschen, unendlich viele Opfer abverlangt. Jetzt geht es um die friedliche Zukunft zwischen den beiden Ländern und Völkern.

Wer seine Angehörigen verloren hat, wem seine Heimat genommen wurde, der wird nur schwer vergessen können ... Trotzdem muss ich gerade in dieser Stunde die heimatvertriebenen Landsleute bitten nicht in Bitterkeit zu verharren, sondern den Blick in die Zukunft zu richten. Der Vertrag bedeutet selbstverständlich nicht, dass Unrecht nachträglich legitimiert wird. Er bedeutet also auch keine Rechtfertigung der Vertreibung. Worum es geht, ist der ernste Versuch ein Vierteljahrhundert nach dem Krieg der Kette des Unrechts politisch ein Ende zu setzen ... Unserem Volk wird nicht heute aus heiterem Himmel ein Opfer abverlangt. Dies hat längst gebracht werden müssen als Ergebnis der Verbrechen Hitlers.

Bulletin des Presse- und Informationsamtes der Bundesregierung Nr. 161, Bonn 1970, S. 1693f.

13 *Aus dem deutsch-polnischen Vertrag vom 11. November 1990:*

Q Die Bundesrepublik Deutschland und die Republik Polen –
- in dem Bestreben ihre gegenseitigen Beziehungen in Übereinstimmung mit dem Völkerrecht ... zu gestalten,
- entschlossen gemeinsam einen Beitrag zum Aufbau einer europäischen Friedensordnung zu leisten, in der Grenzen nicht mehr trennen und die allen europäischen Völkern ein vertrauensvolles ... Zusammenleben gewährleistet,
- in der tiefen Überzeugung, dass die Vereinigung Deutschlands als Staat mit endgültigen Grenzen ein bedeutsamer Beitrag zu der Friedensordnung in Europa ist ...,
- eingedenk dessen, dass seit Ende des Zweiten Weltkriegs 45 Jahre vergangen sind, und im Bewusstsein, dass das schwere Leid, das dieser Krieg mit sich gebracht hat, insbesondere auch der von zahlreichen Deutschen und Polen erlittene Verlust ihrer Heimat durch Vertreibung und Aussiedlung, eine Mahnung und Herausforderung zur Gestaltung friedlicher Beziehungen zwischen beiden Völkern und Staaten darstellen,
- in dem Wunsch, duch die Entwicklung ihrer Beziehungen feste Grundlagen für ein freundschaftliches Zusammenleben zu schaffen und die Politik der dauerhaften Verständigung und Versöhnung zwischen Deutschen und Polen fortzusetzen –

sind wie folgt übereingekommen:

Art. 1: Die Vertragsparteien bestätigen die zwischen ihnen bestehenden Grenzen ...

Art. 2: Die Vertragsparteien erklären, dass die zwischen ihnen bestehende Grenze jetzt und in Zukunft unverletzlich ist und verpflichten sich gegenseitig zur uneingeschränkten Achtung ihrer Souveränität und territorialen Integrität.

Art. 3: Die Vertragsparteien erklären, dass sie gegeneinander keinerlei Gebietsansprüche haben und solche auch in Zukunft nicht erheben.

zit. nach: Das neue Osteuropa von A–Z, hg. von P. Rehder, München 1992, S. 450f.

1. *Welche Akzente des deutsch-polnischen Vertrages von 1970 werden durch Mat. 11 betont?*
2. *Wodurch erklärt sich nach Quelle 12 für Willy Brandt die Notwendigkeit des Vertrages mit Polen?*
3. *Auf welche Grundlagen und historischen Entwicklungen beruft sich der Vertrag von 1990 (Q 13)? Vergleiche sie mit Quelle 12.*

Der totale Krieg

Der militärische Verlauf

Der Angriff auf die Sowjetunion

Den Gedanken, einen Krieg gegen die Sowjetunion zu führen, hatte Hitler leitenden Vertretern von Wirtschaft und Armee schon bei der Bekanntgabe des Vierjahresplanes 1936 vorgetragen. Jetzt, da der Krieg im Westen nicht entschieden werden konnte, versuchte er die Eroberungsziele im Osten zu verwirklichen.

Die beabsichtigte Unterwerfung der Sowjetunion war eng mit der nationalsozialistischen Rassenideologie verknüpft. Die Sowjetunion war der einzige kommunistische Staat auf der Welt; und nirgendwo lebten mehr Juden in Europa als dort. Der Krieg gegen die Sowjetunion wurde deshalb von den Nationalsozialisten auch als „Kreuzzug gegen Bolschewismus und Weltjudentum" propagiert. Hitler bezeichnete schon in der Planungsphase vor Wehrmachts- und SS-Führung die Ermordung von Kommunisten und Juden als Kriegsziel. Zudem ging die Wehrmachtsführung davon aus, dass Millionen Sowjetbürger verhungern müssten, damit die deutsche Armee aus dem eroberten Land ernährt werden

Der Zweite Weltkrieg in Europa 1939–1945

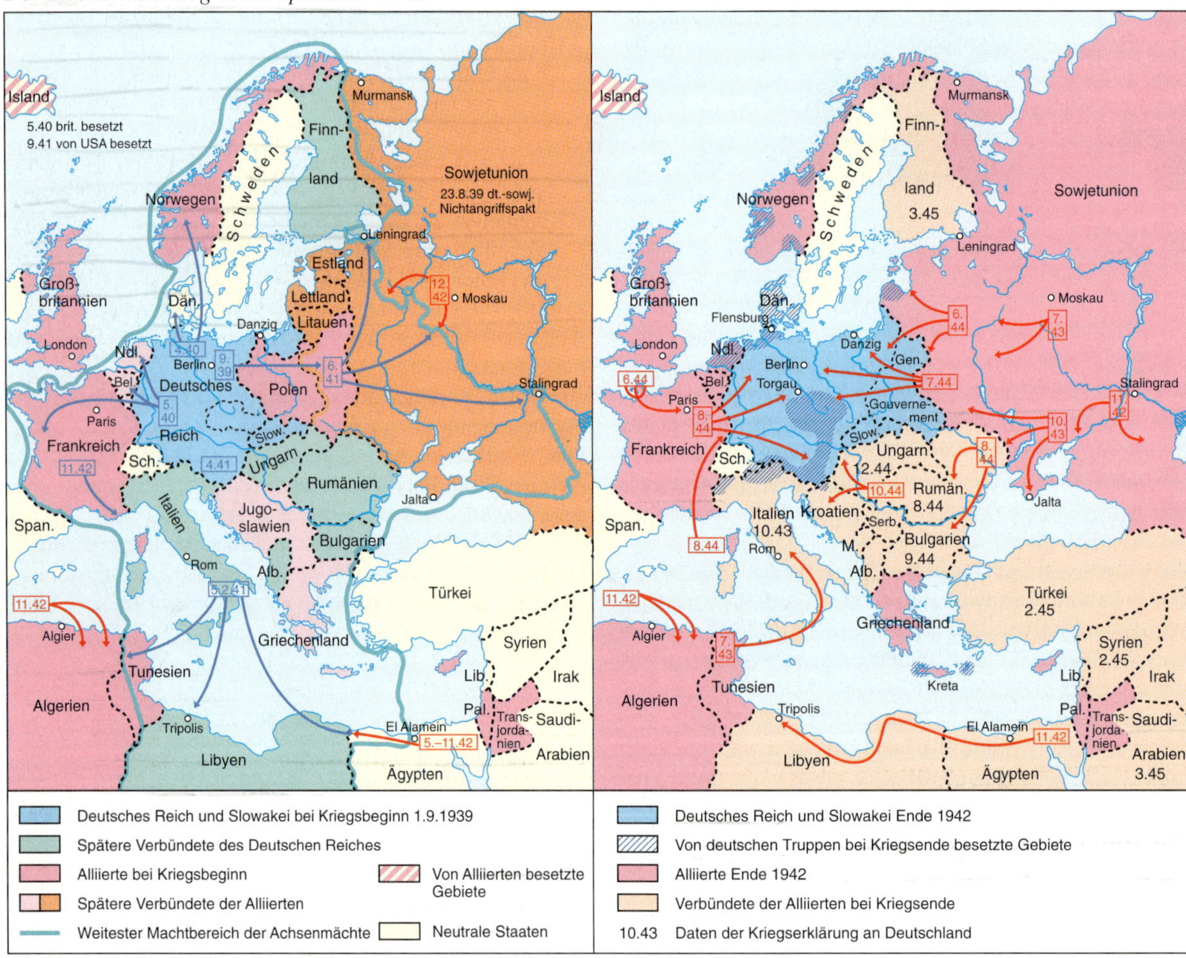

könne. Die Generäle der Wehrmacht wussten durchaus, für welche Ziele sie die Soldaten in den Krieg führten, als Hitler den Angriff gegen die Sowjetunion für den 22. Juni 1941 befahl.
Etwa drei Viertel der gesamten Wehrmacht standen für den „Ostfeldzug" bereit: ca. 3 Millionen Soldaten, 3 600 Panzer und 2 700 Flugzeuge. Tatsächlich gelang es in den ersten Monaten mehrere sowjetische Armeen einzuschließen. Bis zum Einbruch des Winters, als die Front kurz vor Moskau zum Stillstand kam, waren etwa 3 Millionen sowjetische Soldaten gefangen genommen worden und zwei Drittel der schwerindustriellen Zentren des Landes besetzt. Der sowjetische Widerstand war hart und verursachte auch auf deutscher Seite hohe Verluste. Das Blitzkriegskonzept scheiterte.
Am 19. Dezember 1941 löste Hitler Generalfeldmarschall von Brauchitsch als Oberbefehlshaber des Heeres ab und übernahm selbst dessen Stellung. Er glaubte persönlich verhindern zu können, dass aus dem Stillstand der deutschen Armee vor Moskau ein Rückzug würde. Es war verhängnisvoll gewesen, dass sich die Wehrmachtsführung Hitlers aggressiven Plänen angeschlossen hatte. Noch zerstörerischer sollte es sich auswirken, dass die Generäle in Zukunft gegen Hitlers Parole, um jeden Preis durchzuhalten, kaum Widerstand zu leisten wagten.
Für die sowjetische Führung war der deutsche Angriff überraschend gekommen. Nicht zuletzt der Abschluss des deutsch-sowjetischen Vertrages hatte Stalin in seiner Meinung bestärkt, dass es sich bei diesem Krieg um einen Konkurrenzkrieg der imperialistischen Mächte handele, der die Sowjetunion nicht gefährde. Als Erstes verlagerte jetzt die Regierung in ungeheueren Anstrengungen die sowjetische Rüstungsindustrie in Gebiete hinter die Ural-Wolga-Linie; unter großen Opfern ließ sie die Bevölkerung dorthin evakuieren.
Die Widerstands- und Kampfkraft der sowjetischen Bevölkerung kam für die deutsche Partei- und Wehrmachtsführung unerwartet. Die Menschen in der Sowjetunion fassten den Krieg gegen Deutschland als einen nationalen Verteidigungskampf auf, für den sich auch Gegner des stalinistischen Systems einsetzten.
Wie stark Land und Bevölkerung gefährdet waren, daran ließen die Zerstörungen der Wehrmacht und der Terror der Sondereinheiten der SS keinen Zweifel. Von SS und SD aufgestellte „Einsatzgruppen" erschossen in den besetzten Gebieten der Sowjetunion Hunderttausende, vor allem Juden und kommunistische Funktionäre. Als Vorwand diente in der Regel die Partisanenbekämpfung. Die wenigsten Opfer aber gehörten wirklich Partisanengruppen an.

Deutsche Soldaten nach der Eroberung einer russischen Stadt, 1941

Der Kriegseintritt der USA

Erinnern wir uns: Am 7. Dezember 1941 hatten japanische Flugzeuge die amerikanische Pazifikflotte in Pearl Harbor angegriffen (siehe S. 260). Japan strebte die Vorherrschaft in Ostasien an. Sollte daraus die Aufteilung der Welt unter wenige Großmächte folgen?
In völliger Verkennung der Kräfteverhältnisse ließ Hitler am 11. Dezember 1941 den Vereinigten Staaten von Amerika den Krieg erklären. Die deutsche Führung hoffte dadurch die amerikanischen Kräfte frühzeitig zwischen dem asiatischen und europäischen Kriegsschauplatz aufsplittern zu können. Churchill und Roosevelt verständigten sich jedoch darauf die größten Anstrengungen vorerst gegen das nationalsozialistische Deutschland zu richten, das die Existenz Großbritanniens unmittelbar bedrohte. Da Deutschland nun seine militärischen Kräfte nicht mehr auf einen Punkt konzentrieren konnte, mussten die weitgestreckten Fronten ab 1943 unter großen Verlusten Schritt um Schritt zurückweichen.

Die militärische Wende 1942/43

Im November 1942 schlossen sowjetische Truppen eine deutsche Armee mit über 250 000 Soldaten in Stalingrad ein. Die Armeeführung unter Generalfeldmarschall Paulus konnte sich trotz der hoffnungslosen Lage nicht dazu entschließen, Hitlers Ausbruchs- und Kapitulationsverbot zu ignorieren. Als die Kapitulation schließlich Ende Januar 1943 unausweichlich war, gingen ca. 90 000 Mann in Gefangenschaft. Etwa ebenso viele Soldaten waren auf deutscher Seite in den fast drei Monate andauernden erbitterten Kämpfen in Stalingrad umgekommen.

Die britischen und die jetzt auf dem europäischen Kriegsschauplatz eintreffenden amerikanischen Truppen vereinigten sich zuerst in Nordafrika. Die dort kämpfenden, nur schwer zu versorgenden deutschen und italienischen Verbände wurden bei El Alamein in Ägypten geschlagen und mussten im Mai 1943 kapitulieren. Dadurch konnten die anglo-amerikanischen Truppen nach Sizilien übersetzen und eine italienische Front eröffnen. Äußere Bedrohung und innerer Widerstand führten schnell zum Zusammenbruch des faschistischen Regimes in Italien. In den befreiten Teilen Italiens bildete sich eine nichtfaschistische Übergangsregierung, die an die Seite der Alliierten trat. Mussolini wurde während des deutschen Rückzuges von Partisanen ergriffen und hingerichtet.

Am 6. Juni 1944 begannen die Truppen der westlichen Alliierten mit der Invasion an der französischen Atlantikküste. Stalin hat während des Krieges oft kritisiert, dass die Westmächte einen solch massiven Einsatz erst begannen, als die deutschen Kräfte schon weitgehend erschöpft waren. Dies nährte seinen Verdacht, die Westalliierten würden vor allem auf ihre materielle Überlegenheit setzen und ihre Kriegsstrategie auf Kosten der sowjetischen Truppen verfolgen.

Überlebende eines anglo-amerikanischen Luftangriffs auf Mannheim, 1943

Im Krieg sterben nicht nur die Soldaten

Die Zerstörung der Heimat

Dieser Krieg zerstörte – wie noch im Ersten Weltkrieg – nicht nur die Länder, in denen die Truppen kämpften, er bedrohte nicht nur die Bevölkerung besetzter Gebiete. Er war auch für die zivile deutsche Bevölkerung eine Last geworden, brachte Angst, Erschöpfung und Vernichtung.

Spätestens seit 1943 konnte die deutsche Luftwaffe den britischen und amerikanischen Bomberverbänden nicht mehr wirksam begegnen. Neue Zielmittel wie Radar erhöhten die Treffsicherheit der Flugzeugangriffe, die auf die Wohngebiete großer Städte sowie – verstärkt 1944 – auf zentrale Rüstungsindustrien zielten. Noch am 13./14. Februar 1945 flogen alliierte Verbände auf die mit Flüchtlingen überfüllte Stadt Dresden einen Luftangriff, dem mindestens 40 000 Menschen zum Opfer fielen und der die gesamte Innenstadt verwüstete. Das Kalkül der Westalliierten die deutsche Bevölkerung zu zermürben, ging jedoch nur zum Teil auf.

Ein Sieg der Alliierten bedeutete für viele nicht sich das Leben zu sichern, sondern es dem Feind auszuliefern. Die alliierte Forderung der „bedingungslosen Kapitulation" unterstützte diese Einstellung.

Die deutsche Regierung benutzte ihrerseits Propaganda und Terror, um den Kriegseinsatz der Bevölkerung zu steigern und das Vertrauen auf den Sieg zu erhalten. Auf einer Großkundgebung im Berliner Sportpalast im Februar 1943 – drei Wochen nach der Niederlage von Stalingrad – rief Goebbels das deutsche Volk zum totalen Krieg auf: Sieg mit allen Mitteln oder vollständige Niederlage – das war die brutale Perspektive, die der Zivilbevölkerung und den Soldaten eingehämmert wurde.

Wirtschaft und Gesellschaft wurden jetzt ganz auf die Anforderungen des Krieges ausgerichtet. Frauen wurden als

Zuhörer bei Goebbels Proklamation des „totalen Krieges" im Berliner Sportpalast am 18. Februar 1943

„Luftwaffenhelferinnen" bei der Flugabwehr eingesetzt, taten beim Roten Kreuz Dienst oder versahen Verwaltungsaufgaben. Familien zogen aufs Land. Schulkinder wurden in Gebiete des Reiches evakuiert, die für Bomber schwerer erreichbar waren.

Da die Front immer mehr Arbeiter aus den Produktionsbetrieben abzog, nahm die Ausbeutung der besetzten Gebiete zu: Bis zu sieben Millionen ausländische Arbeiterinnen und Arbeiter waren in Deutschland in Landwirtschaft, Handwerk und Industrie tätig; die meisten von ihnen wurden zwangsweise nach Deutschland verschleppt. Außerdem waren 1944 fast eine halbe Million Konzentrationslagerhäftlinge und ein großer Teil der Kriegsgefangenen im Arbeitseinsatz. Wer sich den Forderungen der nationalsozialistischen Kriegsgesellschaft verweigerte, gefährdete die verbliebene Freiheit oder gar das Leben; wer den Londoner oder Moskauer Rundfunk hörte, musste mit einem Todesurteil rechnen, wenn ihn sein Nachbar verriet.

Die Ermordung der Behinderten

Eine bald nach Kriegsbeginn eingesetzte Ärztekommission „begutachtete" Insassen von Anstalten für körperlich, geistig oder seelisch Behinderte. Nicht arbeitsfähige Anstaltsbewohner wurden als „lebensunwert" eingestuft; sie galten als eine wirtschaftliche Last und als Gefährdung der „Erbsubstanz" des Volkes und wurden getötet. Mitten in Deutschland lagen diese Anstalten, in denen Ärzte Behinderte durch Giftgas ermorden ließen. Die Vernichtungsanstalten waren nur unvollkommen als „Heil- und Pflegeanstalten" getarnt; es blieb den Nachbarn nicht verborgen, dass man hier Menschen tötete. Angehörige der Opfer und Vertreter beider Kirchen, in deren Pflege die meisten der Opfer bisher gestanden hatten, protestierten dagegen (siehe S. 117). Die nationalsozialistische Führung stoppte daraufhin die Vergasungen; allerdings brachten in vielen Anstalten weiterhin Ärzte und Pflegepersonal Patienten durch Giftspritzen oder Hungerrationen um. Insgesamt wurden während des Krieges etwa 200 000 behinderte Menschen getötet.

Die Vernichtung der Juden in Europa

In den Tötungsanstalten bildete die SS-Führung ihr Personal heran, das Mordaktionen ungleich umfassenderen Ausmaßes durchführen sollte: die Vernichtung der jüdischen Bevölkerung in Europa.

Schon bald nach Kriegsbeginn ließen Gestapo und SD die Juden in Ghettos* zusammenfassen. Seit dem 1. September 1941 mussten Juden einen gelben Stern tragen. Dies geschah in gleicher Weise im Reichsgebiet wie in den besetzten Ländern. Direkt nach dem Einmarsch in die Sowjetunion hatte Göring den Führer der Sicherheitspolizei, Reinhard Heydrich, mit der „Endlösung der Judenfrage" beauftragt. So umschrieb die nationalsozialistische Führung die Vernichtung der Juden. Heydrich ließ daraufhin den Aufbau von Vernichtungslagern und den Transport der jüdischen Bevölkerung aus allen von den Nationalsozialisten besetzten Ländern vorbereiten. Auf der sogenannten „Wannsee-Konferenz" am 20. Januar 1942 – benannt nach dem Tagungsort Berlin-Wannsee – erläuterte er Vertretern der beteiligten Ministerien die geplante Deportation von etwa 11 Millionen Juden. Ab 1942 ließ die SS in Vernichtungslagern die Juden durch Giftgas fabrikmäßig ermorden. Etwa sechs Millionen Juden in Europa sind Opfer des nationalsozialistischen Tötungsapparates geworden (siehe S. 136). Die genaue Zahl wird sich nie ermitteln lassen. Allein in Auschwitz sind nach dem Zeugnis des Lagerkommandanten Rudolf Höß über eine Million Juden getötet worden. Auschwitz war Vernichtungs- und Konzentrationslager zugleich. Hier wurden die Juden bei der Ankunft von SS-Ärzten „selektiert": Die Ar-

Überlebende des Aufstandes im Warschauer Ghetto werden abgeführt, 1943

beitsfähigen kamen ins Lager, die anderen – vor allem Kinder, Frauen und Alte – mussten unmittelbar in die Gaskammern gehen. Die Nationalsozialisten stuften auch die *Roma und Sinti,* verächtlich Zigeuner genannt, als „rassisch minderwertig" ein. Schon vor dem Krieg hatte die Polizei sie erfasst und in Lager zusammengetrieben. Wer von ihnen Verfolgung und Deportation überlebte, kam ab 1943 nach Auschwitz. Mindestens 20 000, vielleicht sogar 40 000 Roma und Sinti ermordete die SS dort.

In der Regel ließen sich die Menschen und Institutionen des nationalsozialistischen Staates ohne Protest oder auch nur den Versuch einer Verweigerung in die Vernichtungsmaschinerie einspannen. Juristen entwarfen die Erlasse und Verwaltungsvorschriften, die Reichsbahn stellte die Züge bereit, Industriefirmen lieferten das Giftgas, die SS schickte das Mordpersonal. Kaum jemand fühlte sich mit der Gesamtverantwortung für die Verbrechen belastet. Zwar erhoben da und dort Wehrmachtsbefehlshaber oder Fabrikdirektoren Proteste, als ihnen die jüdischen Arbeiter entzogen wurden, aber die SS wies solche Proteste mit dem Hinweis zurück, dass es um „höhere" Aufgaben gehe: die Errichtung der Herrschaft der nationalsozialistischen Herrenmenschen.

Der 20. Juli 1944: Ein Zeichen des Widerstandes

Seit Beginn des Krieges gab es in den von Deutschland überfallenen Ländern Widerstands- und Partisanengruppen, die verzweifelt gegen die Besatzerherrschaft kämpften. Mit zunehmender Dauer des Krieges wurden aber auch im Deutschen Reich wieder mehr Gegner des Regimes aktiv, obwohl dies unter den Bedingungen des Krieges besonders schwierig war. Denn anders als in den von deutschen Truppen eroberten Gebieten konnten sich die Widerstandsgruppen innerhalb Deutschlands nicht auf einen Rückhalt in der Bevölkerung stützen. Und ganz gleich, aus welcher politischen Überzeugung sie zum Widerstand kamen, sie mussten zur militärischen Niederlage des eigenen Landes aufrufen, um die politische Befreiung von der nationalsozialistischen Herrschaft zu erreichen. Oft auf sich allein gestellt setzte jedes Mitglied einer Widerstandsgruppe sein Leben aufs Spiel, wenn es Handzettel klebte oder Flugblätter in Umlauf brachte. Eine dieser Gruppen war die „Weiße Rose" um die Geschwister Scholl, die 1942 und 1943 in Flugblättern Studenten und Hochschullehrer der Universität München zum Widerstand aufriefen, bis sie im Februar 1943 entdeckt und hingerichtet wurden.

Erst als an der militärischen Niederlage nicht mehr zu zweifeln war, fanden diejenigen, die sich der Vernichtungspolitik und den sinnlosen Durchhaltebefehlen widersetzen wollten, auch in Militär und Bürokratie mehr Unterstützung. Die Zeit der Niederlagen und die zunehmende Kenntnis von den Vernichtungsmaßnahmen leitete auch bei manchen Verantwortungsträgern einen Umdenkungsprozess ein, der ihn in Distanz zum Regime, wenige auch bis zum aktiven Widerstand führte (siehe S. 115–117).

Zu ihnen gehörte der Oberst im Generalstab Claus Graf Schenk von Stauffenberg, der mit Widerstandskreisen um den ehemaligen Bürgermeister von Leipzig, Carl Goerdeler, sowie dem Großgrundbesitzer und Völkerrechtler Helmut

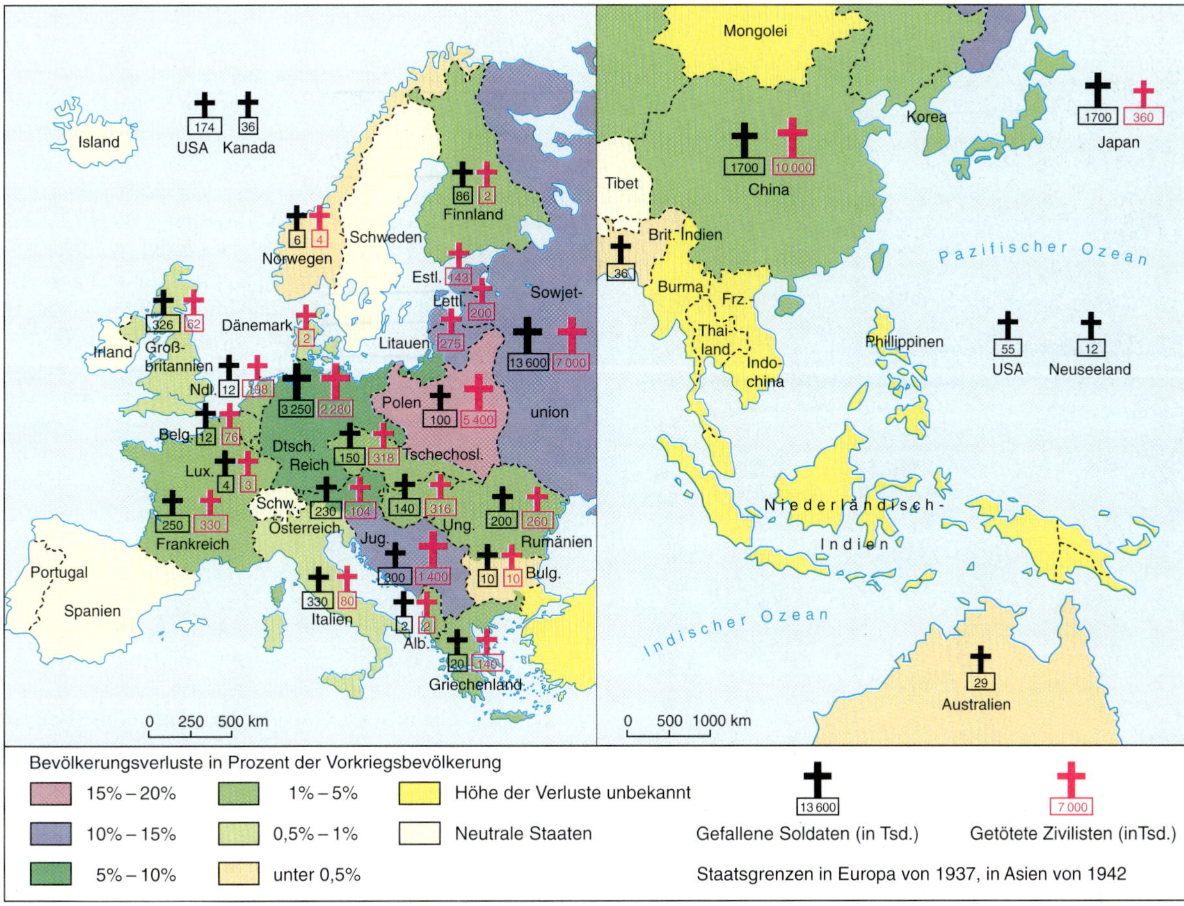

Bevölkerungsverluste im Zweiten Weltkrieg

James Graf Moltke – dem sogenannten „Kreisauer Kreis", benannt nach Moltkes Gut Kreisau – verbunden war. Im Kreisauer Kreis trafen sich außerdem antinationalsozialistisch eingestellte Vertreter beider Kirchen; auch Kontakte zu illegalen Gruppen aus der Arbeiterbewegung bestanden. Es war vor allem Stauffenberg, der Pläne, Hitler zu beseitigen, bis zum Attentat vorantrieb. Die Bombe, die Stauffenberg am 20. Juli 1944 in Hitlers Hauptquartier in Ostpreußen zündete, verletzte Hitler jedoch nur leicht. Es gelang Stauffenberg und seinen Mitverschwörern nicht gleichzeitig in den Kommandozentralen der Wehrmacht in Berlin genügend Unterstützung zu mobilisieren. Noch in der Nacht wurden die Hauptverschwörer standrechtlich erschossen. Der Gestapo gelang es viele Personen, mit denen sich Stauffenberg beraten hatte, aufzuspüren. Der Volksgerichtshof unter Roland Freisler verurteilte mehrere hundert von ihnen zum Tode.

Das Scheitern des Umsturzversuches vom 20. Juli 1944 macht deutlich, dass der nationalsozialistische Staat trotz der schweren Zerstörungen und ungeheuren Opfer noch funktionierte und sich erfolgreich seiner inneren Gegner erwehren konnte. Nach wie vor war es für Regimegegner schwer in Deutschland unterzutauchen. Denunzianten aus der Bevölkerung erleichterten der Gestapo die Arbeit. Es gab zu viele, die sich zu sehr mit dem Regime eingelassen hatten; sie fürchteten eine Niederlage mehr, als dass sie die Befreiung von der faschistischen Diktatur begrüßten.

Das Kriegsende und die Atombombe

Zum Jahreswechsel 1944/45 standen die Truppen der Alliierten im Westen und im Osten an den Reichsgrenzen. Aber noch fast weitere fünf Monate wurde erbittert gekämpft.
Vor den vorrückenden sowjetischen Truppen flohen Mil-

Auf dem Reichstag hissten Soldaten der Roten Armee die sowjetische Flagge am 30. April 1945. Die hier gezeigte Szene wurde am 2. Mai 1945 für den Fotografen nachgestellt.

lionen Menschen aus den deutschen Ostgebieten. Die Vergeltung für die grausame Besatzerherrschaft der Deutschen in Polen und der Sowjetunion bekamen jetzt vor allem die Frauen mit ihren Kindern zu spüren, die in endlosen Flüchtlingstrecks nach Westen ihre Familie und ihr letztes Hab und Gut zu retten suchten (siehe Karte S. 125).

Im Westen rückten die alliierten Truppen seit März 1945 über den Rhein nach Osten vor. Am 25. April endlich trafen sich amerikanische und sowjetische Verbände bei Torgau an der Elbe. In der Nacht vom 8. auf den 9. Mai wurde die bedingungslose Kapitulation durch die Führung der deutschen Wehrmacht unterzeichnet. Hitler hatte sich am 30. April im Bunker der Reichskanzlei in Berlin umgebracht, ebenso wie Goebbels mit seiner Familie. Eine deutsche Regierung gab es nicht mehr. Aufgrund der bedingungslosen Kapitulation übernahmen die alliierten Militärbefehlshaber die Regierungsgewalt in Deutschland. Nach Deutschlands Niederlage konzentrierten sich die westlichen Alliierten auf den Krieg gegen Japan. Obwohl die amerikanische Luftwaffe ein großes Übergewicht hatte, nahezu alle japanischen Häfen vermint waren und damit Japan praktisch blockiert wurde, stimmte Präsident Truman – sein Amtsvorgänger Roosevelt war im April 1945 gestorben – dem Einsatz einer neuen Waffe mit bis dahin unbekannter Zerstörungskraft zu: der Atombombe. Die durch die Explosion dieser Bombe freigesetzten Energien beruhten auf der Urankernspaltung, die 1939 von dem deutschen Physiker Otto Hahn entdeckt worden war. Nur die Vereinigten Staaten konnten diese Entdeckung militärisch verwerten, da der Aufbau von Produktionsanlagen ungeheuer forschungs- und kapitalintensiv war. Am 6. August, zwei Tage bevor die Sowjetunion in den Krieg gegen Japan eintrat, warf ein amerikanisches Flugzeug die erste Uranbombe im Kriegseinsatz über der japanischen Stadt Hiroshima ab; 80 Prozent des Stadtgebietes wurden zerstört, nahezu 100 000 Menschen starben in wenigen Minuten. Am 9. August folgte die Explosion einer Plutoniumbombe über Nagasaki, die etwa 40 000 Menschen tötete. Wenige Tage später akzeptierte die japanische Regierung die amerikanischen Kapitulationsbedingungen.

Der Abwurf der beiden Atombomben führte zu einem beschleunigten Ende des Krieges gegen Japan und damit des Zweiten Weltkrieges insgesamt. Am Ende des Zweiten Weltkrieges zeichneten sich damit aber bereits die Bedingungen ab, unter denen ein dritter stattfinden würde, wenn es den Großmächten nicht gelingen sollte, eine dauerhafte Friedensordnung zu finden. Der nächste Krieg würde eine noch weitaus größere Zerstörungskraft entfalten und noch weniger zwischen Zivilbevölkerung und Soldaten unterscheiden, noch höhere finanzielle Aufwendungen erfordern als dieser fürchterliche, gerade beendete Krieg.

Fragen und Arbeitsaufgaben

1. *Erläutere die Kriegsziele der Nationalsozialisten. Welche Folgen hätte ein deutscher Sieg für die Völker Europas gehabt?*
2. *Erkläre den Ausdruck „Totaler Krieg“. Vergleiche mit dem Ersten Weltkrieg und heutigen Kriegen.*
3. *Warum hielt Stauffenberg die Tötung Hitlers deiner Meinung nach für notwendig? Welche anderen Mittel des Widerstandes gab es?*
4. *Überlegt, warum die Sowjets diese Szene (siehe Bild S. 134) haben nachstellen lassen.*

Die jüdische Bevölkerung unter dem Nationalsozialismus: Von der Entrechtung zur Vernichtung

1 *Aus den Erinnerungen von Marta Appel. 1894 in Metz geboren lebte Marta Appel mit ihrem Mann, einem Rabbiner, seit 1926 in Dortmund. Im April 1937 wurde das Ehepaar für kurze Zeit verhaftet. Nach der Freilassung flohen sie mit ihren beiden Töchtern im Mai 1937 nach Holland und von dort in die USA. 1940/41 verfasste Marta Appel ihre Erinnerungen:*

Q Man hatte den Kindern gesagt, dass sie am 1. April 1933, dem Tag des Boykotts, nicht in die Schule kommen sollten … Auf jedem Platz, an jeder Ecke vor einer Synagoge fanden sich Propagandatafeln, auf denen wir verächtlich gemacht und beschimpft wurden. Wir seien Parasiten und hätten das Unglück des deutschen Volkes verschuldet, so konnten wir überall und immerzu bei jeder Gelegenheit hören und lesen. Doch an diesem Tag schloss kein jüdischer Laden; keiner wollte angesichts des Boykotts seine Angst zeigen. Nur die Synagoge öffnete ihre Tore nicht wie sonst, obgleich es Sonnabend war. Wir wollten nicht, dass diese heilige Stätte durch irgendwelche Unruhestifter entweiht würde.

Ich ging sogar in die Stadt, um zu sehen, was im Geschäftsviertel los war. Ich fand keine begeisterte Menge, die durch die Straßen stürmte und die jüdischen Geschäfte zerstörte, wie es die Nazis erwartet hatten, sondern ich hörte nur Äußerungen des Unmuts und der Missbilligung …

Nichtjüdische Freunde und Nachbarn, ja sogar Menschen, die wir vorher kaum gekannt haben, kamen zu uns, um ihre Verbundenheit und ihre Freundschaft uns zu bekunden, und alle meinten, dass diese Schreckenszeit nicht lange dauern könne. Aber nach einigen Monaten des Terrorregimes hatten Treue und Freundschaft ihren Sinn verloren, Furcht und Verrat griff um sich. Um unsere christlichen Freunde nicht zu gefährden wandten wir uns ab und grüßten nicht, wenn wir einen von ihnen auf der Straße trafen; sie sollten nicht ins Gefängnis kommen, weil man sie für Judenfreunde hielt.

Mit jedem Tag der Naziherrschaft wurde die Kluft zwischen uns und unseren Mitbürgern weiter. Freunde, mit denen wir lange Jahre hindurch freundschaftlich verbunden waren, kannten uns nicht mehr. Plötzlich stellten sie fest, dass wir eben doch anders waren als sie. Angstvolle Vorstellungen begleiteten mich, wohin ich ging: Wenn ich in einem Geschäft mit den Angestellten sprechen musste, fürchtete ich, dass sie sich feindlich gegen mich wenden würden, sobald sie entdeckten, dass ich Jüdin sei. Ich bin eigentlich auf der Straße und in Geschäften niemals solchen unangenehmen Erlebnissen ausgesetzt gewesen, aber ich erwartete so etwas jeden Moment und die Angst quälte mich unablässig. Schon lange bevor es uns von den Nazis verboten worden war, hatte ich darauf verzichtet, ein Theater oder ein Kino zu besuchen, weil ich es einfach nicht ertragen konnte zwischen Menschen zu sitzen, die uns hassten.

2 *Im Frühjahr 1935 flüchtete ein jüdischer Arzt unter Zurücklassung aller Habe aus Dortmund. Über die Frage, ob es besser sei aus Deutschland zu fliehen als weiterhin Verfolgung und Entrechtung zu ertragen, berichtet Marta Appel:*

Q Einige Tage, nachdem dieser Arzt mit seiner Familie Dortmund verlassen hatte, waren wir bei Freunden eingeladen. Die Unterhaltung kreiste verständlicherweise vor allem um die Flucht des Arztes und die Diskussion wurde sehr erregt. Die meisten Männer verurteilten die Flucht. „Das ist ein Mangel an Mut, jetzt zu einem Zeitpunkt das Land zu verlassen, da wir alle fest gegen Unterdrückung und Hass zusammenhalten sollten.“ Die Frauen protestierten heftig; sie fanden, dass es mehr Mut erfordere, wegzugehen als zu bleiben. „Wozu sollen wir hierbleiben und auf unseren allmählichen Ruin warten? Ist es nicht besser zu gehen und sich eine neue Existenz woanders aufzubauen, bevor unsere Kräfte durch den dauernden physischen und psychischen Druck hier erschöpft sind? Ist die Zukunft unserer Kinder nicht viel wichtiger als ein völlig sinnloses Durchhalten angesichts der Ideologie und der Verbrechen der Nazis?“ Alle Frauen, ohne Ausnahme, waren dieser Meinung und nahmen für den Arzt Partei, während die Männer mehr oder weniger leidenschaftlich dagegen sprachen.

Auch auf dem Heimweg diskutierte ich noch mit meinem Mann. Wie alle anderen Männer konnte er sich einfach nicht vorstellen, wie man seine geliebte Heimat und die Pflichten, die das Leben eines Mannes ausmachen, verlassen könne. „Könntest du das wirklich alles aufgeben, um sozusagen ins Nichts zu gehen?“ Aus dem Klang seiner Stimme merkte ich, wie sehr ihn schon der bloße Gedanke daran erregte. „Ich könnte es“, sagte ich, ohne eine Sekunde zu zögern. „Ja, ich könnte es“, wiederholte ich es noch einmal, „denn es würde ja auch bedeuten, ein neues Leben zu beginnen.“ Und ich war tief überzeugt von dem, was ich sagte.

3 *Über die Vorbereitung vieler Juden auf die Auswanderung im Jahr 1936 erinnert sie sich:*

Q Solange ich mich erinnern kann, war in unserem Gemeindehaus nie so viel Leben und Treiben gewesen wie jetzt. In jedem Winkel vom Keller bis zum Dachboden fand irgendein Kursus statt. Männer und Frauen, Jungen und Mädchen kamen, um neue Fertigkeiten oder neue Berufe zu erlernen, mit denen sie sich im Ausland über Wasser zu halten hofften. Mit den Geräuschen der verschiedensten Handwerke, die aus den Räumen drangen, mischten sich Wortfetzen vieler Sprachen, Spanisch, Französisch, Englisch oder Hebräisch konnte man hören …

In keinem anderen Land der Welt hatte die Idee, Palästina wieder aufzubauen, so viele Gegner gefunden wie in Deutschland, in keinem Land der Welt waren Zionisten so heftig bekämpft worden. Immer noch lehnte die ältere Generation den Zionismus ab. „Der Religion nach sind wir Juden, aber politisch sind wir Deutsche." Dieser Grundsatz war im Denken der deutschen Juden fest verankert. Hass und Verfolgung konnten die Liebe zu unserem Heimatland nicht zerstören. Daher führte der Enthusiasmus der jüdischen Jugend für Palästina in vielen Familien zu schweren Konflikten. Häufig mussten wir eingreifen und den Streit zwischen Eltern und Kindern schlichten. Die Jugend wollte nicht mehr warten, während die Alten Herz und Hoffnung nach wie vor an ihr deutsches Vaterland hängten.

Quelle 1 bis 3: M. Appel, Erinnerungen, München 1959, S. 68ff.

4 *Jüdische Emigration aus Deutschland 1933 bis 1942*

1933	37 000	1937	23 000	1941	8 000
1934	23 000	1938	40 000	1942	8 500
1935	21 000	1939	78 000		
1936	25 000	1940	17 000		

Nach Angaben des Völkerbundes gab es im Frühjahr 1935 ca. 65 000 rassisch Verfolgte und 16 000 bis 19 000 politisch Verfolgte, die Deutschland seit 1933 verlassen hatten. 1933 lebten etwa 500 000 jüdische Bürger (=0,76 % der Gesamtbevölkerung) im Reichsgebiet.

Zusammengestellt nach: Biographisches Handbuch der deutschsprachigen Emigration nach 1933, Bd. 1, München 1980, S. XIX.

5 *Die Vernichtung der Juden in Europa*

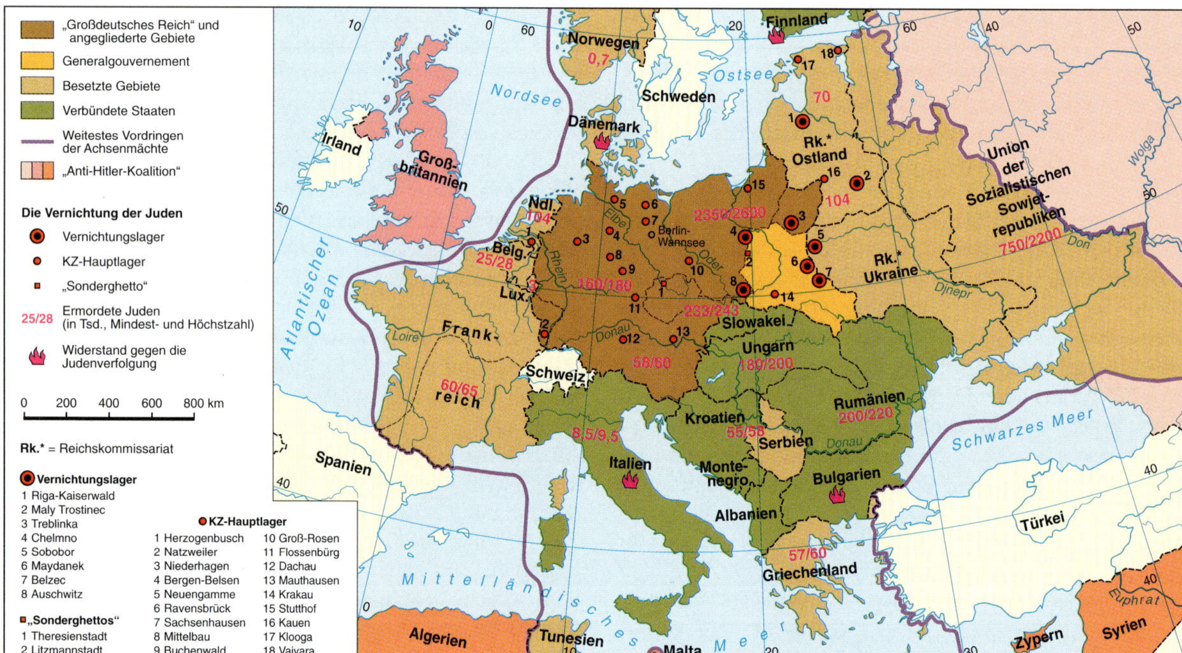

1. *Welchen Zusammenhang zwischen nationalsozialistischer Expansions- und Eroberungspolitik und der Vernichtung der Juden lässt die Karte erkennen?*

2. *Nimm zu der Ansicht Stellung, dass jede statistische Darstellung der Judenvernichtung eine Verharmlosung bedeute.*

3. *Wie und wodurch veränderten sich nach Quelle 1 die Lebensumstände der Juden in Deutschland bis 1937?*
4. *Wie erklärst du dir, dass Frauen und Männer nach Quelle 2 eine unterschiedliche Haltung zur Frage der Emigration einnahmen?*
5. *Aufgrund welcher Ereignisse lässt sich die Entwicklung der Emigration erklären?*

Arbeit und Vernichtung

6 *Bericht von Willi Kessler, vorgetragen anlässlich einer Tagung zum 40. Jahrestag des Aufstandes im Warschauer Ghetto:*

Q Mein Name ist Willi Kessler. Ich bin 1925 in Berlin als Sohn jüdischer Eltern geboren und wurde 1943, im Januar, mit meinen Eltern und drei Geschwistern in das Konzentrationslager Auschwitz verfrachtet. Mein Leidensweg begann in Auschwitz auf der Rampe …

Mein Vater war im Ersten Weltkrieg schwer verwundet worden – er hatte auch das Verwundetenabzeichen von Kaiser Wilhelm – und war halb taub; sein eines Trommelfell war halb kaputt. Als es hieß „Männer unter 40 links raus – Männer über 40 rechts raus!“, da stellte … sich mein Vater dorthin, wo seine Söhne standen. Er wurde mehrmals wieder zurückgeschickt auf seinen Platz auf der Seite der über Vierzigjährigen, doch es zog ihn immer wieder zu uns … und als man ihn wieder fortjagen wollte, hat er sich scheinbar gewehrt – man brauchte ja nur den Arm hochzuheben, vielleicht hat man ihn auch zur Seite gestoßen –, da fielen etliche SS-Männer über ihn her und schlugen ihn mit Eichenknüppeln zusammen, so lange, bis er auf der Erde lag …

Mein Vater wurde weggeschleppt; er war das erste Opfer aus unserer Familie. Meine Mutter und meine Schwester wurden dann auf Lastwagen verladen, mit den anderen Frauen – nun ging es fort.

Die übrig gebliebenen Männer traten den Weg von der Rampe ins KZ Birkenau an. Dann bekamen wir unsere Häftlingsnummer, die ich heute noch hier auf meinem Arm habe: 99998.

7 *Willi Kessler kam mit dem zweitältesten Bruder ins Nebenlager Jawischowitz, wo er in einem Kohlenbergwerk arbeiten musste. Der Bruder wurde bei der Arbeit vom Reviersteiger – einem freien Arbeiter, weder Häftling noch SS-Mann – erschlagen.*

Q Ich bekam nach längerer Zeit eine beiderseitige Lungenentzündung und wurde zurück nach Auschwitz geschickt zur Vergasung. Ein uns bekannter jüdischer Arzt, der in Berlin in unserer Nähe, gleich um die Ecke unserer Straße, gewohnt hatte, hat mich damals vor dem Tod gerettet, indem er mich aus dem Haufen herausnahm und in den Krankenbau trug …

Ich habe dann auf dem Holzhof in Auschwitz gearbeitet und hatte dadurch Gelegenheit ins Frauenlager zu kommen; wir brachten dort Holz für die Küche hin. Eines Tages bat mich ein Bettnachbar, ein Österreicher, Georg Glas, dessen Frau in Birkenau Blockälteste war und der wusste, dass wir natürlich mit Bewachung – es war immer ein SS-Mann dabei – nach Birkenau fahren konnten, einen Brief für sie mitzunehmen. Es war zwar ein gefährliches Unterfangen, aber ich habe es doch riskiert. Ich konnte der Frau den Brief aushändigen und habe dies gleich mit der Bitte an sie verbunden einmal nachzuforschen, wo der Berliner Transport vom 13. Januar 1943 geblieben sei. Das hat sie dann auch getan, und als ich nach etwa vier bis fünf Wochen noch einmal die Gelegenheit hatte nach Birkenau zu fahren, bin ich wieder zu ihr in den Block dort gegangen und da sagte sie mir, dass die Frauen aus diesem Transport das Lager Birkenau nie erreicht hätten. Meine Mutter, meine Schwester, meine ganze Familie – alle meine Angehörigen – waren tot. Das Leben hatte keinen Sinn mehr für mich.

Ich lebte dann in den Tag hinein, abgestumpft, gleichgültig, ob mich der Tod ereilte oder nicht; es war mir völlig egal, wann und wo. Ich hatte mit allem abgeschlossen.

Eines Tages wurde ich dann in das Außenlager Monowitz verlegt und kam nach Buna. In Buna war es noch schrecklicher als in Auschwitz. Erstmal war Auschwitz größer, Buna war klein; und je kleiner das Lager, um so besser konnten sich die SS-Leute um die Gefangenen „kümmern“. In Buna habe ich in vielen Kommandos arbeiten müssen. Unter anderem auch beim Stahlbau. Wir haben eine große Fabrik aufgebaut, in der künstliches Gummi, das sogenannte „Buna“, erzeugt werden sollte. Eines Tages hat mich ein deutscher Kranführer, während ich meine Arbeit tat, vom Gerüst aus mit der Laufkatze des Kranes sozusagen aus dem Gebäude herausgedrückt. Ich fiel aus sechs Metern Höhe herunter, schlug mit dem Kopf auf und zog mir viele Platzwunden zu … So schleppte man mich abends ins Lager.

Ich kam dann in den Häftlingskrankenbau und fand dort einen tschechischen Arzt, der mir gut gesonnen war und der mir so zur Seite stand, dass ich überlebte.

8 *Als die sowjetische Armee vorrückte, wurde das KZ Auschwitz aufgelöst. Willi Kessler kam in das KZ Buchenwald bei Weimar.*

Q Ich habe hier heute im Gespräch mit einem Seminarteilnehmer schon gesagt, man habe auch dort zweierlei Menschen erleben können – Menschen, die noch ein Herz hatten, und andere, die kein Herz mehr hatten. Mir gab damals eine ältere Frau eine Tüte mit zwei Brötchen. Das hatte ein

Reichsbahnbediensteter, der eine Armbinde „Deutsche Wehrmacht" trug, gesehen; er riss mir die Tüte förmlich aus der Hand, schlug mir ins Gesicht, warf die Tüte auf den Boden und trampelte darauf herum ...
Am 11. April 1945 schlug dann die Stunde der Befreiung. Ich habe sie im alten Lager halbwegs im Traum mitbekommen. Ich sah auf einmal amerikanische Soldaten vor mir stehen, wusste nicht, ob es ein Trugbild, ob es Wahrheit, ob es Wirklichkeit war oder ob ich nur träumte ...
Auschwitz ist ein Meer von Schmerzen, Qualen, Demütigungen und Todesängsten. Auschwitz, das ist ein Menschheitstrauma, das nicht wieder ausgelöscht werden kann: Sechs Millionen Ermordete, man weiß nicht, wo sie begraben wurden. Die meisten der sechs Millionen Opfer haben kein Grab. Aber die, die überlebt haben, vergessen sie nicht; denn das Gedächtnis der Opfer ist immer besser als das Gedächtnis der Schuldigen. Die Angeklagten in den KZ-Prozessen können sich bekanntlich an nichts mehr erinnern – wie kann aber ein Häftling die KZ-Jahre vergessen, wie kann ein Volk einen grausamen und zum Teil bald gelungenen Versuch der Ausrottung, den Holocaust, vergessen! Wie kann eine Minderheit, welche am meisten gelitten hat, die zwölf Jahre der Entrechtung und Erniedrigung, der Angst und des Hungers vergessen! Die Narben sind noch frisch, auch nach all den Jahren, die vergangen sind, doch sie werden oft aufgerissen, und das Misstrauen leider oft wieder erweckt – sei es durch die Geschichtsfälscher oder durch die Ewiggestrigen ... Sinn und Ziele meiner Dokumentation (ich wollte eine Dokumentation herausgeben) soll es sein – ich will es wenigstens versucht haben mitzuhelfen eine Wiederholung der Vergangenheit unmöglich zu machen.

Quelle 6 bis 8: Die Vergangenheit mahnt! Zum 40. Jahrestag des Aufstandes im Warschauer Ghetto. Eine Tagung der Friedrich-Ebert-Stiftung, Bonn 1983, S. 159ff.

1. *Gib die Stationen der Leidensgeschichte von Willi Kessler wieder.*
2. *Wie empfindet er den Umstand, dass er selbst überlebt hat?*
3. *Was zeigt sein Bericht und der von Marta Appel (Q 1–3) über die Möglichkeiten individuellen Verhaltens auf der Seite der Opfer und der Täter in der Diktatur?*

9 *Aus dem Protokoll der Gründungssitzung des zur Herstellung von künstlichem Gummi (Buna) in Auschwitz errichteten Werkes der I. G. Farben am 7. April 1941:*

Q Dr. Eckell (RWA)[1] vertritt die Notwendigkeit des Ausbaues der deutschen Buna-Erzeugung. Als eine weitere Fabrikationsstätte sei der Standort Auschwitz mit einer Jahreserzeugung von 30 000 t Buna vorgesehen. Das Bauvorhaben ist bauseitig in die Dringlichkeitsstufe 0, apparateseitig in die Dringlichkeitsstufe SS eingegliedert, womit der Grad der größten Dringlichkeit gekennzeichnet sei. Er bittet die Vertreter von Staat, Partei und Wehrmacht um eine tatkräftige Unterstützung, damit die der I. G. Farbenindustrie gesetzten sehr knappen Termine eingehalten werden können ... Für die Bauzeit ist eine weitgehende Unterstützung durch das KZ-Lager Auschwitz aufgrund eines Befehles des Reichsführers SS in Aussicht gestellt. Der Lagerkommandant, Sturmbannführer Höss, hat bereits die Vorbereitungen für den Einsatz seiner Kräfte getroffen. Das KZ-Lager stellt Häftlinge für die Aufbauarbeiten, Handwerker für Schreiner- und Schlosserarbeiten, unterstützt das Werk in der Verpflegung der Baubelegschaft und wird die Belieferung der Baustelle mit Kies und sonstigen Baumaterialien durchführen ...
Anschließend gibt Dr. Ambros[2] folgenden Gedanken zum Ausdruck: Die I. G. Farbenindustrie erfüllt damit eine hohe Pflicht auf ihre Weise mitzuwirken und alle Kräfte einzusetzen, dass diese Industriegründung zu einem festen Eckpfeiler wird für ein kräftiges, gesundes Deutschtum im Osten. Dr. Ambros schließt mit der Bitte, dass alle Ämter der I. G. Farbenindustrie bei dieser schweren, aber hoffnungsvollen Aufgabe ihre Unterstützung gewähren.

[1] Johannes Eckell, Direktor der I. G. Farbenindustrie AG, zugleich Referatsleiter im Reichswirtschaftsministerium und Leiter der Abteilung Chemie im Reichsamt für Wirtschaftsausbau (RWA)

[2] Otto Ambros, Vorstandsmitglied und Betriebsführer des Bunawerkes

Anatomie eines Krieges. Neue Dokumente, hg. von D. Eichholtz und W. Schumann, Berlin 1969, S. 324–325.

10 *Aus der Anklageschrift des Nürnberger Prozesses gegen die I. G. Farben vom 3. Mai 1947:*

Q Einziges Kriterium für das Recht zu leben war die Effizienz besagter Zwangsarbeiter ... Bei den ersten Anzeichen nachlassender Produktivität – auch wegen Krankheit oder Erschöpfung – wurden die Arbeiter der wohlbekannten „Selektion" unterzogen. „Selektion" bedeutete, dass der Arbeiter nach einer oberflächlichen Untersuchung, die ergeben hatte, dass er innerhalb weniger Tage nicht an seine Arbeit zurückkehren konnte, zur Tötung nach Birkenau überstellt wurde. Die Bedeutung von „Selektion" und „Birkenau" kannte jeder in Auschwitz. Die Arbeitsbedingungen in der Bunafabrik der I. G. waren unerträglich und trieben viele Gefangene zum Selbstmord, indem diese Fluchtversuche unternahmen, um erschossen zu werden, oder sich in die mit Hochspannung geladenen Stachel-

drahtzäune stürzten. Aufgrund dieser Bedingungen betrug der Umschlag von Arbeitskräften in einem Jahr 300 Prozent. Über die Zahl derer hinaus, die jeden Tag zur Vernichtung geschickt wurden oder Selbstmord begingen, starben bis zu 100 Personen pro Tag, manchmal mehr. Alle Ausfälle durch Vernichtung und andere Todesarten wurden durch Nachschub von neuen Häftlingen[1] ausgeglichen. Die I. G. Farben sicherte sich so ständigen Nachschub frischer Häftlinge zur Erhaltung der vollen Produktivität.
Das Verhalten der I. G. in Auschwitz kann am besten mit einem Himmler-Zitat beschrieben werden: „Was geht das uns an? Schauen Sie weg, wenn Ihnen schlecht wird."

[1] In Auschwitz-Monowitz war die I. G. Farben für die Unterbringung, Verpflegung und medizinische Versorgung der Häftlinge verantwortlich, die SS war für die Bewachung und Bestrafung sowie das Heranschaffen neuer Häftlinge zuständig.

zit. nach: J. Borkin, Die unheilige Allianz der I. G. Farben. Eine Interessengemeinschaft im Dritten Reich, Frankfurt/Main 1979, S. 128.

11 *Vor dem Nürnberger Gerichtshof, der von August 1947 bis Juli 1948 gegen 23 leitende Angestellte der I. G. Farben verhandelte, machte Otto Ambros folgende Aussage[1]:*

Q Das für die I. G. Farben errichtete Lager Auschwitz-Monowitz hatte Ende 1944 8500 Insassen, von denen 500 immer im Lager als Ordnungsdienst eingesetzt waren. 10 Prozent höher war meistens der Krankenstand auf den Krankenstationen entsprechend dem normalen Krankenstand in den Werken. 7000 Häftlinge waren im Werk eingesetzt. Gesamtbezahlung für die Häftlinge in 2 1/2 Jahren, die an die SS geleistet wurde, betrug über 20 000 Millionen Mark. Ich wusste, dass die Häftlinge selbst keine Bezahlung erhielten.

[1] 13 der Angeklagten wurden zu Gefängnisstrafen von 1 1/2 bis 8 Jahren verurteilt, Otto Ambros zu 8 Jahren.

12 *Der ebenfalls angeklagte Christian Schneider[1], Direktoriumsmitglied der I. G. Farben, sagte in dem Prozess folgendes aus:*

Q Ich war als Hauptbetriebsführer auch verantwortlich für die Belegschaft der I. G. Auschwitz. Ich war mir bei der Einstellung von KZ-Häftlingen bewusst, dass diese Menschen, die aus allen sozialen Schichten stammten, aus politischen und rassischen Gründen im KZ waren. Diese Tatsache war dem Vorstand der I. G. bekannt.
Die Verbrennungsschlote[2] vom KZ Auschwitz konnte man von der I. G. Auschwitz aus sehen. Ich habe gehört, dass I. G.-Leute, die in Auschwitz waren, den Verbrennungsgeruch selbst gespürt haben, und zwar Walter Dürrfeld und andere Auschwitz besuchende Ingenieure. Die genannten Herren erzählten mir, dass es ein furchtbarer Geruch war.
In einem Verhör vom 27. März 1947 habe ich ausgesagt, dass ich mich mit Walter Dürrfeld, Otto Ambros und Heinrich Bütefisch über die Vergasung bzw. Gaskammern in Auschwitz, in denen Menschen auf unnatürliche Weise umgekommen sind, unterhalten habe. Ich möchte dazu nachträglich bemerken, dass ich zur Zeit meiner Aussage müde und verwirrt war. Ich möchte meine Aussage nach reiflicher Überlegung dahin ändern, dass ich sicher bin, dass 1944, evtl. 1943 bereits, Mitteilung über die Vergasung zugegangen ist, dass ich mich aber nicht mehr erinnere, von wem ich das gehört bzw. mit welchen Herren der I. G. ich mich darüber unterhalten habe.

[1] Schneider wurde freigesprochen.

[2] Schornsteine der Krematorien im KZ Auschwitz-Birkenau

Quelle 11 und 12: Fall 6, Ausgewählte Dokumente und Urteil des I. G. Farben-Prozesses, hg. von H. Radandt, Berlin 1970, S. 146ff.

1. *Was lässt sich über die Zusammenarbeit zwischen Konzentrationslager und privatem Industriebetrieb aus den Quellen 9 bis 12 entnehmen? Berücksichtige dabei die Umstände, unter denen die jeweiligen Quellen zustande kamen.*
2. *Welche Gründe können die I. G. Farben veranlasst haben, 1941 ein Bunawerk in Auschwitz zu errichten?*
3. *Vergleiche den Bericht von Willi Kessler (Q 6–8) mit dem Protokoll der Gründungssitzung und den Aussagen von Otto Ambros (Q 11) und Christian Schneider (Q 12). Wie sah für jeden der Beteiligten die Realität des Lagers aus?*

Zusammenfassende Arbeitsaufgaben:

1. *Beschreibe an Hand der Materialien und der Darstellung S. 110, 128 und S. 131–132 die Stadien der Judenverfolgung von der Entrechtung bis zum Holocaust.*
2. *Was lässt sich nach den Berichten und Dokumenten über die Kenntnisse der einzelnen Stadien der Judenverfolgung in der Bevölkerung sagen?*
3. *Welche Rolle spielten antisemitische Vorurteile in der deutschen Bevölkerung bei der Verwirklichung der nationalsozialistischen Rassenideologie? Wie lässt sich das an Hand der Materialien belegen?*

Zeittafel

1922	Der italienische König überträgt nach dem „Marsch auf Rom“ Mussolini die Regierungsverantwortung; Aufbau diktatorischer Verhältnisse
1933	30. Januar: Hitler wird zum Reichskanzler ernannt; Vizekanzler: Franz von Papen; Entmachtung des Parlaments durch „Ermächtigungsgesetz“ vom 24. März
1935	„Reichsbürgergesetz“ und „Gesetz zum Schutze des deutschen Blutes und der deutschen Ehre“ (sog. Nürnberger Gesetze) machen Juden praktisch rechtlos; sie gelten nicht mehr als „Reichsbürger“
1936	Olympische Spiele in Berlin
1936–39	Spanischer Bürgerkrieg; Diktatur General Francos
1938	Im März Einmarsch deutscher Truppen und „Anschluss“ von Österreich an das Deutsche Reich
1938	9. November: Terroraktionen gegen die Juden: Synagogen werden in Brand gesetzt; Massenverhaftungen
1939	15. März: Deutsche Truppen marschieren in die Tschechoslowakei ein
1939	1. September: Mit dem deutschen Angriff auf Polen beginnt der Zweite Weltkrieg
1941	22. Juni: Deutscher Angriff auf die Sowjetunion
1941	7. Dezember: Japanische Flugzeuge bombardieren den amerikanischen Flottenstützpunkt Pearl Harbor auf Hawaii; amerikanische und britische Kriegserklärung an Japan; deutsche und italienische Kriegserklärung an die USA
ab 1942	Ermordung der jüdischen Bevölkerung in eigens dafür errichteten Vernichtungslagern
1943	Sturz Mussolinis; Italien schließt sich den Alliierten an
1944	Juni: Alliierte Invasion in Frankreich
1944	20. Juli: Attentat auf Hitler: Gescheiterter Versuch eines Regierungsumsturzes
1945	8. Mai: Gesamtkapitulation der deutschen Wehrmacht vor dem alliierten und sowjetischen Oberkommando
1945	6./9. August: Abwurf der Atombombe auf die japanischen Städte Hiroshima und Nagasaki; 10. August: Japanisches Kapitulationsangebot

Antisemitismus. Gegnerschaft oder Feindseligkeit gegenüber Juden. Der Begriff wurde erst im Kaiserreich geprägt und bezieht sich vor allem auf völkisch-rassistische Anschauungen, in die ältere, religiös und sozial bedingte Vorurteile gegenüber Juden miteingehen.

Appeasement (Politik), engl. „Beschwichtigung“. Bezeichnung für die stillhaltende, auf Friedensbewahrung bedachte brit. Außenpolitik 1933–1939 gegenüber der nationalsozialistischen Revisions- und Expansionspolitik.

Faschismus (von lat. Fasces = Rutenbündel, Sinnbild der Macht römischer Beamter). Ursprünglich bezeichnet Faschismus die seit dem Ersten Weltkrieg in Italien aufgekommene nationalistische, autoritäre und auf imperialistische Eroberungen abzielende Bewegung unter Mussolini. Bald wurde der Begriff auch auf andere extrem nationalistische und totalitäre Parteien und Bewegungen in Europa ausgedehnt. Nach 1930 wurde der deutsche „Nationalsozialismus“ mehr und mehr Vorbild für Faschismen in anderen Ländern. Gemeinsame Merkmale sind: ihre antidemokratische, antiliberale, antiparlamentarische und antimarxistische Ideologie, in der Kampf und Militarismus verherrlicht werden; Ausschaltung der Arbeiterbewegung. Charakteristisch für den Nationalsozialismus und einige faschistische Bewegungen in Osteuropa (z. B. die „Pfeilkreuzer“ in Ungarn, die „Ustascha“ in Kroatien) waren ein mörderischer Rassismus und Antisemitismus. Ziel ist die Errichtung einer modernen Diktatur, in der alle individuellen und demokratischen Freiheiten abgeschafft sind, ohne dass die industrielle Entwicklung aufgehalten werden soll. Mittel zur Durchsetzung politischer Macht sind Demagogie und Propaganda, Einschränkung der Meinungs- und Pressefreiheit, ein Überwachungs- und Terrorapparat sowie die Anwendung einer Sondergerichtsbarkeit.

Konzentrationslager (KZ). Der Begriff geht zurück auf „concentration camps“, in denen die Briten während des Burenkrieges in Südafrika die burische Zivilbevölkerung internierte. SA und SS richteten Konzentrationslager nach dem Reichstagsbrand ein. Die Konzentrationslager waren Mittel der Einschüchterung, Ausschaltung und Vernichtung von Gegnern und von aus sog. rassischen Gründen Verfolgten. Im Krieg mussten KZ-Insassen schwerste Zwangsarbeit für die Rüstungsindustrie leisten. Ab 1942 richtete die SS zusätzlich Vernichtungslager ein, die fast ausschließlich der Ermordung der jüdischen Bevölkerung durch Giftgas dienten; nur einige dieser Massenvernichtungsstätten waren mit bereits bestehenden Konzentrationslagern verbunden (z. B. Auschwitz-Birkenau).

Gleichschaltung der Gesellschaft im Nationalsozialismus

Wie die Staatsorganisationen, so wurde auch die gesamte Gesellschaft dem Führerprinzip unterworfen. Ab dem zehnten Lebensjahr wurden alle Deutschen durch die „Untertanenschule" der Nationalsozialisten erfasst und kontrolliert. Sehr gut zeigt die Grafik auch die Vorstellungen der Nationalsozialisten von der Rolle der Frau als „Erhalterin" des Volkes.

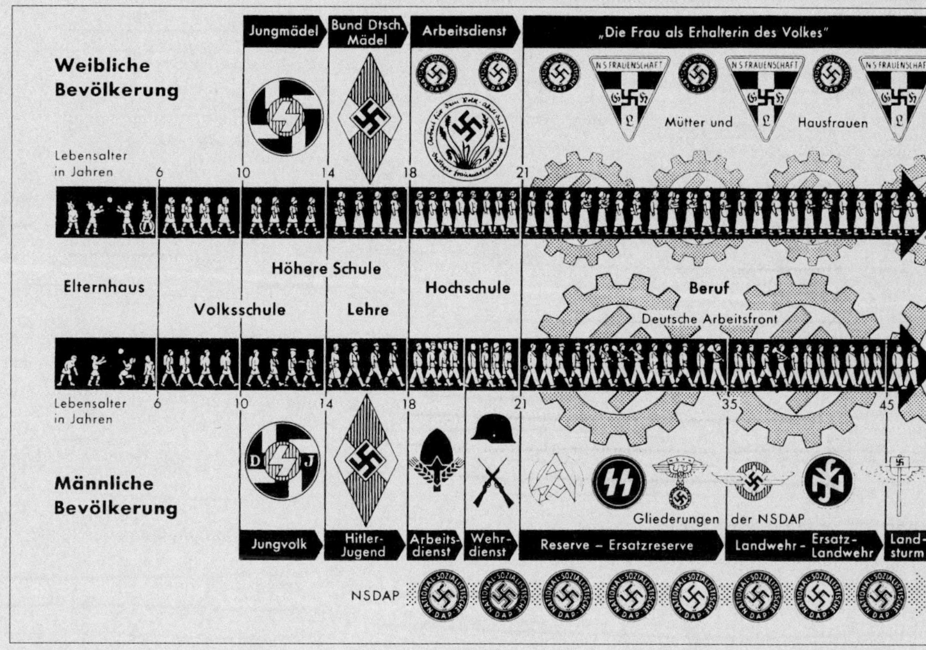

von der Grün, Max, Wie war das eigentlich? Frankfurt/M. (Luchterhand Literaturverlag), 1991.– *Der Bericht des Autors über seine Kindheit und Jugend wird durch Bild- und Textdokumente ergänzt und gibt einen umfassenden Einblick in alle Lebensbereiche der Weimarer Republik und des Dritten Reiches.*

Rhue, Mortan, Die Welle, Ravensburg (Ravensburger Buchverlag), 1992.– *Das Buch erzählt von einem tatsächlich stattgefundenen Experiment an einer amerikanischen Schule, bei dem ein junger Geschichtslehrer versucht, seinen Schülern die Wirksamkeit faschistischer Ideologien zu demonstrieren. Auf erschreckende Weise wird deutlich, wie anfällig auch die heutigen Jugendlichen für faschistisches Denken und Handeln sind.*

Orlev, Uri, Die Insel in der Vogelstraße, Ravensburg (Ravensburger Buchverlag), 1992.– *Der 11-jährige Jude Alex kann bei einer Deportation fliehen und erlebt den Aufstand des Warschauer Ghettos. Eine Ruine wird seine Insel, auf der er ausharrt wie Robinson.*

Vinke, Hermann, Das kurze Leben der Sophie Scholl, Ravensburg (Ravensburger Buchverlag) 1991.– *Aus der dokumentarischen Zusammenstellung von Tagebuchnotizen, Briefen, Zeugenaussagen entstehen Einblicke in ihr Leben und ihre Mitarbeit in der Widerstandsgruppe „Weiße Rose".*

Die Brücke, Regie: Bernhard Wicki, (Bundesrepublik Deutschland 1959). – *Noch in den letzten Kriegstagen des Jahres 1945 werden sieben Schüler zum Militärdienst eingezogen. Stolz darauf sich endlich beweisen zu können beziehen sie Stellung an einer militärisch völlig unwichtigen Brücke. Aus Rache über den Tod eines Kameraden durch einen Tiefflieger beschließen sie, auf eigene Faust gegen die näherrückenden Amerikaner zu kämpfen. Der schlimme Ausgang dieser vermeintlichen „Heldentat" zeigt die Sinnlosigkeit des Krieges in eindrucksvoller Weise. Ohne moralisierenden Zeigefinger schildert Bernhard Wicki die Hintergründe, die die Schüler blind vor Eifer in ihr Verderben laufen lassen.*

6. Die Welt nach 1945:

Friedenssuche und Entstehung des Kalten Krieges

Als in der Nacht vom 9. auf den 10. November 1989 die Berliner Mauer geöffnet wurde, kommentierte ein britischer Journalist dieses Ereignis mit den Worten: „Was wir heute Nacht erlebt haben, war der Anfang vom Ende der Nachkriegsepoche."

Über vier Jahrzehnte war die Welt 1990 von dem Ost-West-Gegensatz bestimmt, der innerhalb von wenigen Jahren nach dem Zweiten Weltkrieg entstanden war. Die Weltordnung der Nachkriegsepoche ist aber nicht – wie bei den Pariser Friedenskonferenzen nach dem Ersten Weltkrieg – durch ein Vertragswerk festgelegt worden, sondern hat sich aus dem Zerfall des Bündnisses der Siegermächte erst langsam und dann immer schneller entwickelt. War das Ergebnis dieses Prozesses, die Spaltung der Welt in einen westlichen und einen östlichen Machtblock, unvermeidbar? Schon 1919 war es der Anspruch der Sieger gewesen eine dauerhafte Friedensordnung zu schaffen. Das Selbstbestimmungsrecht der Völker sollte das ordnende und friedenstiftende Prinzip sein. In der Organisation des Völkerbundes sollte der Interessenausgleich zwischen den Nationen gefunden werden. Das Ergebnis der Verhandlungen in Paris war dann aber ein Kompromiss, der kaum einen Staat zufriedenstellte. Der Völkerbund blieb ein schwaches Instrument. Am ungeklärten Selbstbestimmungsrecht entzündeten sich zahlreiche Konflikte. Aus dem Kampf gegen die Bestimmungen des Versailler Vertrages gewannen die nationalistischen Kräfte an Einfluss, die dann mit ihren Eroberungsplänen den Zweiten Weltkrieg auslösten.

Aufgrund dieser Erfahrungen hatten die Alliierten noch während des Zweiten Weltkrieges in mehreren Konferenzen begonnen über die Grundzüge einer neuen, wirklich tragfähigen Friedensordnung zu verhandeln. Die zentralen Fragen waren dabei:

- Wie sollten die besiegten Staaten, vor allem Deutschland und Japan, behandelt werden?
- Wie sollte eine Neuordnung in Europa aussehen, die nicht wieder zu neuen Konflikten führte?
- Wie konnte eine internationale Organisation aufgebaut werden, die effektiver als der Völkerbund die friedliche Lösung von Konflikten ermöglichte?

Amerikanische Soldaten beobachten eine Atombombenexplosion auf dem US-Versuchsgelände bei Las Vegas, 1945

Die „Großen Drei", wie jetzt die USA, die Sowjetunion und Großbritannien genannt wurden, fanden auf diese Fragen keine gemeinsamen Antworten. Zwar konnte man sich in einigen Punkten noch auf Kompromisse einigen, z. B. bei der Gründung der Vereinten Nationen (UNO) als gemeinsame internationale Friedensorganisation. Wachsendes Misstrauen verhinderte aber Lösungen in den Kernfragen der Grenzen und Einflussgebiete in Europa und in der alten Frage der Anwendung des Selbstbestimmungsrechts. Auch in anderen Gebieten der Welt gab es ungeklärte Grenzen und Einflusszonen, die schon lange umstritten waren oder zu neuen Konflikten Anlass geben konnten: in der so wichtigen Erdölregion im Nahen Osten, im Iran und in Afghanistan, in Korea und Vietnam. Schon zwei Jahre nach Kriegsende traten die jeweiligen eigenen Interessen völlig in den Vordergrund: auf der einen Seite die Interessen der USA an einem raschen wirtschaftlichen Wiederaufbau Europas und an einer Begrenzung des sowjetischen Einflusses; auf der anderen Seite die Interessen der Sowjetunion, zum Wiederaufbau des eigenen Landes Reparationen aus Deutschland zu erhalten und den eigenen Machtbereich in Europa auszudehnen und zu festigen.

Beide Mächte suchten jetzt nach Wegen die von der Gegenseite befürchtete Expansion „einzudämmen" und das eigene Lager möglichst zu stärken. Damit war der Weg in die Aufteilung der Welt in zwei Blöcke und in den Kalten Krieg beschritten. Doch würde es bei einem „kalten" Krieg bleiben, fragten sich viele Zeitgenossen. Denn vier Jahre nach den ersten Atombombenabwürfen der USA auf Hiroshima und Nagasaki, die den Zweiten Weltkrieg in Ostasien beendet hatten, gab die Sowjetunion ihren ersten erfolgreichen Atomwaffenversuch bekannt. Der Gegensatz zwischen den Weltmächten konnte jetzt in den Weg der atomaren Vernichtung münden.

Besonders groß erschien den Menschen diese Gefahr zuerst Anfang der 50er Jahre während des Koreakrieges und dann wieder 1962, als die Kubakrise zu einer direkten Konfrontation zwischen den beiden Großmächten führte. Diese beiden Ereignisse stellen deshalb auch die Eckdaten der zunehmenden Verschärfung des Kalten Krieges dar, in der sich das Bewusstsein vom Ost-West-Gegensatz als scheinbar unveränderliches Element der neuen Weltordnung herausbildete. Trotz dieser alles beherrschenden Konflikte bleibt zu fragen, welche Möglichkeiten für Verständigung zwischen den Supermächten bestanden, welche Rolle Europa, welche die UNO spielen konnte.

Neue Machtverhältnisse in der Welt 1945 –1947

Wenn wir von heute aus auf die internationale Situation im Jahre 1945 zurückblicken, so scheint uns selbstverständlich, dass die Hauptsiegermächte USA und Sowjetunion unmittelbar nach der Beendigung des Krieges in einen weltweiten Konflikt gerieten. Zu groß schienen die prinzipiellen Gegensätze zwischen marktwirtschaftlich-kapitalistischer und planwirtschaftlich-sozialistischer Wirtschaftsordnung, zwischen parlamentarischer Demokratie und Einparteienstaat, zwischen einer pluralistisch-freiheitlichen und einer sozialistischen Gesellschaft. Zu stark erwies sich auf der einen Seite die Angst des Westens vor kommunistischer Expansion und auf der anderen Seite die Furcht der Sowjetunion vor kapitalistischer Einkreisung. Aber das durch den Krieg so geschwächte Europa stellte für die beiden neuen Weltmächte USA und UdSSR eine Unsicherheitszone dar, die sie jeweils möglichst in ihrem Sinne absichern wollten. Das barg viel Konfliktstoff, aber es gab auch gemeinsame Interessen. Daher gilt es heute zu fragen, welche Kräfte zu Konflikten drängten und welche möglichen Chancen der Kooperation nicht zum Tragen kamen.

Die unterschiedlichen Ziele der Alliierten

Die USA, Großbritannien und die Sowjetunion hatten im Zweiten Weltkrieg ein Bündnis geschlossen, um Nationalsozialismus und Faschismus in der Welt zu vernichten. Sollte der gemeinsame Kampf aber mehr als ein militärischer Sieg sein, sollte zukünftig ein solcher Rückfall in die Barbarei ausgeschlossen werden, dann mussten die Alliierten eine dauerhafte Friedensordnung schaffen, die die Fehler des Versailler Friedens nach dem Ersten Weltkrieg vermied. Hierüber waren sich alle einig. Die Gestaltung einer solchen Friedensordnung hing jedoch davon ab, wie weit die jeweiligen Mächte ihre spezifischen Interessen in eine solche Friedensordnung einbringen konnten.

Die USA und die „Eine Welt“

Die Amerikaner verfolgten vor allem zwei Ziele: Aus sicherheitspolitischen Gründen wollten sie den gesamten amerikanischen Kontinent und die beiden angrenzenden Ozeane kontrollieren; aus ökonomischen Gründen wollten sie einen offenen, freihändlerischen Weltmarkt, weil sie im internationalen Handel den besten Garanten für Wohlstand und damit für den Weltfrieden sahen. Großbritannien und Frankreich sollten die Lage im kriegsverwüsteten Europa stabilisieren. Die Sowjetunion sollte in den Kreis der Weltmächte eingebunden werden, aber keinen Einfluss auf Westeuropa, im Mittelmeer und im Pazifik sowie in China gewinnen. Um einen freien Weltmarkt zu schaffen galt es für die USA Europa wiederaufzubauen und die Auflösung der alten europäischen Kolonialreiche anzustreben.
Aus dieser amerikanischen Interessenlage heraus entstand das Friedenskonzept des Präsidenten Franklin D. Roosevelt von der „Einen Welt*“, in der „vier Freiheiten“ gelten sollten: die Freiheit der Rede und Meinung, die Freiheit des Glaubens, die Freiheit von Not und die Freiheit von Furcht. Die Völker sollten ihre politischen Beziehungen nach dem Prinzip des Selbstbestimmungsrechts regeln. Eine Politik der „offenen Tür“ sollte Wohlstand durch den freien Weltmarkt sichern. Roosevelt war davon überzeugt, dass man von der alten Politik der Großmächte, Interessensphären auszuhandeln, Abschied nehmen müsse.

Sowjetisches Plakat, 1944

Großbritannien und die Interessensphären

Die Briten hatten nur teilweise dieselben Interessen. Im Gegensatz zu Roosevelt glaubte Winston Churchill, dass eine realistische Friedensordnung nicht ohne Abgrenzung von Interessensphären auskomme. In Europa müsste die westliche von der sowjetischen Interessensphäre klar abgegrenzt werden, um den sowjetischen Einfluss von Westeuropa fernzuhalten. Aus diesem Grund stimmten die Briten auch dem Wiederaufbau Europas zu, aber mit voller Einbeziehung Deutschlands, was in den amerikanischen Zielvorstellungen umstritten war. Zur Sicherung der britischen Interessen gelte es gleichzeitig das britische Kolonialreich zumindest teilweise aufrechtzuerhalten. Eine direkte Konfrontation zwischen den USA und der Sowjetunion wollten die Briten verhindern, weil sie fürchteten dabei ihren eigenen politischen Handlungsspielraum zu verlieren.

Die Sowjetunion und die Reparationen

Die sowjetische Politik war vor allem am Wiederaufbau ihres Landes und an der Sicherung ihrer Westgrenze interessiert. Zunächst mussten die gewaltigen Kriegsschäden beseitigt werden. Die notwendigen Mittel dafür sollten durch Reparationen der besiegten Staaten, vor allem Deutschlands, und durch Kredite aus den USA beschafft werden. Für die Sicherheit der sowjetischen Westgrenze schien Josef Stalin ein Gürtel von benachbarten Staaten notwendig, in denen er über starke kommunistische Parteien die Politik beeinflussen konnte. Ihm war klar, dass die USA als wirtschaftlich stärkste Kraft aus dem Krieg hervorgehen würden. Um daraus keine Bedrohung für das eigene, wirtschaftlich geschwächte Land werden zu lassen wollte die Sowjetunion vor allem den direkten amerikanischen Einfluss in Europa möglichst begrenzen.

14. Aug. 1941 Atlantik-Charta:
Churchill und Roosevelt legen gemeinsame Kriegsziele fest.

14. – 26. Jan. 1943 Konferenz von Casablanca:
Roosevelt und Churchill verkünden die Forderung nach bedingungsloser Kapitulation der Achsenmächte.

22. – 26. Nov. 1943 Konferenz von Kairo:
Großbritannien, USA und China legen Ziele der Nachkriegsordnung in Ostasien und im Pazifik fest.

28. Nov. – 1. Dez. 1943 Konferenz in Teheran:
Roosevelt, Churchill und Stalin einigen sich allgemein auf eine Westverschiebung Polens und eine Teilung Deutschlands, allerdings ohne genaue Grenzfestlegungen.

1. – 22. Juli 1944 Konferenz von Bretton Woods:
44 Staaten beschließen die Gründung des Internationalen Währungsfonds und der Weltbank als Grundlage zur Errichtung eines Weltwährungssystems in der Nachkriegszeit.

21. Aug. – 7. Okt. 1944 Konferenz von Dumbarton Oaks:
Vertreter der USA, Großbritanniens, der Sowjetunion und Chinas empfehlen Auflösung des „Völkerbundes“ und Gründung der „Vereinten Nationen“, für die ein Satzungsentwurf beschlossen wird.

9. – 18. Okt. 1944 Konferenz von Moskau:
Stalin und Churchill verständigen sich über britische und sowjetische „Einflussgebiete“ in Südosteuropa.

4. – 11. Feb. 1945 Konferenz von Jalta:
Roosevelt, Churchill und Stalin legen die Ziele der alliierten Nachkriegspolitik in Europa und dem Vorderen Orient fest.

17. Juli – 2. Aug. 1945 Potsdamer Konferenz:
Churchill, Stalin und Truman beraten über gemeinsame Maßnahmen zur Behandlung Deutschlands und zur Schaffung einer neuen Friedensordnung. Die Ergebnisse werden in dem sogenannten „Potsdamer Protokoll“ festgehalten, das bis zu einer friedensvertraglichen Regelung Gültigkeit hat.

Die Suche nach Kompromissen

Alliierte Kriegskonferenzen

Noch während des Krieges zeigte sich auf einer Reihe von Konferenzen, dass es schwierig sein würde, die unterschiedlichen Interessen der Alliierten auf einen gemeinsamen Nenner zu bringen. In der Atlantik-Charta hatten Roosevelt und Churchill 1941 die angestrebte Ordnung umrissen: Selbstbestimmungsrecht*, Freiheit des Handels und der Meere, Gewaltverzicht und ein allgemeines Sicherheitssystem zur Wahrung des Weltfriedens. Alle Kriegsgegner Deutschlands und Japans schlossen sich der Charta an. Aber die Aufteilung der Welt in Interessensphären und der von der Sowjetunion angestrebte Sicherheitsgürtel konnten kaum mit dem Selbstbestimmungsrecht in Einklang gebracht werden. Daher akzeptierte die Sowjetunion diese Bestimmung der Charta nicht für die Gebiete, die sie 1939 durch den Nichtangriffspakt mit Hitler gewonnen hatte. Großbritannien sah im Selbstbestimmungsrecht und im Prinzip des Freihandels eine Gefährdung seines Kolonialreiches. Angesichts dieser Interessenkonflikte rückten die Amerikaner immer weiter von ihrer Forderung nach Selbstbestimmung ab.

Auch bei der amerikanischen Idee von der „Einen Welt“ und der Schaffung eines allgemeinen Sicherheitssystems gab es einen zentralen Gegensatz. Bei den Verhandlungen über den Aufbau der Organisation der Vereinten Nationen (United

Nations Organization / UNO) wurde nämlich deutlich: Die Sowjetunion war nicht bereit ihren politischen Handlungsspielraum durch Mehrheitsbeschlüsse dieser neu zu schaffenden Weltorganisation einengen zu lassen und forderte deshalb ein Vetorecht. Die Idee einer „Weltregierung“ zur Wahrung des Friedens war damit schon vor der Gründung der UNO in Frage gestellt.

Die Gründung der Vereinten Nationen. Karikatur von David Low, Juni 1945

Die Konferenz von Jalta

Einen großen Versuch, sich noch vor Kriegsende auf eine neue Friedensordnung zu einigen, unternahmen Churchill, Roosevelt und Stalin Anfang 1945 in Jalta auf der Halbinsel Krim. In wichtigen Fragen fanden sie eine Lösung. So einigten sie sich über den Aufbau der UNO, indem das umstrittene Vetorecht für die sogenannten Großmächte beschlossen wurde. Festgelegt wurde hier auch, dass Deutschland nicht vollständig aufgeteilt, sondern in alliierte Besatzungszonen aufgegliedert werden sollte, wobei Frankreich auf Drängen Großbritanniens als vierte Besatzungsmacht eine eigene Zone zugesprochen bekam. Gemeinsam wollten die vier Mächte eine Kontrollbehörde in Berlin errichten, die über die Entmilitarisierung und Entnazifizierung* wachen sollte (siehe S. 212).

Sehr wichtige Probleme wurden in Jalta jedoch nicht gelöst und blieben für eine gegensätzliche Interpretation offen. Vor allem in der Frage der Grenzen Polens war das der Fall: Der Verlauf der neuen Grenzen wurde nicht festgelegt. Die Umsiedlung der deutschen Bevölkerung wurde zwar von Churchill und Roosevelt akzeptiert, aber über genauere Regelungen sollte noch verhandelt werden. Außerdem konnten weder die USA und Großbritannien das Recht auf Selbstbestimmung in dieser Frage durchsetzen, noch Stalin die Anerkennung einer Anbindung Polens an die Sowjetunion erreichen. Offen blieb auch die Abgrenzung der Interessensphären auf dem Balkan, bei den Dardanellen, im Iran und im Fernen Osten. Völlig unberücksichtigt blieb, was mit den Kolonialgebieten zukünftig geschehen sollte. Die Fülle der ungelösten Probleme ließ befürchten, dass diese schließlich nach Kriegsende nicht mehr nach gemeinsamen Friedensvorstellungen, sondern nach der jeweiligen Machtlage entschieden würden.

Die Gründung der Vereinten Nationen

Nach Jalta war der Weg frei die neue Weltorganisation zu schaffen. Im Juni 1945 unterzeichneten 50 Staaten die „Charta der Vereinten Nationen“; damit war die UNO gegründet. Anders als im Pariser Friedensvertragswerk von 1919, in dem die Völkerbundsatzung und die konkreten Friedensbedingungen einen Gesamtkomplex gebildet hatten, wurden jetzt UNO-Charta und noch auszuhandelnde friedensvertragliche Regelungen voneinander getrennt. Damit sollte verhindert werden, dass die UNO bei den Besiegten in den Verdacht geraten könnte, lediglich ein Instrument der Sieger zu sein. Aber die Interessengegensätze der Großmächte belasteten die Handlungsfähigkeit der UNO von Beginn an (siehe S. 150).

Die Potsdamer Konferenz

In wichtigen Punkten hatte sich die Machtlage, aber auch die Stimmung zwischen den Alliierten verändert, als sich Churchill, Stalin und Truman – als Nachfolger des im April gestorbenen amerikanischen Präsidenten Roosevelt – am 17. Juli 1945 nach der Kapitulation Deutschlands in Potsdam trafen. Nicht zufällig hatten die Amerikaner einen Tag vor Konferenzbeginn den ersten erfolgreichen Test der Atombombe in der Wüste von New Mexico durchgeführt und noch während der Konferenz verkündet. Um den andauernden Krieg gegen Japan zu beenden waren die Amerikaner damit nicht mehr auf die Unterstützung der Sowjetunion im Fernen Osten angewiesen. Die Demonstration der Stärke mit der neuen Waffe bewirkte aber bei der Sowjetunion nicht Nachgiebigkeit, sondern weiteres Misstrauen. Und dies hatte sich schon seit dem Tod Roosevelts gesteigert. Denn mit dem neuen Präsidenten Harry S. Truman erhielten jene politischen Berater mehr Gewicht, die dem Gedanken an eine

Kooperation distanziert gegenüberstanden. Sie empfahlen eine deutlich konfliktbereitere Politik gegenüber der Sowjetunion zu betreiben. Mit dem Tag der deutschen Kapitulation am 8. Mai 1945 hatten die USA die Lieferungen an die Sowjetunion nach dem Pacht-und-Leih-Gesetz (siehe S. 32) eingestellt und weitere Kredite zurückgehalten.
Auf der anderen Seite hatte die Sowjetunion mit der Westverschiebung Polens und dem Beginn der Aussiedlung und Vertreibung der deutschen Bewohner (siehe S. 134) vollendete Tatsachen geschaffen. In diesem Punkt war sie auch nicht mehr zu Verhandlungen bereit.
„Die Schaffung eines gerechten und dauerhaften Friedens", wie es am Anfang des Protokolls der Potsdamer Konferenz heißt, war damit schwieriger geworden. Dennoch legten die „Großen Drei" in dem Abkommen vom 2. August 1945 nicht nur Grundzüge der Behandlung Deutschlands (siehe S. 210f.), sondern auch Leitlinien für eine weltweite allgemeine Friedensordnung fest. Mit Demokratisierung, Denazifizierung, Demilitarisierung und Dezentralisierung – den sogenannten „4 Ds" – sollte der Weg für den zukünftigen Frieden in der gesamten Welt gewiesen werden; es sollte um die Errichtung demokratischer Staaten, die Beseitigung des Faschismus, um Abrüstung und um die Verhinderung wirtschaftlicher Machtzusammenballung in den Händen weniger gehen. Über die grundsätzlichen Einigungen hinaus verhinderte aber das gesteigerte Misstrauen zwischen den Westalliierten und der Sowjetunion weitere Vereinbarungen. Je intensiver die Amerikaner auf dem Selbstbestimmungsrecht – besonders in der Polenfrage – beharrten, um so mehr sah die Sowjetunion darin eine Bedrohung ihres Sicherheitsbedürfnisses. Je massiver die Sowjetunion die Entwicklung in den Ländern beeinflusste, in denen die Rote Armee stand (siehe S. 198), um so mehr wurden die Amerikaner und Briten in ihrer Überzeugung bestärkt, dass die Sowjetunion das Selbstbestimmungsrecht generell ausschalten wollte und nur auf eine Gelegenheit wartete ihr Machtgebiet weiter nach Westen auszudehnen.
Angesichts des wachsenden Misstrauens konnten auch die in Potsdam zur Lösung der offenen Fragen vereinbarten Außenministerkonferenzen in den folgenden Monaten keine Einigungen erzielen. Deshalb blieben ungelöst: die innere Ordnung Polens und die Regelung seiner Grenzen im Westen; außerdem das für die Sowjetunion so wichtige Problem der Reparationsleistungen aus Deutschland. Bald zeigte sich nun auch ein neuer Stil in den Verhandlungen. Gegenseitige Vorhaltungen und Schuldzuweisungen führten zu ergebnislosen Konfrontationen. Es war nur zu wahrscheinlich, dass diese Methode auch auf die Behandlung anderer Probleme in der Welt übergriff.

Das Ende der europäischen Weltherrschaft

Deutschland und Italien

Mit dem Kriegsende war Deutschland als Machtzentrum ausgeschieden. Zweimal hatten die Deutschen versucht das Deutsche Reich zu einer Weltmacht auszuweiten: seit der Jahrhundertwende mit dem Mittel des europäischen Imperialismus, beim zweiten Mal mit dem Mittel der nationalsozialistischen Gewaltherrschaft. Zweimal hatten sie dabei einen Weltkrieg geführt. Am Ende des ersten standen territoriale Verluste und hohe wirtschaftliche Reparationen, nach dem zweiten zerbrach auch die 1871 geschaffene staatliche Einheit wieder.
Zukünftig sollte nach dem Willen der Alliierten Deutschlands wirtschaftliche Macht begrenzt und kontrolliert werden. Eine ungeheure Last von wirtschaftlichen und sozialen Folgen des Krieges musste das Land auf viele Jahrzehnte hinaus schwächen. Das Ansehen der deutschen Nation war durch die Aufdeckung der Nazigreuel fast in der ganzen Welt zerstört. Auch auf lange Sicht war nicht zu erwarten, dass die Deutschen wieder allgemein akzeptiert und in die Völkerfamilie eingegliedert würden.
Im Süden Europas war der Versuch der anderen faschistischen Macht Italien gescheitert, über das Programm des „Mare nostro" ein großangelegtes, den gesamten Mittelmeerraum einschließendes Reich zu schaffen. Auch die Völker dieser Region gingen wirtschaftlich geschwächt und gesellschaftlich tief gespalten aus der gescheiterten faschistischen Eroberungspolitik hervor. Auf diesen Trümmern musste eine neue Ordnung nach den Prinzipien der Demokratie und des Selbstbestimmungsrechtes aufgebaut werden, wozu sie aus eigener Kraft kaum in der Lage waren.

Frankreich und Großbritannien

Frankreich und Großbritannien gehörten zwar zu den Siegermächten, aber ihre nach dem Ersten Weltkrieg noch behauptete Weltstellung war nun endgültig verloren. Frankreichs Ansehen hatte durch die schnelle Niederlage 1940 gelitten, Konflikte um die Gestaltung der Wirtschafts- und Sozialordnung ließen das Land nicht zur Ruhe kommen, Großbritannien war gegenüber den USA so hoch verschuldet, dass es schließlich zahlungsunfähig wurde; die britische Politik musste sich als Gegenleistung für amerikanische Wirtschaftshilfe zunehmend den Zielen der USA anpassen.
Nach dem Ersten Weltkrieg war es beiden Ländern noch gelungen ihre Kolonialreiche weiter auszudehnen. Mit dem Ende des Zweiten Weltkrieges war aber auch das Ende des europäischen Imperialismus* gekommen. Die Auflösung

der Kolonialreiche hatte schon während des Krieges begonnen: Großbritannien hatte seiner wichtigsten Kolonie Indien die Unabhängigkeit versprechen müssen. Frankreich konnte kaum erwarten, dass die während des Krieges an Japan verlorenen Kolonien in Asien, die bei Kriegsende von nationalen Unabhängigkeitsbewegungen beherrscht wurden, sich erneut widerspruchslos der französischen Herrschaft unterordnen würden. Die Atlantik-Charta hatte 1941 außerdem völkerrechtlich der Kolonialherrschaft den Boden entzogen. Und da die USA wirtschaftlich die Verwirklichung eines offenen Weltmarktes als eines ihrer wichtigsten Ziele ansahen, konnten Großbritannien und Frankreich kaum auf amerikanische Hilfe bei der Behauptung ihrer Kolonialansprüche hoffen. Es war deshalb nur eine Frage der Zeit, wann beide Länder sich der Einsicht in das Ende der Kolonialherrschaft beugen müssten.

Die britische Regierung lernte dabei schneller als die französische. Mit der Unabhängigkeit Indiens im Jahr 1947 begann sie das Britische Empire in das „Commonwealth“ umzuwandeln, einen Verband von unabhängigen und gleichberechtigten Staaten. Die meisten Kolonien, die sich im Laufe der nächsten Jahre die Unabhängigkeit erkämpften, wurden seine Mitglieder.

Frankreich versuchte zunächst den im Krieg verlorenen Kolonialbesitz in Indochina zurückzuerobern. Das alte Kolonialreich sollte in neuer Form wieder errichtet werden. Den Kolonialvölkern sollte die nationale Selbständigkeit dadurch versagt werden, dass sie zu französischen Bürgern erklärt und die Kolonien staatlich in das Mutterland integriert wurden. Doch bald musste Frankreich erfahren, dass es mit seiner „Union Française“ das Rad der Geschichte nicht zurückdrehen konnte. Der Krieg in Ostasien gegen die Unabhängigkeitsbewegungen wurde für Frankreich zu einem verlustreichen achtjährigen Kampf, der dem französischen Kolonialreich in Indochina ein Ende bereitete.

„Die Weltmacht Großbritannien in Ohnmacht“. Karikatur von Ralph Steadman, 1956

Europa als „dritte Kraft“?

Auch wenn Europa 1945 seine bisherige weltpolitische Rolle an die USA und die Sowjetunion abtrat, so bedeutete das nicht, dass es zukünftig nur Objekt der Politik der beiden neuen Weltmächte sein musste. Beide Mächte hatten ein Interesse daran, dass im kriegszerstörten Europa die Wirtschaft bald wieder in Gang kam: Die USA wollten Europa als wichtigen Handelspartner, die Sowjetunion brauchte Industriegüter für den eigenen Wiederaufbau. Im schnellen wirtschaftlichen Wiederaufbau lag deshalb für die politisch entmachteten europäischen Länder vielleicht eine Chance, zwischen den Weltmächten eine eigenständige Rolle zu spielen. Dazu mussten sie aber ihre unterschiedlichen politischen Interessen überwinden und zu einer größeren Einheit gelangen. Die Idee eines unabhängigen, einigen Europa wurde nach Kriegsende dann auch verstärkt artikuliert und mit der Hoffnung auf Europa als „dritte Kraft“ zwischen den Weltmächten verbunden (siehe S. 176). Als Alternative zu dieser Zukunft Europas zeichnete sich aber seit 1945 infolge des wachsenden Misstrauens zwischen den USA und der Sowjetunion immer deutlicher die Gefahr einer Spaltung Europas in zwei Blöcke ab.

Fragen und Arbeitsaufgaben

1. *Stelle an Hand des Textes die Machtverhältnisse in der Welt dar, wie sie sich bis 1947 herausgebildet haben.*
2. *Erläutere ausgehend von der Karikatur S. 148 die Bedeutung Englands und Europas nach dem Zweiten Weltkrieg. Vergleiche diese mit der heutigen Situation.*
3. *Der spätere Bundeskanzler Konrad Adenauer hatte Ende 1945 in einem Brief geschrieben, dass Europa und Deutschland zwischen den USA und Russland zweigeteilt seien. Nimm Stellung zu dieser Lageeinschätzung.*

Die Vereinten Nationen: Anspruch und Wirklichkeit

Anspruch und Aufgaben

1 „Frieden" und „Krieg". Ausschnitt aus zwei Wandgemälden von Candido Portinari, die sich als Geschenk Brasiliens an die UNO in deren Hauptquartier in New York befinden.

1. Wie werden die Menschen auf den beiden Gemälden dargestellt? Welche Bedeutung haben die Tiermotive?

2. Welcher Anspruch der UNO wird in den beiden Gemälden und auf dem Bild S. 300 zum Ausdruck gebracht?

2 Im Artikel 1 der UN-Charta heißt es zu den Zielen der UNO:

Q Die Vereinten Nationen setzen sich folgende Ziele:

1. Den Weltfrieden und die internationale Sicherheit zu wahren und zu diesem Zweck wirksame Kollektivmaßnahmen zu treffen, um Bedrohungen des Friedens zu verhüten und zu beseitigen, Angriffshandlungen und andere Friedensbrüche zu unterdrücken und internationale Streitigkeiten oder Situationen, die zu einem Friedensbruch führen könnten, durch friedliche Mittel nach den Grundsätzen der Gerechtigkeit und des Völkerrechts zu bereinigen und beizulegen.
2. Freundschaftliche, auf der Achtung vor dem Grundsatz der Gleichberechtigung und Selbstbestimmung der Völker beruhende Beziehungen zwischen den Nationen zu entwickeln und andere geeignete Maßnahmen zur Festigung des Weltfriedens zu treffen.
3. Eine internationale Zusammenarbeit herbeizuführen, um internationale Probleme wirtschaftlicher, sozialer, kultureller und humanitärer Art zu lösen und die Achtung vor den Menschenrechten und Grundfreiheiten für alle ohne Unterschied der Rasse, des Geschlechts, der Sprache oder der Religion zu fördern und zu festigen.

3 Im Artikel 2 der UN-Charta heißt es zu den Grundsätzen der Organisation und der Aktivitäten der UNO:

Q Die Organisation und ihre Mitglieder handeln im Verfolgen der in Artikel 1 dargelegten Ziele nach folgenden Grundsätzen:

1. Die Organisation beruht auf dem Grundsatz der souveränen Gleichheit aller ihrer Mitglieder.
2. Alle Mitglieder erfüllen, um ihnen allen die aus der Mitgliedschaft erwachsenen Rechte und Vorteile zu sichern, nach Treu und Glauben die Verpflichtungen, die sie mit dieser Charta übernehmen.
3. Alle Mitglieder legen ihre internationalen Streitigkeiten durch friedliche Mittel so bei, dass der Weltfrieden, die internationale Sicherheit und die Gerechtigkeit nicht gefährdet werden.
4. Alle Mitglieder unterlassen in ihren internationalen Beziehungen jede gegen die territoriale Unversehrtheit oder die politische Unabhängigkeit eines Staates gerichtete oder sonst mit den Zielen der Vereinten Nationen unvereinbare Androhung oder Anwendung von Gewalt.
5. Alle Mitglieder leisten den Vereinten Nationen jeglichen Beistand bei jeder Maßnahme, welche die Organisation im Einklang mit dieser Charta ergreift; sie leisten einem Staat, gegen den die Organisation Vorbeugungs- oder Zwangsmaßnahmen ergreift, keinen Beistand.
6. Die Organisation trägt Sorge dafür, dass Staaten, die nicht Mitglieder der Vereinten Nationen sind, insoweit nach diesen Grundsätzen handeln, als dies zur Wahrung des Weltfriedens und der internationalen Sicherheit erforderlich ist.
7. Aus dieser Charta kann eine Befugnis der Vereinten Nationen zum Eingreifen in Angelegenheiten, die ihrem Wesen nach zur inneren Zuständigkeit eines Staates gehören, oder eine Verpflichtung der Mitglieder solche Angelegenheiten einer Regelung aufgrund dieser Charta zu unterwerfen, nicht abgeleitet werden.

4 *Im Kapitel VII der UN-Charta, das „Maßnahmen bei Bedrohung oder Bruch des Friedens und bei Angriffshandlungen" (Art. 39–51) festlegt, heißt es:*

Q Artikel 39: Der Sicherheitsrat stellt fest, ob eine Bedrohung oder ein Bruch des Friedens oder eine Angriffshandlung vorliegt; er gibt Empfehlungen ab oder beschließt, welche Maßnahmen aufgrund der Artikel 41 und 42 zu treffen sind, um den Weltfrieden und die internationale Sicherheit zu wahren oder wiederherzustellen.

Artikel 40: Um einer Verschärfung der Lage vorzubeugen kann der Sicherheitsrat, bevor er nach Artikel 39 Empfehlungen abgibt oder Maßnahmen beschließt, die beteiligten Parteien auffordern den von ihm für notwendig oder erwünscht erachteten vorläufigen Maßnahmen Folge zu leisten. Diese vorläufigen Maßnahmen lassen die Rechte, die Ansprüche oder die Stellung der beteiligten Parteien unberührt. Wird den vorläufigen Maßnahmen nicht Folge geleistet, so trägt der Sicherheitsrat diesem Versagen gebührend Rechnung.

Artikel 41: Der Sicherheitsrat kann beschließen, welche Maßnahmen – unter Ausschluss von Waffengewalt – zu ergreifen sind, um seinen Beschlüssen Wirksamkeit zu verleihen; er kann die Mitglieder der Vereinten Nationen auffordern diese Maßnahmen durchzuführen. Sie können die vollständige oder teilweise Unterbrechung der Wirtschaftsbeziehungen, des Eisenbahn-, See- und Luftverkehrs, der Post-, Telegraphen- und Funkverbindungen sowie sonstiger Verkehrsmöglichkeiten und den Abbruch der diplomatischen Beziehungen einschließen.

Artikel 42: Ist der Sicherheitsrat der Auffassung, dass die in Artikel 41 vorgesehenen Maßnahmen unzulänglich sein würden oder sich als unzulänglich erwiesen haben, so kann er mit Luft-, See- oder Landstreitkräften die für die Wahrung oder Wiederherstellung des Weltfriedens und der internationalen Sicherheit erforderlichen Maßnahmen durchführen. Sie können Demonstrationen, Blockaden und sonstige Einsätze der Luft-, See- oder Landstreitkräfte von Mitgliedern der Vereinten Nationen einschließen.

Artikel 43: Alle Mitglieder der Vereinten Nationen verpflichten sich zur Wahrung des Weltfriedens und der internationalen Sicherheit dadurch beizutragen, dass sie nach Maßgabe eines oder mehrerer Sonderabkommen dem Sicherheitsrat auf sein Ersuchen Streitkräfte zur Verfügung stellen, Beistand leisten und Erleichterungen einschließlich des Durchmarschrechtes gewähren, soweit dies zur Wahrung des Weltfriedens und der internationalen Sicherheit erforderlich ist.

Quelle 2 bis 4 zit. nach: Zusammenschlüsse und Pakte der Welt, 12. Aufl., Bonn 1979, S. 126–128.

1. *Stelle nach den Quellen 2 und 3 Ziele und Grundsätze der UNO in einer Liste zusammen. Welcher Unterschied besteht zwischen Zielen und Grundsätzen?*
2. *Zu welchen Maßnahmen verpflichten sich die Mitgliedstaaten der UNO nach Quelle 2 bis 4, um den Weltfrieden zu wahren?*
3. *Welche Möglichkeiten hat die UNO, um in die inneren Angelegenheiten eines Staates einzugreifen?*
4. *Stelle in einem Ablaufschema die nach Quelle 4 vorgesehenen Zwangsmaßnahmen der UNO gegen einen Angreifer zusammen. – Welche Rolle spielt dabei das Vetorecht der ständigen Mitglieder des Sicherheitsrates?*
5. *Welcher Unterschied besteht zwischen militärischen Sanktionen nach Artikel 42 und der Bereitstellung von Truppen für UN-Aktionen nach Artikel 43?*

5 *Der Aufbau der Vereinten Nationen*

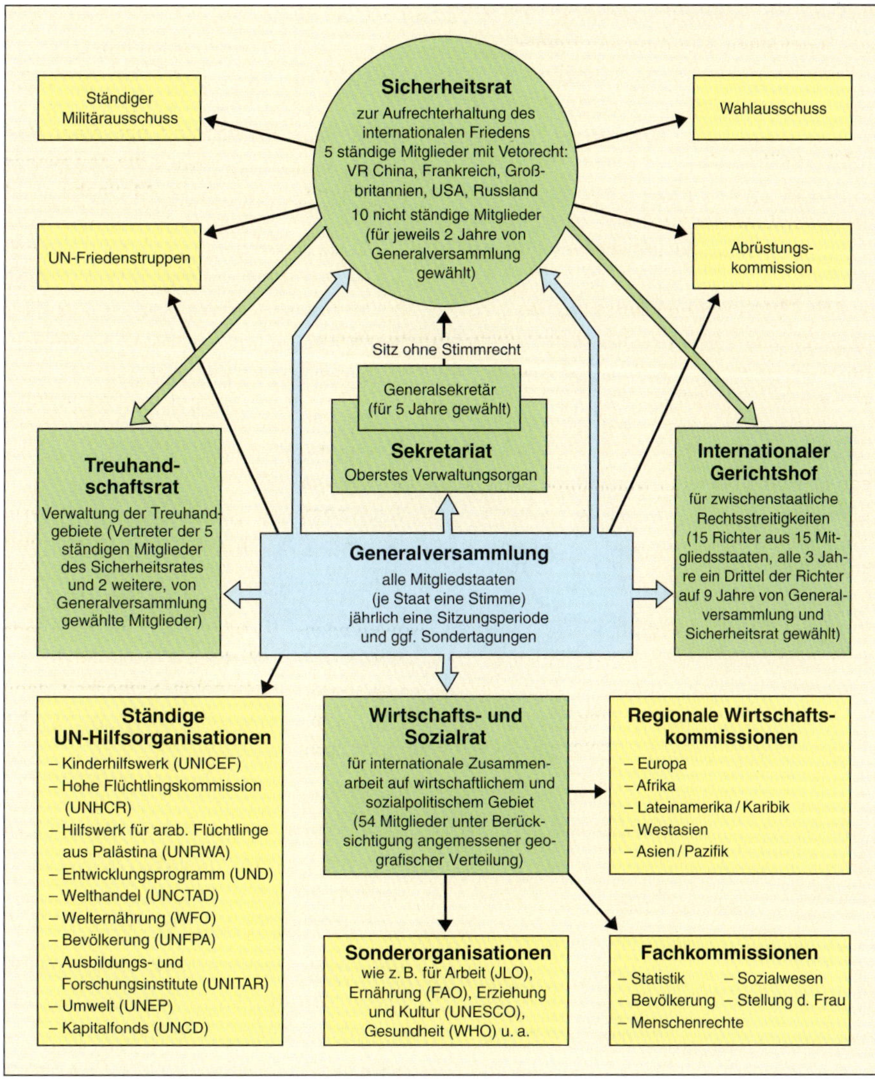

1. *Beschreibe die Organisationsstruktur der UNO. Wie spiegeln sich die Ziele im Aufbau wider?*
2. *Wie ist die Macht zwischen den einzelnen Gremien der UNO verteilt?*
3. *Welche Probleme ergeben sich aus der besonderen Stellung des Sicherheitsrates?*

6 *Über das Vetorecht der Großmächte im Sicherheitsrat heißt es in einer Untersuchung über die UNO:*

D Gegenüber der Stimmgewichtung in der Generalversammlung, die der Mehrheit der mittleren und kleineren Länder das Übergewicht gibt, besteht im Vetorecht ein Gegengewicht zugunsten derjenigen Staaten, von denen die internationale Politik bestimmt wird und die bei Aktionen der UN auch tatsächlich die entscheidende Last, sowohl finanziell wie militärisch, zu tragen haben. … So stellt die Möglichkeit des Vetos im Sicherheitsrat für die einzelnen großen Mächte eine Sicherung dar, auf die sie um ihrer Stellung willen nicht zu verzichten bereit sind und die auch im Aufbau der gesamten Organisation heute als ein gewisses Gegengewicht gegenüber einseitiger Mehrheitsbildung in der Generalversammlung erscheinen kann.

U. Scheuner, Die Vereinten Nationen, Opladen 1988, S. 33.

1. *Aus welchen Gründen befürwortet der Autor von Text 6 das Vetorecht der ständigen Mitglieder des Sicherheitsrates?*
2. *Welche Gründe sprechen gegen dieses Vetorecht?*

7 *Von 1945–1995 durchgeführte Friedensmissionen der UNO*

	Einsatzgebiet	Funktion
1947–51	Griechenland	Spezialkommission zur Verhinderung ausländischer Einmischung in den Bürgerkrieg
1950–53	Korea	Alliierte Streitmacht der UNO (38 500 Soldaten) unter Oberkommando der USA
1956–67	Ägypten	Überwachung des Waffenstillstands nach dem Suez-Krieg 1956 (6 000 Soldaten)
1958	Libanon	Beobachtung des US-Truppenabzugs (600 Mann)
1960–64	Zaire	Militär-Intervention im Kongo-Konflikt (20 000 Soldaten)
1962–63	Westl. Neuguinea	UNO-Verwaltung, um den Übergang in die Unabhängigkeit zu überwachen
1963–64	Nordjemen	Beobachtermission (Grenzzwischenfälle zwischen Nordjemen und Saudi-Arabien)
1967	Naher Osten (Suezkanal, Golan)	Waffenstillstandsüberwachung nach arabisch-israelischem Krieg 1967
1973–79	Naher Osten (Suezkanal)	UNO-Friedenstruppen (7 000 Soldaten) zur Truppenentflechtung nach arabisch-israelischem Krieg 1973
1989–90	Nicaragua	Wahlbeobachtung (160 Mann) nach Bürgerkrieg
1989–91	Namibia	Überwachung des Rückzugs südafrikanischer Truppen und Sicherung einer demokratischen Entwicklung
1991	Irak / Kuwait	UNO billigt den Einsatz einer Streitmacht (über 700 000 Soldaten) unter dem Oberkommando der USA zur Befreiung des vom Irak besetzten Kuwait
1992–95	Somalia	UNO-Friedenstruppe (3 000 Soldaten; bis Mai 1993 unter dem Oberkommando der USA) zur Rettung der Zivilbevölkerung im Bürgerkrieg; erste deutsche Beteiligung mit 1 720 Soldaten; Scheitern nach der Verwicklung der UNO-Truppen in die Kriegshandlungen
seit 1992	Kambodscha	UNO-Friedenstruppe (18 900 Soldaten / Polizisten; 300 Zivilisten) zur Sicherung der öffentlichen Ordnung und demokratischer Wahlen nach dem Bürgerkrieg
seit 1992	Mosambik	UNO-Friedenstruppe (7 500 Soldaten) zur Überwachung der Waffenruhe nach dem Bürgerkrieg und Sicherung demokratischer Wahlen
seit 1992	Kroatien	UNO-Truppe (14 000 Soldaten) zur Sicherung des kroatisch-serbischen Waffenstillstands und Schutzzonen für die Bevölkerung; Scheitern der Aktion
seit 1992	Bosnien-Herzegowina	UNO-Friedenstruppe (24 000 Soldaten) unter Einschluss von NATO-Verbänden zum Schutz der Zivilbevölkerung und Überwachung der immer wieder zerbrechenden Waffenstillstandsvereinbarungen; Nato greift 1995 unter Billigung der UNO mit Bombern gegen die Serben in den Krieg ein; Ende 1995 wird die UNO-Friedenstruppe von der Bosnien-Friedenstruppe (60 000 Soldaten) unter dem Kommando der NATO abgelöst.

1. *In welchen Regionen fanden bzw. finden zur Zeit die Friedensmissionen statt? Welche anderen Krisengebiete auf der Welt kennst du?*
2. *Nicht in alle Konflikte greift die UNO ein. Welche Gründe gibt es dafür?*
3. *Welche Aufgaben hatten bisherige Friedensmissionen? Vergleiche diese Aufgaben mit den in der UN-Charta vorgesehenen Maßnahmen (siehe Q 3 und Q 4). Charakterisiere die Rolle der USA.*
4. *Erarbeitet Vorschläge für eine Reform der UNO, die ihre Durchsetzungsfähigkeit steigert. Nennt Gründe, die diese Reformvorschläge zum Scheitern bringen könnten.*

Der Kalte Krieg teilt die Welt

Beginn der Konfrontation

Die amerikanische Eindämmungspolitik

Schon seit dem Frühjahr 1945 berichtete der amerikanische Diplomat George F. Kennan aus Moskau über seine Einschätzung der sowjetischen Außenpolitik: Die Sowjetunion sei ein grundsätzlich aggressiver Staat, der überall auf der Welt kommunistische Bestrebungen unterstütze. Wie schon das russische Zarenreich sei die Sowjetunion auf Expansion bedacht, bei ihr werde dieses Streben aber noch durch ihr Ziel der Weltrevolution verstärkt. Dagegen – so Kennans Schlussfolgerung – müsse der Westen unter Führung der USA alle Kräfte sammeln, um diese Bedrohung aufzuhalten.
Diese Einschätzung bestätigte Truman und seine Berater in ihrer Vorstellung, dass die Sowjetunion weder durch Verständigung noch durch wirtschaftlichen Druck, sondern nur durch eine Politik der Stärke zu beeindrucken sei. Im Januar 1946 schrieb Truman an seinen Außenminister Byrnes, dass nun endlich der Sowjetunion die „eiserne Faust" gezeigt werden müsse. Gemeint war damit, dass die USA zukünftig nicht mehr gewillt seien eine Ausweitung des sowjetischen Einflusses – egal, wo auf der Welt – hinzunehmen.
Die Sowjetunion deutete den Schritt zu dieser Eindämmungspolitik* als deutliches Abrücken von der Kooperation. In ihren Augen stellte eine solche Politik den Status quo in Frage, wie er auf den Konferenzen von Jalta und Potsdam festgelegt worden war. Wollten die Amerikaner jetzt die durch das Sicherheitsbedürfnis begründete sowjetische Interessensphäre in Europa nicht mehr anerkennen?
Aus der Furcht, ihren Einflussbereich zu verlieren, beschleunigte die Sowjetunion die wirtschaftliche und gesellschaftliche Umgestaltung in den Ländern Osteuropas, in denen sie durch ihre Truppen Macht ausüben konnte. Gleichzeitig griff sie auch über ihren Einflussbereich hinaus und verschärfte ihren politischen Druck in den Randzonen der Interessensphären, vor allem in der Türkei und im Iran. War dieses Vorgehen der Sowjetunion aber nicht ein Beweis dafür, dass das sowjetische Expansionsstreben fortbestand und nicht auf ihren Einflussbereich beschränkt blieb, fragte man sich in Amerika.

Die „Truman-Doktrin"

Besonders problematisch stellte sich vor dem Hintergrund des amerikanischen Übergangs von einer „Politik der Geduld" zur „Politik der Eindämmung" – wie es der amerikanische Außenminister George C. Marshall formulierte – die Situation in Griechenland dar. Mitte 1946 war hier ein Bürgerkrieg zwischen kommunistischen Kräften und der autoritär-konservativen Regierung ausgebrochen. Für die amerikanische Regierung war dieser Bürgerkrieg ein weiterer Beleg für die aggressive Politik der Sowjetunion. Im März 1947 verkündete Präsident Truman in einer Kongressbotschaft, dass die USA Griechenland und – mit Blick auf die Türkei – allen anderen Mittelmeer-Anliegerstaaten militärische und wirtschaftliche Unterstützung zukommen lassen wollten. Die Vereinigten Staaten müssten allen „freien Völkern" helfen. Jedes Volk auf der Welt müsse jetzt zwischen zwei Lebensweisen wählen, einer freien westlichen und einer unfreien östlichen Lebensweise.
Die Sowjetunion nahm diese Truman-Doktrin der zweigeteilten Welt zum Anlass, um die in Moskau tagende Konferenz der alliierten Außenminister über grundsätzliche Fragen der Zukunft Deutschlands scheitern zu lassen. Eine neue Stufe der Eskalation war erreicht.

„Die Illusion des One-World-Gedankens." Karikatur von Daniel R. Fitzpatrick, veröffentlicht in einer amerikanischen Zeitung am 12. März 1947, dem Tag der Verkündung der Truman-Doktrin

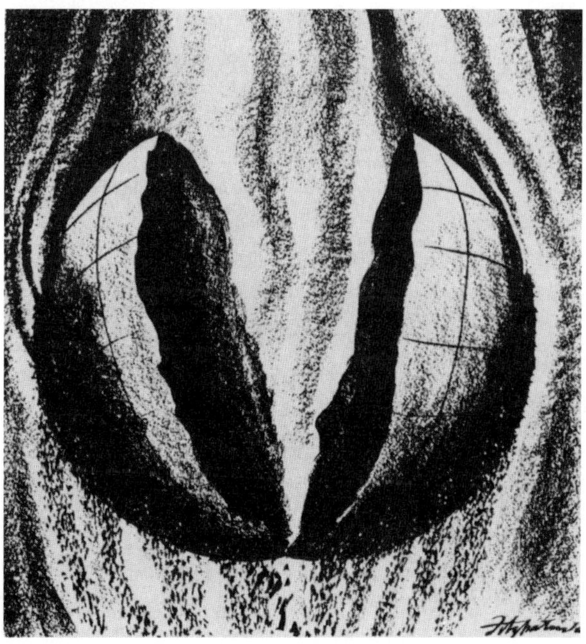

Die Fronten verhärten sich

Der Marshallplan

Mit dem Scheitern der Außenministerkonferenz rückte jetzt die Frage in den Mittelpunkt, ob die Truman-Doktrin auch für das besiegte Deutschland gelten solle und welche Konsequenzen die Theorie von den „zwei Lebensweisen" in Europa haben würde.

Fest stand zu diesem Zeitpunkt schon, dass die USA einen schnellen wirtschaftlichen Wiederaufbau Deutschlands wünschten, um die Produktion in Europa insgesamt stärker in Gang zu bringen. Die Vereinigung der britischen und amerikanischen Zone zu einem gemeinsamen Wirtschaftsgebiet seit Anfang 1947 (siehe S. 213) waren hierfür ein deutlicher Hinweis. Auch sah sich die Regierung in der amerikanischen Öffentlichkeit Klagen ausgesetzt, weil auf Kosten amerikanischer Steuerzahler der besiegte Gegner „durchgepäppelt" werde und der Wiederaufbau des zerstörten Europa viel zu langsam vorankomme.

Anfang Juni 1947 hielt Außenminister Marshall in der berühmten amerikanischen Harvard Universität eine Rede, in der er ein wirtschaftliches Hilfsprogramm für Europa ankündigte. Auch die Sowjetunion war bei den Verhandlungen über einen gemeinsamen Plan zur Verteilung der Hilfsmittel in Paris vertreten. Nach ihrer Meinung war der Plan aber nur ein wirtschaftliches Instrument, um die politischen Ziele der Truman-Doktrin in Europa durchzusetzen. Sie lehnte deshalb eine Beteiligung ab. Entsprechend dieser Einschätzung wurden von ihr auch die osteuropäischen Staaten zur Ablehnung des Hilfsprogramms gezwungen. Damit war eine der letzten Möglichkeiten der Zusammenarbeit der beiden Weltmächte in Europa aufgegeben.

Gründung des Kominform

Nun ging die Sowjetunion zur Politik der offenen Konfrontation über. Sie griff die Idee von den „zwei Lebensweisen" auf, interpretierte sie aber in ihrem Sinne: Die Welt sei in ein fortschrittliches, sozialistisches Lager unter Führung der Sowjetunion und in ein reaktionäres, imperialistisches Lager unter der Vormacht der USA geteilt, erklärte der sowjetische Delegationsleiter Andrej Shdanow Ende September 1947 auf einer Versammlung der kommunistischen Parteien Europas. Um das sozialistische Lager zu festigen und sich gegen die aggressive Politik der USA zu schützen sei ein enger Zusammenschluss der kommunistischen Parteien der Welt unter Führung der KPdSU notwendig. Entsprechend wurde die Gründung eines Kommunistischen Informationsbüros, abgekürzt „Kominform" genannt, beschlossen.

Schnell wurde deutlich, dass die Kominform ein Instrument zur Durchsetzung der politischen Linie der KPdSU bei den anderen kommunistischen Parteien der Welt war. Auf Druck des Kominform mussten z. B. die kommunistischen Parteien Frankreichs und Italiens jetzt Streiks gegen den Marshallplan organisieren, obwohl sie ihn zunächst nicht abgelehnt hatten. Die Kominform-Gründung führte nicht

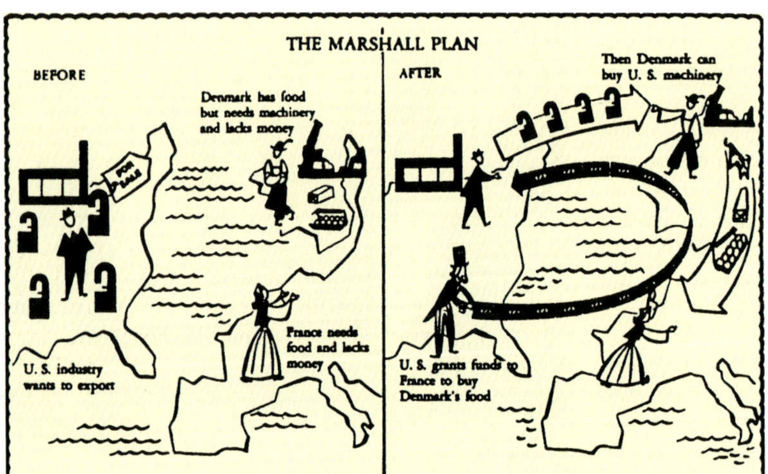

Der Marshallplan. Grafische Erklärung in einem amerikanischen Schulbuch aus dem Jahr 1953

nur dazu, dass diese Parteien in ihren Ländern an Glaubwürdigkeit und Einfluss verloren, sie schien auch im Westen ein weiterer Beweis dafür zu sein, dass die Sowjetunion ihre expansionistischen, weltrevolutionären Absichten nicht aufgegeben habe und deshalb eine Politik der Eindämmung um so notwendiger sei.
Zieht man von heute aus Bilanz, dann muss man für die Situation am Jahresende 1947 feststellen: Zwei politisch-ideologische Lager standen sich gegenüber, die sich gegenseitig Imperialismus, Militarismus, Ausbeutung und Unterdrückung vorwarfen. Zwischen Ost und West hatte der Kalte Krieg begonnen, der sich auch auf die innere Situation in den Ländern beider Lager auswirkte. Im Westen führte die ideologische Frontstellung zur Isolierung und Bekämpfung der radikalen linken politischen Kräfte, vor allem der Kommunisten, im Osten zur Ausschaltung der sozialdemokratischen und bürgerlichen Parteien.

Geteiltes Europa – geteilte Welt

Die Konfrontation zwischen den USA und der Sowjetunion spaltete Europa zuerst wirtschaftlich: Westlich der Elbe festigte sich die marktwirtschaftlich-kapitalistische Ordnung, östlich der Elbe wurde die zentrale Planwirtschaft durchgesetzt. Die Hoffnung, über eine wirtschaftliche Zusammenarbeit zu einer gesamteuropäischen Einigung zu kommen, war mit der Gründung der westlichen „Organisation für europäische wirtschaftliche Zusammenarbeit" (OEEC) und dem östlichen Gegenstück, dem „Rat für gegenseitige Wirtschaftshilfe" (COMECON), gescheitert.
Zwei Ereignisse des Jahres 1948 gaben dann den Anlass zur militärischen Blockbildung: der gewaltsame Sturz der bürgerlich-demokratischen Regierung in der Tschechoslowakei und die sowjetische Blockade Berlins. Für den Westen waren beide Ereignisse ein Beweis für den sowjetischen Expansionismus. 1949 wurde deshalb das militärische Bündnis der „Nordatlantischen Verteidigungsorganisation" (NATO) gegründet. Im Osten schloss die Sowjetunion zunächst zweiseitige „Freundschafts- und Beistandsverträge" mit den einzelnen osteuropäischen Staaten. Im Jahr 1955 wurde dann als Reaktion auf den Beitritt der Bundesrepublik Deutschland zur NATO der „Warschauer Pakt" unter Einschluss der DDR gegründet.
Die Blockbildung blieb nicht auf Europa beschränkt. Mit dem Sieg der Kommunisten in China und der Entwicklung einer sowjetischen Atombombe im Jahr 1949 wuchs in den westlichen Ländern die Angst vor einer weltweiten Bedrohung durch den Kommunismus. Eine universale Eindämmung sollte dieser Bedrohung begegnen. Entsprechend dem Marshallplan für Europa wurde ein amerikanisches Entwicklungshilfeprogramm für die neuen unabhängigen Staaten verkündet, um sie in den Weltmarkt einzubinden und eine Annäherung an das kommunistische Lager zu verhindern. Durch einen Ring von militärischen Bündnissen von Europa bis in den Fernen Osten sollte eine Ausdehnung des sowjetischen Einflussbereichs verhindert werden (siehe Karte S. 157).
Die weltweite Blockbildung wurde von einer beschleunigten Aufrüstung begleitet. Nach dem Verlust des Atomwaffenmonopols entwickelten die USA die Wasserstoffbombe mit noch größerer Zerstörungskraft; das war ein weiterer Schritt in das atomare Wettrüsten. Selbst kleine Konflikte konnten sich angesichts der Konfrontation der beiden Supermächte zur Gefahr eines atomaren Vernichtungskrieges ausweiten.

Die erste Phase des Kalten Krieges: Vom Koreakrieg zur Kubakrise

Viele Menschen glaubten, es sei nur noch eine Frage der Zeit, wann der bisherige Kalte Krieg* zu einem heißen Krieg in Europa eskalieren würde. Aber nicht hier, sondern 1950 in Korea und 12 Jahre später in Kuba drohte die Konfrontation zwischen den USA und der Sowjetunion in einen „heißen" Krieg umzuschlagen.

Der Koreakrieg

Seit 1945 war Korea nach dem Rückzug der Japaner im Norden von der Sowjetunion und im Süden von den Amerikanern besetzt. Als 1946 die amerikanisch-sowjetischen Verhandlungen über die Bildung einer gesamtkoreanischen Regierung scheiterten, wurde das Land entlang des 38. Breitengrades geteilt. Im Süden entstand unter dem Schutz der USA die „Republik Korea" und im Norden die „Demokratische Volksrepublik Korea" unter kommunistischer Führung. Beide Besatzungsmächte zogen danach ihre Truppen ab.
1950 griffen nordkoreanische Truppen Südkorea an. Das war eine Verletzung der Vereinbarungen und wurde im Westen als eine kommunistische Bedrohung der gesamten „freien Welt" gedeutet. Im Auftrag der UNO griffen amerikanische Streitkräfte ein, um die nordkoreanischen Truppen hinter den 38. Breitengrad zurückzudrängen. Dabei kam es fast zu einem Krieg mit der Volksrepublik China, die Nordkorea unterstützte. Der amerikanische Kommandeur MacArthur erwog sogar den Einsatz von Atombomben, was der amerikanische Präsident Truman

jedoch ablehnte. Ein dritter Weltkrieg schien nahe. Vor diesem Risiko schreckten aber beide Lager in Ost und West zurück. 1953 wurde der ursprüngliche Zustand der Teilung wiederhergestellt.

Die Politik des Status quo und die Kubakrise

Die Konfrontationspolitik der beiden Weltmächte war an ihre Grenzen gestoßen. Jeder Konflikt brachte die Gefahr eines großen Krieges mit sich und jeder Krieg die Gefahr einer atomaren Vernichtung. Der politische Handlungsspielraum der Weltmächte verengte sich mehr und mehr. Die einzige Chance, unterhalb der Kriegsschwelle wieder neue Bewegungsfreiheit zu gewinnen, bestand im Abbau der Konfrontation.

Während in der Öffentlichkeit die Kalte-Kriegs-Propaganda noch weiterging, trafen sich 1955 in Genf zum ersten Mal seit dem Ausbruch des Kalten Krieges wieder Vertreter der USA, der Sowjetunion, Großbritanniens und Frankreichs, um nach Verständigungsmöglichkeiten zu suchen. Die Gespräche blieben aber ohne konkretes Ergebnis. Die beiden Weltmächte standen sich mit ihren jeweiligen Bündnispartnern weiterhin feindselig gegenüber. Sie respektierten jedoch wechselseitig ihre Einflusssphären. Die USA griffen nicht 1953 beim Aufstand in der DDR, nicht 1956 in Polen und Ungarn und auch nicht beim Bau der Mauer in Berlin 1961 ein. Die Sowjetunion dagegen mischte sich nicht in amerikanische Interventionen in Südamerika (1954 in Guatemala, 1956 in Panama) ein und vermied auch eine direkte Konfrontation in Vietnam.

„Was für eine Unverschämtheit mir Raketen vor die Haustür zu stellen!“ Karikatur, 1962

1962 jedoch begann die Sowjetunion auf der Insel Kuba Raketenbasen einzurichten. Dort hatte sich sozusagen vor der Haustür der USA unter Fidel Castro ein sozialistisches, außen- und wirtschaftspolitisch an der Sowjetunion orientiertes System entwickelt. Mit den Raketenstellungen sahen die USA den Status quo gefährdet. Die Sowjets hätten von hier aus die USA direkt bedrohen können. Vor allem hätten sie in einer Region Fuß fassen können, die die USA traditionell als ihr Einflussgebiet betrachteten. Die Forderung der USA nach Abzug der Raketen und eine gleichzeitige Seeblockade um Kuba drohten die Supermächte in eine direkte Konfrontation zu treiben. Die Gefahr eines Atomkrieges vor Augen, gab die sowjetische Führung nach und zog ihre Raketen wieder ab.

Mit dieser Krise war der Kalte Krieg an eine letzte Grenze gestoßen – die der atomaren gegenseitigen Vernichtung. Wollte man sinnvoll Politik weiterbetreiben und neue Handlungsspielräume gewinnen, dann musste man sich um die Entschärfung, vielleicht auch den Abbau von Konfrontationen bemühen.

Fragen und Arbeitsaufgaben

1. *Beschreibe die Entwicklung der Konfrontation zwischen den USA und der UdSSR von 1945 bis 1962. Welche Gründe für diese Entwicklung gibt es?*
2. *Die Sowjetunion warf den Amerikanern vor, sie wollten ihren kommunistischen Staat mit Hilfe ihrer wirtschaftlichen Überlegenheit untergraben. Setze dich mit dem Vorwurf, ausgehend von der Grafik (S. 154) und der Darstellung im Text, auseinander.*
3. *Der amerikanische Historiker G. L. Weinberg schreibt 1995 in einem grundlegenden Werk über den Zweiten Weltkrieg, dass die „neuen Massenvernichtungswaffen nicht nur die Gefahr einer totalen Katastrophe“ mit sich gebracht hätten, sondern auch die Supermächte „zu extremer Vorsicht“ veranlasst hätten, um diese Katastrophe zu vermeiden. Nimm zu dieser These an Hand der Entwicklung des Kalten Krieges bis 1962 Stellung.*
4. *Die Politik der Teilung von Einflussgebieten und damit auch der Teilung von Ländern wie Deutschland und Korea durch den Kalten Krieg wurde von vielen als großes Unrecht betrachtet. Diskutiert diese Sicht z. B. aus der Perspektive der Supermächte, der betroffenen Länder oder anderer Staaten wie Großbritannien und Frankreich.*

Der Kalte Krieg: Ein taugliches Mittel der Politik?

Motive und Methoden

1 *Die militärische Blockbildung im Kalten Krieg*

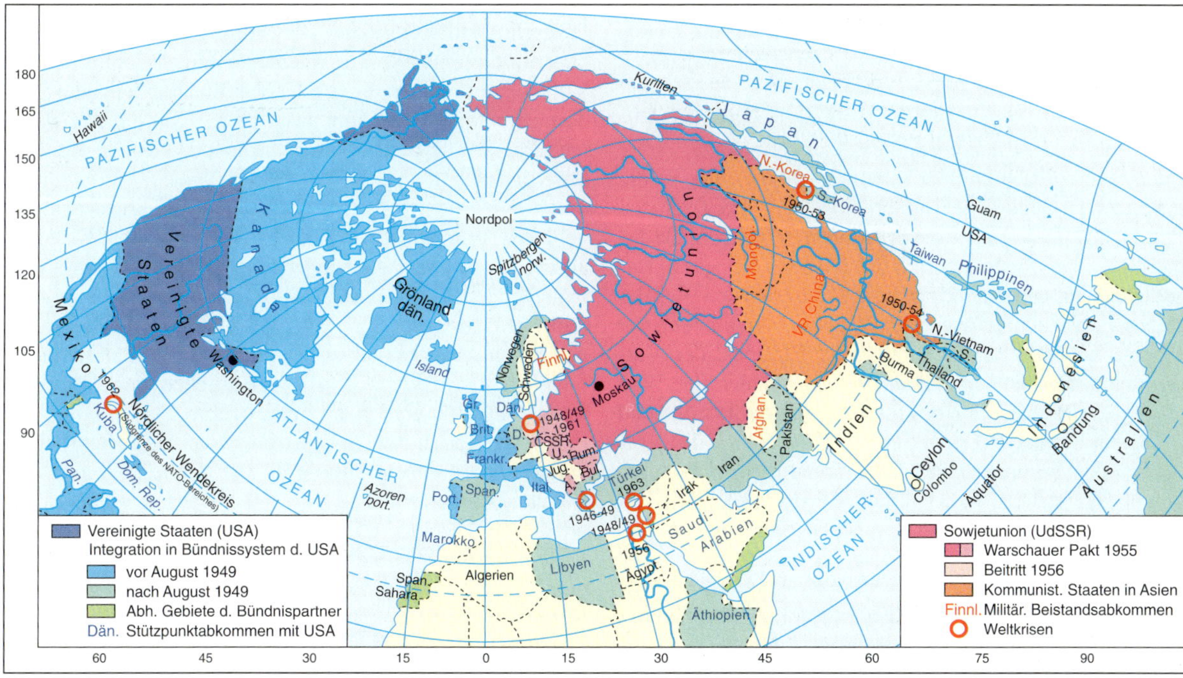

1. *Stelle aus der Karte die Phasen der militärischen Blockbildung und die Krisengebiete zusammen.*

2. *Was lässt sich aus der Karte über die Ziele der beiden Weltmächte während des Kalten Krieges ablesen?*

2 *Nach Einschätzung des amerikanischen Diplomaten George F. Kennan im Februar 1946 verfolgte die Sowjetunion folgende politischen Ziele:*

Q A. Es muss alles getan werden, um die relative Stärke der UdSSR in der internationalen Gesellschaft zu vergrößern. Umgekehrt darf keine Gelegenheit versäumt werden die Stärke und den Einfluss der kapitalistischen Mächte einzeln oder in ihrer Gesamtheit zu verringern.

B. Die Bemühungen der Sowjetunion und ihrer Freunde müssen sich darauf ausrichten Meinungsverschiedenheiten und Konflikte zwischen kapitalistischen Mächten zu verschärfen und auszubeuten. Wenn sie sich irgendwann zu einem „imperialistischen" Krieg ausweiten, muss dieser Krieg in den verschiedenen kapitalistischen Ländern in revolutionäre Erhebungen umgewandelt werden.

C. „Demokratisch-fortschrittliche" Elemente im Ausland sind zu benutzen, um auf kapitalistische Regierungen in Richtung der sowjetischen Interessen Druck auszuüben.

D. Sozialistische und sozialdemokratische Führer müssen rücksichtslos bekämpft werden.

P. Noack, Internationale Politik, München 1970, S. 59.

3 *Georgij Malenkow, Sekretär des Zentralkomitees der KPdSU, stellte auf der Gründungsversammlung der Kominform im September 1947 über die Politik der Sowjetunion und der USA fest:*

Q In den durch die Ausschaltung der Hauptkonkurrenten der USA, Deutschland und Japan, und durch die Schwächung Englands und Frankreichs entstandenen Verhältnissen sind die USA zu einer neuen unverhüllten Expansionspolitik übergegangen, die auf die Herstellung der Weltherrschaft gerichtet ist. Unter diesen neuen Nachkriegsverhältnissen vollzieht sich eine Wandlung in den Beziehungen zwischen den Kriegsverbündeten von gestern, die gemeinsam gegen das faschistische Deutschland und das imperialistische Japan gekämpft haben. Es bildeten sich zwei entgegengesetzte Richtungen in der internationalen Politik heraus.

Die eine Politik wird von der Sowjetunion und den Ländern der neuen Demokratie[1] verfolgt. Die Außenpolitik der Sowjetunion und der demokratischen Länder ist auf die Untergrabung des Imperialismus, auf die Sicherstellung eines festen demokratischen Friedens zwischen den Völkern und auf den größtmöglichen Ausbau der freundschaftlichen Zusammenarbeit der friedliebenden Völker gerichtet …

In der anderen Richtung der internationalen Politik ist die herrschende Clique der amerikanischen Imperialisten führend. In dem Bestreben die Positionen zu festigen, die das amerikanische Monopolkapital während des Krieges in Europa und Asien erobert hat, hat diese Clique nun den Weg der offenen Expansion betreten, den Weg der Versklavung der geschwächten kapitalistischen Länder Europas, der Versklavung der kolonialen und abhängigen Länder, den Weg der Vorbereitung neuer Kriegspläne gegen die UdSSR und die Länder der neuen Demokratie, wobei sie sich des Vorwandes eines Kampfes gegen die „kommunistische Gefahr" bedient. Den klarsten und konkretesten Ausdruck fand diese Politik des amerikanischen Kapitals in den Plänen von Truman und Marshall …

Wir gehen von der Tatsache aus, dass für eine längere Periode die Existenz zweier Systeme, des Kapitalismus und des Sozialismus, unvermeidlich ist, und verfolgen einen Kurs loyaler, gutnachbarlicher Beziehungen zu allen Staaten, die den Wunsch zu freundschaftlicher Zusammenarbeit unter den Bedingungen der Anerkennung des Grundsatzes der Gegenseitigkeit und der Erfüllung übernommener Verpflichtungen bekunden.

[1] Staaten Osteuropas, in denen unter sowjetischem Einfluss noch 1945 Volksdemokratien errichtet wurden.

Das Ostpaktsystem. Dokumentensammlung, hg. von B. Meissner, Bd. XVIII, Frankfurt und Berlin 1955, S. 87–88.

4 *Der amerikanische Journalist James Reston schrieb über die Methoden der Politik im Kalten Krieg in der „New York Times" vom 23. Februar 1953:*

Q Allgemein gesprochen handelt es sich bei der psychologischen Kriegführung um jede Form von Regierungsaktionen, die dazu beiträgt den Willen und die Fähigkeit des Feindes einzuschränken einen Krieg zu führen. Das mag propagandistische Rundfunksendungen einschließen, die beim Feind Zweifel erregen über unser Tun, oder es mag Unzufriedenheit innerhalb seines Gebiets erregen, so dass er sein Hinterland unzufrieden fühlt. Ferner mag es bedeuten, Ballons mit Propaganda hinter den Eisernen Vorhang zu senden oder das kommunistische China mit Falschgeld zu überfluten oder die Flotte in einem bestimmten Gebiet zu versammeln, um die Truppen des Feindes zu zerstreuen, oder einen A- oder H-Bombentest zu einem bestimmten Zeitpunkt in Eniwetok[1] zu veranstalten oder ein neues militärisches Hilfsprogramm für Nationalchina zu beginnen oder antikommunistische Elemente hinter dem Eisernen Vorhang mit Druckpressen oder Rundfunkgeräten oder Sendern oder sogar Gewehren auszustatten. Mit anderen Worten: Eine Politik jeglichen Übels knapp am Rande des totalen Krieges.

Solche Unternehmungen werden hier allgemein als unangenehme, aber notwendige Kunstgriffe des „Kalten Krieges" akzeptiert. Solange die sowjetischen Führer und ihre Verbündeten jedes nur denkbare Mittel der politischen, psychologischen Kriegführung benutzen, um die westlichen Nationen zu entzweien und zu vernichten, hat hier niemand ernstlich Einwände gegen das Bestreben den Feind zu schwächen und seine Pläne zu verwirren …

Es bleiben jedoch zwei Fragen offen: Ist es klug öffentlich zu erklären, dass unsere Politik auf die „Befreiung" der versklavten Völker abziele? Und hilft es anzukündigen, dass wir diesen Zweck durch Umsturz und unter Verwendung der Südkoreaner, der chinesischen Nationalisten und der Vietnamesen Indochinas in stellvertretenden Kriegen gegen die Kommunisten zu erreichen versuchen?

[1] Atoll im Pazifik

J. Reston in: Special to the New York Times, 23. Februar 1953, S. 6. Übers. d. Verf.

1. *Vergleiche, wie die Ziele und Methoden der sowjetischen Außenpolitik in Quelle 2 und 3 dargestellt werden.*
2. *Welche außenpolitischen Ziele verfolgen nach der Darstellung Malenkows die USA? Was würde Kennan auf diese Darstellung entgegnen?*
3. *Oft wird gesagt, dass der Kalte Krieg sich nach dem Prinzip der „sich selbst erfüllenden Prophezeiung" entwickelt habe. Nimm Stellung zu dieser These.*
4. *Welche Methoden der Politik des Kalten Krieges werden in Text 4 angesprochen?*
5. *Wie beurteilst du die Gefahr, dass durch Anwendung dieser Methoden der psychologischen Kriegführung schließlich der Kalte Krieg in einen „heißen" Krieg umzuschlagen drohte?*
6. *Sind nach deiner Meinung solche Methoden in bestimmten Situationen gerechtfertigt?*

Der Kalte Krieg in der Karikatur

5 *Amerikanische Karikatur, 1949*

Truman zu Stalin: „Das ist ein alter Trick, Josef."

6 *Karikatur aus der sowjetischen Zeitschrift „Krokodil", 1952*

Der Franzose zu dem Amerikaner: „Ich erhebe keine Einwände gegen unseren gemeinsamen Dienst in der NATO, wenn Sie mir garantieren, dass dieser Bursche Vegetarier geworden ist."

7 *Englische Karikatur, 1962*

Chruschtschow und Kennedy während der Kuba-Krise. Unterschrift: „Einverstanden, Herr Präsident, wir wollen verhandeln..."

1. *Welche Themen der internationalen Politik nach 1945 werden in den Karikaturen aufgegriffen?*
2. *Erarbeite aus den Karikaturen, wie jeweils eine Seite die andere darstellt.*

Zusammenfassende Arbeitsaufgaben:

1. *1971 schreibt der Journalist William S. Schlamm: „Die Epoche des Versuches dem militärischen Konflikt zu entgehen, ist die Epoche des ‚Kalten Krieges'; und fromme Menschen sollten jeden Tag dafür beten, dass diese Epoche des ‚Kalten Krieges' noch lange anhalten möge: am Ende des ‚Kalten Krieges' gäbe es nur noch den atomheißen Krieg."*
   1980 schreibt der Historiker W. Loth: „Die Tatsache, dass die fundamentalen Prinzipien ‚westlicher' Lebensform innerhalb der westlichen Hemisphäre zu keinem Zeitpunkt des Konflikts ernsthaft bedroht waren ..., macht deutlich ... , dass für die ‚westlichen Prinzipien' darum von einer ‚offenen', das heißt kooperativen und jede Chance zur Entspannung nützenden Systemkonkurrenz nichts zu befürchten, vielmehr alles zu erhoffen war." Diskutiert diese beiden Einschätzungen des Kalten Krieges. Bezieht dabei auch das Ende der Ost-West-Konfrontation von 1989/90 mit ein.
2. *Erörtert die Frage, warum eine Alternative zur Politik des Kalten Krieges nach 1945 nicht verwirklicht wurde.*

Zeittafel

1945	Tod des amerikanischen Präsidenten Roosevelt, Nachfolger im Amt Harry S. Truman Gründung der UNO; Konferenz von Potsdam, Abwurf der ersten Atombombe
1946	Churchill-Rede über den „Eisernen Vorhang“
1947	Der „Kalte Krieg“ wird offenbar: Truman-Doktrin und Marshallplan
1948	Kommunistischer Umsturz in der Tschechoslowakei; Berlin-Blockade durch die UdSSR
1949	Gründung der NATO; Gründung der beiden deutschen Staaten: BRD und DDR
1950	Ausbruch des Korea-Krieges
1953	Aufstand und Unruhen in der DDR gegen Arbeitsbedingungen und die kommunistische Herrschaft
1955	Eintritt der BRD in die NATO; Gründung des Warschauer Paktes; erste Außenministerkonferenz der USA, UdSSR, Großbritanniens und Frankreichs über Europa und Deutschland nach dem Ausbruch des Kalten Krieges
1956	Unruhen und Aufstände gegen die kommunistische Herrschaft in Polen und Ungarn; Krise um den Suezkanal in Ägypten
1958	Berlin-Ultimatum der Sowjetunion
1959	Außenministerkonferenz der USA, UdSSR, Großbritannien und Frankreichs über Deutschland in Genf ohne Ergebnisse
1961	Treffen zwischen dem US-Präsidenten Kennedy und dem Sowjetführer Chruschtschow; Bau der Mauer durch Berlin
1962	Kuba-Krise
1963	Einrichtung eines „heißen Drahtes“ zwischen den USA und der UdSSR

Eindämmungspolitik. Auf die von Kooperationsbereitschaft gegenüber der UdSSR getragene Politik des amerikanischen Präsidenten Roosevelt folgte seit 1946 eine Politik der Eindämmung und „Festigkeit“ unter Präsident Truman gegen die sowjetische Ausdehnungspolitik. Einer der Hauptbegründer der Eindämmungspolitik war der amerikanische Diplomat George F. Kennan. Die Eindämmungspolitik markiert den Beginn des Kalten Krieges.

Eine Welt. Politisches Programm der USA unter Präsident Roosevelt. In der Einen Welt, politisch repräsentiert in der UNO, sollte den Großmächten USA, Großbritannien, Frankreich, China und der Sowjetunion eine Sonderrolle zur Friedenswahrung zukommen. In der Einen Welt sollten Freiheit, Selbstbestimmungsrecht der Völker und der Wohlstand aller durch einen freien Weltmarkt garantiert sein.

Kalter Krieg. Phase des Ost-West-Konfliktes nach dem Zweiten Weltkrieg bis Anfang der 60er Jahre, jedoch auch für die gesamte Zeit der Ost-West-Konfrontation bis 1990/91 gebraucht. Gekennzeichnet sind dabei die Beziehungen der beiden Lager durch machtpolitische und ideologische Auseinandersetzungen, die unter wirtschaftlichem und militärischem Druck, mit propagandistischen, diplomatischen und geheimdienstlichen Mitteln geführt wurden und bis an die Schwelle des „heißen Krieges“, d. h. offener Gewaltanwendung zwischen den Supermächten, gingen. Höhepunkte des Kalten Krieges waren die Berlin-Blockade 1948–49, der Koreakrieg 1950–53 und die Kuba-Krise 1962.

Koexistenz. Von der UdSSR vertretene Theorie des friedlichen Nebeneinanders von Staaten mit kommunistischen und kapitalistischen Gesellschaftsordnungen. Die von Chruschtschow als Alternative zum Kalten Krieg 1956 geforderte friedliche Koexistenz als Leitlinie sowjetischer Außenpolitik wollte auf die militärische Konfrontation verzichten, ohne die ideologische Auseinandersetzung und die wirtschaftliche Konkurrenz zu vernachlässigen.

Ost-West-Konflikt. Bezeichnet den politischen, ideologischen, militärischen und wirtschaftlichen Gegensatz zwischen der westlichen Welt unter Führung der USA und dem Ostblock unter sowjetischer Führung, wie er sich aus dem Zerfall der Koalition der Siegermächte nach dem Zweiten Weltkrieg entwickelt hat und die Weltpolitik bis zum Zerfall des Ostblocks 1989/90 bestimmte.

Volksdemokratie. Selbstbezeichnung für die nach dem Zweiten Weltkrieg unter sowjetischem Einfluss entstandene Staatsform in den Ländern Mittel- und Osteuropas. Anders als in der UdSSR gab es in den Volksdemokratien zwar mehrere Parteien, die bei Wahlen aber nur auf einer Einheitsliste kandidieren durften und sich dem Führungsanspruch der kommunistischen Partei unterordnen mussten, sodass faktisch ein Einparteienstaat bestand. Gewaltenteilung und Opposition gab es nicht.

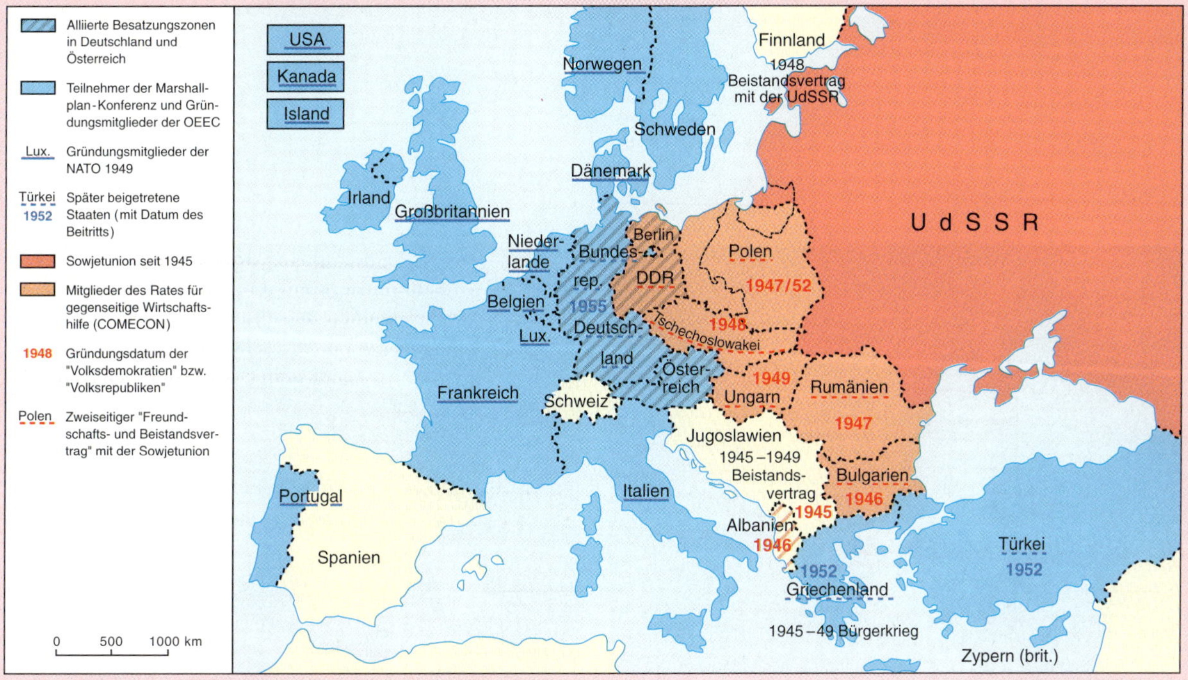

Blockbildung in Europa nach dem Zweiten Weltkrieg

„Die Amerikanische Lebensart" ist der Titel eines sowjetischen Propagandaplakats aus dem Jahr 1950, das einen drastischen Eindruck von der amerikanischen Lebensweise vermitteln will. Im Mittelpunkt steht die Aussage, dass „in Amerika alle 21 Sekunden ein Kapitalverbrechen begangen wird". Auf diesem Plakat heißt es zum Beispiel auch, dass „in den USA alle drei Minuten ein Auto gestohlen wird" und dass „in New York jährlich 13000 Menschen verschwinden".
Überlegt, warum es in den 50er Jahren diese Art der Propaganda zwischen den beiden Supermächten gegeben hat. Was wollten sie damit bezwecken? Inwiefern könnte die Aussage über die zahlreichen Autodiebstähle genau das Gegenteil bewirkt haben?

EUROPE
·ALL OUR COLOURS TO THE MAST·

7. Die USA und das westliche Europa seit 1945

„Die Atlantische Gemeinschaft ist Kern und Schwerpunkt der Demokratien in der Welt; ihr kommt daher die Aufgabe zu den demokratischen Prozess über die transatlantischen Grenzen hinaus zu stärken und auszudehnen. Gerade beim Aufbau demokratischer Institutionen in Osteuropa steht die Gemeinschaft westlicher Demokratien in der Pflicht aufgrund ihres starken Zusammenhaltes einen wirksamen Beitrag zu leisten." So beginnt die Abschlusserklärung eines Treffens führender amerikanischer Sicherheitsexperten, das Mitte 1991 in New York stattfand.

Angesichts des Wandels in Osteuropa und der ehemaligen Sowjetunion gilt die Gemeinschaft zwischen den nordamerikanischen und den westeuropäischen Staaten heute als „ruhender Pol" in der Welt. Der zitierte „starke Zusammenhalt" drückt sich nicht nur in Bündnissen und Organisationen aus, sondern beruht auf einer Gemeinsamkeit der wirtschaftlichen, politischen und kulturellen Grundlagen. Es wird deshalb auch von einer gemeinsamen „westlichen Zivilisation" gesprochen. Sie beruht auf den Prinzipien der freiheitlichen Demokratie und der Marktwirtschaft, umfasst aber auch die Gestaltung der Lebensverhältnisse, die durch ungebundene Freiheit des Einzelnen, Massenkonsum, Wohlstand und hochtechnisierte Kommunikation bestimmt werden.

Amerika und Europa sind heute – bei allen Unterschieden – eine, die westliche Welt. Auch wenn die Industrialisierung und die liberale Demokratie des 19. Jahrhunderts die Weichen für diesen Weg gestellt haben, so hat sich die Welt in der heutigen Form erst nach dem Zweiten Weltkrieg herausgebildet. Welche Rolle spielte dabei die Konfrontation zwischen Ost und West in der Phase des Kalten Krieges?

Um diese Frage zu beantworten, muss man sich folgende Merkmale der Situation nach 1945 vergegenwärtigen:

- Als Ergebnis des Zweiten Weltkrieges gab es für die USA nicht noch einmal – wie in den beiden Jahrzehnten nach dem Ersten Weltkrieg – die Möglichkeit ihre Weltmachtrolle zu verleugnen. In Europa wollten sie diese nutzen, um eine stabile demokratische Neuordnung zu erreichen. In den USA hatte der Krieg zu einem enormen Wirtschaftsaufschwung durch die Rüstungsproduktion geführt, weil sie alle gegen Deutschland und Japan kämpfenden Staaten mit Kriegsmaterial versorgt hatten. Nun standen sie vor allem vor dem Problem ihre Wirtschaft an die Bedürfnisse des Friedens anzupassen.
- Europa lag 1945 in Schutt und Asche. Sieger und Besiegte standen hier im wahrsten Sinne des Wortes vor einem Trümmerhaufen. In der Überwindung der Nationalstaaten und in einem engeren Zusammenschluss sahen viele die einzige Chance den wirtschaftlichen Wiederaufbau zu leisten und neues politisches Gewicht zu erhalten.

In dieser Situation waren die USA zu einer umfangreichen finanziellen Unterstützung für den Wiederaufbau Europas bereit. Als die Sowjetunion den osteuropäischen Staaten die Teilnahme an diesem „europäischen Wiederaufbauprogramm" verbot, zeichnete sich die Spaltung Europas ab. Die USA würden ihre Zusammenarbeit nun auf Westeuropa beschränken müssen. Marshallplan und NATO bildeten die Grundsteine, die zu einem raschen Wirtschaftsaufschwung in Westeuropa führten, der die Lebensweise der Menschen grundlegend veränderte.

Während Zusammenarbeit und Wirtschaftsaustausch zwischen Amerika und den westeuropäischen Staaten „boomten", kam jedoch der Einigungsprozess selbst nicht recht voran. Alle Staaten sprachen zwar von der Notwendigkeit einer europäischen Einigung, aber kaum eine Regierung war bereit, nationalstaatliche Rechte an eine übergeordnete europäische Institution abzugeben. Der Weg über eine verstärkte wirtschaftliche Integration schien erfolgreicher. Als 1957 die „Europäische Wirtschaftsgemeinschaft" (EWG) gegründet wurde, glaubten viele Politiker, dass sich fast automatisch aus dem immer enger werdenden wirtschaftlichen Zusammenschluss ein politischer Vereinigungsprozess ergeben werde.

Ein Vierteljahrhundert danach ist die Bilanz des europäischen Einigungsprozesses positiv: Aus dem Europa der Sechs ist zunächst ein Europa der Zwölf, seit 1995 eins der Fünfzehn geworden, es gibt eine demokratische Direktwahl zum Europäischen Parlament, die innereuropäischen Grenzen haben an Bedeutung verloren. Auf dieser Basis sollte 1991 durch die Beschlüsse von Maastricht der endgültige Sprung zur politischen Union gewagt werden. Doch die alten Vorbehalte gegen die Aufgabe nationalstaatlicher Rechte sind seither eher wieder gewachsen. Liegt es daran, dass der Einigungsprozess zu stark über Institutionen und Bürokratien läuft und die Menschen zu wenig beteiligt werden? Und während diese Probleme politisch noch nicht bewältigt sind, kommt auf Europa die Frage zu, wie weit es sich für die osteuropäischen Staaten öffnen soll. Diese drängen nach Europa.

Links: Die Freiheitsstatue am Hafeneingang von New York
Rechts: „Alle Fahnen an den Mast". Plakatentwurf von R. Dirksen, 1948

Die Gesellschaft der USA seit 1945

Licht und Schatten der Wohlstandsgesellschaft

Im Gegensatz zu der Situation fast aller Staaten in Europa bedeutete das Ende des Zweiten Weltkrieges für die USA in vielen Bereichen keinen tiefen Einschnitt. Probleme des Wiederaufbaus stellten sich nicht, der militärische Sieg war – im Vergleich zu anderen Staaten – mit geringen Verlusten bezahlt worden, die Umstellung von Kriegs- auf Friedensproduktion gelang schneller und reibungsloser, als allgemein erwartet worden war.

Wohlstand und Angst

Präsident Truman knüpfte deshalb innen-, wirtschafts- und sozialpolitisch dort an, wo sein Vorgänger Roosevelt mit seinem New Deal* (siehe S. 30) vor dem Krieg stehen geblieben war: beim Ausbau der Wohlstandsgesellschaft. Sein sozialpolitisches Programm sah die Erweiterung der Sozialversicherung und eine gesetzliche Regelung der Arbeitslosenunterstützung vor.
Lassen sich die 20er Jahre in den USA als Weg in die Konsumgesellschaft* beschreiben, so muss man den Wirtschaftsaufschwung, den Amerika in den 50er Jahren erlebte, als Aufbruch in die „Überflussgesellschaft" charakterisieren. Fernsehgeräte und Flugreisen lösten Radio, Kühlschrank und Auto als neue Symbole des Wohlstandes ab. Durch gigantische Werbefeldzüge wurden immer mehr Bedürfnisse nach immer neuen Produkten geweckt. *General Motors*, einer der drei größten Autokonzerne, gab allein 1956 für die Werbung mehr als 162 Millionen Dollar aus.
Der Wirtschaftsaufschwung veränderte aber nicht nur die Lebensweise vieler Amerikaner, sondern auch die Wirtschaftsstruktur. Besondere Merkmale dabei waren:

- Um im Wettlauf der atomaren Rüstung ihren Vorsprung zu verteidigen und der Sowjetunion mit einer weltweiten „Politik der Stärke" begegnen zu können gab die amerikanische Regierung einen großen Teil des Staatshaushaltes für die Entwicklung neuer Waffensysteme aus. Rüstungsaufträge wurden zu einem wichtigen Faktor des Wirtschaftsaufschwungs.
- Nur 50 Jahre nachdem durch die Einführung der Fließbandarbeit ein großer Schritt zur industriellen Massenproduktion vollzogen worden war, wurde jetzt in vielen Fabriken die Produktion durch die Automation und den Einsatz von Robotern und Computern erneut revolutioniert.
- Hatte sich schon in den 20er Jahren die Entstehung von Konzernen* als ein typisches Merkmal der amerikanischen Wirtschaft herausgebildet, so nahm die Konzentration jetzt noch einmal rasch zu. Immer mehr Wirtschaftsunternehmen wurden unter dem Dach weniger Großkonzerne zusammengefasst.

Trotz des Reichtums gelang es aber nicht in den großen Industriezentren und auf dem Land die Massenarmut wirksam zu bekämpfen. Viele Farmer und Industriearbeiter hatten keinen Anteil am wachsenden Wohlstand.
Durch die Automation verloren vor allem ungelernte Industriearbeiter ihren Arbeitsplatz und ganz besonders traf die Schwarzen die Arbeitslosigkeit. 1959 musste das Arbeitsministerium feststellen, dass allein in New York mehr als zwei Millionen Familien nur über die Hälfte des Einkommens verfügten, das zu einem „ausreichenden" Lebensstandard benötigt wurde.
General Dwight D. Eisenhower – während des Zweiten Weltkrieges Oberbefehlshaber der alliierten Streitkräfte in Europa und seit 1953 Nachfolger von Präsident Truman – hielt zwar grundsätzlich am Programm zum Ausbau des Wohlfahrtsstaates fest, mit seinen gekürzten Sozialhilfeprogrammen konnte er den zunehmenden Gegensatz zwischen Arm und Reich in der amerikanischen Gesellschaft aber kaum mildern.

Staatliche Sozialleistungen und einzelstaatlich festgelegte Armutsgrenze in acht ausgewählten Staaten

Staat	Armutsgrenze	Jährliche Sozialleistungen	Unter der einzelstaatlichen Armutsgrenze mit:
Wisconsin	$ 5472	$ 4836	12%
Michigan	$ 4800	$ 4800	—
Ohio	$ 4668	$ 2412	48%
Arkansas	$ 3300	$ 1500	55%
South Carolina	$ 2604	$ 1406	46%
Mississippi	$ 3324	$ 720	78%

Vom Bund 1974 festgelegte Armutsgrenze einer vierköpfigen Familie: $ 5038 Jahreseinkommen

Nur ein Staat setzt die Armutsgrenze höher an als der Bund, zahlt aber dafür nur 88% des dieser Armutsgrenze entsprechenden Jahreseinkommens. Nur vier Staaten (außer dem hier aufgeführten Michigan auch Alaska, Hawaii und New York) zahlen 100% unter Berücksichtigung eines Jahreseinkommens von $ 4670 bis 4800 als offizieller, aber unter der vom Bund festgelegten Armutsgrenze.

Der McCarthyismus

Mit Beginn des Kalten Krieges machte sich der Senator McCarthy zum Sprecher einer breiten Strömung und beschuldigte angesehene Regierungsmitglieder die Sache des Kommunismus zu betreiben. Ein Senatskomitee untersuchte daraufhin „unamerikanische Aktivitäten" verdienter Diplomaten, Politiker und Wissenschaftler. Viele Künstler und Intellektuelle sahen sich dem Vorwurf kommunistischer und subversiver Tätigkeit ausgesetzt. Obwohl sich McCarthys Beschuldigungen als haltlos erwiesen, überzog eine Welle der Hysterie das Land. Zahlreiche Regierungsbeamte verloren Arbeitsplatz und Einkommen. 1954 verurteilte der amerikanische Senat offiziell diese Politik der antikommunistischen Hetze.

Straßenszene in Brooklyn, um 1965

Die Kennedy-Johnson-Ära

„Neue Grenzen" und „great society"

Im Oktober 1957 meldete die Sowjetunion den erfolgreichen Start des ersten künstlichen Erdsatelliten „Sputnik". Für Amerika war das ein Schock, hatte man doch bis zu diesem Tag die Vorherrschaft im technologischen Bereich als Garantie für die Überlegenheit des eigenen gesellschaftlichen Systems angesehen. Sofort wurden Maßnahmen zur Förderung des wissenschaftlich-technischen Nachwuchses, zur Verbesserung der Ausbildung an Schulen und Universitäten und zur Intensivierung der Forschung eingeleitet. Die Überwindung des Schocks ist aber vor allem auf John F. Kennedy zurückzuführen, der 1960 als demokratischer Kandidat zum Präsidenten gewählt wurde.

Amerika könne nur dann wieder zu sich selbst finden und neues Selbstvertrauen gewinnen, wenn es gelänge „die Feinde zu besiegen, die alle Menschen bedrohen: Tyrannei, Armut, Krankheit und Krieg", war seine Botschaft an die amerikanische Nation. Kennedy gewann durch seine persönliche Ausstrahlung die junge Generation und es gelang ihm, dass sie sich für eine Erneuerung der Gesellschaft engagierte. Ausbau des Krankenversicherungssystems, höhere Sozialleistungen für Bedürftige, Sanierung der Großstädte, Förderung rückständiger Gebiete mit hoher Arbeitslosigkeit und Erweiterung des Bildungssystems für die Armen, das waren die wichtigsten Ansätze, mit denen Kennedy in einer großangelegten Kampagne den Weg zu einer gerechteren Gesellschaft und zu „neuen Grenzen" weisen wollte. Als er im November 1963 ermordet wurde, hatte er zwar erst wenige seiner Reformvorhaben verwirklichen können, wichtig aber war: Er hatte Amerika eine neue Zuversicht gegeben. Sein Nachfolger Lyndon B. Johnson führte das Reformprogramm in vielen Punkten weiter und baute es zu einem Konzept der *„great society"* aus. Während seiner Amtszeit stiegen die Sozialleistungen von 13,4 auf 23,9 Milliarden Dollar. 1964 lebten in den USA etwa 35 Millionen Menschen an der Armutsgrenze, vier Jahre später waren es zehn Millionen weniger. Der Staat stellte Sozialarbeiter für die unterprivilegierten Gruppen in den Städten ein, die Armen erhielten staatliche Beihilfen, um eine Ausbildung abzuschließen, ein Krankenversicherungsgesetz sicherte den Senioren kostenlose Krankenhausbehandlung zu. Reformen im Erziehungs- und Schulwesen sollten den weniger Vermögenden größere Bildungschancen eröffnen. Ein Sanierungsprogramm für Großstädte sollte in den verfallenden Stadtvierteln ein besseres Leben ermöglichen.

Johnsons Amtszeit kann als die reformbewegteste Phase der amerikanischen Innenpolitik seit den Tagen des New Deal (siehe S. 30) angesehen werden. Und dennoch war der „Krieg gegen die Armut" – wie Johnson selbst sein Reformprogramm nannte – kein glänzender Feldzug. Insgesamt bewilligte der Kongress nur etwa ein Prozent des Bruttosozialproduktes für die sozialen Hilfsmaßnahmen. Viele Reformen verfingen sich bald im Kompetenzstreit zwischen der Bundesregierung und den Regierungen der einzelnen Bundesstaaten. Der Hauptgrund allerdings war, dass für das

Reformprogramm wegen des kostspieligen Krieges in Vietnam die finanziellen Mittel knapp wurden. „Die great society fiel auf dem vietnamesischen Schlachtfeld“, klagte der schwarze Bürgerrechtler Martin Luther King.

Die Bürgerrechtsbewegung

Angesichts des Sieges über das nationalsozialistische Deutschland und der furchtbaren Konsequenzen, zu denen der Rassenwahn in Europa geführt hatte, stellte sich nach dem Krieg für viele Amerikaner die Frage, wie es eigentlich ihr eigenes Land mit der Gleichberechtigung aller Menschen halte. Die alte Antwort, die das Oberste Bundesgericht 1896 mit der Formel „separate but equal“ (= getrennt, aber gleich) gegeben hatte, reichte nicht aus, um die Rassentrennung zu überwinden. Im Gegenteil, dadurch war die Rassentrennung, vor allem in den Südstaaten, eher noch vertieft worden. Und auch die Schwarzen, die in den Norden gezogen waren, trafen dort auf kein besseres Los, sie mussten in den Industriezentren unter ärmlichsten Verhältnissen leben.
Präsident Truman versuchte deshalb durch ein soziales Programm die Gleichberechtigung voranzutreiben. Erreicht hat er aber nur, dass in den Streitkräften und den Bundesbehörden die Rassentrennung aufgehoben wurde.
1954 hob das Oberste Bundesgericht das alte Urteil auf und forderte von der Regierung gesetzliche Maßnahmen für die rechtliche Gleichstellung in allen öffentlichen Bereichen. Aber nur wenige Bundesstaaten änderten ihre Politik; in Schulen, öffentlichen Verkehrsmitteln und anderen gesellschaftlichen Einrichtungen durften Schwarze weiterhin nicht zusammen mit Weißen gleichberechtigt auftreten.
Die Präsidenten Kennedy und Johnson wussten, dass es nicht damit getan war sich nur für die rechtliche Seite der Gleichstellung einzusetzen. Wollte man den Schwarzen zu wirklicher Gleichheit verhelfen, musste die Bundesregierung aktiv eingreifen. Und die Zeit drängte, denn seit einigen Jahren begehrten die Schwarzen auf. Während Martin Luther King mit seiner Methode des gewaltlosen Widerstandes, mit Schweigemärschen und Boykottmaßnahmen gegen öffentliche Einrichtungen die Gleichbehandlung der Schwarzen durchsetzen wollte, brach in den 60er Jahren in vielen Städten der militante Kampf der Schwarzen gegen die Rassendiskriminierung aus.
Johnson bereitete Gesetze vor und konnte sie – gegen den Widerstand der Südstaaten – durch den Kongress bringen. Das Bürgerrechtsgesetz verbot die ungleiche Behandlung von Schwarzen in öffentlichen Einrichtungen; das Bundeswahlgesetz untersagte es Schwarze am Wählen zu hindern. Dennoch blieben die Gesetze hinter den gestiegenen Erwartungen der Schwarzen zurück, vor allem, weil sie die wirtschaftliche Not in den Großstädten des Nordens nicht beseitigten. Hier setzten sich jetzt Wortführer der Schwarzen durch, die nicht Integration verlangten, sondern Abtrennung: Sie wollten ein Volk für sich sein und ihre Angelegenheiten selbst regeln. „Ich bin kein Amerikaner“, schrieb Malcolm X, nach Martin Luther Kings Ermordung im Jahr 1968 einer der wichtigsten schwarzen Führer. „Ich bin eines ihrer 22 Millionen schwarzer Opfer!“ Und in Anspielung auf eine große Rede von Martin Luther King fuhr er fort: „Ich habe keinen american dream – Amerika ist für mich ein Alptraum.“ Von 1964 bis 1968 kam es in den sogenannten schwarzen Ghettos* vieler amerikanischer Großstädte zu schweren Rassenunruhen. Nicht zuletzt der Krieg in Vietnam förderte das Selbstbewusstsein der Schwarzen. Warum sollten sie, Seite an Seite mit Weißen, ihr Leben für eine Gesellschaft aufs Spiel setzen, die ihnen zu Hause die Gleichberechtigung verweigerte?
In der ersten Hälfte der 70er Jahre ließen diese Spannungen nach. Es entstand eine schwarze Mittelschicht – Unternehmer, Ärzte, Politiker –, die ihren eigenen Lebensstil pflegte. Sogar ein Rückstrom vom Nordosten in Städte der Südstaa-

Demonstration der Gold- und Silbermedaillengewinner im 200-m-Lauf für den Kampf der Schwarzen während der Siegerehrung bei den Olympischen Spielen 1968 in Mexico City. Sie mussten ihre Medaillen abgeben.

ten, der Heimat der Schwarzen, setzte ein. Viele dieser Städte haben heute schwarze Bürgermeister.
Bedeutend weniger erfolgreich in dem Kampf für ihre Rechte waren die Ureinwohner Amerikas, die Indianer. Es gelang ihnen zwar, in einigen spektakulären Aktionen – wie der Besetzung des Schlachtfeldes von Wounded Knee – auf sich aufmerksam zu machen, aber ihre Probleme waren zu groß, als dass man sie leicht hätte lösen können. Benachteiligt waren die Indianer in jeder Hinsicht und weit mehr als die Schwarzen: in Einkommen, Bildung, Lebenserwartung und Selbstverwirklichungsmöglichkeiten.
Andere ethnische Minderheiten nehmen heute die frühere Stellung der Schwarzen ein. Dies hängt mit einer „neuen" Einwanderung zusammen. Seit 1965 wollten die Amerikaner jährlich 270 000 Einwanderer ins Land lassen, davon 120 000 aus den „beiden Amerikas" und das hieß vor allem aus Mittel- und Südamerika. Viel mehr Menschen aus Mittelamerika wollen jedoch in die USA einwandern und so kamen seit 1977 jährlich etwa eine Million illegale Einwanderer aus Mexiko über den Rio Grande.

Probleme der amerikanischen Gesellschaft in den 70er Jahren

200 Jahre nach der Unabhängigkeitserklärung kommentierte die „New York Times" am 4. Juli 1976 die Lage der USA folgendermaßen: „Als die immer noch mächtigste Nation, aber nicht mehr als Schiedsrichter der Welt, beginnen die Vereinigten Staaten einen neuen und neuartigen Zeitabschnitt. Die Lösung der sozialen, wirtschaftlichen, rassischen und politischen Probleme wird vielleicht nicht möglich sein ohne die Änderung wesentlicher Teile von Staat und Gesellschaft und ohne die Art schöpferischen und innovativen Denkens, das unsere revolutionären Vorfahren bewiesen haben." Ein erneuter Aufbruch schien vielen Amerikanern in der zweiten Hälfte der 70er Jahre notwendig.
Vor allem der Vietnamkrieg hatte das Land erschüttert und eine große Vertrauenslücke zwischen breiten Teilen der Öffentlichkeit und der politischen Führung offenbart. Die ständigen Halbwahrheiten der amtlichen Verlautbarungen über das wirkliche Kriegsgeschehen, die ansteigende Inflation und Dollarschwäche, die hohe Zahl der Deserteure und Wehrdienstverweigerer sowie die Grausamkeiten, die amerikanische Journalisten vom wenig heldenhaften Kampf der US-Soldaten gegen unbewaffnete Zivilisten über den Fernsehbildschirm meldeten, führten zu einer starken Antikriegsbewegung.
1973 erschütterte der Watergate-Skandal die amerikanische Öffentlichkeit und führte zum Rücktritt von Präsident Nixon. Was war geschehen? Die Zeitung „Washington Post" hatte herausgefunden, dass Berater des Präsidenten während des Wahlkampfes in das Wahlkampfzentrum der gegnerischen Partei, der Demokraten, eingebrochen waren, um dort (in den Watergate-Appartements in Washington) eine Abhöranlage zu installieren.
Ein Senatsausschuss ging der Sache nach und förderte dabei noch weitere Unregelmäßigkeiten der republikanischen Wahlkampfführung zutage. Als Nixon sich weigerte Tonbandaufzeichnungen, die ihn als Mitwisser belasteten, herauszugeben, sah sich der Kongress veranlasst, gegen den Präsidenten ein Amtsenthebungsverfahren („Impeachement") einzuleiten. Nixon kam dem zuvor und trat 1974 zurück.
Die Watergate-Affäre führte zu einer schweren Glaubwürdigkeitskrise des amerikanischen Regierungssystems. Die Macht des vom Volk gewählten Präsidenten hatte in den letzten 50 Jahren so stark zugenommen, dass sich die legislative Gewalt in ihrer Kontrollfunktion beschränkt sah. Seit Watergate überwacht der amerikanische Kongress wieder sehr viel stärker die Politik des Präsidenten und vor allem die Tätigkeit der riesigen Bundesbehörden. Die Frage, wie man den demokratischen Prozess stärken kann, um einen Amtsmissbrauch der Exekutive auszuschließen, hat seitdem in der amerikanischen Öffentlichkeit immer wieder zu heftigen Diskussionen geführt. Dass über Veröffentlichungen der

Karikatur von Horst Haitzinger, 1979

Presse ein Präsident zum Rücktritt gezwungen worden ist, zeigt die Bedeutung, die in Amerika die öffentliche Meinung – vor allem die Presse – als „vierte Gewalt" hat.
Neben diesen politischen Krisen haben in den 70er Jahren wirtschaftliche Probleme den traditionellen Fortschrittsoptimismus in den USA gedämpft. Arbeitslosigkeit, Inflation und steigende Staatsverschuldung bereiteten der amerikanischen Öffentlichkeit Sorgen. Die amerikanische Gesellschaft befand sich zu Beginn der 80er Jahre offensichtlich in einer Identitätskrise. Die Frage war, wie diese überwunden werden sollte.

Die USA zwischen sozialstaatlichem Engagement und Rückkehr zu den alten Werten

Zur Rettung Amerikas verkündete Präsident Ronald Reagan 1980 nach seinem Wahlsieg über Carter ein Programm der „nationalen Erneuerung", die nur durch eine Rückkehr zu den „alten Werten" erreicht werden könne.
Recht und Ordnung sollten wieder das amerikanische Leben bestimmen, Familie und Kirche wieder einen entscheidenden Einfluss im öffentlichen Leben erhalten. Zugleich bedeutete diese Wende, dass der Einzelne nicht vom Staat und der öffentlichen Wohlfahrt Hilfe erwarten sollte, sondern aufgerufen wurde, durch Eigeninitiative und Eigenverantwortung sein „Schicksal" selbst in die Hand zu nehmen. Die neue Wirtschafts- und Steuerpolitik begünstigte vor allem einen kleinen Teil der oberen Mittelschicht, die allgemeine Arbeitslosigkeit ging nicht zurück. Der Unterschied zwischen Armen und Reichen, zwischen Wohlhabenden und denen, die in den Slums lebten, verschärfte sich. Deshalb forderten die politischen Gegner Reagans staatliche Sozialprogramme. Aber auch der Nachfolger Reagans, Präsident Bush, ging von dem eingeschlagenen Kurs nicht ab.
Schon Reagan hatte mit einer Politik der Stärke auf die verschärfte Aufrüstung der Sowjetunion unter Breschnew geantwortet. Er war bereit sich der zunehmenden weltpolitischen Konfrontation zu stellen, was allerdings den amerikanischen Haushalt enorm belastete. Präsident Bush setzte diese Politik fort. Am Ende der Nachkriegsepoche 1990 standen die USA als unbestrittene Führungsmacht und „Weltpolizist" da. Die Bereitschaft im Golfkrieg im Frühjahr 1991 auf die irakische Invasion in Kuwait mit aller militärischen Kraft, die der Supermacht zur Verfügung stand, zu antworten, war Ausdruck des neuen außenpolitischen Selbstbewusstseins der USA. Wirtschaftlich jedoch blieb das Land in der Stagnation: Auf dem Weltmarkt ist die Position der USA im Vergleich zu Japan und Westeuropa zurückgegangen. Und innenpolitisch stand Präsident Bush gegen Ende seiner ersten Amtsperiode vor einem Scherbenhaufen. Fast über Nacht brachen in mehreren Städten der USA gewaltsame Unruhen aus. Die Ursachen dafür lagen im sozialen Elend, das sich vor allem in den Großstädten in den 80er Jahren ausgeweitet hatte. So stehen die USA vor einer neuen sozialen Krise, weil ohne staatliche Hilfsmaßnahmen das Alltagsleben nicht mehr zu bewältigen scheint. Sollen die inneren Probleme der USA durch verstärkte staatliche Wirtschafts- und Sozialpolitik – wie unter Roosevelt, Truman und Kennedy – oder durch die Rückbesinnung auf die alten amerikanischen Werte der individuellen Leistung – wie zuletzt unter Reagan und Bush – gelöst werden?
Diese Alternative bestimmte den Präsidentschaftswahlkampf 1992. Bill Clinton, der demokratische Gegenkandidat zu dem republikanischen Amtsinhaber Bush, stellte seinen Wahlkampf entsprechend unter das Motto „time for change" – und hatte damit Erfolg. Die Mehrheit der amerikanischen Wählerinnen und Wähler, vor allem aus den sozial schwächeren Schichten und aus der farbigen Bevölkerung, votierten für ihn als neuen Präsidenten, weil er einen neuen Aufbruch verkörperte. Und entsprechend diesen Erwartungen verkündete Clinton bei seiner Amtseinführung am 20. Januar 1993: „Die Ära des Stillstands ist vorüber und ein neues Zeitalter der Erneuerung hat begonnen." Mit einem großen Reformwerk hat Clinton begonnen, indem er die gesetzliche Verankerung einer allgemeinen Krankenversicherung für alle Amerikaner in die Wege leitete. Doch die republikanische Opposition vermochte die unterschiedlichen Interessengruppen der Gesellschaft zu bündeln und die großen Reformvorhaben des Präsidenten im Senat wieder in ihrem Sinne zu verändern.

Fragen und Arbeitsaufgaben

1. *Kennzeichne den gesellschaftlichen Wandel und die damit verbundenen Probleme in der innenpolitischen Entwicklung der USA bis zum Ende der 50er Jahre.*
2. *Was wollte Johnson mit seiner „great society" erreichen und woran ist er gescheitert?*
3. *M. L. King und Malcolm X stehen für zwei verschiedene Richtungen der amerikanischen Bürgerrechtsbewegung*. Wie beurteilst du Leistung und Grenzen dieser politischen Ansätze?*
4. *Vor welchen innenpolitischen Schwierigkeiten standen die USA in den 80er Jahren? Erläutere die unterschiedlichen Lösungsansätze.*
5. *Stelle einen Zusammenhang zwischen den innenpolitischen Problemen der USA und der Aussage der Karikatur von Haitzinger her.*

Der Vietnamkrieg

1 *Vietnam von 1945 bis 1976*

2 *Überblick über den Vietnamkrieg:*

D Die Regierungen in Hanoi und Saigon verpflichteten sich nach der Indochina-Konferenz (1954) freie Wahlen einzuleiten und eine Wiedervereinigung durchzuführen.
Die südvietnamesische Regierung unter Diem erhielt von den USA Hilfe gegen das Vordringen der kommunistischen Kräfte aus dem Norden. Die Regierung führte aber weder die dringende Landreform durch, noch unternahm sie Schritte gegen die Privilegien der Großgrundbesitzer; auch an der Durchführung von Wahlen hatte die südvietnamesische Regierung kein Interesse. Dadurch verlor sie vor allem bei der Landbevölkerung an Glaubwürdigkeit; eine Widerstandsbewegung, der Vietcong, entstand, in der Kommunisten eine führende Rolle spielten. Sie organisierte einen Guerillakrieg gegen das Regime Diem. Unterstützung erhielt der von Nordvietnam aus operierende Vietcong von China und der Sowjetunion. Je mehr die Regierung Diem in Kämpfe mit dem Vietcong verwickelt wurde, um so stärker forderte sie militärische Unterstützung bei den USA. Diese sandte zunächst nur militärische Berater, griff dann aber 1964 auch direkt in den Krieg ein, als sich der Zusammenbruch der südvietnamesischen Armee abzeichnete. Von 1965 an gingen die USA auch mit massiven Bombardierungen gegen die Regierung Nordvietnams vor.
1969 kämpften über eine halbe Million Amerikaner in Vietnam. Durch den Einsatz von chemischen Kampfstoffen und systematischen Flächenbombardements, die vor allem die Zivilbevölkerung trafen, gerieten die USA nicht nur im eigenen Land, sondern auch in der Weltöffentlichkeit immer mehr in die Kritik. Als sich 1968 abzeichnete, dass der Krieg so nicht zu gewinnen war, vor allem weil die Landbevölkerung immer stärker mit dem Vietcong sympathisierte, suchten die USA nach Möglichkeiten eines Waffenstillstands. 1973 zogen sie ihre Truppen ab und überließen den Krieg ihrem südvietnamesischen Verbündeten, der zwei Jahre später kapitulieren musste. 1976 wurde dann das Land unter kommunistischer Führung Nordvietnams als „Sozialistische Republik Vietnam" wieder vereinigt.

3 *Aus einer Rede des damaligen Verteidigungsministers McNamara vor dem Verteidigungsausschuss am 4. August 1965:*

Q Die Vietnam-Frage stellt sich heute im Wesentlichen noch genauso dar wie im Jahre 1954 … Heute gilt es, in Vietnam zu zeigen, dass die freie Welt der bewaffneten kommunistischen Aggression Einhalt zu gebieten und den Verlust ganz Südostasiens zu verhindern vermag, einen Verlust, der in seinen letzten Konsequenzen die strategische Situation in Asien und im Pazifik auf Kosten unserer eigenen Sicherheit und der unserer Verbündeten nachhaltig verändern könnte … Das wahre Wesen dieser Aggression, in der Anfangsphase der Auseinandersetzung in Südvietnam noch gut getarnt, hat sich inzwischen fast gänzlich offenbart. Es tritt immer deutlicher zutage, dass das Vorgehen des Vietcong von Hanoi aus, mit Unterstützung und auf Anregung Rotchinas, gesteuert wird.
Die Auseinandersetzungen in diesem Gebiet haben erhebliche Rückwirkungen auf die Sicherheit der Vereinigten Staaten und der freien Welt … Die Früchte dieser Politik sind überall in der Welt zu sehen und in Vietnam wird uns darüber hinaus die militante Haltung der chinesischen Kommu-

nisten und deren Hass auf die freie Welt demonstriert. Sie machen genauso wenig wie das Regime in Hanoi ein Hehl aus der Tatsache, dass Vietnam ein Testfall ist ... Es ist klar, dass ein kommunistischer Erfolg in Südvietnam als Beweis für die Richtigkeit des rotchinesischen Standpunktes gewertet werden und dass er die chinesischen Kommunisten der von ihnen angestrebten Kontrolle über den gesamten Weltkommunismus ein gewaltiges Stück näher bringen würde. Ein derartiger Erfolg würde ferner das Prestige der Rotchinesen bei den blockfreien Staaten erheblich vermehren und die Position ihrer Anhänger überall stärken. In diesem Fall müssten wir uns darauf gefasst machen es mit der gleichen Form der Aggression auch in anderen Teilen der Welt zu tun zu bekommen, und zwar überall dort, wo eine Regierung schwach und das Sozialgefüge nicht fest ist ...
Es geht in Vietnam um mehr als um die Frage, ob ein kleines Land dem Kommunismus anheimfällt.

zit. nach: J. Horlemann, Modelle der kolonialen Konterrevolution, Frankfurt/M. 1968, S. 169ff.

4 *Die südvietnamesische Regierung und die Bauern:*

Q Das größte Hindernis, welches die Regierung davon trennt, die Herzen der Bauern zu erreichen, ist das angeborene Misstrauen der Landbevölkerung gegenüber den Regierungsvertretern. Dieses Misstrauen, das durch Jahrzehnte kolonialer Herrschaft immer stärker geworden ist, hat sich infolge schlechter Verwaltung und auf Grund des anmaßenden Wesens der Beamten Diems noch verfestigt.
Beschwerden der Bauern gegen örtliche Vertreter der Diem-Regierung waren lange Zeit die Regel. Die meisten dieser Klagen waren berechtigt, Fälle von Wucher, Erpressung, Einschüchterung, willkürlicher Verhaftung und Massenfolterungen waren alltäglich.
Die gnadenlose Zerstörung von ungeernteten Reisfeldern durch eine Kolonne von Panzerfahrzeugen oder die verbrannte Erde nach einem Napalm-Angriff sind Beispiele für diese Art der Beschwerden. Was nicht vergeben werden kann, ist der traurige, aber alltägliche Missbrauch der Macht durch Distriktgouverneure – oder noch häufiger, durch deren Sicherheitsoffiziere ... Unter dem Diem-Regime wurde eine Anschuldigung gegen den Distriktchef, den Provinzchef oder seine Vertreter als subversive Propaganda geahndet ... Und wir dürfen nicht vergessen, dass es mit einem verbitterten Bauern mehr zehn potentielle Vietcong-Sympathisanten und d. h. zehn potentielle Rekruten geben wird. Jeder neue Fall von Machtmissbrauch wird die Kluft zwischen diesem wichtigen Kriegsfaktor und der Regierung weiter vertiefen.

Saigon Post vom 10.1.1964, zit. nach: H. L. Luther, Der Vietnamkonflikt, Berlin 1969, S. 125f.

1. *Erkläre, wie der Verteidigungsminister den amerikanischen Einsatz zu rechtfertigen versucht (Q 3). Nimm kritisch Stellung zu seiner Argumentation.*
2. *Erläutere, indem du die Karte 1 heranziehst, inwiefern die Zeilen 30–34 gerade auch für Vietnam zutreffen.*
3. *Arbeite aus Quelle 4 heraus, welche Folgen die Handlungsweise der Regierung für die Entwicklung des Vietnamkrieges hatte.*

5 *Aus einer Stellungnahme der Vereinigung „Clergy and Laymen Concerned about Vietnam" (1967):*

Q Von Tag zu Tag fällt es uns schwerer, die Treuepflicht gegenüber der Politik unserer Nation mit der Treuepflicht gegenüber unserem Gott zu vereinbaren ... Wir stimmen in den Chor derjenigen ein, die gegen einen Krieg protestieren, der mehr Opfer von der Zivilbevölkerung als von den Soldaten fordert, in dem ganze Bevölkerungsgruppen gegen ihren Willen verschleppt werden, in dem durch den weit verbreiteten Gebrauch von Napalm und anderen Explosivstoffen Frauen, Kinder und alte Menschen getötet oder verkrüppelt werden.

zit. nach: The Politics of Protest, A Report Submitted by Jerme H. Skolnik, Washington 1969, S. 43.

1. *Inwiefern bestätigen die Argumente der protestierenden Amerikaner die Vorwürfe der Saigon Post? Warum gab es gegen den Korea-Krieg keinen solch starken Protest?*

6 *Die 9-jährige Phan Thi Kim Phuc nach einem Napalmangriff der US-Armee 1972*

7 *H. A. Kissinger war amerikanischer Außenminister und hat in dieser Funktion und als Diplomat bei vielen internationalen Konflikten – so auch in Vietnam – eine Schlichtung herbeizuführen versucht. 1973 wurde er dafür mit dem Friedensnobelpreis ausgezeichnet:*

D Wie auch immer, die Vereinigten Staaten bezahlten jedenfalls für ihr Abenteuer in Vietnam einen Preis, der in keinem Verhältnis zu irgendeinem vorstellbaren Gewinn stand. Es war zweifellos ein Fehler, einen so hohen Einsatz in einer so fragwürdigen Sache zu wagen. Die USA waren in den Indochina-Krieg verwickelt worden, weil sie die Maximen ihrer erfolgreichen Europapolitik auf eine Region mit grundlegend anderen politischen, sozialen und wirtschaftlichen Strukturen übertragen hatten ... In vollem Vertrauen auf die universelle Geltung ihrer Werte unterschätzten sie die Hindernisse, die sich der Demokratisierung in einer Gesellschaft in den Weg stellen mussten, die nicht nur vom Konfuzianismus geprägt war, sondern außerdem um ihre politische Identität kämpfte, während sie von außen angegriffen wurde.
Der vielleicht schwerwiegendste, aus amerikanischer Sicht zweifellos aber schmerzlichste Dominostein, der als Folge des Vietnamkrieges fiel, war der Zusammenhalt der amerikanischen Gesellschaft. Der amerikanische Idealismus hatte Regierungsbeamte ebenso wie Kritiker zu der irrigen Annahme verleitet, die vietnamesische Gesellschaft lasse sich relativ mühelos und schnell in eine Demokratie nach amerikanischem Muster umwandeln. Als dieser optimistische Plan in sich zusammenbrach und offenkundig wurde, dass Vietnam alles andere als eine Demokratie war, war die Enttäuschung unvermeidlich ... Die Vietnam-Ära zwang die Vereinigten Staaten, sich ihrer Grenzen bewusst zu werden. Während des größten Teils ihrer Geschichte hatte die Nation auf Grund ihres Glaubens an die besondere Mission Amerikas eine moralische Überlegenheit für sich in Anspruch genommen, die durch den materiellen Überfluss untermauert wurde. In Vietnam hingegen fand sich Amerika plötzlich in einen Krieg verwickelt, der moralisch immer fragwürdiger zu werden schien und in dem die materielle Überlegenheit der USA fast keine Rolle spielte.

H. A. Kissinger, Die Vernunft der Nationen, Berlin 1994, S. 769ff.

1. *Vergleiche die Beurteilung, die Kissinger dem Vietnamkrieg zuschreibt, mit der Argumentation von McNamara (Q3). Worin sieht Kissinger eine Fehleinschätzung der amerikanischen Politik?*

8 *Aus einem Bericht des Journalisten A. Smoltczyk über Saigon aus dem Jahr 1995:*

D Kein Besucher dieser geldbesessenen Stadt würde auf den Gedanken kommen sich im Sozialismus zu befinden. Als geübte Chamäleons haben sich die ehemaligen Vietcong der neuen Zeit angepasst ... Auch Herr Tran (früher Vietcong-Chef von Saigon) ist reich. Ihm gehört die Economic Times und es ist nicht die kleinste Mercedes-Limousine, die in seiner Garage steht. „Selbstverständlich bin ich Kommunist!", stellt er klar und definiert: „Kommunismus bedeutet möglichst viele Menschen möglichst wohlhabend werden zu lassen. Wenn nötig", fügt er hinzu, „mit den Mitteln des Kapitalismus." ... Aber schmerzt es den alten Antiimperialisten nicht, dass sich im Rex-Hotel wieder Amerikaner von Vietnamesen B-52-Cocktails servieren lassen? Nach mehr als drei Millionen Toten? „Keineswegs ... die Amerikaner sind heute nicht mehr unsere Herren, sondern unsere Gäste. Das ist ein gewaltiger Unterschied. Wenn sie sich nicht zu benehmen wissen, weisen wir ihnen die Tür."

In: Merian, Laos, Kambodscha, 1995, S. 45.

9 *Der ehemalige Verteidigungsminister Robert McNamara legt 1995, 20 Jahre nach dem Fall Saigons, seine Memoiren vor. In einer Besprechung dieser Memoiren heißt es:*

D 30 Jahre hat Robert S. McNamara geschwiegen. Der Verteidigungsminister John F. Kennedys und Johnsons (1961 bis 1968), der Jahr für Jahr mehr Truppen nach Südostasien schickte, pflegte seine Gedanken und Empfindungen hinter der randlosen Brille, dem schmalen Lächeln und dem immer korrekt gescheitelten Haar zu verstecken. Dieser Buchhalter des Todes, der den militärischen Erfolg an der Zahl der getöteten Vietcong messen ließ und der für die Kriegsgegner in USA wie in Europa zur Fratze des hässlichen Amerika geworden war, hat nun ... sein Schweigen gebrochen. Nun wissen wir: Auch aus der Sicht der verantwortlichen Politiker war der Krieg sinnlos. Mörderisch wurde er, weil sich Unwissenheit, Unachtsamkeit, fehlerhaftes Denken, politischer Eigennutz und der Mangel an Mut im Weißen Haus und im Pentagon zu einem kaum je dagewesenen Maß an Inkompetenz vermischten ... Er (McNamara, Anm. d. Verf.) kommt zu dem banalen Schluss, dass sich die USA schon 1963 – bis dahin waren erst 78 US-Soldaten in Leichensäcken nach Hause geschickt worden – aus Südostasien hätten zurückziehen müssen. Vietnam habe bei weitem nicht die strategische Bedeutung in der Auseinandersetzung zwischen dem Westen und den kommunistischen Staaten gehabt, wie zu Zeiten des Krieges immer behauptet. „Wir haben die geopolitischen Absichten unserer Gegner falsch eingeschätzt und die Gefahren für die USA übertrieben ... Wir sind es kommenden Generationen schuldig zu erklären, warum wir so fürchterlich falsch gehandelt haben, obwohl wir glaubten in Übereinstimmung mit den Prinzipien und Traditionen unserer Nation zu handeln."

M. Winter, „Trauer über das sinnlose Sterben", in: Frankfurter Rundschau vom 11.4.1995, S. 4.

Westeuropas Weg zur Einigung

Der Europagedanke nach 1945

Nach den Erfahrungen der beiden Weltkriege und dem damit verbundenen Scheitern der Versailler Friedensordnung galt eine übergreifende europäische Integration als einzige Möglichkeit den Frieden dauerhaft auf dem Kontinent zu sichern. Vor allem Deutschland sollte künftig so eingebunden werden, dass es seine Bedrohlichkeit für Europa und seine Nachbarn verliert.
Für eine kommende Nachkriegsordnung hatte W. Churchill bereits 1943 ein Vereintes Europa vorgeschlagen; in einem europäischen Rat sollten alle Nationen West- und Osteuropas als gleichberechtigte Mitglieder zusammen für Frieden und Sicherheit sorgen. Strittige Fragen zwischen den einzelnen Staaten sollten durch einen europäischen Gerichtshof geschlichtet und entschieden werden. Eine europäische Streitmacht schließlich hätte die gefällten Entscheidungen im Sinne einer kollektiven Sicherheit durchzusetzen.
Es gab noch andere Konzeptionen, aber ein Gedanke war allen gemeinsam: Es galt, den alten, überkommenen Nationalstaat des 19. Jahrhunderts zu überwinden. Außerdem wollte man ein geeintes Europa als dritte Kraft neben den beiden Weltmächten USA und Sowjetunion.
Als die Blockbildung in Europa in den ersten Jahren nach dem Zweiten Weltkrieg immer deutlichere Formen annahm, erhielt der Gedanke der europäischen Einigung jedoch eine andere Richtung. Von der Vision eines geeinten Europas als einer dritten Kraft blieb nur die Perspektive eines vereinten Westeuropas als Teil des westlichen Lagers übrig.

Beginnende Kooperation in Westeuropa

Erster sichtbarer Ausdruck dafür, dass die Ost-West-Konfrontation nur eine Integration Westeuropas zuließ, war die von der Sowjetunion erzwungene Ablehnung der amerikanischen Marshallplanhilfen durch die osteuropäischen Staaten (siehe S. 154). Die Folge war, dass es nur zu einer wirtschafts- und währungspolitischen Zusammenarbeit zwischen Amerika und Westeuropa kam. Um die amerikanischen Hilfsgelder für den Wiederaufbau in Europa zu koordinieren wurde 1948 die Organisation für europäische wirtschaftliche Zusammenarbeit (OEEC) gegründet.
Parallel dazu unternahmen europäische Politiker den ersten Versuch einer politischen Einigung und gründeten 1949 den Europarat*. Als es aber darum ging diesem Europarat Machtbefugnisse zukommen zu lassen, waren die meisten der Mitgliedstaaten aus West- und Nordeuropa nicht bereit auf nationalstaatliche Souveränitätsrechte zu verzichten. So blieb der Europarat mehr eine beratende Versammlung, die eine politische Vereinigung nicht bewirken konnte.
Erfolgreicher gestaltete sich in der Phase der beginnenden westeuropäischen Kooperation die militärische Zusammenarbeit. Um sich vor der möglichen Gefahr eines wiedererstarkten Deutschlands zu schützen schlossen sich 1948 im Brüsseler Vertrag die Benelux-Staaten, Frankreich und Großbritannien zu einem militärischen Beistandspakt, der späteren Westeuropäischen Union (WEU), zusammen. Mit den USA und Kanada gründeten die Länder des Brüsseler Vertrages im Frühjahr 1949 die *Nordatlantische Verteidigungsorganisation* (NATO), die sich zum entscheidenden Pfeiler der militärischen und politischen Zusammenarbeit der westlichen Welt entwickeln sollte.
Von dem Gedanken eines vereinten Europas, das an die Stelle der Nationalstaaten treten sollte, war zu Beginn der 50er Jahre selbst in Westeuropa jedoch nur wenig übrig geblieben. Die meisten europäischen Staaten, allen voran Großbritannien, waren nicht bereit, auf wesentliche nationale Rechte zu verzichten und sich supranationalen Institutionen unterzuordnen. Die europäische Integration schien in eine Sackgasse geraten zu sein. Versprach vielleicht eine begrenzte wirtschaftliche Integration mehr Erfolg auf dem Weg zur europäischen Einigung?

Von der Montanunion zur EWG: Der Durchbruch zur Einigung Europas?

Der französische Außenminister Robert Schuman legte 1950 den Plan einer *Montanunion* zur Verschmelzung der deutschen und französischen Kohle- und Stahlindustie vor. Andere europäische Staaten wurden zum Beitritt aufgefordert. Ein Jahr später gründeten die Benelux-Länder, Frankreich, Italien und die Bundesrepublik Deutschland die *Europäische Gemeinschaft für Kohle und Stahl* (EGKS). Damit war ein gemeinsamer Markt für Kohle, Eisenerz, Stahl und Schrott entstanden. Zölle und Handelsbeschränkungen wurden in diesem Wirtschaftsbereich abgebaut. Gemeinsame wirtschaftliche Interessen ließen die nationalen Kohle- und Stahlindustrien zusammenwachsen und halfen jahrhundertealte Rivalitäten zu überwinden.
Ausschlaggebend dafür, dass bald nach Gründung der Montanunion eine Ausweitung auf andere Wirtschaftsbereiche überlegt wurde, war das Interesse auf dem Weltmarkt konkurrenzfähig zu bleiben. 1957 unterzeichneten die Regie-

„Europa auf dem Weg zur Einheit?" Zeichnung von M. Ilic, 1991

rungschefs der Benelux-Länder, Frankreichs, Italiens und der Bundesrepublik Deutschland in Rom die Gründungsurkunde der *Europäischen Wirtschaftsgemeinschaft* (EWG). Zugleich beschlossen sie auf dem Gebiet der Atomenergie in der *Europäischen Atomgemeinschaft* (EURATOM) eng zusammenzuarbeiten. Diese „Römischen Verträge" hatten folgende Ziele:

- In mehreren Etappen sollten bis 1968 die Zollschranken zwischen den Mitgliedern beseitigt und gleichzeitig gegenüber Nichtmitgliedern (Drittländern) ein gemeinsamer Außenzoll geschaffen werden *(Zollunion)*.
- Zur Errichtung eines einheitlichen Wirtschaftsraumes sollten die Bedingungen für einen freien Waren-, Dienstleistungs-, Personen- und Kapitalverkehr verbessert werden *(gemeinsamer Markt)*.
- In der Landwirtschaft sollte künftig eine gemeinsame Agrarpolitik entwickelt werden *(gemeinsamer Agrarmarkt)*.
- Zur Durchführung und Kontrolle der EWG-Verträge sollten nach dem Vorbild der Montanunion gemeinsame politische Organe geschaffen werden.

Ein Teil Westeuropas schien mit den Römischen Verträgen einen Weg gefunden zu haben über die wirtschaftliche Einigung die politische Zielsetzung eines vereinigten Europas nicht aus den Augen zu verlieren. Waren diese Hoffnungen realistisch oder bestand nicht die Gefahr, dass die ursprüngliche Idee von einem geeinten Europa zu einer wirtschaftlichen Interessengemeinschaft schrumpfen würde? Welche Rolle aber sollten die anderen Staaten spielen?

Von der wirtschaftlichen zur politischen Vereinigung

Zunächst war der Weg der Sechsergemeinschaft erfolgreich: 1967 erhielten die drei Gemeinschaften EGKS, EWG und EURATOM eine gemeinsame Verwaltung (EG). Langfristige Ziele der EG waren:

- die Vollendung eines gemeinsamen Binnenmarktes,
- die Schaffung einer Wirtschafts- und Währungsunion,
- die Verwirklichung einer politischen Union.

Eine wichtige Basis für die weitere Integration bildete die deutsch-französische Zusammenarbeit seit 1963. Die alte „Erbfeindschaft" wurde endgültig überwunden. Staatspräsident Charles de Gaulle und Bundeskanzler Konrad Adenauer begannen mit institutionalisierten, ständigen Konsultationen in den Bereichen Politik, Wirtschaft und Kultur, die alle Nachfolger kontinuierlich ausbauten. Bei den anderen Mitgliedstaaten löste die enge deutsch-französische Zusammenarbeit allerdings auch Bedenken aus, weil man ein Übergewicht der beiden größten Staaten befürchtete.

Wie attraktiv die EG im wirtschaftlichen Bereich war, machten die Ausweitungen in den 70er und 80er Jahren deutlich:

- Im Zuge der Norderweiterung traten 1973 Irland, Großbritannien und Dänemark der EG bei.
- 1981 und 1986 erfolgte die Süderweiterung durch den Beitritt Griechenlands, Spaniens und Portugals.
- Nach der Vereinigung Deutschlands kam auch das Gebiet der ehemaligen DDR zur EG.

Mehrere Vorstöße, das Ziel einer politischen Union zu erreichen, wurde auf Initiative Deutschlands und Frankreichs in der zweiten Hälfte der 80er Jahre unternommen. Das Ergebnis war: Bei einer Gipfelkonferenz in Maastricht im Dezember 1991 legten die Regierungschefs der EG Grundlinien der *Europäischen Union* fest und entwarfen einen neuen Fahrplan zu ihrer Verwirklichung. Der Vertrag von Maastricht ergänzt und korrigiert die Römischen Verträge von 1957. Vor allem auf zwei Säulen soll die zukünftige „Europäische Union" stehen:

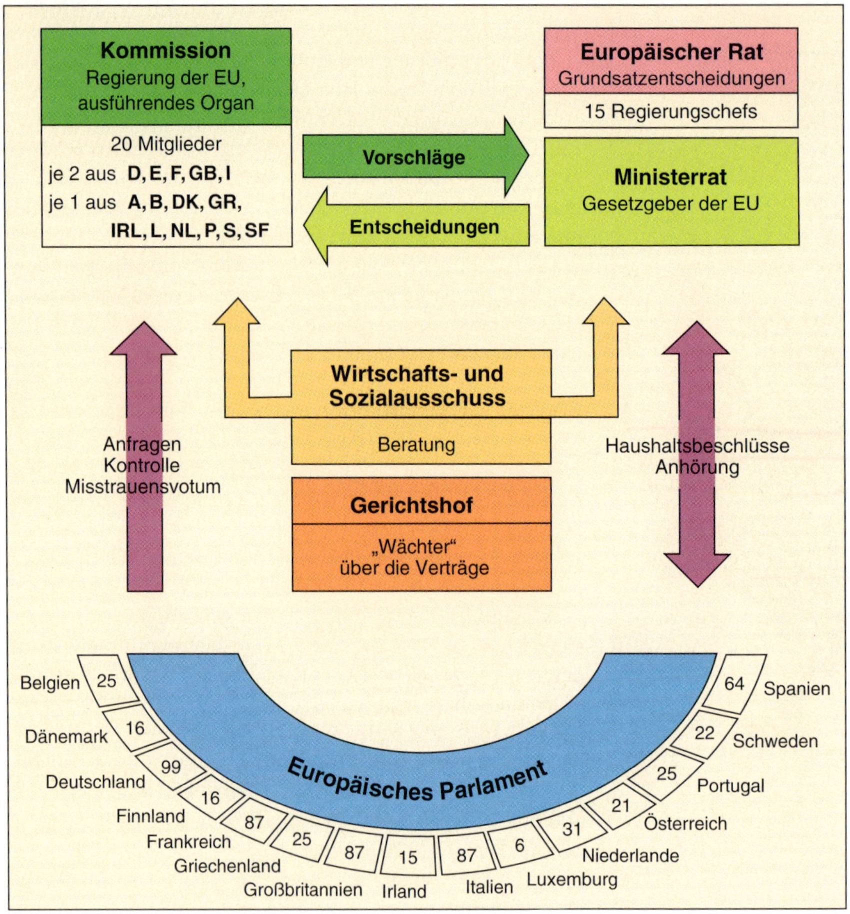

Zusammensetzung und Funktionsweise der Organe der Europäischen Union, 1996

– Die Außen- und Sicherheitspolitik soll stärker vereinheitlicht werden. Bis 1999 soll schrittweise eine *Wirtschafts- und Währungsunion* (WU) eingeführt werden mit einer unabhängigen Zentralbank und einer einheitlichen Währung.
– Ein wichtiger Schritt dahin ist, dass das bisher gültige Prinzip der Einstimmigkeit (= Vetorecht der Einzelstaaten) durch Mehrheitsentscheidungen* abgelöst werden soll. Außerdem soll das Militärbündnis der *Westeuropäischen Union* (WEU) zu einem integralen Bestandteil der Europäischen Union und damit Organ einer gemeinsamen Verteidigungspolitik werden.

Seit dem Inkrafttreten des Maastricher Vertrages am 1. 11. 1993 wird nicht mehr von EG, sondern von EU (Europäische Union) gesprochen. Sie wächst weiterhin. 1995 traten ihr Österreich, Schweden und Finnland bei. Problematisch ist die Frage, ob und wie sich die EU den osteuropäischen Staaten öffnen soll. Polen, Tschechien, Ungarn und andere Staaten wie die Türkei oder Malta drängen auf einen Beitritt. Die EU allerdings hat Vorbehalte, weil diese Volkswirtschaften in der Industrialisierung noch nicht so weit fortgeschritten sind, dass sie in den Binnenmarkt passen. So wurde zwar in Lissabon im Jahr 1992 ein Beitritt in Aussicht gestellt, aber an die Bedingungen geknüpft, dass diese Staaten zuvor wettbewerbsfähige Marktwirtschaften entwickeln und die demokratischen Grundsätze anerkennen. Unter den Mitgliedern der EU gibt es allerdings keine gemeinsame Linie, wie man sich gegenüber der Osterweiterung verhalten soll. Daraus ergibt sich das Problem, wie sich die politische Vereinigung der EU und deren Erweiterung miteinander vereinbaren lassen.

Die europäische Einigung – eine Bilanz

An die Stelle der ursprünglichen Vision von den „Vereinigten Staaten von Europa" ist eine nüchterne Skepsis getreten. „So viel Vereinheitlichung wie nötig, so wenig Vereinheitlichung wie möglich" – dies scheint heute der Grundsatz zu sein. Schon die zähen Verhandlungen um den Vertrag von Maastricht und zahlreiche Ausnahmeregelungen für einzelne Länder haben gezeigt, dass die nationalen Vorbehalte noch immer groß sind. Kritisch wird angemerkt, dass zwar die Institutionen in Brüssel gestärkt werden, dass aber das Gewicht des Europäischen Parlaments nicht in gleicher Weise wachse. Zwar ist das Europäische Parlament durch die Direktwahl seit 1979 aufgewertet worden, es hat aber kein Gesetzgebungsrecht wie die nationalen Parlamente. Die geringe Wahlbeteiligung wirft die Frage auf, wie attraktiv bei den Menschen in Europa das Bewusstsein für den Zusammenschluss ist. Sollte diese „Europamüdigkeit" darauf zurückzuführen sein, dass das Europäische Parlament eben keinen entscheidenden Einfluss hat? Kann durch einen Abbau der demokratischen Defizite durch Gesetzgebungshoheit der Abgeordneten und durch die direkte Wahl einer europäischen Regierung eine neue Europabewegung erreicht werden? Oder liegt die Europamüdigkeit darin begründet, dass die Menschen die Befürchtung haben, dass gewachsene regionale Interessen nicht hinreichend berücksichtigt werden?

Fragen und Arbeitsaufgaben

1. *Erkläre, inwiefern die Erfahrungen der beiden Weltkriege die Europa-Konzeption von Churchill bestimmt haben.*
2. *Vergleiche Churchills Vorstellungen mit Wilsons Friedensprogramm für Europa und die Welt nach 1918.*
3. *Worin liegt die Bedeutung der Römischen Verträge für die Gründung der EWG?*
4. *Wie lässt sich die Attraktivität der EU für die Staaten Osteuropas erklären?*

Das geeinte Europa: Eine dritte Kraft?

Die Ausgangssituation

1 *Brief des französischen Schriftstellers Albert Camus an einen deutschen Freund im April 1944:*

Q Während dieser ganzen Zeit, da wir hartnäckig und schweigend nur unserem Land dienten, haben wir eine Idee und eine Hoffnung nie aus den Augen verloren, sie stets in uns lebendig gehalten: Europa ...
Manchmal geschieht es, dass ich in jenen kurzen Ruhepausen, die die langen Stunden des Kampfes uns vergönnen, unvermittelt an all die Orte in Europa denken muss, die ich gut kenne. Es ist ein herrliches Land, aus Leid und Geschichte geschaffenes Land. Ich gehe wieder auf die Pilgerfahrten, die ich mit allen abendländischen Menschen unternommen habe: die Rosen in den Kreuzgängen von Florenz, die goldenen Zwiebeldächer von Krakau, der Hradschin mit seinen roten Palästen, die barocken Statuen auf der Karlsbrücke über der Moldau, die lieblichen Gärten von Salzburg. All die Blumen und Steine, die Hügel und die Landschaften, in denen die Zeit der Menschen und die Zeit der Welt die alten Bäume mit den Bauwerken haben verwachsen lassen! Mein Gedächtnis hat die übereinandergelagerten Bilder verschmolzen, um ein einziges Antlitz daraus zu machen, das meiner großen Heimat ...
Und so weiß ich, dass alles in Europa, Landschaft und Geist, euch in aller Ruhe, ohne wirren Hass, mit der bedächtigen Kraft des Sieges ablehnt ... Und schließlich weiß ich auch, dass mit eurer Niederlage nicht alles getan ist. Europa muss dann erst geschaffen werden.

A. Camus, Kleine Prosa, Hamburg 1963, S. 93–94.

2 *Der ehemalige britische Premierminister Winston Churchill in einer Rede am 19. September 1946 in Zürich:*

Q Wir müssen etwas wie die Vereinigten Staaten von Europa schaffen. Nur so können Hunderte von Millionen schwer arbeitender Menschen wieder die einfachen Freuden und Hoffnungen zurückgewinnen, die das Leben lebenswert machen. Das Verfahren ist einfach. Was wir benötigen, ist der Entschluss von Hunderten von Millionen Männern und Frauen, Recht statt Unrecht zu tun und als Lohn Segen statt Fluch zu ernten ... Um dies zu erreichen, bedarf es eines Glaubensaktes, an dem sich Millionen von Familien, die viele Sprachen sprechen, bewusst beteiligen müssen.
Ich spreche jetzt etwas aus, das Sie in Erstaunen setzen wird. Der erste Schritt bei der Neugründung der europäischen Familie muss eine Partnerschaft zwischen Frankreich und Deutschland sein. Nur auf diese Weise kann Frankreich die moralische Führung Europas wiedererlangen. Es gibt kein Wiederaufleben Europas ohne ein geistig großes Frankreich und ein geistig großes Deutschland. Die Struktur der Vereinigten Staaten von Europa, wenn sie gut und echt errichtet wird, muss so sein, dass die materielle Stärke eines einzelnen Staates von weniger großer Bedeutung ist. Kleine Nationen zählen ebensoviel wie große und erwerben sich ihre Ehre durch ihren Beitrag zu der gemeinsamen Sache ...
Ich muss Sie aber auch warnen. Die Zeit ist vielleicht knapp. Gegenwärtig haben wir eine Atempause. Die Geschütze schweigen. Der Kampf hat aufgehört, aber nicht die Gefahren. Wenn es uns gelingen soll die Vereinigten Staaten von Europa, oder welchen Namen auch immer sie tragen werden, zu errichten, müssen wir jetzt damit beginnen.

Einigung und Spaltung Europas 1942–1965, hg. von C. Gasteyger, Frankfurt/M. 1965, S. 41–42.

3 *Der britische Historiker Arnold J. Toynbee in einer Vorlesung im Mai 1947:*

Q In einer Europäischen Union, die sowohl die Sowjetunion als auch die USA ausschlösse – und das ist der hypothetische Ausgangspunkt für den Versuch, eine europäische dritte Großmacht zu konstruieren –, muss Deutschland früher oder später auf diesem oder jenem Wege die Führung übernehmen, und zwar selbst dann, wenn dieses Vereinte Europa mit einem Deutschland gegründet werden würde, das entwaffnet und dezentralisiert oder sogar geteilt wäre.
In diesem Raum, der zwischen den USA und der Sowjetunion liegt, hält Deutschland eine beherrschende Mittellage besetzt: Die deutsche Nation ist eineinhalb Male so groß wie die nächstgroße Nation Europas; das deutschbewohnte Herz Europas (dabei sind weder Österreich noch der deutschsprachige Teil der Schweiz berücksichtigt) enthält einen vorherrschenden Anteil des gesamten schwerindustriellen Potentials von Europa – an Rohstoffen, Fabrikanlagen und Fachkräften; und die Deutschen sind ebenso leistungsfähig sowohl Menschen als auch sonstiges Kriegsmaterial zur Kriegführung zu organisieren, wie sie andererseits unfähig zum Versuch sind sich selbst zu regieren und unerträglich als Herrscher über andere Völker.
Gleichgültig, zu welchen Bedingungen Deutschland zu Beginn in ein Vereintes Europa einbezogen würde, ... auf die Dauer gesehen würde es ein solches Europa beherrschen;

und sogar dann, wenn die Vorherrschaft, die es gewaltsam in zwei Kriegen vergeblich zu gewinnen versucht hatte, ihm diesmal friedlich und schrittweise zufallen würde, wird kein nichtdeutscher Europäer glauben, dass die Deutschen – sobald sie erfasst haben, dass sich diese Macht in ihrer Reichweite befände – so weise wären oder sich selbst beherrschen könnten, ohne Peitschenschwingen und Quälereien auszukommen. Diese deutsche Frage würde sich als unüberwindliches Hindernis bei der Errichtung einer europäischen dritten Großmacht herausstellen.

A. J. Toynbee, Kultur am Scheideweg, Wien–Zürich 1949, S. 148–149.

1. *Worin sieht Camus die Grundlage für ein geeintes Europa nach dem Zweiten Weltkrieg?*
2. *Welche Unterschiede gibt es in der Beurteilung der Situation Europas nach dem Zweiten Weltkrieg?*
3. *Welche Hoffnungen werden nach den Materialien an ein Vereinigtes Europa geknüpft?*

Zwei Beurteilungen von beteiligten Politikern

4 *Der belgische Politiker Paul-Henri Spaak, der führenden Anteil am Zustandekommen der EWG hatte, erinnert sich in seinen Memoiren:*

Q Am 25. März 1957 unterzeichneten wir in Rom die beiden Verträge – den über die Gründung des Gemeinsamen Marktes und den über die Gründung von Euratom. Es war eine unvergessliche Feier. Die Italiener hatten alles hervorragend arrangiert. Wir versammelten uns im Kapitol, im Saal der Horatier und Curatier. Alle Mitarbeiter an dem großen Werk, das wir einweihen sollten, waren anwesend: die Minister, die es gewünscht hatten, die Delegationsführer, die eine gewaltige Arbeit vollbracht hatten, die Fachleute, die uns geholfen hatten. Die Glocken von Rom läuteten mit aller Macht zum Gruß für die Geburt des neuen Europa. Meine Erregung, meine Freude und meine Hoffnungen waren eins … Die Verträge von Rom stellten den Sieg des Geistes der Zusammenarbeit und die Niederlage des egoistischen Nationalismus dar. Die Menschen, die das Unternehmen zum Erfolg geführt hatten, waren von den gleichen Überzeugungen und dem gleichen Ideal beseelt. Ohne ihre Ergebenheit für ihr eigenes Vaterland im Geringsten zu verleugnen verkündeten sie die Notwendigkeit die Länder untereinander zu vereinigen, um ihre wirtschaftliche Kraft und darüberhinaus ihre politische Macht zu sichern. Sie waren sicher durch diese Handlungsweise den Niedergang einer Kultur aufzuhalten und dem europäischen Kontinent seinen Rang und seine Ausstrahlung wiederzugeben. Sie beabsichtigten nicht ihre Bemühungen auf diesen unmittelbaren Erfolg zu beschränken. Sie hofften, dass sich ihnen eines Tages andere Länder anschließen würden. Sie glaubten auch, dass die wirtschaftliche Integration sie unfehlbar zur politischen Vereinigung führen würde. Ihr Endziel war die Schaffung eines Europas, das kein Satellit Amerikas, sondern dessen vollwertiger Partner in einer westlichen Welt werden sollte, die zur Verteidigung einer bestimmten Lebensform organisiert und vereint war.

Sie erkannten sehr wohl die Wichtigkeit der wirtschaftlichen Veränderungen, die sie vorgenommen hatten, doch so bedeutend sie waren, ihnen erschienen diese Veränderungen doch nur als nebensächlich oder als die erste Etappe auf dem Weg zu einer noch bedeutenderen politischen Revolution.

P.-H. Spaak, Memoiren eines Europäers, Hamburg 1969, S. 320–329.

5 *Der damalige Bundeskanzler Konrad Adenauer schreibt in seinen Erinnerungen:*

Q Die Unterzeichnung der Verträge war ein Ereignis von größter wirtschaftlicher und politischer Bedeutung. Bei der Entwicklung, die in der Welt nach dem Kriege eingetreten war, konnte auf die Dauer die Wirtschaft eines europäischen Landes auf sich allein gestellt nicht gesund bleiben, weil das Wirtschaftsgebiet eines jeden einzelnen europäischen Landes für sich zu klein ist. Kein europäisches Land, es mochte heißen, wie es wollte, selbstverständlich auch ein wiedervereinigtes Deutschland nicht, würde für sich allein weder in der Weltwirtschaft noch in der Weltpolitik eine Rolle spielen können, weil es allein viel zu schwach hierzu sein würde. Nur die Zusammenfassung zu einem gemeinsamen europäischen Wirtschaftsraum konnte auf die Dauer die Länder Europas gegenüber anderen Wirtschaftsgebieten auf der Erde konkurrenzfähig machen und erhalten. Aus dieser Erkenntnis war nunmehr die Schlussfolgerung gezogen worden. Wir konnten die Güter, die wir Europäer von unseren Vorfahren in langen Jahrhunderten übernommen hatten: europäisches Denken, abendländisches Denken, christliches Denken nur dann wieder zur Geltung bringen und den europäischen Ländern in der Weltwirtschaft und in der Weltpolitik nur dann wieder eine Rolle verschaffen, wenn Europa zu einer Einheit zusammengeschlossen sein würde. Dafür einzutreten, dass Europa ein kraftvolles, geeintes Europa würde, war die dringende Aufgabe der jetzt lebenden Europäer …

Der wirtschaftliche Zusammenschluss würde, so hofften die Unterzeichnerstaaten, auch politische Folgen nach sich ziehen. Ich war mir klar darüber, dass die Entwicklung Zeit brauchte. Das Ziel selbst aber musste, auch wenn Jahre dahingehen sollten, bis es erreicht sein würde, unverrückt im Auge behalten werden: die politische Einheit Europas … Ich musste immer wieder daran zurückdenken, wie im vorigen Jahrhundert Deutschland in eine große Anzahl von Staaten zerfallen war und wie allmählich der Zollverein eine wirtschaftliche und schließlich eine politische Einheit oder Einigung herbeigeführt hatte. Ich glaubte, eine derartige Entwicklung durfte man auch von dem Vertragsabschluss erwarten, der am 25. März 1957 in Rom vollzogen wurde.

K. Adenauer, Erinnerungen 1955–1959, Stuttgart 1967, S. 265–274.

1. *Worin wird von den Politikern (Q 4 und Q 5) die historische Bedeutung der europäischen Einigung gesehen?*
2. *Welche unterschiedlichen Ansprüche und Erwartungen an den Prozess der europäischen Einigung kommen bei den beiden Politikern zum Ausdruck?*
3. *Vergleiche die Äußerungen der beiden Politiker mit den Vorstellungen, die von Winston Churchill 1946 (Q 2) und von Arnold J. Toynbee 1947 (Q3) formuliert worden sind.*
4. *Vergleiche die Einschätzungen von Paul-Henri Spaak und Konrad Adenauer mit dem tatsächlichen Verlauf des europäischen Einigungsprozesses von 1957 bis heute. Ziehe dazu auch die Darstellung S. 173–175 heran.*

Europa – ein „gemeinsames Haus“?

6 *Nachdem in einer Berufsschulklasse im Schuljahr 1990/91 das Thema „Europa“ behandelt worden war, fassten zwei Schüler ihre Vorstellungen vom „Europäischen Haus“ in folgenden Zeichnungen zusammen:*

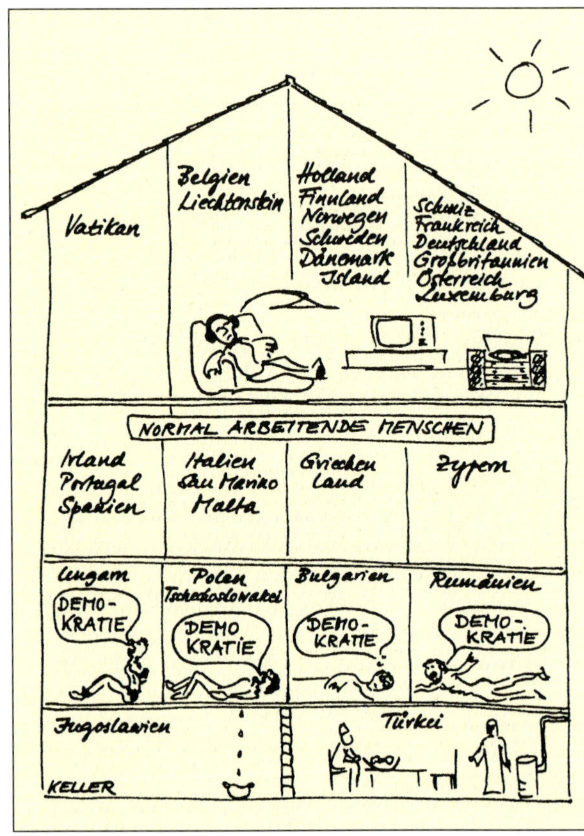

1. *Vergleiche die beiden Zeichnungen. Welches sind nach den Vorstellungen der Jugendlichen die wichtigsten Merkmale des „Europäischen Hauses“?*
2. *Fertige selbst eine Zeichnung des „Europäischen Hauses“ an. Lies dazu vorher noch einmal die Darstellung S. 173–175.*

Das „Europäische Haus“ in Karikaturen

7 *Karikatur von Böhle 1989*

8 *Karikatur „Festung Europa“ von Sajtinac 1991*

9 *Karikatur von Cerny 1989*

10 *Karikatur „Festung Europa“ von Sajtinac 1992*

1. *Erkläre die vier Karikaturen zum „Europäischen Haus“. Welche unterschiedlichen Probleme werden von den Karikaturisten angesprochen?*

2. *Welche der angesprochenen Probleme scheinen dir aus heutiger Sicht besonders wichtig, welche sind deiner Meinung nach überholt?*

Zeittafel

USA		Westeuropa	
1960	Wahl J. F. Kennedys zum Präsidenten	1948	Gründung der WEU
1963	Ermordung Kennedys	1951	Montanunion
1964	Johnsons „Great-Society-Programm“	1957	Gründung der EWG („Römische Verträge“)
1964–68	Rassenunruhen	1967	Europäische Gemeinschaft (EG)
1964	Direktes Eingreifen der USA in den Vietnamkrieg	1979	Erste Direktwahl des Europäischen Parlaments
1968	Ermordung Martin L. Kings	1991	Maastrichter Verträge
1973	Watergate-Affäre	1992	EWR: Europäischer Wirtschaftsraum

Bürgerrechtsbewegung. Unter diesem Begriff versteht man den organisierten Kampf der Schwarzen in den USA um die politische und gesellschaftliche Gleichberechtigung. Hervorgerufen wurde sie durch M. L. King, der zum gewaltlosen Widerstand gegen Diskriminierung und Rassenhass aufgerufen hatte. Daneben traten aber von Mitte der 60er Jahre an auch andere Organisationen wie „Black Panther Party“, die sich auf eigene afrikanische Wurzeln besannen und einen revolutionären Befreiungskampf organisierten. Trotz seiner frühen Ermordung hat Kings Wirken langfristig die politische Kultur in den USA stark beeinflusst; dennoch ist bis heute wirtschaftliche Unterprivilegierung der Schwarzen ein ungelöstes innenpolitisches Problem.

EG = Europäische Gemeinschaft. Bis zum Inkrafttreten des Vertrages von Maastricht stand die Abkürzung zusammenfassend für die drei Gemeinschaften EGKS (Europäische Gemeinschaft für Kohle und Stahl), EURATOM und EWG. Seitdem wird diese Bezeichnung als offizielle Bezeichnung der bisherigen EWG verwendet.

EU = Europäische Union. Seit Inkrafttreten des Maastrichter Vertrages am 1. November 1993 offizielle Bezeichnung der ehemaligen Europäischen Gemeinschaften.

Europarat. Er wurde 1949 gegründet und gilt als Keimzelle der europäischen Einigung, als Hüter der gemeinsamen Werte, der Menschenrechte, der Prinzipien von Rechtsstaatlichkeit und Demokratie. In ihm werden die gemeinsamen Rechtsgrundlagen geschaffen und die Weichen für die kulturelle Zusammenarbeit gelegt.

Festung Europa. Mit diesem Begriff wird einerseits die Stärke der EG gekennzeichnet, andererseits drückt sich darin auch die Sorge aus, dass sich die EG gegenüber Drittländern politisch und wirtschaftlich abschottet, um sich Vorteile zu verschaffen. Die EG weist solche Vorwürfe des Protektionismus von sich.

G(h)etto. Heute Wohngebiet, in dem mehr oder weniger abgeschlossene Minderheiten (Juden, Farbige, Ausländer) leben. Die Ab- und Ausgrenzung entspringt Vorurteilen auf Grund von Diskriminierung und Rassismus. Im Mittelalter waren Ghettos ausschließlich abgesperrte jüdische Stadtviertel. Seit dem Zeitalter der Aufklärung verschwanden sie aus den Städten. Im Nationalsozialismus wurden Juden erneut in Ghettos gesperrt, mussten Zwangsarbeit verrichten und wurden von dort in die Vernichtungslager (Konzentrationslager*) abtransportiert.

Mehrheitsentscheidung. Der Ministerrat der EU trifft viele Entscheidungen einstimmig. Damit aber nicht jede Fortentwicklung der Gemeinschaft wegen nationaler Interessen blockiert werden kann, sind auch Abstimmungen mit einfacher oder qualifizierter Mehrheit vorgesehen. Das gilt vor allem für Beschlüsse zur Vollendung des Binnenmarktes.

Minderheiten. Bevölkerungsgruppen in einem Staat, die sich durch bestimmte Merkmale wie Sprache, Abstammung, Religion, Kultur von der Mehrheit unterscheiden. Minderheiten sind häufig Vorurteilen, Diskriminierung und Feindseligkeiten ausgesetzt. Die Verfolgung und Vernichtung der Juden unter der nationalsozialistischen Herrschaft ist dafür ein extremes Beispiel (Antisemitismus*). Der Schutz von Minderheiten und ihrer Rechte ist nach wie vor ein Stiefkind der Menschenrechtspolitik auf der ganzen Welt.

Konzern. Zusammenschluss von Unternehmen unter einheitlicher Leitung, also mit gemeinsamen Unternehmenszielen, aufeinander abgestimmter Geschäftspolitik und personeller Verflechtung. Konzernbildung bringt für kleinere und mittlere Betriebe oft die Gefahr mit sich, von den Konzernen abhängig zu werden.

Subsidiaritätsprinzip. Gemeint ist mit diesem Begriff das Prinzip des hilfreichen Beistands. In Bezug auf die EU bedeutet es, dass der Gemeinschaft nur Aufgaben übertragen werden sollen, die von ihr wirkungsvoller wahrgenommen werden können als von den einzelnen Mitgliedstaaten oder von den Regionen.

Durch die Verträge von Rom im Jahr 1957 kam die Europäische Einigung einen großen Schritt voran. Der EWG-Vertrag sah die Errichtung eines gemeinsamen Marktes und die Angleichung der Wirtschaftspolitik der damals erst sechs Mitglieder umfassenden Gemeinschaft vor. Der Vertrag von Maastricht, der am 1. November 1993 in Kraft trat, soll den Weg zu einer künftigen wirtschaftlichen und politischen Union der Mitgliedsstaaten eröffnen.

Etappen der Europäischen Einigung

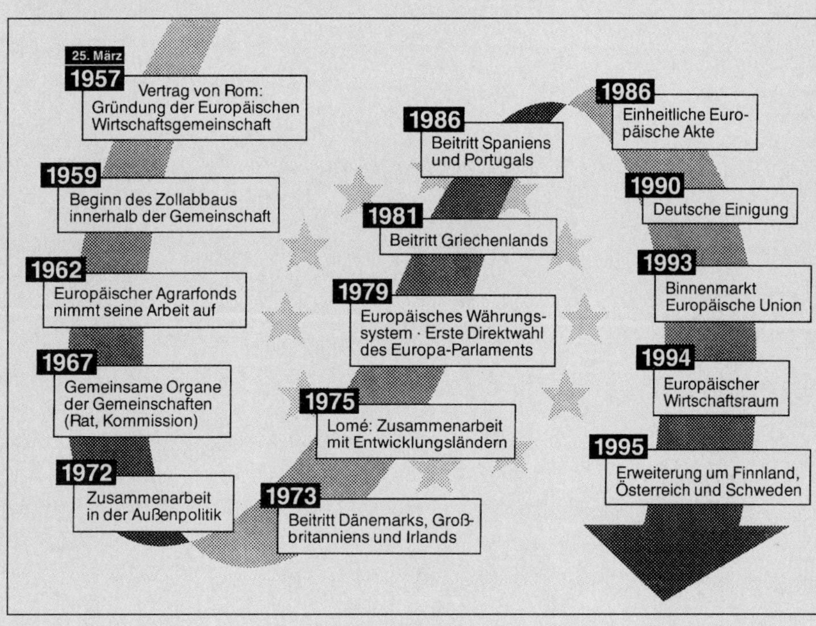

Neil Sheehan, Die große Lüge, Wien (Europa Verlag) 1992.– *In dem Roman wandelt sich der Held Vann vom Befürworter zum Kritiker und öffentlichen Gegner des militärischen Engagements der Amerikaner in Vietnam. Der Roman erhielt wegen seiner sachlichen Aufarbeitung des Vietnamkrieges den Pulitzer-Preis. Der Auszug schildert die anfängliche Haltung, mit der Vann in Vietnam auftrat:*

Vann wusste auch nichts über die Vietnamesen, ihre Geschichte und Kultur. In seinen Augen war das aber kein größeres Hindernis für ein wirksames Vorgehen als sein mangelndes Wissen über die Methoden der Partisanenbekämpfung. Als junger Offizier in Japan und Korea hatte er gesehen, dass die Asiaten keineswegs unergründliche Orientalen waren. Deshalb war auch Lansdale einer seiner Helden. Er hatte „Der hässliche Amerikaner" gelesen und den Roman gut gefunden. Lansdale wusste, wie in Asien zu verfahren war. Er ging davon aus, dass Asiaten Menschen waren, Menschen, deren Wünsche man erkennen und zum eigenen Vorteil nutzen konnte. Vann war davon überzeugt, dass er die Motivation der vietnamesischen Offiziere verstehen und diese dazu bringen würde, das zu tun, was in ihrem ureigensten und im Interesse der Vereinigten Staaten lag. Dass die Franzosen in Indochina eine Niederlage erlitten hatten, war für ihn unerheblich. Die Amerikaner waren keine Kolonialherren wie vor ihnen die Franzosen … Aber sie (= die US-Armee) hatte niemals einen Krieg verloren. Die Geschichte hatte nicht gezeigt, dass die Amerikaner fehlbar waren wie andere Völker. Die Amerikaner waren anders. Die Lehren der Geschichte galten für sie nicht.

Vann hatte keine Bedenken vietnamesische Kommunisten zu töten, oder Leute, die für sie kämpften. Es störte ihn auch nicht, dass er Vietnamesen, die auf der Seite der USA fochten, für amerikanische Ziele opfern würde. Im Zweiten Weltkrieg war er darauf trainiert worden Deutsche und Japaner zu töten, aber der Krieg war vorbei gewesen, ehe es dazu kam. Im Koreakrieg hatte er Nordkoreaner getötet und reinen Gewissens dazu beigetragen Südkoreaner für die Sache Amerikas in den Tod zu schicken. Er ging davon aus, dass er und seine amerikanischen Kameraden, wann immer ihr Kampf Töten und Sterben erforderte, das Recht hatten über Menschenleben frei zu verfügen, solange sie es mit Umsicht taten. In diesem Recht fühlte er sich durch seinen Stolz bestärkt einer der besten Offiziere der US-Armee zu sein, der großartigsten Armee, die es je gegeben hatte.

8. Die Sowjetunion und Osteuropa seit 1945

Als am Silvesterabend des Jahres 1991 vom Dach des Kreml in Moskau die Rote Fahne mit Hammer und Sichel, das Symbol des Sowjetstaates, eingeholt wurde, machte dieser historische Vorgang das Ende der Sowjetunion deutlich. Innerhalb kürzester Zeit war die Supermacht UdSSR zerfallen.

Etwas mehr als siebzig Jahre hat dieser erste „Arbeiter- und Bauernstaat" der Welt bestanden. In der Zwischenkriegszeit war die Sowjetunion international weitgehend isoliert, dann nach dem Zweiten Weltkrieg aber stieg sie neben den USA zur zweiten Weltmacht auf. Im kommunistischen Ostblock hatte sie die alleinige Führungsrolle inne. Mit dem Ende der Sowjetunion ist aber nicht nur ein Weltreich zerfallen. Es ist gleichzeitig eine Epoche der Zeitgeschichte zu Ende gegangen, die seit der Oktoberrevolution von 1917 durch den Gegensatz zwischen parlamentarisch-demokratischem Kapitalismus im Westen und Kommunismus im Osten geprägt war.

Gescheitert ist auch der Versuch die Utopie von der Gleichheit aller Menschen und ihrer Brüderlichkeit in Staat, Wirtschaft und Gesellschaft Wirklichkeit werden zu lassen. Dabei hatte die sowjetische Führung unter Stalin und seinen Nachfolgern Chruschtschow und Breschnew den Sowjetkommunismus schon als Sieger aus dem „Wettbewerb der Systeme", d. h. aus dem Kampf gegen den Kapitalismus, hervorgehen sehen. Nach der Ideologie des Marxismus-Leninismus war es nicht eine Frage des Glaubens, sondern eine wissenschaftliche Gesetzmäßigkeit, dass die Geschichte gar keinen anderen Lauf nehmen könne, als sich zugunsten dieses Systems zu entwickeln. Die Garantie für diese Entwicklung liege politisch letztlich allein in der Führung durch die Kommunistische Partei der Sowjetunion.

Auf die Frage, warum die Sowjetunion und die im sowjetischen Machtbereich liegenden Volksrepubliken Osteuropas auf diese Weise endeten, wird es – selbst wenn der zeitliche Abstand zu den Ereignissen größer geworden ist – wohl nicht nur eine Antwort geben.

Viele sind der Meinung, dass der Weg von Anfang an falsch war. Mit den Mitteln der sozialistischen Planwirtschaft und der „Diktatur des Proletariats" lasse sich grundsätzlich weder ökonomischer Forschritt noch ausreichender Lebensunterhalt und freie Entfaltung der Menschen schaffen. Aber damit ist noch nicht geklärt, warum die Sowjetunion nach dem Ende des Zweiten Weltkrieges unter Stalin zur Weltmacht aufsteigen und es vierzig Jahre lang bleiben konnte.

Andere sagen, dass spätestens unter Chruschtschow Anfang der 60er Jahre das von Stalin aufgebaute Wirtschafts- und Gesellschaftssystem der Sowjetunion in einer Sackgasse gewesen sei. Alle Versuche es zu reformieren, hätten scheitern müssen, weil das System, geprägt von planwirtschaftlichem Bürokratismus und Entmündigung der Bevölkerung, ohne Aufgabe des Führungsanspruchs der Kommunistischen Partei nicht reformierbar gewesen sei. Daran hätte sich auch nichts geändert, wenn Chruschtschow nicht nur sprunghaft, sondern konsequent Veränderungen eingeleitet hätte. Die Reformpolitik Michail Gorbatschows war nach dieser Ansicht ein sicherlich ehrlich gemeinter, aber von Anfang an zum Scheitern verurteilter Versuch.

Es gibt aber auch die Auffassung, dass die Sowjetunion erst an den Folgen ihres Weltmachtanspruchs und der Erstarrung des Partei- und Staatsapparates unter Breschnew zugrunde gegangen sei. Statt die vorhandenen Ressourcen dafür einzusetzen, dass es den Menschen im Land besser gehe, habe die Sowjetunion in der Ära Breschnew das Geld für Rüstung und Truppen ausgegeben, um im Wettrüsten die Oberhand zu gewinnen und den Führungsanspruch im Ostblock auch militärisch durchsetzen zu können.

Gorbatschow habe deshalb mit seinem 1985 eingeleiteten Reformprogramm im Innern, seiner konsequenten Entspannungspolitik zwischen Ost und West und der Lockerung der Beziehungen zu den Staaten Osteuropas durchaus richtig angesetzt. Nur habe er sein Konzept von Glasnost und Perestroika, d. h. der neuen Offenheit und der Umgestaltung der Wirtschaft und Gesellschaft, nicht konsequent durchgeführt. Seine Rücksichtnahme auf den konservativen Partei- und Staatsapparat habe die Reformen verwässert und kostbare Zeit ungenutzt verstreichen lassen. Und außerdem sei es vielleicht auch schon zu spät für eine solche Reformpolitik gewesen. Ist Gorbatschow – wie es nach dieser Auffassung erscheint – eine tragische Figur der Weltgeschichte, auf die der von ihm geprägte Satz „Wer zu spät kommt, den bestraft das Leben" selbst zutrifft?

Kaum jemand wagt aber auch vorherzusagen, ob sich in Russland demokratische Strukturen festigen werden und ob der neue Zusammenschluss der meisten ehemaligen Republiken der Sowjetunion, die „Gemeinschaft unabhängiger Staaten" (GUS) mit dem stärksten Staat Russland, von Dauer sein wird.

Links: „Der Arbeiter und die Kolchosbäuerin". Denkmal von Vera Muchina
Rechts: Ein Lenin-Denkmal in Budapest wird abmontiert, 1989

Die Sowjetunion und Osteuropa unter Stalin, Chruschtschow und Breschnew

Wirtschaftlicher Wiederaufbau und Personenkult in der Sowjetunion unter Stalin

Nach dem Zweiten Weltkrieg war die Sowjetunion zwar militärisch eine Weltmacht, aber ihre Wirtschaft war völlig erschöpft. Hunger und Not beherrschten die ersten Nachkriegsjahre, denn die westlichen Landesteile, die die deutschen Truppen besetzt hatten, waren weitgehend zerstört. Hinzu kam, dass etwa jeder zehnte Bewohner der Sowjetunion im Krieg umgekommen war, einzelne Jahrgänge waren fast völlig ausgerottet. Die Erinnerung an die furchtbaren Schrecken des Krieges sind bis heute lebendig.

Beim Wiederaufbau der zerstörten Dörfer, Städte und Betriebe wurde an die Grundlagen der Wirtschafts- und Gesellschaftsordnung angeknüpft, die Stalin in den 30er Jahren mit Gewalt durchgesetzt hatte (siehe S. 52–53). Die sowjetische Bevölkerung musste weitere Jahre des Hungers und größter Entbehrungen auf sich nehmen. Doch trotz mancher Kritik hatte sich das stalinistische System durch den Sieg über das nationalsozialistische Deutschland in den Augen vieler Sowjetbürger bewährt. Der Sieg im „Großen Vaterländischen Krieg" ließ die Unterdrückung und den Terror Stalins in den Hintergrund treten.

Die Verherrlichung Stalins nahm gigantische und gleichzeitig absurde Formen an. Stalin – er war nicht nur der „Retter" „Mütterchen Russlands", er ließ sich auch als „Vater" und „Lehrer" des sowjetischen Volkes, als „Großer Führer der Werktätigen" der ganzen Welt feiern. Alle Bereiche der Kultur hatten dem Kult um Stalin zu dienen. Diesem Personenkult entsprach die Zentralisierung der Macht in der Person Stalins. Abweichende Meinungen wurden unterdrückt, tatsächliche oder vermeintliche Gegner von Stalins Herrschaft erbarmungslos verfolgt. Dennoch löste der Tod des Diktators Anfang März 1953 zwiespältige Gefühle bei der sowjetischen Bevölkerung aus: Viele erlebten den Tod als Schock und trauerten tief über den Verlust, viele aber nahmen die Nachricht als Erleichterung und Befreiung auf.

„Ruhm dem großen Stalin". Gemälde von J. P. Kugatsch, 1950

Sowjetische Machtpolitik in Osteuropa

Die Situation 1945–1947

Der Sieg über das nationalsozialistische Deutschland hatte die Rote Armee 1945 über Polen nach Deutschland bis an die Elbe, in die Tschechoslowakei, nach Ungarn, Rumänien und Bulgarien geführt. Nur Jugoslawien und Finnland blieben von direktem Einfluss frei.

Polen wurde in den beiden ersten Jahren nach dem Zweiten Weltkrieg zum ersten Prüfstein für einen möglichen Konflikt zwischen dem sowjetischen Anspruch auf eine Interessensphäre und der Forderung nach Selbstbestimmungsrecht der osteuropäischen Staaten. Nur unter dem Druck des amerikanischen Präsidenten Roosevelt willigte Stalin ein, dass bürgerliche Politiker an der kommunistischen Regierung Polens, die aus dem „Komitee für die nationale Befreiung", hervorgegangen war, beteiligt wurden. Auch freie Wahlen hatte Stalin zugestehen müssen. Diese Wahlen wurden aber immer wieder bis zum Januar 1947 hinausgeschoben. Mit Hilfe sowjetischen Drucks auf die bäuerlichen und bürgerlichen Parteien und nicht zuletzt durch erhebliche Manipulation des Wahlergebnisses siegten die Kommunisten und wurden zur beherrschenden Kraft im Land.

Ähnlich rigoros wie in Polen ging die Sowjetunion gegen die nichtkommunistischen Parteien in den ehemaligen Feindländern Ungarn, Rumänien und Bulgarien vor. Vor allem der pauschale Vorwurf, mit dem Faschismus zusammengearbeitet zu haben, wurde hier als Waffe gegen missliebige Politiker aus dem bürgerlichen und bäuerlichen Lager benutzt. In der Tschechoslowakei dagegen war in den ersten beiden Jahren nach dem Krieg ein solcher Druck nicht nötig, da dort bürgerliche, sozialistische und kommunistische Parteien übereinstimmend für eine freundschaftliche Bindung an die Sowjetunion eintraten. Und in Jugoslawien griff die sowjetische Führung nicht ein, weil hier die Kommunistische Partei unter Marshall Josip Tito die Politik des Landes bestimmte und genügend Gewähr für eine sowjetfreundliche Politik zu bieten schien. Finnland schließlich vermochte sich durch amerikanische Unterstützung einerseits und eine betonte Berücksichtigung sowjetischer Interessen andererseits von direktem sowjetischem Druck freizuhalten.

Die Durchsetzung der volksdemokratischen Umwälzung 1948–1953

Ob die sowjetische Politik in Osteuropa grundsätzlich keine unabhängigen Staaten zulassen wollte, war zumindest in den ersten beiden Jahren nach Kriegsende noch nicht klar abzusehen. Dies änderte sich im Zusammenhang mit dem Marshallplan (siehe S. 154). Die Tschechoslowakei wurde in dieser Situation zum zentralen Prüfstein.

Traditionell war dieses Land durch seine wirtschaftlichen Beziehungen mit Westeuropa verflochten. Nachdem die tschechoslowakische Regierung deshalb die Annahme des Marshallplans verkündet hatte, wurde sie nach Moskau bestellt. Trotz intensiver Verhandlungen des kommunistischen Ministerpräsidenten Gottwald und seines sozialdemokratischen Außenministers Masaryk bestand Stalin kategorisch auf einer Ablehnung des amerikanischen Hilfsangebots durch alle osteuropäischen Staaten. Nach seiner Rückkehr aus Moskau stellte Masaryk in Prag fest: „Ich fuhr nach Moskau als der Außenminister eines souveränen Staates und kehre als Lakai der Sowjetregierung zurück." Der sowjetische Druck zwang die tschechoslowakische Regierung nicht nur zur Unterwerfung, sondern schließlich auch zu ihrem Rücktritt. An die Stelle einer Mehrparteienregierung trat eine ausschließlich von Kommunisten kontrollierte Regierung. Die nichtkommunistischen Parteien wurden aufgelöst, Staat, Gesellschaft und Wirtschaft nach sowjetischem Vorbild umgeformt, Schauprozesse gegen Regimekritiker inszeniert.

Diese politische Linie setzte die Sowjetunion unter Stalin in den folgenden Jahren auch in den übrigen Staaten Ost- und Südosteuropas durch und schuf damit den „Ostblock" unter ihrer Führung. Die Staaten wurden zu Volksrepubliken umgewandelt. Bilaterale Freundschafts- und Beistandsverträge ermöglichten die Stationierung sowjetischer Truppen in diesen „Satellitenstaaten", noch bevor der Warschauer Pakt 1955 gegründet wurde.

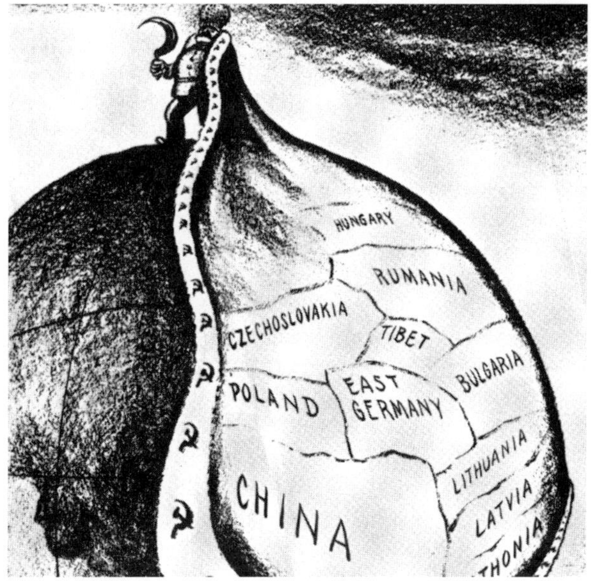

Karikatur des Amerikaners D. R. Fitzpatrick, 1951

Nur Jugoslawien schaffte es, sich erfolgreich gegen die sowjetische Machtpolitik zu wehren. Gestützt auf den Beitrag der Kommunisten als Partisanen beim Sieg über die deutschen Truppen verfolgte Tito eine von der Sowjetunion unabhängigere Politik. Er propagierte einen eigenen jugoslawischen Weg zum Sozialismus, der den besonderen wirtschaftlichen und ethnischen Bedingungen in diesem südslawischen Vielvölkerstaat entsprechen sollte. Für die Verwirklichung dieses Weges suchte er auch wirtschaftliche Beziehungen zu den westlichen Ländern. Der Ausschluss aus dem „Kommunistischen Informationsbüro" und der Abbruch der diplomatischen Beziehungen aller Ostblockstaaten zu Jugoslawien im Jahr 1948 war die Antwort Stalins.

Chruschtschows Reformversuche in Partei, Staat und Wirtschaft 1956–1964

Entstalinisierung und Beginn des „Tauwetters"

Die Nachfolger Stalins glaubten anfangs das unter dem Stalinismus* erstarrte Gesellschaftssystem sei vor allem auf die Allmacht der Geheimpolizei und auf den Personenkult zurückzuführen, der alle Maßnahmen Stalins als unfehlbar verherrlicht hatte. Deshalb wurde der Innenminister und Chef der Geheimpolizei Berija abgesetzt und zum Tode verurteilt. Ihm wurden alle Verbrechen und Fehlentwicklungen unter Stalin angelastet. Es zeigte sich jedoch, dass eine Neuorientierung des politischen Kurses nicht möglich war, wenn nicht nach der Verantwortung Stalins selbst gefragt wurde. Deshalb verurteilte Chruschtschow – der Nachfolger Stalins als Erster Parteisekretär – auf dem XX. Parteitag der KPdSU 1956 in einer „Geheimrede“ (siehe S. 190) den Stalinkult. Allerdings wurden nur diejenigen Opfer der sogenannten „Säuberungen“ der 30er Jahre rehabilitiert, die linientreue Parteimitglieder gewesen waren. Regimekritiker und die Millionen Opfer unter der Bevölkerung blieben unerwähnt. Chruschtschows „Geheimrede“ wurde sehr schnell im ganzen Land und auch im Westen bekannt. Viele Opfer Stalins kehrten nun aus den Lagern zurück. „Wie Millionen meiner Landsleute“, schrieb der sowjetische Schriftsteller Ilja Ehrenburg, „fühlte ich nach dem XX. Parteitag, dass man einen Stein von meinem Herzen genommen hatte.“ Aber auch die Kritik an Stalin reichte nicht aus, um eine offenere und stärker selbstverantwortete Entwicklung durch die einzelnen Staatsbürger in der Sowjetunion einzuleiten. Es galt die Organisationsstrukturen in Partei, Wirtschaft und Gesellschaft zu verändern.

Die Herrschaft der KPdSU

In der Sowjetunion hatte die KPdSU bis 1991 eine Schlüsselstellung in allen Bereichen des öffentlichen Lebens. Das politische System, das sich seit den 30er Jahren herausgebildet hatte, folgte anderen Organisationsprinzipien als die politischen Systeme der westlichen Länder.

Nach sowjetischem Verständnis sind in kapitalistischen Ländern mehrere Parteien* notwendig, weil es dort Klassen mit gegensätzlichen Interessen gebe, die sich in unterschiedlichen Parteien organisieren. In der Sowjetunion dagegen gebe es diese unversöhnlichen Interessengegensätze nicht, weil das Volk selbst die Macht habe und sie durch die *eine* Partei, die KPdSU, ausübe.
Aufgabe der Kommunistischen Partei war es, die Richtlinien der Politik zu bestimmen, an die sich die Regierung und auch alle gesellschaftlichen Organisationen – z. B. Gewerkschaften, Jugendverbände, Betriebskollektive – halten mussten. Deshalb war das Amt des obersten Parteiführers, des Generalsekretärs des Zentralkomitees der KPdSU, am ehesten mit dem Amt des Regierungschefs in westlichen Demokratien zu vergleichen. In der KPdSU waren über 18 Millionen Mitglieder organisiert. Entsprechend umfangreich war die Organisationspyramide von den lokalen Grundeinheiten bis zum Parteitag auf der Unionsebene.
Wer aber bestimmte die Richtlinien in der Partei? Die KPdSU war nach dem Prinzip des demokratischen Zentralismus aufgebaut, das Lenin als „Freiheit der Diskussion und Einheit der Aktion“ definiert hatte. Dieses Prinzip sollte bei der Ausarbeitung der politischen Linie und bei der Wahl der Führer eine möglichst breite Demokratie und bei der Durchführung von Beschlüssen völlige Geschlossenheit sicherstellen. Demokratie wurde dabei so verstanden, dass sich immer die Mehrheit durchsetzt. Der

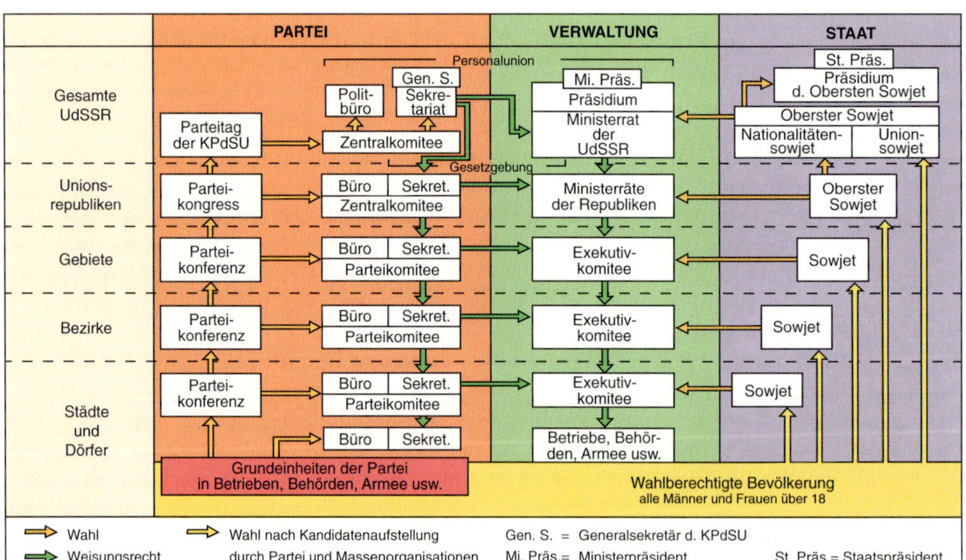

Partei- und Staatsaufbau in der Sowjetunion unter Chruschtschow und Breschnew

Gedanke, dass Minderheiten* – insbesondere in einem Einparteienstaat – eines besonderen Schutzes bedürfen, war im demokratischen Zentralismus nicht verankert. Eine öffentliche oder organisierte Opposition war damit ausgeschlossen. Die geforderte Freiheit der Diskussion und Kritik gab es schon seit den 20er Jahren nicht mehr; dafür hatte sich der Zentralismus immer mehr durchgesetzt und schließlich dazu geführt, dass Staats- und Parteiführung in alle Belange der Wirtschaft und des öffentlichen Lebens hineinregierten. Die Konkurrenz zwischen einzelnen Staats- und Parteiorganen führte dabei zu einem zunehmenden Kompetenzchaos.

Chruschtschows Partei- und Staatsreformen

Chruschtschow versuchte einen neuen Kurs einzuschlagen. Die Entscheidungsgewalt sollte dezentralisiert und den Politikern und Funktionären in den Provinzen sollten – besonders auf wirtschaftlichem Gebiet – größere Befugnisse übertragen werden. Er schaffte die zentralen Industrieministerien ab. Die Unionsrepubliken und die Betriebe selbst erhielten jetzt mehr Rechte. Chruschtschow gewann durch diese Maßnahmen zwar Sympathien auf regionaler Ebene, brachte aber viele Staatsfunktionäre in den zentralen Ministerien gegen sich auf.

Die Verfilzung innerhalb des Parteiapparates wollte Chruschtschow dadurch bekämpfen, dass er die Ablösung der gewählten Parteifunktionäre in regelmäßigem Abstand vorsah: Nach dem neuen Parteistatut von 1961 musste bei jeder Neuwahl eines Parteigremiums ein Drittel der Mitglieder ausgetauscht werden. Mit dieser „Rotation" der Parteifunktionäre schuf er sich viele Gegner im Parteiapparat.

Auch sein Versuch, die innerparteiliche Kritik zu stärken, hatte wenig Erfolg, denn eine Erfahrung aus der Stalinzeit war noch lebendig: Es konnte gefährlich sein eine Meinung zu vertreten, der sich schließlich nur eine Minderheit anschloss.

Chruschtschows Reformansätze in Wirtschaft und Gesellschaft

Gegen Ende der Stalinzeit war die Wirtschaftsentwicklung der Sowjetunion ins Stocken geraten. Wollte sie ernsthaft ihren Weltmachtanspruch aufrechterhalten und die Überlegenheit des kommunistischen Systems unter Beweis stellen, mussten vor allem drei Ziele erreicht werden: eine Erhöhung der landwirtschaftlichen Produktion, eine Steigerung des äußerst niedrigen Lebensstandards und eine Verbesserung der Planung in der Wirtschaft. Während unter Stalin der Aufbau der Schwerindustrie die sowjetische Wirtschaftspolitik völlig beherrscht hatte, wollte Chruschtschow auch die Versorgung der Bevölkerung mit Lebensmitteln und Konsumgütern und die Wohnverhältnisse verbessern. Während unter Stalin Zwang und Kontrolle die wirtschaftliche Entwicklung bestimmt hatten, versuchte Chruschtschow an die „materielle Interessiertheit" der Einzelnen zu appellieren.

Nikita Chruschtschow überreicht dem amerikanischen Präsidenten Dwight D. Eisenhower beim Gipfeltreffen 1959 ein Modell des „Sputniks"

Die Betriebe konnten ihre Produktion stärker beeinflussen und die Arbeiter bekamen wieder das Recht ihren Arbeitsplatz zu wechseln. Auch die Altersversorgung wurde erhöht. All diese Maßnahmen führten zwar dazu, dass der Lebensstandard anstieg, aber der Traum Chruschtschows die USA einzuholen blieb Utopie. Nur auf einem Gebiet konnte er ihn verwirklichen: Mit dem Start des „Sputniks", des ersten künstlichen Satelliten, feierte die Sowjetunion 1957 einen spektakulären technischen Erfolg.

Um die landwirtschaftliche Produktion anzukurbeln, wurden die Preise für Agrarprodukte erhöht und die Steuern gesenkt. Zugleich bekamen die Kolchosen mehr Rechte bei der Produktionsplanung. Durch extensive Bodenbewirtschaftung und durch Neulanderschließung in Kasachstan und Sibirien sollte die Getreideversorgung verbessert werden. Um die Fleischproduktion zu erhöhen, propagierte Chruschtschow den Anbau von Mais und Futtermitteln. Das Ergebnis all dieser Maßnahmen blieb jedoch weit hinter den Erwartungen zurück. Als 1963 das Land von Dürre und Missernten heimgesucht wurde, zeigte sich, dass es Chruschtschow nicht gelungen war die Versorgung der Bevölkerung durch die Landwirtschaft sicherzustellen. Nur durch Getreidekäufe im Ausland konnte eine Hungersnot verhindert werden. Mit seinen Reformen schuf sich Chruschtschow so mehr Gegner als Freunde. Nicht nur im Partei- und Staatsapparat, sondern auch in der Armee wuchsen die Widerstände, weil er die Truppenstärke vermindert hatte und die Förderung der Konsumgüterproduktion auf Kosten der Rüstungsindustrie ging. Zusätzlich untergruben außenpolitische Misserfolge wie die Kubakrise (siehe S. 156) sein Ansehen. 1964 wurde er zum Rücktritt gezwungen.

Die Sowjetunion unter Breschnew 1964–1982

Unterdrückung der Dissidenten- und Nationalitätenbewegung

Chruschtschows Parteiämter übernahm nun Leonid Breschnew, seine Staatsämter Alexj Kossygin. Sie korrigierten den bisherigen politischen Kurs: Die Umorganisation der Partei- und Wirtschaftsverwaltung wurde sofort zurückgenommen, die begonnene Entstalinisierung gestoppt. In der Wirtschaft wurde wieder stärker die Schwerindustrie betont, jedoch durch eine Reform der Planwirtschaft begleitet. Die innenpolitische Verschärfung bekamen vor allem die Regimekritiker zu spüren. Gegen diese sogenannten Dissidenten, die eine Demokratisierung der sowjetischen Gesellschaft verlangten, wurden hohe Freiheitsstrafen verhängt, sie wurden in die Verbannung geschickt, in Arbeitslager eingewiesen oder ausgebürgert. Zu einer Symbolfigur des Widerstandes wurde der Atomphysiker Andreij Sacharow. 1968 verfasste er eine Denkschrift, in der die Unterdrückung der geistigen Freiheiten beklagt und eine Demokratisierung gefordert wurden. Da er weltweit Anerkennung fand und als Mitkonstrukteur der Wasserstoffbombe große Popularität besaß, konnte man mit ihm nicht so hart wie mit weniger bekannten Dissidenten verfahren. Trotzdem wurde er 1980 nach Gorki verbannt.

Auch die Nationalitätenbewegung, die für eine stärkere Berücksichtigung der nationalen Rechte der Völker eintrat, wurde wieder verstärkt unterdrückt. Die Sowjetunion war als Nachfolgerin des zaristischen Russland ein Vielvölkerstaat mit über 130 verschiedenen Nationen und Völkern, die ihre je eigene Sprache, Kultur und Tradition hatten. Die Nationalitätenbewegung knüpfte an die Versprechungen Lenins aus der Oktoberrevolution von 1917 an, als den Völkern Russlands das Recht auf nationale Eigenständigkeit zugestanden worden war. Aber schon unter Lenin und verstärkt unter Stalin waren diese Ansprüche zugunsten der Zentralisierung der Sowjetmacht immer stärker verdrängt und unterdrückt worden. Vor allem die islamischen Völker, die Balten und die Georgier beharrten auf ihren eigenen Lebensformen. Chruschtschows Politik der Stärkung der Republiken gegenüber der Zentrale hatte diesen alten Hoffnungen verstärkten Auftrieb gegeben.

Reform der Planwirtschaft

Der sowjetischen Führung unter Breschnew ging es vor allem darum, die Leistungsfähigkeit der Planwirtschaft zu erhöhen. Das Prinzip der Zentralverwaltungswirtschaft blieb zwar erhalten, aber der Plan wurde nur noch in seinen Rahmenbedingungen festgelegt. Zwei Neuerungen waren von besonderer Bedeutung:

- Während es vorher auf die Steigerung der Produktion ohne Rücksicht auf die Kosten angekommen war, musste jetzt die Rentabilität, d. h. das Kosten-Nutzen-Verhältnis, beachtet werden.
- Die Betriebe konnten nun über einen Teil des Gewinnes selbst verfügen, um Prämien für gute Leistungen auszuzahlen, soziale und kulturelle Betriebseinrichtungen zu fördern und die Produktion zu modernisieren.

Durch diese Maßnahmen gelang der Sowjetunion unter Breschnew ein wirtschaftlicher Modernisierungsschub, der bis in die 70er Jahre andauerte. Insgesamt konnte die Produktion seit der Mitte der 60er Jahre intensiviert und das sowjetische Bildungswesen und die wissenschaftliche Forschung ausgebaut werden. Wirtschafts- und Forschungsanstrengungen konzentrierten sich seit Mitte der 70er Jahre dabei vor allem auf die Rüstung und auf den Weltraum, denn man glaubte langfristig nur dadurch den Weltmachtanspruch aufrechterhalten zu können.

Fragen und Arbeitsaufgaben

1. *Erarbeite charakteristische Merkmale und Ziele der Staats-, Wirtschafts- und Gesellschaftspolitik von Stalin bis Breschnew. Fasse die Zielsetzungen der Reformen seit Chruschtschow schlagwortartig zusammen.*
2. *Erkläre das Prinzip des demokratischen Zentralismus. Vergleiche es mit demokratischen Entscheidungsprozessen in parlamentarischen Demokratien. Führt in einem Rollenspiel eine Entscheidung über eine Klassenunternehmung (z. B. Ausflug) nach beiden Prinzipien herbei.*
3. *Erläutere die Rolle der KPdSU im Staatsaufbau der Sowjetunion an Hand der Darstellung und der Grafik S. 186.*

Entstalinisierung oder: „So hätten wir nicht leben sollen!"

1 *„Planet (abstrakte Komposition)". Gouache von Lidija Masterkova, 1959*

2 *„Stalin und Marilyn Monroe". Gouache von Leonid Sokov, 1991*

1. *Vergleiche die beiden Bilder russischer Nonkonformisten mit den Plakaten des „sozialistischen Realismus" (S. 57). In welcher Weise machen die Künstler die Entstalinisierung deutlich?*
2. *Chruschtschow besuchte 1962 eine Ausstellung abstrakter russischer Kunst in Moskau, die nicht in allen Teilen der Öffentlichkeit zugänglich war und bei der ein Teil der Künstler ihn bewusst provozierte, er lehne Bilder ab, bei denen man nicht erkennen könne, „ob sie von Menschenhand oder von einem Eselschwanz gemalt sind" (Prawda Nr. 336 vom 2. 12. 1962). Was bedeutet diese Äußerung für die Entstalinisierung in der Kunst und ihre Rolle in der Gesellschaft aus der Sicht der politischen Führung?*

3 *Chruschtschows Forderungen zur „Entstalinisierung" 1956 in seiner „Geheimrede" vor der KPdSU[1]:*

Q Genossen! Wir müssen den Persönlichkeitskult entschlossen abschaffen, ein für allemal; wir müssen die entsprechenden Konsequenzen ziehen, und zwar sowohl hinsichtlich der ideologisch-theoretischen als auch der praktischen Arbeit. Dies ist aus folgenden Gründen nötig: Erstens müssen wir als echte Bolschewisten den Persönlichkeitskult verurteilen und mit der Wurzel ausrotten, weil er dem Marxismus-Leninismus fremd ist und im Widerspruch zu den Grundsätzen der Parteiführung und den Normen des Parteilebens steht, und wir müssen alle Versuche diese Praktiken auf die eine oder andere Art wieder einzuführen unerbittlich bekämpfen.

Was dies anbelangt, so werden wir viel tun müssen, um die mit dem Persönlichkeitskult verbundenen weit verbreiteten irrigen Ansichten auf dem Gebiet der Geschichtsschreibung, der Philosophie, der Volkswirtschaft sowie in der Literatur und den bildenden Künsten vom marxistisch-leninistischen Standpunkt kritisch zu untersuchen und richtigzustellen. Vor allem ist es nötig, dass wir bereits in allernächster Zukunft ein ernst zu nehmendes Lehrbuch über die Geschichte unserer Partei ausarbeiten, das mit wissenschaftlich-marxistischer Objektivität verfasst ist ... Zweitens müssen wir systematisch und konsequent die Arbeit fortführen, die das Zentralkomitee der Partei in den letzten Jahren geleistet hat, eine Arbeit, die sich durch die genaueste Beachtung der leninistischen Grundsätze der Parteiführung in sämtlichen Parteiorganisationen, von den Grundeinheiten bis zur Spitze, auszeichnete.

[1] Die Hauptthesen der Rede wurden abgemildert am 28. März 1956 in der „Prawda" veröffentlicht.

Chruschtschows „Geheimrede" vom 25. Februar 1956, in: Entstalinisierung. Der XX. Parteitag der KPdSU und seine Folgen, hg. von R. Medwedew, R. Havemann u. a., Frankfurt/Main 1977, S. 536f.

4 *Der Dichter Jewgenij Jewtuschenko im Gespräch mit Studentinnen und Studenten, 1973:*

Q Letztes Jahr saßen wir um ein Lagerfeuer in Sibirien, als eine etwa achtzehnjährige Studentin einen Toast auf Stalin ausbrachte. Ich war erschüttert und fragte sie, weshalb sie das getan habe. „Weil damals alle Leute an Stalin glaubten und dieser Glaube ihnen zum Sieg verhalf", antwortete sie. „Und wissen Sie, wie viele Leute unter Stalin verhaftet wurden?", fragte ich. „Vielleicht zwanzig oder dreißig." Ich stellte den übrigen, etwa gleichaltrigen Studenten, die um das Feuer versammelt waren, dieselbe Frage. „Etwa zweihundert", meinte einer. „Oder zweitausend", ein anderer. Nur einer von den etwa zwanzig Studenten sagte: „Ich glaube, es waren an die zehntausend." Als ich ihnen sagte, dass die Zahl in die Millionen ging, wollten sie mir nicht glauben. „Hat jemand mein Gedicht ‚Stalins Erben' gelesen?", fragte ich. „Haben Sie wirklich so ein Gedicht geschrieben? Wo wurde es denn gedruckt?", fragte mich das erste Mädchen. „1963 in der Prawda." „Aber da war ich erst acht Jahre alt", erwiderte sie etwas hilflos.

Plötzlich begriff ich, dass diese junge Generation heute überhaupt keine Möglichkeit hat die tragischen Ereignisse jener Zeit kennen zu lernen, weil sie nirgendwo etwas darüber lesen kann, weder in der Literatur noch in den Schulbüchern ... Die Wahrheit wird durch Schweigen ersetzt und Schweigen ist eine Lüge.

PZ (Politische Zeitung) Nr. 35, 1983: Nachdenken über einen fernen Nachbarn, in: Die Russen, Bonn (Bundeszentrale f. polit. Bildung) 1983, S. 20f.

5 *Entstalinisierung und persönlicher Lebensweg. Ein Bericht über den 1892 geborenen jüdisch-tschechischen Mathematikprofessor Arnoscht Kolman, 1977. Kolman war Schüler Albert Einsteins gewesen, Kampfgefährte Lenins und Trotzkis, Gehilfe und Opfer Stalins, Wegbereiter und Gegner der kommunistischen Diktatur in Prag. Begann in der Emigration in Schweden 1976 seine Memoiren zu veröffentlichen. Nächste Verwandte und Freunde waren durch Stalins „Säuberungen" ums Leben gekommen. Er selbst glaubte dennoch fest an die Unfehlbarkeit der Partei.*

Q Die Sorge um die Existenz, um die Familie, aber auch die Furcht den Glauben an die Ideale der Jugend zu verlieren verbot ihm, wie ungezählten anderen Kommunisten, das Nachdenken über den verbrecherischen Charakter des Regimes. Wie Schuppen von den Augen fiel es ihm erst in den fünfziger Jahren, als der Stalinische Fleischwolf auch ihn erfasste ... Einer der Untersuchungsrichter in der Lubjanka versuchte ihm die Unterschrift unter vorgefertigten Geständnissen abzupressen ... So willkürlich seine Verhaftung, so ungewöhnlich seine Entlassung nach dreieinhalb Jahren. Mitten in der Nacht wurde er dem Sicherheitsminister Ignatjew vorgeführt, der ihm eröffnete: „Es war ein Irrtum, Genosse!" Kolmans Frau und Tochter waren in jenen Jahren nach Uljanowsk, also in Lenins Geburtsort, verbannt worden, wo sie im ehemaligen Abort eines Studentenheims wohnen mussten. Das KGB hatte ihnen untersagt ihre Identität preiszugeben ...

Nach Stalins Tod begann auch für Kolman der quälende Prozess der Abkehr vom dogmatischen Marxismus. In einem grundlegenden 700-Seiten-Werk, an dem er zwölf Jahre gearbeitet hat, stellte er die ketzerische These auf, dass es unmöglich sei die Unendlichkeit dieser Welt (noch das Gegenteil) zu beweisen – natürlich durfte das Buch nicht gedruckt werden … Die letzten Illusionen über seine sozialistische „Heimat“ Russland verlor Kolman, inzwischen auf eigenen Wunsch pensioniert, nach der sowjetischen Invasion in der Tschechoslowakei am 21. August 1968.

Noch in seiner Moskauer Gelehrtenstube fing er an seine Memoiren zu schreiben; das Manuskript … schmuggelte er über die Grenze nach Schweden, wo sich sein Schwiegersohn, der (ausgebürgerte) Prager Kernphysiker František Janouch, mit seiner Familie niedergelassen hatte.

Seinen Traum von einer freien kommunistischen Gesellschaft spinnt er in der Emigration weiter, davon mag er nicht lassen, aber er weiß wohl, dass sie in jenem Lande angesiedelt ist, das die Alten irgendwo im Atlantik vermuteten und Nusquamia, das Nirgendland, tauften.

K. H. Janßen, „So hätten wir nicht leben sollen“, in: Zeit-Magazin Nr. 6, 1977, S. 11.

1. *Erarbeite aus den Quellen 3 bis 5 Ziele, Methoden und Ausmaß der Entstalinisierung seit Chruschtschow.*
2. *Was geht aus Quelle 4 und 5 über die Entstalinisierung im Verhältnis zu den betroffenen Menschen hervor?*

6 *Entstalinisierung 1990? Das Schicksal der Swetlana Asadowskaja, interviewt von der deutschen Journalistin Gabriele Krone-Schmalz in der Reformperiode unter Gorbatschow, 1990. Der spätere Ehemann Swetlanas, Konstantin Asadowskij, hatte als Literaturwissenschaftler und Rilke-Forscher um 1980 häufiger Westkontakte. Er war damit sofort verdächtig Regimegegner zu sein. Der KGB schmuggelte Rauschgift in die Wohnung Swetlanas. Die „Entdeckung“ führte zu ihrer Verhaftung. Konstantin wurde in ein Lager am Polarkreis verbannt. Noch während der Haft erhielten sie die Heiratserlaubnis.*

Q Swetlana steckte man damals zunächst in ein Gefängnis und rasierte ihr den Kopf kahl. Dort blieb sie zweieinhalb Monate ohne Gerichtsverfahren. Dann kam sie in ein Lager. Sie erzählt keine Einzelheiten, sondern sagt nur, dass dieses Lager für 800 Frauen bestimmt war, dass aber 2000 da einsaßen. Von dort wurde sie „in die Chemie“ geschickt. So nennt man in der Sowjetunion besonders gesundheitsgefährdende Arbeitsplätze, auf denen in der Regel nur Strafgefangene eingesetzt werden. Sie schuftete im Gorki-Automobilwerk, wo weibliche Häftlinge die schwarzen Wolgas produzieren, die Standard-Limousinen sowjetischer Funktionäre. „Diese Autos werden gemacht aus Schweiß, Blut und Tränen der Frauen, die da gefangen sind“, sagt Swetlana … Aber diese Zwangsarbeit war nicht das Schlimmste, meint Swetlana und es bricht aus ihr heraus: „Einen unschuldigen Menschen so auszunutzen, nur um gegen Asadowskij was in der Hand zu haben. Ich habe kein Verbrechen begangen. Mich so zu erniedrigen. Was ich alles erlebt und gesehen habe. Man muss wahrscheinlich wirklich erst im Gefängnis gesessen haben, bevor man sein Vaterland richtig kennt. Es ist einfach schrecklich, was sie damals mit den Menschen gemacht haben. Und jetzt sprechen sie von Reue. Jetzt beschäftigen sie sich mit der Unterdrückung in den dreißiger und vierziger Jahren. Und in den achtziger Jahren, was haben sie denn da getan? Sie sitzen doch alle auf denselben Posten, sie sind alle noch da. Niemand, nicht mal Kalugin[1], der sich jetzt vom KGB getrennt hat, steht auf und sagt, jawohl, das habe ich getan, wir haben viele Menschen zugrunde gerichtet. Keiner hat so was je gesagt. Ja, sie sagen, es gab da so eine böse Zeit, und schieben alles nur auf die Zeit. So viele Menschen wurden kaputtgemacht. So viele Menschen haben das Land verlassen. Das Land wurde kulturell geradezu enthauptet. Einige wurden Straßenfeger, andere Trinker. Und jetzt heißt es Erneuerung. Was soll denn bitte erneuert werden? Die Kultur muss man wiederbeleben und das sagen ausgerechnet die, die sie selbst vernichtet haben. Alle, die mich damals verhört haben, waren um die 35, 40 Jahre alt. Das ist zehn Jahre her. Die leben doch alle noch, aber sie haben sich verkrochen. Und wenn man es ihnen heute befehlen würde, sie würden die gleichen schmutzigen Dinge wieder tun.“

[1] Kalugin war ein hoher KGB-Funktionär in Leningrad in den 80er Jahren; 1990 Kritiker des KGB.

G. Krone-Schmalz, … an Russland muss man einfach glauben, Köln 1992, S. 185f.

1. *Vergleiche an Hand von Quelle 5 und 6 die Methoden der Unterdrückung unter Stalin und unter Breschnew. Inwieweit ist für beide der Begriff „Stalinismus“ geeignet?*

Zusammenfassende Arbeitsaufgaben:

1. *Erkläre, was man unter dem Begriff „Entstalinisierung“ versteht.*
2. *Erarbeite unter Hinzuziehung der Darstellung S. 185f. die Schwierigkeiten der Entstalinisierung seit Chruschtschow.*
3. *In einer Auseinandersetzung mit Gorbatschow hielt Boris Jelzin diesem am 27. März 1989 entgegen: „Mit wem halten Sie es, mit dem Volk oder mit dem System, das unser Land an den Rand des Abgrunds geführt hat?“ Beurteile die Versuche zur Entstalinisierung in der Sowjetunion und in Russland unter diesem Aspekt.*

Die Reformpolitik Gorbatschows und das Ende der Sowjetunion

Wandel der Sowjetunion durch Perestroika und Glasnost?

Ein neuer Reformer tritt an

Die Lage in der Sowjetunion in der Mitte der 80er Jahre lässt sich zusammengefasst folgendermaßen beschreiben: Trotz der in der Breschnew-Ära durchgeführten Reformen der sozialistischen Planwirtschaft stagnierte die Wirtschaft seit Ende der 70er Jahre. Die Konsumgüterproduktion wurde wieder zugunsten gewaltiger Rüstungsanstrengungen vernachlässigt, der Lebensstandard der Bevölkerung lag weit unter dem der westlichen Industriestaaten. Die politische Unterdrückung lastete weiter auf den Menschen, wenn auch nicht mehr so brutal wie zu Stalins Zeiten.

Nach außen militärisch stark und eine Supermacht, im Innern aber ein Koloss auf tönernen Füßen – an diesem Zustand hat sich auch in den Jahren 1982 bis 1985 nach dem Tode Breschnews nichts geändert. Aber das Bewusstsein, dass ein Wandel erfolgen musste, war allgegenwärtig. In dieser Situation wurde im März 1985 der relativ junge Parteiaufsteiger Michail Gorbatschow zum Generalsekretär der KPdSU gewählt.

Die Ziele Gorbatschows

Mit zwei zentralen Schlagworten hat Gorbatschow sein Reformprogramm charakterisiert und in den folgenden Jahren dafür geworben: Perestroika, d. h. Umgestaltung des wirtschaftlichen und gesellschaftlichen Lebens, und Glasnost, d. h. gesellschaftliche Offenheit. Diese beiden Prinzipien bedeuteten, dass Planwirtschaft und Sowjetsystem durch marktwirtschaftliche und demokratische Elemente ergänzt werden sollten, um so den Sozialismus* erst zur wirklichen Entfaltung zu bringen.

Voraussetzung für eine erfolgreiche Reformpolitik war nach Gorbatschows Überzeugung eine neue Entspannungspolitik mit weitreichenden Abrüstungsmaßnahmen, die Spielraum für den Umbau der Wirtschaft und eine Verbesserung der Konsumgüterversorgung eröffnen sollten. Perestroika, Glasnost und Entspannungspolitik bildeten für Gorbatschow und seine Gruppe der Reformer die drei Säulen, um der Sowjetunion eine neue Zukunft zu eröffnen.

Glasnost und Perestroika in der Öffentlichkeit

Deutliche Zeichen dafür, dass mit Gorbatschow ein grundlegender Wandel der Sowjetunion begonnen hatte, waren schon bald nach seinem Regierungsantritt im öffentlichen Leben zu beobachten. Zeitungen, Rundfunk und Fernsehen, vorher geprägt durch die immer gleichartigen offiziellen Erfolgsmeldungen, berichteten plötzlich auch über Kritisches. In früheren Jahren wären z. B. Meldungen über die Katastrophe der Explosion im Kernkraftwerk Tschernobyl Ende April 1986 vollständig unterdrückt worden; jetzt aber konnten die Behörden die Wahrheit nur noch wenige Tage zurückhalten. Filme über den stalinistischen Terror, bisher nur im westlichen Ausland gezeigt, kamen in die sowjetischen Kinos und entfachten eine aufwühlende öffentliche Diskussion. Gefängnistüren und Lagerpforten öffneten sich für viele Regimekritiker. Der Physiker und Nobelpreisträger Andreij Sacharow wurde aus der Verbannung zurückgerufen und durfte wieder öffentlich auftreten. Bald konnte man auch richtige Demonstrationen mit Tausenden von Teilnehmern in Moskau sehen, ohne dass die Polizei eingriff. Die Kirchen, bis dahin im offiziell atheistischen Sowjetstaat bevormundet und unterdrückt, erhielten neue Bewegungsfreiheit.

Glasnost führte im öffentlichen Leben zur Umgestaltung, aber die neue Transparenz bedeutete für viele Bürger einen Schock, als sie erfahren mussten, dass viele „Errungenschaften“ nichts als Propagandalügen gewesen waren.

Glasnost und Perestroika in der Wirtschaft

Viel langsamer als Glasnost im öffentlichen Leben kam die Umgestaltung der Wirtschaft in Gang. Auf dem 27. Parteitag der KPdSU 1986 wurde ein neuer Fünfjahresplan verabschiedet, der die gorbatschowsche Wirtschaftsreform zum offiziellen Programm erhob. Die Fabrikdirektoren erhielten größere Entscheidungsbefugnisse. Maßnahmen gegen das Fehlen am Arbeitsplatz, Korruption und Fälschung der Unternehmensberichte sowie gegen Alkoholmissbrauch wurden ergriffen. Ein Jahr später durften privatwirtschaftliche Betriebe außerhalb von Staatsbetrieben und Kollektivunternehmungen gegründet werden.

Auch wurden jetzt Kooperationsverträge, sogenannte Jointventures, mit ausländischen Firmen ermöglicht, um an westliches Know-how und Kapital zu kommen und vor allem die Konsumgüterproduktion zu steigern. Die Weichen für eine grundlegende Wirtschaftsreform schienen damit gestellt. Aber die Umgestaltung der Wirtschaftsordnung traf auf massive Widerstände bei all denen, die ihre Posten und Privilegien gefährdet sahen oder sich vor größerer Eigenverantwortung fürchteten. Infolgedessen begann die Produktion zu sinken. Die Konsumgüter wurden knapp und die Inflation beschleunigte sich mehr und mehr. Panik brach bei den Käufern aus. Streiks erschütterten das Land. Die Armutskriminalität wuchs.

„Genossen! Unsere Abteilung braucht eine Perestroika und muss anfangen auf eine neue Art zu arbeiten!“ Karikatur aus „Krokodil“, 1986

Glasnost und Perestroika in der Herrschaftsausübung

Erfolg oder Misserfolg der Reformpolitik Gorbatschows hing davon ab, ob er sich gegen Widersacher in der Partei- und Staatsführung durchsetzen konnte, die an den traditionellen Herrschaftsstrukturen des Zentralismus festhalten wollten. Im Jahre 1988 setzte Gorbatschow eine Verfassungsänderung durch. Ein Wahlrechtsgesetz zum Kongress der Volksdeputierten wurde verabschiedet, nach dem im März 1989 erstmals seit 70 Jahren die Sowjetbürger in geheimer Wahl unter mehreren Kandidaten auswählen konnten. Ohne den Anspruch der führenden Stellung der KPdSU aufzugeben versuchte Gorbatschow so die alten Machtstrukturen der Sowjetunion in die Umgestaltung mit einzubeziehen. Die Folge war, dass er immer mehr Macht in seinen eigenen Händen konzentrierte. Neben dem Amt des Generalsekretärs der KPdSU übernahm er 1988 auch das Staatsamt des Präsidenten im Obersten Sowjet und ließ sich schließlich 1990 zum Staatspräsidenten wählen. Damit verfügte er über die größte Machtfülle seit Stalin.
Mächtigen Auftrieb erhielt durch Glasnost und Perestroika auch die Nationalitätenbewegung. Die Völker strebten weg vom zentralistischen Sowjetstaat, hin zu mehr Selbständigkeit, ja bis zur staatlichen Souveränität wie die baltischen Republiken Estland, Lettland und Litauen. Auch die Nationalitäten* untereinander wie Armenier und Aserbaidschaner gerieten in Konflikte um ihre Grenzen. Als auch die Ukraine und Weißrussland ihre Unabhängigkeit forderten, drohte das völlige Zerbrechen der Sowjetmacht. Die steigenden Wirtschaftsprobleme beschleunigten noch diesen Prozess.

Beginn einer neuen Ära der Entspannung

Sofort nach seinem Amtsantritt hatte Gorbatschow damit begonnen die atomare Abrüstung wieder in die internationale Debatte zu bringen. Aber erst nach mehreren Gipfeltreffen ließ sich das seit Jahrzehnten vorherrschende Misstrauen in den Ost-West-Beziehungen überwinden. Schließlich kam es 1987 zwischen den USA und der Sowjetunion zum Vertrag über die Mittelstreckenraketen in Europa, der dem Wettrüsten, das seit dem Ende der 70er Jahre vorangetrieben worden war, Einhalt gebot. Außerdem konnten die jahrzehntelangen Verhandlungen zwischen NATO und Warschauer Pakt über die konventionelle Abrüstung 1990 erfolgreich beendet werden.
1988 hatte Gorbatschow ein schweres Hindernis auf dem Weg zur Entspannung beiseite geräumt: Er hatte die seit 1979 dauernde sowjetische Intervention in Afghanistan beendet, die zu einer Krise der Beziehungen zwischen Ost und West geführt hatte. 1980 verweigerten die USA sogar die Einreise der Sowjets zu den Olympischen Spielen in Los Angeles. 1984 nahmen die USA und auch die BRD nicht an den Spielen in Moskau teil. Mit dem Rückzug der Roten Armee stellte Gorbatschow so den Willen zum friedlichen Ausgleich unter Beweis.

Bilanz nach fünf Jahren Reformpolitik

Michail Gorbatschow erhielt 1990 den Friedensnobelpreis. In der Weltöffentlichkeit wurde er als diejenige Persönlichkeit gefeiert, dessen Politik den Kalten Krieg beendet und der Welt eine neue Perspektive des friedlichen Zusammenlebens eröffnet hatte. In krassem Gegensatz zu diesem internationalen Ansehen wurde im eigenen Land immer häufiger sein Rücktritt gefordert. Warum hatten die Reformen bisher nicht das bewirkt, was Gorbatschow 1985 verkündet hatte? Eine Vielzahl von Ursachen spielte eine Rolle:

- Widerstand und Unfähigkeit bei der privilegierten Schicht von Partei-, Staats- und Wirtschaftsfunktionären sowie großer Teile des Militärs;
- mangelnde Konsequenz der Reformen Gorbatschows und sinkendes Vertrauen in die Reformierbarkeit des „realen Sozialismus“;

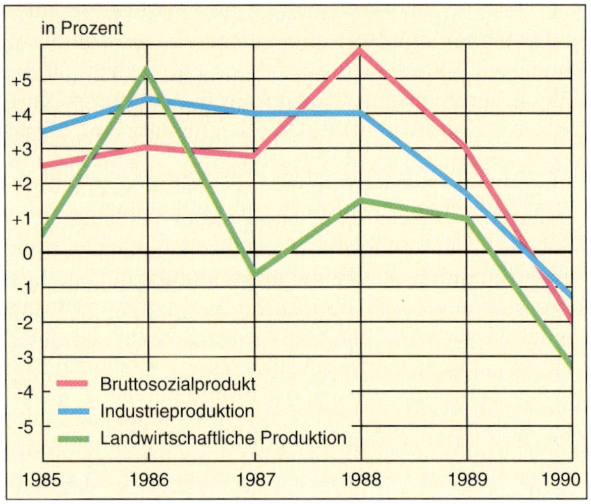

Wirtschaftsentwicklung in der Sowjetunion während der ersten fünf Jahre der Reformpolitik Gorbatschows 1985–1990 (jährliche Wachstumsraten in Prozent)

- die schwere Zerrüttung des sowjetischen Wirtschaftssystems seit den letzten Jahren Breschnews;
- der immer noch starke Wille der Völker der Sowjetunion zur Eigenständigkeit und
- die gering ausgeprägte Initiative und Kreativität der Mehrheit der Sowjetbürger, die nie etwas anderes als zaristischen Absolutismus oder die Diktatur einer Partei erfahren hatten.

Das Ende der kommunistischen Sowjetunion

Die Krise spitzt sich zu

Im Jahr 1991 verschärften sich die Krisen in der Sowjetunion. Die Versorgungslage der Bürger nahm immer schlimmere Formen an, notwendige Lebensmittel fehlten, eine große Streikwelle in den Kohlerevieren beschleunigte die wirtschaftliche Talfahrt. Die Nationalitätenkonflikte weiteten sich zu offenen Kriegen aus.

In vielen Unionsrepubliken nahmen die politischen Kräfte zu, die den Moskauer Zentralismus als die eigentliche Bremse auf dem Weg zur Besserung der Lebensverhältnisse ansahen. So trat neben den Wunsch ihre Länder unabhängig von Moskau zu verwalten die Forderung den Umbau der Wirtschaft in Eigenregie zu gestalten. Für sie waren die Wirtschaftspläne Gorbatschows, der dauernd Änderungen mit Rücksicht auf konservative Kräfte in der Zentrale vornahm, kein glaubwürdiger Reformansatz mehr. In der Rückkehr zu nationalen Traditionen sahen diese Unionsrepubliken eine bessere Chance zu einem Neuanfang.

Als sowjetische Militäreinheiten – wohl nicht auf direkten Befehl von Gorbatschow – in Lettland und Litauen gewaltsam gegen demonstrierende Zivilisten vorgingen, verurteilte Boris Jelzin als Vorsitzender des Obersten Sowjets der Russischen Republik öffentlich dieses Vorgehen und sprach die Anerkennung der drei baltischen Staaten im Namen der Russischen Republik aus. Anders als Gorbatschow hatte sich Jelzin offen vom Leninismus losgesagt, war für eine Legalisierung der Opposition eingetreten und hatte einen raschen und konsequenten Übergang zur Marktwirtschaft gefordert. Diese Haltung und sein Kampf gegen den Zentralismus und für die Souveränität der Republiken trugen ihm große Popularität ein. Er wurde zum neuen Hoffnungsträger der demokratischen Bewegung gegen Gorbatschow. Der überwältigende Wahlsieg Jelzins zum Präsidenten der Russischen Republik zeigte das deutlich. Im Sommer 1991 wollte Gorbatschow die sich zuspitzende Krise der Sowjetunion und ihren drohenden Zerfall durch einen neuen Unionsvertrag aufhalten. Danach sollte die alte Sowjetunion in eine „Union souveräner Staaten" umgewandelt werden. Dieser Plan hätte das Ende der zentralistischen Herrschaft und das Aus für den mächtigen Parteiapparat in Moskau bedeutet.

Der gescheiterte Putsch der Konservativen

Unmittelbar vor der Unterzeichnung dieses neuen Unionsvertrages putschten am 19. August 1991 konservative Kräfte unter der Führung von Politikern und Militärs. Sie nahmen Gorbatschow auf der Krim in Arrest, ließen Moskau von Militär besetzen und das russische Parlament mit Panzern umstellen.

Jelzin rief sofort – als das Ausland noch zögerte – zum offenen Widerstand gegen die Putschisten und zum Generalstreik auf. Sein unerschrockenes Vorgehen war das Signal für viele Menschen und Teile des Militärs, vor allem in Moskau und Leningrad, sich gegen die bevorstehende Diktatur zu wehren. Tausende demonstrierten und machten deutlich, dass der Geist von Glasnost nicht spurlos an ihnen vorübergegangen war. Der breite Widerstand verunsicherte das übrige Militär und ließ die Putschisten nach zwei Tagen aufgeben. Zwar konnte Gorbatschow noch einmal nach Moskau und in sein Präsidentenamt zurückkehren, sein politisches Ende war jedoch vorgezeichnet. Als Jelzin die Tätigkeit der KPdSU in Russland verbot, trat Gorbatschow als Generalsekretär der Partei zusammen mit der gesamten Unionsregierung zurück.

Boris Jelzin nach dem gescheiterten Putsch. Zeichnung von R. Hagen, 1991

Von der Sowjetunion zur GUS

Nachdem noch im August 1991 Estland, Lettland und Litauen als unabhängige Staaten weltweit anerkannt wurden und die Russische Republik, die Ukraine und andere Republiken den Vorrang ihrer eigenen Gesetze vor dem Unionsrecht proklamiert hatten, bemühte sich Gorbatschow noch einmal um eine neue Föderationsverfassung. Aber auch dieser Plan scheiterte. Im Dezember 1991 beschlossen die Russische Republik, die Ukraine und Weißrussland in Minsk eine „Gemeinschaft Unabhängiger Staaten" (GUS) zu gründen. Kurze Zeit danach traten auch die anderen Republiken – mit Ausnahme von Georgien – dieser Gemeinschaft bei. Jelzin und Gorbatschow einigten sich darauf, dass der „Prozess der Überführung der Strukturen der Sowjetunion in einen neuen Status bis zum Ende des Jahres abgeschlossen sein muss". Am 31. Dezember 1991 hörte die Sowjetunion auf zu bestehen. Mit dem Ende der Sowjetunion haben die ehemaligen Unionsrepubliken zwar ihre staatliche Unabhängigkeit erreicht, doch die inneren Probleme, die zum Zerfall der UdSSR geführt haben, sind damit nicht gelöst:

- Wirtschaftlich stehen alle Republiken vor außerordentlichen Schwierigkeiten, denn die zentralistische Planwirtschaft ist zusammengebrochen, ohne dass sich schon neue Wirtschaftsstrukturen herausbilden konnten.
- Innenpolitisch befinden sich die Republiken erst ganz am Anfang des Weges zu demokratischen Regierungsformen. Oft regieren „gewendete" Altkommunisten und Funktionäre, die dem stalinistischen Parteiapparat ihren Aufstieg verdanken. In manchen Fällen, wie z. B. in Weißrussland, werden wieder autoritäre Regierungsformen hergestellt. Ethnische Konflikte in fast allen Republiken verschärfen die politische Instabilität.
- Zwischenstaatlich brechen zwischen verschiedenen Republiken immer wieder Rivalitäten, Grenzkonflikte und Nationalitätenkämpfe aus, die verhindern, dass sich die GUS zu einem stabilen Staatenbund entwickeln kann.
- Innerstaatliche ethnische Konflikte wie zwischen Russischer Republik und Tschetschenien bedrohen die demokratische Entwicklung in Russland selbst.

Fragen und Arbeitsaufgaben

1. *Erläutere die Beziehung zwischen Innen- und Außenpolitik in der Ära Gorbatschow.*
2. *Gorbatschow hat den Satz geprägt: „Wir brauchen die Demokratie wie die Luft zum Atmen." Beurteile diesen Satz im Rahmen seiner Politik.*
3. *Nimm Stellung zu Gorbatschows Spitznamen „Boltun" (Schwätzer).*
4. *Erläutere den langsamen Zerfall der Sowjetunion. Bündele die Ursachen unter übergreifenden Stichworten. Unterscheide dabei Anlässe und Ursachen.*
5. *Sammle Material über die aktuelle wirtschaftliche und politische Lage in der GUS und vor allem in Russland unter Boris Jelzin. Vergleiche die Situation mit der Zeit Gorbatschows.*

Reformpolitik in der Sowjetunion zwischen Beharrung und radikaler Umwälzung

1 *„Zeig, wie du springst!“ Karikatur von R. Lurie, 1990*

1. *Welche Probleme der Reformpolitik Gorbatschows werden in der Karikatur angesprochen?*

Gorbatschow über seine Reformpolitik

2 *In einem Gespräch mit den Herausgebern der amerikanischen Zeitungen „Washington Post“ und „Newsweek“ stellte Michail Gorbatschow im Mai 1988 fest:*

Q Das Wesentlichste, was die Perestroika gezeigt hat, ist, dass unser Volk bei seinem Eintreten für die Erneuerungen der Gesellschaft, für Veränderungen, eindeutig gesagt hat: nur im Rahmen und nur auf Grund der Werte des Sozialismus. Selbst solche wirtschaftlichen Maßnahmen wie Genossenschaften, wirtschaftliche Rechnungsführung, Pachtvertrag, individuelle Erwerbstätigkeit wurden und werden in unserer Gesellschaft sehr ernsthaft und gründlich von folgender Haltung aus diskutiert: Bedeutet das alles nicht ein Abweichen vom Sozialismus? Werden hier nicht die sozialistischen Prinzipien untergraben?
In unserem Land ist es so, dass neun Zehntel seiner Bevölkerung heute Menschen sind, die in der sozialistischen Zeit geboren und aufgewachsen sind. Und auch die heutige Führung kann gar nicht anders als den Sozialismus zu entwickeln, der uns den großartigen Weg in allen Lebensbereichen geebnet hat. Wir kennen den Sozialismus, dessen Errungenschaften, kennen auch dessen Probleme und werden im Rahmen unserer sozialistischen Entscheidung handeln. … Im Kessel der Perestroika wird die ganze Gesellschaft umgeschmolzen und geht stark und kompakt daraus hervor, erschließt ihr demokratisches, humanitäres Potential noch weiter – und zwar im Interesse der Menschen.

zit. aus: M. Gorbatschow, Glasnost. Das neue Denken, Frankfurt am Main/Berlin 1990, S. 52f.

3 *In einem Gespräch mit der Wochenzeitschrift „Der Spiegel“ sagte Michail Gorbatschow im März 1991:*

Q Die Ziele bleiben unverändert, der politische Kurs wird beibehalten. Das bedeutet Demokratie, Glasnost, eine in ihren Eigentumsverhältnissen gemischte Wirtschaft, neue Arbeitsanreize und neue Formen der Demokratie – durch freie Wahlen in die Parlamente und Räte, Teilung der Macht und Ausbau des Rechtsstaats. …
Wir haben oft zu spät gehandelt. Deshalb konnten die Separatisten die Fahne der Umgestaltung ergreifen, jedoch mit ganz anderen Zielen. So kam es zu den zwischennationalen Problemen, zum derangierten Marktsystem und überhaupt zu der sehr schwierigen Situation, in der wir uns jetzt befinden.

Der Spiegel Nr. 13, 45. Jg. (1991) vom 25.3.1991, S. 176f.

4 *Nach der Auflösung der Sowjetunion schätzte Gorbatschow im März 1992 in einem Interview mit der „Süddeutschen Zeitung“ seine Reformpolitik folgendermaßen ein:*

Q Es bestand die Notwendigkeit radikaler Reformen und einer qualitativen Erneuerung der gesamten Gesellschaft. Das hat sich im Grunde genommen die ganze Zeit nicht geändert. Und ich dachte, dass man das innerhalb des bestehenden Systems vollbringen könnte. Aber Anfang 1988 wurde dann klar, dass die Versuche die Reformen zu verwirklichen – das haben wir in erster Linie bei den Versuchen mit den radikalen Wirtschaftsreformen gesehen – an den politischen Strukturen, am Regime selbst scheitern, an den herrschenden Eigentumsbeziehungen. Das war die Grenze, jenseits derer mir klar war, dass wir uns in einer Systemkrise befinden und das System selbst würden verändern müssen.

Süddeutsche Zeitung vom 10.3.1992, S. 10.

1. *In welchem Rahmen will Gorbatschow nach Quelle 2 Reformen in der Sowjetunion verwirklichen? Welche Veränderungen kommen für ihn nicht in Frage?*
2. *Wie haben sich die Reformziele Gorbatschows verändert? Worauf ist dieser Wandel zurückzuführen?*
3. *Worauf führt Gorbatschow das Scheitern seiner Reformpolitik zurück?*

Einschätzungen der Reformpolitik

5 *In seiner Rede auf dem 2. Kongress der Volksdeputierten im Dezember 1989 führte Boris Jelzin aus:*

Q Hier geht es um einen sozialistischen Weg, den Weg der Erneuerung unserer Gesellschaft. Doch wir bewegen uns falsch, wir gehen blind. Wir treten auf der Stelle. Unsere Führung hatte selbst eine ungenügende Vorstellung von den Schlaglöchern und Hindernissen auf diesem Weg und hat so die Gesellschaft auch nicht davor gewarnt. Die Schuld der Initiatoren der Perestroika liegt darin, dass sie diese weiter als Losung ausgegeben haben, ohne eine genaue Taktik von deren Umsetzung erarbeitet zu haben. ... Jetzt sehen wir uns nur einer anderen Tatsache gegenüber, nämlich halbherzigen Maßnahmen. Unentschlossenheit, Kompromisse, Balancieren zwischen den Interessen des Apparats und der Gesellschaft hatten zur Folge, dass wir fünf Jahre verloren haben und eine umfassende Krise ausbrach. Heute besteht die Gefahr darin, dass das Volk den Glauben verliert, wir aber nicht müde werden zu behaupten: Die Perestroika habe alles erfasst, sie vertiefe und erweitere sich. Dies finde ich schlicht und einfach eine Heuchelei. Es ist an der Zeit der Gesellschaft ein objektives Bild der Situation zu geben. Und das muss Michail Sergejewitsch Gorbatschow tun, der die Perestroika verkündete und der zu deren heutigen Krise sicherlich in bestimmtem Bezug steht.

zit. aus: B. Jelzin, Die Alternative Demokratie statt Diktatur, Bad König 1991, S. 63ff.

6 *Aus einem Interview mit Viktor Alksnis, dem Leiter der konservativen Gruppe „Sojus" vom November 1990:*

Q Man sollte nicht alles auf das „Kommando-System" schieben. Bei all seinen offensichtlichen „Minuspunkten" sicherte es innerhalb von fünf Jahren nach dem Zweiten Weltkrieg doch die völlige Wiederherstellung der zerstörten Wirtschaft und die Verdoppelung der Industrieproduktion. Und was haben wir dagegen in den vergangenen fünf Jahren erreicht? Das heißt, es geht nicht nur um das System, sondern auch um die, welche das Steuer halten. ... Wenn das Anwachsen von Gewalt und gegenseitiger Intoleranz nicht aufhört, könnten weitgreifende Kampfhandlungen das ganze Land ergreifen. Und ich würde nicht alles auf nationalistische oder separatistische Ansprüche zurückführen.

Sovetskaja Rossija vom 21.11.1990. Übers. d. Verf.

7 *Der russische Schriftsteller Juri Ginsburg schrieb 1990:*

Q Gorbatschow konnte nur eine Überbrückungsfigur zwischen Totalitarismus und Demokratie sein, so wie einst Moses für die Juden ein Führer aus ägyptischer Knechtschaft in die Freiheit war, für den es aber im Gelobten Land keinen Platz gab. Nicht über den Abgrund zu springen, ... sondern sich selbst als Brücke zwischen zwei Epochen anzubieten – das wäre seine Auf- und Opfergabe gewesen. Sie hätte darin bestanden den Nährboden für die Demokratie im Lande zu schaffen, anschließend aber, Ehrgeiz und Machtwillen preisgebend, unbedingt zurückzutreten, wenigstens sich selbst freien Wahlen zu stellen. ... Statt die Brücke in die Zukunft zu schlagen, wollte Gorbatschow Brücke zwischen Linken und Rechten sein und geriet zwangsläufig zwischen zwei Stühle. ...
Nun hat Gorbatschow die unbegrenzte Macht als Generalsekretär der KPdSU und als Staatspräsident erlangt, angeblich um die Perestroika konsequenter durchführen und die Ordnung im Lande besser sichern zu können. Gebracht hat es nichts: Die Perestroika kommt kaum vom Fleck, das Chaos nimmt zu und Gorbatschow ist so schwach wie noch nie ... Objektiv versagt die Perestroika – zu Deutsch: Umbau –, weil das totalitäre System grundsätzlich nicht umbaufähig, nicht reformierbar ist. Die Praxis der ehemaligen sozialistischen Länder hat sehr deutlich gezeigt, dass das totalitäre System sich nur total, also mit all seinen Strukturen und alten Funktionären, abschaffen und durch etwas völlig Neues ersetzen lässt, und zwar nicht durch Reformen, sondern durch schnelle, friedliche Revolutionen. ... Egal, welches Los Gorbatschow als Menschen und Politiker erwartet, seine Epoche war nicht umsonst. Jeder Tag der Perestroika ist trotz all ihrer fatalen Widersprüche noch ein Schlag gegen den Stalinismus, den Gorbatschow zumindest ideologisch entwaffnet und entmystifiziert hat.

Der Spiegel Nr. 27, 44. Jg. (1990), S. 122f.

1. *Stelle aus den Quellen 5 bis 7 eine Tabelle zusammen, in der die positiven und negativen Urteile über die Reformpolitik Gorbatschows einander gegenübergestellt sind. Welche Maßnahmen Gorbatschows werden vor allem positiv, welche vor allem negativ beurteilt?*
2. *Wie unterscheidet sich die Kritik von Boris Jelzin (Q 5) an der Reformpolitik von der von Viktor Alksnis (Q 6)?*
3. *Vergleiche die hier angeführten Gründe für das Scheitern der Reformpolitik mit Gorbatschows eigener Begründung (Q 4).*
4. *Nimm zu der These Stellung, dass die Sowjetunion unreformierbar gewesen sei.*
5. *Informiere dich aus der Tages- und Wochenpresse über die Politik Boris Jelzins und vergleiche diese mit seiner Kritik an Gorbatschow.*

Der Wandel in Ost- und Südosteuropa

Die Bildung des Ostblocks 1945–1953

Nach dem Zweiten Weltkrieg setzte die sowjetische Führung unter Stalin alles daran, den Einfluss in Ost- und Südosteuropa zu sichern. Die zahlreichen Unbestimmtheiten der Abmachungen zur Nachkriegsordnung und das wachsende Misstrauen der Alliierten (siehe S. 146f.), führten bald zu Konflikten, wie seit 1945 in Polen um die Bildung der neuen Regierung und die Wahlen oder den kommunistischen Einfluss auf dem Balkan bis Griechenland.
Die Verschärfung der einzelnen Auseinandersetzungen zum Ost-West-Konflikt (siehe S. 153f.) trieb einerseits die Sowjets zu immer rigideren Eingriffen in Ost- und Südosteuropa an, andererseits jedoch heizten gerade diese Schritte wieder den Ost-West-Gegensatz an. Nach dem kommunistischen Putsch in der Tschechoslowakei waren bald alle Staaten im Einflussbereich der Roten Armee zu Volksdemokratien* nach sowjetischem Vorbild umgebaut; nur Jugoslawien vermochte sich der Einbeziehung in den Ostblock zu entziehen und eine unabhängige Politik zu verfolgen. Politische Verfolgung der sozialdemokratischen, bürgerlichen und bäuerlichen Parteien, Schauprozesse und Todesstrafen erstickten jede Opposition unter der Diktatur Stalins.

Aufstände zu Beginn der Entstalinisierung

Eines der ersten Anzeichen für eine sich anbahnende Unruhe im Ostblock nach dem Tod Stalins 1953 war die Erhebung in der DDR am 17. Juni 1953 (siehe S. 234). Obwohl dieser Aufstand durch sowjetische Panzer niedergeschlagen wurde, verkündete Chruschtschow im Zusammenhang mit der eingeleiteten Entstalinisierung das Prinzip der „friedlichen Koexistenz“ und sprach von einem „eigenen Weg zum Sozialismus“. In einigen Ostblockstaaten wurde dies als Signal verstanden mehr Selbständigkeit zu wagen. Entgegen den rasch aufflammenden Hoffnungen zeichneten sich aber bald Konflikte mit der Sowjetunion ab. Auch unter Chruschtschow sollte allein in Moskau die politische Linie der Ostblockstaaten bestimmt werden.

Der Ungarnaufstand von 1956

Zur ersten gewaltsamen Konfrontation in der Ära Chruschtschow kam es bereits im Herbst 1956 in Ungarn. Eine intellektuelle Opposition innerhalb der kommunistischen Partei hatte hier einen politischen Reformkurs durchgesetzt: Pres-

Ein von Aufständischen umgestürzter Straßenbahnwagen in Budapest am 29. Oktober 1956

sefreiheit, geheime Wahlen und frei gewählte Arbeiterräte sollten einen nationalen Weg zum ungarischen Kommunismus ermöglichen. Der reformfreudige Ministerpräsident Imre Nagy wollte die Ungarn auf diesen Weg führen. Ein Studentenaufstand Ende Oktober 1956 in Budapest weitete sich schnell zum Bürgerkrieg aus und wurde zum Signal einer Volkserhebung im ganzen Land. Zu den bisherigen Forderungen kam jetzt der Ruf nach einem Abbau des Einparteienstaates; sogar die Neutralität Ungarns wurde gefordert und der Austritt Ungarns aus dem Warschauer Pakt erklärt. Anfang November griff die sowjetische Armee ein. Mit Panzertruppen schlug sie den Aufstand blutig nieder, eine neue Regierung unter Janós Kádár wurde eingesetzt, Ungarn unter den Schutz der Besatzungstruppen gestellt. Eine Verhaftungs- und Deportationswelle überzog das Land; mehr als 200 000 Ungarn flohen ins Ausland. Den ungarischen Ministerpräsidenten Nagy ließ die sowjetische Führung verhaften und hinrichten. Lautstarke Hilferufe aus Ungarn und die bewegte Anteilnahme der westlichen Öffentlichkeit konnten daran nichts ändern.

Unruhen in Polen 1956

In Polen wurde nach dem Tod Stalins in der Öffentlichkeit über die Rolle der Partei mit ihren diktatorischen Befugnissen diskutiert. Nur mit großer Mühe hatten die Arbeiter in der ersten Hälfte der 50er Jahre einen wirtschaftlichen Aufschwung eingeleitet, ohne dass allerdings ihre niedrigen Löhne erhöht oder ihre Wohnverhältnisse verbessert worden wären. Ein Generalstreik in Posen gab 1956 hier den Anstoß. Als polnisches Militär gegen die Demonstrationen vorging, heizte dies die Unzufriedenheit an. Jetzt forderten Arbeiter eine Selbstverwaltung der Betriebe, Bauern verweigerten die Ablieferung ihrer Produkte, Studenten demonstrierten gegen die Pressezensur. Um die Krise zu lösen ließ Chruschtschow Wladislaw Gomulka zum neuen Parteichef in Polen wählen, der während der letzten Jahre Stalins wegen seiner national ausgerichteten Politik in Haft gesessen hatte. Auf die angekündigte Reformpolitik Gomulkas setzten die Menschen in Polen große Hoffnungen. Erstmals hatte die Sowjetunion Entgegenkommen gezeigt, um eine Krise nicht zum blutigen Konflikt werden zu lassen. Von dem polnischen „Frühling im Oktober“, wie die Reformankündigungen Gomulkas genannt wurden, rückte die neue Führung aber in den nächsten Jahren wieder schrittweise ab.

„Lenin auf den Ruinen eines Ideals“. Amerikanische Karikatur, 1968

Der „Prager Frühling“ 1968: Hoffnung auf einen demokratischen Sozialismus

In der Ära Breschnew geriet zwölf Jahre später eine Reformbewegung erneut in einen gewaltsamen Konflikt mit der Sowjetunion. In der Tschechoslowakei (ČSSR) hatten seit Anfang der 60er Jahre die wirtschaftlichen Schwierigkeiten immer stärker zugenommen. Um die Mängel des bestehenden Sozialismus zu überwinden sollten der Bevölkerung mehr Freiheiten und Mitbestimmungsrechte zugesprochen werden. Die Reformer um Alexander Dubček und Ota Šik führten eine allgemeine Pressefreiheit ein und erweiterten die Reisemöglichkeiten. Außerdem wollten sie anderen Parteien und gesellschaftlichen Organisationen ein Mitspracherecht im Staat gewähren. Eine von der Bevölkerung getragene sozialistische Demokratie mit sozialistischer Marktwirtschaft sollte unter dem Motto „Sozialismus mit menschlichem Antlitz“ errichtet werden.

Doch die Sowjetunion sah durch dieses Reformprogramm den Grundsatz des demokratischen Zentralismus* in der ČSSR gefährdet, der auf dem Machtmonopol und Führungsanspruch der Kommunistischen Partei fußte. Da die Parteiführung in der Tschechoslowakei nicht von ihrem Kurs des „Prager Frühlings“ abzuweichen bereit war, marschierten Truppen des Warschauer Paktes unter sowjetischer Führung im August 1968 in die Tschechoslowakei ein. Die Bevölkerung konnte der militärischen Macht nur gewaltlosen Widerstand entgegensetzen. Dubček und die Reformpolitiker wurden aus ihren Ämtern entfernt.

Den weltweiten Protest gegen die Verletzung des Selbstbestimmungsrechts* in der Tschechoslowakei beantwortete Moskau mit der sogenannten „Breschnew-Doktrin“. Sie besagte, dass alle Staaten des sozialistischen Lagers nur eine begrenzte Souveränität in Anspruch nehmen können, wenn die Gefahr einer Loslösung aus der sozialistischen Gemeinschaft bestehe. Damit hatte die Sowjetunion erneut ihren alleinigen Führungsanspruch unterstrichen.

Von der „Breschnew-Doktrin“ zur „Sinatra-Doktrin“ 1968–1989/90

Die sowjetische Hegemonie über die in ihrem Einflussbereich gelegenen Staaten Ost- und Südosteuropas war ein unveränderlicher Bestandteil der europäischen Nachkriegsordnung. Versuche in diesen „Satellitenstaaten“ die sowjetische Vorherrschaft abzuschütteln und einen unabhängigeren Weg zu beschreiten sind in den 50er und 60er Jahren von den eigenen kommunistischen Regierungen unterdrückt und von sowjetischen Panzern blutig niedergeschlagen worden (siehe S. 198). Nach dem Prager Frühling schienen die Möglichkeiten für einen eigenständigen Weg der sozialistischen Staaten endgültig vorbei. Fast zwei Jahrzehnte behielt dann auch die Breschnew-Doktrin ihre Gültigkeit.

Erst Gorbatschow stellte im Zusammenhang mit seiner neuen Entspannungspolitik die Doktrin öffentlich erstmals 1987 in Frage. Bei einer Rede vor dem Europarat erklärte er, dass alle sozialistischen Länder ein Recht auf ihren eigenen Weg hätten. Sein Sprecher Gerassimow verkündete nicht ohne Selbstironie unter Anspielung auf den weltberühmten Song „I do it my way" von Frank Sinatra, damit sei die „Breschnew-Doktrin" durch die „Sinatra-Doktrin" abgelöst worden. Gorbatschow entsprach damit zunächst einer entscheidenden Forderung des Westens. Gleichzeitig trug er aber auch den Entwicklungen in einigen Ostblock-Staaten Rechnung, die zum Teil seit den 70er Jahren und verstärkt seit den frühen 80er Jahren diese Länder verändert hatten. Damit schuf er eine Voraussetzung dafür, dass der dramatische Wandel in den sozialistischen Staaten Osteuropas 1989/90 größtenteils friedlich verlaufen konnte.

Arbeiterführer Lech Walesa spricht in Danzig vor Anhängern der Gewerkschaft Solidarność, Herbst 1988

Polen als Vorreiter des Wandels

Wie in anderen Staaten Osteuropas hatten sich auch in Polen seit Mitte der 70er Jahre mehrere Intellektuellengruppen gebildet, die unter Berufung auf die Vereinbarungen der Konferenz für Sicherheit und Zusammenarbeit in Europa (KSZE) von Helsinki 1975 (siehe S. 303) Verletzungen der Menschenrechte anprangerten. Zum Kristallisationspunkt des Widerstandes gegen die kommunistische Herrschaft wurde in Polen aber die katholische Arbeiterbewegung der Gewerkschaft Solidarność (Solidarität), die eng mit der katholischen Kirche Polens zusammenarbeitete. Einen besonderen Aufschwung erlebten die nationalen Oppositionskräfte des Katholizismus und der Intellektuellen dadurch, dass der Krakauer Kardinal Wojtyla 1978 zum Papst gewählt wurde und ein Jahr später als Papst Johannes Paul II. seine Heimat besuchte. Im Zusammenhang mit dem Streik der Werftarbeiter in Danzig trat die Gewerkschaft Solidarność 1980 unter der Führung Lech Walesas an die Öffentlichkeit. Sie wurde – trotz Verbots und Verhaftung Tausender ihrer Anhänger seit Verhängung des Kriegsrechts 1981 – in den folgenden Jahren Vorreiterin des friedlichen Wandels in Osteuropa.

Das kommunistische Regime unter General Jaruzelski versuchte zwar durch Wirtschaftsreformen die Krise in den Griff zu bekommen, doch die Bevölkerung betrachtete alle Maßnahmen mit größtem Misstrauen. In ihrer oppositionellen Haltung wurde sie durch die weltweiten Proteste gegen die Unterdrückung von Solidarność und durch die katholische Kirche unterstützt.

Nach einer Streikbewegung gegen Preiserhöhungen und der Ermunterung zu Reformen durch Gorbatschow sah sich die polnische Regierung im Herbst 1988 gezwungen unter Vermittlung der Kirche erstmals seit sieben Jahren wieder Gespräche mit der verbotenen Gewerkschaft zu führen. An einem „Runden Tisch" saßen dann im Frühjahr 1989 Vertreter der kommunistischen Regierung und der Opposition in Warschau zusammen, um über die Einführung demokratischer Freiheiten und eine Umgestaltung der Planwirtschaft zu beraten. Nicht nur die Wiederzulassung der Gewerkschaft Solidarność und der Zugang der Opposition zu den Massenmedien, sondern auch eine Umgestaltung der Verfassung und Wahlen wurden beschlossen. Der Anfang für einen friedlichen politischen Wandel Polens von einem kommunistischen Regime zu einem demokratischen Rechtsstaat war damit gemacht. Aufgrund seiner grundsätzlichen Bedeutung für den politischen Umbruch sollte der „Runde Tisch" von Warschau zum Symbol für die Umgestaltung Osteuropas 1989/90 werden. Noch fehlte der Opposition im polnischen Parlament jeglicher Einfluss. Aber die ersten freien Wahlen verliefen für die Opposition erfolgreich. Das Bürgerkomitee Solidarność errang 99 von 100 Sitzen im Senat, im Abgeordnetenhaus (Sejm) sämtliche den unabhängigen Gruppen zugestandenen 35 Prozent der Mandate. Damit war die Ablösung der kommunistischen Regierung eingeleitet. Tadeusz Mazowiecki, der Chefredakteur der unabhängigen Gewerkschaftszeitung, wurde erster nichtkommunistischer Ministerpräsident des Ostblocks, ein Jahr später wurde Lech Walesa in den ersten freien Wahlen zum Präsidenten gewählt. Nach einer ersten „kleinen" Verfassung von 1992 und der Verabschiedung eines demokratischen Wahlgesetzes ist die Ausarbeitung einer neuen parlamentarisch-demokratischen Verfassung begonnen worden.

Der Wandel in den anderen ost- und südosteuropäischen Staaten

Die „stille Revolution“ in Ungarn

Innerhalb des Ostblocks hatte Ungarn allmählich den Ruf der „fröhlichsten Baracke des sozialistischen Lagers“, im Westen wurde für das ungarische Regime der Begriff „Gulaschkommunismus“ geprägt. Gemeint war damit, dass Ungarn sich unter János Kádár (siehe S. 198) in den 60er und 70er Jahren einige kleine nationale Abweichungen vom sowjetischen Kurs und von der offiziellen Parteidoktrin erlaubte: Privatbesitz in der Kleinwirtschaft war hier möglich, die Ungarn konnten ins westliche Ausland reisen, gemäßigte Kritik an der Partei wurde geduldet. Zurückzuführen waren diese Besonderheiten darauf, dass es János Kádár nach der blutigen Niederschlagung des Volksaufstandes von 1956 seit Anfang der 60er Jahre für notwendig hielt durch gesellschaftliche Zugeständnisse die Loyalität der Bevölkerung zu erreichen. Fast drei Jahrzehnte ist ihm dies auch gelungen.

Denn anders als in Polen ging in Ungarn die Initiative für den politischen Umbruch nicht von einer nationalen Opposition großer Teile der Bevölkerung gegen das Kádár-Regime aus. Vielmehr fanden hier Intellektuellengruppen, die geistig noch in der nationalen Erhebung von 1956 und in den Zielen des „Prager Frühlings“ von 1968 wurzelten, und parteiinterne Oppositionsgruppen, die seit Anfang der 80er Jahre den wirtschaftlichen Niedergang des Kádár-Regimes durch grundlegende Reformen aufhalten wollten, gemeinsame Berührungspunkte. Mit der Reformpolitik Gorbatschows erhielt diese Verbindung neuen Auftrieb. Bis 1988 hatte sich die Krise des Systems so verschärft, dass die Parteiopposition auf einem Sonderparteitag der Ungarischen Sozialistischen Arbeiterpartei (USAP) die Mehrheit für ihren Reformkurs erhielt und Kádár als Parteichef abgesetzt wurde. Gleichzeitig trat die demokratische Opposition an die Öffentlichkeit.

Innerhalb der folgenden Monate entglitten der kommunistischen Staatspartei immer mehr die Fäden. Ein Systemwandel war nicht mehr aufzuhalten: Bald musste die USAP auf ihre in der Verfassung festgeschriebene Führungsrolle verzichten; ein Dialog der demokratischen Opposition mit den neuen Parteiführern am „Runden Tisch“ führte 1989 – deutlicher als in Polen – zu einer Verfassungsreform, zum Aufbau eines Mehrparteiensystems und zu Wirtschaftsreformen in Richtung auf eine freie Marktwirtschaft. Mit der Auflösung der USAP und den ersten freien Wahlen im Frühjahr 1990 war der Prozess des friedlichen Übergangs zu einer parlamentarischen Demokratie in Ungarn abgeschlossen.

Die „sanfte Revolution“ in der Tschechoslowakei

Seit der Niederschlagung des „Prager Frühlings“ von 1968 herrschte in der Tschechoslowakei beinahe Grabesruhe. Die Intervention der Warschauer-Pakt-Staaten hatte jedoch bei vielen Intellektuellen eine Wirkung: Die Unreformierbarkeit des sozialistischen Systems stand für sie nun fest, Forderungen nach bürgerlichen Freiheiten rückten in den Mittelpunkt. Entsprechend kamen hier die tragenden Kräfte für den Wandel im Herbst 1989 aus der Bürgerrechtsbewegung „Charta 77“, die seit 1977 die in der KSZE-Schlussakte von Helsinki (siehe S. 303) formulierten Menschenrechte auch in ihrem Land zur Geltung bringen wollte. Durch sein mutiges Auftreten gegen das Regime, das ihm Gefängnishaft und Publikationsverbot einbrachte, wurde der Schriftsteller Václav Havel zum geistigen Kopf dieser Bewegung.

Die Reformen in der Sowjetunion und die Veränderungen in Polen, Ungarn und der DDR ließen im Herbst 1989 die Unruhe wachsen. Im November erlebte das Land eine beispiellose Demonstrationswelle. Ein Generalstreik legte die Wirtschaft lahm. Innerhalb weniger Tage wurde das politische System völlig verändert. Die sogenannte „sanfte Revolution“ führte Václav Havel fast direkt aus dem Gefängnis in das Amt des Staatspräsidenten.

Im Jahr 1990 schien es so, dass das Land mit der Verabschiedung einer Verfassung, die die Tschechoslowakei als Föderative Republik der Tschechen und Slowaken (ČSFR) konstituierte, mit freien Wahlen zum Parlament und mit Wirtschaftsreformen den schwierigen Wandel ohne entscheidende Brüche meistern werde. Die Zuspitzung der Konflikte zwischen Tschechen und Slowaken führte seit 1991 verstärkt zur Forderung der slowakischen Nationalbewegung nach Auflösung der Föderation. Im Sommer 1992 wurde deshalb ein Gesetz zur Trennung der beiden Republiken vorgelegt. Seit dem 1. Januar 1993 ist die Föderation aufgelöst und es bestehen die beiden parlamentarischen Staaten der Tschechischen Republik und der Slowakei.

Die blutige Revolution in Rumänien

In Polen, Ungarn, der DDR, der Tschechoslowakei und Bulgarien war es ein wesentliches Merkmal des Wandels, dass er fast friedlich verlief und blutige Bürgerkriege durch das geschlossene Auftreten der oppositionellen Kräfte und das schnelle Zurückweichen der alten Führung vermieden wurden. Ganz anders jedoch verlief die Umwälzung in Rumänien.

Der Diktator Nicolae Ceausescu hatte hier seit Mitte der 60er Jahre systematisch ein stalinistisches Schreckensregime aufgebaut. Gestützt auf seine Geheimpolizei Securitate unterdrückte er jede oppositionelle Äußerung im Volk und

schottete das Land von Reformideen ab. Doch auch der brutale Terror konnte nicht verhindern, dass das Land im Dezember 1989 von Unruhen erfasst wurde.
Den Anlass bildete die Verhaftung eines regimekritischen Pfarrers in der westrumänischen Stadt Temesvar. Gegen die folgenden Protestdemonstrationen gingen die Sicherheitskräfte rücksichtslos vor. Tausende von Demonstranten ließ Ceausescu ermorden, bis sich Teile des Militärs zusammen mit dem Volk gegen seine Gewaltherrschaft stellten. Als bei einer inszenierten Großkundgebung Ceausescu seine Ansprache wegen der entstehenden Tumulte nicht mehr beenden konnte, war dies das Signal für den Umsturz. Nach mehrtägigen blutigen Kämpfen wurde Ceausescu zusammen mit seiner Frau auf der Flucht festgenommen, vor ein Militärtribunal gestellt und danach erschossen. Die Fernsehanstalten strahlten Weihnachten 1989 Bilder der Hinrichtung aus, um den Widerstand der Securitate zu schwächen. Eine „Front zur Nationalen Rettung" aus ehemaligen Kommunisten und Teilen der Opposition leitete einen Regimewandel ein. Seit 1991 hat Rumänien eine neue Verfassung, gleichwohl ist damit die parlamentarische Demokratie noch nicht gesichert. Viele alte Kräfte, vor allem auch aus der Securitate, haben sich Machtpositionen im neuen Staat erhalten können.

Krieg in Jugoslawien

Als letzte Region erreichte die Auflösung der sozialistischen Staaten in Europa Jugoslawien und Albanien. Während Albanien, das ärmste Land des Ostblocks und bis zum Wandel völlig von der Außenwelt abgeschlossen, sich seit 1990 sehr behutsam auf den Weg einer Demokratisierung machte, brach in dem südslawischen Vielvölkerstaat Jugoslawien 1991 ein mit Grausamkeit und Brutalität geführter Nationalitätenkrieg aus.
Von seiner Gründung 1918 an war Jugoslawien permanent von inneren Unruhen und Zerfall bedroht. Tito hatte es von 1945 bis zu seinem Tod 1980 geschafft den Bundesstaat aus sechs Republiken und zwei Provinzen zusammenzuhalten. Aber auch im Jugoslawien Titos sahen sich die Kroaten und Slowenen gegenüber den Serben benachteiligt, die Serben dagegen von den wirtschaftlich erfolgreicheren Slowenen und Kroaten gedemütigt. Nur mühsam gelang es den Nachfolgern Titos die föderative Republik zusammenzuhalten.
Sofort nach Beginn des Umbruchs meldeten sich die einzelnen Nationalitäten mit der Forderung nach Unabhängigkeit. Bei den ersten freien Wahlen in den Republiken siegten entsprechend die nationalistischen Kräfte, denen Autonomie innerhalb einer Konföderation nicht reichte. Sie wollten aus dem jugoslawischen Bundesstaat austreten und einen eigenen unabhängigen Nationalstaat gründen, ohne Rücksicht darauf, dass in fast allen Republiken starke nationale Minderheiten leben. So wurden durch die Anheizung der nationalistischen Gefühle unversöhnliche Positionen aufgebaut.
Als Slowenien und Kroatien Mitte 1991 einseitig ihre Unabhängigkeit beschlossen und die unter serbischer Führung stehende jugoslawische Armee dies mit Luftwaffenangriffen beantwortete, begann der bis heute andauernde Krieg. Die internationale Anerkennung der Unabhängigkeit von Slowenien, Kroatien, Mazedonien und Bosnien-Herzegowina, ständige Bemühungen der Europäischen Gemeinschaft um Waffenstillstände und schließlich die Stationierung von Streitkräften der Vereinten Nationen mit Unterstützung der NATO konnten bisher nur bewirken, dass sich der Nationalitätenkrieg von einer Republik in die andere verlagerte und nur die äußersten Grausamkeiten gegen die Zivilbevölkerung eingedämmt wurden. Im November 1995 einigten sich im amerikanischen Dayton die Präsidenten Serbiens, Bosniens und Kroatiens auf ein Abkommen zur Beendigung des Bosnien-Krieges. Der Vertrag sieht vor, dass Bosnien als souveräner Staat erhalten und die Hauptstadt Sarajevo geeint bleibt; die Flüchtlinge können zurückkehren. Eine Nato-Friedenstruppe soll den Waffenstillstand und den Wiederaufbau sichern. Die Bundesrepublik beteiligt sich an der 60000 Mann starken Truppe mit 4000 Soldaten. Der Friedensvertrag wurde im Dezember in Paris unterzeichnet. Kurz darauf löste die Bosnien-Friedenstruppe unter dem Kommando der Nato die UN-Truppe ab.

Fragen und Arbeitsaufgaben

1. *Sammle aus dem Geschichtsbuch Informationen darüber, warum die Westmächte trotz der drängenden Stimmung in der Öffentlichkeit bei den Unruhen und Aufständen in der DDR, Polen und Ungarn nicht eingegriffen haben.*
2. *Charakterisiere die einzelnen Etappen der Beziehungen zwischen der Sowjetunion und den Ostblockstaaten von 1945 bis 1989/90.*
3. *Vergleiche die Entwicklung der ost- und südosteuropäischen Staaten zu parlamentarischen Demokratien. Inwieweit lassen sich die Gemeinsamkeiten und Unterschiede historisch erklären? Was können die westlichen Staaten dafür tun, um die demokratische Entwicklung in dieser Region zu festigen?*

Nach dem Umbruch in Osteuropa: Rückgriff auf alte Lösungen?

1 *Demonstration vor dem Denkmal des Königs Wenzel, das mit Bildern von T. Masaryk, erster Präsident der Republik, und A. Dubček geschmückt ist. Prag, Dezember 1989*

2 *Demonstration in Budapest zum Jahrestag der ungarischen Revolution von 1848, bei der Ungarn die Unabhängigkeit von Österreich erkämpfte, 15. März 1988*

3 *Streikende Arbeiter bei der Beichte, Danzig 1988*

4 *Demonstration in Litauen, Dezember 1989*

1. *Welche Hoffnungen, Ziele und politischen Ideen werden auf den Fotos angesprochen?*
2. *Warum griffen die Menschen während des Umbruchs 1989 auf historische Vorbilder zurück?*

5 *Ost- und Südosteuropa im 20. Jahrhundert*

6 *Nationalitätenverteilung nach dem Ersten Weltkrieg*

7 *Ein Historiker zur Lage in den osteuropäischen Staaten nach dem Ersten Weltkrieg:*

D Einer der generellen Züge der Entwicklung der Zwischenkriegszeit in Ostmitteleuropa und Südosteuropa ist, dass mit Ausnahme der Tschechoslowakischen Republik überall die parlamentarischen Demokratien oder parlamentarischen Monarchien den Weg zu autoritären Staatsformen beschritten haben. Hierbei wird man drei Muster feststellen können: Zunächst und am schnellsten wurde 1926 in Polen die Demokratie durch ein autoritäres Regime eingeschränkt, im gleichen Jahr geschah dies im benachbarten Litauen. Einen zweiten Schub bildete die Errichtung von „Königsdiktaturen" (autoritäre Regime mit monarchistischer Spitze) auf dem Balkan (zuerst Jugoslawien 1929). Dann, nach der Machtübernahme Hitlers in Deutschland, folgten verschiedene Staatsstreiche im östlichen Europa.

H. Lemberg, Ostmitteleuropa und Südosteuropa, in: Informationen zur politischen Bildung Nr. 225, Bonn 1989, S. 16.

1. *Stelle nach Karte 5 die Gebietsveränderungen in Osteuropa nach dem Ersten Weltkrieg, zu Beginn des Zweiten Weltkriegs und nach dem Zweiten Weltkrieg zusammen.*
2. *Welche Gebiete waren aufgrund der Grenzziehungen 1919 zwischen einzelnen Staaten in Osteuropa strittig?*
3. *Welche Nationalitätenprobleme hat es nach Karte 6 aufgrund der Grenzziehungen nach dem Ersten Weltkrieg in Ost- und Südosteuropa gegeben?*
4. *Stelle nach den Karten 5 und 6 sowie Text 7 politische Problembereiche zusammen, die es in den osteuropäischen Staaten in der Zwischenkriegszeit gab. Vergleiche diese mit den Problemen, die es nach dem Umbruch 1989/90 gibt.*
5. *Warum stellen das Ende des Ersten Weltkriegs, der Beginn des Zweiten Weltkriegs und die Zeit nach dem Zweiten Weltkrieg wichtige Einschnitte für die Entwicklung der ost- und südosteuropäischen Staaten dar?*

8 *Der ungarische Schriftsteller György Konrad, ein führender Oppositioneller gegen das Kádár-Regime, zur Situation in Osteuropa nach dem Umbruch 1992:*

Q In Osteuropa läuft derzeit ein Gegenprozess zur europäischen Integration ab, an der dann aber doch wieder alle teilhaben wollen – ein Paradox. Wir erleben eine große europäische Desintegration, eine Zerstückelung in immer kleinere Teile ... Es ist schier unmöglich auch nur theoretisch zu definieren, wo die untere Grenze für die Bildung einer Nation liegt. Heute können bereits Völker von ein oder zwei Millionen Menschen den Rang einer Nation und eines Nationalstaats für sich beanspruchen. Aber es treten auch schon ethnische Gruppen von wenigen hunderttausend Menschen mit dieser Forderung auf und es ist schwer, ihnen zu erklären, warum gerade sie kein Recht auf nationale Selbstbestimmung haben sollen. Bisher gibt es keinen Ansatz, diesen Zerstückelungsprozess auf demokratischem Weg zu stoppen. Es besteht die Gefahr, dass mit der Berufung auf das Selbstbestimmungsrecht, auf das Prinzip der nationalen Souveränität und das Verbot äußerer Einmischung sehr leicht scheindemokratische nationale Diktaturen geschaffen werden können.

zit. nach: Der Spiegel vom 17.2.1992, S.158.

9 *Ein deutscher Bevölkerungswissenschaftler zur Nationalitätenpolitik im ehemaligen Jugoslawien 1994:*

Q An Stelle von Selbstverwaltungssozialismus, Internationalismus und jugoslawischer Staatsidee trat die Vision vom Nationalstaat auf ethnischer Grundlage. In einer ethnisch gemischten Gesellschaft kann dies nur zweierlei bedeuten: Erstens die forcierte Assimilation, Vertreibung oder totale Unterdrückung von Minderheiten auf dem eigenen Territorium; und zweitens die „Befreiung" von Angehörigen der eigenen Volksgruppe jenseits der Grenze.
In Slowenien hatten die Eliten ein größeres Maß an Eigenständigkeit von langer Hand vorbereitet. Hier hieß die Parole unter dem Reformkommunisten Milan Kucan: „Los von Belgrad! (und:) Rette sich wer kann!" Im Gegensatz dazu stolperte Kroatien unter dem exkommunistischen Partisanengeneral Franjo Tudjman trotz aller großen Worte recht unvorbereitet in die selbstproklamierte Unabhängigkeit. Hier hießen die Forderungen: „Souveränität in den von Tito gezogenen Grenzen! (und:) Keine Macht den Serben im eigenen Land!" Diese Drohung wurde von den Serben in Slawonien und der Krajina recht gut verstanden. Gleichzeitig versprach Slobodan Milosevic: „Einen gemeinsamen Staat für alle Serben!" Die Nicht-Serben stellte und stellt dieses Programm vor die Alternative, auszuwandern oder das Schicksal der Albaner im Kosovo zu teilen. Nur in Bosnien-Herzegowina hielt sich noch eine Zeitlang die Hoffnung auf Toleranz und friedliches Zusammenleben. Dafür gingen in Sarajevo zu Jahresanfang 1992 noch Zehntausende auf die Straße. Aber auch das ist inzwischen Geschichte. Die Unabhängigkeit Sloweniens und Kroatiens schien den Repräsentanten der moslemischen Mehrheit kaum eine andere Wahl zu lassen, als ebenfalls die Souveränität zu erklären. Doch die bosnischen Serben und die Kroaten der Herzegowina wollen genauso wenig in einem moslemisch dominierten Staat leben wie die Serben der Krajina in einem kroatischen. Dass dies das Recht auf Sezession, politische Selbstbestimmung oder weitgehende Autonomie auch für Minderheiten auf dem jeweils eigenen Territorium einschließen müsste, ist aus Sicht der selbsternannten Herrenvölker nicht einsichtig. Deren Logik kennt nur Unterwerfung oder ethnische Säuberung.

R. Münz, Jugoslawien – ein Nekrolog, in: Die Neue Gesellschaft/ Frankfurter Hefte 5/1995, S. 409f.

1. *Welche Gefahren für die zukünftige Entwicklung in Osteuropa werden in den Quellen 8 und 9 genannt? Worauf werden diese Gefahren zurückgeführt?*
2. *Warum erlebt der Nationalismus in Osteuropa nach dem Umbruch einen Aufschwung?*
3. *Nimm zu den Problemen, die sich nach den Quellen 8 und 9 aus dem Selbstbestimmungsrecht ergeben, Stellung.*

Zusammenfassende Arbeitsaufgaben:

1. *An welche historischen Erfahrungen und Vorbilder haben die Menschen in Osteuropa während der Umwälzungen und nach dem Wandel angeknüpft? Inwiefern kann diese Rückbesinnung bei der Lösung gegenwärtiger Probleme hilfreich sein?*
2. *Beurteile die Chancen der osteuropäischen Staaten die Probleme nach dem Wandel zu bewältigen. Wie kann ihnen dabei von den westeuropäischen Ländern geholfen werden?*
3. *Der Journalist H. Stehle schrieb 1990 in der „Zeit", dass der neue Nationalismus in Osteuropa trotz seiner Gefahren auch ein positives Element enthalte, „den Völkern ihre Identität bewusst und die Härte der Wende erträglicher" zu machen. Diskutiert die Berechtigung dieser Einschätzung.*

Zeittafel

1948	Umwälzung in den Ländern des Einflussbereichs der UdSSR zur kommunistischen Alleinherrschaft
1953	Tod Stalins; Unruhen in der DDR und blutige Niederschlagung
1956	Chruschtschow kritisiert Stalin auf dem XX. Parteitag der KPdSU und leitet die Entstalinisierung ein; Reformversuche in Wirtschaft, Verwaltung, Partei und Kultur; Aufstand in Ungarn und blutige Niederschlagung
1964	Sturz Chruschtschows und Führungsübernahme durch Breschnew als Parteisekretär; Politik der Konsolidierung
1968	Reformversuche in der ČSSR unter Dubček als Parteiführer, Besetzung des Landes durch den Warschauer Pakt und Beendigung des Experiments eines „Sozialismus mit menschlichem Antlitz“
1970ff.	Beginn der Stagnation in der UdSSR; Aufrüstung, um Weltmachtposition zu sichern
1985	Wahl Gorbatschows zum neuen Generalsekretär der KPdSU nach dem Tode Breschnews (1982) und seiner beiden Nachfolger Andropow und Tschernenko: Beginn von Glasnost und Perestroika zur Demokratisierung und wirtschaftlichen Umgestaltung
1989/90	Öffnung des „Eisernen Vorhangs“ in Ungarn; Ende der DDR und Beginn der Auflösung des Ostblocks
1990	Demokratisierung und Mehrparteiensystem in den ehemaligen „Volksdemokratien“ mit kommunistischer Parteiherrschaft
1991	Boris Jelzin zum Präsidenten der Russischen Republik gewählt; Putsch der konservativen Parteikräfte gegen Gorbatschow; Jelzin als anerkannter Führer der Kräfte der Erneuerung: Verbot der KPdSU; Auflösung der Sowjetunion; Gründung der „Gemeinschaft unabhängiger Staaten“ (GUS)
	Beginn des Völkerkrieges im ehemaligen Jugoslawien

Autonomie (griech. = Selbstbestimmung) bezeichnet die Selbständigkeit und Unabhängigkeit von Völkern, Nationalitäten und Staaten. Innerhalb einzelner Staaten besitzen ethnische Minderheiten, Gliedstaaten oder Regionen oft ein gewisses Maß an Autonomie. Völkerrechtlich wurde sie im Zusammenhang mit der Verkündung des Selbstbestimmungsrechts nach dem Ersten Weltkrieg von Bedeutung. Nach dem Zweiten Weltkrieg gab es im Zusammenhang mit der Auflösung der Kolonialreiche vor allem in den Ländern der Dritten Welt zahlreiche Autonomiebestrebungen. Auch in Westeuropa gibt es Regionen, die Autonomie fordern (z. B. Korsen und Bretonen in Frankreich). In der UdSSR beschleunigte die Autonomieforderung zahlreicher Unionsrepubliken seit 1985 den Zerfall der Sowjetunion.

Demokratischer Zentralismus. Kommunistische Parteien waren nach diesem von Lenin entwickelten Prinzip aufgebaut: Die leitenden Parteiorgane wurden zwar von unten nach oben gewählt, die Beschlüsse der jeweils oberen Organe waren aber für die unteren verbindlich. Begründet wurde dieser Parteiaufbau mit dem Grundsatz, dass nur so die „Freiheit der Diskussion“ bei gleichzeitiger „Einheit der Aktion“ sichergestellt sei. Abweichende Meinungen von Minderheiten konnten sich nicht entwickeln.

Nationalitäten. Unterschiedliche Volksgruppen, die in einem Staat zusammenleben. Seit Ende des 19. Jh. häuften sich in Staaten mit ethnischen Minderheiten bzw. uneinheitlichen Nationalitäten in Mittel- und Osteuropa Konflikte zwischen den Bevölkerungsgruppen, weil die staatstragende Gruppe die Minderheiten benachteiligte oder einzelne Nationalitäten Autonomie verlangten; die Neugründung von Staaten nach dem Ersten Weltkrieg haben diese Probleme nur teilweise lösen können. Besondere Nationalitätenprobleme ergeben sich heute nach dem Zerfall des Ostblocks in den ehemaligen Unionsrepubliken der UdSSR und im ehemaligen Jugoslawien. Auch in der Dritten Welt kommt es häufig zu Nationalitätskonflikten, weil die alten Stammes- und Kulturgrenzen oft nicht den von den Kolonialmächten gezogenen Landesgrenzen entsprechen.

Stalinismus. Die unter der Herrschaft Stalins in den 20er und 30er Jahren in der UdSSR entstandene Staats- und Gesellschaftsordnung, die – gestützt auf den zentralistischen Partei- und Staatsapparat – durch diktatorische Unterdrückung, Terror (sog. „Säuberungen“) und Personenkult gekennzeichnet war. Nach dem Zweiten Weltkrieg auch auf die osteuropäischen Staaten übertragen, setzte nach Stalins Tod 1953 eine *Entstalinisierung* ein. Die seit 1985 unter Gorbatschow eingeleitete Reformpolitik, die durch die Schlagworte Perestroika (Umgestaltung) und Glasnost (gesellschaftliche Offenheit) gekennzeichnet war, führte zu einer Abkehr und zur Überwindung des Stalinismus.

Die Auflösung der Sowjetunion und die „Gemeinschaft unabhängiger Staaten"

Krone-Schmalz, Gabriele, ... an Russland muss man einfach glauben. Meine Moskauer Jahre, Düsseldorf und Wien (ECON-TB) 1992. – *Ein engagiertes Buch der deutschen Journalistin, in dem die Menschen in der Sowjetunion in der Reformzeit Gorbatschows von 1987 bis 1991 beschrieben werden.*

Dalos, György, Ungarn – Vom roten Stern zur Stephanskrone, Frankfurt/Main (Suhrkamp-TB) 1991. – *Der Romanautor lässt in diesem Buch die Geschichte Ungarns in Essayform von den 50er Jahren bis zur Gegenwart Revue passieren.*

Aitmatow, Tschingis, Der erste Lehrer, München (Kunstmann) 1990. – *Erzählung des russisch-kirgisischen Schriftstellers (geb. 1928) über den Dorfschullehrer Düischen, der weder lesen noch schreiben konnte, aber ein wahrer „Lehrer" gewesen ist. Der „erste Kommunist" ganz im Sinne Lenins, wie Aitmatow unter dem Eindruck der Entstalinisierung schrieb. Sein Roman „Aufstieg auf den Fudschijama" ist direkt der Auseinandersetzung mit dem Stalinismus gewidmet.*

Einen beklemmenden Film über die Wirkungen politischen Terrors drehte der für seine provokativen Arbeiten bekannte Regisseur Costa-Gavras mit bedeutenden Darstellern wie Simone Signoret und Yves Montand.

Das Geständnis, Regie: Constantin Costa-Gavras (Frankreich/Italien 1969).– *Dieser spannende Polit-Thriller fußt auf historischen Ereignissen, die sich 1952 in der Tschechoslowakei abgespielt haben. Anhand des Schicksals von Arthur London wird gezeigt, wie die stalinistischen Machthaber in Prag auf Anweisung von Moskau sich der nicht linientreuen kommunistischen Kräfte durch Intrigen, Erpressungen und Foltermethoden in den Gefängnissen entledigt haben. Höhepunkt dieses physischen und psychischen Terrors ist der von den Stalinisten inszenierte Schauprozess, bei dem die Angeklagten – moralisch gebrochen – sich selbst als Verbrecher bezichtigen müssen. Anstatt der erhofften milden Strafe tritt das Gegenteil ein: Nur A. London überlebt die Tortur und erwartet 1968 vom „Prager Frühling" eine moralische Erneuerung des sozialistischen Systems.*

DER
SOZIALISMUS
SIEGT

9. Deutschland seit 1945

Vom Oktober 1989 bis zum Oktober 1990 hat sich in der Mitte Europas ein einmaliger Vorgang ereignet: Die „Deutsche Demokratische Republik“ (DDR), die als selbständiger Staat aus der Teilung Deutschlands hervorgegangen war und schließlich als fester Bestandteil der europäischen Nachkriegsordnung angesehen wurde, verschwand innerhalb eines Jahres von der politischen Landkarte. In der Geschichte gibt es Beispiele dafür, dass Staaten durch Kriege vernichtet oder durch die Interessenpolitik von Großmächten beseitigt wurden. Aber dass sich ein Staat von innen selbst friedlich auflöst, das ist neu.

Neu war nicht nur das Ende der DDR, neu war auch der Anfang, als aus dem besetzten Deutschland nach 1945 zwei Staaten entstanden. Anders als 1918 war der Zusammenbruch Deutschlands nach dem Zweiten Weltkrieg total. Wenn man sich die Ausgangssituation von 1945 vergegenwärtigt, so war zunächst nicht zu erkennen, dass Deutschland in zwei Staaten geteilt sein würde. Die Besatzungsmächte wollten das Land als Ganzes verwalten. Doch die Kooperation im Alliierten Kontrollrat zerbrach rasch und 1949 wurden zwei Staaten auf deutschem Boden gegründet. Diese Staaten hatten völlig unterschiedliche politische Ordnungen und gegensätzliche gesellschaftliche Systeme. Zwar nannten sich beide Demokratien, aber unter diesem Begriff verstand man etwas völlig Verschiedenes. Die DDR begriff sich unter Walter Ulbricht, dem Führer der „Sozialistischen Einheitspartei Deutschlands“ (SED), als ein „neues Deutschland“, das einen tiefen Bruch mit der Vergangenheit vollzogen habe. Vorbild für den Neuaufbau dieser „Volksdemokratie“ war die sowjetische Staats- und Gesellschaftsordnung. Was bedeutete das für die Bürger? Welche Folgen hatte dieser Umbau für das politische und wirtschaftliche Leben?

Der Bau der Berliner Mauer 1961 und die totale Abschottung der Grenze war in der Entwicklung der DDR ein wichtiger Einschnitt. Nur kurzfristig erreichte das SED-Regime eine Stabilisierung; langfristig konnte die Einsperrung der Bevölkerung auch hier den Zusammenbruch des sozialistischen Systems nicht verhindern.

Oben: Amerikanischer Soldat vor dem Reichstag (1945)
Mitte links: Der Präsident John F. Kennedy mit Willy Brandt und Konrad Adenauer beim Berlinbesuch 1961
Mitte rechts: Nikita Chruschtschow und Walter Ulbricht beim 6. Parteitag der SED 1963
Unten: Die Ehrentribüne vor dem Reichstagsgebäude in Berlin am Abend des 2. Oktober 1990

Die Bundesrepublik hat sich 1949 zu einer parlamentarisch-demokratischen Republik, wie sie auch schon in der Weimarer Zeit existierte, bekannt. Im zweiten Anlauf gelang es ihr aber diese Staatsform in Deutschland zu festigen. „Bonn ist nicht Weimar“, hat man gesagt. Wo liegen die Gründe für diesen Erfolg? Welche Bedeutung hat die Tatsache, dass der erste Bundeskanzler Konrad Adenauer 15 Jahre lang die innen- und außenpolitische Richtung geprägt und sich dabei für eine enge Anlehnung an den Westen entschieden hat? Welche Folgen hatte das für das deutsch-deutsche Verhältnis?

Nach der Ära Adenauer unternahm eine Koalition aus SPD und FDP unter Bundeskanzler Willy Brandt den Versuch, durch eine neue Ostpolitik die Folgen der Teilung zu mildern und Bewegung in den innerdeutschen Dialog zu bringen. In mehreren Verträgen wurde das Verhältnis zu den östlichen Nachbarn und zur Sowjetunion festgelegt. Politisch war dies ein erster Schritt zur „Normalisierung“ der Beziehungen. Welche Folgen hatte diese Politik für die Bevölkerung in der DDR?

Entscheidende Anstöße dafür, dass sich das deutsch-deutsche Verhältnis vollständig änderte, gab die Reformpolitik Gorbatschows. Sein Bemühen die Ost-West-Konfrontation zu überwinden und den Staaten im sowjetischen Machtbereich die Möglichkeit zu einer eigenständigen Entwicklung zu geben löste die großen Veränderungen aus.

Als sich die Grenzen in Ungarn öffneten, kam es zu einer Fluchtwelle aus der DDR, aber auch zu einem Erstarken einer Bürgerbewegung im Innern, die in offener Opposition eine demokratische Erneuerung des erstarrten SED-Regimes forderte. Das Ergebnis war die friedliche Revolution im Herbst 1989, die zur Öffnung der Mauer am 9. November und zum schnellen Zusammenbruch des SED-Regimes führte.

Mit dem Fall der Berliner Mauer waren die Weichen in Richtung Vereinigung gestellt. Auf Demonstrationen wandelte sich der Ruf „Wir sind das Volk!“ in „Wir sind ein Volk!“ Warum hatte eine eigenstaatliche Entwicklung der DDR keine Perspektive, obwohl das manche nicht wahrhaben wollten?

Eine Manifestation zur Einheit war das Ergebnis der ersten freien Wahlen in der DDR im März 1990: Die CDU, die sich für eine zügige Herstellung der Einheit ausgesprochen hatte, errang die überwältigende Mehrheit. Die Bundesregierung unter Kanzler Helmut Kohl nahm die schwierige Aufgabe in Angriff nach der politischen Einheit auch die Einheit der Lebensbedingungen herzustellen.

1945–1949: Von vier Besatzungszonen zu zwei deutschen Staaten

Das Potsdamer Abkommen: Was soll aus Deutschland werden?

Dass bereits vier Jahre nach Kriegsende zwei deutsche Staaten entstehen würden und sich damit eine langfristige Teilung Deutschlands abzeichnete, hielten Politiker und weite Teile der Bevölkerung in Ost und West in den ersten Nachkriegsjahren für undenkbar. Und doch waren die wichtigsten Weichenstellungen für die innere und äußere Entwicklung der beiden deutschen Staaten bereits vor der Staatsgründung der Bundesrepublik Deutschland und der Deutschen Demokratischen Republik im Jahr 1949 erfolgt. Dieses Jahr bildet daher nur formal einen Einschnitt. Beide Staaten verstanden sich lange Zeit als Provisorien, d. h. als vorübergehende Zwischenlösungen. Jeder der beiden Staaten aber beanspruchte allein für sich der einzig wahre deutsche Staat zu sein. Zwar wollten beide die Wiederherstellung der Einheit Deutschlands, aber unter völlig verschiedenen Voraussetzungen. Warum aber kam es zu dem, was wir als „deutsche Frage*“ bezeichnen, zur Teilung Deutschlands?

„Deutschland unterwirft sich allen Forderungen, die ihm jetzt oder später auferlegt werden ... Es gibt in Deutschland keine zentrale Regierung oder Behörde, die fähig wäre, die Verantwortung für die Aufrechterhaltung der Ordnung ... zu übernehmen“, hatten die Alliierten im Juni 1945 erklärt. Zusammen mit dem Potsdamer Abkommen vom 2. August 1945 war dies die rechtliche und politische Grundlage für die Entwicklung in Deutschland.

Das Potsdamer Abkommen fußte auf den Ergebnissen der vorangegangenen Kriegskonferenzen und muss als ein Kompromiss zwischen den unterschiedlichen Interessen der

Mitteleuropa 1945–1949

Siegermächte angesehen werden. Im Text des Abkommens waren viele Begriffe und Bestimmungen zum Teil widersprüchlich, zum Teil unklar gefasst. Frankreich, das an der Konferenz nicht beteiligt war, stimmte den Ergebnissen nur mit einigen Vorbehalten zu. Für Deutschland wurden vor allem für folgende Bereiche Vereinbarungen getroffen:

- Das Deutsche Reich wurde in vier Besatzungszonen, die Hauptstadt Berlin in vier Sektoren aufgeteilt. In den Zonen hatten die Militärbefehlshaber der jeweiligen Besatzungsmacht die oberste Gewalt inne. Um zu verhindern, dass sich die vier Besatzungszonen getrennt entwickelten, schuf man den Alliierten Kontrollrat. In ihm sollten alle Fragen beraten und beschlossen werden, die Deutschland als Ganzes betrafen. Die Entscheidungen mussten einstimmig getroffen werden.
- Die Reparationen konnte jede Besatzungsmacht aus ihrer Zone in Sachwerten (Demontage), Leistungen, aus Guthaben oder aus der laufenden Produktion entnehmen. Ein geringfügiger Teil von Reparationsgütern sollte aus den Westzonen an die Sowjetunion geliefert werden; dafür hatte sie Nahrungsmittel an die Westzonen zu liefern.
- In begrenztem Umfang sollte den Deutschen wieder ein politisches Leben gestattet werden. Parteien, Gewerkschaften und Verbände wurden zugelassen. Zugleich sollte eine gründliche Entnazifizierung* dafür sorgen, dass nationalsozialistische Kräfte nie wieder politische Herrschaft ausübten und Deutschland nicht noch einmal einen Krieg beginnen könnte. Die Formel von den „vier D" umschrieb diese Ziele: Dezentralisierung der politischen Macht, Dekartellisierung – d. h. Entflechtung der Großindustrie –, Demilitarisierung und Demokratisierung.
- Deutschland wurde in seinem territorialen Umfang um etwa ein Viertel des Standes von 1937 verkleinert. Die Gebiete östlich der Oder-Neiße kamen unter polnische, der nördliche Teil Ostpreußens unter sowjetische Verwaltung. Diese Gebiete gehörten damit nicht mehr zur sowjetischen Besatzungszone. Die deutsche Bevölkerung sollte aus diesen Gebieten umgesiedelt werden. Da die Westalliierten jedoch gegen den Umfang der Gebietsabtretungen an Polen Vorbehalte hatten, setzten sie die Formulierung durch, dass die „endgültige Festlegung der Westgrenze Polens" bis zur Friedenskonferenz zurückgestellt werden solle.

Wenn man das Potsdamer Abkommen mit dem Versailler Vertrag von 1919 vergleicht, ergeben sich große Unterschiede. Die Reparationsregelung fiel verhältnismäßig maßvoll aus; ungleich härter trafen das Nachkriegsdeutschland die territorialen Verluste. Denn damit war auch die Vertreibung und Zwangsumsiedlung der deutschen Bevölkerung aus Ostmitteleuropa verbunden. Würde sich die deutsche Bevölkerung mit dem Verlust des deutschen Ostens abfinden? War damit nicht ein Problem geschaffen, das die zukünftige Entwicklung zwischen den Völkern schwer belasten würde?

Zusammenbruch und Befreiung

Der Alltag

Wie lässt sich das Jahr 1945 in Deutschland kennzeichnen? War die Niederlage ein Zusammenbruch oder eine Befreiung? Die Antworten werden unterschiedlich ausfallen. KZ-Häftlinge oder Widerstandskämpfer sahen das Ende des Krieges und der nationalsozialistischen Herrschaft anders als Soldaten oder Flüchtlinge aus den Ostgebieten. Wer aus dem Exil zurückkehrte, wird es anders erlebt haben als jemand, zu dessen Alltag in den letzten Jahren Leben in den Luftschutzkellern und in zerbombten Städten gehörten. Oh-

Notunterkunft in Hamburg, 1945

ne Zweifel bedeutete 1945 nicht nur für Europa, sondern auch für Deutschland eine Befreiung. Für die Mehrheit der Deutschen blieb aber zunächst der Eindruck des totalen Zusammenbruchs vorherrschend.
Die Lage war in allen Besatzungszonen zunächst ähnlich. Das Chaos und die verzweifelten Versuche jedes Einzelnen, sich das Nötigste zum Überleben zu beschaffen, bestimmten den Alltag. Insgesamt etwa 12 Millionen Flüchtlinge, Vertriebene und Umsiedler aus Ostmitteleuropa strömten in die Zonen oder konnten nicht mehr in ihre Heimat zurück. Sie mussten in provisorischen Quartieren untergebracht, ernährt und mit dem Notwendigsten versorgt werden. In den zerstörten Städten lebten viele Menschen in nur notdürftig reparierten Wohnungen, in Kellern, Gartenlauben oder selbst errichteten Hütten aus Holz und Blech. Die Hauptlast in den ersten Jahren hatten die Frauen zu tragen: Um die Familie „durchzubringen", mussten die „Trümmerfrauen" nicht nur stundenlang bei der Verteilung der Lebensmittelrationen Schlange stehen, zum Hamstern fahren und Kleidung besorgen, sondern auch die schwersten Aufräumarbeiten leisten. Denn obwohl die Besatzungsmächte eine strenge Kontrolle ausübten und alle Lebensmittel und Waren zugeteilt wurden, brach die Versorgung im Winter 1946/47 weitgehend zusammen. Um so üppiger blühten Schwarzmarkt und Tauschhandel (siehe S. 217–218).

Die Entnazifizierung

In zahlreichen Erklärungen hatten die Alliierten – besonders die Amerikaner – angekündigt, dass sie es als eine ihrer wichtigsten Aufgaben ansahen, jeden Keim des Nationalsozialismus zu vernichten, um für die Zukunft ein Wiederentstehen der faschistischen Barbarei zu verhindern. Gegen 24 prominente Führer der nationalsozialistischen Gewaltherrschaft, die sich nicht durch Tod oder Flucht ihrer Bestrafung entzogen hatten, wurde im November 1945 vor einem internationalen Militärtribunal in Nürnberg der Prozess eröffnet. Im September 1946 sprach das Gericht die Urteile in den „Nürnberger Prozessen": Die Todesstrafe wurde zwölfmal verhängt – u. a. über Hermann Göring – und sieben langjährige Freiheitsstrafen wurden ausgesprochen; die SS, Gestapo und der SD wurden zu verbrecherischen Organisationen erklärt. Die Grausamkeiten, die in diesem und den folgenden Prozessen gegen führende nationalsozialistische Ärzte und Industrievertreter (siehe S. 138–139) zur Sprache kamen, erschütterten die Weltöffentlichkeit.
Schwieriger war es für die Alliierten ihren Anspruch auf eine allgemeine Entnazifizierung* zu verwirklichen. Denn sie wollten ja nicht nur die nationalsozialistische Führung für die Verbrechen bestrafen, sondern auch die vielen Mitläufer

„Die Wurzeln müssen heraus!" Zeichnung von Daniel Fitzpatrick, 1945

des Regimes in der Bevölkerung zur Verantwortung ziehen. Etwa 12 Millionen ehemaliger Mitglieder der NSDAP oder ihrer Unterorganisationen wurden seit Herbst 1946 an Hand eines umfangreichen Fragebogens überprüft und – je nach dem Grad der festgestellten Verantwortung für die nationalsozialistische Politik – als Entlastete, Mitläufer, Minderbelastete, Belastete oder Hauptschuldige eingestuft. Der Katalog der Strafen reichte von Gefängnishaft bis zu Geldstrafen und Entzug des Wahlrechts.
Als sich der Ost-West-Konflikt verschärfte, regte sich in den USA und in Deutschland Widerstand gegen die Entnazifizierung; Anfang der 50er Jahre endete sie dann abrupt. Nicht nur kleine Nazis, sondern auch viele, die in leitenden Positionen lebensvernichtende Entscheidungen getroffen, verbrecherische Urteile gefällt oder Menschen zu Tode gequält hatten, wurden jetzt entlastet oder gar nicht mehr verfolgt. Konnte nicht eine Konsequenz aus der Entnazifizierung in der deutschen Bevölkerung sein, dass sich Teile von ihr zukünftig lieber von politischem Engagement fern hielten?

Beginn des politischen Lebens

Die Besatzungsmächte versuchten schon bald nach Kriegsende das öffentliche Leben und die Wirtschaft in Gang zu bringen. Auf deutscher Seite bemühten sich spontan entstandene antifaschistische Ausschüsse, Betriebsräte, Ge-

werkschaften, Parteien und kirchliche Gruppen um den Wiederaufbau. Parteien und Verbände wurden in den Westzonen zunächst nur auf örtlicher Ebene zugelassen. Neben den traditionellen Arbeiterparteien KPD und SPD und den Liberalen entstand mit der Christlich Demokratischen Union (CDU) eine neue Partei, die – anders als das frühere Zentrum – katholische und evangelische Christen politisch vereinigte. Von den Alliierten eingesetzte Verwaltungen, Regierungen und Parlamente auf Gemeinde- und Länderebene begannen seit 1945/46 wieder ihre Tätigkeit. In allen Zonen gab es Diskussionen und Initiativen für einen demokratischen Aufbau des staatlichen und wirtschaftlichen Lebens. Das entscheidende Wort aber hatte die jeweilige Besatzungsmacht, die ihr genehme politische Kräfte fördern, andere in ihrer Arbeit behindern konnte.
Deutlich wurde das in den ersten Monaten nach dem Krieg vor allem in der sowjetischen Besatzungszone. Die KPD erhielt hier von Anfang an eine bevorzugte Stellung. Unter ihrem massiven Druck, aber auch aus dem innerhalb der Arbeiterbewegung weit verbreiteten Wunsch die Spaltung in zwei Arbeiterparteien zu überwinden wurden im April 1946 in der sowjetischen Besatzungszone KPD und SPD zur SED (Sozialistische Einheitspartei Deutschlands) vereinigt. Die SED betrieb seitdem konsequent den Ausbau ihrer politischen Macht. Andere Parteien, wie die CDU unter Jakob Kaiser und die Liberaldemokratische Partei (LDPD), sollten sich Ende 1947 an einer Kampagne für einen „Volkskongress" gegen die drohende Spaltung Deutschlands beteiligen. Als sich die Führung der Ost-CDU für diese von der SED gesteuerte Kampagne nicht vereinnahmen ließ, wurde sie abgesetzt.

Neubeginn durch Reformen?

In der sowjetischen Zone gehörte zu den frühesten und einschneidendsten Maßnahmen nach dem Krieg eine Bodenreform, die unter der Parole „Junkerland in Bauernhand" stand. Weil die „Junker" laut offizieller Begründung für Hitlers Aufstieg wesentlich mitverantwortlich gewesen waren, wurden sie entschädigungslos enteignet; alle Güter über 100 Hektar wurden aufgeteilt. Den größten Teil des enteigneten Bodens erhielten Landarbeiter und Umsiedler, d. h. Vertriebene. Tiefe Eingriffe erfolgten unter der sowjetischen Besatzungsmacht auch im industriellen Bereich. Nach einem Volksentscheid „über die Enteignung der Nazibonzen und Kriegsverbrecher" 1946 in Sachsen, der 77 Prozent Zustimmung brachte, wurden die wichtigsten Industriebetriebe in staatliche Leitung übernommen und damit bereits eine wichtige Voraussetzung für die spätere Planwirtschaft geschaffen.
Auch in den Westzonen gab es Vorschläge zur Bodenreform, zur Sozialisierung von Großbetrieben und zur Mitbestimmung von Arbeitern und Angestellten in der Wirtschaft, um die neue demokratische Ordnung durchzusetzen. Angesichts des Vorgehens in der SBZ und der Tatsache, dass die Westalliierten an einer raschen Ankurbelung der Wirtschaft in ihren Zonen interessiert waren, wurden viele Reformansätze jedoch nicht verwirklicht. Vor allem die von KPD, SPD und Teilen der CDU sowie von den Gewerkschaften geforderte Sozialisierung der Schlüsselindustrien scheiterte. Die amerikanische Militärregierung hielt Sozialisierung mit ihren Vorstellungen von einer freien Wirtschaft für unvereinbar und wurde dabei von konservativen Teilen der CDU und der FDP unterstützt. Was blieb, war die 1947 von den Engländern in den Betrieben der Eisen-und Stahlindustrie eingeführte paritätische Mitbestimmung (siehe S. 222).

Der Weg zur Spaltung

Die Errichtung der Bizone

Eigentlich sollte der Alliierte Kontrollrat als oberstes gemeinsames Gremium der Besatzungsmächte darüber wachen, dass sich aus der Aufteilung Deutschlands in vier Zonen keine Spaltung des Landes ergab. Doch es zeigte sich bald immer deutlicher, dass das zunehmende Misstrauen und die wachsenden Spannungen zwischen den westlichen Alliierten und der Sowjetunion (siehe S. 153) den Prozess der Spaltung beschleunigten. Ein weiterer Grund dafür war, dass sich die Wirtschaftslage in Deutschland ständig verschlechterte, weil die Zonenaufteilung den früher zusammengehörenden Wirtschaftsraum auseinander gerissen hatte.
Amerikaner und Briten – beide an einem raschen Wirtschaftsaufschwung interessiert – zogen deshalb am 1. Januar 1947 die Konsequenz: Sie legten ihre beiden Zonen zu einer wirtschaftlichen Einheit, zur Bizone, zusammen; Frankreich schloss sich wenig später an, so dass ein vereinigtes Wirtschaftsgebiet der drei westlichen Besatzungszonen entstand. Durch diese neue wirtschaftliche Stärkung sollte auch der politische Einfluss der Sowjetunion in den Westzonen begrenzt werden. Als wenige Monate später der amerikanische Außenminister den nach ihm benannten Marshallplan verkündete, sah die Sowjetunion, die schon gegen die Errichtung der Bizone als Verstoß gegen das Potsdamer Abkommen protestiert hatte, darin eine amerikanische Offensive zur „wirtschaftlichen Versklavung" Europas. Sie verbot ihrer Besatzungszone – genauso wie den von ihr abhängigen Staaten Osteuropas – die amerikanischen Hilfsgelder anzunehmen (siehe S. 154).

Plakat der SED, 1947

Währungsreform und Berliner Blockade

Wie weit die Spaltung schon drei Jahre nach Kriegsende fortgeschritten war, wurde offenkundig, als die westlichen Alliierten am 20. Juni 1948 eine Währungsreform für ihre Zonen verkündeten. Niemand bestritt zwar, dass eine Währungsreform im Nachkriegsdeutschland wirtschaftlich längst überfällig war. Denn die Nationalsozialisten hatten für ihre Kriegsfinanzierung ständig neues Geld gedruckt, dem kein Warenangebot gegenüberstand. Politisch aber hatten sich die Alliierten bisher auf kein gemeinsames Konzept einigen können. Nun erhielt jeder Einwohner der westlichen Zonen zunächst 40 DM ausgezahlt, Guthaben wurden sofort im Verhältnis 10 zu 1, und später nochmals, abgewertet. Von 100 alten Reichsmark blieben den Sparern schließlich 6,50 DM. Besitzer von Sachwerten – d. h. Häusern, Grundstücken, Betrieben – waren dagegen viel weniger betroffen. Ähnlich wie nach der Inflation* und der Währungsreform im Jahre 1923 entstand jetzt eine stabile Währung, die eine wesentliche Voraussetzung für den kommenden wirtschaftlichen Aufschwung bildete. Gleichzeitig hob Ludwig Erhard, der Wirtschaftsdirektor der Bizone, die Zwangsbewirtschaftung der meisten Waren auf, d. h., die staatliche Lenkung der Produktion, der Preise und der Verteilung wurde beendet. Über Nacht waren die Schaufenster wieder voll mit Gütern, die man lange nicht gesehen hatte, weil sie gehortet worden waren. Wer Geld hatte, konnte nun kaufen; der Schwarzmarkt verschwand. In der Erinnerung der Zeitgenossen blieb die Währungsreform ein geradezu magisches Datum: Es ging wieder aufwärts.

Die getrennte Währungsreform – am 23. Juni wurde auch in der SBZ eine Geldreform durchgeführt – war aber nicht nur eine längst überfällige wirtschaftliche Maßnahme. Mit ihr zogen die Westalliierten auch die Konsequenz aus den unüberbrückbaren politischen Gegensätzen zur sowjetischen Besatzungsmacht. Schon vor der Währungsreform hatten sie ihre Pläne zur Gründung eines westdeutschen Staates bekannt gegeben. Die Sowjetunion, von der Furcht vor einem Bündnis der Westmächte mit Westdeutschland bestimmt, reagierte jetzt hart: Am 24. Juni sperrte sie die Zonengrenze und ordnete eine Blockade der Westsektoren Berlins an. Nur noch über einen Luftkorridor war der Zugang nach Berlin möglich.

Die Sowjetunion verfolgte mit der Berliner Blockade, die erst im Mai 1949 aufgehoben wurde, vor allem ein Ziel: Die Gründung eines westdeutschen Staates sollte verhindert werden. Sie erreichte jedoch das Gegenteil. Die Amerikaner versorgten die Bevölkerung in Berlin (West) durch eine Luftbrücke. Berlin (West) wurde zum Freiheitssymbol, denn die Blockade schien offensichtlich zu beweisen, dass sich mit der Sowjetunion nicht über eine Vereinigung der Zonen verhandeln ließ. Die Gründung der Bundesrepublik wurde dadurch noch beschleunigt statt verlangsamt.

Die Gründung von zwei „Provisorien"

Ließ sich nach den Auseinandersetzungen um Marshallplan, Währungsreform und Berliner Blockade bei gleichzeitigem Beginn des Kalten Krieges eigentlich noch die Entstehung von zwei Staaten in Deutschland verhindern? Von heute aus betrachtet sieht es kaum so aus. Doch damals haben es viele Menschen anders gesehen.

Als am 1. September 1948 in Bonn der von den Ministerpräsidenten der Länder in den Westzonen eingesetzte Parlamentarische Rat zusammentrat, um eine Verfassung für die Westzonen auszuarbeiten, war man sich einig, dass diese Verfassung nur für ein „Provisorium" gelten sollte. Beraten wurde deshalb auch nicht eine Verfassung, sondern ein Grundgesetz, das die vorläufige Staats- und Gesellschaftsordnung regeln sollte. Für die Beratungen im Parlamentarischen Rat waren zwei Voraussetzungen entscheidend: Zum einen hatten die Westalliierten bestimmte Zielvorgaben er-

Der Staatsaufbau der Bundesrepublik Deutschland

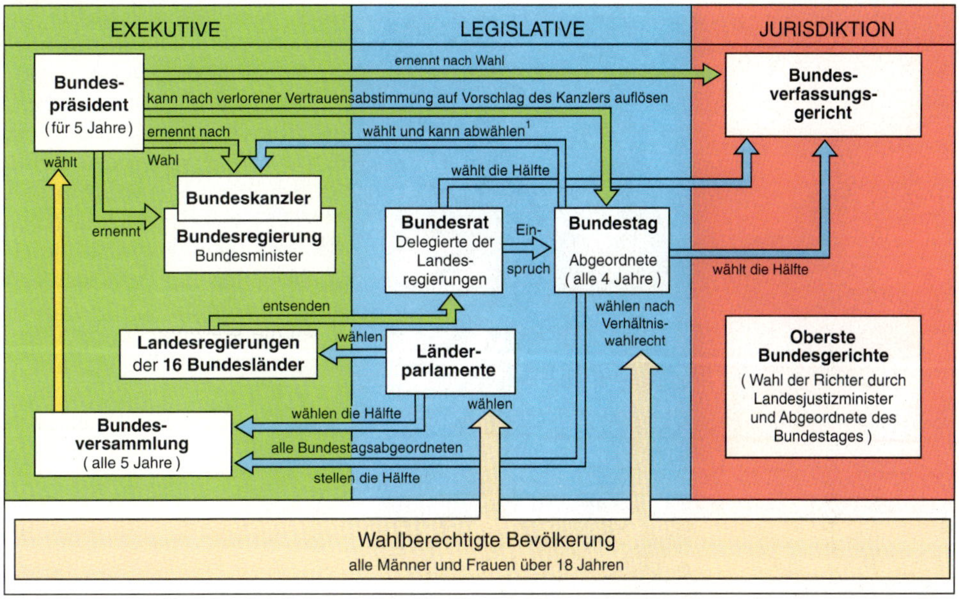

[1] Abwahl nur durch konstruktives Misstrauensvotum, d. h. bei gleichzeitiger Wahl eines neuen Kanzlers

teilt. Dazu gehörte vor allem ein föderalistischer Aufbau. Die Länder, die seit 1946/47 gewählte demokratische Regierungen hatten, sollten gegenüber der Zentralregierung ein starkes Gewicht haben. Insbesondere Frankreich sah im Föderalismus einen Schutz vor einer Konzentration politischer Macht in Deutschland. Darüber hinaus behielten sich die Alliierten vor jederzeit in das staatliche, politische und wirtschaftliche Leben einzugreifen. Zum anderen wollte man die Schwächen und Fehler der Weimarer Verfassung dadurch korrigieren,

- dass die Regierung und der Kanzler gegenüber dem Parlament eine stärkere Stellung bekommen sollten,
- dass die Rolle des Präsidenten auf Repräsentationspflichten beschränkt sein sollte,
- dass ein Verfassungsgericht über die Einhaltung des Grundgesetzes wachen sollte.

Trotz dieses Rahmens für einen Rechtsstaat gab es bei den Beratungen noch genügend Spielraum für politischen Streit. Vor allem zwischen den Vertretern von CDU und SPD bestanden vielfach Unterschiede darüber, welche Lehren aus dem Scheitern der ersten deutschen Republik gezogen werden sollten. Stand für die SPD z. B. fest, dass die soziale Ordnung und sozialen Rechte stärker in der Verfassung verankert werden müssten, so meinte die CDU, dass die – schließlich verabschiedete – allgemeine Formulierung, „die Bundesrepublik ist ein demokratischer und sozialer Bundesstaat“, ausreichte. Anfang Mai 1949 konnte der Parlamentarische Rat schließlich den Westalliierten und den Länderparlamenten einen verabschiedeten Entwurf zur Billigung vorlegen, der am 23. Mai als Grundgesetz der Bundesrepublik Deutschland in Kraft trat.

Anders als in der Weimarer Republik sind die Grundrechte* kein Anhängsel der Verfassung, sondern bestimmen das Grundgesetz. Sie garantieren nicht nur die Freiheitsrechte der Bürger und die Würde des Einzelnen, sondern legen dem Staat auch die Verpflichtung auf in der Politik dafür zu sorgen, dass jeder Bürger sie wahrnehmen kann. Den Parteien ist ein besonderes Mitwirkungsrecht bei der politischen Willensbildung zugesprochen worden, in Programm und Aufbau sind sie dafür aber auch an die Grundwerte der Verfassung gebunden. Und schließlich ist der Sturz der Regierung durch das sogenannte konstruktive Misstrauensvotum erschwert, d. h., ein Bundeskanzler kann nur abgewählt werden, wenn der Bundestag mit der Mehrheit seiner Abgeordneten gleichzeitig einen neuen Kanzler wählt.

Im August 1949 fanden die Wahlen zum ersten Bundestag statt, im September wurde Konrad Adenauer auf Vorschlag des ersten Bundespräsidenten Theodor Heuss zum Bundeskanzler gewählt. Die Staatsgründung in den bisherigen Westzonen war damit endgültig vollzogen. Allerdings fehlte dieser neu geschaffenen Bundesrepublik Deutschland die volle Souveränität. Noch konnten die Westalliierten durch das

„Zwei Volk, zwei Reich, zwei Führer." Karikatur aus dem „Simpl", 1949

Besatzungsstatut die politische Entwicklung kontrollieren. Die Reaktion in der sowjetischen Zone ließ nicht lange auf sich warten: Am 7. Oktober 1949 erfolgte die Staatsgründung der Deutschen Demokratischen Republik. Mit Wilhelm Pieck (ehemals KPD) als Staatspräsidenten, dem ehemaligen Sozialdemokraten Otto Grotewohl als Ministerpräsidenten und mit dessen Stellvertreter Walter Ulbricht (ehemals KPD) trat einige Wochen nach der Bonner Regierungsbildung eine zweite deutsche Regierung in Berlin-Pankow an die Öffentlichkeit. Wie hatte sich in der sowjetischen Besatzungszone dieser Prozess vollzogen?

Schon Ende 1946 hatte die SED einen Verfassungsentwurf für Gesamtdeutschland vorgelegt. Ein „Deutscher Volksrat" beriet seit Frühjahr 1948 auf der Grundlage dieses Entwurfs eine Verfassung für eine demokratische Republik. Parallel zu den Beratungen des Parlamentarischen Rates in den Westzonen entstand hier eine Verfassung, die auch mit dem Anspruch auftrat für Gesamtdeutschland Gültigkeit zu erlangen, notfalls aber als Verfassung eines ostzonalen Teilstaates benutzt werden konnte. Und die SED-Führung sah diesen Notfall gekommen, als das Grundgesetz kurz vor seiner Verabschiedung stand. Ein „Dritter Volkskongress" – hervorgegangen aus Wahlen, bei denen Enthaltungen und ungültige Stimmen als Ja-Stimmen zur Einheitsliste gewertet wurden – verabschiedete die Verfassung für eine „Deutsche Demokratische Republik", der Volksrat erklärte sich als Volkskammer zum ersten provisorischen Parlament und beauftragte Otto Grotewohl mit der Bildung einer Regierung der DDR. Aus vier Besatzungszonen waren zwei deutsche Staaten geworden.

Fragen und Arbeitsaufgaben

1. *Wer hatte nach dem Potsdamer Abkommen tatsächlich die oberste Gewalt in Deutschland inne?*
2. *Welche Ziele wurden mit der Entnazifizierung verfolgt? Welche Probleme warfen die praktischen Maßnahmen zur Entnazifizierung auf?*
3. *Was wurde im Potsdamer Abkommen zur Regelung der deutschen Ostgrenze gesagt?*
4. *War das Kriegsende 1945 eine Niederlage oder eine Befreiung? Begründe deine Meinung.*
5. *Beschreibe, wodurch der Alltag der Menschen nach dem Kriegsende bestimmt war.*
6. *Erkläre, wie und warum sich das politische Leben in der sowjetisch besetzten Zone anders entwickelte als in den Westzonen.*
7. *Erkläre, warum die Errichtung der Bizone, die Währungsreform und die Berliner Blockade entscheidende Stationen auf dem Weg zur deutschen Teilung waren.*
8. *An welchen Vorbildern orientierten sich das Grundgesetz der Bundesrepublik und die Verfassung der DDR?*
9. *Konnte die Teilung Deutschlands in zwei Staaten nicht verhindert werden? Begründe deine Meinung.*

Als der Krieg zu Ende war

Überleben – aber wie?

1 *Umfrageergebnisse der amerikanischen Militärregierung über die Hauptsorgen der Deutschen 1945–1948. Auf die Frage: „Was sind momentan ihre größten Sorgen", antworteten:*

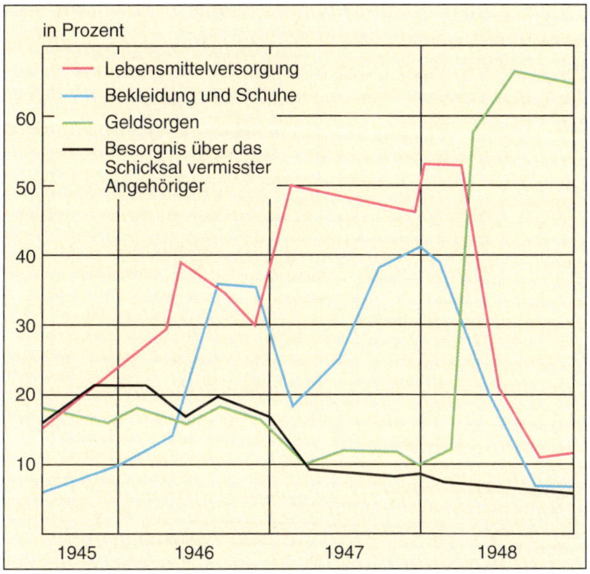

nach: A. J. und R. L. Merrit, Public opinion in occupied Germany, Urbana 1970, S. 16–17.

2 *„Kohlenklauben" im Winter 1945/46*

3 *Aus einem Situationsbericht eines Landrats im Ruhrgebiet vom Dezember 1945:*

Q Die Stimmung in der Bevölkerung ist allgemein depressiv. Zwischen Hoffen und Fürchten wird schwunglos die tägliche Pflicht erfüllt. Die ungeklärte politische und wirtschaftliche Situation Deutschlands wirkt sich ungeheuer hemmend auf allen Lebensgebieten aus. Die Forderung nach endlicher Klarheit über das künftige Schicksal wird allgemein erhoben. Die Ungeklärtheit der Lage bietet gewissen Elementen reichlich Gelegenheit, Gerüchte in die Welt zu setzen und Kombinationen anzustellen. Die politische Willens- und Meinungsbildung wird dadurch negativ beeinflusst. Sachliche Differenzen unter den alliierten Mächten werden benutzt, um eine bestimmte Psychose im deutschen Volk zu erzeugen und eine objektive Willensbildung und einen tatkräftigen Krafteinsatz zu verhindern.

Das deutsche Volk ist durch die 12 Jahre lange Naziherrschaft des freien Spiels der Kräfte und des Geistes entwöhnt und nun durch die plötzliche Meinungsfreiheit in seelische und geistige Turbulenz geraten. Die Enttäuschung über das Verhalten der Alliierten zu unmittelbaren Lebensfragen des deutschen Volkes ist groß, es herrscht eine stark auffällige Kritik vor. Man sagt, dass das tatsächliche Verhalten gegenüber dem deutschen Volke in großem Widerspruch zu den Verheißungen vor Kriegsende und zu den allgemein anerkannten Grundsätzen des demokratischen Prinzips und Völkerempfindens stehe. „Die Alliierten sind nicht besser als die Nazis", so lautet sehr häufig die Formulierung. Besonders unverstanden sind gewisse wirtschaftliche Maßnahmen …

Die Stimmung ist wie gesagt depressiv, aber noch nicht fatalistisch. Durch geeignete Maßnahmen auf dem Gebiete der Ernährung, Bekleidung und Wohnungswirtschaft kann viel dazu beigetragen werden den durchaus gesunden Kern des deutschen Volkes gesund zu erhalten und positiv einzusetzen. Bekommt das deutsche Volk den begründeten Glauben, dass es nur noch eine kurze Zeit alle Kräfte anzuspannen und dann Aussicht auf Wiedergenesung hat, dann wird es auch diese Leistung noch vollbringen. Ein gefoltertes und geschundenes Volk lechzt nach Gerechtigkeit.

zit. nach: Ch. Kleßmann und P. Friedmann, Streiks und Hungermärsche im Ruhrgebiet 1946–1948, Frankfurt/M. 1977, S. 94–96.

4 *Aus der Berliner Zeitung „Telegraf" vom Juni 1947:*

Q Einem hungrigen Freunde wurde ein Pfund Butter für 320 Reichsmark angeboten. Er nahm sie auf Kredit, weil er so viel Geld nicht hatte. Er wollte sie morgen bezahlen. Ein halbes Pfund bekam seine Frau. Mit dem Rest gingen wir „kompensieren“: In einem Tabakladen gab es für das halbe Pfund 50 Zigaretten. Zehn Stück behielten wir für uns. Mit dem Rest gingen wir in eine Kneipe. Wir rauchten eine Zigarette und das Geschäft war perfekt. Für die 40 Zigaretten erhielten wir eine Flasche Wein und eine Flasche Schnaps. Den Wein brachten wir nach Hause ... Bald fand sich ein Bauer, der uns für den Schnaps zwei Pfund Butter eintauschte. Am nächsten Morgen brachte mein Freund dem ersten Butterlieferanten sein Pfund zurück, weil es zu teuer sei. Unsere Kompensation hatte eineinhalb Pfund Butter, eine Flasche Wein, zehn Zigaretten und das Vergnügen eines steuerfreien Gewerbes eingebracht.

zit. nach: H. Glaser, Man war unterwegs, Kultur der Trümmerzeit – Stichjahr 1947, Das Parlament Nr. 32/8. August 1987, S. 17.

5 *„Wann wird Frieden sein?“ Gedicht von Karl Schnog aus dem Jahr 1948:*

Wenn in aller Welt die Kinder lachen,
Wenn die Mieten steigen und die Drachen,
Wenn die Ärzte nach Patienten schrein;
Wenn's von Häusern leuchtet:
„Frisch gestrichen“,
Wenn man Hüte ablegt, deren Band verblichen,
Wenn der U-Bahn-Nachbar flüstert:
„Sie verzeihn“.
Dann wird endlich Frieden sein.

Wenn man Silos baut und Lagerschuppen,
Wenn ein Backfisch fragt:
„Was ist das – Truppen?“ ...

Wenn das Zähnezieh'n die größte Pein;
Wenn die Zeitungen von Fettsucht melden,
Wenn nur Sportgewinner große Helden.
Dann wird endlich Frieden sein.

Wenn die Mütter froh die Kinder schwenken,
Wenn die Onkels Neffen Uhren schenken,
Wenn man Wohnung wechselt ohne Schein;
Wenn, wer's Auto kauft, auch selber steuert,
Wenn man Hausrat, der nicht passt, erneuert,
Wenn man Fleisch hat und lädt Freunde ein.
Aber, Enkelchen, wann wird das sein?

1. *Erarbeite aus den Materialien 1 bis 5 die Versorgungslage der Bevölkerung in den Jahren 1945–1948?*
2. *Wie versuchten die Menschen ihre Lage zu verbessern?*
3. *Beschreibe nach Quelle 3 die Stimmung und Wünsche der Menschen in den ersten Nachkriegsjahren.*

Erinnerungen an 1945

6 *Die Schriftstellerin Ingeborg Drewitz, während der nationalsozialistischen Herrschaft in Berlin aufgewachsen und im Jahr 1945 22 Jahre alt:*

D War das Jahr 1945 schon das Jahr des Anfangs, das Jahr der Erlösung? „Die Hitler kommen und gehen, aber das deutsche Volk, der deutsche Staat bleibt bestehen – Stalin“ stand auf den nach der Kapitulation Berlins am 2. Mai hastig aufgestellten Anschlagbrettern zu lesen. Hitler war tot, viel zu spät. Die Millionen Toten des Krieges waren noch nicht addiert. Das Land war verwüstet, die Städte zerstört, die große Flucht hatte eingesetzt. Die moralische Katastrophe drang kaum schon durch das Elend ins Bewusstsein der Deutschen. Die Lügen der Nazis, die Perversität ihrer Verbrechen waren vom Schmerz verschüttet, der kaum eine Familie ausgelassen hatte. Die Zukunft hatte keine Konturen, aber die reinen Wörter: Brüderlichkeit, Toleranz, Frieden waren noch gültig, hatten noch Hoffnungswert.

Schon in der ersten Woche nach dem 8. Mai wurden Lebensmittelkarten ausgegeben, Anrecht auf Minimalrationen, aber die Versorgung der großen Stadt war vorbereitet. Schon Mitte Mai wurden die Schulen wieder eröffnet und Russisch als Pflichtfach eingeführt ...

Im Stadtparlament waren vier Parteien vertreten, der Alliierte Kontrollrat nahm seinen Sitz in Berlin, die Alliierte Kommandantur kontrollierte die deutsche Verwaltung, von August an erschienen in allen Sektoren sieben lizensierte Tageszeitungen, im September wurde der Festakt für die Opfer des Faschismus gehalten und Weihnachten wurde in überfüllten Kirchen und Gemeindesälen gebetet. Brüderlichkeit, Toleranz, Frieden – aber das deutsche Volk, der deutsche Staat bleiben bestehen ...

Oder war es noch anders? Waren da nicht die Romane und Gedichte, die von Hand zu Hand gingen, auf grauem Papier, schlecht gesetzt, lange verbotene Autoren, die wieder zu lesen, neuzulesen Tradition und Anfang verband? Oder die Konzerte in den halb zerstörten Wohnungen? Oder die Theater, ungeheizt, Stätten der leidenschaftlichen Auseinandersetzung mit dem Tod, mit dem Leben, selten genug schon mit der eigenen Zeit, mit der eigenen oder kollektiven Schuld ...

Damals, als die Nachrichten sich verdichteten: Hiroshima und Auschwitz und Majdanek und Treblinka und Buchenwald und Dachau, und – hinter der Hand geflüstert: Workuta, aber auch Bautzen –, damals war Fidelio noch Trost. Es kommt auf uns an, sagten wir, auf jeden von uns. Und das war unsere Hoffnung. Das war endlich unsere Hoffnung. Vielleicht denken wir deshalb an jenes Jahr wie an einen Anfang zurück, der uns abhanden gekommen ist.

7 Der Journalist Walter Dirks, geboren 1901, der während der nationalsozialistischen Herrschaft Schreibverbot hatte:

D Es gab am Ende der schlimmen Jahre, die dem Scheitern unserer Bemühungen um eine soziale, wirtschaftsdemokratische, friedliche und friedensbewusste Republik folgten, nicht wenige Deutsche, die auf Hitlers Untergang warteten und sich Gedanken über die Richtung machten, die wir nach dem Ende des bösen Zwischenspiels würden einzuschlagen haben ... In unserer Konzeption gingen wir von der Voraussetzung aus, dass die überlebenden alten und neuen Sprecher aller in Frage kommenden produktiven Schichten und Gruppen, insbesondere die großen Parteien, in der Verborgenheit der zwölf Jahre des Regimes und des Krieges intensiv beobachtet, nachgedacht, gelernt und ein geläutertes nüchternes Konzept der neuen Aufgaben entwickelt hätten. Wir dachten so groß von der Reinigungskraft der Verfolgung und des Krieges, dass wir unter anderem mit zwei historischen „Versöhnungen" rechneten: der zwischen den Sozialisten und den Christen und der zwischen den beiden seit 1917 und 1919 verfeindeten Flügeln der sozialistischen Arbeiterbewegung. Wir unterschätzten dabei sowohl die ideologischen Absichten und die Interessen der Amerikaner als auch die Regenerationskraft des im Faschismus disqualifizierten und durch die letzten Zerstörungen zunächst irreal gewordenen Kapitalismus. Gegen den Weiterbestand des kleinen und mittleren Produktionseigentums der Industrie, des Handwerks, des Handels, der Bauern war nichts einzuwenden – wir waren keine Ideologen –, aber den Kern der großen Produktion dachten wir eingebunden in einen von oben, vom demokratischen Staat her, und von unten („genossenschaftlich") zusammenwachsenden Sozialismus; seine Motivationen glaubten wir in den beiden Traditionen der Arbeiterbewegung und im sozialen Impuls des Christentums vorzufinden. Wir haben uns getäuscht und zum zweiten Mal ist in unseren Augen eine real-mögliche große humane Konzeption der deutschen Gesellschaft und des Staates misslungen.

Mat. 6 u. 7: Das Ende, das ein Anfang war, Freiburg 1981, S. 32ff.

8 „Flüchtlinge in der Nettelbeckstraße", Gemälde von August Wilhelm Dressler, 1946

1. *Benenne Erlebnisse und Eindrücke, die nach Mat. 6 und 7 die Situation 1945 prägten.*
2. *Welche Hoffnungen für die Zukunft Deutschlands werden in den Texten geäußert? Nimm aus heutiger Sicht dazu Stellung.*
3. *Welche Probleme der Nachkriegszeit werden in dem Gemälde dargestellt? Vergleiche mit denen, die die Autoren von Mat. 6 und 7 ansprechen.*
4. *Vergleiche die Situation und Stimmung der Menschen im Nachkriegsdeutschland mit Situationen und Stimmungen heutiger Kriegsregionen.*

Die Bundesrepublik 1949–1989

Die Außenpolitik: Westintegration als einziger Weg?

Die Gründung der beiden deutschen Staaten hat die Mehrheit der Bevölkerung in der Bundesrepublik 1949 wenig interessiert; Probleme des Nachkriegsalltags brannten viel stärker auf den Nägeln als die „hohe Politik". Dass Deutschland gespalten bleiben würde, mochte allerdings fast niemand glauben. Aber welchen Kurs sollte die Bundesrepublik einschlagen, um einer Wiederherstellung der Einheit Deutschlands näher zu kommen?

Die Idee vom geeinten Europa

Für die Politiker der Bundesrepublik Deutschland warf die Idee vom geeinten Europa ein grundlegendes Problem auf: Bedeutete nicht jeder Schritt zur Integration der Bundesrepublik in ein westeuropäisches Bündnissystem – die sogenannte Westintegration – zugleich, dass die deutsche Teilung vertieft würde? Oder war die Westintegration vielleicht das Mittel, um nach der Gründung zweier Staaten langfristig eine Situation in Europa zu schaffen, die auch die Einheit Deutschlands wieder ermöglichen würde?
Für den ersten Bundeskanzler Konrad Adenauer stand die Antwort auf diese Fragen schon frühzeitig fest: Westintegration – Wiederbewaffnung – Wiedervereinigung. Nur in dieser Reihenfolge konnte er sich eine Lösung für Deutschland unter den Bedingungen des Kalten Krieges vorstellen. Er ging davon aus, dass sich die Bundesrepublik vorbehaltlos an das westliche Bündnis zu binden habe, selbst wenn dafür nationale Interessen kurzfristig zurückgestellt werden müssten. Nur aus einer westeuropäischen Gemeinschaft heraus und als Bündnispartner einer europäisch-amerikanischen Allianz könnte die Frage nach einer Wiedervereinigung Deutschlands gestellt werden. Jeder nationale Alleingang, jeder Anklang an eine „Rapallo-Politik" (siehe S. 73) sollte vermieden werden. Was dieses Konzept in der konkreten Situation Anfang der 50er Jahre bedeutete, kann der Plan zum Aufbau einer Europäischen Verteidigungsgemeinschaft (EVG) und die Reaktion der Sowjetunion darauf verdeutlichen.

EVG und Stalin-Noten

Nach der Gründung der NATO im April 1949 und noch vor dem Ausbruch des Koreakrieges Ende Juni 1950 (siehe S. 155f.) war im westlichen Bündnis schon mehrfach die Frage diskutiert worden, ob die Bundesrepublik Deutschland nicht im Rahmen der NATO-Streitkräfte einen Verteidigungsbeitrag leisten sollte. Adenauer selbst hatte einen solchen Beitrag angeboten mit dem Ziel der Gleichberechtigung der Bundesrepublik gegenüber den anderen westeuropäischen Staaten näher zu kommen und die eingeschränkte Souveränität aufgrund des Besatzungsstatuts zu lockern. Bisher waren jedoch gegen eine deutsche Wiederaufrüstung bei den westeuropäischen Staaten starke Widerstände laut geworden. Barg sie nicht die Gefahr der Entstehung eines neuen deutschen Militarismus?
Der Koreakrieg änderte die Situation in vielen Ländern, ohne allerdings alle Vorbehalte abzubauen. Hieraus entstand die französische Initiative der *Europäischen Verteidigungsgemeinschaft* (EVG): Die Bundesrepublik sollte zwar Truppen aufstellen, diese sollten aber in eine europäische Armee eingebunden werden, so dass es keine selbständigen deutschen Truppen geben würde. Mit der EVG sollte gleichzeitig das Besatzungsstatut wegfallen, die Bundesrepublik also ihre volle Souveränität erhalten. Ein zentrales Ziel der außenpolitischen Konzeption Adenauers wäre damit verwirklicht worden.
Die Sowjetunion versuchte mit allen Mitteln das Zustandekommen der EVG zu verhindern. Noch vor der Unterzeichnung des EVG-Vertrages bot Stalin im Frühjahr 1952 den Westmächten an in ganz Deutschland freie Wahlen durchzuführen unter der Bedingung, dass Deutschland sich zur Neutralität verpflichtete. Manche sahen in dem Vorschlag eine echte Chance für eine Wiedervereinigung.
Die Westmächte und die Bundesregierung dagegen werteten ihn damals als Störmanöver. Der Preis einer Neutralität Deutschlands schien ihnen zu hoch, sie lehnten deshalb Verhandlungen darüber ab. Neue sowjetische Quellen haben jetzt die Vermutung bestätigt, dass es sich wohl tatsächlich um eine schon längerfristig geplante Propaganda-Aktion der Sowjetunion gehandelt hat. Dass die EVG dann doch nicht zustande kam, lag schließlich an der Ablehnung durch das Parlament in Frankreich, das sich dagegen aussprach die französischen Truppen einem europäischen Oberkommando zu unterstellen.

Bilanz der Westintegration

Nach diesem schweren Rückschlag für die Außenpolitik Adenauers und die Einigung Westeuropas kam jedoch in erstaunlich kurzer Zeit eine „Ersatzlösung" zustande. Am 5. Mai 1955 wurde mit Inkrafttreten der Pariser Verträge eine Art Generalbereinigung der westeuropäischen Nachkriegspolitik vorgenommen. Die Bundesrepublik trat der

NATO bei und wurde souverän. Für das bisher eng mit Frankreich verbundene Saarland war eine europäische Regelung vorgesehen. In einer Volksabstimmung entschied sich aber die Bevölkerung an der Saar mit großer Mehrheit gegen die Europäisierung, so dass das Saarland 1957 als elftes Bundesland zur Bundesrepublik kam.
Die politische, wirtschaftliche und militärische Westintegration – bis heute Grundlage bundesrepublikanischer Außenpolitik – war jedoch keineswegs unumstritten. Ihre Durchsetzung stieß während der 50er Jahre immer wieder auf heftige Opposition der SPD, der Gewerkschaften und von Teilen der evangelischen Kirche. Besonders als 1958 die atomare Bewaffnung der Bundeswehr – allerdings ohne deutsche Verfügungsgewalt über Atomwaffen – zur Diskussion stand, gab es Ablehnung und Protest. Doch an der grundsätzlichen Linie der Adenauerschen Politik änderte dies nichts. Durch Westintegration und Wiederaufrüstung wollte Adenauer die Sowjetunion zu Verhandlungen über die Wiedervereinigung bewegen.
Doch bisher hatten sich keine Erfolge bei der Überwindung der Teilung eingestellt. Im Gegenteil: Die 1955 aus der „Politik der Stärke" entwickelte „Hallstein-Doktrin" engte den außenpolitischen Spielraum gegenüber den osteuropäischen Staaten und auch den Ländern der Dritten Welt ein. Die Bundesrepublik brach nach dieser Doktrin zu all den Staaten, die die DDR anerkannten, die diplomatischen Beziehungen ab. Sie begründete diese Politik damit, dass sie als einzige deutsche Regierung aus freien Wahlen hervorgegangen sei. Nur die Sowjetunion als ehemalige Besatzungsmacht wurde von der Hallstein-Doktrin ausgenommen.
Obwohl die Außenpolitik Adenauers keine Fortschritte in der Frage der Wiedervereinigung vorweisen konnte, wurde sie in der Öffentlichkeit als erfolgreich angesehen und von einer breiten Zustimmung in der Bevölkerung getragen.

Die wirtschaftliche und soziale Entwicklung: Aufschwung für alle?

Soziale Marktwirtschaft und das „Wirtschaftswunder"

Außenpolitische Westbindung und der Wirtschaftsaufschwung in der Ära Adenauer hingen eng zusammen. Die westdeutsche Wirtschaftsentwicklung übertraf in den 50er Jahren die kühnsten Erwartungen und führte zu einem bis dahin in Deutschland noch nicht gekannten Massenwohlstand. Das populäre Schlagwort vom „Wirtschaftswunder" darf allerdings nicht verdecken, dass es hinter einer glänzenden Fassade noch Armut und soziale Ungleichheit gab.
Da die Wirtschaft ständig wuchs und auch der „kleine Mann" seinen Teil vom Kuchen des Wirtschaftswunders bekam, nahm die Bevölkerung in ihrer Mehrheit soziale Ungerechtigkeiten und ungleiche Vermögensverteilung hin. Jede Forderung nach staatlicher Planung stieß außerdem schon deswegen auf Ablehnung, weil die Zentralverwaltungswirtschaft in der DDR, wo der Lebensstandard viel niedriger lag, abschreckend wirkte.
Wie ist das Wirtschaftswunder zu erklären? Die wichtigsten Gründe dafür waren: niedrige Löhne und hohe Arbeitsleistungen, die deutsche Produkte im Inland und auf dem Weltmarkt billig machten, der Abbau nationaler Zollschranken, steuerliche Anreize für die Unternehmer, ein hohes Angebot gut ausgebildeter Arbeitskräfte, das durch Flüchtlinge aus der DDR ständig stieg, und eine günstige Entwicklung der Weltwirtschaft. Es gab zwar konjunkturelle Schwankungen im Wirtschaftswachstum, aber bis Mitte der 60er Jahre kam es zu keiner schweren ökonomischen Krise. Erst 1966/67 mussten die Deutschen wieder die Erfahrung einer Rezession machen. Wirtschaftlich war damit das „Ende der Nachkriegszeit" erreicht. Erstmals seit 15 Jahren musste die deutsche Bevölkerung erleben, dass es doch nicht nur aufwärts ging.

Sozialpolitische Grundsteine

Neben dem allgemeinen Wirtschaftsaufschwung sorgte ein umfassendes sozialpolitisches Programm dafür, dass die von Kriegsfolgen besonders hart Betroffenen wenigstens einen Ausgleich bekamen und so die soziale Seite der Erhardschen Marktwirtschaft nicht in Vergessenheit geriet.
Mit dem 1950 anlaufenden *sozialen Wohnungsbau* löste die Regierung eines der dringendsten Nachkriegsprobleme. Allein von 1950 bis 1955 entstanden 1,8 Millionen Wohnungen für Personen mit niedrigem Einkommen. Für Flüchtlinge und Vertriebene brachte 1952 das *Lastenausgleichsgesetz* eine endgültige Regelung, nachdem ihnen zuvor mehrfach durch einzelne gesetzliche Maßnahmen geholfen worden war.
Eine der wichtigsten Maßnahmen betraf die Bevölkerungsgruppe, die besonders kümmerlich lebte: die Rentner. Nach langen Diskussionen verabschiedete Anfang 1957 der Bundestag mit den Stimmen der Opposition das Gesetz zur Einführung der sogenannten *„dynamischen Rente"*. Vorher war die Höhe der Rente von den Beiträgen abhängig gewesen, die der Rentner und sein Arbeitgeber im Laufe des Berufslebens aufgebracht hatten. Das neue Modell ging von einem „Generationenvertrag" aus: Die Arbeitenden finanzieren die Renten der Nichtmehrarbeitenden mit und können darauf rechnen, dass auch ihre eigene Rente von einer künftigen

Generation mitgetragen wird. So ist es möglich, dass die Rente den durchschnittlichen Lohnsteigerungen angepasst, d. h. „dynamisiert“ wird und erheblich höher liegt, als wenn sie nur aus den eigenen Beiträgen finanziert werden müsste. Als eine sozialpolitische Grundlage der Bundesrepublik muss auch die 1951 eingeführte *Montanmitbestimmung* betrachtet werden. Arbeit und Kapital waren nach diesem Gesetz in den Aktiengesellschaften der Stahl- und Bergbauindustrie gleichberechtigt (Parität), im Vorstand waren die Gewerkschaften mit einem Mann ihres Vertrauens, dem Arbeitsdirektor, vertreten. Für die Gewerkschaften hatte die Montanmitbestimmung einen hohen Stellenwert, denn sie sahen darin – nach den gescheiterten Versuchen einer Sozialisierung der wichtigsten Industrien in den ersten Jahren der Nachkriegszeit – den ersten Schritt zur Einführung der Demokratie in der Wirtschaft. Doch ihre Hoffnungen wurden enttäuscht. Ihr Ziel, die paritätische Mitbestimmung auch in anderen Industriezweigen durchzusetzen, scheiterte.

Politische Entwicklung und politische Kultur: Keine Experimente

Innenpolitische Stabilität

Im Vergleich zur politischen Instabilität der Weimarer Republik ist für die Bundesrepublik die ruhige politische Entwicklung kennzeichnend (siehe Tabellen S.76 und S. 227). Zwar gab es im ersten Bundestag noch 12 Parteien, schon nach den Wahlen 1953 zeichnete sich jedoch das Vier-Parteien-System von CDU, CSU, SPD und FDP ab, das lange Zeit für die Stabilität der innenpolitischen Entwicklung typisch war.

Durch die 1953 eingeführte Fünf-Prozent-Klausel hatten neue Splitterparteien keine Chancen. Die neonazistische Sozialistische Reichspartei (SRP) wurde 1952 nach Artikel 21 des Grundgesetzes vom Bundesverfassungsgericht verboten, weil ihre Ziele gegen die freiheitliche demokratische Grundordnung verstießen. 1956 traf das Verbot die KPD, die als politische Kraft freilich schon einige Zeit keine große Rolle mehr gespielt und die abschreckende Wirkung der Existenz und der Politik der DDR zu spüren bekommen hatte. Der Antikommunismus – auch in anderen westlichen Ländern im Zusammenhang mit dem Kalten Krieg eine weitverbreitete Erscheinung (siehe S. 155) – bekam in der Bundesrepublik der 50-er und 60-er Jahre durch die Teilung ein besonderes Gewicht; er wurde zu einem zentralen Bestandteil des politischen Selbstverständnisses vieler Bürger und hat zur innenpolitischen Stabilität der Ära Adenauer wesentlich beigetragen. Die Kehrseite aber war, dass demokratische Initiative und Opposition zur offiziellen Politik oftmals allzu schnell als „vom Osten gesteuert“ diffamiert wurden.

Die absolut bestimmende politische Persönlichkeit war der von 1949 bis 1963 regierende Bundeskanzler Konrad Adenauer, sein großer Gegenspieler der SPD-Oppositionsführer Kurt Schumacher. Adenauer hat es vermocht, die CDU/CSU zu einer Sammlungsbewegung, zu einer Volkspartei* umzuformen. In ihr fanden die unterschiedlichsten Gruppen des Bürgertums – Katholiken und Protestanten, Fa-

Wahlplakate der CDU und der CSU zu den Bundestagswahlen 1953 und 1957

Plakat gegen die atomare Bewaffnung der Bundeswehr, 1958

brikbesitzer und Kleinunternehmer, Handwerker und Angestellte, Bauern und Vertriebene sowie auch Arbeiter – trotz Interessengegensätzen – ihre neue politische Heimat. Zusammenhalt erhielt diese neue Volkspartei vor allem durch Adenauer, der seine Wahlkämpfe – gestützt auf seine Außenpolitik und die Erhardsche Wirtschaftspolitik – erfolgreich unter dem Motto „Keine Experimente" führte.

Nicht unwesentlich zur Stabilität haben aber auch die Gewerkschaften beigetragen. Gerade dadurch, dass sie eine „Gegenmacht" gegen Unternehmer und vielfach auch gegen eine unternehmerfreundliche Wirtschaftspolitik der Regierung bildeten, sorgten sie für einen gewissen sozialen Ausgleich und bauten so – absichtlich oder unabsichtlich – die in der Weimarer Republik noch ausgeprägten Klassengegensätze mit ab.

Dass sich durch politische und wirtschaftliche Stabilität das soziale Klima gegenüber Weimar verändert hatte, bekam 1957 die SPD zu spüren: Ihre Opposition gegen Westintegration und Wiederbewaffnung schlug sich nur in einem geringfügigen Zuwachs an Wählerstimmen nieder, während die CDU die absolute Mehrheit bei den Bundestagswahlen gewinnen konnte. Zwei Jahre später zog die SPD daraus die programmatische Konsequenz und verabschiedete 1959 ein neues Grundsatzprogramm. In diesem „Godesberger Programm" nahm sie Abschied von ihrer antikapitalistisch-sozialistischen Tradition und wandelte sich programmatisch zur Volkspartei, d. h., sie bemühte sich für alle wählbar zu sein. Das neue Programm hielt zwar am „demokratischen Sozialismus" als Ziel der Politik fest, ließ der politischen Praxis aber breiten Spielraum. Von besonderer Bedeutung war der Hinweis, dass die SPD die Landesverteidigung bejahte und sich damit innerhalb der SPD die Einsicht durchsetzte, dass eine Opposition gegen die vollzogene Westintegration und Wiederbewaffnung auf Dauer keinen Sinn habe.

Der Preis für die politische Stabilität

Dass „Bonn nicht Weimar" wurde, d. h. politische Stabilität einen hohen Stellenwert bekam und die Republik mit Ausnahme unbedeutender Splittergruppen von allen politischen Kräften akzeptiert wurde, forderte allerdings auch einen hohen Preis. Vergleicht man, was alle Parteien in ihren ersten Programmen als Ziele formuliert hatten, mit dem, was in der Gesellschaft Anfang der 60er Jahre verwirklicht worden war, dann wird deutlich, dass auf vielen Gebieten keine wirkliche Neuordnung stattgefunden hatte. Schon unter den Zeitgenossen wurde deshalb die „Restauration" kritisiert, weil sich in bestimmten Bereichen – z. B. im Bildungswesen – nach anfänglichen Neuansätzen bald wieder traditionelle Vorstellungen durchsetzten.

Ein besonders deutliches Beispiel hierfür ist die Stellung der Frau: Im Grundgesetz wurde der Frau zwar die Gleichberechtigung als Grundrecht garantiert, die Wirklichkeit wies ihr aber zunehmend wieder die Rolle als Hausfrau und Mutter zu (siehe S. 252–253). Wenn Demokratie von kritischem Engagement und Mitbestimmung des Einzelnen lebt, so zeigte die Mehrheit der Bevölkerung der Bundesrepublik besonders in den 50er Jahren daran einen erheblichen Mangel. Zwar lag die Wahlbeteiligung stets sehr hoch, aber nach Umfragen interessierten sich nur wenige stark für Politik. In den 60er Jahren änderte sich diese Situation.

Das wirkliche Ende dieser ersten Phase in der Geschichte der Bundesrepublik kam aber erst, als 1966 Ludwig Erhard, der „Vater des Wirtschaftswunders", der 1963 Adenauer als Bundeskanzler gefolgt war, zurücktreten musste, weil er keine Lösung für die erste Wirtschaftskrise der Bundesrepublik anbieten konnte. Besonders auf Betreiben des stellvertretenden SPD-Vorsitzenden Herbert Wehner wurde im Dezember 1966 eine Große Koalition aus CDU/CSU und SPD gebildet.

Der Umbruch während der Großen Koalition

War die neue Koalition ein Beweis dafür, dass die parlamentarische Demokratie* funktionierte, weil nach 17 Jahren Opposition nun auch die SPD an der Regierung beteiligt war? Oder war die „Elefanten-Hochzeit" der beiden großen Parteien eine schwere Gefährdung der Demokratie, weil eine Kontrolle der Regierung durch die kleine FDP-Opposition kaum noch möglich war? Die Meinungen darüber gingen damals weit auseinander.

1966–1989: Große Koalition, sozialliberale Ära und christlich-liberale Regierung

Stabilitätsgesetz und Notstandsgesetzgebung

Als Erstes versuchte die Regierung der Großen Koalition mit dem Wirtschaftsminister Karl Schiller (SPD) und dem Finanzminister Franz Josef Strauß (CSU) die wirtschaftlichen Schwierigkeiten mit neuen Mitteln zu bewältigen. Während die staatliche Wirtschaftspolitik bisher nach dem „Feuerwehrprinzip" vorgegangen war und erst dann half, wenn es „brannte", sollte nach dem 1967 verabschiedeten Stabilitätsgesetz der Staat gezielt in die Wirtschaft eingreifen können, um Krisen zu vermeiden. Diesem Ziel dienten eine neuartige mittelfristige, staatliche Finanzplanung und die Aufnahme von staatlichen Krediten. In der „Konzertierten Aktion" wurde gleichzeitig versucht eine Abstimmung der Regierungspolitik mit den Sozialpartnern, also mit Unternehmen und Gewerkschaften, zu erreichen; Ausgleich sollte so weit wie möglich an die Stelle eines Arbeitskampfes treten. Tatsächlich gelang mit der neuen Wirtschaftspolitik eine schnelle Beseitigung der Krise. Ein rascher Konjunkturaufschwung setzte ein. Die Befürworter der Großen Koalition sahen sich bestätigt.

Doch auch die Kritiker schienen mit ihren Befürchtungen Recht zu behalten. Als im Juni 1968 die Notstandsgesetze verabschiedet wurden, regte sich heftiger Protest, denn die Regierung hatte sich – gestützt auf ihre Zwei-Drittel-Mehrheit im Parlament – das Recht geben lassen in bestimmten Notsituationen Grundrechte außer Kraft zu setzen. Besonders der Umstand, dass die Regierung anordnen konnte, wann ein „innerer Notstand" vorliege, erregte die kritische Öffentlichkeit. Waren damit wirklich vor allem Naturkatastrophen gemeint, wie die Regierung beteuerte? Oder konnten auch Streiks und Demonstrationen ein Anlass dafür sein, dass die Regierung von dieser Notstandsverfassung Gebrauch machte, wie die Gegner befürchteten?

Die Apo-Revolte gegen „das Establishment"

Obwohl auch die Gewerkschaften gegen die Verabschiedung der Notstandsgesetze kämpften, wurde ein möglicher Machtmissbrauch besonders in den Kreisen befürchtet, die sich als außerparlamentarische Opposition gegen die „etablierten Parteien" verstanden. Diese APO, wie sie von Anhängern und Gegnern genannt wurde, war keine breite, von allen Schichten und Altersgruppen getragene Bewegung, sondern eine vorwiegend von Studenten – später auch von Oberschülern – unterstützte Opposition. Begonnen hatte diese Protestbewegung als Kampf für bessere Studienbedingungen, bei der sozialistische Studentengruppen wie der „Sozialistische Deutsche Studentenbund " (SDS) mit ihren marxistischen Analysen der Gesellschaft eine führende Rolle spielten. Bald wandte sich die APO nicht mehr nur gegen autoritäre Strukturen an den Hochschulen, sondern gegen die „undemokratische Gesellschaft in den kapitalistischen Ländern" insgesamt und demonstrierte auf den Straßen gegen die amerikanische Kriegführung in Vietnam. Viele sahen in ihr den Ausdruck eines Generationswechsels, denn die meisten ihrer Wortführer und Anhänger hatten den Krieg und die unmittelbare Not der Nachkriegszeit nicht mehr oder nur als kleine Kinder erlebt. Sie waren von der Gesellschaft des „Wirtschaftswunders" geprägt, stellten aber deutlicher als die Älteren fest, dass Wohlstand, Sicherheit und Antikommunismus als Werte einer demokratischen Gesellschaft nicht ausreichten. Sie erlebten in den Prozessen gegen nationalsozialistische Verbrecher, wie wenig man sich in der Bundesrepublik mit dem Problem der Vergangenheit wirklich auseinander gesetzt hatte. Bei Boykottaufrufen, Blockaden und Straßendemonstrationen kam es zu Auseinandersetzungen mit der Polizei, die auf diese neuen Formen politischer Unruhe nicht vorbereitet war. Als am 2. Juni 1967 in Berlin (West) bei einer Demonstration gegen den Schah von Persien ein Student erschossen wurde, blieben die Demonstrationen zumeist noch friedlich. Als aber im April 1968 Rudi Dutschke, ein Wortführer der Studentenbewegung und zugleich „Buhmann" der „Bild"-Zeitung, von einem jugendlichen Rechtsradikalen angeschossen und schwer verletzt wurde, schwappte eine Welle von Gewalttätigkeit über die großen Städte der Bundesrepublik. Das Tabu der Gewalt schien gebrochen, aber es gab zugleich ein tiefes Erschrecken auf beiden Seiten über das Ausmaß der Auseinandersetzungen. Am Problem der Gewalt schieden sich schließlich die Geister; aus der 1969 zerfallenen APO gingen unterschiedliche Strömungen her-

Studentendemonstration vor dem Siegestor in München im Mai 1968

vor: Eine Handvoll enttäuschter Fanatiker verschrieb sich dem Terrorismus und bildete später im Untergrund die „Rote Armee Fraktion" (RAF) und ein anderer Teil resignierte. Ein dritter und wohl der größte Teil begab sich auf den „Marsch durch die Institutionen", um auf diesem Weg wenigstens etwas von den ursprünglichen Zielen durchsetzen zu können.

Die ersten Jahre der sozialliberalen Ära: Ein neuer Aufbruch

Die Reformpolitik

„Mehr Demokratie wagen", das war einer der Kernsätze in der Regierungserklärung des neuen Bundeskanzlers Willy Brandt, als nach den Bundestagswahlen 1969 die Große Koalition beendet und zum ersten Mal in der Geschichte der Bundesrepublik eine Regierung aus SPD und FDP – eine sozialliberale Koalition – gebildet wurde. Für die zweite Hälfte der 60er Jahre und die frühen 70er Jahre gehörte die Auseinandersetzung um „mehr Demokratie" zu den zentralen Themen in der Öffentlichkeit. Viele Neuordnungsvorstellungen aus den ersten Jahren nach dem Zusammenbruch von 1945 wurden wieder aktuell.

Durch eine Reihe von Gesetzen leitete die sozialliberale Regierung innere Reformen ein, deren zentrale Ziele sich in Begriffen wie „Mitbestimmung", „Chancengleichheit" und „Emanzipation" ausdrückten. So sollten z. B. durch das Ausbildungsförderungsgesetz und die Neugestaltung des Bildungswesens (reformierte Oberstufe, Gesamtschulen) die Schulen demokratischer gestaltet und zugleich mehr Jugendlichen die Chancen zum sozialen Aufstieg ermöglicht werden. In einem veränderten Betriebsverfassungsgesetz sah die Regierung einen entscheidenden Schritt zu mehr Mitbestimmung der Arbeitnehmer in den Betrieben.

Doch sowohl Spannungen zwischen den Koalitionspartnern SPD und FDP als auch Druck der oppositionellen CDU und vieler Interessenverbände schränkten die Reformvorhaben ein. Vor allem aber stieß diese Politik bald an die Grenzen der Finanzierbarkeit. Denn die ölproduzierenden Länder hatten 1973 das Öl als politische Waffe im Nahostkonflikt eingesetzt und die Preise um das Dreifache erhöht. Reformen, die Geld kosteten, wurden unbezahlbar.

Die neue Ostpolitik

Bereits als Außenminister der Großen Koalition hatte Willy Brandt versucht neue Wege in der Deutschland- und Ostpolitik zu gehen. Ein Durchbruch gelang aber erst, als die neue Regierung bereit war die Oder-Neiße-Linie als Westgrenze Polens anzusehen und die DDR als Staat anzuerkennen. Voraussetzung war jedoch auch, dass die osteuropäischen Staaten nicht mehr vorweg auf einer völkerrechtlichen Anerkennung der DDR und der Festschreibung eines Sonderstatus für Berlin (West) bestanden. In den Verträgen von Moskau und Warschau von 1970, im Berlin-Abkommen von 1971 und im Grundlagenvertrag mit der DDR 1972 wurde nach zähen Verhandlungen erreicht die Beziehungen der Bundesrepublik zu den osteuropäischen Nachbarn und zur DDR auf eine neue

Grundlage zu stellen und die Regelung der Zugangswege nach Berlin (West) erheblich zu verbessern. Die durch den Zweiten Weltkrieg und die Machtverschiebung von 1945 geschaffenen neuen Grenzen und Machtverhältnisse wurden grundsätzlich hingenommen. Der Kniefall des Bundeskanzlers Brandt vor dem Denkmal des ehemaligen Warschauer Ghettos war eine Geste, die mit der Erinnerung an deutsche Verbrechen in Osteuropa den Wunsch nach einem Neuanfang symbolisierte. Ziel künftiger Deutschlandpolitik sollte nun ein „geregeltes“ Nebeneinander statt der spannungsreichen Konfrontation der Vergangenheit sein.
Diese sozialliberale Ost- und Deutschlandpolitik, die international als große Leistung Brandts angesehen worden ist – er erhielt 1972 den Friedensnobelpreis – und im Rahmen ihrer Entspannungspolitik von den westlichen Verbündeten unterstützt wurde, war alles andere als selbstverständlich. Das zeigte sich an der erbitterten innenpolitischen Auseinandersetzung in der Öffentlichkeit und im Bundestag um die Ostverträge. Die ohnehin knappe Mehrheit von SPD und FDP schrumpfte durch Parteiwechsler, so dass Brandt 1972 keine Mehrheit mehr im Parlament besaß. Nachdem ein Misstrauensvotum der CDU/CSU gescheitert war, wurden Neuwahlen festgelegt.

Wahlplakat der SPD zur Bundestagswahl 1972

Nach einem ungewöhnlich heftigen Wahlkampf errang die Koalition einen großen Wahlsieg. Die Bevölkerung brachte auf diese Weise offensichtlich ihre Zustimmung zur neuen Außenpolitik zum Ausdruck.

Die sozialliberale Koalition 1974–1982

Wirtschaftskrise und Ernüchterung über die finanziellen Möglichkeiten von Reformen führten dazu, dass die große „Aufbruchstimmung“ der ersten Jahre der sozialliberalen Koalition schwand. Wie alle westlichen Staaten hatte die Bundesrepublik jetzt mit Preisanstieg, Arbeitslosigkeit und Staatsverschuldung zu kämpfen. In der Bewältigung dieser Wirtschaftsprobleme sah Bundeskanzler Helmut Schmidt, seit 1974 Nachfolger von Willy Brandt, der nach Enttarnung einer seiner Mitarbeiter als DDR-Spion zurückgetreten war, die dringendste Aufgabe seiner Regierung. Die Wege, die er dabei einschlug, führten nicht nur zu Konflikten innerhalb seiner eigenen Partei; auch zwischen SPD und FDP kam es zunehmend zu Spannungen. Außerdem zeigte sich, dass die Entspannungspolitik gegenüber den kommunistischen Ländern, die von so vielen Hoffnungen begleitet worden war, ins Stocken geriet. Die Sowjetunion nutzte eine relative Schwächeperiode der amerikanischen Außenpolitik, um ihre Raketenrüstung voranzutreiben. Unter wesentlicher Mitwirkung des deutschen Bundeskanzlers kam im Dezember 1979 der NATO-Doppelbeschluss zustande. Er sollte die Sowjetunion mit der Drohung amerikanische Pershing-II-Raketen in Mitteleuropa zu stationieren zum Abbau ihres Raketenvorsprungs veranlassen. Gegen diesen Beschluss formierte sich Widerstand aus unterschiedlichen Richtungen: Bürgerinitiativen, Kernkraftgegner, Grüne und Umweltgruppen.
1979 zeigten sich die ersten Wahlerfolge der Grünen. Ihr Programm und ihr ungewöhnlicher politischer Stil verunsicherte die Parteien des Bonner Parlaments. Das durch die Wirtschaftspolitik ohnehin angeschlagene sozialliberale Bündnis begann allmählich auseinander zu brechen. Die Umorientierung der FDP ermöglichte am 1. Oktober 1982 ein Misstrauensvotum gegen Helmut Schmidt und die Wahl des CDU-Vorsitzenden Helmut Kohl zum Bundeskanzler.

Die christlich-liberale Koalition 1982–1989

Erklärtes programmatisches Ziel der bei den Bundestagswahlen 1983 mit großer Mehrheit bestätigten Koalition aus CDU/CSU und FDP unter Bundeskanzler Kohl war es eine „Wende“ in der Politik herbeizuführen. Viele hatten erwartet, dass sich diese Wende vor allem auf die sozialliberale

Deutschland- und Ostpolitik beziehen würde. Doch als Regierungspartei setzte die CDU/CSU die von ihr vorher bekämpfte Politik in diesem Bereich fort.
Viel deutlicher trat jedoch die Wende in der Wirtschafts- und Sozialpolitik hervor. Ein neuer Wirtschaftsliberalismus nach dem Motto „Leistung muss sich wieder lohnen" wertete das Unternehmertum auf. Gleichzeitig kam es zu einem Abbau sozialer Leistungen, z. B. wurden der soziale Wohnungsbau eingestellt und die Rentenerhöhungen reduziert. Mit staatlicher Sparpolitik und Steuersenkungen sollten zuerst Investitionen gefördert und so neue Arbeitsplätze geschaffen werden. Erreicht wurde, unterstützt von einem weltwirtschaftlichen Aufschwung in den 80er Jahren, ein erneutes Wirtschaftswachstum. Die Arbeitslosigkeit von etwa zwei Millionen Erwerbstätigen blieb dagegen in den 80er Jahren bestehen. Und da das „soziale Netz" durch die Sparmaßnahmen Risse bekam, sprachen Kritiker der christlich-liberalen Koalition bald von der bundesrepublikanischen Gesellschaft als einer „Zweidrittelgesellschaft" derer, denen es gut gehe, während ein Drittel als Bedürftige und Arme zu wenig Unterstützung erhielten.
Als eine „Zeit ohne Eigenschaften" werden heute die 80er Jahre manchmal gekennzeichnet. Gemeint ist damit, dass keine klaren Konturen in der politischen Entwicklung und gesellschaftlichen Grundstimmung vorherrschten. Einerseits breitete sich wachsender Wohlstand aus, andererseits nahm die Angst vor den die Lebensgrundlagen bedrohenden Umweltschäden durch zunehmenden technischen Fortschritt zu. Zuerst von einer außerparlamentarischen Ökologiebewegung und den Grünen thematisiert griffen die anderen Parteien insbesondere seit der Explosion im sowjetischen Kernkraftwerk Tschernobyl 1986 diese zentrale Überlebensfrage auf.

Sitzverteilung der Parteien im Deutschen Bundestag 1949–1987

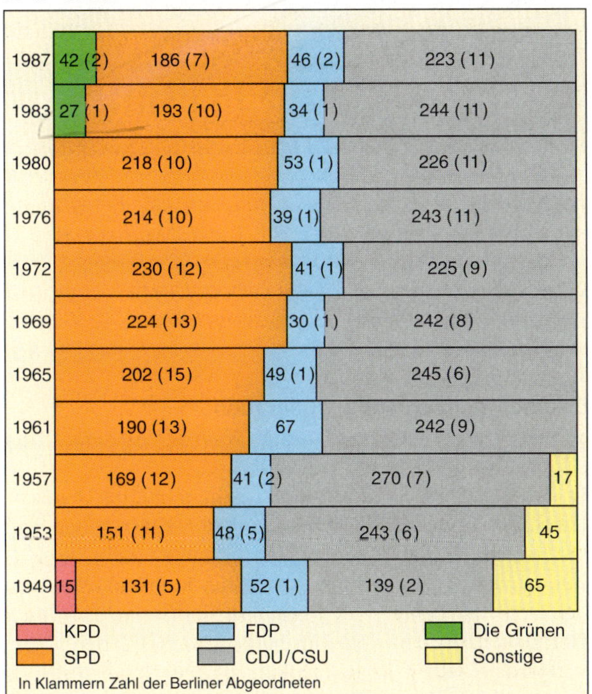

Fragen und Arbeitsaufgaben

1. *Hat die Westintegration der Bundesrepublik die deutsche Teilung vertieft oder war sie der richtige Weg, um die Einheit Deutschlands zu erreichen?*
2. *Kritiker Adenauers warfen ihm vor, dass er die deutsche Einheit gar nicht gewollt habe. Erkläre, warum dennoch die Mehrheit der Bevölkerung seine Politik guthieß.*
3. *Beschreibe die Licht- und Schattenseiten des „Wirtschaftswunders".*
4. *Erkläre, warum die Bundesrepublik im Unterschied zur Weimarer Republik für viele Jahre ein stabiles Parteiensystem aufwies.*
5. *Welche Mängel zeigte die Bundesrepublik Anfang der 60-er Jahre?*
6. *Nimm Stellung zu Zielen und Methoden der Außerparlamentarischen Opposition.*
7. *Fasse Leistungen und Versäumnisse der Regierungen zwischen 1966 und 1989 in einer Bilanz, gegliedert nach Wirtschafts-, Innen- und Außenpolitik, zusammen.*
8. *Verfasse eine kurze Geschichte der Bundesrepublik Deutschland aus der Sicht einer Frau.*

Durch Westintegration zur nationalen Einheit?

Unterschiedliche Perspektiven

1 *Karikatur von Hanns Erich Köhler, 1949*

2 *Plakat der „Gesellschaft Freiheit Europa", 1952*

3 *Die Präambel des Grundgesetzes der Bundesrepublik Deutschland vom 23. Mai 1949:*

Q Im Bewusstsein seiner Verantwortung vor Gott und den Menschen, von dem Willen beseelt seine nationale und staatliche Einheit zu wahren und als gleichberechtigtes Glied in einem vereinten Europa dem Frieden der Welt zu dienen hat das Deutsche Volk in den Ländern Baden, Bayern, Bremen, Hamburg, Hessen, Niedersachsen, Nordrhein-Westfalen, Rheinland-Pfalz, Schleswig-Holstein, Württemberg-Baden und Württemberg-Hohenzollern, um dem staatlichen Leben für eine Übergangszeit eine neue Ordnung zu geben, kraft seiner verfassunggebenden Gewalt dieses Grundgesetz der Bundesrepublik Deutschland beschlossen. Es hat auch für jene Deutschen gehandelt, denen mitzuwirken versagt war. Das gesamte Deutsche Volk bleibt aufgefordert in freier Selbstbestimmung die Einheit und Freiheit Deutschlands zu vollenden.

Unser Recht, Große Sammlung deutscher Gesetze, München 1982.

1. *Welche unterschiedlichen Stationen der Entwicklung Deutschlands werden in Mat. 1 und 2 vorhergesehen? Berücksichtige die Entstehungsjahre der Bilder.*
2. *Welche Perspektive für die Zukunft Deutschlands wird in der Präambel des Grundgesetzes formuliert? Vergleiche mit Mat. 1 und 2.*

Deutschlandpolitische Positionen

4 *Der spätere Bundeskanzler Konrad Adenauer am 31. Oktober 1945:*

Q Russland hat in Händen: die östliche Hälfte Deutschlands, Polen, den Balkan, anscheinend Ungarn, einen Teil Österreichs. Russland entzieht sich immer mehr der Zusammenarbeit mit den anderen Großmächten und schaltet in den von ihm beherrschten Ländern völlig nach eigenem Gutdünken. In den von ihm beherrschten Ländern herrschen schon jetzt ganz andere wirtschaftliche und politische Grundsätze als in dem übrigen Teil Europas. Damit ist die

Trennung in Osteuropa, das russische Gebiet, und Westeuropa eine Tatsache.
In Westeuropa sind die führenden Großmächte England und Frankreich. Der nicht von Russland besetzte Teil Deutschlands ist ein integrierender Teil Westeuropas. Wenn er krank bleibt, wird das von schwersten Folgen für ganz Westeuropa, auch für England und Frankreich sein. Es liegt im eigensten Interesse nicht nur des nicht von Russland besetzten Teiles Deutschlands, sondern auch von England und Frankreich Westeuropa unter ihrer Führung zusammenzuschließen, den nicht russisch besetzten Teil Deutschlands politisch und wirtschaftlich zu beruhigen und wieder gesund zu machen. Eine Loslösung des Rheinlandes und Westfalens von Deutschland dient dem Zweck nicht; sie würde das Gegenteil herbeiführen. Man würde eine östliche politische Orientierung des nicht russisch besetzten Teiles Deutschlands herbeiführen. Dem Verlangen Frankreichs und Belgiens nach Sicherheit kann auf Dauer nur durch die wirtschaftliche Verflechtung von Westdeutschland, Frankreich, Belgien, Luxemburg, Holland wirklich Genüge geschehen. Wenn England sich entschließen würde auch an dieser wirtschaftlichen Verflechtung teilzunehmen, so würde man dem doch so wünschenswerten Endziele, der Union der westeuropäischen Staaten, ein sehr großes Stück näher kommen.
Zum staatsrechtlichen Gefüge des nicht von Russland besetzten Teiles Deutschlands: Die Schaffung eines zentralisierten Einheitsstaates wird nicht möglich, auch nicht wünschenswert sein, der staatsrechtliche Zusammenhang kann lockerer sein als früher, etwa in der Form eines bundesstaatlichen Verhältnisses.

K. Adenauer, Erinnerungen, 1945–1953, Stuttgart 1965, S. 39–40.

5 *Der Vorsitzende der CDU in der Sowjetischen Zone, Jakob Kaiser, im Juni 1946:*

Q Und doch empfinde ich immer ein inneres Widerstreben, wenn ich heute von deutschen Politikern den Ruf nach den Vereinigten Staaten von Europa höre. Was ist unser heutiges Deutschland? Kein Reich, kein Staat, keine Gemeinschaft, kein Volk. Eine gestaltlose Masse von Heimatlosen, Hungernden, Leidenden. Mir will scheinen, als sei dieser Zustand Deutschlands nicht der geeignete Augenblick nach den Vereinigten Staaten von Europa zu rufen. Es gilt vielmehr zunächst das Schicksal zu meistern, das Deutschland heißt … Der Wille zu den Vereinigten Staaten von Europa soll nicht Flucht aus dem deutschen Schicksal, sondern Bereitschaft zu engster europäischer Gemeinschaft aus einem gesunden und geläuterten Selbstbewusstsein heraus sein …
Wer die Gesundung Deutschlands will, kann nur von der Tatsache ausgehen, dass Deutschland zwischen Ost und West gelagert ist. Die Konsequenz dieser schicksalhaften, aber auch aufgabenreichen Lage ist nicht das Entweder-oder eines West- oder Ostblocks, sondern das Sowohl-als-auch der Verständigung und des Ausgleichs zwischen den Völkern und die Gesundung aus eigenem Geist heraus.

6 *Der SPD-Vorsitzende Kurt Schumacher anlässlich der Bildung des Bizonen-Wirtschaftsrates am 31. Mai 1947:*

Q Man muss soziale und ökonomische Tatsachen schaffen, die das Übergewicht der drei Westzonen über die Ostzone deklarieren … Die Prosperität der Westzonen, die sich auf der Grundlage der Konzentrierung der bizonalen Wirtschaftspolitik erreichen lässt, kann den Westen zum ökonomischen Magneten machen. Es ist realpolitisch vom deutschen Gesichtspunkt aus kein anderer Weg zur Erringung der deutschen Einheit möglich als diese ökonomische Magnetisierung des Westens, die ihre Anziehungskraft auf den Osten so stark ausüben muss, dass auf die Dauer die bloße Innehabung des Machtapparates dagegen kein sicheres Mittel ist. Es ist gewiss ein schwerer und vermutlich langer Weg.

Quelle 5 und 6: Dokumente der deutschen Politik und Geschichte, hg. von K. Hohlfeld, Bd. 6, Berlin o. J., S. 38 und 119.

1. *Erarbeite die unterschiedlichen Positionen zur Frage der nationalen Einheit Deutschlands aus den Quellen 4 bis 6.*
2. *Nimm ausgehend von der Präambel des Grundgesetzes (Q3) Stellung zu den in den Quellen 4 bis 6 genannten politischen Wegen zur Einheit Deutschlands.*

Das „Petersberger Abkommen": Eine deutschlandpolitische Weichenstellung?

7 *Im sogenannten „Petersberger Abkommen" zwischen der alliierten Hohen Kommission der drei westlichen Besatzungsmächte und der Bundesregierung vom 22. November 1949 heißt es:*

Q 1. Die Hohe Kommission und die Bundesregierung sind sich darin einig, dass die Beteiligung Deutschlands an allen jenen internationalen Organisationen herbeigeführt werden soll, durch welche die Erfahrung Deutschlands und dessen Unterstützung zum allgemeinen Wohlergehen beitragen können … Sie stellen den auf beiden Seiten ausgesprochenen Wunsch fest, dass die Bundesrepublik bald als ein assoziiertes Mitglied in den Europarat aufgenommen und dass ein bilaterales Abkommen mit der Regierung der USA über die Mithilfe unterzeichnet werden sollte.
2. Die Bundesregierung, in Erwägung der Wünschbarkeit

der möglichst engen Mitarbeit Deutschlands bei der Wiederaufrichtung der westeuropäischen Wirtschaft, erklärt ihre Absicht das Gesuch um die Mitgliedschaft bei der Internationalen Ruhrbehörde zu stellen …

4. Es ist ferner vereinbart worden, dass die Bundesregierung nun die stufenweise Wiedererrichtung von Konsular- und Handelsbeziehungen mit jenen Ländern in die Wege leiten soll, mit denen derartige Beziehungen als vorteilhaft erscheinen …

8. In der Demontierungsfrage hat die Hohe Kommission die gegenwärtige Lage im Lichte der Zusicherung der Bundesregierung wieder erwogen und der folgenden Änderung des Programms zugestimmt. Die folgenden Werke werden von der Reparationsliste ausgenommen und die Demontierung ihrer Ausrüstung eingestellt:

a) Fabriken für synthetisches Öl und Kunstgummi: …

b) Stahlwerke: …

Alle Demontierungen in Berlin werden eingestellt.

Die Bundesrepublik in der Ära Adenauer 1949–1963, hg. von H. Dollinger, München 1966, S. 57.

8 *In einer Nachtsitzung vom 24. November 1949 diskutierte der Bundestag dieses Abkommen. In einem Bericht der „Neuen Züricher Zeitung" vom 26. November 1949 heißt es:*

D Im Laufe der Debatte wurde der Vorsitzende der SPD-Fraktion, Kurt Schumacher, für 20 Sitzungstage vom Bundestag ausgeschlossen, da er in einem Zwischenruf Dr. Adenauer als „Bundeskanzler der Alliierten" bezeichnet hatte. Der Abgeordnete Adolf Arndt (SPD) nannte den Abschluss des Abkommens vom Petersberg durch den Bundeskanzler einen „autoritären Handstreich" und forderte namens der SPD-Fraktion die Bundesregierung auf, nachträglich die Zustimmung des Parlaments zum Bonner Protokoll einzuholen. Der Abschluss sei ein neues Glied in der Kette der Versuche das Parlament auszuschalten. Eine Verständigung mit Frankreich sei auch für die SPD eine Herzenssache; sie wollte aber nicht nur eine Allianz der herrschenden Klassen, sondern eine Zusammenarbeit der Völker. Deutschlands Beitritt zum Ruhrstatut beinhalte ein internationales Abkommen, das nur durch einen Akt des Bundespräsidenten mit Zustimmung des Bundestages abgeschlossen werden dürfe. Der SPD-Abgeordnete Erich Ollenhauer erklärte, dass versucht worden sei mit Demontageerfolgen andere Dinge zu verschleiern … Bundeskanzler Dr. Adenauer verwahrte sich gegen den Vorwurf einen zu teuren Preis für Zugeständnisse bezahlt zu haben. Wenn die Bundesregierung nicht sofort gehandelt hätte, so wäre das Demontageproblem durch den Abtransport von selbst erledigt worden.

Neue Züricher Zeitung vom 26. November 1949.

1. *Welche Veränderungen in der Politik der westlichen Besatzungsmächte gegenüber der Bundesrepublik Deutschland beinhaltet das „Petersburger Abkommen"?*
2. *Erkläre die Heftigkeit der Debatte im Bundestag.*

Wiederbewaffnung und Wiedervereinigung: Eine Alternative?

9 *In der Bundestagsdebatte über die „Europäische Verteidigungsgemeinschaft" (siehe S. 220) im Februar 1952 hielt der CSU-Abgeordnete Franz Josef Strauß folgende Rede:*

Q Wir haben uns mit zwei Argumenten zu befassen, die grundsätzlich gegen einen Verteidigungsbeitrag angeführt werden. Erstens einmal: Ein deutscher Verteidigungsbeitrag verhindert die deutsche Einigung und verewigt die Spaltung unseres Volkes. Zweitens: ein deutscher Verteidigungsbeitrag erhöht die Kriegsgefahr … Meine Damen und Herren, dieses Europa kann nicht neutral sein. Dieses Europa darf niemals aggressiv sein. Aber dieses Europa muss durch seine Stärke und durch die Stärke seiner Bundesgenossen jeden Angriff für den Angreifer zum Selbstmord machen. Wir müssen dem russischen Volk und den sowjetischen Machthabern die Furcht, aber auch den Vorwand nehmen, dass eine Europäische Verteidigungsgemeinschaft Werkzeug oder Vorbereitung eines Angriffskrieges gegen das russische Volk werden kann …

Wer auf den Anschluss der Bundesrepublik an die Gemeinschaft der freien Völker verzichtet, gibt die deutsche Einheit preis, ob er will oder nicht, ob er es weiß oder nicht. Die verhängnisvolle These, die manchmal auch in der SPD angeklungen ist: Zuerst Einheit, dann Europa, wird von uns mit der klaren Parole beantwortet: Über die Einheit Europas zur Wiedervereinigung Deutschlands!

zit. nach: „Frankfurter Allgemeine Zeitung" vom 14. Februar 1952.

10 *Der SPD-Abgeordnete Erich Ollenhauer begründete die Haltung seiner Partei folgendermaßen:*

Q Die erste und entscheidende Frage ist nach unserer Auffassung die nach der Vereinbarung der Verträge mit der Aufgabe der Bundesrepublik die Wiederherstellung der deutschen Einheit in Freiheit als das vordringlichste Ziel ihrer Politik zu betrachten. Die Bundesrepublik hat nach unserer Meinung nicht das Recht internationale vertragliche Verpflichtungen einzugehen, die die Wiederherstellung der deutschen Einheit erschweren oder verhindern. Niemand kann alle Folgen voraussehen, die die Annahme der Verträge durch die Bundesrepublik auslösen wird. Eines ist aber sicher: Die Eingliederung der Bundesrepublik in das militärische Verteidigungssystem des Westens, wie sie durch den EVG-Vertrag erfolgt, kann nur zu einer Vertiefung der Spaltung Deutschlands führen. Demgegenüber ist die Annahme, dass die Aufrüstung der Bundesrepublik in der europäischen Gemeinschaft zu einer größeren Verhandlungsbereitschaft der Sowjetunion führen könnte, bestenfalls eine spekulative Hoffnung und nicht mehr. Die tatsächliche Wirkung kann auch genau umgekehrt sein.

zit. nach: Aufstieg aus dem Nichts, Deutschland von 1945–1953, hg. von K. Zentner, Köln–Berlin 1954, S. 160.

11 *Zwei Plakate, veröffentlicht anlässlich der Unterzeichnung der Pariser Verträge im Oktober 1954*

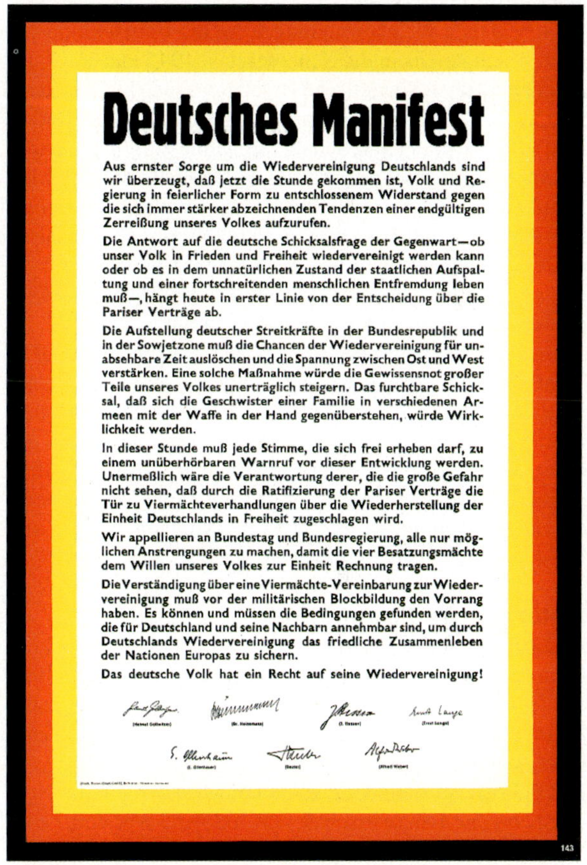

1. *Stelle die Argumente der Befürworter und der Gegner einer Wiederbewaffnung gegenüber und nimm dazu Stellung.*
2. *Benenne die Gründe dafür, dass sich die adenauersche Konzeption durchsetzen konnte. Ziehe dazu auch die Darstellung S. 220–221 heran.*

Zusammenfassende Arbeitsaufgaben:

1. *Welcher Zusammenhang besteht zwischen Westintegration, Wiederbewaffnung und nationaler Einheit?*
2. *Fasse die Entwicklung der Positionen zur nationalen Einheit von 1945 bis Ende 1954 zusammen. Nenne Alternativen zur tatsächlichen Entwicklung und beurteile ihre Realisierungsmöglichkeiten.*

Die DDR – Vom Werden und Vergehen eines sozialistischen Staates auf deutschem Boden

Von der antifaschistisch-demokratischen Umwälzung zum Aufbau des Sozialismus (1949–1952)

Revolution von oben

Entscheidende Weichenstellungen für die Entwicklung der DDR fielen bereits in die Zeit zwischen 1945 und 1949, als sie noch offiziell Sowjetische Besatzungszone hieß: Bodenreform, Verstaatlichung wichtiger Industriebetriebe, Reformen in Verwaltung und Schule. So wurde z. B. das Berufsbeamtentum abgeschafft und das traditionelle dreigliedrige Schulsystem durch eine Einheitsschule ersetzt, in der vor allem Arbeiter- und Bauernkinder und Kinder antifaschistischer Widerstandskämpfer zu höheren Schulabschlüssen gelangen sollten. All diese Maßnahmen verstand man in Ostdeutschland als eine notwendige Revolution von oben.
Dennoch wurde in den ersten Jahren des Bestehens der DDR nicht von einer sozialistischen, sondern von einer „demokratischen Ordnung auf neuen Wegen" gesprochen. Das hatte einen guten Grund: Die SED wollte verhindern, dass mit einer erklärt sozialistischen Entwicklung, etwa nach dem Vorbild der Sowjetunion, die Spaltung Deutschlands tiefer würde. Tatsächlich liefen die Entwicklungen in Ost- und Westdeutschland aber schon weit auseinander.

Einführung der Planwirtschaft

Besonders deutlich wurde das in der Wirtschaftspolitik, denn ganz nach sowjetischem Vorbild führte die SED 1950 mit der Verabschiedung des ersten Fünfjahresplans die Planwirtschaft ein. Der Staat bestimmte nun, welche Waren und Güter in welcher Menge produziert werden sollten.
Die Industriestruktur der DDR war unausgewogen: Im Norden herrschte Landwirtschaft vor, Industrie war dort kaum vertreten. Im Süden fand sich vornehmlich Verarbeitungsindustrie, die auf Zulieferungen aus schwerindustriellen Zentren im Westen Deutschlands und aus dem an Polen abgetretenen schlesischen Industrierevier angewiesen war. Diese Quellen waren für Ostdeutschland versiegt, also musste eine eigene Schwerindustrie aufgebaut werden. Der Staat lenkte jetzt Geld, Baumaterial und Arbeitskräfte in diesen Bereich und vernachlässigte dafür die Konsumgüterindustrie. Hinzu kam noch, dass die DDR bis 1953 hohe Reparationen an die Sowjetunion leisten musste. Die Versorgung der Menschen mit Gütern des täglichen Bedarfs war schlecht und schuf Unzufriedenheit.

Aufbau der Grundlagen des Sozialismus

In der Politik hatte die SED ihre Vorherrschaft schon vor der Gründung der DDR gefestigt. Sie beherrschte mit dem *Demokratischen Block*, der seit 1949 Nationale Front hieß und alle politischen Kräfte zusammenschloss, die Parteien und auch die Massenorganisationen wie z. B. den Freien Deutschen Gewerkschaftsbund (FDGB) und die FDJ. Der *Marxismus-Leninismus** galt als *wissenschaftliche* Weltanschauung, aus ihm leitete die SED ihren Führungsanspruch und die Inhalte ihrer Politik ab. Sie allein bestimmte, was geschehen sollte, und duldete keine abweichenden Meinungen. Im politischen System der DDR gab es deshalb zu keiner Zeit eine legale politische Opposition.

Partei und Staat in der DDR

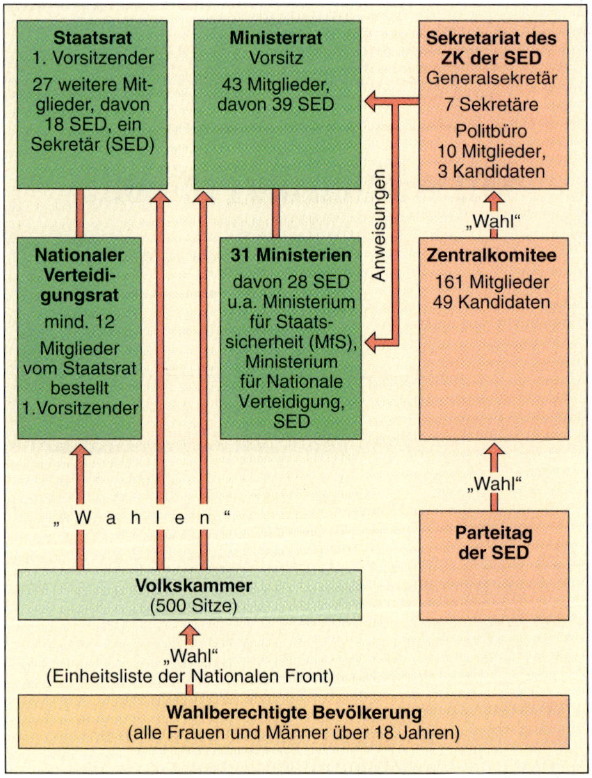

Als 1952 in der Bundesrepublik darüber gestritten wurde, ob Westdeutschland wieder bewaffnet werden und der *Europäischen Verteidigungsgemeinschaft (EVG)* beitreten sollte (siehe S. 220), hielt die SED dies für eine Vertiefung der Spaltung Deutschlands und damit die Zeit für gekommen, die DDR als Alternative zur Bundesrepublik zu gestalten. Im Juli 1952 beschloss die SED deshalb auf ihrer 2. Parteikonferenz mit dem *Aufbau der Grundlagen des Sozialismus* zu beginnen.
Konkret hieß das in der Landwirtschaft sozialistische Produktionsverhältnisse einzuführen. Bis dahin private Bauernhöfe wurden zu *Landwirtschaftlichen Produktionsgenossenschaften (LPG)* zusammengeschlossen. Bauern in der LPG waren damit keine privat wirtschaftenden Einzelbauern mehr. Ähnliches galt für Handwerker. Sie wurden größtenteils in Genossenschaften des Handwerks zusammengeschlossen. Wer sich weigerte, musste mit drastischen Steuer- erhöhungen rechnen, wurde bei der Materialbelieferung benachteiligt und durfte keine neuen Arbeitskräfte einstellen. Private Einzelhändler wurden mit gleichen Methoden gezwungen ihre Geschäfte entweder aufzugeben oder sich als Geschäftsführer in die Abhängigkeit des staatlichen oder genossenschaftlichen Handels zu begeben. Das sozialistische Kollektiv sollte künftig den Vorrang vor privatwirtschaftlicher Individualität haben.

Kirchenkampf

Auch politisch sollten die Zügel angezogen werden. Denn es gab immer noch die Kirchen, auf die die SED keinen Einfluss hatte. Zu der großen evangelischen Glaubensgemeinschaft fühlte sich mehr als die Hälfte der Bevölkerung hingezogen. Die katholische Kirche war zwar nur eine Diaspora-Gemeinde, eine verstreute Gemeinde, aber immerhin bekannten sich fast noch eine Million Gläubige zu ihr. Die Jugendarbeit der evangelischen Kirche fand in der *Jungen Gemeinde* statt. Wer sich zu ihr bekannte, trug als äußeres Abzeichen ein kleines Kreuz auf einer Weltkugel.
Nach der 2. Parteikonferenz 1952 rüsteten die SED und ihre Jugendorganisation FDJ zum offenen Kampf gegen die Junge Gemeinde: Mitglieder wurden verprügelt, von der Schule verwiesen, nicht zum Studium zugelassen und auf alle nur erdenkliche Art benachteiligt. Jugendpfarrer wurden verhaftet, angeklagt und eingesperrt. Aber der Erfolg blieb aus. Je stärker die Junge Gemeinde unterdrückt wurde, um so mehr Jugendliche bekannten sich zu ihr. Den Misserfolg erkennend stellte die SED die offene Form des Kirchenkampfes bald wieder ein. Die Kirchen blieben bis zum Ende der DDR die einzigen gesellschaftlichen Organisationen, die nicht direkt von der SED beherrscht werden konnten.

Aufbau des Sozialismus 1953–1961: Ein Versuch droht zu scheitern

Der 17. Juni 1953

Die SED hatte versprochen die Lebensverhältnisse zu verbessern. Sie hatte aber auch gesagt, dass dieses Ziel nur durch eine Steigerung der Arbeitsproduktivität zu erreichen sei. Die SED beschloss deshalb im Mai 1953 die Arbeitsnormen – das sind in der Planwirtschaft die staatlichen Vorgaben, in welcher Zeit ein Arbeiter ein bestimmtes Produkt herzustellen hat – um 10 Prozent zu erhöhen. Für den Einzelnen bedeutete dies nichts anderes, als dass er 10 Prozent mehr leisten musste, um auf den bisherigen Lohn zu kommen.
In Berlin legten am 16. Juni die Bauarbeiter der Stalinallee die Arbeit nieder. Sie streikten gegen die Normerhöhung –

Erklärung der Regierung der DDR am 17. Juni 1953

Bekanntmachung

Maßnahmen der Regierung der Deutschen Demokratischen Republik zur Verbesserung der Lage der Bevölkerung sind von faschistischen und anderen reaktionären Elementen in Westberlin mit Provokationen und schweren Störungen der Ordnung im demokratischen Sektor beantwortet worden. Diese Provokationen sollen die Herstellung der Einheit Deutschlands erschweren.

Der Anlaß für die Arbeitsniederlegung der Bauarbeiter in Berlin ist durch den gestrigen Beschluß in der Normenfrage fortgefallen.

Die Unruhen, zu denen es danach gekommen ist, sind das Werk von Provokateuren und faschistischen Agenten ausländischer Mächte und ihrer Helfershelfer aus deutschen kapitalistischen Monopolen. Diese Kräfte sind mit der demokratischen Macht in der Deutschen Demokratischen Republik, die die Verbesserung der Lage der Bevölkerung organisiert, unzufrieden.

Die Regierung fordert die Bevölkerung auf:

1. **Die Maßnahmen zur sofortigen Wiederherstellung der Ordnung in der Stadt zu unterstützen und die Bedingungen für eine normale und ruhige Arbeit in den Betrieben zu schaffen.**
2. **Die Schuldigen an den Unruhen werden zur Rechenschaft gezogen und streng bestraft.**
   Die Arbeiter und alle ehrlichen Bürger werden aufgefordert, die Provokateure zu ergreifen und den Staatsorganen zu übergeben.
3. **Es ist notwendig, daß die Arbeiter und die technische Intelligenz in Zusammenarbeit mit den Machtorganen selbst die notwendigen Maßnahmen zur Wiederherstellung des normalen Arbeitsverlaufes ergreifen.**

DIE REGIERUNG
DER DEUTSCHEN DEMOKRATISCHEN REPUBLIK
Otto Grotewohl
Ministerpräsident

Berlin, den 17.6.1953

ausgerechnet die Bauarbeiter der Stalinallee, einer Baustelle, die symbolisch die neue Zeit verkünden und demonstrativ zeigen sollte, zu welchen Leistungen der Sozialismus fähig sei. Sie legten Maurerkellen und Wasserwaagen aus der Hand, zogen vor den Sitz der Regierung und trugen ihre Forderungen lautstark vor. Arbeiter aus anderen Berliner Betrieben schlossen sich ihnen an. Bald griff der Streik auf die gesamte DDR über. Und rasch erweiterten die Streikenden ihre Forderungen: Weg mit der Regierung und freie Wahlen! SED-Parteihäuser wurden gestürmt, Gefängnisse aufgebrochen und politische Gefangene befreit.

Der Streik weitete sich am 17. Juni zum Aufstand gegen die Herrschenden aus. Die Sowjetunion ließ ihre Panzer aufmarschieren und schlug den unorganisierten Aufstand blutig nieder.

Politik des Neuen Kurses

In der Sowjetunion hatten sich seit März 1953, seit dem Tode des Diktators Stalin, Veränderungen als Folge eines Machtkampfes im Kreml eingestellt (siehe S. 185f.). Dort war von einem *Neuen Kurs* die Rede. Alles sollte getan werden, um die Lebensverhältnisse der Menschen nachhaltig zu verbessern. Künftig sollten mehr Konsumgüter hergestellt werden, die Landwirtschaft sollte bessere Versorgungsgüter liefern und die einseitige Bevorzugung der Schwerindustrie sollte ein Ende nehmen.

Die SED orientierte sich am sowjetischen Vorbild und verkündete auch für die DDR einen Neuen Kurs. Vorübergehend wurden die Maßnahmen, mit denen sozialistische Produktionsverhältnisse durchgesetzt werden sollten, sehr viel vorsichtiger eingeleitet. Die Benachteiligungen privater Bauern, Handwerker und Gewerbetreibender wurden gemildert. Das bedeutete aber nicht, dass die SED ihr Ziel des Aufbaus einer sozialistischen Gesellschaft aufgegeben hatte.

Die offene Grenze in Berlin

Doch auch weiterhin gab es für die SED ein scheinbar unlösbares Problem: Zwar war die Grenze zwischen den beiden deutschen Staaten markiert und an einigen Abschnitten durch Stacheldrahtzäune befestigt. Aber zwischen Ost- und Westberlin gab es kaum Hindernisse, so dass DDR-Bürger relativ leicht in den Westen gelangen konnten. Manche nutzten diese Möglichkeit für einen kurzen Besuch, viele aber auch dazu die DDR endgültig zu verlassen. Kein Betriebsdirektor wusste, ob alle seine Arbeiter und Angestellten am nächsten Tag zur Arbeit kommen würden, kein Lehrer konnte sicher sein, dass seine Schüler vollzählig erschienen. Die einen flohen in den Westen, weil dort die wirtschaftliche Entwicklung ihnen mehr Chancen zum Aufstieg zu bieten schien, andere hielten die Beschneidung ihrer Freiheit nicht mehr aus und wollten sich nicht länger politisch bevormunden lassen.

Im Jahr 1956, als in der Bundesrepublik der Aufbau der Bundeswehr begann, beschloss auch die DDR-Regierung eigene Streitkräfte, die *Nationale Volksarmee* (NVA), aufzubauen. Sie wagte aber nicht eine allgemeine Wehrpflicht einzuführen, weil sonst zu befürchten war, dass noch mehr junge Männer aus dem Lande getrieben würden. Der Wehrdienst war freiwillig, aber es waren viel zu wenige, die sich für den Soldatenberuf interessierten. Also sagte man denen, die beruflich aufsteigen wollten, sei es durch Studium an Fach- oder Hochschulen oder durch innerbetriebliche Qualifizierungen, dass ihr Aufstieg nur über einen „Ehrendienst" in der

Flüchtlinge aus der DDR 1949–1961, Grafik aus dem Jahr 1961

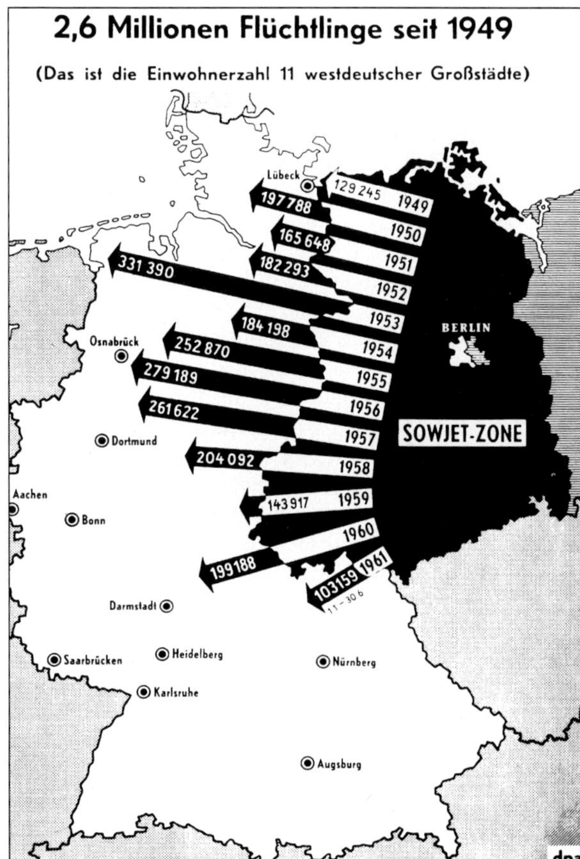

NVA führe. Viele waren dazu nicht bereit und zogen es vor ihr Glück im Westen zu versuchen.
1959 fühlte sich die SED stark und sicher genug ihr Ziel, eine sozialistische Gesellschaft zu gestalten, energischer zu verfolgen. Der Landwirtschaft, in der die Bildung von Produktionsgenossenschaften nur schleppend vorangekommen war, verordnete sie eine Rosskur: Parteiagitatoren strömten in die Dörfer und bedrängten die privaten Bauern endlich in die LPG einzutreten. Wer sich weigerte, wurde bedroht oder im Dorf lächerlich gemacht. Viele ließen sich einschüchtern, nur wenige blieben hart, andere entschlossen sich Haus und Hof im Stich zu lassen und in den Westen zu fliehen.
Die SED ließ sich davon nicht beeindrucken. Ende April 1960 wurde stolz verkündet, dass die sozialistischen Produktionsverhältnisse auf dem Lande durchgesetzt seien. Es gab keine privaten Bauern mehr. Aber der Preis war hoch: Immer mehr Menschen verließen die DDR. Anfang August 1961 wurde Bilanz gezogen: Seit 1949 hatten fast 3 Millionen Einwohner der DDR das Land verlassen. So konnte es nicht weitergehen, wollte die SED nicht die Existenz der DDR aufs Spiel setzen.
Am 13. August 1961 zog die SED die Notbremse: In der Nacht wurden alle Grenzübergänge in Berlin von Volkspolizisten und Soldaten der Kampfgruppen – einer Miliz, die die Betriebe aufzustellen hatten – besetzt und abgeriegelt. Stacheldrahtverhaue wurden gezogen, bald begannen Maurer damit rund um Westberlin die Mauer zu errichten. Auch die Grenzanlagen zwischen der DDR und der Bundesrepublik wurden durch Sperren weiter ausgebaut. Künftig sollte niemand unerlaubt die DDR verlassen können. Wer es dennoch versuchen sollte, musste damit rechnen sein Leben zu riskieren.

Vom Mauerbau bis zum Ende der Ära Ulbricht (1961–1971)

Ein eingemauertes Volk

Bei vielen Menschen in der DDR breitete sich mit dem Mauerbau Verzweiflung aus. Bisher hatten sich viele überlegt: Wir bleiben in der DDR, solange das Leben einigermaßen erträglich ist; sollte es ganz schlimm kommen, bleibt uns immer noch der Weg in den Westen. Diese Überlegung wirkte wie ein beruhigendes Hintertürchen, man fühlte sich nicht auf Gedeih und Verderb dem Staat ausgeliefert. Am 13. August 1961 wurde dieses Hintertürchen zugemauert. Plötzlich musste man erkennen in der Falle zu sitzen. Verzweiflung kam auf, Wut, aber auch Resignation. Der Mauerbau war das sichtbare Eingeständnis der Herrschenden, dass ihre Politik

Die am 13. August 1961 errichtete Berliner Mauer am Brandenburger Tor

eine sozialistische Gesellschaft mit Zustimmung der Bürger zu errichten gescheitert war. Aber sie hatten die Macht den Bürgern ihren Willen aufzuzwingen. Sie nannten die Mauer „antifaschistischer Schutzwall“ und behaupteten, die Mauer müsse sein, weil der Westen die DDR überrennen wolle. Kein SED-Funktionär gab zu, dass die Mauer gebaut wurde, um die eigenen Bürger am Weglaufen zu hindern.

Langsame Erholung der Wirtschaft

Die SED spürte bald, dass sie etwas gegen die Resignation der eingemauerten Bürger tun musste. Wirtschaftsfachleute dachten darüber nach, wie die Wirtschaft der DDR die Bedürfnisse der Menschen besser befriedigen könnte. Im Jahr 1963 wurde deshalb eine umfangreiche Reform des Wirtschaftssystems eingeleitet, das sogenannte *„Neue ökonomische System der Planung und Leitung der Volkswirtschaft“*. Künftig sollten die Betriebe darüber mitbestimmen können, was produziert wurde. Sie sollten schneller als bisher auf die sich ändernden Wünsche der Verbraucher reagieren können. Konsumgüter und die „tausend kleinen Dinge des täglichen Bedarfs" sollten ausreichend und in besserer Qualität als bisher auf den Markt kommen. Löhne und Renten wurden erhöht. Wer gut und viel arbeitete, sollte das auch an seiner Lohntüte spüren, etwa durch Gewährung von Prämien. Der Leistungslohn, bisher als kapitalistische Ausbeutung gebrandmarkt, wurde durchgesetzt. In der Sprache der DDR hieß das: „Anwendung des Prinzips der materiellen Interessiertheit der Produzenten".

Die Folge dieser Politik war, dass der Lebensstandard in der DDR langsam stieg. Die Menschen begannen sich mit den Verhältnissen in der DDR zu arrangieren. Das soll nicht heißen, dass alle Bürger mit der Politik ihres Staates einverstanden waren. Aber viele entwickelten eine ganz eigenartige Verhaltensweise: Sie redeten in der Öffentlichkeit in einer Sprache, die vorgab, man sei mit fast allem einverstanden. Erst im privaten und vertrauten Kreis wurde das gesagt, was wirklich gedacht wurde. Damit verschaffte man sich Ruhe und ging möglichen Schwierigkeiten aus dem Weg.

Die erste sozialistische Verfassung der DDR

1968 hielt die SED die Zeit für gekommen, die erreichte gesellschaftliche und politische Entwicklung in einer neuen Verfassung zusammenzufassen. Im Artikel 1 hieß es nun: „Die Deutsche Demokratische Republik ist ein sozialistischer Staat deutscher Nation. Sie ist die politische Organisation der Werktätigen in Stadt und Land, die gemeinsam unter Führung der Arbeiterklasse und ihrer marxistisch-leninistischen Partei den Sozialismus verwirklichen."

Die SED hatte damit ihren Führungsanspruch zur Verfassungsnorm erhoben. Das Recht zur Führung leitete sie dabei nicht aus der Zustimmung der Bürger durch Wahlen, sondern aus der als wissenschaftlich verstandenen Weltanschauung des Marxismus-Leninismus ab.

Alle fünf Jahre waren die Bürger aufgerufen eine *Volkskammer* zu wählen. Sie galt als höchste Volksvertretung der DDR. In ihr waren neben der SED auch weiterhin andere Parteien, die CDU, LDPD und NDPD sowie andere gesellschaftliche Organisationen vertreten. Aber der Anteil der einzelnen Parteien und Gruppen war festgelegt und die Kandidaten wurden nur mit Zustimmung der SED ausgewählt. Als Blockparteien der „Nationalen Front" wurden sie in einer Einheitsliste zusammengefasst. Am Wahltag hatte der Wähler kein Kreuz zu machen, wenn er zustimmen wollte. Er brauchte nur den Zettel zu falten und in die Urne zu werfen. Das „Zettelfalten", wie die Wahlen in der DDR deshalb genannt wurden, war öffentlich, kaum einer benutzte die Wahlkabine. Wer in die Wahlkabine ging, machte damit deutlich, dass er von der Einheitsliste abweichend stimmen wollte, etwa durch Streichung einzelner oder aller Kandidaten.

Heute ist bekannt, dass solche Wähler registriert wurden, damals konnte man das nur vermuten. Die Abweichler mussten damit rechnen, dass ihr Verhalten negative Folgen haben konnte, etwa Benachteiligungen bei Beförderungen, bei der Wohnungsvergabe oder bei Anträgen auf Reisen in den Westen, die in Ausnahmefällen und nach nicht erkennbaren Kriterien gewährt wurden. Wählen sollte heißen, ein Bekenntnis zur sozialistischen Gesellschaftsordnung abzulegen. Was die Menschen wirklich dachten und fühlten, das blieb bei den Wahlen ungesagt.

Das Ende der Ära Ulbricht

Walter Ulbricht galt seit Anbeginn der DDR als der starke Mann. Viele mochten ihn nicht, manche hassten ihn gar. Doch dass er schließlich abtreten musste, war vor allem die Folge einer internationalen Entwicklung: Ende der 60er Jahre kam Bewegung in die Ost-West-Politik, die Großmächte suchten nach Wegen, ihre gespannten Beziehungen zu entkrampfen und Schritte zur Abrüstung zu finden. In diese Bemühungen mussten auch die beiden deutschen Staaten einbezogen werden. In der Bundesrepublik suchte die Regierung der sozialliberalen Koalition unter Willy Brandt nach einer neuen Ost- und Deutschlandpolitik. Doch Ulbricht schien dieser Entwicklung völlig hilflos gegenüberzustehen. Das aber passte wiederum der Sowjetunion nicht in ihr Konzept einer Entspannungspolitik. Hinzu kam, dass es in der SED Kräfte gab, die mit der Innenpolitik Ulbrichts nicht einverstanden waren. Der Schwung in der wirtschaftlichen Entwicklung aus der ersten Hälfte der 60er Jahre war abgebremst, die Unzufriedenheit der Menschen nahm spürbar zu. Im Mai 1971 war es dann soweit. Im Einverständnis mit der sowjetischen Führung wurde Walter Ulbricht zum Rücktritt gedrängt. An seine Stelle trat Erich Honecker, ein Mann, der 1946 die FDJ aufgebaut hatte, der wichtige Positionen in der Parteiführung innehatte und 1961 verantwortlich den Bau der Mauer geleitet hatte. Nun war seine Stunde gekommen.

Der „real existierende Sozialismus" (1971–1989)

Verstärkte Wohnungs- und Sozialpolitik

Im Gegensatz zu seinem Vorgänger gestand Honecker ein, dass es noch viele Probleme in der DDR zu lösen gäbe. Eines nannte er sofort beim Namen: das Wohnungsproblem. In der DDR herrschte Wohnungsmangel, nicht selten Wohnungsnot. Das sollte sich ändern. Die SED beschloss die Woh-

nungsfrage als soziales Problem bis 1990 zu lösen. 3,5 Millionen Wohnungen sollten neu gebaut bzw. von Grund auf renoviert werden. Überall auf den grünen Wiesen am Rande der Städte wuchsen Neubausiedlungen, aus Fertigteilen montiert. Die Häuser wirkten zwar monoton, aber sie konnten schnell und preiswert errichtet werden. Die Sanierung von Altbauten der Innenstädte gelang jedoch nicht. Durch den forcierten Neubau fehlte es an Geld, Baumaterial und Arbeitskräften, um alte Häuser zu erhalten.
Anders als im Westen Deutschlands stellten Mieten in der DDR keine Belastungen für die privaten Haushalte dar. Der Quadratmeter Wohnfläche kostete maximal 1,25 Mark, der Staat schoss hohe Subventionen zu. Billige Preise für Grundnahrungsmittel und für Verkehrstarife kamen hinzu, eine Straßenbahnfahrt kostete höchstens 20 Pfennige. Diese Preisgestaltung galt als sozialistische Errungenschaft, sie sollte es den Bürgern leichter machen der Politik der SED zuzustimmen.
Fast 90 Prozent der Frauen in der DDR waren berufstätig. Damit sie ihrer Arbeit ungestört nachgehen konnten, sorgte der Staat für die Kinder. Kinderkrippen und Kindergärten waren in ausreichender Zahl vorhanden, die Kinder wurden für wenig Geld betreut. Für den Staat bedeutete das, er konnte schon in frühem Alter politisch auf die Kinder Einfluss nehmen. Da die Frauen wirtschaftlich von ihren Männern weitgehend unabhängig waren, kam es viel häufiger als im Westen zu Scheidungen. Eine schlecht funktionierende Ehe musste nicht deshalb weitergeführt werden, weil wirtschaftliche Verhältnisse dazu zwangen. Die offizielle gesellschaftliche Gleichberechtigung der Frauen reichte ziemlich weit. In den Führungsetagen von Wirtschaft und Politik war allerdings auch in der DDR die Vorherrschaft der Männer keineswegs gebrochen. Und in der Familie war häufig die alte patriarchalische Rollenverteilung zwischen Frau und Mann anzutreffen.

Verhärtungen in der Innenpolitik

Honecker ließ keinen Zweifel daran, dass er die DDR auf dem Weg zur sozialistischen Gesellschaft weiterführen wollte. 1972 wurden die letzten noch privaten Industriebetriebe in *Volkseigene Betriebe* (VEB) umgewandelt. Landwirtschaft und Industrie wurden zu immer größeren Einheiten, Kombinate genannt, zusammengefasst, die leichter durch Partei und staatliche Institutionen lenkbar sein sollten. In der Kulturpolitik hatte Honecker zu Beginn seiner Arbeit Zeichen gesetzt, die aufhorchen ließen. Die Künstler sollten frei von Bevormundung die Entwicklungen in der DDR begleiten. Schriftsteller, bildende Künstler, Theaterleute und Filmemacher nutzten die neuen Freiräume und versuchten mit ihren Arbeiten auf Probleme in der DDR-Gesellschaft hinzuweisen. 1976 kam es dann zum Knall: Der Liedermacher Wolf Biermann lebte seit 1964 unter Berufsverbot in Ost-Berlin. Eine ihm zugestandene Konzertreise in die Bundesrepublik nutzte die SED, um ihn aus der DDR hinauszuwerfen. Man verbot ihm die Rückkehr. Als sich DDR-Künstler mit Biermann solidarisierten, wurden auch sie bestraft, aus Künstlerverbänden ausgeschlossen, mit Arbeits- und Auftrittsverboten belegt. Viele wanderten in den Westen ab oder zogen sich in eine Art innere Emigration zurück. Das Klima in der DDR war kalt geworden, die SED hatte die Zügel der Macht fest angezogen.
Die erst 1968 verabschiedete sozialistische Verfassung der DDR erfuhr 1974 eine gründliche Überarbeitung. Alle Formulierungen, die den Glauben an eine Vereinigung der beiden deutschen Staaten stützen konnten, wurden nun gestrichen. Der Artikel 1 in der neuen Verfassung lautete jetzt: „Die Deutsche Demokratische Republik ist ein sozialistischer Staat der Arbeiter und Bauern.“ Nichts sollte mehr daran erinnern, dass die DDR nur ein Teil Deutschlands war. Über die deutsche Frage*, so hatte Honecker gesagt, habe die Geschichte längst entschieden, auf deutschem Boden würden für lange Zeit eine sozialistische

Stasi Observanten vor der Ständigen Vertretung der Bundesrepublik in Ost-Berlin, 1983

DDR und eine kapitalistische Bundesrepublik Deutschland nebeneinander existieren.
Heute wissen wir, dass unter Honecker ein gigantischer Sicherheitsapparat aufgebaut wurde, die Staatssicherheit, geführt von einem Ministerium, das Misstrauen und Angst in der Bevölkerung verbreitete. Etwa 100 000 hauptamtliche Mitarbeiter und mehr als eine halbe Million *Inoffizielle Mitarbeiter* (IM) führte das *Ministerium für Staatssicherheit* (MfS). Es sollte sicherstellen, dass sich in der DDR keine Opposition bilden konnte. Die Herrschenden hatten Angst vor ihrem eigenen Volk, sie trauten ihm nicht, sie misstrauten also auch ihrer eigenen Politik.

Opposition regt sich

1975 schien sich für die Sowjetunion ein seit Kriegsende gehegter Wunsch zu erfüllen: eine gesamteuropäische Friedenskonferenz, die die Ergebnisse des Zweiten Weltkriegs samt der seitherigen Grenzen als endgültig erklären sollte. Die *Konferenz für Sicherheit und Zusammenarbeit in Europa* (KSZE) sollte nach den Vorstellungen des Ostblocks die Verhältnisse in Europa, den Status quo, festschreiben. Im Sommer 1975 wurde in Helsinki die KSZE-Schlussakte (siehe S. 303) unterzeichnet. Sie erfüllte aber nicht alle Wünsche der Führungen des Ostblocks. Zwar wurde die Unverletzlichkeit der Grenzen in Europa festgelegt, aber es wurden auch die Gewährung und Einhaltung der Menschenrechte zur Pflicht gemacht. So wurde dieses Dokument wie überall im Ostblock auch in der DDR von vielen Bürgern aufmerksam gelesen. Die wirkliche Lage der Menschen in der DDR aber widersprach nur zu häufig den fundamentalen Forderungen der Menschenrechte. Wer z. B. nach Westen reisen wollte, stieß sich an der Mauer, wer andere Staats- und Gesellschaftsideen als die des Marxismus-Leninismus studieren wollte, stieß auf Leseverbote. Jetzt schlossen sich Menschen zu Friedens-, Umwelt- und Menschenrechtsgruppen zusammen. In der KSZE-Schlussakte hatten sie eine Rechtsgrundlage zur Hand. Ihr Forum fanden sie unter dem Dach der evangelischen Kirche, denn hier endete der direkte Einfluss der SED. Als Gorbatschow 1985 in Moskau an die Macht gelangte und erkennbar wurde, dass er mit der überkommenen Politik der Bevormundung und Unterdrückung brechen wollte, wuchs bei den Oppositionellen die Hoffnung auf und bei den SED-Mächtigen die Angst vor politischen Veränderungen.

Die letzte Machtdemonstration der SED: Die Militärparade zum 40. Jahrestag der DDR-Gründung am 7. Oktober 1989

Fragen und Arbeitsaufgaben

1. *Zähle die Maßnahmen auf, mit denen in der SBZ bzw. DDR bis 1952 der Sozialismus in Wirtschaft und Politik durchgesetzt wurde.*
2. *Nenne die Gründe, die zum Volksaufstand von 1953 und zur Flucht aus der DDR bis 1961 führten.*
3. *Kennzeichne die außen- und innenpolitische Zielsetzung, Wirkung und Bedeutung des Mauerbaus von 1961.*
4. *Nenne Gründe dafür, dass in der DDR das Bewusstsein einer eigenen Nation nicht durchgesetzt werden konnte. Gehe dabei auch auf die verschiedenen Verfassungen der DDR ein.*
5. *Zeige die Unterschiede im Demokratieverständnis der DDR und der westlichen Staaten auf.*
6. *Bewerte „sozialistische Errungenschaften" wie niedrige Mieten, billige Verkehrstarife, Berufstätigkeit der Frauen und Kinderbetreuung aus politischer, wirtschaftlicher und gesellschaftlicher Sicht.*
7. *Woran ist die DDR gescheitert? Nenne Gründe dafür und ordne sie nach der Wichtigkeit, die du ihnen beimisst.*

Das Stasi-Spitzelsystem: Auftrag, Praxis, Aufarbeitung

1 *In der „Richtlinie für die Arbeit mit Inoffiziellen Mitarbeitern (IM)“ des Ministeriums für Staatssicherheit (MfS) aus dem Jahr 1979 heißt es:*

Q Der zuverlässige Schutz der gesellschaftlichen Entwicklung, die allseitige Gewährleistung der inneren Sicherheit der DDR und die Stärkung der sozialistischen Staatengemeinschaft erfordern die weitere Verstärkung der Arbeit am Feind und der vorbeugenden, schadensverhütenden Arbeit. Damit ist wirksam zur kontinuierlichen Durchsetzung der Politik der Partei- und Staatsführung beizutragen.

Die erforderliche hohe gesellschaftliche und politisch-operative Wirksamkeit der politisch-operativen Arbeit insgesamt ist durch eine höhere Qualität und Wirksamkeit der Arbeit mit den IM – der Hauptwaffe im Kampf gegen den Feind – zu erreichen. Es ist stets davon auszugehen, dass die Arbeit mit den IM Arbeit mit Menschen ist, die sich aus positiver gesellschaftlicher Überzeugung und aus anderen Beweggründen zur inoffiziellen Zusammenarbeit mit dem MfS bereit erklärten und mit denen wir gemeinsam den Feind aufzuspüren und zu bekämpfen haben. ... In der Arbeit mit den IM sind ständig eine hohe Wachsamkeit und Geheimhaltung sowie der Schutz, die Konspiration und Sicherheit der IM zu gewährleisten.

zit. nach: D. Gill und U. Schröter, Das Ministerium für Staatssicherheit, Berlin 1991, S. 417.

2 *In einem Referat, das ein SED-Funktionär vor Mitarbeitern der Stasi-Bezirksverwaltung Gera 1980 hielt, heißt es:*

Q Die oparative Bekämpfung politischer Untergrundtätigkeit erfordert die ständige Beobachtung der innen- und außenpolitischen Lage. Mit der Schlussakte von Helsinki und nachfolgenden Verträgen und Vereinbarungen haben sich andere Bedingungen ergeben, die vom Gegner in vielfältiger Weise für die feindlichen Zielstellungen ausgenutzt werden. Politische Untergrundtätigkeit ist aus rechtspolitischen Gründen oft strafrechtlich nicht realisierbar mit Ermittlungsverfahren oder Inhaftierung. Daraus ergibt sich die operative Notwendigkeit, vorwiegend und immer stärker solche Vorgangsmethoden anzuwenden wie
- Verunsicherung,
- Zuruckdrängung,
- Kriminalisierung oder Disziplinierung ...

Ein solches Vorgehen verlangt Beharrlichkeit und hartnäckiges Dranbleiben, aber auch Klarheit dafür, dass ein hohes Maß an qualifizierter operativer Arbeit zu leisten ist.

zit. n.: J. Fuchs, Landschaften der Lüge, in: Der Spiegel, 25.11.92, S. 72.

3 *Verpflichtungserklärung zum Inoffiziellen Mitarbeiter (IM)*

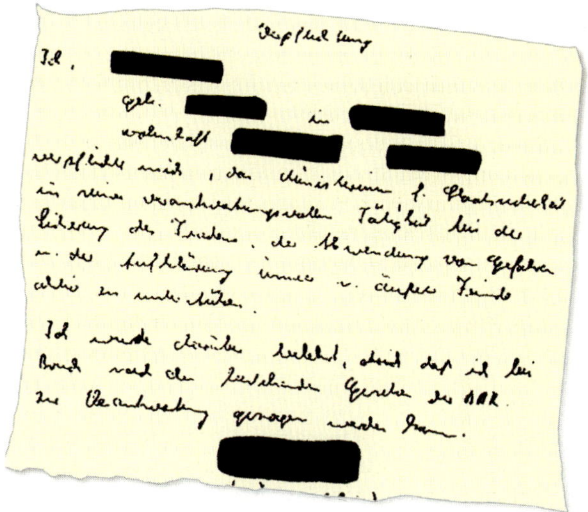
Verpflichtung
Ich, [redacted]
geb. [redacted] in [redacted]
wohnhaft [redacted]
verpflichte mich, das Ministerium f. Staatssicherheit in seiner verantwortungsvollen Tätigkeit bei der Sicherung des Friedens, der Abwendung von Gefahren u. der Aufklärung innerer u. äußerer Feinde aktiv zu unterstützen.
Ich wurde darüber belehrt, dass ich bei Bruch nach den bestehenden Gesetzen der DDR zur Verantwortung gezogen werden kann.
[redacted]

4 *Wolfgang Templin, der während seines Studiums selbst IM war, wurde nach seiner Abwendung vom SED-Regime von der Stasi seit Mitte der 70er Jahre als besonders gefährlicher Staatsfeind angesehen und auch nach seiner Abschiebung in den Westen 1988 weiter bespitzelt. Als er im Frühjahr 1992 seine ca. 12 000 Seiten umfassenden Stasi-Akten einsehen konnte, fand er dort folgenden Stasi-„Maßnahmeplan“ vom 19. Dezember 1985:*

Q Die im OV (Operativen Vorgang) „Verräter“ operativ bearbeitete Person TEMPLIN, Wolfgang, ist als einer der Hauptinspiratoren und Organisatoren des politischen Untergrundes bei der Initiierung einer staatsfeindlich angelegten Menschenrechtskampagne in der DDR einzuschätzen. Aus diesem Grund besteht Zielstellung in der weiteren operativen Bearbeitung des Templin in
- der Eindämmung der staatsfeindlichen Wirksamkeit, einschließlich durch Anwendung ordnungsstrafrechtlicher sowie Zersetzungsmaßnahmen gegen Templin;
- der strafrechtlichen Nachweisführung der staatsfeindlichen Aktivitäten des Templin;
- der Aufklärung der Verbindungen des Templin zu staatsfeindlichen Kräften und Personen im Operationsgebiet und in der Erarbeitung von Informationen und Beweisführung über die direkte Feindverbindung des Templin. Es sind alle operativen und sonstigen Möglichkeiten zu nutzen, um

– Templin weitestgehend mit sich selbst zu beschäftigen, um ihm soviel Zeit als möglich für seine Feindtätigkeit zu nehmen;
– ausgehend von den tatsächlich vorhandenen Rivalitäten gegen Templin diesen innerhalb des politischen Untergrundes zu diskreditieren und somit in seiner feindlichen Wirksamkeit erheblich einzuschränken bzw. Templin unglaubwürdig zu machen.

Dazu sind folgende Maßnahmen einzuleiten:
– Meinungs- und Standpunktunterschiede unter den Personen des politischen Untergrundes sind zielgerichtet durch die eingesetzten IM zu vertiefen, um „nicht miteinander, sondern übereinander“ zu reden und somit von der feindlichen Zielstellung abzulenken.
– Templin ist durch das Wehrkreiskommando vorzuladen und einer medizinischen Tauglichkeitsuntersuchung zu unterziehen. Zielstellung dabei ist es vorhandene (z. B. vorliegende Hautkrankheit) oder fiktive (auch durch Templin selbst vorgegebene) Krankheiten/Beschwerden für die Diskreditierung des Templin unter Personenkreisen des politischen Untergrundes und somit zu seiner Isolierung zu nutzen.
– Organisierung eines fiktiven geheimdienstlichen Interesses an Templin (Einsatz eines IM unter falscher Flagge) auf der Grundlage der über seine Person im Operationsgebiet erfolgten Veröffentlichungen mit der Zielstellung die staatsfeindlichen Handlungen des Templin mit Hilfe bzw. unter Anleitung von feindlichen Kräften aus dem Operationsgebiet zu beweisen.
– Prüfen der Möglichkeiten, welche unter maßgeblicher Mitarbeit von Templin erarbeiteten Materialien entgegen den Absichten Templins im Operationsgebiet veröffentlicht werden können, um Zerwürfnisse des Templin mit seinem feindlichen Umfeld in der DDR zu erzeugen.
– Suche und Einsatz eines geeigneten IM, der zur Ehefrau des Templin außereheliche intime Beziehungen herstellen kann, um auf dieser Grundlage die Ehe des Templin zu erschüttern.

zit. nach: Die Zeit vom 6.3.1992, S. 18.

1. *Warum hatten die Inoffiziellen Mitarbeiter nach Quelle 1 und 2 eine große Bedeutung für das MfS und das SED-Regime?*
2. *Wie wirkten sich die in Quelle 1 und 2 beschriebenen Aufgaben der Inoffiziellen Mitarbeiter auf das Leben in der DDR aus?*
3. *Welche Druckmittel hatte das MfS gegenüber Inoffiziellen Mitarbeitern, die eine Verpflichtungserklärung unterschrieben hatten?*
4. *Welche Aufgaben hatten die Inoffiziellen Mitarbeiter in dem Maßnahmeplan gegen Wolfgang Templin?*
5. *Was bedeuteten diese Maßnahmen für das Leben von Wolfgang Templin?*
6. *Beschreibe deine Gedanken und Empfindungen, wenn du mit solch einem Maßnahmeplan gegen dich konfrontiert würdest.*

5 *Monika H. war seit 1981 Inoffizielle Mitarbeiterin der Stasi. In deren Auftrag ging sie 1983 in die Oppositionsgruppe „Frauen für den Frieden“ und später in die „Initiative für Frieden und Menschenrechte“. Ende Mai 1989 offenbarte sie selbst ihre Stasi-Mitarbeit. Im Frühjahr 1990 führten Irena Kukutz und Katja Havemann, über deren oppositionelle Aktivitäten sie jahrelang ebenfalls der Stasi berichtet hatte, mehrere Gespräche mit ihr. Auszüge aus diesen langen Gesprächen:*

Q *Also wie hast du dich eigentlich anfangs der Stasi verpflichtet?*

Ich habe ganz zu Anfang eine Erklärung geschrieben. Die haben sie mir diktiert. Es stand darin, dass ich für sie arbeite, dass ich das freiwillig tue und dass ich mit niemandem darüber rede …

Ich stelle mir vor, dass sie dir auch gesagt haben, was auf dich zukommt.

Nein, die wollten nur, dass ich ihnen berichte, was ich höre.

Hast du zu dieser Zeit Zweifel gehabt, ob du das Richtige tust?

Offengestanden nein. Ich habe mich im Gegenteil gewundert, dass die Stasi nicht schon viel früher auf mich gekommen ist. Weil ich doch wirklich eine absolut zuverlässige Genossin war …

Bist du später in Zweifel gekommen?

Na, und ob.

Wie kam das?

Ihr wart nicht die Feinde, wie ich mir Feinde vorgestellt hatte. Ich musste mir das immer wieder kräftig einreden, dass ihr was ganz Schlimmes gegen den Staat tut …

Bei den „Frauen für den Frieden“ und dann in der „Initiative für Frieden und Menschenrechte“, welche speziellen Aufgaben hattest du da?

Ich bin nie auf jemanden angesetzt worden … Natürlich habe ich von der „Initiative“ erzählt, natürlich habe ich erzählt, was die „Frauen“ vorhaben. Meine Aufgabe bestand darin Gerüchte zu streuen und dies und jenes zu stören … Berichte schreiben musste ich nicht. Nur Frage, Gegenfrage.

Hast du eigentlich Angst gehabt von uns als Spitzel erkannt zu werden?

Ich habe nur in Angst gelebt …

Du hast uns für deine Feinde gehalten. War da Verachtung oder Überlegenheit? Ich kann mir nicht vorstellen, mit welchen Gefühlen du uns gesehen hast?

Ihr wart Feinde, obwohl ich wusste, dass ihr nicht den Staat stürzen wolltet … Ich habe doch viele Dinge, die wir gemeinsam gemacht haben, wirklich ehrlich mitgetragen. Das war ja auch die fiese Praxis, wie ich es heute sehe: Genossen, die innerhalb der Partei kritisch, aufmüpfig waren, zur Stasi zu bringen. Dann konnten die in den „feindlichen" Gruppen voll agieren, unter der schützenden Hand der Stasi ihr kritisches Potential verwirklichen. Das ist ja der Wahnsinn, diese Schizophrenie …

Fühlst du dich heute mehr als Täter oder als Opfer?

Das ist wirklich eine schwierige Frage. Ich bin Opfer meiner Erziehung, meines ganzen bisherigen Lebens. Und auf diesem Hintergrund war das eigentlich nur möglich. Zugleich fühle ich mich auch sehr als Täter. Ich empfinde mich immer stärker als Täter. Heute habe ich eine riesengroße Scham, die Schuld. Vertrauen benutzt zu haben. Ach, hör auf, ich finde das Ganze so schlimm …

Es waren ja nicht nur unsere politischen Aktivitäten, an denen du beteiligt warst. Auch persönlich hast du uns gut kennen gelernt. Welche Bedeutung hatte das für deine Auftraggeber?

Soweit ich über persönliche Dinge was erzählt habe, war das schon interessant für die. Aber ich habe mich da immer zurückgehalten … Es ging denen immer darum, in der Intimsphäre Zwiste zu säen, zu zerstören, wo man konnte.

Also war dieser Bereich für die Stasi sehr wohl interessant?

Er war äußerst interessant, wenn nicht interessanter als anderes. Denn dort wart ihr ja zu treffen … Aber ich habe da nicht mitgemacht …

Hast du nicht selbst bemerkt, wie man entwurzelt wird, wenn man in diese Stasi-Arbeit einsteigt?

Ich war vorher entwurzelt. Und die Stasi hat mir die Wurzeln gegeben. Die hat mir scheinbar Geborgenheit gegeben. Für mich war das damals keine scheinbare Geborgenheit, sondern eine ganz reale Geborgenheit. Ich war ja wirklich mit Leib und Seele dabei, aber gleichzeitig ist das ja das ganz Kranke dabei: Ich war ja auch bei euch ganz dabei, aber renne gleichzeitig dahin und erzähle alles … Wenn ich mit euch spreche, schäme ich mich so. Ihr sitzt mir gegenüber, ich habe euch im Grunde genommen ständig missbraucht. Ich will mir das gar nicht bewusst machen. Ich versuche mich immer zu wehren gegen diese Scham, indem ich mir sage: Du warst ja überzeugt davon, was du getan hast. Das funktioniert aber inzwischen nicht mehr … Ich habe mich darauf eingelassen, dass ich von außen aufgebaut wurde. Ich habe jahrelang so gelebt, mein ganzes Leben lang: Immer bin ich von außen, von oben geführt und gelenkt worden. Ich habe nie aus mir selbst heraus gelebt …

Ich habe einen schönen Satz gehört, der zu dem passt, worüber wir die ganze Zeit reden und zwar: Geschichte kann man nicht bewältigen, weil Geschichte Erfahrung ist, mit der man täglich leben muss. Was sagt dir dieser Satz?

Das ist eine Aussage, die ich nicht teilen kann. Wenn ich aus der Geschichte, die ich erlebt habe, gewisse Erfahrungen ziehe, schlussfolgere, dann bewältige ich sie doch auch … Bewältigen würde für mich heißen, dass ich damit umgehen kann.

Was meinst du mit diesem Umgehen können?

Dass ich jedem sagen kann, wer ich bin und was ich getan habe. Und auch welche Schlussfolgerungen ich aus meinen Erfahrungen gezogen habe, damit ich wieder ein normales Leben führen kann. Ich will offen sagen: Ich bin Monika H., ich habe für die Stasi gespitzelt, aus guten Gründen und bestem Gewissen heraus. Nun habe ich erkannt, dass es das Schlimmste war, was ich tun konnte. Eine ganz üble Geschichte. Mir hilft es, dass gerade du mit mir redest, der ich das angetan habe. Das ist der Versuch dies gemeinsam zu bewältigen, denn es ist auch zugleich deine Erfahrung. – Jedoch wenn einer unter Bewältigung versteht, dass dann alles wieder gut ist, und er genauso ein feiner Kerl ist wie vorher, dann ist das falsch. Mich bestraft ja nun keiner, ich kann mich nur selber bestrafen. Das kann mitunter quälender sein, als wenn du bestraft wirst. Dieses Schuldgefühl, ich weiß nicht, wie man das loswerden kann. Ich denke schon, ich muss an die Öffentlichkeit gehen, ich denke das wirklich … Mir helfen ja keine Ausflüchte. Ich habe ja auch mit dazu beigetragen, dass Leute in den Knast gekommen sind, egal ob direkt oder nicht. Das ist so fürchterlich. Damit kann ich nur schlecht leben. Ich werde damit nicht fertig. Ich habe ja nicht im Affekt irgendjemandem geschadet, ich habe doch viel Schlimmeres gemacht. Das kann man nicht entschuldigen.

I. Kukutz u. K. Havemann, Geschützte Quelle. Gespräche mit Monika H. alias Karin Lenz. Berlin 1990, S. 35ff.

1. *Wie begründet Monika H. ihre IM-Tätigkeit? Mit welchen Widersprüchen hatte sie sich dabei auseinander zu setzen?*
2. *Wie versucht Monika H. ihre Vergangenheit zu verarbeiten?*
3. *Wie beurteilst du diese Form der persönlichen Auseinandersetzung mit der Vergangenheit?*

Der Weg zur deutschen Einheit 1989–1990

Seit dem 3. Oktober 1990 ist Deutschland wieder vereinigt. Ein Jahr vorher stand die Einheit Deutschlands nicht auf der politischen Tagesordnung. Wie konnte es zu der rasanten Entwicklung kommen?
Anzeichen einer Krise der DDR hatte es seit Anfang der 80er Jahre gegeben. In der Wirtschaft war trotz aller Erfolgsparolen der wissenschaftlich-technische Rückstand und die mangelnde Produktivität der DDR-Planwirtschaft nicht zu verdecken gewesen. Dem Devisenmangel und der Staatsverschuldung konnte durch eine Ausweitung der Westexporte nicht begegnet werden, weil DDR-Waren dort nicht genügend Abnehmer fanden. Noch deutlichere Anzeichen einer Krise wurden im politischen und gesellschaftlichen Bereich sichtbar. Denn auf die seit 1985 wachsende Gefahr, dass Funken der sowjetischen Reformpolitik auch auf die DDR überspringen könnten, reagierte die SED-Führung mit härtester Durchsetzung des Herrschaftsanspruchs der Partei und mit Unterdrückung auch kleinster Ansätze von Reformdiskussionen. Doch daraus, dass ihr dies nach außen scheinbar gelang und aus der Annahme eines weiterbestehenden Ostblocks wurde allgemein geschlossen, dass die Stabilität des DDR-Regimes nicht so schnell zu erschüttern sei.

„Ich werd verrückt, die Wiedervereinigung steht vor der Tür!" Karikatur von H. Haitzinger, 1989

Die friedliche Revolution im Herbst 1989

Massenflucht und Entstehung der Bürgerbewegung

Am Anfang vom Ende der DDR standen zwei Ereignisse im Mai 1989: Am 2. Mai zerschnitten der ungarische und der österreichische Außenminister symbolisch den Eisernen Vorhang. Dies führte zu einer „Abstimmung mit den Füßen" über das SED-Regime: Im Laufe der Sommermonate fuhren immer mehr DDR-Bürger nach Ungarn, um über die „grüne Grenze" nach Österreich in den Westen zu fliehen. Als sich diese Bewegung zur Massenflucht ausweitete, ließ Ungarn seit dem 10./11. September ohne Absprache mit der DDR-Regierung auch DDR-Bürger ausreisen. Zuvor schon hatten Tausende die bundesdeutschen Botschaften in Budapest, Prag und Warschau sowie die Ständige Vertretung in Ostberlin besetzt, um ihre Ausreise zu erzwingen.
Beim zweiten Ereignis ging es um eine richtige Abstimmung: Am 7. Mai fanden Kommunalwahlen in der DDR statt, bei der die Einheitslisten der „Nationalen Front" wie üblich fast 99 Prozent der Stimmen erhielten; wie üblich war dieses Ergebnis gefälscht. Ungewöhnlich war, dass jetzt oppositionelle Gruppen gegen die Wahlfälschungen protestierten und Strafanzeigen stellten. In manchen Orten sollen bis zu 20 Prozent der Wähler mit Nein gestimmt haben. Zugleich mit der Fluchtwelle kam so im Innern eine Bewegung in Gang, die politischen Unmut über die SED-Herrschaft artikulierte: die Demokratiebewegung.
Die Oppositionsgruppen, die sich unter dem Schutz der Kirche gebildet hatten, traten jetzt aus dem Untergrund heraus: Am 10. September veröffentliche das „Neue Forum" seinen Gründungsaufruf, zwei Tage später folgte die Bürgerbewegung „Demokratie jetzt" mit einem „Aufruf zur Einmischung", zwei Wochen später trat die „Initiativgruppe Sozialdemokratische Partei" an die Öffentlichkeit. Auch in der Bevölkerung wich die Angst offen Farbe zu bekennen. Seit Mitte September demonstrierten Montag für Montag in Leipzig mehr Bürger und forderten neben Reisefreiheit demokratische Rechte bis hin zu freien Wahlen.

Karikatur zur Flüchtlingsbewegung aus „Die Tageszeitung", September 1989

„Wir sind das Volk!"

Zum 40. Jahrestag der Gründung der DDR am 7. Oktober 1989 hatte die greise DDR-Politprominenz dem Volk verordnet an ihr und den Ehrengästen – unter ihnen Michail Gorbatschow – vorbeizudefilieren. Es kam jedoch zu spontanen Gegendemonstrationen, die mit dem Ruf „Gorbi, Gorbi" und der Forderung „Demokratie – jetzt oder nie!" durch Ostberlin zogen. Gorbatschow hatte der DDR-Führung zu den Feierlichkeiten ins Gästebuch geschrieben: „Gefahren warten nur auf jene, die nicht auf das Leben reagieren" – woraus bald der Spruch „Wer zu spät kommt, den bestraft das Leben" werden sollte. Kaum hatte Gorbatschow Ostberlin verlassen, ging die Polizei mit Gewalt gegen die Demonstranten vor – das letzte Mal. Den Durchbruch brachte die Leipziger Montagsdemonstration am 9. Oktober, auf der erstmals die Parole „Wir sind das Volk" gerufen wurde. 70 000 Menschen nahmen teil, obwohl Gerüchte über den Einsatz der Armee gegen die Demonstranten umliefen. Die Demonstration ging jedoch friedlich zu Ende.

Von diesem Tag an sollte die SED das Gesetz des Handelns nicht mehr bestimmen. Das SED-Regime begann zu zerfallen. Die Demonstrationen gingen weiter, obwohl am 17. Oktober Erich Honecker abgesetzt und durch Egon Krenz ersetzt wurde. Dem „Wendehals" nahm das Volk die Reformankündigungen nicht ab. Am 4. November erreichte die Demonstrationswelle in Ostberlin ihren Höhepunkt. „Es ist, als habe einer die Fenster aufgestoßen nach all den Jahren der geistigen, wirtschaftlichen, politischen Stagnation, den Jahren von Dumpfheit und Mief und bürokratischer Willkür," rief der Schriftsteller Stefan Heym den Massen zu.

Der Fall der Berliner Mauer und die Folgen

Aufgestoßen wurde fünf Tage später völlig unerwartet die Berliner Mauer. Aus einer beiläufigen Mitteilung im DDR-Fernsehen am Abend des 9. November, dass es befriedigende Regelungen für Westreisen geben werde, entwickelte sich ein Menschenstrom nach Westberlin, der die bis dahin bestgesicherte Grenze Europas durchbrach, als ob sie nie existiert hätte. „Wahnsinn!" riefen die begeisterten Berliner und tanzten gegen Mitternacht auf der Mauer, dem Symbol der Trennung, Entfremdung und Feindseligkeit, das in diesen Minuten schon zum Denkmal des Kalten Krieges geworden war.

Entlang der innerdeutschen Grenze wurden in den nächsten Tagen zahlreiche Übergänge geschaffen, weil der Andrang so groß war. Eine Woche nach Öffnung der Mauer war schon fast jeder zweite DDR-Bürger in die Bundesrepublik gereist.

Mit der Öffnung der Grenze änderte sich von einem zum anderen Tag vor allem Folgendes:

- Auf Partei- und Regierungsebene in der DDR war der Machtzerfall des SED-Regimes trotz Einsetzung einer Koalitionsregierung unter dem Reformkommunisten Hans Modrow, der Streichung des Führungsanspruchs der SED aus der Verfassung und des Umbaus der SED in die „Partei des demokratischen Sozialismus" (PDS) nicht mehr aufzuhalten.
- Bei den Demonstrationen wurde immer häufiger nicht mehr „Wir sind das Volk", sondern zu schwarz-rot-goldenen Fahnen „Wir sind ein Volk" gerufen. Bis zum 9. November waren alle Energien nach innen, auf den politischen Umsturz in der DDR, gerichtet. Jetzt tat sich als sicherster Weg zu Demokratie und Wohlstand die Vereini-

Die Mauer vor dem Brandenburger Tor in der Nacht des 9. November 1989

gung mit der Bundesrepublik auf. Mit dem Fall der Mauer kam eine nationale Bewegung in Gang, die eine ungeahnte Dynamik entwickelte.

– Bis zum 9. November hatten die meisten Bürger der Bundesrepublik die Ereignisse in der DDR fasziniert am Fernsehschirm verfolgt, ohne dass sie sie direkt betrafen. Mit der Öffnung der Grenze gingen die Ereignisse in der DDR plötzlich auch sie etwas an.

Die Einheit Deutschlands, vorher aus Rücksicht auf den Status quo in Europa kaum thematisiert, wurde auf die politische Tagesordnung gesetzt. Und die Politiker mussten dieser Entwicklung Rechnung tragen. Ende November legte Bundeskanzler Kohl einen Plan zur Bildung einer künftigen Staatengemeinschaft vor, den sogenannten „Zehn-Punkte-Plan". Die DDR-Regierung schlug eine Vertragsgemeinschaft mit Wirtschaftshilfen vor. Nur für die Gruppen der Bürgerbewegung hatte dieses Thema keine Priorität. Sie engagierten sich für einen eigenständigen Weg der DDR zu einer demokratischen Gesellschaft.

Die Übergangsphase im Frühjahr 1990

Die Runden Tische

Während des politischen Umsturzes waren Machtmissbrauch und Korruption der alten Führung ansatzweise ans Licht der Öffentlichkeit gekommen und hatten die Bevölkerung empört. Doch auch unter der Regierung Modrow gab es überall im Staatsapparat die alten Kader, die vor allem an die Sicherung ihrer Privilegien dachten, während die DDR-Wirtschaft zerfiel. In der Volkskammer, dem Parlament der DDR, saßen weiter die durch manipulierte Wahlen in Amt und Würde gelangten Abgeordneten. Und im verhassten Unterdrückungs- und Spitzelapparat des Ministeriums für Staatssicherheit arbeiteten die alten Spitzel auf Hochtouren daran Akten zu vernichten, Spuren zu verwischen und möglichst lautlos unterzutauchen.

Auf Initiative der Bürgerbewegung wurden in dieser Situation nach dem polnischen Vorbild „Runde Tische" im ganzen Land eingerichtet. Als basisdemokratische Gremien wollten sie den alten Machtapparat kontrollieren, bei den Maßnahmen der Übergangsregierung Modrow bis zu den ersten freien Wahlen mitsprechen und den demokratischen Neuaufbau von unten einleiten.

Die Krise spitzt sich zu

Versuche die DDR-Planwirtschaft über die Beteiligung westdeutscher Firmen in DDR-Betrieben zu retten scheiterten an der Zurückhaltung westlicher Unternehmen und an der Weigerung der Bundesregierung die Übergangsregierung Modrow finanziell zu unterstützen. An eine Stabilisierung der DDR-Wirtschaft war nicht zu denken, solange die Abwanderung in den Westen weiter zunahm. Je länger gleichzeitig die Regierung Modrow die vollständige Auflösung der Stasi hinauszögerte, um so mehr machte sich die Wut auf die alten „Seilschaften" in Demonstrationen Luft.

Angesichts des zunehmenden Zerfalls wurde Ende Januar 1990 auf Vorschlag des Runden Tisches beschlossen die Übergangszeit abzukürzen und die ersten freien Wahlen zur Volkskammer auf den 18. März vorzuziehen.

Die ersten freien Wahlen in der DDR

Den Stimmungen in der DDR entsprechend war der Wahlkampf zu den ersten freien Volkskammerwahlen ganz auf eine Frage zugespitzt: „Wie schnell kommt die Einheit?" Jede der großen westdeutschen Parteien hatte bald ihren ostdeutschen Partner. Medien und Spitzenpolitiker aus Bonn bestimmten Parolen und Inhalte. Bundeskanzler Kohl warb für die CDU mit einem „Fahrplan zur deutschen Einheit", der ei-

ne Vollendung der Vereinigung mit Übernahme der bundesrepublikanischen Ordnung noch für das Jahr 1990 vorsah. Die SPD bekannte sich zwar zum Einigungsprozess, betonte im Wahlkampf aber die Nachteile einer überstürzten Vereinigung. Die Gruppen der Bürgerbewegung und die PDS wollten dem Fortbestand einer eigenständigen DDR eine Chance einräumen.
Das Ergebnis der Wahl ließ keinen Zweifel über den Wunsch der DDR-Bevölkerung zu: Fast zwei Drittel der Wähler gaben ihre Stimme den Parteien, die sich für das Konzept der Bundesregierung in Bonn ausgesprochen hatten, ohne Experimente sich schnell der Bundesrepublik anzuschließen. Die SPD musste eine unerwartet schwere Niederlage hinnehmen. Die Gruppen der Bürgerbewegung, die die friedliche Revolution im Herbst ausgelöst hatten, wurden auf ihre Anfänge, d. h. die Oppositionsrolle, zurückgeworfen. „Die Revolution entlässt ihre Väter“, kommentierte der Pfarrer Friedhelm Schorlemmer das Wahlergebnis.
Für die nach den Wahlen gebildete Regierung einer Großen Koalition unter dem Ministerpräsidenten Lothar de Maizière war angesichts des Wahlergebnisses der politische Gestaltungsrahmen begrenzt: Sie hatte vor allem die Aufgabe möglichst schnell die Einheit zu organisieren und sich selbst aufzulösen.

Ergebnisse der ersten freien Wahlen zur Volkskammer der DDR am 18. März 1990 (Wahlbeteiligung 93,2 %)

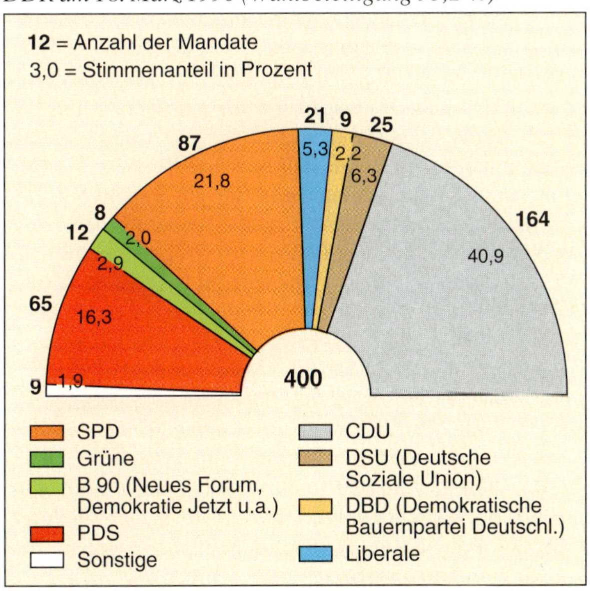

Der schnelle Weg zur Einheit

Die Wirtschafts-, Währungs- und Sozialunion

Nach den Wahlen galt es, als ersten Schritt zur Einheit den wirtschaftlichen Zusammenbruch zu stoppen und schnell Signale für bessere Lebensbedingungen zu geben. Das Symbol für ein besseres Leben und Wohlstand war in der DDR seit Jahrzehnten die D-Mark. Schon Anfang des Jahres 1990 hatte bei Demonstrationen eine Parole die Runde gemacht: „Kommt die D-Mark, bleiben wir, kommt sie nicht, geh'n wir zu ihr!“
Am 1. Juli 1990 war es dann soweit: Mit Inkrafttreten des „Staatsvertrages zur Wirtschafts-, Währungs- und Sozialunion“ wurde die D-Mark in der DDR alleiniges Zahlungsmittel. Über Nacht änderte sich das Angebot in den Kaufhallen und auf der grünen Wiese. Vor fast jedem Dorf öffneten westdeutsche Händler Gebraucht- und Neuwagenmärkte. Die DDR-Bürger konnten sich nun kaufen, was sie wollten – vorausgesetzt, sie hatten das Geld dafür gespart.
Über Nacht ließen sich allerdings die Lasten der sozialistischen Planwirtschaft durch freie Preisbildung, Wettbewerb und Rückführung des Staatseigentums in Privateigentum nicht beseitigen. Die Wirtschafts- und Sozialunion steckte zwar den Rahmen für die Einführung der sozialen Marktwirtschaft ab, aber ob die Kräfte des Marktes greifen würden und die Maßnahmen zur Verminderung sozialer Härten ausreichen würden, war fraglich.
„Es wird niemandem schlechter gehen als zuvor – dafür vielen besser“, versprach Bundeskanzler Kohl am Vorabend der Währungsumstellung im Fernsehen. Das war, wie sich herausstellen sollte, eine viel zu optimistische Prognose. Die DDR-Bürger spürten zuerst einmal, dass jetzt die Preise für den täglichen Bedarf stiegen. Auch die erhofften schnellen Investitionen zur Schaffung neuer Arbeitsplätze blieben aus, weil die Eigentumsfragen nicht geklärt waren und bürokratische Hemmnisse bestanden. Statt des Aufschwungs setzte im Sommer 1990 eine massive wirtschaftliche Rezession in der DDR ein, während die westdeutsche Wirtschaft einen neuen Absatzmarkt erhielt und „boomte“.

Der Friedensvertrag

Seit dem Ende des Zweiten Weltkrieges übten die Siegermächte die Oberhoheit in Deutschland aus. Obwohl sie ihre Rechte seit Gründung der beiden deutschen Staaten weitgehend auf diese übertragen hatten, sollte eine endgültige Regelung dem Abschluss eines Friedensvertrages vorbehalten bleiben. Die Vereinigung setzte deshalb die Zustimmung Großbritanniens, Frankreichs, der USA und der Sowjetuni-

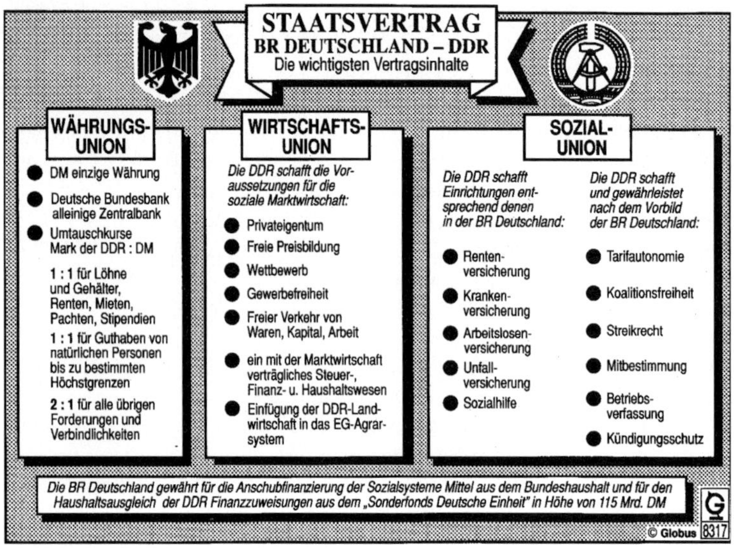

Bestimmungen des Staatsvertrages zur Währungs-, Wirtschafts- und Sozialunion zwischen der Bundesrepublik Deutschland und der DDR vom 1. Juli 1990

on voraus. Diese Voraussetzung konnte innerhalb weniger Monate geschaffen werden. Entscheidend war hierfür, dass Gorbatschow bei Verhandlungen mit Bundeskanzler Kohl in zwei Punkten eine grundsätzliche Änderung der sowjetischen Außenpolitik vornahm:

- Im Februar 1990 erklärte er, dass die Frage der Wiedervereinigung Deutschlands nicht ausschließlich eine Sache der ehemaligen Siegermächte sei, sondern „dass es das alleinige Recht des deutschen Volkes ist die Entscheidung zu treffen, ob es in einem Staat zusammenleben will".
- Im Juli 1990 gestand er zu, dass ein vereinigtes Deutschland „frei über seine Bündniszugehörigkeit" entscheiden könne und mit der Vereinigung die volle Souveränität erlangen sollte. Er akzeptierte damit eine NATO-Mitgliedschaft des vereinigten Deutschlands. Die Bundesrepublik ihrerseits garantierte eine gesamtdeutsche Bundeswehr auf 370 000 Mann abzurüsten und den Rückzug der sowjetischen Truppen aus der DDR bis Ende 1994 mit insgesamt 14 Milliarden DM zu finanzieren.

Um die Beteiligung der vier Siegermächte an den Verhandlungen über den außenpolitischen Rahmen des Einigungsprozesses zu gewährleisten, wurden die sogenannten *„Zwei-plus-Vier-Verhandlungen"*, d. h. der ehemaligen Siegermächte sowie der beiden deutschen Staaten, eingerichtet. Als sich die Bundesregierung außerdem, nach anfänglichem Zögern der CDU/CSU, bereit erklärte in einem deutsch-polnischen Vertrag völkerrechtlich verbindlich die Oder-Neiße-Grenze als Westgrenze Polens anzuerkennen, stand am 12. September dem Abschluss eines Friedensvertrages nichts mehr im Wege.

Der Einigungsvertrag

Ähnlich atemberaubend wie die Einigung über den außenpolitischen Rahmen verliefen im Juli und August 1990 die innerdeutschen Verhandlungen zur Übernahme der bundesrepublikanischen Rechtsordnung. Das mehr als 1000 Seiten umfassende Vertragswerk „über die Herstellung der Einheit Deutschlands", kurz „Einigungsvertrag" genannt, konnte entsprechend dem Fahrplan der Bundesregierung Ende August unterzeichnet und am 20. September von Volkskammer und Bundestag verabschiedet werden.

Der Vertrag regelte, dass die wiedergegründeten fünf neuen Länder am 3. Oktober 1990 der Bundesrepublik beitreten. Der 3. Oktober wurde als „Tag der Deutschen Einheit" zum gesetzlichen Feiertag bestimmt. Hauptstadt des vereinigten Deutschlands ist Berlin. Ausgeklammert blieb allerdings in dieser Frage, ob damit Berlin auch Regierungssitz werden sollte. Erst nach einer fast ein Jahr andauernden Diskussion entschied sich der Bundestag in Bonn mit knapper Mehrheit im Juni 1991 dafür; Termin und Umfang des Umzugs blieben aber weiter offen. Auch andere wichtige politische Fragen – z. B. eine einheitliche Regelung der Schwangerschaftsunterbrechung – wurden angesichts des

Zeitdrucks ausgeklammert. Unklar blieben vor allem die Finanzfragen.
Über das Tempo der Einheit und die Finanzierbarkeit gab es schon während der Verhandlungen über den Einigungsvertrag heftige Debatten zwischen Regierung und Opposition. Doch gab es zu dem eingeschlagenen Weg eine Alternative? War der vollständige Zusammenbruch der DDR nicht nur durch die schnelle wirtschaftliche und politische Vereinigung aufzuhalten?
Sowohl Nachdenklichkeit als auch Freude bestimmten deshalb die Feierlichkeiten, als um Mitternacht zum 3. Oktober 1990 vor dem Berliner Reichstagsgebäude eine riesige Bundesflagge gehisst wurde. Damit war die Einheit offiziell vollzogen, der „Arbeiter- und Bauernstaat" DDR von der politischen Bühne verschwunden.

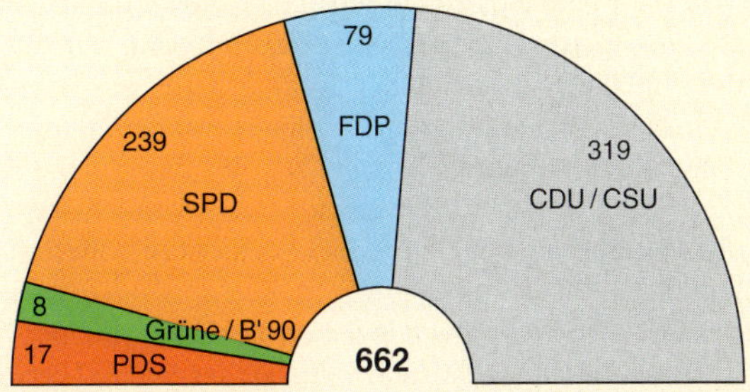

CDU	36,7 %	PDS*	2,4 %	NPD	0,3 %
SPD	33,5 %	DSU	0,2 %	ÖDP	0,4 %
FDP	11,0 %	Die Grauen	0,8 %	Sonstige	2,4 %
CSU	7,1 %	B' 90 / Gr.*	0,8 %		
Grüne	3,9 %	REP	2,1 %		

* B' 90 / Grüne und PDS zogen in den Bundestag ein, weil sie auf dem Gebiet der ehemaligen DDR die 5 % - Hürde überschritten

Ergebnisse der Bundestagswahl am 2. Dezember 1990

Zum Abschluss: Wahlen

Das mit „historischen Stunden" angefüllte „Jahr der Deutschen" war mit dem Ende der DDR noch nicht beendet. Zwei weitere Ereignisse standen noch aus: zuerst im Oktober Landtagswahlen in den neu gegründeten Bundesländern Brandenburg, Mecklenburg-Vorpommern, Sachsen, Sachsen-Anhalt und Thüringen und dann Anfang Dezember die ersten Wahlen zu einem gesamtdeutschen Bundestag. Beide Wahlen wurden als Abstimmung darüber angesehen, wie die Wähler den bisherigen Einigungsprozess beurteilten und welcher Partei sie mehr Kompetenz bei der Lösung der kommenden Probleme im Zusammenhang mit der Einheit zutrauten.
Die Wahlergebnisse gaben darauf eine klare Antwort:

- Bei den Landtagswahlen wurde die CDU die stärkste Partei, in vier von fünf Ländern konnte sie den Ministerpräsidenten stellen. Die SPD blieb im Durchschnitt der fünf Länder erneut unter 30 Prozent. Nur in Brandenburg konnte sie – zusammen mit FDP und Bündnis 90 – die Regierung bilden.
- Bei der gesamtdeutschen Bundestagswahl errang die Regierungskoalition aus CDU/CSU und FDP eine deutliche Mehrheit. Bundeskanzler Kohl besiegte klar seinen SPD-Herausforderer Oskar Lafontaine, der besonders die Unkalkulierbarkeit der Kosten und die Gefahr sozialer Ungerechtigkeiten aufgrund des raschen Wegs zur Einheit herausgestellt hatte.

Für die Bundesregierung bedeuteten beide Wahlergebnisse eine Bestätigung ihrer Politik im „Schicksalsjahr der Deutschen". Nach dem schnellen Weg zur Einheit musste jetzt – auch das war das Ergebnis des Wählervotums – möglichst bald die Angleichung der Lebensbedingungen erreicht werden.

Eine vereinigte Republik, aber eine geteilte Gesellschaft?

Die Freude über das Ende der staatlichen Teilung und die neue Freiheit im Jahr 1990 verdrängte nur für kurze Zeit die Tatsache, dass der schwerste Teil der Einheit noch vor uns liegt: Die Herstellung gleicher Lebensbedingungen und die Verständigung über die historischen Erfahrungen, die die Menschen in Ost- und Westdeutschland gesammelt haben. Können wir zu einer gemeinsamen Bewertung so unterschiedlicher Vergangenheiten kommen?
Die Fehlleistungen des DDR-Regimes wirken nicht nur im Staat und in der Wirtschaft, sondern auch bei den einzelnen Menschen nach, die vierzig Jahre unter diesem System leben mussten. Neue Probleme und Zukunftsängste kommen hinzu. Für die Menschen in der „alten" Bundesrepublik, die in Freiheit und stetig wachsendem Wohlstand lebten, hat sich seit dem Mauerfall und der Einheit auch vieles geändert, oft wollen sie es jedoch nicht wahrnehmen. „Jetzt wächst zusammen, was zusammengehört", hat Willy Brandt am Tag nach dem Mauerfall auf einer Kundgebung in Berlin gesagt. Im Bewusstsein der Westdeutschen hat sich diese Feststellung noch kaum niedergeschlagen.
Im politischen Streit beherrschen seit der Herstellung der Einheit vor allem folgende Fragen die Diskussion:

- Wie können die sozialen Härten, die mit der Umstellung von der Planwirtschaft auf die freie Marktkonkurrenz verbunden sind, gemeistert werden?

- Wie sollen die Kosten aufgebracht werden, die die Herstellung gleicher Lebensbedingungen in Ost- und Westdeutschland noch auf Jahre erfordern wird?
- Wie kann ein angemessener Umgang mit der DDR-Vergangenheit aussehen? Können wir die unterschiedliche Verstrickung vieler Menschen in das Unrechtsregime „bewältigen" und den Opfern Gerechtigkeit widerfahren lassen?
- Wie kann verhindert werden, dass sich weiterhin persönliche Enttäuschung, soziale Verunsicherung und berufliche Perspektivlosigkeit – vor allem auch bei jungen Menschen im vereinigten Deutschland – in Wut und Gewalt gegen wehrlose Fremde und Schwächere, in rassistischen Überfällen und gesteigertem Nationalismus abreagieren?

Demonstration von Ostberlinern im September 1991

Wirtschaftsprobleme

Viele der in der sozialistischen Propaganda als modern gepriesenen Staatsbetriebe entpuppten sich nach dem Zusammenbruch des DDR-Regimes als völlig veraltet. Der Umbau der Volkseigenen Betriebe und Kombinate, der in den Händen der im März 1990 gegründeten *Treuhandanstalt* lag, musste deshalb mit einem tiefgreifenden Strukturwandel einhergehen. „Schnell privatisieren, entschlossen sanieren, behutsam stilllegen" – das waren die Handlungsmaximen der Treuhandanstalt.
Die Privatisierung war in den letzten Jahren oft mit großen Schwierigkeiten und häufig mit sozialen Härten für die Arbeitskräfte verbunden. Zum Teil zieht sich die Klärung von Eigentumsfragen lange hin, denn der Einigungsvertrag sieht das Prinzip „Rückgabe vor Entschädigung" für nach 1949 enteignete Betriebe vor; manche Rationalisierung und Modernisierung der gesamten Produktion in den neuen Bundesländern machen Betriebe überflüssig. So ließen sich Käufer für die Staatsbetriebe oft nur schwer finden. Die Stilllegung eines ehemaligen staatlichen Großbetriebes hat oft verheerende soziale Folgen für eine ganze Region, da mit einem Schlag Tausende von Arbeitsplätzen wegfallen.
Statt des von vielen Menschen in der DDR erhofften Aufschwungs setzte im Sommer 1990 zuerst einmal eine massive wirtschaftliche Rezession ein. Es gibt fast keine Familie, die die sozialen Auswirkungen dieser Rezession nicht zu spüren bekommt. Geringe Einkommen und steigende Lebenshaltungskosten, z. B. für Mieten, verschärfen die Situation. Durch umfangreiche Umschulungsprogramme und durch Anstellungen im Rahmen von Arbeitsbeschaffungsmaßnahmen versucht der Staat die sozialen Härten abzumildern. Staatlichen Unterstützungen und Investitionsprogrammen sind allerdings Grenzen gesetzt durch die Kosten für solche Maßnahmen.

Finanzprobleme

Finanziert werden müssen vom Staat nicht nur die Sanierung der Wirtschaft und die Folgekosten des Zusammenbruchs der DDR-Wirtschaft, z. B. Arbeitslosen- und Kurzarbeitergeld. Auch die Beseitigung der Altlasten des Raubbaus an der Natur und der Umwelt, den das DDR-Regime durch Verschleißproduktion und seine ehrgeizigen Wirtschaftspläne betrieben hat, wird noch über Jahre ungeheuere Kosten verursachen. Um die Lebensbedingungen in Ostdeutschland denen in Westdeutschland anzugleichen, ist außerdem der schnelle Aufbau einer modernen Infrastruktur notwendig. Gewaltige Summen verschlingt auch der Finanzbedarf der Städte und Gemeinden beim Neuaufbau der Verwaltungen. Die genauen Kosten kennt auch heute noch niemand; Schätzungen und Prognosen sind meistens schon überholt, wenn sie veröffentlicht werden. Es wird deshalb wohl noch lange um den schnellsten und gerechtesten Weg zur Finanzierung des „Aufschwungs Ost" zwischen Regierung und Opposition gestritten werden.

Das Erbe der Stasi

Die Frage, wie mit dem schlimmen Erbe des alten Regimes umgegangen werden soll, hat seit dem Herbst 1989 immer wieder heftige Diskussionen ausgelöst. Das Thema belastete das erste frei gewählte Parlament der DDR von März bis Oktober 1990, es hat in der Debatte über den Einigungsvertrag eine wichtige Rolle gespielt und wurde nach der Einigung ein viele andere Probleme verdeckender Gegenstand in der öffentlichen Diskussion. So wie führende

Politiker in den letzten Jahren als Stasi-Mitarbeiter enttarnt wurden, wird es vermutlich auch in Zukunft weitere Enthüllungen geben.
Zur Verwaltung der von der Stasi angelegten Akten über sechs Millionen Menschen wurde – wie im Einigungsvertrag vorgesehen – eine Sonderbehörde unter der Leitung von Joachim Gauck eingerichtet. Ein vom Bundestag im Herbst 1991 verabschiedetes Gesetz regelt den Zugang zu den Akten; danach können Bürgerinnen und Bürger Einsicht in die über sie unter Verletzung elementarster Persönlichkeitsrechte gesammelten Informationen nehmen. Doch die gesellschaftliche Frage, wie das Verhältnis von Opfern und Tätern aufgearbeitet und eine öffentliche Debatte über die Vergangenheit geführt werden kann, ist damit noch nicht beantwortet.

Gesellschaftliche Verunsicherung und Aggressivität

Man hat die DDR-Gesellschaft häufig als eine – im wahrsten Sinne des Wortes – „geschlossene Gesellschaft" bezeichnet. Die Menschen hatten nicht nur Freizügigkeit, weltoffenen Austausch und individuelle Entfaltungsmöglichkeiten zu entbehren, sondern es gab fast keinen Bereich des Lebens, der nicht durch Mangel und Gängelung gekennzeichnet war. Die Menschen waren in ein enges Geflecht von Betreuung und Bevormundung eingebunden – gleichgültig, ob es sich um den Urlaub in einem Gewerkschaftserholungsheim oder um die Planung des eigenen Bildungs- und Berufsweges handelte.
Durch die Vereinigung hat sich innerhalb kürzester Zeit die „geschlossene" in eine „offene" Gesellschaft verwandelt. Erwies sich die „freie" Gesellschaft nun aber nicht risikoreicher als die „geschlossene", in deren Mauern sich viele dann doch eingerichtet hatten? Arbeitslosigkeit und Existenzsorgen waren den meisten vorher unbekannt gewesen. Die Westdeutschen zeigten für solche Sorgen überwiegend wenig Verständnis. Das verschärfte die Verunsicherung.
Für einen ostdeutschen Sozialpsychologen schwankte ein halbes Jahr nach der Vereinigung die Stimmung zwischen „Apathie und Aggressivität". Kurz darauf wurden im sächsischen Hoyerswerda zwei Wohnheime von ausländischen Arbeitskräften und Flüchtlingen nach Anschlägen von rechtsradikalen Jugendlichen unter dem Beifall der Anwohner geräumt. Wie ein Flächenbrand breiteten sich seit dem Herbst 1991 diese Überfälle auf Ausländer, vor allem Asylbewerber, in den neuen und alten Bundesländern aus. Ende August 1992 wurde mit Parolen wie „Deutschland den Deutschen" und „Ausländer raus" ein Asylbewerberheim in Rostock mehrere Tage angegriffen, bevor die Polizei die Gewalttaten beendete. Kurze Zeit später wurde die jüdische Gedenkstätte in dem ehemaligen Konzentrationslager Sachsenhausen durch einen Brandanschlag zerstört.
Auf die wachsende Zahl der offen neonazistisch und antisemitisch auftretenden Gruppen, vor allem aber auch auf das Mitläufertum vieler Bürger reagierten Politiker und Öffentlichkeit erschrocken. Mit einer Einschränkung des nach Artikel 16 der Verfassung garantierten Grundrechts auf Asyl sollte politische Handlungsfähigkeit bewiesen werden.
Angesichts der Gewalt gegenüber Fremden, die besonders im Ausland schlimme Erinnerungen wachriefen und besorgte Fragen nach der Verankerung demokratischen Bewusstseins in der deutschen Bevölkerung auslösten, richtete Bundespräsident Richard von Weizsäcker in seiner Festrede zum Tag der deutschen Einheit am 3. Oktober 1992 folgenden Appell an alle Bürgerinnen und Bürger im vereinigten Deutschland: „Wehe uns, wenn wir die Bilder immer neuer Anschläge mit dem Gefühl ihrer Unabwendbarkeit hinnehmen, uns daran gewöhnen und abstumpfen. Wir dürfen nicht einfach nach der Polizei rufen und alles weitere der Obrigkeit überlassen. Wir selbst, jede und jeder von uns, sind aufgerufen, unsere rechtsstaatliche menschenwürdige Demokratie zu schützen. ... Oder soll es bei uns noch einmal dazu kommen, dass wir wegsehen oder gar zusehen, wie hilflose Menschen gejagt werden?"

Fragen und Arbeitsaufgaben

1. *Erkläre, inwieweit es sich bei der „friedlichen Revolution" in der DDR tatsächlich um eine Revolution gehandelt hat. Kläre dazu zunächst, was man unter dem Begriff „Revolution" verstehen kann.*
2. *Wie ist zu erklären, dass die CDU als Siegerin aus den Wahlen vom 18. März 1990 hervorging?*
3. *Was leistete der „Staatsvertrag zur Wirtschafts-, Währungs- und Sozialunion", wo lagen seine Grenzen?*
4. *Erkläre, warum der Sowjetunion unter Gorbatschow eine zentrale Rolle beim Einigungsprozess zukam.*
5. *Sammle zeitgenössisches Material und befrage Zeitzeugen zu dem Problem, wie es von der Parole: „Wir sind das Volk!" zu der Parole: „Wir sind ein Volk!" kam. Erstelle eine Dokumentation.*
6. *Beschreibe die politischen, wirtschaftlichen und gesellschaftlichen Probleme, die die Deutschen auf dem Weg zur „inneren Einheit" noch lösen müssen.*

Frauen in Deutschland seit 1945: Verwirklichte Gleichberechtigung?

1945: Die Stunde der Frauen?

1 *Trümmerfrauen 1945*

2 *Kartoffelernte am Großen Stern im Berliner Tiergarten 1946*

3 *Eine deutsche Familie 1945*

1. *Beschreibe anhand der Fotografien die Situation und die Probleme der Frauen im Jahr 1945. Ziehe auch das Bild auf S. 211 heran.*
2. *Befragt im Familien- und Bekanntenkreis Frauen über ihre Erfahrungen im Jahr 1945.*

4 *Aus einer Rede des nordrhein-westfälischen Arbeitsministers im November 1946:*

Q Zwei Probleme beschäftigen uns heute ganz besonders: einmal die noch immer nicht erfolgte Angliederung des Frauenlohns an den Männerlohn für die gleiche Arbeit, eine durch nichts zu rechtfertigende Tatsache; zweitens das Problem Frauenarbeit überhaupt.
Die Zahl der in diesem Kriege aus Rheinland und Westfalen auf dem Schlachtfeld verbliebenen Männer beträgt für jedes Land ca. 300 000. Mithin können aus diesen beiden Ländern 600 000 Frauen nicht mehr heiraten. Sie müssen aber versorgt werden. Der Staat allein kann sie nicht unterstützen. Also müssen die Frauen arbeiten. Wir müssen nun nach Einsatzmöglichkeiten für die Frau suchen. An Stelle des Zwanges zur Arbeit tritt für die Frau ihr Recht auf Arbeit. Dieses Problem müssen wir lösen.
Der für die nächsten Jahre unerschöpfliche Arbeitsmarkt in Deutschland ist der Baumarkt. Alle anderen Wirtschaftszweige sind beeinträchtigt. Es liegt auf der Hand, dass alle interessierten Stellen sich mit der Frage des Arbeitseinsatzes

der Frau im Baugewerbe beschäftigen … Die von allen Seiten hierin gemachten Proteste gegen Frauenarbeit im Baugewerbe sind mittlerweile verstummt, weil man zu der Überzeugung kommt, dass die Frau eingesetzt werden muss. Wir müssen und werden von behördlicher Seite alles tun, um die Frau unter keinen Umständen auch nur im Geringsten gesundheitlichen Schaden erleiden zu lassen. Man muss der Frau Aufgaben zuweisen, an denen sie wachsen kann und ein Mitbestimmungsrecht hat. Ich bin überzeugt, dass jede Frau die ihr zugewiesene Arbeit mit Energie annehmen wird, wenn es gilt aus diesem Trümmerhaufen ein neues, demokratisches Deutschland aufzubauen.

Frauen in der Nachkriegszeit, Bd. 1: D. Schubert, Frauenarbeit 1945–1949, hg. von A. Kuhn, Düsseldorf 1984, S. 258.

5 *Plakat des Berliner Magistrats aus dem Jahr 1947*

1. *Vergleiche die Lebenssituationen der Frauen unmittelbar nach Kriegsende (Mat. 1–3) mit der in Quelle 4 beschriebenen.*
2. *Welches Verständnis von der Rolle der Frau kommt in Quelle 4 und Mat. 5 zum Ausdruck? Nimm Stellung dazu aus Sicht von Frauen bzw. Männern unter dem Aspekt der Gleichberechtigung.*

6 *Bei der Auswertung von Gesprächen mit allein stehenden Frauen über ihre Situation in der Nachkriegszeit und in den 50er Jahren kommen die Autorinnen zu dem Ergebnis:*

D Die 50er Jahre brachten für allein stehende Frauen zwei wesentliche Veränderungen. Durch die Rückkehr der Männer reetablierten sich vollständige Familien, wodurch der Begriff „allein stehend“ überhaupt erst seine spezifische Bedeutung erhielt. Die zweite Veränderung betraf die zunehmende Stabilisierung der Wirtschaft, wodurch Lohnarbeit wieder zur dominierenden Erwerbsquelle wurde. Andere Formen der Existenzsicherung wie Subsistenzwirtschaft, Schwarzmarkt, Hamstern und selbständige Gebrauchswarenproduktion verloren an Bedeutung …

Diese veränderten Bedingungen hatten für viele unserer Gesprächspartnerinnen eine materielle Schlechterstellung gegenüber vollständigen Familien zur Folge, denn weibliche Arbeitskräfte wurden auf dem Stellen- und Arbeitsmarkt der beginnenden 50er Jahre, verglichen mit den Männern, empfindlich benachteiligt. Bei der Vergabe der knappen freien Stellen wurden Kriegsheimkehrer bevorzugt und Frauen entweder nicht eingestellt oder aber in schlechter bezahlte Tätigkeiten abgedrängt. Hinzu kam, dass Anfang der 50er Jahre die nach dem Krieg ausgesetzten Arbeitsschutzbestimmungen für Frauen wieder eingeführt wurden und diese aus vielen Berufen wieder ausschlossen. Die zwischen Männern und Frauen bestehende beträchtliche Lohnungleichheit traf gerade die allein stehenden Frauen, d. h. oftmals weiblichen Haushaltsvorstände, besonders hart.

Allein stehende Frauen waren in den 50er Jahren nicht nur materiell schlechter gestellt, sondern auch in Bezug auf sozialen Status. Die Rückkehr der Männer aus der Kriegsgefangenschaft teilte die Frauen in verheiratete und allein stehende. Jetzt erst erlangte der Begriff „allein stehend“ seine heutige Bedeutung. In dem Maße, wie sich die Verhältnisse normalisierten, konnte wieder definiert und festgeschrieben werden, was „nicht normal“ war. Für Alleinstehende wurde dies zu einer bitteren Erfahrung, denn im Zuge der Wiederherstellung von Ehe und Familie als gesellschaftliche Norm wurden allein stehende Frauen und ihre Lebensform zunehmend diskriminiert. Frauenhaushalte galten von da an nur noch als Notlösungen für „alte Jungfern“ und die, die „keinen Mann abbekamen“.

S. Meyer und E. Schulze, „Allein war's schwieriger und einfacher zugleich“, in: Frauen in der Geschichte, Bd. V, hg. v. A.-E. Freier und A. Kuhn, Düsseldorf 1984, S. 366–370.

1. *Wie hat sich nach Mat. 6 die Situation der Frau in den 50er Jahren gegenüber der unmittelbaren Nachkriegszeit verändert?*

7 Eine Familie in der Bundesrepublik Ende der 50er Jahre

1. *Beschreibe die abgebildete Familiensituation.*
2. *Was sagt das Bild über die Rolle der Frau in den 50er Jahren aus? Vergleiche diese mit den in Mat. 6 geschilderten Veränderungen.*
3. *Beurteile die Entwicklung der gesellschaftlichen Stellung der Frauen in der Zeit von 1945 bis Ende der 50er Jahre in Westdeutschland.*

Frauen in der DDR

8 Aus der Verfassung der DDR von 1974:

Q Art. 20 (1) Jeder Bürger der Deutschen Demokratischen Republik hat unabhängig von seiner Nationalität, seiner Rasse, seinem weltanschaulichen oder religiösen Bekenntnis, seiner sozialen Herkunft und Stellung die gleichen Rechte und Pflichten. Gewissens- und Glaubensfreiheit sind gewährleistet. Alle Bürger sind vor dem Gesetz gleich.
(2) Mann und Frau sind gleichberechtigt und haben die gleiche Rechtsstellung in allen Bereichen des gesellschaftlichen, staatlichen und persönlichen Lebens. Die Förderung der Frau, besonders in der beruflichen Qualifizierung, ist eine gesellschaftliche und staatliche Aufgabe …
Art. 24 (1) Jeder Bürger der Deutschen Demokratischen Republik hat das Recht auf Arbeit. Er hat das Recht auf einen Arbeitsplatz und dessen freie Wahl entsprechend den gesellschaftlichen Erfordernissen und der persönlichen Qualifikation. Er hat das Recht auf Lohn nach Qualität und Quantität der Arbeit. Mann und Frau, Erwachsene und Jugendliche haben das Recht auf gleichen Lohn bei gleicher Arbeitsleistung.

Die neue Verfassung der DDR, Köln 1974, S. 86–88.

9 Aus einem Brief einer Frau in der DDR an eine westdeutsche Freundin 1957:

Q „Die Arbeit der Frauen soll sich nicht auf die traditionellen Frauenberufe beschränken, sondern auf alle Produktionszweige." Das ist doch nun seit Jahren immer wieder die gleiche Forderung, die man an uns stellt: Nutzt doch endlich die euch geschenkte Gleichberechtigung! Macht doch endlich Gebrauch von ihr! Wir wissen nämlich alle längst, dass diese Art von Gleichberechtigung ein Danaergeschenk[1] war. Und die Funktionärinnen werden nicht müde, darauf hinzuweisen, wie sehr die Würde einer Frau durch Arbeit an der Brikettpresse oder mit dem Lötkolben gehoben, durch „Nur"-Hausfrauenarbeit aber erniedrigt wird. Unsere „Frau von heute"[2] kritisierte erst vor vier Tagen die „vielen Menschen, die zwar die neuen Formen und den neuen Inhalt des allgemeinen gesellschaftlichen Lebens anerkennen, aber immer noch am bürgerlichen Ideal der Ehe hängen". Als „bürgerliches Ideal", das schleunigst überwunden werden soll, gilt die Vorstellung „Mein Heim – meine Burg", denn das, liebe Sybille, entzieht sich dem wachsamen Auge der Partei. Du wirst aber jetzt selbst gemerkt haben, dass alle ihre Bemühungen, diese kleinste und zählebigste Widerstandsgruppe zu sprengen, wenig erfolgreich waren und wohl auch bleiben werden.

[1] Geschenk, das keinen Nutzen, sondern Schaden bringt

[2] Frauenzeitschrift in der DDR

H. Kludas, Briefe von Deutschland nach Deutschland, München 1959, S. 11–12.

10 *In einem Buch über die DDR schrieb die westdeutsche Journalistin Irene Böhme 1983:*

D Nichts interessiert Frauen in der DDR so wenig wie Erörterungen über die Gleichberechtigung. 35 Jahre ist ihre Gleichheit gesetzlich gesichert, staatlich verordnet, betrieblich gefördert, politisch und wirtschaftlich unterstützt, planmäßig entwickelt. Die Frauen und Mädchen in der DDR wissen sehr gut, worüber sie nicht gern sprechen. Sie erleben die Vorzüge und Grenzen des Emanzipationsprozesses am eigenen Körper und sind mittlerweile in die Situation geraten ihr „Geschütztsein" wie ein Naturereignis zu nehmen, mit dem sie nichts wesentlich Neues beginnen können. …
Zwei Urteile markieren, wie wenig vom Ganzen begriffen wurde und wie viel in den Köpfen davon rumgeistert, dass Frauen eine unterprivilegierte menschliche Rasse sind, die gleich seltenen Tieren geschützt wird, damit sie ihren natürlichen wie gesellschaftlichen Bestimmungen nachkommt. Das eine Urteil sieht im staatlich geförderten Emanzipationsprozess einzig die Sicherung der notwendigen Arbeitskräfte, stilisiert die Produktivkraft der Frau ausschließlich zur ökonomischen Kategorie herab. Das andere Urteil päppelt den stattgefundenen Prozess zum Erlösungsmythos hoch … Geleugnet wird immer die Aktivität der Beteiligten. Sie gelten als Objekte.

I. Böhme, Die da drüben. Sieben Kapitel der DDR, Berlin 1983, S. 82–83.

1. *Welche rechtliche und gesellschaftliche Stellung hatte die Frau in der DDR nach der Verfassung (siehe Q 8)? Vergleiche diese mit der Stellung der Frau in der Bundesrepublik Deutschland.*
2. *Welche unterschiedlichen Einstellungen zur Rolle der Frau in der DDR kommen in Quelle 9 und Mat. 10 zum Ausdruck? Beachte die Jahre, in denen die Texte geschrieben wurden.*
3. *Vergleiche die Beurteilung des Emanzipationsprozesses in der DDR (Mat. 10) mit der Entwicklung in der Bundesrepublik.*
4. *Vergleiche die Stellung der Frau in der Bundesrepublik und der DDR vor der Vereinigung Deutschlands unter dem Aspekt Anspruch und Wirklichkeit.*

11 *Aus einer 1991 durchgeführten repräsentativen Umfrage zur Gleichberechtigung von Frauen und Männern in Ost- und Westdeutschland (Angaben in %):*

1. „Wer übernimmt bei Ihnen überwiegend das Putzen, Kochen und Einkaufen?"

	Putzen		Kochen		Einkaufen	
	Ost	West	Ost	West	Ost	West
der Mann	3	2	7	7	12	13
die Frau	70	77	74	78	42	52
beide	25	15	17	13	43	34
Großeltern	1	0	1	1	1	0
Kinder	0	0	1	0	2	1
Haushaltshilfe	0	6	0	1	0	0

2. „Welcher Lebensbereich ist Ihnen am wichtigsten?"

	Männer		Frauen	
	Ost	West	Ost	West
Beruf	27	17	16	9
Partnerschaft	51	58	43	52
Freunde	4	10	2	9
Kinder	17	12	39	27
keine Angaben	1	3	0	3

3. „Wessen Aufgabe ist es die Gleichberechtigung zu verwirklichen?"

	Männer		Frauen	
	Ost	West	Ost	West
des Staates	56	22	57	26
jedes Einzelnen	41	75	42	71
keine Angaben	3	3	3	3

aus: Materialien zur Frauenpolitik 16/1992, hg. vom BM f. Familie und Jugend, Bonn 1992, S. 11, 17/18 u. 83.

1. *Welche familiäre Rollenverteilung zwischen Frauen und Männern kommt in den Antworten auf Frage 1 zum Ausdruck? Worauf führst du die geringen Unterschiede zwischen Ost- und Westdeutschland zurück?*
2. *Was sagen die Antworten auf Frage 2 über die gesellschaftliche Rollenverteilung zwischen Frauen und Männern aus?*
3. *Warum erwarten Frauen und Männer in Ostdeutschland überwiegend vom Staat die Verwirklichung der Gleichberechtigung, während sie in Westdeutschland mehrheitlich als Aufgabe jedes Einzelnen angesehen wird?*

Zeittafel

8.5.45 Bedingungslose Kapitulation
1945 Zulassung von Parteien
1945/46 Nürnberger Prozesse
1946 Zwangszusammenschluss von KPD und SPD in der SBZ zur SED
1947 Errichtung der Bizone; in der SBZ Verstaatlichung des Bergbaus
1947 Marshallplan ohne Teilnahme der SBZ

Entwicklung der Bundesrepublik

1948	Währungsreform
1948	Sept.: Zusammentritt des Parlamentarischen Rats
1949	23. Mai: Verabschiedung des Grundgesetzes August: Wahl zum 1. Bundestag
1949–63	„Ära Adenauer“
1952/53	Scheitern des EVG-Vertrags
1955	Souveränität der BRD und Beitritt zur NATO
1956	Aufbau der Bundeswehr
1957	Einführung der „dynamischen Rente“
1959	Godesberger Programm der SPD
1966	Bildung der Großen Koalition
1969	Sozialliberale Koalition unter W. Brandt
1970	Ostpolitik: Verträge mit Moskau und Warschau
1972	Grundlagenvertrag mit der DDR
1974–82	Sozialliberale Koalition unter H. Schmidt
seit 1982	Christl.-liberale Koalition unter H. Kohl

Entwicklung der Deutschen Demokratischen Republik

1948	Berliner Blockade und eigene Währungsreform in der SBZ und Berlin (Ost)
1949	Okt.: Staatsgründung der DDR
1950	Walter Ulbricht Generalsekretär der SED Einführung der Planwirtschaft Aufbau der Grundlagen des Sozialismus
17. 6. 53	Volksaufstand in der DDR
1956	Aufbau der Nationalen Volksarmee
1961	Berliner Mauer
1971	Honecker übernimmt Führung der DDR
1989	Massenflucht aus der DDR und friedliche Revolution

9.11.1989 Öffnung der Mauer in Berlin
3.10.1990 Beitritt der fünf neuen Länder zur Bundesrepublik

Deutsche Frage ist die übliche Bezeichnung für die Probleme, die sich aus der deutschen Spaltung nach der Niederlage des Deutschen Reiches im Weltkrieg ergaben. Die Bundesrepublik Deutschland bestand seit ihrer Gründung 1949 darauf für das ganze deutsche Volk zu sprechen (Alleinvertretungsanspruch). Unter der sozialliberalen Regierung Brandt kam es im Zuge einer neuen Ostpolitik zu dem Grundvertrag von 1972, der zu einer Verbesserung des Verhältnisses beider deutschen Staaten führte. Die Frage der deutschen Wiedervereinigung wurde dabei bewusst ausgeklammert. Durch die friedliche Revolution in der DDR 1989, der Öffnung der Grenzen und dem Zusammenbruch des SED-Regimes kam der Vereinigungsprozess in Gang. Mit der Zustimmung der ehemaligen Siegermächte zur Wiedervereinigung und der Vereinigung am 3. Oktober 1990 ist die deutsche Frage gelöst.

Entnazifizierung. Verfahren der Siegermächte des Zweiten Weltkrieges zur Säuberung der deutschen Gesellschaft vom Nationalsozialismus. Maßnahmen dazu waren die Entfernung ehemaliger Nationalsozialisten aus staatlichen, politischen und wirtschaftlichen Stellungen und deren gerichtliche Aburteilung; Verbot der NSDAP, ihrer Organisationen und jeder nationalsozialistischen Betätigung; Ausrottung nazistischen Gedankenguts aus dem Erziehungs- und Bildungswesen. Die von Entnazifizierungsmaßnahmen Betroffenen wurden eingestuft in Hauptschuldige (Kriegsverbrecher), Belastete, Minderbelastete, Mitläufer und Entlastete. 98 % der ca. 6 Millionen Betroffenen wurden als Mitläufer eingestuft. Ergebnisse bzw. Erfolg der Entnazifizierung gelten als zweifelhaft.

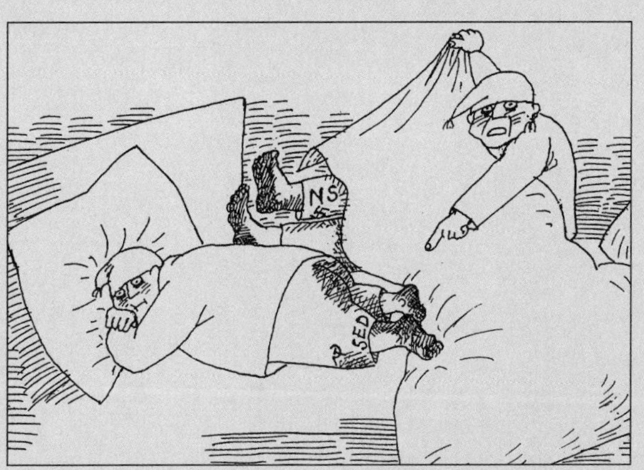

Zwei Karikaturen zur Reaktion in West- und Ostdeutschland auf den Umgang mit den Stasiakten im Frühjahr 1992

Grundrechte sind die verfassungsmäßigen, individuellen Rechte des Bürgers gegenüber dem Staat. Im engeren Sinn sind die Grundrechte die Menschen- und Bürgerrechte im Grundgesetz der Bundesrepublik Deutschland. Sie sollen die unantastbare Würde des Menschen schützen (Art. 1 Abs. 1). Alle staatliche (vollziehende) Gewalt, Gesetzgebung und Rechtssprechung sind an die Grundrechte als unmittelbar geltendes Recht gebunden (Art. 1 Abs. 3), d. h., Gesetze gelten nur, wenn sie im Einklang mit dem Grundgesetz stehen. Kontrollorgan zur Einhaltung der Grundrechte ist das Bundesverfassungsgericht.

Sozialismus. Bis ins 20. Jh. hinein gleichbedeutend mit Kommunismus* bezeichnete Theorie und politische Bewegung. Ursprüngliches Ziel des Sozialismus ist es, gesellschaftliche Gleichheit und Gerechtigkeit durch Aufhebung des Privateigentums, Einführung einer Planwirtschaft und Beseitigung der Klassenunterschiede herbeizuführen. Ob die angestrebte Aufhebung der kapitalistischen Wirtschafts- und Gesellschaftsordnung durch Revolution oder Reformen zu erreichen sei, war von Anfang an in der sozialistischen Bewegung strittig. Im Marxismus-Leninismus* wurde Sozialismus als Vorstufe zum Kommunismus verstanden. Unterschieden wird der *reale Sozialismus*, wie er z. B. in den osteuropäischen Ländern existierte, vom *freiheitlich-demokratischen Sozialismus*, wie er seit der Spaltung der Arbeiterbewegung während des Ersten Weltkrieges von den sozialdemokratischen und sozialistischen Parteien in den westlichen Demokratien vertreten wurde.

Volksparteien. Parteien in den Demokratien, die sich aufgrund ihres Programms, der sozialen Zusammensetzung ihrer Mitglieder und in ihrer Politik nicht an den Interessen einzelner sozialer Gruppen orientieren, sondern beanspruchen eine Politik für alle Bevölkerungsschichten zu betreiben. Sie lösen die früheren Weltanschauungs- bzw. Klassenparteien ab, die sich an einer Ideologie bzw. sozialen Schicht orientierten. Volksparteien haben in den heutigen Demokratien eher eine Chance bei Wahlen eine Mehrheit zu erreichen.

Wer war's?

Der Gesuchte erblickte 1876 das Licht der Welt. Nach dem Jura-Studium wurde er mit 41 Jahren Oberbürgermeister einer deutschen Großstadt. Seiner Zeit weit voraus war er, als er eine Straße für den Verkehr sperren ließ; gerüchteweise allerdings deshalb, weil seine Kinder diese als Schulweg benutzten. 1933 enthoben ihn die Nationalsozialisten seines Amtes, nach dem Attentat auf Hitler vom 20. Juli 1944 kam er einige Monate in Gestapo-Haft. Nach dem Kriege wurde er eine der großen gestaltenden Persönlichkeiten der Bundesrepublik, er wurde manchmal mit Bismarck verglichen. 1949 – im reifen Alter von 73 Jahren – erreichte er sein höchstes politisches Amt, allerdings nur, weil er bei der Wahl für sich selbst stimmte. Als eines seiner Kunststücke gilt, dass er es schaffte, seinen Amtssitz in die Nähe seines Wohnortes zu legen. „Die Lage war noch nie so ernst!“ lautete stets seine Analyse der Gegenwart, die zum geflügelten Wort wurde. Trotzdem fand er Zeit Rosen zu züchten oder den Kopf mit einem modischen Pepita-Hut bedeckt Boccia zu spielen. 1963 erklärte er, 86 Jahre alt, seinen Rücktritt. Er starb 1967.

Einkaufsstraße in Tokio, 1993

Die beiden alten Kulturnationen China und Japan traten auf unterschiedliche Weise in das 20. Jahrhundert ein: China befreite sich von einer korrupten kaiserlichen Dynastie und in Japan reformierte sich das Meiji-Kaisertum und wies Japan den Weg zu Modernisierung und kriegerischer Expansion. Japan fand innerhalb weniger Jahrzehnte Anschluss an die westlichen imperialistischen Staaten. China war ein halbes Jahrhundert von Kriegen zerrissen, bevor dort eine umfassende revolutionäre Umgestaltung gelang. Die japanischen Militaristen und die chinesischen Kommunisten waren beide Täter, wenn auch mit ganz unterschiedlichen Zielen – ihre Völker waren Opfer. Der Großraum China regelte seine Krisen weitgehend selbst. Japan wurde erst durch amerikanische Atombomben, die 1945 Zehntausende von unschuldigen Menschen töteten, auf den Weg der Demokratie gezwungen.

Die Errichtung eines militaristischen Staates geschah in Japan nicht ganz unähnlich der deutschen Entwicklung im Anschluss an die Weltwirtschaftskrise. Um Ostasien unter japanische Vorherrschaft zu bringen, überfiel Japan 1937 China. Um diesen Kurs zu sichern, eröffnete Japan mit dem Angriff auf den amerikanischen Stützpunkt Pearl Harbor 1941 den Zweiten Weltkrieg im Pazifik. Japan setzte nach 1945 unter amerikanischem Einfluss den unterbrochenen Weg der Demokratisierung fort. In geschickter Einfügung in das Welthandelssystem erreichte es bis heute einen großen Wirtschaftsaufschwung. Japan wurde in einigen Hochtechnologien führend in der Welt.

Anders verlief die Entwicklung in China. Das Kaiserreich hatte nicht verhindern können, dass die Kolonialmächte sich auf chinesischem Territorium Stützpunkte und wirtschaftliche Vorrechte sicherten. 1911 gelang es der von Sun Yat-sen geführten Reformbewegung das jahrtausendealte Kaisertum abzuschaffen. China blieb jedoch weiter ein von Krieg und Armut belastetes Land. Die bis 1945 währende japanische Aggression kostete China viele Millionen Men-

Konfrontation zwischen Mao und der Göttin der Demokratie vor dem Kaiserpalast in Peking, 1989

schenleben. Sie waren Opfer einer verfehlten Expansionspolitik.
Nach dem Zweiten Weltkrieg stand es zwar in der Reihe der Siegermächte, aber der fortgesetzte Bürgerkrieg zwischen der Regierungspartei der Guomindang (GMD) und den revolutionären Kommunisten schlug dem Land schlimme Wunden. Nach vierjährigem Kampf zogen schließlich 1949 die Kommunisten in Peking ein und gestalteten China zur Volksrepublik um. Auf die Frage, wie Chinas zukünftiger Weg aussehen sollte, hat China seit 1949 nicht eine Antwort, sondern mehrere gegeben. Zuerst folgte es dem Vorbild der Sowjetunion und baute neben der Reform der Landwirtschaft die Schwerindustrie auf. Auf der Suche nach einem chinesischen Weg begann Mao Zedong dann die Volkskommunen-Kampagne, die allerdings in große Schwierigkeiten führte. Mitte der 60er Jahre unternahm Mao mit der „Großen Proletarischen Kulturrevolution" einen erneuten Anlauf, die Massen für sozialistisches Bewusstsein zu mobilisieren. Doch auch dieses Experiment scheiterte und es wurde schließlich ab 1978 wieder dem Wirtschaftswachstum Vorrang eingeräumt, z. T. auf Kosten der geforderten gesellschaftlichen Gleichheit. Zur Konsequenz dieses Kurses gehörte auch, dass China sich jetzt dem westlichen Ausland öffnete und wirtschaftliche und politische Kontakte suchte.
Die chinesische Gesellschaft ist schon wegen ihrer räumlichen Ausdehnung, ihrer unterschiedlichen Regionen und Völker schwerer zu verändern als Japan. Um so schwieriger ist es, in einer Revolution Eigentumsverhältnisse und politische Organisation umzugestalten. Dies hat hohe Opfer an Menschenleben gefordert. Unter der Herrschaft der Kommunistischen Partei bestehen politische und geistige Unterdrückung in krasser Form in China fort. Die Modernisierung hat hier viel später als in Japan begonnen und noch nicht zu der international üblichen Anerkennung der Menschenrechte geführt.

Japan von 1919 bis in die Gegenwart

1919–1945: Japan auf dem Weg zur expansiven Großmacht

Eine „beleidigte" Siegermacht

Die Beschlüsse der Pariser Friedenskonferenz 1919, die in China einen Sturm des nationalen Protestes auslösten, hätten in Japan eigentlich zu Freudenkundgebungen führen müssen. Japan erhielt deutsche Kolonien zugesprochen, in China zwar nur vorübergehend, aber im Pazifik langfristig. Zusammen mit den Gebieten, die es im Chinesisch-Japanischen Krieg 1894/95 und im Krieg gegen Russland 1904/05 erobert hatte, konnte sich Japan jetzt in den Kreis der kolonialen Großmächte aufgenommen fühlen. Japan gehörte außerdem zu den wenigen wirtschaftlichen Gewinnern des Ersten Weltkrieges. Die erhöhte Nachfrage der Verbündeten nach Kriegsgütern ließ den Außenhandel während des Krieges um das Dreifache steigen.

Doch die Begeisterung über das Erreichte blieb in Japan aus. Vor allem lag das wohl daran, dass sich die japanischen Militärs noch viel größere territoriale Gewinne in Ostasien versprochen hatten. Auch wurde es als Diskriminierung empfunden, dass sich bei den Friedensverhandlungen der Wunsch Japans nicht durchsetzen konnte neben dem Selbstbestimmungsrecht* auch das Prinzip der Rassengleichheit vertraglich festzuschreiben. Allerdings unterdrückte Japan in seinen eigenen Kolonien Aufstände der Einheimischen blutig. Das fast gänzlich unbewaffnete koreanische Volk erhob sich am 1. März 1919 wegen ungerechter Landverteilung durch die Kolonialbehörden. Die japanische Armee tötete 7900 Koreaner und schlug diese Protestbewegung nieder.

Übernahme westlicher Lebensformen

Der wirtschaftliche Aufschwung Japans während des Ersten Weltkrieges und Anfang der 20er Jahre führte zu wichtigen Veränderungen in der japanischen Gesellschaft. Immer mehr Menschen verließen das Land und zogen in die schnell wachsenden Industriezentren. Allein in den Jahren von 1913 bis 1919 verdoppelte sich die Zahl der Industriearbeiter. Die meisten dieser Landflüchtlinge – oft als verschuldete Kleinbauern und Pächter zum Verlassen ihrer Höfe gezwungen – arbeiteten zu Hungerlöhnen. Langsam entwickelte sich daneben aber auch eine Schicht von Facharbeitern; diese begannen sich gewerkschaftlich zu organisieren und für bessere Arbeitsbedingungen zu streiken. In den großen Familienkonzernen wurden immer mehr Bürokräfte gebraucht. Zusammen mit der wachsenden Zahl von Lehrern und öffentlichen Angestellten bildeten sie die neue gesellschaftliche Schicht des Mittelstandes, die das traditionelle Japan, geteilt in elitäre Oberschicht und die Masse der Bauern, einige Jahrzehnte zuvor nicht gekannt hatte.

„Japanischer Geist plus westliches Können" – das war das Erfolgsrezept für die schnelle Industrialisierung Japans, für Reformen in Verwaltung, Wirtschaft, Bildungswesen und Staat gewesen. Von dem „japanischen Geist", von den alten in Familie, Betrieb, öffentlichem Leben geltenden Tugenden wie Disziplin, Treue, Gehorsam, Unterordnung und Anspruchslosigkeit hielten viele junge Japanerinnen und Japaner – besonders aus der neuen Mittelschicht – nun nicht mehr viel.

In der Wirtschaft wandten die mächtigen Konzerne* dieselben Geschäftsmethoden an wie ihre Konkurrenten in den USA. In den Städten – vor allem in Tokio nach dem schweren Erdbeben von 1923 – entstanden Geschäftsviertel mit riesigen Konzernpalästen wie in New York, auch wenn die meisten Japaner weiterhin in engen Holzhäuschen lebten. Trotzdem schien es, als ob in der Politik die Prinzipien der westlichen Demokratie langsam mehr Geltung bekommen sollten, wenn auch Bestechung weiterhin üblich war. 1925 wurde endlich auch das allgemeine Wahlrecht eingeführt, allerdings nur für Männer über 25 Jahre, Frauen blieb es bis nach dem Zweiten Weltkrieg versagt. Zugleich erging ein Gesetz zur „Wahrung des Friedens", das der Polizei große Machtbefugnisse gegen politisch unerwünschte Gruppen gab.

Rückbesinnung auf japanische Werte

Die schnelle Modernisierung im Japan der 20er Jahre hatte verschiedene Widersprüche nicht gelöst: zwischen westlich konsumorientiertem Leben in den Großstädten und traditioneller Armut auf dem Land, zwischen freiheitlicher Lebensauffassung und feudal-obrigkeitsstaatlichen Strukturen in vielen Bereichen der Gesellschaft. Die Veränderungen wurden deshalb auch nicht von allen begrüßt. Besonders im Militär wurde Unmut laut. Statt Disziplin und Härte würden sich Verweichlichung und Laster ausbreiten. Die zivilen Politiker würden nur Kompromisse schließen, anstatt für die nationale Größe zu kämpfen, hieß es bei ihnen. Zu einer Kampagne gegen die „Verwestlichung" kam es, als die USA 1924 ihr Einwanderungsverbot für Japaner und Chinesen verhängten. Dies wurde als nationale Demütigung empfunden.

Zu schweren Konflikten kam es aber erst seit dem Ausbruch der Weltwirtschaftskrise, die sich in Japan durch eine Bankenkrise schon 1927 angekündigt hatte. Die japanische

Wirtschaft, die vom Export lebte, konnte jetzt ihre Produkte wegen der allgemeinen Schutzzollpolitik nicht mehr absetzen. Immer mehr Menschen mussten hungern, zumal die Bevölkerung in dieser Zeit jährlich um etwa eine Million wuchs, bei etwa 60 Millionen Einwohnern im Jahr 1930. Besonders hart traf die Krise die Rohseidenherstellung in den ländlichen Gebieten. Verständnis für ihre Not fanden die Bauern bei der Armee, denn das Militär rekrutierte sich vornehmlich aus der Landbevölkerung.
Offiziere und Bauern, das waren gleichzeitig die Schichten, denen der gesellschaftliche Wandel durch die Industrialisierung Angst machte. Sie sahen in der Modernisierung des Lebens einen Verfall der traditionellen Tugenden. Das Ergebnis war, dass sich ein fanatischer Patriotismus – besonders bei jüngeren Offizieren – ausbreitete. Eine Serie von politischen Morden an Politikern, die 1932 der Ära der zivilen Parteienregierungen ein Ende bereitete, machte deutlich, dass der japanischen Gesellschaft der Kompromiss zwischen Tradition und Fortschritt nicht gelungen war.

Straßenszene in Kobe, um 1940

Japans „Neue Ordnung" in Ostasien

Nach dem „Mandschurischen Zwischenfall" von 1931, einem inszenierten Sabotageakt in der Mandschurei, hatte die Armee diese nordöstlichste, rohstoffreiche Provinz Chinas besetzt. Nationale Expansion, verbunden mit radikalem Nationalismus, das war die japanische Antwort auf die Bedrohungen durch die Weltwirtschaftskrise. Die japanische Eroberungspolitik richtete sich nicht auf das sowjetische Sibirien, sondern vorrangig auf Ost- und Südostasien. Die Schritte der japanischen Expansion mit dem erklärten Ziel eine „Neue Ordnung Ostasiens" von Indochina bis zu den pazifischen Inseln unter der Vorherrschaft Japans zu schaffen sind schnell aufgezählt:

- Nach der Errichtung des Vasallenstaates Mandschukuo 1932 besetzte Japan 1933 die angrenzende chinesische Provinz Jehol. Von 1933 bis 1936 kündigte es mehrere internationale Abkommen, die seine Expansionswünsche hinderten.
- Nach zahlreichen militärischen Zusammenstößen in den folgenden Jahren begann Japan im Juli 1937 den offiziellen Krieg gegen China. Bis Ende des Jahres hatte es weite Teile des Landes besetzt.
- Der Kriegsausbruch in Europa 1939 ermutigte die japanischen Militärs den Krieg weiter auszudehnen. Der Sieg des Bündnispartners Deutschland über die Niederlande und Frankreich 1939/40 erleichterte für Japan die Besetzung Indonesiens und Französisch-Indochinas.

Auch im Innern der Gesellschaft fand eine Militarisierung statt, die an den uralten Mythos von der göttlichen Herkunft des japanischen Kaiserhauses anknüpfte. Dem gottähnlichen Tenno habe jeder Japaner sein Leben zu opfern, um die „Reinheit Japans" und die „Reinheit der Welt" wiederherzustellen. Diese Lehre wurde in den Schulen bestimmend, nach ihr hatte sich bald das gesamte öffentliche und private Leben auszurichten. Kampf für die „Reinheit Japans", das hieß: Kampf gegen alles „Unjapanische" und damit vor allem gegen westliche Einflüsse in Politik und Kultur, in Familie und Beruf; Kampf für die „Reinheit der Welt", das bedeutete imperialistische Eroberungen. Aus dem alten Kaiserkult wurde der Staatskult einer Militärdiktatur.

Der Weg in den Zweiten Weltkrieg

Die Parteien wurden im Jahr 1940 aufgelöst. Japan konnte sich bei seiner Expansion in Ostasien auf ein Bündnis mit Deutschland und Italien stützen. 1936 schlossen das Deutsche Reich und Japan den auf propagandistische Wirkung gegen den „Weltkommunismus" abzielenden *Antikominternpakt,* dem Italien 1937 beitrat. Im 1940 gegründeten *Dreimächtepakt* vereinbarten sie eine enge Zusammenarbeit und Interessenabstimmung ihrer Expansionspolitik. Zwi-

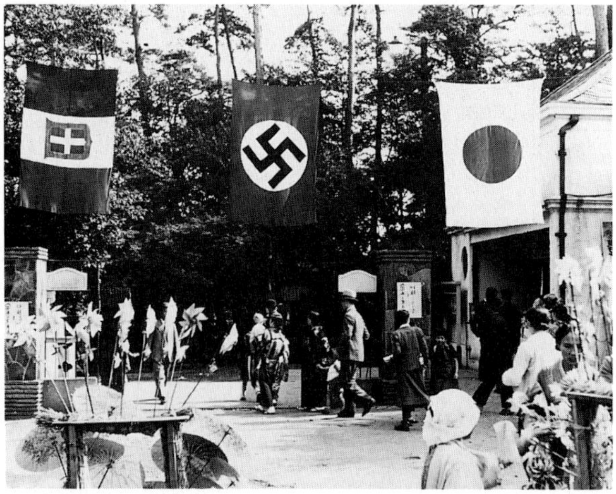

Die Fahnen der Verbündeten des Dreimächtepaktes über einem Parkeingang in Tokio, 1940

schen den faschistischen Staaten in Europa und dem militaristischen Japan gab es viele Gemeinsamkeiten: Antiliberalismus, Antikommunismus und Expansionismus hatten alle drei auf ihre Fahnen geschrieben. Der rassistischen Herrenmenschen-Ideologie der deutschen Nationalsozialisten entsprach der Glaube an die Überlegenheit Japans gegenüber der nichtjapanischen Welt. Hinzu kam, dass Hitlers Krieg in Europa gegen Großbritannien und Frankreich Japan half, seinem Ziel einer „Neuen Ordnung Ostasiens" ohne europäische Kolonialmächte ein Stück näher zu kommen.
Bei *einem* Problem konnten Japans Verbündete in Europa allerdings nicht helfen: Japan war für seine Kriegführung auf Erdöl und andere Rohstoffe angewiesen. Im Juli 1941 sperrte die amerikanische Regierung die Erdölausfuhr nach Japan und erklärte, dass eine Aufhebung dieses Embargos erst erfolge, wenn Japan sich aus den seit 1931 eroberten Gebieten zurückziehe. Japan stand vor der Frage, den Weg des Krieges weiter zu beschreiten oder aber einzulenken. Die japanischen Militärs wussten, dass die USA einen Krieg im Pazifik vermeiden wollten. Ihre Antwort bestand im Angriff auf den amerikanischen Flottenstützpunkt Pearl Harbor auf Hawaii am 7. Dezember 1941.
Der Überraschungsangriff und das schnelle Vorstoßen Japans nach Südostasien schienen die Kalkulationen des japanischen Militärs aufgehen zu lassen. Japan hielt nun weite Teile Chinas besetzt und kämpfte dort gegen die vorübergehend vereinten Kräfte der GMD und der Kommunisten. In Südostasien drang es durch das ölreiche Birma vor und bedrohte sogar die britische Kolonialherrschaft in Indien (siehe Karte S. 275). Doch schon seit Mitte 1942 bewies das Kriegsgeschehen im Pazifik, dass Japan die Kampfkraft und den Kampfwillen der USA unterschätzt hatte. Die Amerikaner konnten in verlustreichen Kämpfen den Seekrieg im Pazifik für sich entscheiden. Drei Jahre später sollte mit dem Abwurf der ersten Atombomben auf Hiroshima und Nagasaki nicht nur für Japan das Ende der militaristischen „Neuen Ordnung" kommen, sondern auch für die Welt das Zeitalter der atomaren Bedrohung beginnen.

Japan seit 1945: Der Aufstieg zur Weltwirtschaftsmacht

Japan unter amerikanischer Besatzung

Im August 1945 zwangen die beiden Atombomben auf Hiroshima und Nagasaki die japanische Führung den Krieg verloren zu geben. Die Atombomben töteten etwa eine Viertelmillion japanischer Zivilisten. Hunderttausende waren für den Rest ihres Lebens gesundheitlich schwer geschädigt,viele ihrer Nachkommen mit Geburtsfehlern behaftet.
In den USA rechtfertigte man die hohe Zahl der Menschenopfer mit der Behauptung, dass nur so ein schneller Frieden erreicht werden konnte. Japans Versuch mit Gewalt die Vorherrschaft in Ostasien und im Pazifik zu gewinnen endete mit der bedingungslosen Kapitulation. Viele Japaner sahen sich nun als Opfer eines Krieges, von dem sie nicht wahrhaben wollten, dass Japan ihn begonnen und aggressiv fortgeführt hatte. Die Behauptung der japanischen Nationalisten und Militärs, sie hätten den Krieg für die Freiheit der „gelben Rasse" von der Herrschaft der „Weißen" zu führen, hatte natürlich nur ihre eigenen Interessen verschleiert. Aber sie hatte in einer Hinsicht etwas Wahres: Die Unabhängigkeitsbewegungen der vom Westen beherrschten Kolonialvölker in Vietnam, Indonesien, ja sogar in Indien wurden durch die Siege der Japaner beschleunigt, denn für einige Jahre hatten sie die westlichen Kolonialherren vertrieben und ihrem Prestige schweren Schaden zugefügt. Etwa 6,5 Millionen Japaner, die nach Kriegsende aus den ehemaligen Kolonialgebieten in die Heimat zurückkehrten und wieder eingegliedert werden mussten, belasteten den Beginn des Wiederaufbaus in Japan. Viele Städte waren zerstört, die Wirtschaft schwer geschädigt. Und das Land war von den Amerikanern besetzt.
Mit der allgemeinen Zielsetzung die Wurzeln des Faschismus weltweit auszureißen wollten die USA – ähnlich wie im besetzten Deutschland – auch in Japan grundlegende politische und gesellschaftliche Reformen veranlassen:
– Das öffentliche Leben sollte demokratisiert werden; 18 000 Personen, die an der japanischen Expansionspolitik

mitgewirkt hatten, wurden aus der Verwaltung, der Wirtschaft und dem Erziehungswesen entfernt.
- Alle Kriegsverbrecher sollten bestraft werden; 920 wurden hingerichtet.
- Das Land sollte entmilitarisiert werden.
- Der Einfluss der Großkonzerne sollte zurückgedrängt, die Rechte der Arbeitnehmer gestärkt werden.
- Durch eine Bildungsreform sollte die Basis für eine demokratische Gesellschaft gelegt werden.

Der Oberbefehlshaber der alliierten Streitkräfte, der amerikanische General MacArthur, ordnete schon bald nach der Kapitulation die Gründung von Gewerkschaften und neuen politischen Parteien an. Im Rahmen einer umfassenden Bodenreform mussten Großgrundbesitzer einen Teil ihres Landes an den Staat abtreten. Die Schulpflicht wurde von vier auf neun Jahre erhöht und die Mädchenerziehung der Ausbildung von Jungen gleichgestellt. Statt der Vorrechte des patriarchalischen Ehemannes in der Familie wurde die Gleichheit der Eheleute gesetzlich festgelegt.
Von den Reformen war die Bodenreform besonders erfolgreich. Der Anteil der gepachteten landwirtschaftlichen Nutzfläche sank von 46 Prozent auf 10 Prozent im Jahr 1950. Der politisch wichtigste Schritt zur Demokratisierung Japans war die Verabschiedung einer neuen Verfassung im Jahr 1947. Der Entwurf hierfür kam aus dem amerikanischen Hauptquartier, fand aber im Wesentlichen die Zustimmung der Japaner. Die Verfassung machte Japan zu einer parlamentarischen Demokratie* nach englischem Muster mit Menschen- und Bürgerrechten. Die Frauen erhielten das Wahlrecht. Premierminister und Kabinett waren künftig dem Parlament gegenüber verantwortlich und nicht mehr dem Kaiser.
Der Kaiser hatte auf seine göttliche Rolle verzichtet. Den Namen „Sohn des Himmels" behielt der Kaiser – entsprechend dem alten China – zwar bei, aber er war nur noch „Symbol der Einheit des japanischen Volkes" (Art. 1 der Verfassung). Für alle seine politischen Handlungen war nun die Zustimmung der Regierung notwendig. Dass sich Japan militärisch künftig auf die USA stützen musste, machte der Artikel 9 deutlich. In ihm hieß es, dass „das japanische Volk für alle Zeiten auf den Krieg als ein souveränes Recht der Nation und auf die Androhung oder Ausübung von Gewalt als Mittel internationale Streitigkeiten zu regeln verzichtet".

Amerikanisches Flugblatt zur Umerziehung der Japaner, 1945

Japan als Bündnispartner der USA

Der Kalte Krieg veranlasste die USA ihr Reformprogramm abzuschwächen. Zunehmend bekamen sicherheitspolitische Erwägungen den Vorrang gegenüber der Demokratisierung von Wirtschaft und Gesellschaft. Vor allem der Sieg der Kommunisten in China 1949 und der Koreakrieg veränderten die Haltung der Amerikaner gegenüber dem besiegten Japan. Amerikas Interesse war es jetzt Japan als neuen Bundesgenossen im pazifischen Raum zu gewinnen. Deshalb wurden bereits 1949 Japan alle Reparationsleistungen erlassen. Auch das Entflechtungsprogramm zur Zerschlagung der Großkonzerne ließ man weitgehend fallen. Nur neun von den vorgesehenen 1200 Konzernen* wurden tatsächlich entflochten.
Um die Ausdehnung des sowjetischen Einflussbereiches in Ostasien zu verhindern und Japan in das westliche Bündnissystem einzubinden, bereitete die amerikanische Regierung seit Anfang 1950 den Abschluss eines Friedensvertrages zwischen Japan und seinen ehemaligen Kriegsgegnern vor. Nur die Sowjetunion und die Volksrepublik China weigerten sich, Anfang September 1951 den *Friedensvertrag von San Francisco* zu unterzeichnen. Mit diesem Vertrag kehrte Japan als gleichberechtigter Partner in die Gemeinschaft der Völker zurück. Die amerikanische Besatzung endete. Japan leistete Verzicht auf die bis 1945 besetzten Gebiete, insbesondere auf Taiwan und Korea. Wegen ihres wirtschaftlichen Nutzens hat sich die Bindung an die USA und an ihre militärischen Interessen inzwischen durchgesetzt. Anfangs war dies Anlass hef-

tiger Kontroversen, insbesondere als 1960 ein amerikanisch-japanischer Sicherheitsvertrag abgeschlossen wurde.
Tatsächlich hatte sich in Japan nach den schweren Verlusten des Zweiten Weltkrieges ein echtes Gefühl des Pazifismus bei der überwiegenden Mehrheit der Bevölkerung durchgesetzt. Als mit dem Beginn des Koreakrieges ab 1950 erneut die Wiederbewaffnung in Gang gesetzt wurde – nun auf amerikanischen Wunsch –, erfasste anfangs Schrecken und Ablehnung die Mehrheit der japanischen Bevölkerung. 1954 verfügte Japan bereits wieder über moderne Land-, See- und Luftstreitkräfte. Ab 1955 wurden neue Richtlinien für die Erziehung erlassen und in den Schulbüchern die japanischen Eroberungsfeldzüge des Zweiten Weltkrieges verharmlost. Ab 1965 wurde eine verstärkte Verehrung des Tenno in der Schule gefordert.

Die moderne Wirtschaftsmacht Japan

Heute ist nicht mehr die Produktion von Baumwolltextilien und Seide in Japan vorrangig wie vor dem Zweiten Weltkrieg, sondern eine Fülle moderner Erzeugnisse, wie z. B. die Elektronik. Der japanische Wirtschaftsaufschwung setzte mit dem Koreakrieg ein. Die Truppen der UNO kauften vieles in Japan ein, was sie in Korea brauchten. Die japanische Wirtschaft erreichte schon sechs Jahre nach Kriegsende den Vorkriegsstand. Aber auch danach waren die Wachstumsraten enorm: fast neun Prozent in den 50er und über 11 Prozent in den 60er Jahren. Die westliche Welt fürchtet heute Japans „Exportoffensiven", mit denen das Land alljährlich riesige Überschüsse erzielt. Wirtschaftlich ist Japan ein Riese; aber das Wirtschaftswachstum fordert auch seinen Preis – und den zahlt die fleißige Bevölkerung von heute 135 Millionen, die ein Fünftel ihres Einkommens spart und es der Industrie als billiges Kapital für Investitionen zur Verfügung stellt. Die Löhne sind ebenso hoch wie in Europa, aber die Lebensqualität ist niedriger; denn die Lebenshaltung ist teurer, die Wohnungen sind klein, die Umweltverschmutzung erreicht große Ausmaße.
Der mächtigen japanischen Wirtschaft ist es inzwischen gelungen, großen Einfluss auf die Absatzmärkte und die Rohstoffvorkommen Südostasiens zu gewinnen. Das gilt auch für China, zu dem Japan seit 1972 wieder diplomatische Beziehungen unterhält. 1993 bekannte sich der japanische Ministerpräsident dazu, Japan habe seinerzeit einen Aggressionskrieg geführt. Er entschuldigte sich bei China und den südostasiatischen Ländern.
Trotz der schrecklichen Erfahrungen mit der Atomenergie 1945 bauen die Japaner seit 1965 selbst wieder Atomkraftwerke (inzwischen 49), die fast ein Drittel des japanischen Stroms liefern. Japan ist nach den USA heute die zweitstärkste Wirtschaftsmacht der Welt. Auch außenpolitisch übernimmt es inzwischen wieder eine größere Rolle: Es beteiligte sich 1991 an den Kosten des Golfkrieges mit 13 Mrd. US-Dollar und entsandte zu der UNO-Aktion in Kambodscha eigene Truppen.

Toyota-Werk in Toyota-City: Personenwagen „made in Japan" stellen eine Konkurrenz für die Automobilindustrie der westlichen Welt dar

Fragen und Arbeitsaufgaben

1. *Was kennzeichnete Japans Entwicklung in der Zwischenkriegszeit?*
2. *Erkläre die Gründe und Ziele für das japanische Expansionsstreben.*
3. *Welche politischen und gesellschaftlichen Reformen wollten die USA in Japan einführen? Nenne die Ziele dieser amerikanischen Demokratisierungspolitik.*
4. *Vergleiche die Diskussion um die Wiederbewaffnung in Japan und Deutschland nach dem Zweiten Weltkrieg.*

Japan: Vom Nationalismus zur internationalen Kooperation

1 *Der Anarchist und spätere Faschist Kita Ikki (1883–1937) hatte sich 1911 an der demokratischen Revolution in China beteiligt. Von der weiteren Entwicklung dort enttäuscht, forderte er radikale staatssozialistische Reformen in Japan, insbesondere die Enteignung der großen Konzerne. Er regte den Aufstand jüngerer Offiziere vom Februar 1936 an und wurde anschließend hingerichtet. Sein Plan für die „Umgestaltung Japans" wurde mehrfach in den 1920er Jahren von der Zensur verboten.*

Q Tatsächlich sind wir eine kleine Insel, völlig isoliert im östlichen Meer. Ein falscher Schritt und unsere Nation wird wieder in einen verzweifelten Krisenzustand verfallen ... Das japanische Volk muss ein tiefes Bewusstsein des großen Leitgedankens nationaler Existenz entwickeln ... Die Gedanken derer, die sich gegen eine Bewaffnung der Nation stellen, sind schließlich einfach kindisch ... Das Kriegsrecht muss erklärt werden, weil es wesentlich für die Freiheit der Nation ist keinen Schranken unterworfen zu sein, die verhindern die Opposition der obengenannten Gruppen zu unterdrücken ... Es gibt überhaupt keine wissenschaftliche Grundlage für den Glauben der Demokratien, dass ein Staat, der regiert wird von gewählten Vertretern der Wahlberechtigten, einem Staat überlegen sei, der von einer einzigen Person regiert wird ...

Frauen haben nicht das Recht an der Politik teilzunehmen ... Im Ausland hat es Agitationen von Frauen für das Wahlrecht gegeben, während sich bei uns die Frauen weiterhin der Aufgabe gewidmet haben gute Ehefrauen und kluge Mütter zu sein ... Wenn Frauen an den Krieg mit Worten gewöhnt werden, tut man ihren natürlichen Fähigkeiten Gewalt an, es ist schrecklicher, als wenn man sie im Krieg einsetzt. Jeder, der die dumme Geschwätzigkeit westlicher Frauen oder die durchbohrenden Streitereien chinesischer Frauen kennt, wird dankbar sein, dass japanische Frauen auf dem richtigen Weg geblieben sind.

Sources of Japanese Tradition, hg. von R. Tsunoda, W. de Bary und D. Keene, New York 1958, S. 775, 781f. Übers. d. Verf.

2 *„Grundlegende Eigenart der Nationalidee", eine offizielle Erläuterung von 1937 zum Kaiserlichen Erziehungserlass von 1890:*

Q Zu Anfang ist festzustellen, dass unser Land eine große Familiennation ist, die eine Einheit von Herrscher und Untertan umfasst, mit dem Kaiserlichen Haushalt als der Kopffamilie und mit dem Blick auf den Kaiser als zentralen Punkt von alters her bis heute. Dient man dem Gedeihen des Kaisers, so dient man dem Gedeihen der Nation. Dem Kaiser loyal zu sein bedeutet nichts weniger als sein Land zu lieben und nach der Wohlfahrt der Nation zu streben. Ohne Loyalität gibt es keine Vaterlandsliebe ... Natürlich gibt es im Ausland auch den Geist der Vaterlandsliebe. Aber diese Vaterlandsliebe ist nicht wie in unserem Land von ihren Wurzeln her eins mit Loyalität und in perfekter Übereinstimmung mit der Verehrung der Götter und der Vorfahren ... Durch Loyalität werden wir japanische Untertanen; in Loyalität erhalten wir unser Leben; und hierin finden wir die Quelle aller Moral ...

Wenn ich meinem Herrn dienen kann
bis mein Haar weiß wird wie fallender Schnee –
wie entzückt würde ich mich fühlen!

Der Kaiser ist nicht nur ein sogenannter Souverän, Monarch, Herrscher oder Verwalter wie in ausländischen Nationen, sondern herrscht über dieses Land als verkörperte Gottheit im Einklang mit dem großen Prinzip, das uns seit der Gründung des Reiches übergeben wurde, Art. 3 (der Verfassung von 1889), der lautet „Der Kaiser ist heilig und unverletzlich", stellt diese Wahrheit fest.

Kokutai no Hongi, hg. von R. K. Hall, Cambridge 1949, S. 83. Übers. d. Verf.

3 *Hiroshima nach der Atombombenexplosion am 6. August 1945*

4 *Die japanische Pazifistin Kurihara Sadako schrieb 1972 das Gedicht „Wenn wir Hiroshima sagen“:*

Wenn wir Hiroshima sagen
kann es da eine sanfte Antwort geben wie
Ah, Hiroshima?
Wenn wir Hiroshima sagen,
kommt die Antwort zurück
Pearl Harbor.
Wenn wir Hiroshima sagen,
kommt die Antwort zurück
Massaker von Nanking.[1]
Wenn wir Hiroshima sagen,
kommt die Antwort zurück
Frauen und Kinder
in einem Graben aufgehäuft,
mit Benzin zu Tode verbrannt in Manila.[2]
Wenn wir Hiroshima sagen,
kommt ein Echo zurück von Blut und Flammen ...“

[1] Nach der Eroberung Nankings, der damaligen chinesischen Hauptstadt, Ende Dezember 1937 töteten japanische Soldaten während der mehrwöchigen Plünderung 200000 chinesische Zivilisten und Kriegsgefangene.

[2] Auch Manila, die philippinische Hauptstadt, war wie der größte Teil Südostasiens im Zweiten Weltkrieg von den Japanern besetzt.

R. Hidake, The Price of Affluence, Tokyo 1984, S. 42f. Übers. d. Verf.

1. *Erläutere, wie Kita Ikki das Verhältnis von Nation und Individuum kennzeichnet. Welches Verständnis von Freiheit hat er?*
2. *Der Autor spricht auch über die Rolle der Frau. Nimm Stellung zu dem Menschenbild, das seinen Aussagen zugrunde liegt.*
3. *Arbeite die zentralen Elemente der traditionellen japanischen Nationalidee in Quelle 2 heraus.*
4. *Welchen Zwecken diente dieser Erziehungserlass?*
5. *Welche zentralen Aspekte enthält das Thema „Hiroshima“ für die Japaner?*

5 *Die neue Rolle der Frauen in Japan:*

D Zum ersten Mal steht in Japan eine Frau an der Spitze des Parlaments: Die 64-jährige Sozialdemokratin Takako Doi wurde von einem breiten Koalitionsbündnis zur Präsidentin gewählt ... Warum sich die beliebte Politikerin darauf einließ? Die Parteilinke begründete ihre Entscheidung so: „Ich werde diese Chance wahrnehmen, um etwas gegen die Parteiverdrossenheit bei den jungen Leuten zu unternehmen.“ Als Präsidentin wolle sie dafür sorgen, dass das Parlament die japanischen Verbrechen im Zweiten Weltkrieg aufarbeitet und die Opfer entschädigt. Takako Doi will außerdem eine Parlamentsreform durchführen und die Debatten lebendiger und für die Bürger verständlicher gestalten.

Frankfurter Rundschau vom 7.8.1993.

1. *Erläutere den Wandel im Aufgabenverständnis der Frau, indem du ihre Rolle in Quelle 5 mit der Rolle in Quelle 1 vergleichst.*

6 *Japans Rolle in der Weltpolitik:*

D Was den japanischen Nationalismus angeht, haben die Japaner der 80-er Jahre die ablehnende Haltung ihrer Eltern gegenüber den Kriegsereignissen und der Schmach der Niederlage längst überwunden und stehen wieder zu ihrer Nationalgeschichte ...
Auf internationalem Gebiet hat sich das Nachkriegsjapan mit der Beobachterrolle zufrieden gegeben – zuerst aufrichtig und dann mit dem gewohnheitsmäßigen Hinweis auf die geringen Einflussmöglichkeiten des Landes. Als die japanischen Regierungschefs zu den Konferenzen der wichtigsten Industrienationen eingeladen wurden, begnügten sie sich in der Regel damit sich am Rand oder im Hintergrund zu halten ... Vielleicht lag das daran, dass sie keiner Fremdsprache mächtig waren, vielleicht lag es aber auch an dem politischen System in Japan, in dem weniger Eloquenz und individuelle Brillanz zählen, sondern die Fähigkeit sich die Unterstützung der einflussreichsten Interessengruppen zu sichern. Japan profitierte von der internationalen Entwicklung der Nachkriegszeit, ohne selbst viel dazu beizutragen. Der Begriff „Internationalisierung“ wurde dennoch zum Schlagwort, als die Japaner begriffen, dass ihre neu gewonnene Macht von ihnen auch die Übernahme einer gewissen Verantwortung verlangte. Viele Japaner zeigten sich inzwischen auch betroffen über die internationale Kritik an den protektionistischen Maßnahmen, mit denen sie den eigenen Markt gegen ausländische Konkurrenz abschotteten, und an der Unbeirrtheit, mit der sie ihre Handelsbilanzabschlüsse aufstockten.

M. Collcutt, I. Jansen, Kamakusa: Japan, München 1989, S. 212.

1. *Wie lässt sich der Wandel (siehe Q 6) in der Einstellung zur Nationalgeschichte deiner Ansicht nach erklären?*
2. *Erkläre, was mit dem Begriff „Internationalisierung“ gemeint ist und welche Folgen dies für Japan hatte.*

China auf der Suche nach Fortschritt

China nach dem Ersten Weltkrieg: Neue politische Kräfte entstehen

Die demokratische Revolution von 1911

Durch Korruption im Innern und durch den neuen wirtschaftlichen Einfluss der europäischen Mächte, der USA und Japans war das chinesische Kaiserreich zu Beginn des 20. Jahrhunderts entscheidend geschwächt. Unter Führung des Auslandschinesen Sun Yat-sen gelang es 1911 demokratischen Vereinigungen, traditionellen Geheimgesellschaften und unzufriedenen Militärs eine erfolgreiche Revolution durchzuführen. Das Kaiserhaus, die Fremddynastie der Mandschuren, dankte 1912 ab. China war nun unter rivalisierende Generäle („Kriegsherren") geteilt.

Die „Vierte-Mai-Bewegung"

Am 4. Mai 1919 wurde in China bekannt, dass sich die Großmächte auf der Pariser Friedenskonferenz in geheimen Absprachen darauf geeinigt hatten den ehemaligen deutschen Kolonialbesitz in China an Japan zu übertragen. Sofort kam es zu nationalen Protesten, die großen chinesischen Hafenstädte erlebten Streiks und Demonstrationen, Boykottaufrufe gegen japanische Waren wurden laut. China fühlte sich betrogen. Es war nicht Mitte 1917 auf Seiten der Alliierten in den Krieg eingetreten, um den Einfluss der deutschen Kolonialmacht gegen den Japans auszutauschen, sondern um sich von der Herrschaft *aller* Kolonialmächte zu befreien. 1922 zwangen die Großmächte Japan, diese Erwerbungen zurückzugeben. Die „Vierte-Mai-Bewegung" hatte auch insofern große Bedeutung, als sie sich für Demokratie, moderne Wissenschaft und die Reform der alten chinesischen Schriftsprache einsetzte. Sie kritisierte den Konfuzianismus* und unterstützte die „Drei Volksprinzipien" Sun Yat-sens von 1911 – nationale Befreiung, verfassungsmäßige Staatsordnung, gesellschaftliche Reformen.

Die Kommunisten und die Guomindang

Auf der Suche nach einem Weg in die Zukunft Chinas bot sich für viele Anhänger der „Vierten-Mai-Bewegung", vor allem Jugendliche und Intellektuelle, jetzt eine Lehre an, die sie bisher als Denksystem der westeuropäischen, industrialisierten Länder nur wenig beachtet hatten: der Marxismus*. Hatte die Oktoberrevolution 1917 in Russland nicht gezeigt, dass diese Lehre auch auf rückständige Agrarländer anwendbar war?
Die Anhänger der „Vierten-Mai-Bewegung" verfolgten die Entwicklung der Sowjetunion genau. Das als Verrat empfundene Verhalten der Westmächte, der Verzicht der neuen Sowjetregierung auf ihre Vorrechte aus den „ungleichen Verträgen", die der russische Zar dem chinesischen Kaiser im 19. Jahrhundert aufgezwungen hatte, und die Proklamation Lenins den unterdrückten Völkern bei der Befreiung von imperialistischer Herrschaft zu helfen – dies alles trug dazu bei, dass immer mehr marxistische Studienzirkel in den Städten entstanden. Im Sommer 1921 gründeten schließlich Intellektuelle in Shanghai die Kommunistische Partei Chinas (KPCh). Die KPCh konzentrierte ihre Agitation in erster Linie auf die städtischen Arbeiter, wie es die Ideen von Marx und Lenin vorsahen. Dabei war China immer noch überwiegend eine Agrargesellschaft. Die Bauern waren in ihrer Mehrheit von Grundbesitzern abhängig und hoch verschuldet an Geldverleiher. Ihnen fehlte moderne Erziehung und Hygiene, sie wurden von plündernden Soldaten unterdrückt.
Um den weiteren Zerfall des Reiches zu verhindern und endlich Reformen beginnen zu können, vereinbarte Sun Yat-sen 1923 mit der Sowjetunion eine engere Zusammenarbeit. Eine schlagkräftige Armee wurde aufgebaut und die Guomindang (GMD; „Nationale Volkspartei") in eine straff organisierte Partei umgewandelt. Chinesische Kommunisten traten in die GMD ein. Endlich schien es ein Bündnis der politischen Kräfte zu geben, das die Einheit des Reiches, die Befreiung von ausländischer Herrschaft und die Modernisierung der Gesellschaft in die Tat umsetzen konnte.

Die Polarisierung von Guomindang und Kommunisten

Der Nachfolger des Gründers der chinesischen Republik Sun Yat-sen, General Chiang Kaishek, einte das Land in einem Feldzug. Da er jedoch ein Massaker an kommunistenfreundlichen Arbeitern und Gewerkschaftern in Shanghai befahl, zerbrach das Bündnis mit den Kommunisten. Sie flohen und bauten in abgelegenen Provinzen neue Machtbasen auf. Der Konflikt zwischen Kommunisten und GMD hatte weitreichende Konsequenzen:

- Aus der ehemals sozialrevolutionären Guomindang-Bewegung Sun Yat-sens wurde unter Chiang Kaishek zunehmend eine Partei, die sich auf die Grundbesitzer, die Militärs und das Großbürgertum in den Hafenstädten stützte. Eine grundlegende Modernisierung – vor allem eine Agrarreform, die den besitzlosen Bauern Land gab und den hoch verschuldeten Pachtbauern ihre Lasten nahm – war mit diesen Kräften aber nicht zu bewerkstelligen.

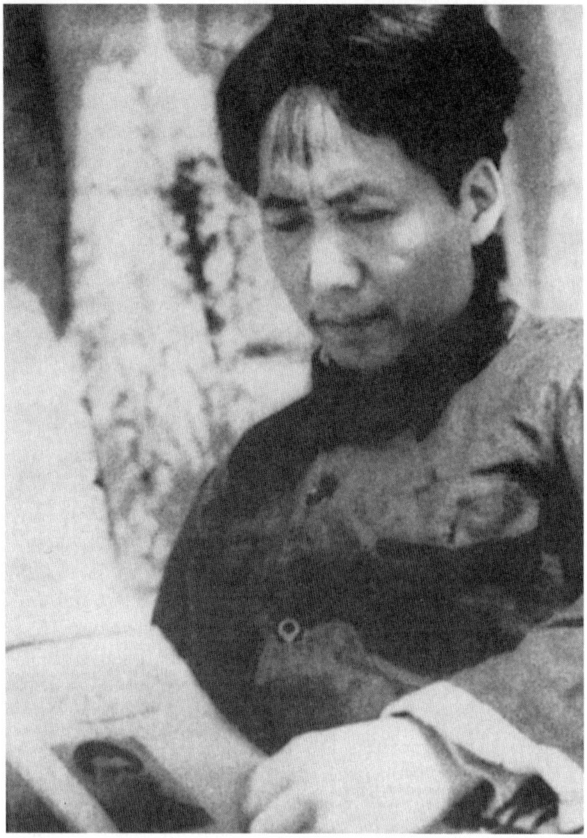

Mao Zedong beim Studieren von Stalins Werken

– Die chinesischen Kommunisten begannen sich nach dieser Erfahrung neu zu orientieren. Statt sich – wie es die Weisungen der Komintern unter Stalin vorschrieben – auf das Industrieproletariat zu stützen entwickelten sie in den folgenden Jahren, in denen Mao Zedong an die Spitze der Partei trat, eine neue Politik. Seine Prophezeiung war: „Wer das Agrarproblem löst, wird die Bauern gewinnen; und wer die Bauern gewinnt, wird China gewinnen." Nicht mehr die offizielle, in der Sowjetunion unter Stalin propagierte kommunistische Ideologie, sondern Maßnahmen, die das Vertrauen der Bauern gewinnen halfen, sollten die politische Linie der KPCh in Zukunft bestimmen.

Um sich der von dieser Politik der Kommunisten ausgehenden Gefahr zu entledigen, ging Chiang Kaishek in mehreren „Vernichtungsfeldzügen" gegen die von den Kommunisten beherrschten Gebiete vor. 1934 gelang es seinen Truppen schließlich die Kommunisten einzuzingeln. Doch endgültig besiegt waren sie nicht. In dem legendären *„Langen Marsch"* unter der Führung Maos konnten sie auf riesigen Umwegen und unter schwersten Strapazen in einem Jahr bis in den Norden Chinas fliehen. In der trockenen Lössregion bauten sie einen vorerst kleinen Herrschaftsbereich auf, befreiten die armen Bauern von drückenden Pachtzahlungen, förderten die Gleichheit der Frauen und gingen gegen abergläubische Sitten vor. Demgegenüber waren die Kreise aus Großgrundbesitz, Banken und Handel, die Chiang Kaishek unterstützten, nicht an wirklichen Reformen interessiert. Chiang versuchte, diesen Mangel durch eine Ideologie einer „Neuen-Lebens"-Bewegung zu überdecken, die ihr Vorbild in faschistischen Bewegungen Europas fand. Die Ideen des Antikommunismus, die Vorstellung eines autoritären militaristischen Staates verbanden sich hierbei mit der alten konservativen Lehre des chinesischen Konfuzianismus*. Chiang Kaishek konnte jedoch weder die wirtschaftlichen und sozialen Probleme im Innern lösen noch die zunehmende äußere Bedrohung durch Japan verhindern. Japanische Militärs hatten schon 1931 nach einem provozierten Zwischenfall die Mandschurei besetzt und dort unter dem letzten chinesischen Kaiser das abhängige „Kaiserreich Mandschukuo" proklamiert. Im Juli 1937 marschierten japanische Truppen in weitere Bereiche Chinas ein. Die nationalchinesische Regierung zog sich in den Westen zurück. Angesichts des Krieges stellten Guomindang und Kommunisten ihre Gegensätze zurück, um gemeinsam gegen die oft grausame Besatzerherrschaft zu kämpfen.

China nach 1945: Die Mobilisierung der Massen – ein Weg voller Widersprüche

Sieg der Kommunisten und Agrarreform

Nach dem Abzug der besiegten Japaner aus China stand die eigentliche Entscheidung an. Würde die eher am städtischen Bürgertum orientierte „Nationale Volkspartei" (GMD) des Generals Chiang Kaishek die Macht in China erringen oder die „Kommunistische Partei Chinas" (KPCh), die ihren Rückhalt in den armen bäuerlichen Regionen des nordwestlichen Lössgebietes hatte?

Die Verbindung zu Industrie und Handel sowie die Unterstützung durch die USA sprachen für die GMD. Doch das war im zu 80 Prozent agrarischen China nicht entscheidend. Die KPCh hatte sich durch eine agrarreformerische, nicht korrupte Politik das Vertrauen der bäuerlichen Massen erworben. Die KPCh nutzte die beiden beherrschenden Widersprüche der Zeit: Sie entmachtete die Gruppen, die mit den Japanern kollaboriert hatten, und die großen Grundherren, die nicht von eigener Arbeit, sondern von der Pacht der

armen Bauern lebten. Sie setzte eine Politik von Pachtsenkung, Schuldenerlass und der Umverteilung von Land durch. Damit gewann sie eindeutig die überwiegende Mehrheit der bäuerlichen Bevölkerung für sich.
Aus den mühsamen Erfahrungen des Guerillakrieges* hatte Mao Zedong die Taktik entwickelt sich mit unzufriedenen Mehrheiten zu verbünden und Schritt für Schritt die Widersprüche in der von alten Traditionen und eklatantem sozialen Unrecht belasteten chinesischen Gesellschaft aufzuarbeiten. Der verlustreiche Bürgerkrieg mit der GMD endete in einem Siegeszug der Kommunisten. Chiang Kaishek floh mit seinen Anhängern in die ehemalige japanische Kolonie Taiwan (Formosa) und errichtete dort einen getrennten Staat mit heute 21 Millionen Einwohnern. Die Republik China auf Taiwan genoss mit Hilfe der USA bis Anfang der 70-er Jahre das Recht, China international zu vertreten.
Auf dem Festland wurde am 1. Oktober 1949 die Volksrepublik China (VRCh) proklamiert. Sie konnte sich anfangs nur auf die politische und wirtschaftliche Hilfe der Sowjetunion stützen. Ihre internationale Anerkennung behinderte die VRCh zusätzlich durch ihre militärische Beteiligung am Koreakrieg auf der Seite der Nordkoreaner gegen die Truppen der USA und der UNO.
Von 1949 bis 1953 betrieb die KPCh den Wiederaufbau der zerstörten Wirtschaft und die Sicherung ihrer Macht. Eine Planwirtschaft nach sowjetischem Vorbild wurde eingerichtet und die Schwerindustrie besonders gefördert. Gegen die politischen Gegner wurden scharfe Unterdrückungsmaßnahmen verhängt. Relativ zuverlässigen Schätzungen zufolge sollen in dieser Phase bei einer Bevölkerung von knapp 600 Millionen etwas über 6 Millionen Menschen getötet oder hingerichtet worden sein. Dem politischen „Feind“ wurde das Existenzrecht entzogen.
Eine politische Bewegung, die die Umgestaltung mit Terror betrieb, führte unmittelbar und auf lange Sicht zu neuen Belastungen. Andererseits wirkte die Revolution auf viele Menschen befreiend, da sie mehr Gleichheit schuf. Im neuen Ehegesetz von 1950 wurden patriarchalische Vorrechte der Männer abgeschafft. Die Frauen erlangten mehr Selbständigkeit als in der traditionellen chinesischen Gesellschaft. Das ehrgeizige Ziel der chinesischen Kommunisten war nicht nur eine Agrarreform, sondern eine Kollektivierung, bei der das Privateigentum aufgehoben und in *Landwirtschaftliche Produktionsgenossenschaften* eingebracht wurde. Die Ungleichheit der Besitzverhältnisse wurde beseitigt und der Ernteertrag der Kollektive nur noch nach der jeweiligen Arbeitsleistung verteilt. Mao Zedong sorgte persönlich dafür, dass ab 1955 die bäuerliche Bevölkerung für diese Bewegung mobilisiert wurde, so dass sie ab 1956 weitgehend kollektiv produzierte.

Lenkung des Denkens

Nach den Aufständen in Polen und Ungarn im Jahr 1956 bot die chinesische Führung mehr Meinungsfreiheit an. Sie erklärte „Lasst hundert Blumen blühen“ und hoffte damit eine stärkere Unterstützung durch die Intellektuellen zu gewinnen. Die Unzufriedenheit mit der Parteipolitik war jedoch schon so stark, dass die Meinungsäußerungen abrupt abgebrochen werden mussten. Es folgte eine neue Unterdrückungsphase mit Todesurteilen und vielen Kritikversammlungen, genannt „Kampagne gegen Rechtsab- weichler“. Nun waren die beiden Konflikte klar: Es ging der KPCh sowohl um die Kontrolle der Produktion als auch um die Kontrolle des Denkens.

„Der große Sprung nach vorn“ und die Volkskommunen

Mao Zedong und seine Machtgruppe waren mit dem sowjetischen Modell unzufrieden. Sie versuchten 1958–1960 im „Großen Sprung nach vorn“ eine gigantische Mobilisierung der ländlichen Bevölkerung. Wie im siegreichen Bürgerkrieg gegen die GMD sollten die Bauern und ihre angeblich unerschöpfliche Energie die Entwicklung voranbringen. Allerdings war dafür nach Maos Auffassung harte Lenkung notwendig: Der Gemeinschaftsgeist wurde in eine neue Or-

Kleinsthochofen einer chinesischen Volkskommune, 1960

ganisation gezwungen, die Volkskommunen. Dem Umfang nach Großdörfer sollten die 26 000 Volkskommunen* alle grundlegenden Bedürfnisse der Landbevölkerung erfüllen, also auch eigene Handwerks- und Industriebetriebe errichten. Ihren Überschuss an landwirtschaftlichen Erzeugnissen sollten sie an den Staat zu niedrigen, aber gesicherten Preisen abliefern. Auf den gemeinsamen Feldern wurde nun in der Gruppe in militärischer Disziplin gearbeitet. Die Mahlzeiten wurden nicht mehr individuell gekocht, sondern in Kantinen eingenommen. Die Leistung wurde nach Punkten abgerechnet, wobei auch die politische Einstellung im Sinne der KPCh zählte. Die systematische Unterdrückung der Eigeninteressen der Bauern zugunsten des Kollektivs, die wenig ergiebigen Versuche mit ländlichen Kleinhochöfen Stahl zu erzeugen, der Rückzug der sowjetischen Berater und schließlich auch ungünstige Wetterbedingungen führten zu einem katastrophalen Fehlschlag dieser Politik. Die „Drei bitteren Jahre" kosteten in einer Hungersnot mehreren Millionen Chinesen das Leben. Maos Ansehen erlitt einen schweren Rückschlag. Andere Parteiführer legten nun eine politische Linie fest, die weniger „links" und weniger „abenteuerlich" war.

Klassenkampf oder Modernisierung?

Die Kulturrevolution

Doch ein Revolutionär vom Schlage Mao Zedongs beugt sich keiner Autorität, auch nicht der der Partei. Er begann 1965 einen neuen Angriff, vorerst verhüllt in einer Theaterkritik, dann mit offenen politischen Forderungen. Die Kulturrevolution* der Jahre 1966–76 war geboren, sie endete erst mit dem Tode Maos.
Die Hauptthese der Linken um Mao lautete, dass die Führung sich zu sehr von der revolutionären Gesinnung der Zeit von 1949 entfernt habe und allzu selbstzufrieden werde. Sie sei „dekadent" und „bürgerlich". Dem wurde die Forderung Maos entgegengestellt: „Ohne Niederreißen kann es keinen Aufbau geben. Niederreißen bedeutet Kritik und Revolution. Um das Alte niederzureißen, muss man Argumente vorbringen." Sein Argument war, dass nur ein Wandel des Denkens garantieren könne, dass China sozialistisch bleibe. Es sollte für den gesamten Kommunismus in der Welt eine Führungsrolle übernehmen. Die Gruppe um Mao Zedong stützte sich besonders auf jugendliche Schüler und Studenten, auf gering bezahlte Arbeiter und Bauern aus armen Gebieten. Ab 1966 organisierten sie sich als „Rote Garden". Sie unternahmen gewalttätige Angriffe auf unerwünschte Parteimitglieder, zwangen sie zur Selbstkritik und weiteten schließlich ihre Angriffe auf alle Formen „rückständigen" Verhaltens in der Gesellschaft aus. Personen in Leitungsfunktionen und intellektuellen Berufen wurden zur Handarbeit gezwungen. 8 Millionen städtische Jugendliche mussten in zurückgebliebene ländliche Gebiete übersiedeln, um den Bauern angeblich „zu helfen". Tempel und alte Kulturgegenstände wurden zerschlagen, besonders auch in Tibet, das 1951 endgültig von China annektiert worden war. Die klassische Oper wurde, unter der Leitung von Maos vierter Ehefrau, durch zensierte politische Theaterstücke ersetzt. In den Straßen wurden Lautsprecher errichtet, die die Menschen mit Parolen Mao Zedongs beschallten. Aus seinen politischen Schriften wurde ein „Rotes Buch" zusammengestellt, das die gesamte Bevölkerung zu lesen und häufig auch auswendig zu lernen hatte. Die politische Kultur Chinas war noch nicht zu einer differenzierten Diskussion und einem kompromissbereiten Abwägen unterschiedlicher Standpunkte in der Lage. Die Machtgruppen in Partei, Staat und Wirtschaft, die einen gemäßigteren Kurs wünschten, wehrten sich heftig. Es kam bis 1968 zu bürgerkriegsähnlichen Kämpfen, zu Hinrichtungen ohne Gerichtsurteile, die insgesamt rund 2 Millionen Menschen das Leben kosteten und vielen weiteren Millionen körperliche und psychische Leiden verursachten.

Ein von Roten Garden angeprangerter Parteifunktionär wird durch die Straßen von Peking geführt, 1967

Erst das Militär konnte durch sein Eingreifen in die Wirren bis zum 9. Parteitag der KPCh 1969 zumindest den äußeren Frieden wiederherstellen. Aber unter der Oberfläche gingen die Auseinandersetzungen und Intrigen bis zum Tod des schnell alternden Parteiführers am 9. September 1976 weiter. Kurz vor seinem Tod erschütterte das größte Erdbeben der neuen Geschichte Chinas die nördlichen Kohlereviere und kostete Zehntausenden von Menschen das Leben. Abergläubische Bauern meinten nun: „Der Kaiser stirbt". Der Revolutionär hatte mythische Größe erreicht.

Internationale Beziehungen

Außenpolitisch blieb die Volksrepublik China nach ihrer Gründung weitgehend isoliert, besonders durch ein Wirtschaftsembargo der USA. Nach anfänglicher wirtschaftlicher und technischer Aufbauhilfe hatte die Sowjetunion 1960 ohne Vorwarnung alle ihre Experten aus China abgezogen. Die Sowjetunion reagierte damit auf die chinesische Kritik an der sowjetischen Führungsrolle im Ostblock. Die ideologischen Auseinandersetzungen führten 1969 sogar zu militärischen Konfrontationen am Grenzfluss Ussuri. 1971 bahnte sich ein außenpolitischer Durchbruch an: die VRCh – seit der zweiten Hälfte der 60er Jahre auch Nuklearmacht – konnte ihren Sitz im Sicherheitsrat der Vereinten Nationen wieder einnehmen, „Nationalchina" (Taiwan) verließ die Weltorganisation. Mit dem Besuch Präsident Nixons in Shanghai 1972 verbesserten sich allmählich die Beziehungen zu den USA. Für ihren Export sind die USA intensiv am chinesischen Markt interessiert, mahnen jedoch die fehlende Einhaltung der Menschenrechte in China an. In der chinesischen Innenpolitik wurden ab 1976 die „linken" kulturrevolutionären Kräfte immer mehr zurückgedrängt, da sie zu starre politische Forderungen erhoben und die Verbesserung der Lebensbedingungen behinderten. Aber schon vor dem Tode Mao Zedongs gehörte noch viel Mut dazu, wenn einer seiner Gegenspieler, Deng Xiaoping, den Satz äußerte: „Egal, ob eine Katze schwarz oder weiß ist, Hauptsache, sie fängt Mäuse." Dieser scheinbar harmlose und überzeugende Satz hatte angesichts der Kontrolle des Denkens in der VR China eine gefährliche Spitze. Sie richtete sich unmittelbar gegen die Linie Mao Zedongs, denn bisher galt: Wer sich politisch nicht zur richtigen Farbe bekannte, war ein Feind und musste mit allen Mitteln bekämpft werden, notfalls mit Folter, strengem Verhör und Todesurteil. Die Niederlage der „Linken" war mit dem Tod des „Großen Steuermanns" 1976 endgültig. Seine Ehefrau und engere Vertrauensleute wurden verhaftet und in einem politischen Prozess verurteilt. Hunderttausende, die Gegner der „Linken" gewesen waren, durften in das politische Leben zurückkehren.

„Mehr Stahl produzieren, schneller Stahl produzieren, die amerikanischen Wölfe zu Tode übergießen!" Plakat in Peking, 1955

Modernisierung ohne Demokratisierung

Die Modernisierungspolitik hatte bereits 1975 begonnen, seit 1978 wurde sie zur bis heute geltenden politischen Grundlinie. Sie wurde von Militärs, Bürokraten der Partei und Wirtschaftskreisen getragen. Sie führte zu einem erneuten Aufstieg des mehrfach entmachteten Deng Xiaoping, der nun für fast zwanzig Jahre zum einflussreichsten Politiker Chinas wurde. Der Slogan lautet nun: „Unsere Befreiung verdanken wir Mao Zedong, unseren Wohlstand aber Deng Xiaoping." Doch wie soll ein solcher Modernisierungskurs verlaufen, in dem die Partei zwar westliche Technik und westliches Kapital ins Land holt, andererseits aber die geistigen und politischen Einflüsse aus dem Westen, wie demokratische Gedanken, Wahrung der Menschenrechte, liberale Moral und freien künstlerischen Ausdruck, fern hält?
1981 rechnete die KPCh mit den Irrtümern Mao Zedongs ab: Er habe den Klassenkampf übertrieben und habe zu schablonenhaftem Denken verleitet. Die Volkskommunen* wurden

Nach dem Blutbad prägt das Militär noch immer das Straßenbild, Peking am 1. Juli 1989

aufgelöst. Ihre Produktionsaufgaben gingen an die Einzelbauern und die ländlichen Industriebetriebe über, ihre Verwaltungsaufgaben an die Gemeinden. 1993 wurde sogar der Begriff „Planwirtschaft" in der Verfassung gestrichen. Allerdings durfte die Führungsrolle der Kommunistischen Partei Chinas nicht angetastet werden.

Dies bekamen besonders die Studenten und Bürger zu spüren, die mit friedlichen Mitteln im Mai/Juni 1989 auf dem Platz des Himmlischen Friedens in Peking für mehr Demokratie und die Einhaltung der Menschenrechte eintraten. Ursachen für die Unzufriedenheit war eine schwere Wirtschaftskrise, aber auch das Zögern der chinesischen Führung die Ende der 70er Jahre eingeleiteten wirtschaftlichen Reformen in eine politische Liberalisierung münden zu lassen. Die Kritik der Demonstranten wurde von der Parteiführung brutal unterdrückt, das Militär tötete mindestens 2 000 Menschen. Nach dem Blutbad wurden rund 120 000 Menschen verhaftet.

Die Modernisierungspolitik führte zwar zu verbesserten Lebensbedingungen der 1,15 Milliarden Menschen in China, erhöhte aber auch die Inflationsrate, verschärfte die Unterschiede zwischen Arm und Reich, förderte die Korruption der Parteikader und belastete in unkontrollierter Weise die Umwelt Chinas. Immerhin wird in China ein Viertel der Weltbevölkerung ernährt. Trotz der großen wirtschaftlichen Fortschritte werden jedoch Demokratie und Menschenrechte nach wie vor missachtet. 1997 wird die bisherige britische Kronkolonie Hongkong, die Stadt mit dem dritthöchsten Pro-Kopf-Einkommen in Asien, von der Volksrepublik übernommen werden.

Fragen und Arbeitsaufgaben

1. *Welche Folgen hatte die Pariser Friedenskonferenz von 1919 für die Entwicklung Chinas?*
2. *Wodurch unterscheiden sich die chinesischen Revolutionen von 1911 und 1949? Stelle die Träger und Ziele gegenüber.*
3. *Woran zerbrach das Bündnis zwischen der GMD und den Kommunisten?*
4. *Zähle Gründe für den Sieg der chinesischen Kommunisten 1949 auf.*
5. *In welche Phasen lässt sich die Geschichte der VR China von 1949 bis heute gliedern?*
6. *Erkläre die Ziele der Kulturrevolution und bewerte die Folgen.*

Wege und Irrwege der Revolution in China

1 *Bericht über die große Hungersnot im Nordwesten Chinas 1929:*

Q Ich war dreiundzwanzig. Ich war in den Osten gekommen auf der Suche nach dem „Glanz des Orients", nach Abenteuern ... Aber hier stieß ich zum ersten Mal in meinem Leben plötzlich auf Menschen, die starben, weil sie nichts zu essen hatten. In diesen alptraumähnlichen Stunden in Suiyuan sah ich Tausende von Männern, Frauen und Kindern, die vor meinen Augen verhungerten.

Haben Sie jemals einen Menschen gesehen – einen guten, ehrlichen Mann, der hart gearbeitet hat, einen „gesetzestreuen" Bürger, der niemandem etwas getan hat –, der seit über einem Monat nichts zu essen hatte? Es ist ein marternder Anblick. Sein sterbendes Fleisch hängt in runzligen Falten an ihm; jeden Knochen an seinem Körper kann man genau sehen; und selbst wenn er ein Jugendlicher von 20 Jahren ist, bewegt er sich wie eine uralte Frau, schleppt sich von Ort zu Ort. Wenn er Glück gehabt hat, hat er vor langer Zeit seine Frau und seine Töchter verkauft. Er hat außerdem alles verkauft, was er hatte – das Holz von seinem Haus und die meisten seiner Kleider ... Kinder sind noch bemitleidenswerter mit ihren vornübergebeugten, verunstalteten kleinen Skeletten, ihren krummen Knochen, mit zweigähnlichen kleinen Armen und blauroten Bäuchen, die mit Rinde und Sägemehl gefüllt sind, aufgequollen wie Geschwülste ...

Das waren Dinge, die ich selbst gesehen hatte und nie wieder vergessen würde. Millionen waren auf diese Weise vor Hunger gestorben und weitere Tausende starben immer noch aus diesem Grunde in China ... Was wirklich schockierte, waren die immer noch reichen Leute in vielen dieser Städte, Leute, die Reis und Weizen horteten, Geldverleiher und Grundbesitzer, die sich bewaffnete Schutztruppen zu ihrer Verteidigung hielten, während sie enorme Profite machten. Wirklich schockierte, dass es in den Städten – wo die Beamten tanzten–... , Getreide und Nahrung gab und seit Monaten gegeben hatte; dass es in Peking ... und an anderen Orten Tausende Tonnen Weizen und Hirse gab, die von der Hungersnotkommission meistens als Spenden aus dem Ausland gesammelt worden waren, aber nicht zu den Verhungernden transportiert werden konnten. Warum nicht? Weil im Nordwesten einige Militärmachthaber saßen, die alles rollende Material auf ihren Eisenbahnen festhielten und nichts in den Osten durchließen ... Aber die große Mehrheit der Leute, die da starben, starb ohne jeden Akt des Protestes.

„Warum revoltieren sie nicht?", fragte ich mich. „Warum marschieren sie nicht als eine große Armee los und greifen die Schurken an, die sie besteuern, aber nicht ernähren können? Die ihr Land beschlagnahmen, aber nicht ihre Bewässerungskanäle reparieren können? Oder warum fallen sie nicht in Horden in die großen Städte ein und plündern die Reichtümer der Verbrecher, die ihre Töchter und Frauen kaufen, die Männer, die weiter ihre Bankette von sechsunddreißig Gängen verschlingen, während ehrliche Leute verhungern? Warum nicht?"

Ich war von ihrer Passivität tief verwirrt. Eine Zeit lang dachte ich, nichts würde einen Chinesen zum Kämpfen bringen. Ich hatte mich geirrt. Der chinesische Bauer war nicht passiv; er war kein Feigling. Er würde kämpfen, wenn er eine Methode, eine Organisation, Anleitung, ein durchführbares Programm, Hoffnung hätte – und Waffen. Die Entwicklung des Kommunismus in China hatte dies bewiesen ...

E. Snow, Roter Stern über China, Frankfurt/M. 1974, S. 222f.

1. *Fasse die Missstände, die der Verfasser bei seinem Besuch in China sah, zusammen. Welche Rückschlüsse über den chinesischen Staat kann man daraus ziehen?*
2. *Welche Forderungen müssten aus der Sicht der chinesischen Bauern gestellt werden?*

2 *Maos Bericht über die Bauernbewegung in Hunan, 1927:*

Q Zweitens ist eine Revolution kein Gastmahl, kein Aufsatzschreiben, kein Bildermalen oder Deckchensticken; sie kann nicht so fein, so gemächlich, so zartfühlend, so maßvoll, gesittet, höflich, zurückhaltend und großherzig durchgeführt werden. Die Revolution ist ein Aufstand, ein Gewaltakt, durch den eine Klasse eine andere Klasse stürzt. Die Revolution im Dorfe ist eine Revolution, in der die Bauernschaft die Macht der feudalen Grundherrenklasse stürzt. Ohne die maximale Kraftanstrengung ist es der Bauernschaft unmöglich, die seit Jahrtausenden fest eingewurzelte Macht der Grundherrenklasse zu brechen. Auf dem Lande muss es zu einer gewaltigen revolutionären Aufwallung kommen; erst dann kann man die Millionenmassen in Bewegung setzen, damit sie zu einer gigantischen Kraft werden.

Mao Zedong, Ausgewählte Werke, Bd. I, Peking 1968, S. 27.

3 *Ausgewählte Punkte aus dem Programm der Pekinger Roten Garden vom August 1966:*

1. Jeder Bürger soll manuelle Arbeit verrichten.
2. In allen Kinos, Theatern, Buchhandlungen, Omnibussen

usw. müssen Bilder Mao Zedongs an Stelle der bisherigen Neonreklamen aufgehängt werden …

4. Die alten Gewohnheiten müssen verschwinden …
5. Die Handelsunternehmungen müssen reorganisiert werden, um den Arbeitern, Bauern und Soldaten zu dienen.
6. Eine eventuelle Opposition muss … beseitigt werden.
7. Luxusrestaurants und Taxis haben zu verschwinden.
9. Die Politik hat vor allem den Vorrang …
12. In allen Straßen sollen Lautsprecher aufgestellt werden, um der Bevölkerung Verhaltensmaßregeln zu vermitteln.
13. Die Lehre Mao Zedongs muss schon im Kindergarten verbreitet werden …
16. Die Mahlzeiten sollen gemeinsam eingenommen werden und es soll zu den Sitten der ersten Volkskommunen im Jahr 1958 zurückgekehrt werden.
17. Auf Parfums, Schmuckstücke, Kosmetik und nichtproletarische Kleidungsstücke und Schuhe muss verzichtet werden …
21. Die alte Malerei, die nicht politische Themen zum Gegenstand hat, muss verschwinden.
23. Bücher, die nicht das Denken Mao Zedongs wiedergeben, müssen verbrannt werden.

R. Machetzki, O. Weggel, Die Volksrepublik China, in: Informationen zur politischen Bildung, Nr. 198, Bonn 1983, S. 15.

1. *Erkläre den Revolutionsbegriff Maos (siehe Q 2 und Q 4)*
2. *Stelle die Bereiche des revolutionären Programms (Q 5) zusammen.*
3. *Erläutere die Folgen, die die revolutionären Ziele für das tägliche Leben haben.*
4. *Stellt euch vor, eure Schule wird von den Roten Garden besetzt. Was verändert sich?*

4 *Einige der radikalen Forderungen Mao Zedongs in der Kulturrevolution:*

Q Diese Große Demokratie bedeutet die Mobilisierung von Hunderten Millionen Menschen unter der Leitung der Ideen Mao Zedongs zur Inangriffnahme einer Generalattacke auf die Feinde des Sozialismus und gleichzeitig zur Kritik und Überwachung der leitenden Organe und Funktionäre aller Ebenen. Die Schaffung einer solchen sozialen Atmosphäre der Großen Demokratie ist für die Festigung der Diktatur des Proletariats und die Verhinderung einer kapitalistischen Restauration von gewaltiger und weitreichender Bedeutung.

Volkszeitung vom 1.1.1967.

5 *Mao und die Roten Garden in Peking, 1967*

6 *Peking rehabilitiert Opfer der Kulturrevolution:*

D Frankfurt a. M., 19. November. Chinas Führung hat die Rehabilitierung der in der Kulturrevolution nach 1966 unterlegenen Parteifraktion angekündigt. Nach Berichten von Radio Peking, die offizielle Beschlüsse „der Zentrale" wiedergeben, sollen Hunderttausende von Personen wieder in die Partei aufgenommen werden, die nach 1966 als „Rechtsabweichler" und „Anhänger des kapitalistischen Weges" degradiert und aus ihren Staats- und Parteifunktionen entfernt worden sind … Zugleich wurde die Kritik an den „Opportunisten" und den „Buchstabengelehrten" verschärft.

Unter den „Opportunisten" (auch „Wetterfahnengruppe" genannt) verstehen die chinesischen Massenmedien Politiker, die sich während der Kulturrevolution als Linke, nach dem 10. Parteitag (1975) als Gemäßigte, nach Maos Tod und dem zeitweiligen Sturz Deng Xiaopings (1976) wieder als linke „Anhänger der Viererbande" und nach Dengs Rehabilitierung wieder als Gemäßigte ausgegeben hätten …

Die Kritik an den „Buchstabengelehrten" richtete sich formal gegen mittlere Parteikader, die „für jede Situation ein passendes Mao-Wort im Munde" führen, aber nicht fähig sind die Lehren des Marxismus und die Mao-Zedong-Ideen schöpferisch anzuwenden.

K. Grobe, in: Frankfurter Rundschau vom 20.11.1978.

7 *Auszug aus einem Privatbrief über eine Studentendemonstration in Peking im Jahr 1987:*

D Abends gegen 18 Uhr versammelten sich etwa 1000 Studenten, die nach kurzer Diskussion beschlossen auf die Straße zu gehen. Damit wurde es eine richtige Demonstration … Unter großem Jubel wurde ein Banner der Astronomischen Fakultät herbeigebracht, das sonst bei Sportveranstaltungen benutzt wird und das man mit der Aufschrift „Freiheit – Demokratie" überklebt hatte. Dann marschierte die ganze Menge fröhlich in die Stadt, brachte überall den Verkehr zum Erliegen, schrie – eher friedlich als aggressiv – vor dem Rathaus: „Es lebe die Freiheit, es lebe die Demokratie, gebt uns Menschenrechte!", und lief zum Palast der Provinzregierung … Dort kam es dann zu einer großen Debatte, ob man das Gebäude stürmen solle. Denn es war nur von einigen Polizisten bewacht, die gegen die rund 2 000 Demonstranten keine Chance gehabt hätten. Ein studentischer Redner brachte den größten Teil der Demonstranten dazu nach Hause zurückzukehren. Er stand auf einem Torwärterhäuschen und rief immer wieder mit überschnappender Stimme (es gab keinerlei Megaphone): „Wir sind keine Roten Garden! Dies ist nicht die Kulturrevolution! Wir schlagen nichts kaputt!"

Privatbrief von Deutschen aus China, Januar 1987.

8 *Augenzeugenbericht vom Massaker auf dem Platz des Himmlischen Friedens in Peking am 4. Juli 1989:*

D Als die Studenten den Platz verlassen wollten, um 4.40 Uhr, wurden rote Signalraketen in den Himmel geschossen. Daraufhin gingen alle Lichter auf dem Platz wieder an. Ich sah, dass vor dem Platz viele Soldaten standen. In diesem Augenblick kam von der Ostseite der „Großen Halle des Volkes" eine Truppe Soldaten in Kampfanzügen und Gewehren mit aufgesteckten Bajonetten. Sie trugen Helme und Gasmasken … Nachdem die Truppe vorgestürmt war, wurden etwa ein Dutzend Maschinengewehre aufgestellt. Die Maschinengewehrschützen legten sich auf den Boden. Im Rücken das Qianmen-Tor, die Gewehrmündungen zeigten in Richtung des Denkmals. Nachdem die Maschinengewehre postiert waren, tauchten plötzlich wieder viele Soldaten und bewaffnete Polizisten mit elektrischen Schlagstöcken und mit Plastik überzogenen Stöcken auf. Ich sah außerdem Bewaffnung, die ich noch nie zuvor gesehen hatte. Die Bewaffneten rannten direkt auf uns, eine friedlich demonstrierende Gruppe, zu. Sie schlugen uns mit aller Kraft und trieben uns nach zwei Seiten auseinander. So haben sie einen Keil gebildet und uns bis zur dritten Stufe des Denkmals getrieben, immerzu auf uns einschlagend. Ich habe gesehen, dass 40 bis 50 Studenten so stark am Kopf verletzt wurden, dass alles voller Blut war. In diesem Moment kamen die Panzer und Soldaten, die auf dem Platz standen, langsam auf uns zu. Die Panzer kreisten uns eng ein und ließen nur einen Ausgang in Richtung des Museums. Die Soldaten, die uns bis zur dritten Stufe des Denkmals hinuntergeprügelt hatten, zerstörten oben zuerst unsere Megaphone, Druckwerkzeuge und Getränkevorräte. Danach wurden die Studenten unter Schlägen nach unten getrieben. Wir blieben sitzen und sangen Hand in Hand die „Internationale". Außerdem riefen wir: „Volksbefreiungsarmee, schlag nicht das Volk." Aber viele Soldaten schlugen uns von oben mit ihren Stöcken und die Studenten, die auf der dritten Stufe saßen, wurden dadurch gezwungen, herunterzukommen.
Als die Studenten von der dritten Stufe bis zum Boden heruntergeschlagen worden waren, fingen die Maschinengewehre an zu feuern. Manche Soldaten knieten nieder und schossen. Diese Gewehrkugeln flogen über die Köpfe hinweg. Die Soldaten, die auf dem Boden lagen, trafen mit den Kugeln die Menschen in Brust und Kopf.
Als wir das sahen, flohen wir hoch auf das Denkmal. Aber sobald wir auf dem Denkmal angelangt waren, hörten alle Maschinengewehre auf. Gleichzeitig prügelten uns die Soldaten wieder vom Denkmal runter. Als wir unten waren, schossen die Maschinengewehre wieder. Ohne Rücksicht auf das eigene Leben haben umstehende Bürger Flaschen und Holzstöcke genommen und mit den Soldaten gekämpft.

H. Böjeholz, Gebt uns Demokratie oder gebt uns den Tod, Reinbek 1989, S. 16–18.

1. *Erläutere, was sich in China nach Maos Tod verändert hat und vor welchen Problemen die kommunistische Führung steht.*
2. *Worin siehst du Leistungen und Irrwege der chinesischen Revolution? Vergleiche sie mit der revolutionären Entwicklung in der Sowjetunion.*
3. *Beschreibt das Vorgehen der Soldaten gegen die abzugsbereiten Demonstranten.*
4. *Diskutiert die Folgen des Massakers für das Ansehen Chinas in der Welt. Wie sollte eurer Meinung nach die Weltöffentlichkeit darauf reagieren?*

Zeittafel

1911	Demokratische Revolution in China, Sturz des Kaiserhauses
1919	„Vierte-Mai-Bewegung“ in China, Aufstand in der japanischen Kolonie Korea
1921	Gründung der Kommunistischen Partei Chinas (KPCh)
1927	Bruch zwischen Guomindang (GMD) und KPCh
1927–31	Wirtschaftskrise in Japan
1937–45	Japanisch-chinesischer Krieg, Allianz von GMD und KPCh im Kampf gegen Japan
1940	Dreimächtepakt Deutschland–Italien–Japan
1941	Japanischer Überfall auf Pearl Harbor, Beginn des Krieges im Pazifik
1945	Abwurf zweier amerikanischer Atombomben auf Hiroshima und Nagasaki, japanische Kapitulation
1945–49	Bürgerkrieg in China zwischen GMD und KPCh, Errichtung der Volksrepublik China
1951	Friedensvertrag mit Japan in San Francisco
1958	„Großer Sprung nach vorn“ mit anschließender Hungersnot in China
1960	Beginn des sowjetisch-chinesischen Konflikts
1966–76	Kulturrevolution in China
1972	VR China nimmt Sitz in UNO-Sicherheitsrat ein
1972	Diplomatische Beziehungen VR China–Japan
1976	Tod Mao Zedongs, Verhaftung der Gruppe kulturrevolutionärer Politiker
1978	Modernisierungspolitik bestimmt von nun an die chinesische Entwicklung
1989	Massaker auf dem Platz des Himmlischen Friedens in Peking

Guerillakrieg (span.=„kleiner Krieg“). Der Begriff kam während des spanischen Unabhängigkeitskrieges gegen Napoleon I. Anfang des 19. Jh. auf und wird seitdem verwendet für den bewaffneten Kampf irregulärer Einheiten der einheimischen Bevölkerung gegen eine Besatzungsmacht oder die eigene Regierung (Bürgerkrieg). Im 20. Jh. spielt der Guerillakrieg der Befreiungsbewegungen gegen die Kolonialmächte eine große Rolle.

Konfuzianismus. Eine in China und Ostasien einflussreiche gesellschaftliche Lehre, die auf den Philosophen Konfuzius (ca. 551–479 v. Chr.) zurückgeht. Sie war bis ins 20. Jh staatstragende Philosophie des chinesischen Kaiserreichs. Im Konfuzianismus werden Moral, Menschlichkeit und Tugenden betont. Die Gesellschaft wird als große Familie betrachtet. Im China des 20. Jh. wurde der Konfuzianismus heftig kritisiert und verworfen, er erfährt aber eine Wiederbelebung seit Ende der 70er Jahre.

Kulturrevolution. Auf Lenin zurückgehende Konzeption zur Umwandlung der bürgerlichen in eine proletarisch-sozialistische Kultur nach der Oktoberrevolution von 1917. Seit 1965 wurde in China unter Führung Mao Zedongs die „Große proletarische Kulturrevolution“ entfacht. Sie war der Versuch durch die Schaffung eines revolutionären Bewusstseins v. a. mit Hilfe der Jugend (Rote Garden) die erstarrte Partei- und Staatsorganisation aufzubrechen und die alten Lebens- und Denkgewohnheiten zu ändern. Es kam zu bürgerkriegsähnlichen Zuständen, die bis zum Ende der 60er Jahre andauerten.

Maoismus. Der Maoismus basiert auf der kommunistischen Ideologie des Marxismus-Leninismus und wurde von Mao Zedong (1893–1976) entwickelt. Im Unterschied zu Lenin sah er als Träger der Revolution in China nicht das Industrieproletariat, sondern die Bauern an. Zum Bruch mit der UdSSR kam es um 1960, weil China die „friedliche Koexistenz*“ mit den kapitalistischen Staaten ablehnte und vor der Sowjetunion den Übergang von der sozialistischen zur kommunistischen Gesellschaft schaffen wollte. Vor allem der Anspruch Chinas die Länder der Dritten Welt zur Weltrevolution zu führen verschärfte die Spannungen zwischen den beiden Staaten. Um seine Stellung als Staats- und Parteiführer zu stärken, hat Mao seit 1959 einen ausgedehnten Führerkult um seine Person entfaltet. Seine Gedanken wurden mit dem „Roten Buch“ („Mao-Bibel“) millionenfach im chinesischen Volk und weltweit verbreitet.

Volkskommunen sind die Zusammenschlüsse bäuerlicher Betriebe zu großen Produktionsgenossenschaften, die seit 1958 in der VR China als Schritt auf dem Weg zum Kommunismus geschaffen wurden. In den Volkskommunen sollte die kollektive Lebensweise Vorrang vor den familiären Lebensbereichen haben.

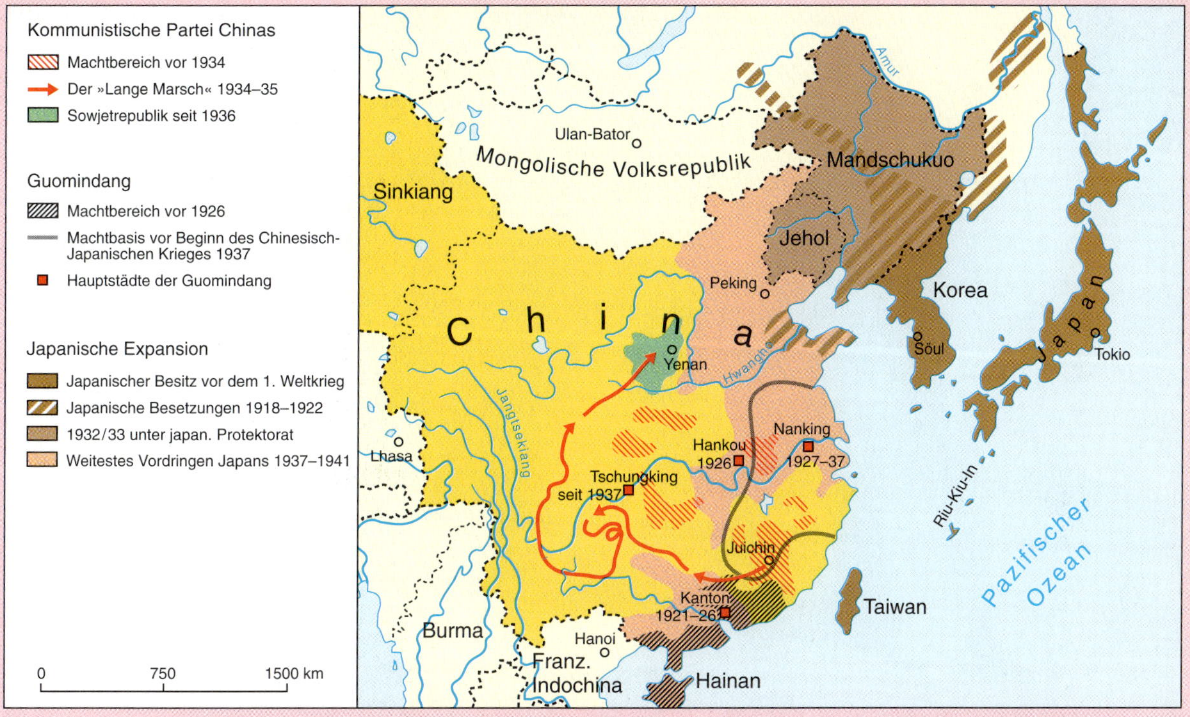

China und Japan 1919–1942

Einen interessanten Einblick in die Geschichte Chinas seit 1900 könnt ihr euch durch den folgenden Film verschaffen, der inzwischen nicht nur in den Kinos läuft, sondern auch in einer Videofassung vorliegt:

Der letzte Kaiser, Regie: Bernardo Bertolucci (Großbritannien 1987). – *Der mit 9 Oscars ausgezeichnete Film beschreibt die Lebensgeschichte des Pu Yi, der 1908 als Dreijähriger zum letzten chinesischen Kaiser und Herrscher über fast die Hälfte der Weltbevölkerung bestimmt wird. In beeindruckenden Einstellungen mit prächtigen Farben, aufwendigen Massenszenen und überwältigender Ausstattung zeigt der Film die von Extremen geprägte Biographie des letzten Kaisers von China: seine Kindheit in der „Verbotenen Stadt", die Vertreibung durch die erste chinesische Revolution 1911, die Zusammenarbeit mit den Japanern in der Provinz Mandschukuo und seine Verhaftung durch die Sowjets. Nach Jahren im Exil und in einem sowjetischen Umerziehungslager kehrt Pu Yi als einfacher Gärtner nach Peking zurück.*

Bruckner, Karl, Sadako will leben, Wien (Jugend und Volk) 1991. – *Die kleine Japanerin Sadako gehört zu den wenigen Überlebenden des amerikanischen Atombombenangriffs 1945 auf die Stadt Hiroshima. Aber sie ist vom Strahlentod gezeichnet. Tapferkeit und Lebenswillen bestimmen ihren Leidensweg, der zur erschütternden Anklage gegen den Krieg wird.*

China erzählt, hg. von Andreas Donath, Frankfurt/M. (Fischer TB) 1990. – *Die Kurzgeschichten berühmter chinesischer Autoren führen in das Alltagsleben ein.*

Daiyum, Yue, Als hundert Blumen blühen sollten, München (dtv Zeitgeschichte) 1989. – *Eine Literaturdozentin berichtet aus eigener Erfahrung, was Intellektuelle in China nach 1957 und während der Kulturrevolution als sog. „Rechtsabweichler" und „Konterrevolutionäre" erleiden mussten.*

Kawabata, Yasunari, Handtellergeschichten, München (dtv) 1990. – *Der japanische Nobelpreisträger schildert in prägnanten Kurzgeschichten überraschende Erlebnisse verschiedener Menschen in Japan von 1923–1950.*

11. Die Dritte Welt und der Nahe

Osten im 20. Jahrhundert

Die Bezeichnung „Dritte Welt" kam nach dem Zweiten Weltkrieg mit dem erwachenden Selbstbewusstsein der jungen Staaten in Afrika und Asien auf. Die „Erste Welt" – das waren und sind die „altindustrialisierten" Länder in Europa und Nordamerika sowie die neue Industriemacht Japan. Als „Zweite Welt" galten die staatssozialistischen Länder unter der Führung der Sowjetunion, die durch eine forcierte Industrialisierung den Lebensstandard des „Westens" erreichen wollten. Der Begriff „Dritte Welt" bezeichnet dagegen wie der „dritte Stand" in der Französischen Revolution eine Mehrheit, der gleiches Recht oder zumindest gleiche Chancen verweigert wurden. Zur Zeit der Ost-West-Blockbildung haben die Länder der „Dritten Welt" versucht sich der kapitalistischen oder sozialistischen Produktionsweise anzuschließen oder gar einen unabhängigen „dritten" Weg der Weiterentwicklung zu finden. Nur wenige konnten bisher nachhaltige Erfolge verbuchen. Hierzu zählen vor allem einige ostasiatische Länder sowie einige der erdölfördernden Länder im Nahen Osten, die nach dem Zweiten Weltkrieg die Ölförderung verstaatlicht haben und damit über die eigenen Bodenschätze selbst verfügen. Seit sie politische *und* wirtschaftliche Selbständigkeit erreicht haben, setzen sich zunehmend Strömungen durch, die auch die ideologische oder religiöse Eigenständigkeit betonen. Der Islam wird zum Fundament des gesellschaftlichen und politischen Lebens erklärt: der *Fundamentalismus* lehnt eine klare Trennung von politischer Ideologie und religiöser Einstellung, von staatlichen und religiösen Institutionen ab. Er grenzt sich damit gegen „westlichen" Rationalismus ab.

Überwiegend aber sind die Länder der „Dritten Welt" in Asien, Afrika und Lateinamerika von den Industriestaaten abhängig geblieben. Das gilt seit der Auflösung des sozialistischen Blocks vielleicht noch stärker. Weil die Unterschiede im Lebensstandard und in den Entwicklungschancen die Blockbildung überdauert haben, bleibt auch die Redeweise von der „Ersten" und „Dritten" Welt bestehen, obwohl es die Alternative, den sozialistischen Weg, nicht mehr gibt.

Der Status der Länder aus der ehemaligen „Zweiten Welt" ist heute weitgehend unbestimmt. Werden die einst sozialistischen Staaten ohne große Komplikationen den Anschluss an die westlichen Industriestaaten finden? Oder werden wir zumindest einige von ihnen in Zukunft der „Dritten Welt" zurechnen müssen?

Die europäischen Staaten hatten sich zur Rechtfertigung ihrer Herrschaft im 19. Jahrhundert darauf berufen die Zivilisation zu verbreiten. Mit dem Ersten Weltkrieg war das unglaubwürdig geworden. In den 20er und 30er Jahren entstanden in vielen Kolonien einheimische Unabhängigkeitsbewegungen, die Selbstregierung forderten. Tatsächlich wurde dieses Ziel aber erst nach dem Zweiten Weltkrieg erreicht. Niemand bestreitet, dass die Herrschaft der Kolonialmächte der Dritten Welt nützliche Entwicklungsanstöße gegeben hat. Es wurden Brücken, Kanäle und Eisenbahnen gebaut – allerdings oft nicht, um Güter heran-, sondern vielmehr wegzuschaffen. Es wurden Tropenkrankheiten eingedämmt und Missionare und Kolonialbeamte vermittelten westliche Bildung.

Entwicklung nach dem Vorbild der Kolonialmächte erwies sich jedoch als eine zwiespältige Sache. Christliche Religion, westliches Denken und die Aussicht auf höheren Lebensstandard stärkten die Forderung nach Befreiung. Die Parolen der Französischen Revolution – „Freiheit, Gleichheit, Brüderlichkeit" – nagten an der Herrschaft der Kolonialmächte. In den letzten Jahrzehnten breitete sich die westliche Kultur durch Radio und Fernsehen immer schneller aus. Sie bringt nicht nur Gleichheitsforderungen, sondern auch falsche Versprechungen von Konsum und Wohlstand. Eine oberflächliche Übernahme des westlichen Lebensstils zerstört die einheimische Kultur. Die Völker der Dritten Welt haben Kulturschöpfungen hervorgebracht, die auch im Westen Bewunderung erzeugen. Aber auch bei ihnen gibt es Traditionen, die Menschen unterdrücken. Im indischen Kastensystem z. B. werden die Menschen von Geburt an als ungleich angesehen; viele Kulturen missachten die Würde und gleichberechtigte Stellung der Frau.

Mit der Unabhängigkeit stehen die Völker der Dritten Welt vor der Notwendigkeit die westlichen Impulse mit ihrer Kultur zu verschmelzen. Jedoch ist die Unabhängigkeit nur ein erster Schritt. Hunger, Armut, Unterdrückung und Kriege werden durch Selbstregierung nicht beseitigt. Sie sind zum Teil lang anhaltende Nachwirkungen des Kolonialismus und einer Weltwirtschaftsordnung, die nach wie vor von den Handelsinteressen und Versorgungsbedürfnissen der Industrielander gepragt ist. Aber es sind auch die Machtgruppen, die heute in der Dritten Welt herrschen, dafür verantwortlich, dass viele Konflikte nicht gelöst werden. Häufig schmücken sie sich mit den Privilegien der früheren Kolonialherren und verhindern notwendige Reformen.

Oben: Die Porträts der niederländischen Gouverneure werden am Tag vor der Unabhängigkeit Indonesiens aus dem Regierungspalast getragen, 1949

Unten: Ein französischer UN-Soldat verteilt Wasser im Mugunga-Camp in Goma (Zaire) an ruandische Flüchtlinge, August 1994

Der Prozess der Dekolonisation im 20. Jahrhundert

Unerfüllte Hoffnungen auf Selbstbestimmung am Ende des Ersten Weltkrieges

In der ersten Hälfte des 20. Jahrhunderts waren die Völker außerhalb Europas, Nordamerikas und Japans entweder direkter Kolonialherrschaft unterworfen oder sie unterlagen – wie Lateinamerika – in wirtschaftlicher Hinsicht dem von den Industriegesellschaften beherrschten Weltmarkt.

Im Ersten Weltkrieg wurden die Kolonialvölker für die Interessen der europäischen Mächte missbraucht. Zwischen 1914 und 1918 mussten allein aus Indien über eine Million Soldaten und Arbeiter die britische Kriegführung in Europa, im Nahen Osten und in Ostafrika unterstützen. Das Ende dieses Krieges weckte bei vielen Kolonialvölkern die Hoffnungen auf ein Ende der europäischen Kolonialherrschaft und auf Unabhängigkeit. Schließlich hatte Präsident Wilson in seinem 14-Punkte-Programm den Gedanken des Selbstbestimmungsrechts* *aller* Völker als ein leitendes Prinzip für die neue Friedensordnung aufgestellt. Zugleich hatte er eine unparteiische Regelung der Kolonialfrage propagiert und betont, dass die Interessen der betroffenen Bevölkerung in den alten Kolonialgebieten berücksichtigt würden.

Als dann aber die Friedensverträge 1919/20 ausgehandelt wurden, zeigte sich, dass diese Gedanken die politische Wirklichkeit keineswegs bestimmten. Den außereuropäischen Völkern blieb das Selbstbestimmungsrecht vorenthalten. Um nicht vollständig wortbrüchig zu erscheinen – vor allem gegenüber den Arabern, denen Großbritannien für ihre Unterstützung gegen das Osmanische Reich schon 1916 die Unabhängigkeit versprochen hatte, aber auch gegenüber den Völkern der ehemaligen deutschen Kolonien –, wurde von den Siegermächten die Errichtung des „Mandatsystems" beschlossen. Nach ihrer Auffassung waren die in den Kolonien lebenden Völker trotz ihrer langen kulturellen Tradition auch jetzt „noch nicht imstande, sich unter den besonders schwierigen Bedingungen der heutigen Welt selbst zu leiten". Wie unmündige Kinder einem Vormund wurden deshalb die in den ehemaligen Kolonien der Kriegsgegner lebenden Völker dem Völkerbund unterstellt und dieser übertrug einzelnen Nationen die treuhänderische Verwaltung. „Mandat" bedeutete dabei, dass die neue Kolonialmacht, „Mandatar" genannt, den Auftrag hatte vorläufig für die betroffenen Völker zu entscheiden und sie zu immer größerer Selbstverwaltung zu führen. Tatsächlich wurden die Mandatgebiete jedoch ähnlich wie Kolonien behandelt. Den europäischen Kolonialmächten gelang es vorerst noch einmal ihre Herrschaft zu festigen. Aber das Selbstbewusstsein in den abhängigen Gebieten war stärker geworden. Erste Risse im Unterwerfungsverhältnis zeigten sich bald, vor allem in Arabien und Indien.

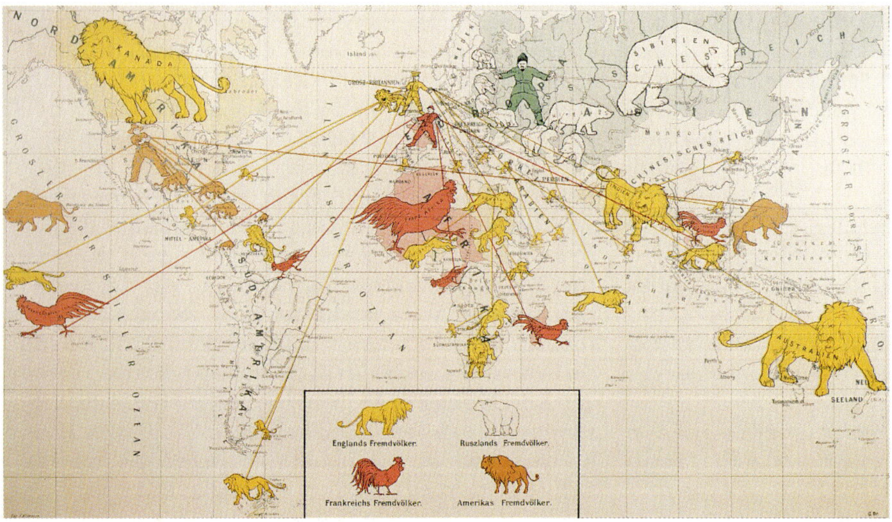

„Was von der Entente übrig bliebe, wenn sie Ernst machte mit dem Selbstbestimmungsrecht ihrer eigenen Völker und die Zügel losließe!"
Deutsche Propagandakarikatur, 1917

Die Stabilisierung britischer und französischer Kolonialherrschaft in Afrika

Zerstörung der traditionellen Wirtschaft

Die europäischen Kolonialmächte waren durch den Ersten Weltkrieg bei den USA hoch verschuldet. Um diese Schulden bezahlen zu können, wollten sie jetzt die Kolonien wirtschaftlich noch stärker für sich „in Wert setzen". Der wirtschaftlichen Nutzung der Kolonien standen Schwierigkeiten entgegen: Die klimatischen Bedingungen waren extrem, es bestanden nur schlechte Verkehrsverbindungen und auf den Flüssen hinderten Stromschnellen den Transport. Die Kolonialmächte bauten deshalb Eisenbahnstrecken zur besseren wirtschaftlichen Ausbeutung und siedelten Weiße an.
Entlang der Eisenbahnlinien konnte der Handel vordringen und die früher sich selbst erhaltende Bauernwirtschaft umgestalten. Die Kolonialverwaltungen arbeiteten gegenüber den Einheimischen dabei mit ökonomischen Anreizen und mit Zwang. Da sie Steuern forderten, waren die Bauern gezwungen landwirtschaftliche Produkte auf dem Markt zu verkaufen. Dieser Druck sollte die Bauern veranlassen solche Produkte anzubauen, die auf dem Weltmarkt verkäuflich waren, die sie selbst aber kaum nutzen konnten, wie z. B. Baumwolle, Bananen, Erdnüsse und Sisal. Der Anbau für den Export aber verteuerte in den abhängigen Gebieten die Nahrungsmittel für den eigenen Verbrauch, da hier das Angebot zurückging. Die Folge war eine geteilte Wirtschaft: die einheimische Landwirtschaft, die den Lebensunterhalt der bäuerlichen Masse zu sichern hatte, und die Exportwirtschaft. Händler in den Kolonien, Großhändler und Börsenspekulanten in den Metropolen wie London, Paris und New York verdienten riesige Summen auf Kosten der abhängigen Völker.
Auch im gesellschaftlichen Bereich hatte die Kolonialverwaltung negative Folgen. Denn an die Stelle des herkömmlichen afrikanischen Gemeinbesitzes wurde ein Bodenrecht nach europäischen Vorstellungen eingeführt, das den individuellen Landbesitz förderte und schützte. Nur wenige Einheimische konnten diese neue Form nutzen und großen Landbesitz erwerben; viele mussten sich mit dem Schicksal des Landarbeiters zufrieden geben. Außerdem lenkte die Kolonialverwaltung das knappe Arbeitskräfteangebot. Zwar war die Sklaverei abgeschafft, aber für Goldminen und öffentliche Bauten – z. B. beim Eisenbahnbau – blieb die Zwangsarbeit bestehen.

Die britische Kolonialpolitik

Die Briten übten ihre Herrschaft in den Kolonien – besonders in Westafrika – durch ein System der „indirect rule" aus. Unter ihrer Leitung blieben die Machtbefugnisse einheimischer Emire und Häuptlinge erhalten. Diese „Chiefs" verfügten über eigene Finanzen und Gerichtsbarkeit. Todesurteile bedurften jedoch der Bestätigung durch den britischen Gouverneur. Die willkürlichen Grenzziehungen des 19. Jahrhunderts und die Spaltung ethnischer Gruppen wurden bewusst aufrechterhalten, um eine gemeinsame Front gegen den Kolonialismus zu verhindern. Mit diesen Methoden gelang es, dass z. B. in Nordnigeria nur 250 britische Kolonialbeamte 10 Millionen Menschen beherrschten.

Die französische Kolonialpolitik

Im Gegensatz zur britischen war die französische Kolonialpolitik zentralistisch auf Paris ausgerichtet. In den französischen Besitzungen in Westafrika übernahmen Kolonialoffiziere auch mittlere Verwaltungsränge. Und dort, wo von der Kolonialverwaltung einheimische „Chiefs" eingesetzt wurden, stammten sie meistens nicht aus der Region, für die sie zuständig waren; bei ihrer Auswahl war entscheidend, dass sie französisch sprachen und sich als zuverlässige Stützen der Kolonialmacht bewährt hatten. Frankreich rechtfertigte seine Rolle in den Kolonialgebieten noch stärker als die Briten mit einer „zivilisatorischen Aufgabe". Deshalb bot es den Kolonien als „Entwicklungsweg" eine Assimilation, d. h. eine Anpassung an die französische Kultur, an. Maßstab dafür war in erster Linie die französische Sprache. Der Afrikaner, der sie beherrschte, galt als „gebildet" und konnte sich um französische Bürgerrechte bemühen.

Der Wandel der Kolonialherrschaft in Indien

Im 1877 proklamierten Kaiserreich „Britisch-Indien" hatten sich die meisten der 565 einheimischen Fürsten mit der britischen Kolonialmacht arrangiert, denn sie konnten in den ihnen verbliebenen Fürstentümern, die ein Drittel des Landes ausmachten, weiter regieren – zum Teil als glanzvolle Maharadschas. Seit dem Ende des 19. Jahrhunderts hatte sich in Indien aber auch eine Mittelschicht herausgebildet, die – beeinflusst vom britischen Liberalismus – mehr demokratische Beteiligung von der Kolonialmacht forderte. Nach dem Ersten Weltkrieg erwarteten besonders diese Inder, zusammengeschlossen in dem 1885 gegründeten „Indischen National-Kongress", für die geleistete militärische Hilfe politische Zugeständnisse von Großbritannien. Sie beriefen sich dabei nachdrücklich auf den Völkerbundsgrundsatz, nach dem die Kolonialherren als Treuhänder die Entwicklung zur Autonomie zu fördern hatten. Dennoch verliehen die Briten nur zwei Prozent der Bevölkerung, die sie nach Besitz und Bildung aussuchten, das Wahlrecht.

Der Unabhängigkeitskampf Mahatma Gandhis

So ließ sich aber die Unabhängigkeitsbewegung nicht mehr abspeisen. Sie fand in Mahatma Gandhi einen Führer. Von 1920 an begann er mit seiner Politik der gewaltfreien Aktionen. Den einzigen Weg zur Befreiung sah er darin die Zusammenarbeit mit dem Kolonialregime zu verweigern. Er forderte für die politischen Ziele unbedingt nur solche Mittel einzusetzen, die nicht neues Unrecht erzeugten, empfahl eine dörfliche, bescheidene Lebensweise und rief zum Boykott britischer Waren auf, um den Nutzen der Kolonie für die Engländer zu verringern. Das selbst gesponnene Tuch, der einfache Webstuhl, die Spindel wurden zu Symbolen der Bewegung des gewaltfreien Widerstandes. Außerdem versuchte Gandhi, dörfliche Hygiene, Geburtenkontrolle, dörfliche Kleinindustrie und – entsprechend der hinduistischen Religion – den Schutz der Kuh als eines heiligen Tieres zu fördern. So verband er den Unabhängigkeitsgedanken mit hinduistischen Überzeugungen und christlichen Einflüssen. Die Menschen in den indischen Dörfern hatten zwar keine klare Vorstellung davon, was die „Unabhängigkeit" bedeutete, aber das Auftreten Gandhis sprach sie an, weil er sich „indisch" verhielt. Allerdings war die traditionelle Gesellschaftsstruktur durch die Kolonialherrschaft tiefgreifend umgewandelt worden. Die wachsende Bevölkerung erhöhte die Konkurrenz um den knappen Boden. Das britische Rechtssystem stützte die Grundeigentümer und benachteiligte die Pächter. Sie verloren alte Gewohnheitsrechte und sanken oft zu Landarbeitern ab. 1930 bebauten rund die Hälfte der bäuerlichen Familien weniger als zwei Hektar und hatten kaum genug zum Überleben.

Gandhi protestierte mit friedlichen Mitteln, die allerdings von den Briten und von anderen indischen Gruppen häufig mit Gewalt beantwortet wurden. Der spätere Premierminister Winston Churchill wertete Gandhis Verhalten als ein „Übelkeit erregendes und erniedrigendes Schaustück dieses aufrührerischen Fakirs, wie er halbnackt die Stufen zum Palast des Vizekönigs hinaufsteigt, um dort unter gleichen Bedingungen mit dem Vertreter des Königs und Kaisers Verhandlungen zu führen".

Gandhi nahm diese Schmähungen hin; er ließ sich von der britischen Regierung ins Gefängnis werfen, meditierte und vertraute auf die religiöse Besserung des Menschen. Kämpfe fanden trotzdem statt, denn Bauernbünde organisierten sich und Textilarbeiter streikten. Mehr und mehr verloren jetzt auch die Ober- und Mittelschichten die Hoffnung auf Zugeständnisse der Briten und forderten seit 1929 die vollständige Unabhängigkeit Indiens. Die britische Regierung wich den Forderungen aus und veränderte nur das Verwaltungssystem. Auch nach dem „Gesetz über die Regierung Indiens" von 1935 blieb die Zentralregierung der Kolonie Indien in britischen Händen, nur in den elf Provinzen entstanden indische Regierungen.

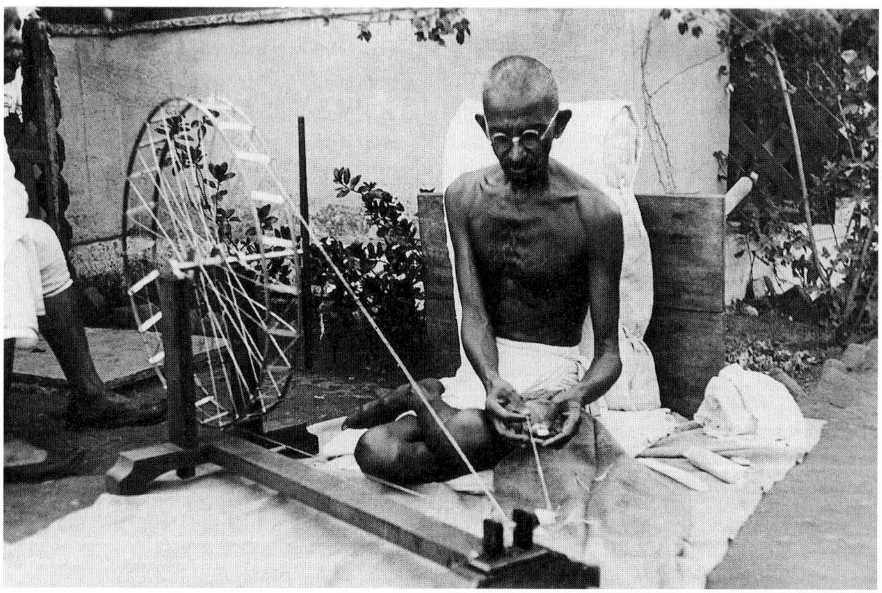

Mahatma Gandhi am Spinnrad, um 1930

Die Bilanz der Kolonialherrschaft in Indien in der Zwischenkriegszeit ist widersprüchlich:
- Die Inder konnten nicht selbst über ihr politisches Schicksal bestimmen; dies aber verstärkte bei der indischen Elite nationalstaatliches Denken.
- Lebhaft entwickelte sich der Teil der Wirtschaft, der auf den Weltmarkt und die europäischen Bedürfnisse ausgerichtet war. Es litt dagegen die herkömmliche Produktion, die die meisten Inder betrieben. Viele einheimische Handwerker verloren ihre Existenzgrundlage.
- Das britische Rechtssystem stärkte in Indien den Großgrundbesitz und damit die Ungleichheit. Aber es bot Regeln, um Konflikte zu lösen.
- Die westliche Medizin trug dazu bei, dass Krankheiten überwunden wurden und die Bevölkerung rasch wuchs.
- Die einheimische Religion wurde nicht unterdrückt. Die westliche Bildung schwächte zwar den religiösen Glauben, aber sie stärkte andererseits auch das demokratische Bewusstsein der Inder.

Der Zweite Weltkrieg erschüttert die Kolonialherrschaft

Der Zweite Weltkrieg entfachte die Spannungen zwischen den europäischen Kolonialmächten und der einheimischen Bevölkerung in den Kolonien neu. Die Kolonien mussten an der Seite der Kolonialmächte gegen die Aggressoren kämpfen, ohne selbst über ihren Kriegseintritt entscheiden zu können. Verstärkt forderten die nationalen Bewegungen in den Kolonien während des Krieges die Unabhängigkeit. In Asien hielt die Mehrheit der Bevölkerung nicht zu den Kolonialherren; ein Teil sympathisierte sogar offen mit Japan. Die Japaner förderten nämlich die einheimischen Regierungen und nutzten so den lange unterdrückten Nationalismus in den Ländern Südostasiens für ihre eigenen politischen Zwecke aus.
Der Kriegseintritt der USA schien die Situation für die Kolonien zu verändern, denn Präsident Roosevelt sprach sich offen gegen jeden weiteren Fortbestand kolonialer Abhängigkeiten aus. Stand damit das Ende des europäischen Kolonialismus bevor? Sollte durch die Atlantik-Charta endlich der Weg in die Unabhängigkeit für alle ehemaligen Kolonien gewiesen werden?
Für eine kurze Zeit schien dies so, da die britische Regierung 1945 ihre Bereitschaft bekundete eine rasche Befreiung der Kolonialvölker zu akzeptieren und da auch das durch den Krieg geschwächte Frankreich den afrikanischen Emanzipationsforderungen entgegenkommen wollte. Nach dem Sieg über Deutschland und Japan hielten sie sich jedoch nicht daran. In den Konferenzen am Ende des Zweiten Weltkriegs wurde eine Neuordnung der Welt begonnen. Die Kolonien aber blieben bestehen. In Jalta einigten sich die USA, Großbritannien und die Sowjetunion auf eine UNO-Treuhandschaft für die ehemaligen Mandate des Völkerbundes und einige Gebiete, die von den Achsenmächten erobert worden waren. In die Satzung der UNO wurde – auf Drängen der USA – aufgenommen, dass in den abhängigen Gebieten die Fähigkeit zur Selbstregierung entwickelt werden sollte, ohne die Kultur der Bewohner zu missachten. Waren die USA zu echten Verbündeten der Bevölkerung in den Kolonien geworden? Was war von der Sowjetunion zu erwarten, der Großmacht, die keine Kolonien besaß und sich als antiimperialistische Befreiungsmacht ausgab, aber in Osteuropa nur solche Regime duldete, die moskautreue Politik versprachen?
Je klarer sich seit 1947 die Umrisse des Kalten Krieges in Europa abzeichneten, um so offenkundiger wurde, dass auch die Länder in der Dritten Welt in diese neue weltpolitische Konfrontation gezogen würden. Als Frankreich 1945 entgegen den früher gemachten Zugeständnissen begann seine im Zweiten Weltkrieg verlorenen Kolonialgebiete in Indochina erneut zu unterwerfen, unterstützten dies die USA. Denn jetzt betrachteten sie den Kolonialkrieg der Franzosen als einen Kampf gegen die Ausbreitung des Kommunismus in Südostasien. Ab 1947 vermischten sich so die Unabhängigkeitskämpfe mit dem Ost-West-Gegensatz.
Das hatte andererseits zur Folge, dass auch die Sowjetunion verstärkt eingriff. Sie förderte Unabhängigkeitsbewegungen mit dem Ziel damit den westlichen Machteinfluss zu schwächen. Führer der Befreiungsbewegungen schauten nun mehr als vorher auf die Sowjetunion und das seit 1949 sozialistische China und erhofften sich für ihren nationalen Unabhängigkeitskampf Problemlösungen vom Marxismus-Leninismus*, der sich ja als antiimperialistische Ideologie ausgab.

Der Weg Indiens in die Unabhängigkeit

Die indische Unabhängigkeit

Vorreiter der Befreiung von kolonialer Herrschaft wurde Indien, wo durch Gandhis Kampagnen des zivilen Ungehorsams eine breite Unabhängigkeitsbewegung entstanden war. Nach Ausbruch des Zweiten Weltkrieges – Indien war von den Briten zum kriegführenden Staat erklärt worden, ohne die politischen Führer der Hindus und Moslems zu fragen – startete die Kongresspartei im Jahr 1942 eine Kampagne, die die sofortige Unabhängigkeit forderte. Als daraufhin der bri-

tische Vizekönig 1942 eine Reihe führender Persönlichkeiten – unter ihnen Gandhi – verhaften ließ, kam es zu landesweiten Unruhen mit über 3 000 Toten.
Mehr Unterstützung erhielten die Briten von der Moslem-Liga. Bisher hatten Hindus und Moslems in Indien größtenteils gemeinsam gegen die britische Kolonialmacht gekämpft. Je näher die Unabhängigkeit kam, um so mehr wuchs bei den Führern der Moslems jedoch die Furcht, in einem unabhängigen Gesamtindien von der Hindumehrheit überstimmt zu werden. Hinzu kam, dass viele Führer der Moslems Großgrundbesitzer waren und Gandhis Politik schon längere Zeit mit Misstrauen betrachteten. Bestand nicht die Gefahr, dass ein unabhängiges Gesamtindien sozialistisch würde und sie ihre Privilegien und ihr Land verlieren würden? Nicht zuletzt aus dieser Furcht hatte die Moslem-Liga 1940 die Forderung nach einem eigenen islamischen Staat Pakistan zu ihrem offiziellen Programm erhoben. Als Belohnung für ihre Unterstützung der britischen Kriegführung erhoffte sie sich, dass die Briten diesem Verlangen entgegenkommen würden.
Doch im Juni 1945 verkündete der britische Indienminister, die Verfassung des unabhängigen Indiens müsse von den Indern selbst – von Hindus und Moslems gemeinsam – gestaltet werden. Aber die Moslem-Liga war zu keinem Kompromiss bereit; sie boykottierte die verfassungsgebende Versammlung und rief zu Aktionen auf. Bei den folgenden politischen Unruhen starben fast 5 000 Menschen. 1947 beschloss das britische Parlament Indien für unabhängig zu erklären. Aus der britischen Kolonie wurden zwei unabhängige Staaten: Indien und Pakistan.

Die indische Teilung

Mit der Erklärung der Unabhängigkeit endeten die Unruhen zwischen Hindus und Moslems nicht. Die indischen Fürsten, die zum Teil dem Islam, zum Teil dem hinduistischen Glauben anhingen, wurden abgesetzt. Umsiedlungstrecks der jeweiligen religiösen Minderheiten setzten sich in Bewegung. Solche Umsiedlungen waren zwar von der Kongresspartei keineswegs erwünscht, entwickelten sich jedoch spontan und unaufhaltsam, je mehr Übergriffe in den gemischt besiedelten Gebieten vorkamen. Mindestens eine Million Menschen wurden bei den drei Jahre andauernden Unruhen getötet. Aus den pakistanischen Gebieten flohen etwa 8 Millionen Hindus und Sikhs nach Indien. Eine entsprechende Flucht der Moslems fand in die Gegenrichtung statt. Im Nordwesten Indiens entstand Westpakistan, im Mündungsgebiet von Ganges und Brahmaputra bildeten die Moslems ein kleines ostpakistanisches Gebiet mit dichter Besiedlung, das sich 1971 unter dem Namen Bangladesh von Pakistan trennte (siehe Karte S. 287).

Kann man angesichts dieser Ereignisse von einer erfolgreichen Dekolonisation in Indien sprechen? Die Teilung hatte viel Blutvergießen gebracht, viele Millionen Menschen hatten ihr ursprüngliches Land verlassen oder wurden vertrieben. Auch nach der Teilung fand der Subkontinent keine Ruhe: Auf beiden Seiten ermordeten Extremisten die religiösen Führer, Gandhi und Liaquat Ali Khan. Ein Krieg um das gemischtreligiöse Kaschmir 1947–1949 verschärfte die Spannungen weiter. Und trotz der Vertreibungen wurden beide Staaten keine homogenen Gebilde: In Indien waren um die Mitte der 50er Jahre fast zehn Prozent der Bevölkerung Moslems, doch dies empfand man nicht als störend, da die Kongresspartei keinen hinduistischen, sondern einen „westlichen“ Staat aufbaute. Im islamischen Pakistan dagegen wurde die Religion ausdrücklich die Grundlage des Staates. Immerhin war es aber Großbritannien gelungen sich ohne einen neuen Kolonialkrieg aus Indien zurückzuziehen. Und auch die Tatsache, dass Indien bis heute an den Grundsätzen einer demokratischen Regierungsweise festhält, spricht für diese Dekolonisation. Dennoch untergraben heute vor allem die ungelösten wirtschaftlichen und sozialen Probleme sowie das mangelnde Bildungsniveau – 60 Prozent der Bevölkerung sind noch Analphabeten – viele demokratische Verhaltensformen.
Nicht nur in Indien lockerten sich mit Ende des Zweiten Weltkrieges die kolonialen Bindungen. Indonesien erhielt

Ägyptens Präsident Nasser, Indiens Premierminister Nehru und Jugoslawiens Staatspräsident Tito, Führer der „Blockfreien Staaten“, bei einem Treffen in Brioni 1956

1949 seine Unabhängigkeit. 1954 erlitt Frankreich eine vernichtende Niederlage im Kampf gegen die vietnamesische Befreiungsbewegung, das Land wurde geteilt.

Die Unabhängigkeit der afrikanischen Staaten

Späte Unabhängigkeit

In Afrika gaben die Kolonialmächte erst Mitte der 50er Jahre unter dem Druck der Weltmeinung den Unabhängigkeitsbestrebungen in ihren Kolonien nach. Das ehemals britische Ghana wurde 1957 auf friedlichem Wege als erster schwarzafrikanischer Staat im 20. Jahrhundert unabhängig. Damit begann eine Welle von Unabhängigkeitserklärungen. Frankreich versuchte zwar noch den Prozess der Dekolonisation mit Angeboten neuer Rechte an die Kolonien aufzuhalten. Als Guinea trotzdem als erste französische Kolonie in einer Abstimmung die Unabhängigkeit wählte, war die Verbitterung der ehemaligen Kolonialmacht groß. Bei ihrem Abzug verbrannten die Franzosen die Geburtsurkunden der einheimischen Bevölkerung und zerstörten die Elektrizitätsleitungen.

1960 wurde dann zum „Afrikanischen Jahr" der Dekolonisation und bis 1966 errangen schließlich fast alle afrikanischen Länder – mit Ausnahme der portugiesischen Besitzungen – die Unabhängigkeit. Damit veränderte sich die politische Landkarte der Welt. In der UNO erhielt nun die Dritte Welt mehr Gewicht; stimmenmäßig gerieten Erste und Zweite Welt in die Minderheit.

Folgen der Dekolonisation

Aber auch in den afrikanischen Ländern verlief der Prozess der Dekolonisation nicht konfliktlos. Ein Problem, das die innenpolitische Situation vieler Staaten Afrikas noch lange nach der Selbständigkeit bestimmen sollte, lag darin, dass die Träger der Unabhängigkeitsbewegungen in Afrika meist aus der kleinen gebildeten Mittelschicht stammten. Diese Eliten* besaßen aber meist nicht die wirtschaftliche Macht. Deshalb griffen sie bald nach der Unabhängigkeit zum Zwangsmittel des *Einparteiensystems,* um an der Macht zu bleiben.

In den französischen Kolonien waren die gebildeten Schwarzen noch radikalere Nationalisten als in den britischen Kolonien. Denn sie waren aufgrund der französischen Kulturpolitik besonders intensiv mit den politischen Ideen aus dem „Mutterland" konfrontiert gewesen. Gerade diese Gruppen, die westlich geschult worden waren, wandten sich mit der Forderung nach Selbständigkeit gegen ihre Lehrmeister und Unterdrücker. Die Folge war, dass die Führer der Befreiungsbewegungen oft erst nachträglich zu den eigenen kulturellen Wurzeln zurückkehren mussten, wenn sie den Kontakt mit der Bevölkerungsmehrheit gewinnen wollten. Oft blieb ihre Basis auf die städtische Bevölkerung beschränkt. Sie standen vor der Frage, ob sie „echte" Vertreter ihres Volkes oder nur eine abgehobene europäisierte Elite waren.

Als nachteilig erwies sich auch, dass fast immer die wirtschaftliche Bindung der neuen afrikanischen Staaten an die jeweilige frühere Kolonialmacht erhalten blieb und nur lose politische Zusammenschlüsse – z. B. die 1963 gegründete *Organisation für die Einheit Afrikas (OAU)* – zustande kamen. Die schweren Lasten der Kolonialzeit – willkürliche Grenzziehungen ohne Rücksicht auf ethnische Zugehörigkeit, wirtschaftliche Abhängigkeit und weitgehende Zerstörung der traditionellen Lebensweise – mussten die neuen afrikanischen Staaten überwiegend alleine tragen.

Über 30 Jahre hat es gedauert, bis das in der Atlantik-Charta 1941 proklamierte Ende des Kolonialismus für die meisten Völker in den ehemaligen Kolonien Wirklichkeit wurde: 1975 musste sich die alte Kolonialmacht Portugal nach langen Kämpfen aus Mosambik, Angola und den Kapverdischen Inseln zurückziehen. Seitdem gibt es weltweit nur noch einige kleinere Kolonialgebiete, meist Inseln. Der bedeutendste britische Besitz ist heute Hongkong, das erst 1997 an China zurückgegeben wird. Frankreich meint einige Gebiete in der Karibik und im Südpazifik vor allem aus militärischen Gründen nicht aufgeben zu können.

Die Dritte Welt heute

Die neuen Staaten haben zwar die außenpolitische Freiheit gewonnen, das löste aber nicht die Abhängigkeit von der Technik der Industriestaaten, von ihren Banken und vom internationalen Handel. Innenpolitisch sind demokratische Formen nur zum Teil verwirklicht. Einheimische Eliten verhindern in vielen Ländern der Dritten Welt, dass die Grundbedürfnisse der Bevölkerung angemessen erfüllt werden.

Am Beispiel Indien zeigt sich, dass die Agrarreform nicht entschieden genug durchgeführt wurde und die Hälfte der ländlichen Bevölkerung unter dem Existenzminimum lebt. Das Kastensystem besteht trotz der Bemühungen Gandhis und der Wirkungen der Verstädterung fort und führt laufend zu gewalttätigen Konflikten.

Bevölkerung und Ernährung

Heute leben auf der Erde etwa 5,5 Milliarden Menschen. Man schätzt, dass es im Jahr 2050 gegen 10 Milliarden sein

werden. Die Bevölkerung der Dritten Welt umfasst mit etwa 4 Milliarden Menschen zur Zeit fast drei Viertel der Erdbevölkerung. Etwa 97 Prozent des vorausgesagten Zuwachses bis 2050 werden auf die Dritte Welt entfallen. Dabei stellt sich die Frage, wie angesichts der Bevölkerungsentwicklung die Ernährung sichergestellt werden kann und wie notwendige Reformen durchzuführen wären.
Familienplanung ist in vielen Ländern vor allem aus religiösen, aber auch aus sozialen Gründen umstritten. Sie erscheint notwendig, denn ein gleich bleibendes Bevölkerungswachstum in der Dritten Welt wird die Verelendung weiter verschärfen. Aber setzt Familienplanung nicht eine eigenständige Rolle der Frau voraus, an der es in vielen Ländern fehlt? Viele Frauen in der Dritten Welt möchten weniger Kinder haben. Familienplanung wird gefördert durch ein gutes Bildungsniveau der Frauen und ein verlässliches Gesundheitssystem. Aber zwei Drittel der Menschen in der Dritten Welt haben keinen Zugang zu effizienten Gesundheitsdiensten. Und diese allein genügen nicht. Weitere Maßnahmen sind notwendig, denn eine gute Gesundheitsversorgung führt erst einmal dazu, dass die Sterblichkeit sinkt. Die Geburtenrate bleibt vorläufig in den meisten Entwicklungsländern hoch oder geht nur geringfügig zurück.
Durch Kriege, Naturkatastrophen und die Zerstörung der traditionellen Bindungen befinden sich gegenwärtig einige Gesellschaften Afrikas nahezu im Zustand der Auflösung. Unvorstellbare Not von Flüchtlingen in Massenlagern kann nur unzureichend durch internationale Hilfe gelindert werden.

Entwicklungshilfe und Entwicklungspolitik

Nach dem Zweiten Weltkrieg ist das Bewusstsein gestiegen, dass die wohlhabenden Industrienationen die Verpflichtung haben, den armen Gesellschaften beim Überleben zu helfen. Das wird besonders deutlich bei Hungerkatastrophen. Aber: Wenn Westeuropa und die USA ihre Getreideüberschüsse in Entwicklungsländern verteilen, brechen dort die Preise zusammen. Man baut dann dort weniger an, weil es billiger ist zu importieren. Entwicklungshilfe ist deshalb eine zweischneidige Sache. Die Problematik der Entwicklungshilfe wurde schon in den 50er Jahren deutlich, als die Industriestaaten einigen Ländern in der Dritten Welt vollständige Industrieanlagen lieferten. Diese modernen Fabriken erzwangen einschneidende soziale Umstellungen und belasteten die Empfängerländer mit sehr hohen Folgekosten, z. B. für Reparaturen und Energieversorgung. Oft stellte sich auch die erhoffte Produktivität nicht ein.
Entwicklungs*hilfe* bleibt vorläufig unverzichtbar, um die dringendsten Probleme der Armut, unzureichender Ernährung und unwürdiger Sozialbedingungen für viele Millio-

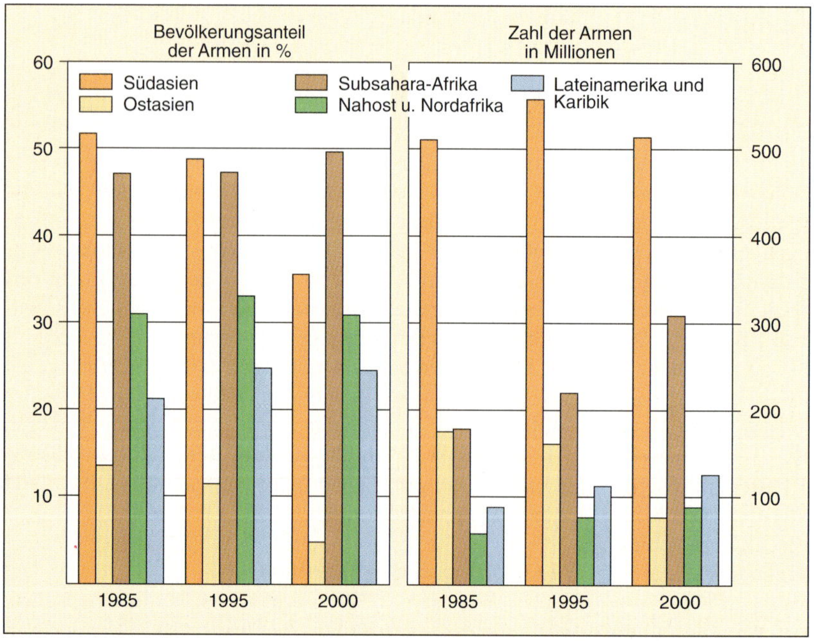

Strukturen der Weltarmut 1985–2000

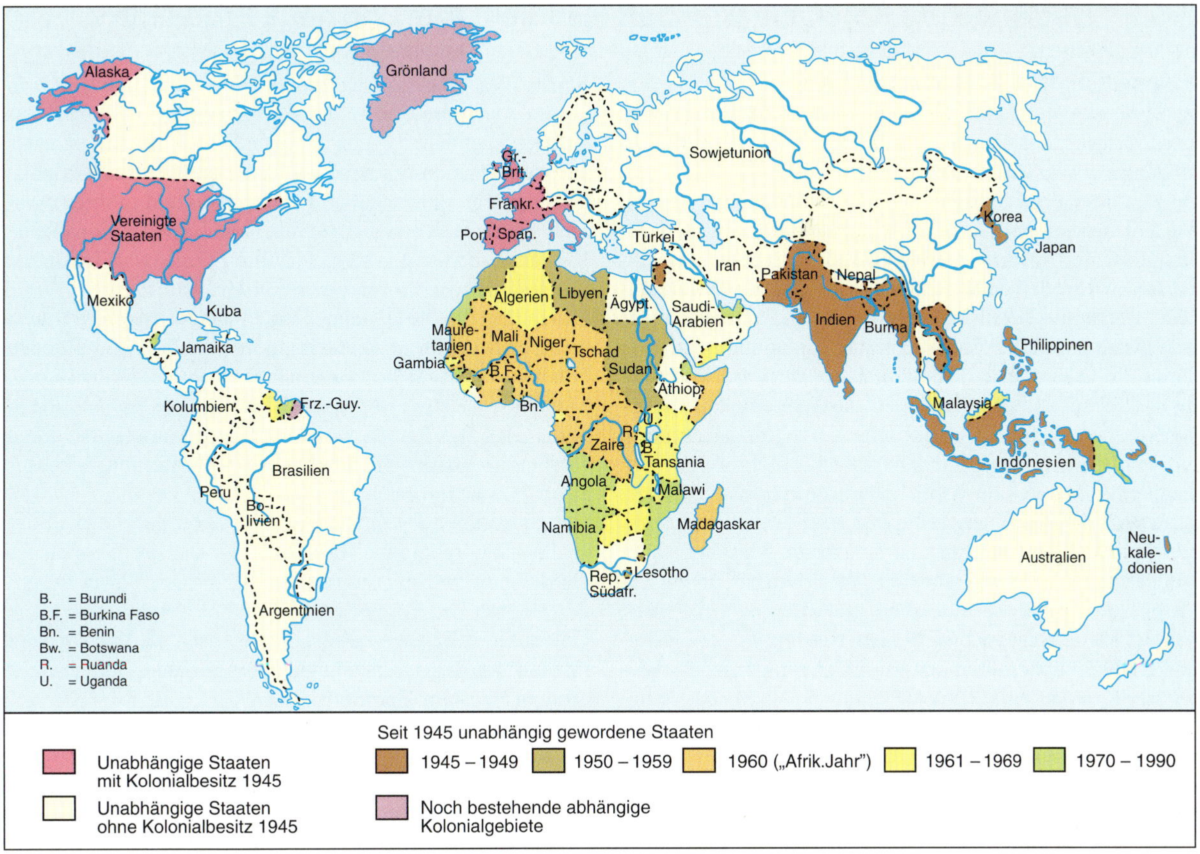

Die Dekolonisation 1945–1990

nen Menschen zu lindern. Sie sollte jedoch von einer sinnvollen Entwicklungs*politik* begleitet werden. Aus den Erfahrungen der letzten Jahrzehnte hat sich die Überzeugung durchgesetzt, dass dabei die Grundbedürfnisse der einheimischen Bevölkerung im Vordergrund stehen sollten. Das sind in erster Linie die Ernährung, das Gesundheitswesen und die Ausbildung von Bauern, Landarbeitern und Armen in den Städten. Im internationalen Handel sollten für die Produkte der Dritten Welt gerechtere Preise gezahlt werden. Solche Maßnahmen können die Eigenleistungen der weniger entwickelten Gesellschaften stärken und zur Ausbildung neuer Strukturen führen.

Fragen und Arbeitsaufgaben

1. *Welche Widersprüche enthielten die Friedensregelungen nach dem Ersten Weltkrieg aus der Sicht der außereuropäischen Völker?*
2. *Welche Auswirkungen hatte das fortbestehende Kolonialsystem für die betroffenen Völker in Afrika und Asien?*
3. *Beschreibe die politischen Methoden Gandhis und äußere deine persönliche Einstellung dazu.*
4. *Welche Rolle spielten die Japaner im Zweiten Weltkrieg für die Dekolonisation in Asien?*
5. *Welche Interessenkonflikte in den afrikanischen Staaten wurden durch die Dekolonisation nicht gelöst?*
6. *Was ist Entwicklungshilfe, was Entwicklungspolitik? Was können und wollen sie jeweils leisten?*

Das Ende der Kolonialherrschaft in Indien: Alte und neue Probleme

Indiens Schritt in die Selbständigkeit

1 *Rede des britischen Premierministers Clement Attlee vor dem britischen Unterhaus in einer Debatte über die Unabhängigkeit Indiens im Juli 1947:*

Q Zu Anfang beschäftigten wir uns besonders mit Handel, der Gelegenheit bot Reichtümer anzuhäufen. Im 18. Jahrhundert hatten die britischen Bürger, die aus Indien zurückkehrten, oft große Vermögen angesammelt und wurden „Nabobs" genannt. Aber als die Zeit verging, gewann man mehr Bewusstsein von der Verantwortung, die in der Regierung durch die Ostindische Kompanie lag, eine Verantwortung für das Leben der vielen Millionen, die Gerechtigkeit und ruhiges Leben suchten. Der britische Verwaltungsbeamte in Indien richtete sich mehr und mehr am Wohlergehen des indischen Volkes aus, am Wohlergehen dieses großen Völkergemisches auf dem Kontinent, das durch Rasse, Kaste, Sprache und Religion getrennt ist ... Wenn wir über Jahre zurückblicken, sind wir sehr stolz auf die Arbeit, die unsere Mitbürger in Indien getan haben. Natürlich gab es Fehler, gab es Fehlschläge, aber wir können bekräftigen, dass unsere Herrschaft über Indien den Vergleich mit der jeder anderen Nation aushält, die ein Volk zu regieren hatte, das so unterschiedlich von ihr selbst ist ... Darf ich hier an etwas erinnern, das man oft vergisst: So wie Indien seine Einheit und Freiheit von äußerer Aggression den Briten verdankt, so war der indische „National Congress" gegründet und angeregt von Menschen unserer eigenen Rasse, und schließlich, dass jede Beurteilung unserer Regierung in Indien durch Inder nicht auf der Grundlage dessen geschieht, was für die indische Vergangenheit galt, sondern aufgrund der Prinzipien, die wir ihnen selbst eingeflößt haben.

C. Philips, Selected Documents, London 1962, S. 403–404. Übers. d. Verf.

2 *Bericht über den indischen Unabhängigkeitstag, den 15. August 1947, in einem historischen Sachbuch:*

D Von den Wänden ringsum waren die würdevollen Porträts der indischen Vizekönige entfernt worden. An diesem Abend füllten grün-weiß-orangefarbene Fahnen die Goldrahmen aus. Auf den voll besetzten Bänken der Halle drängten sich in Saris, in fürstlichen Gewändern und im Smoking die Repräsentanten der Nation, die in dieser Nacht geboren werden sollte.

Die Bevölkerung, die sie vertraten, bildete ein Amalgam[1] von Rassen und Religionen, Sprachen und Kulturen, von einer so bunten und kontrastreichen Vielfalt wie nirgends sonst auf dem Globus. Sie lebte in einem Land erhabenster Spiritualität und tiefsten Elends; in einem Land, dessen größte Reichtümer in seinen Paradoxen lagen, dessen Bewohner fruchtbarer waren als seine Felder; einem Land, das von der Religion besessen war und von Naturkatastrophen heimgesucht wurde, die an Grausamkeit und in ihren Ausmaßen ihresgleichen suchten; in einem Land der glorreichen Vergangenheit, einer sorgenerfüllten Gegenwart und einer Zukunft, die von Problemen verdüstert war ...

Das Indien, das diese Männer und Frauen vertraten, würde in wenigen Minuten zu einer Nation werden, die 275 Millionen Hindus (davon 70 Millionen Unberührbare), 50 Millionen Moslems, sieben Millionen Christen, sechs Millionen Sikhs[2], 100 000 Parsen[3] und 24 000 Juden umschloss, deren Vorfahren einst aus der babylonischen Verbannung in dieses Land geflohen waren.

Der gewaltige Subkontinent war die Geburtsstätte einer der großen Weltreligionen, des Buddhismus, die Heimat des Hinduismus und stark vom Islam beeinflusst. In verwirrender Vielfalt der Formen und Gestalten zeigten sich seine Götter. Die religiösen Gebräuche reichten vom Yoga und der intensivsten Selbstversenkung, deren der menschliche Geist fähig ist, bis zum Tieropfer.

[1] Quecksilberlegierung, im übertragenen Sinn unauflösliches Gemisch

[2] Reformbewegung des Hinduismus seit ca. 1500. Sie übernimmt Anregungen des Islam, schafft Vielgötterei und Kastenwesen ab und vertritt eine kriegerische Lebensform.

[3] Bevölkerung Indiens: 1900: 236 Mio., 1947: 339 Mio., 1990: 830 Mio.

L. Collins und D. Lapierre, Um Mitternacht die Freiheit, Reinbek 1978, S. 265–267.

1. *Welche Entwicklung der britischen Herrschaft über Indien wird in Quelle 1 geschildert? Nimm dazu Stellung.*
2. *Wie beurteilt Attlee die britische Kolonialherrschaft? Vergleiche mit den Folgen der Kolonialherrschaft, wie sie in Text 2 geschildert werden.*
3. *Nenne andere Länder mit einem Gemisch von Religionen, Rassen und Sprachen und benenne Probleme, die daraus entstehen.*
4. *Erläutere, vor welchen Problemen der neue Staat Indien nach der Rückgewinnung seiner Unabhängigkeit stand. Ordne die Aussagen unter wirtschaftlichen, sozialen, religiösen, kulturellen und politischen Gesichtspunkten.*
5. *Untersuche Sprache und Darstellungsweise des reportagenhaften Berichts 2. An welchen Stellen geht er über eine historische Sachdarstellung hinaus?*

3 *Südasien nach dem Zweiten Weltkrieg*

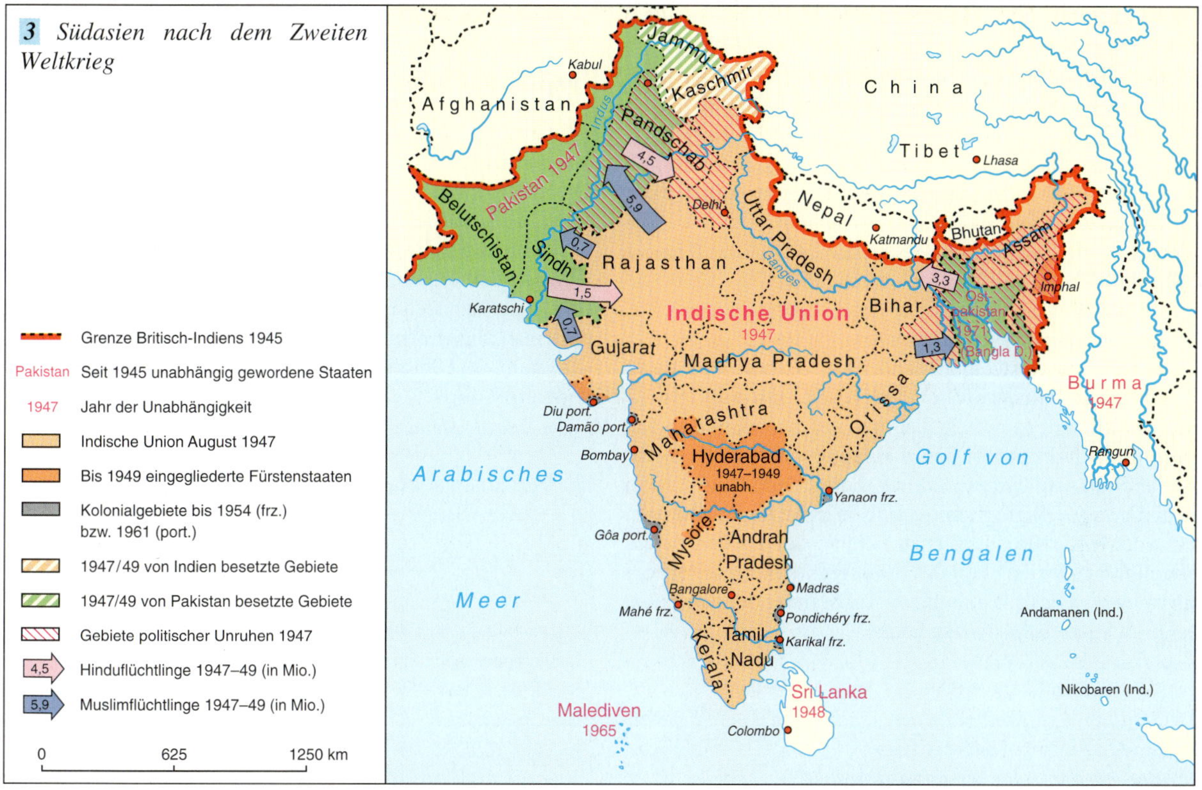

Gegensätze im modernen Indien

4 *In einer Untersuchung über das Kastensystem, wie es auch heute noch in den meisten südindischen Dörfern existiert, heißt es:*

D Die etwa 30 Kasten, die sich in der südindischen Region feststellen ließen, können in sieben Hauptgruppen gegliedert werden:

1. Oberkasten wie Priester, die die religiösen Zeremonien ausführen, und Krieger und Händler;
2. Bauernkasten, wozu auch wohlhabende Hirten gehören;
3. Handwerkerkasten, z. B. Grobschmied, Zimmermann, Goldschmied;
4. Dienstkasten, deren Mitglieder meist auch Handwerke ausüben, aber niedrigeres Prestige haben, z. B. Wäscher, Töpfer, Weber, Barbier;
5. Moslems, die von der hinduistischen Mehrheit im Dorf entgegen dem moslemischen Gleichheitsdenken in die Kastenordnung an relativ niedriger Stelle eingeordnet werden;
6. Volksstämme, die ursprünglich nicht an den Hinduismus, sondern an Naturgottheiten glaubten;
7. Harijans („Unberührbare"), die „unreife Berufe" wie Lederarbeiten ausüben und zu denen ein Sechstel der Bevölkerung gehört.

Bäuerliche Arbeit leisten dabei heute fast alle diese Gruppen, nicht nur diejenigen, die in der Kastenordnung ursprünglich diese Aufgaben hatten.

Das Kastensystem ist nicht nur ein System, in dem Achtung und Verachtung festgelegt werden, sondern es ist auch eine Regelung der Zusammenarbeit. Früher galt ganz streng, dass jede Kastengruppe das Recht und die Pflicht hatte bestimmte gesellschaftliche Aufgaben zu erfüllen, die für die anderen verboten waren. Wer der Kaste der Grobschmiede angehörte, hatte sich für die notwendigen Reparaturen an den Geräten der Bauern bereitzuhalten. Er führte sie jederzeit aus, auch wenn er eigene Erntearbeit zurückstellen musste. Dafür erhielt er von jeder Familie nach der Ernte eine genau festgelegte Leistung in Getreide oder anderen Gütern – gleichgültig, wie oft ihn die jeweilige Familie in Anspruch genommen hatte.

Je weniger abgelegen die Dörfer sind und je stärker die

Marktwirtschaft der Städte sie beeinflusst, desto mehr ändert sich heute die ökonomische Seite des Kastensystems. Handwerker lassen sich dann gleich nach der Arbeit mit Geld bezahlen oder wandern aus dem Dorf überhaupt ab.
Mit der ökonomischen Aufgabenverteilung im Kastensystem war das indische Dorf früher in der Lage seine Grundbedürfnisse selbst zu erfüllen. Die Religion stützt diese Pflichtverteilung.

zusammengestellt nach: K. Mäding, Südindische Bauern, Tübingen 1980, S. 113ff.

5 *Gandhi über den Kriegsdienst:*

Q Kriegsdienstverweigerfreunde im Westen beteiligten sich auch in Friedenszeiten am Krieg, insoweit als sie Kriegsvorbereitungen bezahlen und auf andere Weise Regierungen unterstützen, deren Hauptbeschäftigung solche Vorbereitung ist. Um es zu wiederholen: Jede Aktivität zur Beendigung des Krieges muss sich so lange als fruchtlos erweisen, wie die Kriegsursachen nicht verstanden und radikal beseitigt werden. Ist nicht der Hauptgrund moderner Kriege der unmenschliche Wettlauf zur Ausbeutung der sogenannten schwächeren Rassen der Erde?

Young India vom 9.5.1929.

1. *Schildere an Hand der Karte (siehe Mat. 3) die Konflikte in Indien von 1945 bis 1949.*
2. *Beschreibe Ursachen dieser Konflikte.*
3. *Welche weiterführenden Forderungen stellt Gandhi zum Thema des Kriegsdienstes (Q 5)?*

6 *Die Verteilung des Kapitals nach den Vorstellungen Gandhis:*

Q Ich möchte, dass Zeit und Arbeit gespart wird, aber nicht für einen Teil der Menschen, sondern für alle. Ich möchte Zusammenfassung des Reichtums, aber nicht in den Händen von wenigen, sondern in den Händen aller … Zuallererst muss man einmal damit aufhören, wissenschaftliche Einsichten und Entdeckungen zu bloßen Instrumenten der Habgier zu machen.

Young India vom 13.11.1924.

7 *Ghandis Meinung über die Auswirkungen der Industrialisierung auf die Landbevölkerung:*

Q Die Wiedergeburt des Dorfes ist nur möglich, wenn es nicht mehr ausgebeutet wird. Die Industrialisierung im Massenausmaß muss zwangsläufig zu direkter oder indirekter Ausbeutung der Dorfbewohner führen, weil dann die Probleme des Wettbewerbs und der Marktbeherrschung auftauchen. Wir müssen unsere Aufmerksamkeit darauf konzentrieren, dass das Dorf in allem sich selbst erhält und hauptsächlich für den eigenen Gebrauch produziert.

Harijan vom 29.8.1936.

8 *Gandhis Widerspruch gegen die sogenannte „Unberührbarkeit":*

Q Keiner kann als Unberührbarer geboren werden, da alle Funken ein und desselben Feuers sind. Es ist ein Unrecht gewisse menschliche Wesen als von Geburt aus unberührbar zu behandeln. Diese Forderung wird nicht nur dadurch erfüllt, dass man sich mit Unberührbaren befreundet, sondern dass man alles Leben liebt wie sein eigenes Selbst. Die Abschaffung der Unberührbarkeit bedeutet Liebe und Dienst an der ganzen Welt.

From Yeravda Mandir, 1932, S. 31ff.

9 *Verteilung des Landbesitzes in Indien, 1971:*

	mit einem Besitz von (in ha)	Anteil der Haushalte	Anteil des Bodens
Landarbeiter mit Kleinstbesitz und Kleinbauern	unter 2 ha	70%	21%
Mittelbauern	2–10 ha	26%	48%
Großbauern und Großgrundbesitzer	mehr als 10 ha	4%	31%

zusammengestellt nach: Gesamtindische Statistik 1975, Bonn 1976.

1. *Beschreibe das Kastensystem im indischen Dorf unter Berücksichtigung der verschiedenen Berufe (Q 4).*
2. *Was kritisiert Gandhi an der Industrialisierung (Q 7)?*
3. *Vergleiche die bäuerlichen Gruppen in Tabelle 9 nach Anteilen an der Bevölkerung und Anteilen am Grundbesitz.*
4. *Welche Folgen hat das Zusammenwirken der Ungleichheit im Kastensystem und in der Verteilung des Bodens?*

Über die Stellung der Frau im modernen Indien

10 *Ein indischer Vater hat zwei Sozialwissenschaftlerinnen, die in Asien die gesellschaftliche Stellung der Frauen untersucht haben, über das Schicksal seiner Tochter berichtet:*

D Diese Art von Ereignis ist in Indien häufig. Mehr als zweitausend Fälle gibt es pro Jahr. Ein Mädchen ist wie ein Sklave.

Die Ehe meiner Tochter wurde arrangiert. Sie wurde vorgeschlagen vom selben Mann, der auch meine Ehe mit meiner Frau seinerzeit eingeleitet hatte. Daher hatten wir Vertrauen. Wir besuchten die Familie des Jungen und sahen uns dort um, es sah ganz passabel aus. Sie hatten zwei Diener und einen Fahrer und wir dachten, es würde unserer Tochter dort gut gehen, die Familie sei auch wohlhabend genug, um kein Drama mit der Mitgift zu machen. Aber das Gegenteil war der Fall. Meine Tochter wurde schlechter behandelt als die Diener. Sie gaben ihr nichts zu essen, sie wurde in vielfacher Weise gequält. Sie wurde geschlagen, zweimal hatte sie deswegen eine Fehlgeburt. Als ich davon erfuhr, sagte ich zu ihr, komm doch zurück. Ich will dich nicht bei diesen Leuten lassen. Sie kam auch zurück, zwei-, dreimal, aber jedesmal kam ihr Mann, entschuldigte sich, versprach, dass es besser werden würde, und jedesmal beschloss meine Tochter es noch einmal zu versuchen, alles zu tun, um ihre Ehe zu retten.
Die Situation wurde dann aber immer ärger. Ich machte mir große Sorgen. Die Schwiegereltern erlaubten uns nicht mehr unsere Tochter zu besuchen. Das ist ansich nichts Ungewöhnliches. Es passiert in Indien öfter, dass man seine Tochter nach der Ehe nicht mehr sehen darf. Sie wird dadurch genötigt sich in die neue Familie einzufügen, weil sie niemanden hat, bei dem sie sich beschweren könnte.
Ich ging dann zum Schwiegervater ins Büro, um wenigstens mit ihm sprechen zu können. Ich war zwei Stunden dort und versuchte ihm klarzumachen, dass es nicht richtig ist ein Mädchen so zu quälen. Aber die Familie hatte geschäftliche Schwierigkeiten, sie wollten mehr Geld, als ich ihnen geben konnte, ihre Erwartungen waren unrealistisch.
Schließlich wurde meine Tochter verbrannt. Nachbarn haben mich angerufen, ich soll kommen, es sei etwas Schreckliches passiert. Drei Stunden lang fuhr ich von einem Krankenhaus zum nächsten, weil ich nicht wusste, wo sie war. Der Nachbar hat versucht ihr zu helfen. Er hörte sie schreien, er lief hinauf und polterte an die Tür. Lange wurde er nicht eingelassen, die Familie sagte ihm, alles sei in Ordnung und er solle weggehen. Aber er klopfte weiter und schließlich mussten sie öffnen. Dann sah er meine Tochter, sie war ganz schwarz von dem Feuer und sie sagte, Onkel, hilf mir, ich sterbe, ich sterbe.
Ich hätte nie geträumt, dass so etwas in einer Familie passieren kann. Ich wusste zwar, dass die Situation schlimm war. Die letzten sechs Monate musste ich meinen Fahrer schicken mit den Mahlzeiten für meine Tochter, weil die Familie sie nicht ernähren wollte. Wir können deine Tochter nicht durchfüttern, haben sie gesagt. Sie bringt kein Geld ein, nicht einmal Kinder hat sie für uns geboren, sie ist für uns nur eine unnötige Ausgabe. Also habe ich ihr Essen geschickt. Dennoch dachte ich nicht, dass es sich so zuspitzt. Jetzt weiß ich mehr über diese Fälle. Es müsste einige Verurteilungen geben, dann hätten andere Schwiegereltern Angst und die Eltern der Töchter wären eher bereit ihre Mädchen wieder zurückzunehmen. Aber im Moment meint jeder noch, dass es dem Ansehen seiner Familie und den Heiratschancen seiner anderen Töchter zu sehr schaden würde, wenn die Ehe einer Tochter scheitert. Wir nennen es das „bad name problem“: Alle fürchten sich davor einen „schlechten Ruf“, einen „bad name“ zu bekommen. Mädchen, die ihre Ehemänner verlassen, haben bei uns einen schlechten Ruf.

Ch. Benard/E. Schlaffer: Das Gewissen der Männer, Reinbek 1992, S. 62.

11 *Eine Frau wird verheiratet, Bombay, 1995*

1. *Erläutere, welche Gründe dazu führen, dass in Indien der Frau grundlegende Menschenrechte verweigert werden.*
2. *Diskutiert, welche Möglichkeiten es gibt die Gleichberechtigung der Frauen zu fördern.*

Zusammenfassende Arbeitsaufgaben:

1. *Wie hängen die in diesem Arbeitsteil angesprochenen Probleme Indiens mit der Kolonialherrschaft zusammen?*
2. *Vergleiche die Probleme Indiens mit den in der Darstellung geschilderten allgemeinen Problemen der Entwicklungsländer.*

Der Nahe Osten: Schlaglicht auf weltpolitische Veränderungen

Das Öl – ein wichtiger Faktor der Weltpolitik

Die Bundesrepublik Deutschland bezog Anfang der siebziger Jahre etwa 96 Prozent ihres Energiebedarfs aus Öllieferungen von den Förderländern des Nahen Ostens – einer Region, die uns fern steht, deren Bodenschätze wir aber im täglichen Leben wie selbstverständlich nutzen. Weil seine Förderung billiger ist, löste das Öl im Laufe unseres Jahrhunderts die Kohle als vorrangige Primärenergie (d. h. die in natürlichen Energieträgern enthaltene Energie) ab. Auch die Chemieindustrie nutzte mehr und mehr statt Kohle Öl als Basis für die Herstellung neuer Produkte (z. B. von Kunststoffen wie Plastik). Unter der führenden Stellung britischer und amerikanischer Firmen beuteten die westlichen Industriestaaten die Ölquellen des Nahen Ostens aus. Der europäische Imperialismus hatte den Zerfall des Osmanischen Reiches genutzt, um im Nahen Osten Fuß zu fassen. Nach dem Ersten Weltkrieg hatten Frankreich und Großbritannien als Mandatsmächte des Völkerbundes unter sich das gesamte Gebiet in Einflusszonen aufgeteilt. Entgegen arabischen Wünschen ließen sie nicht die Gründung eines arabischen Einheitsstaates zu, sondern favorisierten die Bildung mehrerer neuer Staaten – Königreiche oder Emirate –, deren politische Führung zumindest vorerst von ihnen abhängig blieb.

Die Staaten des Nahen Ostens haben politische Eigenständigkeit und wirtschaftliche Selbstbestimmung erst in den Jahrzehnten nach dem Zweiten Weltkrieg erlangt, als sie die heimischen Ölquellen verstaatlichten; das war häufig, aber nicht immer mit der Entmachtung der alten noch feudalen Eliten* verbunden. Symbol wurde hier der Sturz des persischen Schahs 1979, begleitet von monatelangen antiamerikanischen Demonstrationen.

Die traditionsreichen Kulturen und die wichtigste Religion in dieser Region, der Islam, haben sich bei diesem Wandlungsprozess als stabiler erwiesen, als die europäischen Mächte erwarteten. Sie tragen heute erheblich zu einem Zusammengehörigkeitsgefühl bei. Obwohl es zahlreiche arabische Staaten und Völker gibt, verstehen sich viele Araber als Angehörige einer „Nation". Das schließt Konflikte, ja Kriege zwischen den arabischen Staaten nicht aus, wie wir fast täglich über die Medien erfahren. Der Weg in Souveränität und Modernität ist nicht nur gegenüber den Kolonialmächten, sondern auch gegenüber anderen Staaten bis heute durch viele Konflikte gekennzeichnet gewesen.

Die Neugründung eines jüdischen Staates

Einer Konfliktzone widmen wir hier besondere Aufmerksamkeit, weil sie bis in unsere Tage hineinwirkt und durchaus mit unserer Geschichte verbunden ist. Seit der zweiten Hälfte des letzten Jahrhunderts wanderten Juden, vor allem aus Osteuropa, wieder „zurück" in das Land ihres historisch-religiösen Ursprungs, „Eretz Israel", das Land der Bibel, oder Palästina, wie es jetzt hieß. Sie wollten dem wachsenden Antisemitismus in Europa entkommen und erstrebten eine eigene, jüdisch geprägte nationale Heimstatt. Theodor Herzl, einer der Begründer des Zionismus, wie sich die jüdische Siedlungsbewegung in Palästina nannte, warb dafür mit dem uns heute noch oder wieder aktuell anmutenden Satz: „Wir sind ein Volk, ein Volk" – damit waren die Juden in aller Welt angesprochen. Historisches Bewusstsein und moderne politische Bewegung gingen im Zionismus eine Bindung ein, die großen historischen Belastungen standhielt.

Im britischen Mandatsgebiet Palästina stießen britische, arabische und jüdische Interessen aufeinander. Einerseits hatte die nach dem damaligen britischen Außenminister benannte „Balfour-Deklaration" von 1917 (siehe S. 10) den Juden diese neue „Heimstatt" zugestanden, andererseits war den arabischen Bewohnern Palästinas mit der Einrichtung des Völkerbundmandats 1920 die Unabhängigkeit und Selbstbestimmung für die Zukunft zugesichert worden. Lösungsversuche für einen gemeinsamen arabischen Staat scheiterten an der zunehmenden Rivalität der beiden Völker. Sie scheiterten aber auch, weil Großbritannien diese Region unter seiner Kontrolle behalten wollte, vor allem wegen der wichtigen strategischen Lage für sein Kolonialreich.

Mit der verstärkten jüdischen Einwanderung vor allem in den dreißiger Jahren nahmen die Spannungen zwischen Juden und Arabern zu. Letztere drängten auf einen eigenen Staat. Sprecher der arabischen Nationalisten wurde der Mufti von Jerusalem, der höchste Repräsentant des Islams im Mandatsgebiet. Während des Zweiten Weltkrieges strebte der Mufti gar ein Bündnis mit Hitler an, um mit der militärischen Unterstützung des deutschen Afrika-Korps die Engländer aus Palästina zu vertreiben. So wurde deutsche Politik in doppelter Weise mitverantwortlich für die Zuspitzung des Palästina-Konflikts: Um der nationalsozialistischen Verfolgung zu entkommen, wandten sich immer mehr Juden nach Palästina. Ein britischer Sieg war für sie Voraussetzung einer jüdischen „Heimstatt" dort; der Repräsentant der arabischen Bevölkerung aber setzte auf den Feind der

Jüdische Einwanderer, die im Hafen von Haifa von den Briten gehindert werden an Land zu gehen, 1946

Engländer, das faschistische Deutschland. Am Ende des Zweiten Weltkrieges standen sich schließlich unversöhnlich der jüdisch-zionistische Nationalismus und der arabisch-palästinensische Nationalismus gegenüber. Beide Seiten forderten Palästina für sich und ihren Staat. Beide sprachen dem Gegner ab überhaupt eine Nation zu sein.
Die Briten versuchten ausgerechnet jetzt die Situation durch ein Einwanderungsverbot für Juden zu entschärfen. Das traf vor allem Überlebende des Holocaust und bewirkte gerade das Gegenteil. Nun gingen einzelne jüdische Untergrundorganisationen, die im Krieg noch für die Briten gekämpft hatten, mit Terroranschlägen gegen die Mandatsmacht vor.

Der Palästina-Krieg 1948/49
1947 brachte die britische Regierung den Konflikt vor die UNO, die damit gleich in ihrer Anfangszeit vor ein schwieriges Problem gestellt war. Wie konnte man dem Volk, von dem 6 Millionen Menschen durch die nationalsozialistische Gewaltherrschaft umgebracht worden waren, ein eigenes gesichertes Gebiet garantieren, ohne gleichzeitig die Rechte der arabischen Einwohner zu verletzen?
In diesem Dilemma stimmten die meisten der damaligen Mitgliedstaaten der UNO, darunter auch die Sowjetunion und die USA, für einen selbständigen jüdischen Staat in Palästina. Das bedeutete die Teilung des Landes in einen jüdischen und einen arabischen Staat. Die Juden akzeptierten weitgehend den von der UNO vorgeschlagenen Teilungsplan, doch die Araber lehnten ihn als Völkerrechtsverletzung ab und verweigerten den Juden ein Recht auf einen eigenen Staat auf arabischem Boden. Terroranschläge von beiden Seiten häuften sich. Nachdem im April 1948 eine bewaffnete jüdische Gruppe das Dorf Deir Jassin überfallen hatte, setzte eine Massenflucht der Palästinenser ein. Die Briten gaben am 14. Mai 1948 ihr Völkerbundmandat an die UNO zurück. Noch in der Nacht zum 15. Mai proklamierten die jüdischen Untergrundkämpfer unter David Ben Gurion, dem späteren israelischen Ministerpräsidenten, den selbständigen Staat Israel.
Die arabischen Staaten machten ihre Ankündigung wahr sich mit Waffengewalt der Teilung zu widersetzen und griffen an. Die israelische Armee konnte sich jedoch zunächst behaupten und dann sogar Gebiete erobern, die nach dem UN-Teilungsplan arabisch sein sollten.
Die UNO konnte zwar 1949 einen Waffenstillstand zwischen Israel und den arabischen Nachbarstaaten Ägypten, Jordanien, Syrien und dem Libanon vermitteln, es gelang ihr aber nicht einen Friedensvertrag zu erreichen. Die arabischen Staaten erkannten also Israel nicht an. Jordanien und Ägypten übernahmen die restlichen, von Arabern bewohnten Gebiete des ehemaligen Mandats Palästina, das damit aufgelöst war.

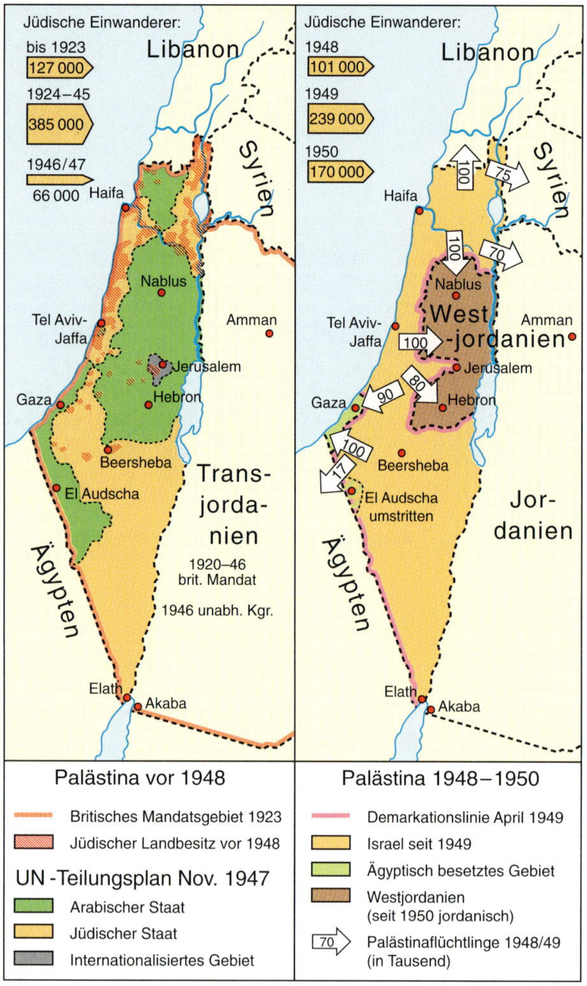

Palästina 1923–1950

Erst durch Krieg zum Frieden?

Drei Kriege – keine Lösung

In Ägypten wurde die noch auf die Interessen der westlichen Industriestaaten orientierte Monarchie 1952 beseitigt. Der neue Präsident Nasser propagierte einen pan-arabischen Nationalismus, der sozialistische Gedanken aufnahm. Die Sowjetunion unterstützte die Modernisierung der ägyptischen Armee. 1956 verstaatlichte Ägypten den Suezkanal und traf damit die britischen und französischen Interessen – wie sie die alten Kolonialmächte verstanden. Israel sah durch eine mögliche Sperrung des Kanals seine Existenz aktuell bedroht und verabredete mit der englischen und französischen Regierung einen im Herbst des gleichen Jahres durchgeführten Luftangriff auf Ägypten. Die internationale Verfügung über den Suezkanal – für Westeuropa der Zugang zum Öl, für Israel die Sicherung seines Hafens Elath – sollte wiederhergestellt werden. Bemühungen der UNO um eine sofortige Beendigung der militärischen Intervention blieben erfolglos. Erst als die Sowjetunion drohte mit Atomraketen einzugreifen, zwangen die USA ihre Bündnispartner Frankreich und Großbritannien die Kämpfe einzustellen.

Der Krieg hatte die Kluft zwischen Israel und den arabischen Staaten noch vertieft. Beide Seiten aber waren in ihrem Handlungsspielraum von den neuen Weltmächten, der USA und der Sowjetunion, abhängig geworden. Sollte es diesen in Zukunft nicht gelingen den regionalen Konflikt unter Kontrolle zu halten, so könnte er sich zu einer weltbedrohenden Konfrontation entwickeln. Und noch etwas hatte dieser Krieg gezeigt: Ohne Einverständnis der USA konnten die alten Kolonialmächte keine Weltpolitik mehr betreiben.

Die arabischen Staaten verfügten über kein politisches Mittel am faktischen Bestand des israelischen Staates etwas zu ändern. Als Nasser 1967 wiederum die Flucht nach vorn antrat und mit militärischen Mitteln drohte, zerstörte die israelische Luftwaffe in einem nur sechs Tage dauernden Präventivkrieg zentrale Waffenbasen der Nachbarstaaten und Israel besetzte mit dem Sinai, dem westlichen Jordanufer und den Golanhöhen weite Gebiete, die bisher zu Ägypten, Jordanien und Syrien gehört hatten. Ein Versuch der betroffenen Staaten die von Israel besetzten Gebiete zurückzuerobern schlug 1973 fehl. Trotz ihrer nochmaligen militärischen Niederlage hatten die arabischen Staaten aber an politischem Gewicht gewonnen: Sie hatten nämlich die Erdöllieferungen nach Westeuropa empfindlich gedrosselt und damit den Abzug israelischer Truppen aus ihrem Territorium erzwungen.

Der Kampf der Palästinenser um Selbstregierung

In allen diesen Auseinandersetzungen hatten die beiden Supermächte gerade wegen ihrer gegenseitigen Konkurrenz den kriegführenden Seiten zu verstehen gegeben, dass die Machtverhältnisse weder zwischen Israel und den arabischen Staaten noch zwischen diesen selbst wesentlich verschoben werden dürften. Sieg oder Niederlage: Auf diese Weise war der Konflikt nicht zu lösen.

Die arabischen Politiker zogen zwei Folgerungen aus dieser Situation: 1. Ohne ihre ständigen militärischen Drohungen gegenüber Israel aufzugeben, wagten sie einen Krieg nicht mehr, sondern provozierten eine Vielzahl von Grenzzwischenfällen. 2. Seit der Niederlage im Krieg um die israelische Staatsgründung 1948 hatten die arabischen Staaten, vor allem Ägypten und Jordanien, sich zu den Fürsprechern der palästinensischen Sache gemacht. Sie beherbergten die meisten Flüchtlinge aus dem ehemaligen Mandatsgebiet und hatten sich diejenigen Gebiete einverleibt, die nicht israelisch geworden waren. Nun gaben sie schrittweise die politische Verantwortung an die Palästinenser zurück.

Unter den Palästinensern, die in den arabischen Staaten lebten, hatte sich eine eigene Nationalbewegung herausgebildet, die Palestine Liberation Organization (PLO*) unter ihrem Führer Yassir Arafat. Sie wurde 1973 zum Sachwalter der palästinensischen Interessen erklärt und bildete gleichsam eine Exilregierung. Internationales Aufsehen erregte sie vorerst durch Terrorakte, die sich gegen Israel, aber mit Flugzeuganschlägen z. B. auch gegen die internationale Luftfahrt wendeten. Langfristig wirksamer waren jedoch ihre Bemühungen in den von Israel seit 1967 besetzten Gebieten das Bewusstsein einer eigenen arabisch-palästinensischen Identität zu stärken, zivilen Widerstand gegen die Besatzung zu entwickeln und sich eine von der israelischen Militärverwaltung unabhängige politische Infrastruktur auf illegaler Grundlage zu schaffen (INTIFADA*). Hiergegen ging die israelische Armee mit zunehmender Gewalt vor. Die besetzten Gebiete, von denen die Israelis erhofft hatten, sie würden ihnen gesicherte Grenzen bringen, wurden zu einer Belastung.

Doch die selbstbewusst gewordene PLO gefährdete nicht nur Israels Sicherheit. In Jordanien, von wo aus sie hauptsächlich operierte, wurde sie zu einem „Staat im Staate“. 1 700 000 Jordanier waren Palästinenser. König Hussein fürchtete, die revolutionäre Organisation würde sich gegen ihn wenden. Er setzte seine Armee ein, um die Anhänger der PLO zu vertreiben, die nun vom benachbarten Libanon aus ihre Terrorakte gegen Israel fortsetzten. 1982 marschierte die israelische Armee in die von der PLO beherrschten libanesischen Gebiete ein. Der Libanon zerbarst förmlich unter den vielfältigen politischen Interessen, die sich in ihm entluden. Traditionell stellte in ihm die christliche, westlich orientierte Minderheit die Führungspositionen. Im Zuge der Unabhängigkeit hatte sie sich diese mit Repräsentanten der moslemischen, arabisch orientierten Bevölkerung teilen müssen, die von Syrien unterstützt wurde. Diese komplizierte Machtbalance brach nun zusammen. Im Gefolge des Bürgerkrieges, in den auch israelische und syrische Truppen verwickelt waren, musste die PLO ihre militärischen und politischen Stützpunkte im Libanon weitgehend räumen. Sie wurde damit auch in den arabischen Ländern mehr und mehr „heimatlos“. Politisch motivierter Terrorismus und die ihm folgende militärische Intervention schufen weder nationale Befreiung noch sichere Grenzen, sondern trugen zur Zerstörung noch bestehender intakter politischer Strukturen im Konfliktgebiet bei. Eine Lösung bahnte sich von anderer Seite an.

Die ägyptische Friedensinitiative

Der ägyptische Präsident Sadat, Nachfolger von Nasser, nutzte den Vorteil, der sich für sein Land daraus ergab, dass das Schicksal der Palästinenser zuallererst in der Hand der PLO liegen sollte. Er fühlte sich frei in direkte Gespräche mit Israel zu treten und um das für Ägypten vorrangige Ziel zu verhandeln, nämlich die Rückgabe der Sinai-Halbinsel. Am Ende der vom amerikanischen Präsidenten Carter vermittelten Verhandlungen stand ein 1979 abgeschlossener Friedensvertrag. Israel und Ägypten erkannten gegenseitig ihre Souveränität und territoriale Integrität an; Israel zog sich aus dem Sinai zurück. Jordanien wurde aufgefordert sich dem Friedensprozess anzuschließen und zusammen mit Vertretern der Palästinenser an Verhandlungen teilzunehmen, die darauf abzielen sollten den Palästinensern „Autonomie*“ zu gewähren.

Diese Bestimmungen der israelisch-ägyptischen Vereinbarungen wurden sowohl von der PLO als auch von vielen Israelis heftig kritisiert. Welche Garantien konnten die Israelis vom Rückzug aus den Gebieten erwarten, in denen nicht nur israelisches Militär stationiert war, sondern wo inzwischen auch zahlreiche jüdische Siedlungen aufgebaut worden waren? Die Führer der PLO fragten sich dagegen, ob „Autonomie“ volle Selbständigkeit bedeutete oder nur einen anderen Namen für die Fortdauer der israelischen Herrschaft über das Westjordanufer und das Gaza-Gebiet darstelle. Präsident Sadat musste den Einsatz für eine Friedensregelung mit seinem Leben bezahlen. Er wurde 1981 ermordet. Doch weder ziviler Ungehorsam noch militantes Aufbegehren gegen

Ein palästinensisches Kind im Gazastreifen auf der Suche nach Lebensmitteln, 1987

Der israelische Ministerpräsident Rabin und PLO-Führer Arafat besiegeln in Washington ein Friedensabkommen für den Nahen Osten, 1993

die israelische Besatzung brachten die Palästinenser weiter. PLO-Führer Arafat brauchte dringend einen Erfolg, um seine Stellung gegenüber dem wachsenden Flügel der Radikalen und Fundamentalisten zu behaupten.

In Israel selbst bildete sich eine Friedensbewegung, die für die Rückgabe der besetzten Gebiete eintrat. Ein Regierungswechsel in Israel von den die PLO gänzlich ablehnenden Konservativen zu einer Koalition unter Führung der Arbeiterpartei machte schließlich den Weg zu Verhandlungen frei. Wiederum waren es ausländische Regierungen, und zwar diejenigen Norwegens und der USA, die ihre Vermittlung anboten. Am 13. September 1993 unterzeichneten der israelische Präsident Rabin und PLO-Führer Arafat in Washington ein Abkommen, in dem sich beide Seiten erstmals juristisch anerkannten und auf einen gewaltlosen Weg der Konfliktlösung verpflichteten. Den Palästinensern sollen schrittweise Selbstverwaltungsrechte übertragen werden. Obwohl das Abkommen wichtige Fragen nicht endgültig klärt, etwa die Zugehörigkeit des arabischen Teils von Jerusalem oder die Frage, ob der Selbstverwaltung die Selbstregierung folgt, haben sich beide Seiten ihrer Meinung nach unumkehrbar darauf eingelassen jetzt nach einem friedlichen Wege der Kompromisse zu suchen, der das Lebensrecht beider Völker in den Vordergrund stellt; hieraus sollen sich die politischen Lösungen ergeben. Für diesen Durchbruch in einem fast das ganze Jahrhundert über andauernden Konflikt erhielten Rabin und Arafat den Friedensnobelpreis. Rabin wurde im November 1995 nach einer Friedensdemonstration von einem jüdischen Extremisten ermordet.

Die Zukunft – dennoch unsicher?

Selbst wenn das israelisch-arabische Verhältnis in Zukunft ohne Einsatz von Gewalt geregelt werden kann, bleiben Rivalitäten im Nahen Osten bestehen. Zahlreiche Gegensätze können innere und äußere Konflikte provozieren:

- Die politischen Verfassungen sind höchst unterschiedlich: Einparteienregime wie in Syrien und dem Irak, eine Präsidialdemokratie wie in Ägypten, Emirate oder Königtümer wie in Abu Dhabi oder Saudi-Arabien und schließlich die Islamische Republik im Iran, die ihr Gründer Ayatollah (höchster Ehrentitel eines gelehrten Theologen) Khomeini als „Herrschaft der anerkannten Gottesgelehrten“ bezeichnete.
- Die kleineren Scheichtümer und Saudi-Arabien haben durch die Ölförderung ungeheure Reichtümer angesammelt, die auch das Lebensniveau der wenig zahlreichen Bevölkerung gehoben haben, während in den bevölkerungsreichen Staaten wie Ägypten, dem Irak und Iran die Lebensverhältnisse der Massen bescheiden blieben.

Die Kriege des Irak unter Saddam Hussein gegen den Iran (1980–1989) und gegen Kuweit (1990/91), in dessen Verlauf der Irak auch israelische Städte beschoss und mit dem Einsatz von Giftgas drohte, entsprangen dem Verlangen, die Reichtümer der Nachbarregionen für sich zu okkupieren. Die von der UNO gedeckte Intervention alliierter Truppen unter US-Oberkommando machte diesem Versuch im Frühjahr 1991 ein Ende. Zurück blieben wiederum zerbombte Städte, eine drangsalierte Bevölkerung ohne Aussicht auf eine wirkliche Demilitarisierung der Region, die wohl auch die Voraussetzung gesicherter innenpolitischer Verhältnisse und eines sozialen Wohlstands wäre.

Fragen und Arbeitsaufgaben

1. *Fasse zusammen, in welcher Weise die westlichen Industriestaaten die Entwicklung im Nahen Osten beeinflusst haben.*
2. *Überprüfe, ob sich seit der Niederschrift dieses Textes im Frühjahr 1995 die politischen Verhältnisse im Nahen Osten geändert haben (Grenzen, Beziehungen der Staaten untereinander, innere Verfassung).*
3. *Die in diesem Kapitel namentlich genannten Personen sind ausschließlich Männer. Wie erklärst du das? Prüfe einmal, in welchen Kapiteln und Zusammenhängen in diesem Buch Frauen genannt werden. Würdest du die Art der vorliegenden Darstellung kritisieren?*

Israel und die Palästinenser seit 1945

1 *1947 billigte die UNO-Vollversammlung die Teilung Palästinas in einen jüdischen und einen arabischen Staat. Am 14. Mai 1948 erfolgte die offizielle Gründung des Staates Israel durch einen jüdischen Nationalrat. In der Unabhängigkeitserklärung heißt es (Auszug):*

Q Im Lande Israel entstand das jüdische Volk. Hier prägte sich sein geistiges, religiöses und politisches Wesen. Hier lebte es frei und unabhängig. Hier schuf es eine nationale und universelle Kultur und schenkte der Welt das ewige Buch der Bücher. Durch Gewalt vertrieben blieb das jüdische Volk auch in der Verbannung seiner Heimat in Treue verbunden ... Beseelt von der Kraft der Geschichte und Überlieferung suchten Juden jeder Generation in ihrem alten Lande wieder Fuß zu fassen.

Die Katastrophe, die in unseren Tagen über das jüdische Volk hereinbrach und Millionen von Juden in Europa vernichtete, bewies unwiderleglich aufs Neue, dass das Problem der jüdischen Heimatlosigkeit durch die Wiederherstellung des jüdischen Staates im Lande Israel gelöst werden muss, eines Staates, dessen Pforten jedem Juden offen stehen ...

Im Zweiten Weltkrieg leistete die jüdische Gemeinschaft im Lande Israel ihren vollen Beitrag zum Kampfe der Frieden und Freiheit liebenden Nation gegen die verbrecherischen Nazimächte. Mit dem Blute ihrer Soldaten und ihrem Einsatz für den Sieg erwarb sie das Recht auf Mitwirkung bei der Gründung der Vereinten Nationen.

Am 29. November 1947 fasste die Vollversammlung der Vereinten Nationen einen Beschluss, der die Errichtung eines jüdischen Staates im Lande Israel forderte ...

Demzufolge haben wir, die Mitglieder des Volksrates, als Vertreter der jüdischen Bevölkerung und der Zionistischen Organisation, heute, am letzten Tage des britischen Mandats über Palästina, uns hier eingefunden und verkünden hiermit kraft unseres natürlichen und historischen Rechtes und aufgrund des Beschlusses der UNO-Vollversammlung die Errichtung eines jüdischen Staates im Lande Israel – des Staates Israel.

zit. nach: H. Meier-Cronemeyer u. a., Israel, Hannover 1970, S. 149.

1. *Stelle anhand des Darstellungstextes (siehe S. 290f.) eine Chronologie der Auseinandersetzung zwischen Juden und Arabern zusammen.*
2. *Erkläre, wie in Quelle 1 der Staat Israel gedeutet wird, und erläutere, welche Folgen sich daraus für das Verhältnis zwischen Juden und Arabern ergibt.*

2 *Premierminister David Ben Gurion während der Verlesung der Proklamation des Staates Israel am 20. Mai 1948 in Tel Aviv*

3 *Nach dem Unabhängigkeitskrieg und nach dem sog. Sechstagekrieg (1967) belastete das Flüchtlingsproblem den Konflikt:*

Q Die UNO spricht von 750000 palästinensischen Flüchtlingen, die 1947/48 den jüdischen Staat verließen. Nach Israel kamen aus arabischen Staaten rund 600000 Juden. 1967 flohen erneut ca. 550000 Palästinenser aus den besetzten Gebieten, ungefähr die Hälfte davon waren Flüchtlinge von 1948/49. Gegenwärtig kann man von ca. 2 Millionen in den Nachbarstaaten Israels lebenden Flüchtlingen und ihren Nachkommen ausgehen.

F. Schreiber, M. Wolffsohn, Nahost, Opladen 1987, S. 162.

4 *Über die Flüchtlinge im Westjordanland:*

Q Al Fawwa, südlich von Hebron im Westjordanland, ist eines von 19 Lagern für palästinensische Flüchtlinge ... Seine Bewohner gehören zu den rund 90 000 Palästinensern, die hier noch in Lagern leben. Diese Lager werden nicht von den umgebenden Staaten unterhalten, sondern von den Vereinten Nationen; sie sind sozusagen Niemandsland. Ein Mann in Al Fawwa sagt: „Dies ist das Problem; Leute wie wir gehören nirgendwohin.“ Dabei gehören die Flüchtlinge von Al Fawwa, wie die anderen im Westjordanland, noch zu den Glücklichen: Sie haben Anrecht auf einen jordanischen Pass, auch wenn ihre Familien aus dem Gebiet Israels stammen. Ein Pass ist noch nichts zum Essen, doch er kann die Tür zur arabischen Außenwelt öffnen, zum Beispiel in die Ölstaaten. Schon die Bewohner und erst recht die Flüchtlinge im Gaza-Streifen sind staatenlos. Ägypten hat ihnen immer seine Staatsangehörigkeit verwehrt, auch, um die palästinensische Frage offen zu halten. Fremdlinge überall sind in der Regel auch die Lager-Bürger in Syrien und erst recht im Libanon.

Frankfurter Allgemeine Zeitung vom 10.10.1987.

5 *Die Palästinensische Nationalcharta wurde vom Palästinensischen Nationalrat, dem obersten Organ der Befreiungsorganisation (PLO), auf einer Konferenz vom 10. bis 17. Juli 1968 in Kairo angenommen:*

Q 1. Palästina ist das Heimatland des arabischen, palästinensischen Volkes; es ist ein untrennbarer Teil des arabischen Mutterlandes, das palästinensische Volk ist ein integrierender Teil der arabischen Nation …

3. Das arabisch palästinensische Volk hat ein legales Anrecht auf sein Heimatland sowie das Recht nach der Befreiung seines Landes sein Schicksal nach seinen Wünschen und ausschließlich nach seinem eigenen Beschluss und Willen zu bestimmen …

5. Palästinenser sind solche arabischen Staatsangehörigen, die bis zum Jahre 1947 in der Regel in Palästina ansässig waren …

6. Juden, die in der Regel in Palästina vor dem Beginn der zionistischen Invasion ansässig waren, werden als Palästinenser angesehen werden …

9. Der bewaffnete Kampf ist der einzige Weg zur Befreiung Palästinas.

10. Die Befreiung Palästinas ist vom arabischen Gesichtspunkt aus nationale Pflicht …

19. Die Teilung Palästinas im Jahre 1947 und die Schaffung des Staates Israel sind völlig illegal …

zit. nach: Y. Harkabi, Palästina und Israel, Suttgart 1974, S. 72ff.

1. *Stelle anhand der Materialien die Probleme zusammen, die sich aus der geschichtlichen Entwicklung zwischen 1947/48 und 1968 ergaben. Ziehe dazu auch den Darstellungsteil heran.*
2. *Beurteile aus der Sicht Israels die Nationalcharta der PLO (Q 5) und ihren Anspruch.*

6 *Resolution 242 des Sicherheitsrates der Vereinten Nationen vom 22. November 1967:*

Q Der Sicherheitsrat gibt seiner andauernden Beunruhigung über die ernste Lage im Nahen Osten Ausdruck und unterstreicht, dass es nicht angeht Territorium durch Krieg zu erobern und dass es nötig ist für einen gerechten und dauerhaften Frieden zu wirken, der es jedem Staat der Region erlaubt in Sicherheit zu leben.

Er unterstreicht im Weiteren, dass alle Mitgliedstaaten, indem sie die Charta der Vereinten Nationen annehmen, sich verpflichtet haben gemäß Artikel 2 der Charta zu handeln.

1. Er bekräftigt, dass die Einhaltung der Prinzipien der Charta es erfordert, dass ein gerechter und dauerhafter Frieden im Nahen Osten errichtet wird, welcher die Anwendung der beiden folgenden Prinzipien umfassen sollte:

a) Rückzug israelischer Streitkräfte aus Gebieten, die während des jüngsten Konflikts besetzt wurden;

b) Einstellung jeglicher kriegerischer Erklärung oder jeglichen kriegerischen Zustandes sowie Respektierung und Anerkennung der Souveränität, der territorialen Integrität und der politischen Unabhängigkeit jeglichen Staates der Region und dessen Rechts. In Frieden innerhalb sicherer Grenzen frei von Drohungen oder Gewaltakten zu leben.

2. Er stellt im weiteren die Notwendigkeit fest, …

b) eine gerechte Regelung des Flüchtlingsproblems zu verwirklichen …

3. Er ersucht den Generalsekretär, einen Sondervertreter zu bestimmen, der sich nach dem Nahen Osten begibt, um dort … ein Abkommen zu fördern und an den Bemühungen mitzuwirken, um auf eine friedliche und akzeptable Lösung zu kommen.

zit. nach: Informationen zur politischen Bildung, Nr. 141, S. 39.

7 *Eine Zusammenfassung des Gaza-Jericho-Abkommens vom 4. Mai 1994:*

Q 1. Sicherheitsregelungen und Rückzug der israelischen Streitkräfte:

– Während Israel für die Israelis und für die Siedlungen verantwortlich bleibt, sind die Palästinenser nun für die öffentliche Ordnung und für die innere Sicherheit der Palästinenser verantwortlich.

– Rückzug der israelischen Verteidigungsstreitkräfte aus dem Gaza-Streifen und dem Gebiet um Jericho.

– Sicherheit von Israelis: Das Abkommen schließt Regelungen zum Schutz der israelischen Siedlungen im Gaza-Streifen ein. Ein Teil des palästinensischen Landes, das die Siedlungen umgibt, bleibt unter israelischer Sicherheitsverantwortung.

– Die Sicherheit auf den Straßen zwischen den Siedlungen

und den angrenzenden Gebieten wird von Israelis hergestellt.

– Palästinensische Sicherheit: Die neu eingesetzte palästinensische Polizei ist für die Sicherheit und öffentliche Ordnung in den geräumten Gebieten zuständig.

– Etwa 5000 palästinensische Gefangene, die nicht an anti-israelischen Terroranschlägen beteiligt waren, werden freigelassen.

2. Wirtschaftliche Beziehungen:

– Israel und die palästinensische Behörde werden ihre Einfuhrbestimmungen in allen Fragen des Imports und der Zölle ähnlich gestalten. Die palästinensische Behörde kann auch in begrenzten Mengen Güter aus arabischen Staaten einführen.

– Lokale Märkte und Tourismus: Für Güter, die in den Selbstverwaltungsgebieten produziert werden, wird es freien Warenverkehr geben.

– Arbeit: Das Leitprinzip in diesem Bereich ist Arbeitskräften beider Seiten Freizügigkeit zu ermöglichen. Die Rechte der in Israel beschäftigten Palästinenser bleiben bestehen.

Zusammengestellt nach: Informationen zur politischen Bildung, Nr. 247, 1993, S. 20.

8 *Die Auswirkungen des Friedens auf den Alltag aus israelischer Sicht:*

Q Der Zorn ist groß auf die Siedler, die dem Friedensprozess im Wege stehen. Gaill Friedmann, 34, ist vor zehn Jahren aus Amerika eingewandert und arbeitet als Graphikerin in Tel Aviv. Richtig wütend ist sie auf Siedler, die glauben etwas aus dem göttlichen Recht beanspruchen zu dürfen. Allerdings gibt die 34-jährige Frau, die den Friedensprozess voll unterstützt, auch zu „Angst vor Arabern" zu haben.

G. Dachs, Terror unter dem Davidsstern, In: DIE ZEIT, Nr. 16, 15.4.1994.

9 *Über die Zukunftsaussichten äußert sich ein Bewohner des Gaza-Streifens:*

Q „Wir haben sieben Jahre unseres Lebens für die Intifada gegeben, und was hat uns das gebracht? Wir haben keine Zukunft und daran hat bisher auch die Autonomie nichts geändert", sagt Marwan in Gaza. Der Glaube an einen wirklichen Frieden schwindet. Die Arbeitslosigkeit liegt inzwischen bei achtzig Prozent, die von der Weltgemeinschaft versprochenen Gelder kommen nur zögerlich, die Besatzung im Westjordanland hält an, noch immer gibt es Tote und Verletzte, noch immer werden Tausende Palästinenser in israelischer Haft gehalten.

M. Borgmann, Ein Pass und ein normales Leben, in: DIE ZEIT, Nr. 51, 16.12.1994.

10 *„Verständigung". Karikatur aus dem „Göttinger Tageblatt" vom 11. September 1993*

11 *Karikatur aus der „Jordan Times" vom 6. Januar 1994*

1. *Inwiefern enthält das Gaza-Jericho-Abkommen (Q 7) wichtige Ansätze zu einem friedlichen Miteinander?*
2. *Diskutiert ausgehend von den Materialien 8 und 9 über die Chancen und Gefahren des Friedensprozesses im Nahen Osten.*
3. *Interpretiere die Aussagen der Karikaturen (Mat. 10 und 11).*

Zeittafel

Israel/Naher Osten		Dritte Welt	
1917	Balfour-Deklaration	1914–18	Erster Weltkrieg: Schwächung der Kolonialherrschaft der europäischen Mächte
1947	UN-Teilungsplan Palästinas	seit 1920	Unabhängigkeitsbewegung in Indien, angeführt von Mahatma Gandhi (1869–1948)
14.5.48	Gründung des Staates Israel	1939–46	Zweiter Weltkrieg: Die Unabhängigkeitsbewegungen der Völker in den Kolonien werden stärker
1948/49	Unabhängigkeitskrieg	1946–54	Unabhängigkeitskrieg in Indochina: Vietnam wird geteilt
1956	Krieg gegen Ägypten („Sinaifeldzug")	1947	Unabhängigkeit Indiens und Pakistans
1967	3. israelisch-arabischer Krieg („Sechstagekrieg") Beginn der israelischen Siedlungspolitik	1954–62	Algerischer Unabhängigkeitskrieg
1973	4. israelisch-arabischer Krieg („Yom-Kippur-Krieg")	1957–66	Dekolonisation Afrikas
1979	Friedensvertrag mit Ägypten	1964–75	Vietnamkrieg unter Beteiligung der USA
1987	Beginn der „Intifada"	1980–89	irakisch-iranischer Krieg
1993	Prinzipienerklärung zwischen Israel und der PLO	1991	Golfkrieg
1994	Gaza-Jericho-Abkommen zwischen Israel und der PLO; Friedensvertrag mit Jordanien		
1995	Ermordung des israelischen Ministerpräsidenten Yitzhak Rabin durch israelische Extremisten		

Autonomie (griech. = Selbstbestimmung) bezeichnet die Selbständigkeit und Unabhängigkeit von Völkern, Nationalitäten und Staaten. Innerhalb einzelner Staaten besitzen ethnische Minderheiten, Gliedstaaten oder Regionen oft ein gewisses Maß an Autonomie. Völkerrechtlich wurde sie im Zusammenhang mit der Verkündung des Selbstbestimmungsrechts nach dem Ersten Weltkrieg von Bedeutung. Nach dem Zweiten Weltkrieg gab es im Zusammenhang mit der Auflösung der Kolonialreiche vor allem in den Ländern der Dritten Welt zahlreiche Autonomiebestrebungen. Israel gewährt seit 1994 den Palästinensern unter der Führung der PLO im Gazastreifen und in einem Teil des Westjordanlandes Teilautonomie (Verwaltung, Polizei). Ziel eines Teils der Palästinenser aber ist ein autonomer Palästinenser-Staat mit der Hauptstadt Jerusalem.

Entkolonialisierung. Beendigung der Kolonialherrschaft v. a. der europäischen Mächte, die zur politischen Unabhängigkeit der ehemaligen Kolonien führte. Nach dem Zweiten Weltkrieg war die Stellung der Kolonialmächte zum Teil so geschwächt, dass deren Herrschaft zunächst in Asien, dann in Afrika nach und nach zusammenbrach. 1977 endete die direkte Herrschaft europäischer Mächte in Afrika. Reste der Kolonialherrschaft gibt es u. a. in der Karibik und in Ozeanien, wobei es v. a. Frankreich ist, das an seinen überseeischen Besitzungen auch gegen Widerstände festhält.

Entwicklungsländer. Bezeichnung für die Staaten der Dritten Welt, die im Vergleich zu den Industriestaaten wirtschaftlich und technisch weniger entwickelt sind. Drei Viertel der Weltbevölkerung leben in Entwicklungsländern Afrikas, Asiens und Lateinamerikas, ständig bedroht durch Armut, Krankheit, Hunger und Tod. Kennzeichen bzw. Ursachen sind: Über 50% der Bevölkerung sind in der Landwirtschaft tätig, eine hohe Analphabetenrate, ein geringer Lebensstandard, oft feudale Gesellschaftsformen; Abhängigkeit von Industrienationen, geringe Industrialisierung, Kapitalmangel und hohe Auslandsverschuldung.

Intifada ist ein arabisches Wort und heißt „abschütteln". Die INTIFADA war ein spontaner und ungelenkter Volksaufstand der Palästinenser im Gazastreifen und im Westjordanland, der 1987 ausbrach. Mittel waren Boykottmaßnahmen und Streiks gegen die israelische Wirtschaft sowie terroristische Aktionen gegen die israelische Besetzung.

PLO. Mit dem Nahost-Konflikt entstandene arabische Guerillabewegungen, deren Mitglieder sich v. a. aus den Palästinaflüchtlingen rekrutierten. Die „Al Fatah" stieg seit 1967 zur größten Untergrundorganisation auf. Ihr Führer, Yassir Arafat, wurde 1969 Vorsitzender der „Palästinensischen Befreiungsfront" (engl. Palestine Liberation Organization, abgek. PLO). Nach Jahrzehnten der Konfrontation zwischen Juden und Arabern, nach Kriegen, weltweitem Terror palästinensischer Gruppen und israelischen Vergeltungsschlägen und nach dem zweiten Golfkrieg suchten beide Seiten die Kooperation: Die PLO schwor dem Terror ab und erkannte das Existenzrecht Israels an, und Israel akzeptierte die PLO als Sprecherin der Palästinenser. Der Führungsanspruch der PLO wird ihr von radikalen Organisationen streitig gemacht, die Israel weiter mit Gewalt und Terror bekämpfen (Hamas, Dschihad el-Islami).

Erste, Zweite und Dritte Welt

Bartos, Burghard, Abenteuer Menschenrecht. Mahatma Gandhi. Wien (Ueberreuter) 1991. – *Das Leben und Werk Mahatma Gandhis wird an Hand von gut verständlichen Texten und über 80 Fotos dargestellt.*

van Dick, Lutz, Aufstand im gelobten Land. Erkundungen zur Intifada, Hamburg (Junius-Verlag) 1989. – *Gespräche mit Israelis und Palästinensern, Briefe, in denen beide Seiten ihre Erfahrungen wiedergeben und nach einer Lösung suchen.*

Hess, Robert, Die Geschichte der Juden, Ravensburg (Ravensburger TB) 1994. – *Ein Abriss der Historie des jüdischen Volkes. Im Mittelpunkt steht die Geschichte der Juden in Deutschland.*

Sahebjam, Freidoune, Ich habe keine Träume mehr, Reinbek (rororo aktuell) 1988. – *Ein im Exil lebender iranischer Journalist hat die Geschichte eines dreizehnjährigen Jungen aufgeschrieben, der im iranisch-irakischen Krieg in der iranischen Armee kämpfte und in Gefangenschaft geriet.*

Siebert, Rüdiger, Insel im schwarzen Fluss, Würzburg (Arena) 1990. – *Der Autor erzählt anschaulich die Geschichte eines Jungen, der unter menschenunwürdigen Bedingungen in einer thailändischen Fabrik arbeitet.*

Die Vereinten Nationen haben einen Katalog für die Rechte von Kindern zusammengestellt. Vergleicht die in der UN-Kinderkonvention geforderten Rechte mit den tatsächlichen Rechten von Kindern in der Dritten Welt.

1. **Gleichheit**: Das Recht auf Gleichheit, unabhängig von Rasse, Religion, Herkunft und Geschlecht.
2. **Persönlichkeit:** Das Recht auf einen Namen und eine Staatsangehörigkeit.
3. **Versorgung:** Das Recht auf ausreichende Ernährung, auf Wohnung und ärztliche Betreuung.
4. **Erziehung:** Das Recht auf unentgeltlichen Unterricht, auf Spiel und Erholung.
5. **Hilfe:** Das Recht auf sofortige Hilfe bei Katastrophen und Notlagen.
6. **Schutz:** Das Recht auf Schutz vor Grausamkeit, Vernachlässigung und Ausnutzung.
7. **Frieden:** Das Recht auf Schutz vor Verfolgung und eine Erziehung im Geiste weltumspannender Brüderlichkeit und des Friedens.

Umfassende Informationen zu diesem Thema könnt ihr bei folgenden Institutionen anfordern:
terre des hommes, Postfach 4126, 49031 Osnabrück
Unicef Deutschland, Höninger Weg 104, 50965 Köln

12. Das Ende des Ost-West-Konflikts:

Die „Eine Welt“ als neue Weltordnung?

„Die Vereinten Nationen stehen vor einer ganz neuen Bewährungsprobe. Waren sie bislang besonders im Sicherheitsrat durch den Ost-West-Gegensatz und dessen Übertragung auf das Nord-Süd-Verhältnis gelähmt, so schlägt nun die Stunde der Wahrheit für jenes System kollektiver Sicherheit und globaler Kooperation, mit dem nach der Gründungskonferenz von San Francisco Gewaltverzicht, Menschenrechte und sozialer Fortschritt weltweit durchgesetzt werden sollten.“

Mit diesen Worten kennzeichnet ein UN-Experte die Situation der Vereinten Nationen heute. In diesem Satz scheinen sich die Freude über das Ende der Nachkriegsepoche und die dadurch gegebene völlig neue Situation widerzuspiegeln, aber auch die Skepsis bei der Suche nach einer neuen Weltordnung. Sicher scheint nur das Ende der Weltordnung von 1945. Und in der Tat, nicht sichere Zukunftsziele kennzeichnen die Lage der Welt seit dem Beginn der 90er Jahre, sondern Ungewissheit und Unsicherheit über die weitere Entwicklung. Wie ist es dazu gekommen?

– Die entscheidende Voraussetzung war der Wandel in der Sowjetunion seit 1985 unter dem damals neu gewählten Generalsekretär der KPdSU Gorbatschow. Der innere Wandel hatte eine Wende in der sowjetischen Außenpolitik zur Folge, die sich von zwei bisherigen Grundsätzen trennte: erstens der Annahme eines unveränderlichen Konflikts zwischen dem östlichen kommunistischen und dem westlichen liberal-kapitalistischen System und zweitens dem sowjetischen Bestreben nach militärischer Überlegenheit angesichts der Fähigkeit der beiden Blöcke sich gegenseitig atomar zu vernichten. Hinzu kam die Einsicht, dass die Sowjetunion den Krieg in Afghanistan nicht gewinnen und das Wettrüsten mit dem Westen nicht aushalten konnte, ohne die eigenen Kräfte völlig zu überfordern. Die Konsequenz war ein neues, kooperatives Verhältnis zwischen den beiden Supermächten USA und UdSSR. Tatsächliche Abrüstung war jetzt möglich.

Konferenz der Regierungschefs der Mitglieder des UN-Sicherheitsrates im Februar 1992 in dem Raum des UN-Hauptquartiers in New York, in dem sonst der Sicherheitsrat tagt.

– Die Zuspitzung der inneren Krise in der Sowjetunion trieb die Entwicklung weiter voran. Der Zerfall des Sowjetstaates und der nur lockere Zusammenschluss der Nachfolgestaaten zur „Gemeinschaft Unabhängiger Staaten“ (GUS) hatten zur Folge, dass sich die Waage der beiden Weltmächte zugunsten der USA neigte. Damit konnten sich die USA und ihre NATO-Verbündeten als Sieger im Kalten Krieg fühlen.

– Der „Sieg des Westens“ im Kalten Krieg und der demokratische Wandel der Ostblockstaaten brachte schließlich das Schlagwort vom „Ende der Geschichte“ hervor, d. h., dass die Entwicklung der Menschheit an ihr nicht übersteigbares gutes Ende gelangt sei. Die Erfolge der UN im Golfkrieg 1990/91 schienen für viele diesen Glauben zu bestätigen. Aber so wie der Satz geboren war, so wurde er auch schon wieder von der Wirklichkeit in Frage gestellt. Das Streben nach nationaler Eigenständigkeit und Identität bei den Völkern in der ehemaligen Sowjetunion und vor allem in Jugoslawien brachte den alten Nationalismus mit seinem gesteigerten Völkerhass wieder hervor. Bis heute andauernde und immer wieder neue Kriege sind die Folge. Die ärmsten Völker Schwarzafrikas wie in Somalia oder Burundi verstricken sich in blutigste innere Kämpfe um die Verteilung der knappen Güter. Das Eingreifen der UNO mit Hilfe der USA und der NATO-Staaten scheitert oder ist zunehmend vom Scheitern bedroht. Die Hoffnung auf eine „Neue Weltordnung“ im Sinne der UN-Grundsätze gewinnt so keine Konturen, an denen sich die Menschen in der „Einen Welt“ trotz ihrer Konflikte gemeinsam orientieren könnten.

So schätzte 1991 der deutsche Publizist Theo Sommer die Weltlage noch folgendermaßen ein: „In der denkbar besten Weltordnung indessen müssten Amerika, Europa, Japan ihre Zusammenarbeit intensivieren, die ehemals kommunistische Welt einbeziehen und auch der Dritten Welt Gelegenheit schaffen Zugang und Anschluss zu finden. Den Vereinten Nationen käme in diesem Tableau eine wichtige Rolle zu – wenn die Mächte die Weltorganisation nicht nur benützen um ihre nationalen Interessen zu befördern.“

1995 kommt Theo Sommer zu dieser Einschätzung: „Vorerst bleibt die Welt zweigeteilt: in eine Zone des Friedens, der Demokratie, der Menschenrechte, der bürgerlichen Ordnung und des Wohlstandes; und in eine Zone des Unfriedens, der autoritären Regime, der Menschenrechtsverweigerung, der Turbulenz bis hin zur Anarchie. ‚Eine Welt für alle‘ – dies ist das Fernziel. Doch bleibt dahingestellt, ob aus der heutigen Staatenwelt jemals ein einziger Weltstaat werden kann.“

Entspannungspolitik zwischen Ost und West: Aufrüstung – Abrüstung – Wandel der Welt 1963–1995

Entspannungspolitik in den 60er und 70er Jahren

In der Welt heute – nach dem Ende der Ost-West-Konfrontation – scheinen die mehr als vier Jahrzehnte gültigen Regeln der internationalen Politik außer Kraft. Einseitige Maßnahmen zur Abrüstung hatte es vorher kaum gegeben. Früher wurde über Jahre verhandelt, um wenigstens zu Kontrollen bei der Aufrüstung zu kommen und das gegenseitige Misstrauen zwischen Ost und West abzubauen. Auf Phasen der Entspannung zwischen den beiden Blöcken schien beinahe gesetzmäßig ein neuer Rüstungswettlauf zu folgen.

Entspannung durch friedliche Koexistenz

Eine erste Phase der Entspannung im Kalten Krieg setzte 1963 ein. Das Bewusstsein, während der Kubakrise (siehe S. 156) einem Atomkrieg nur mit knapper Not entronnen zu sein, löste weltweit einen Schock aus und förderte bei den Weltmächten die Bereitschaft sich um Entspannung zu bemühen. Sie wollten jetzt den Rüstungswettlauf unter Kontrolle bekommen und den Kontakt untereinander verbessern, um Konflikte regulieren zu können, aber auch, um die wachsenden Rüstungsausgaben zu begrenzen. Verhandlungen führten im folgenden Jahrzehnt zu mehreren Vereinbarungen:

- 1963 wurde ein „heißer Draht" zwischen Moskau und Washington eingerichtet, der in Krisenzeiten eine schnelle Verständigung ermöglichen sollte.
- In demselben Jahr wurde ein Vertrag zur Beendigung von Atomwaffenversuchen über der Erde, im Weltraum und unter dem Wasser abgeschlossen.
- 1968 kam es zu einer Vereinbarung über die Nichtweitergabe von Atomwaffen.
- 1972 wurde schließlich ein Abkommen zur Begrenzung der strategischen Rüstung (SALT I) vereinbart, d. h., Obergrenzen der Raketenrüstung wurden festgelegt, wobei diese aber so großzügig bemessen waren, dass beide Supermächte noch mehr Raketen bauen konnten.

Das Verhältnis zwischen den beiden Weltmächten in dieser Zeit wird – nach einem von Chruschtschow geprägten Begriff – als friedliche Koexistenz* bezeichnet. USA und UdSSR verzichteten darauf ihre Konflikte mit kriegerischen Mitteln auszutragen, während ihre Auseinandersetzungen auf ideologischem und wirtschaftlichem Gebiet weitergingen.

Entwicklung der Beziehungen der Supermächte 1945–1990; Versuch einer grafischen Darstellung

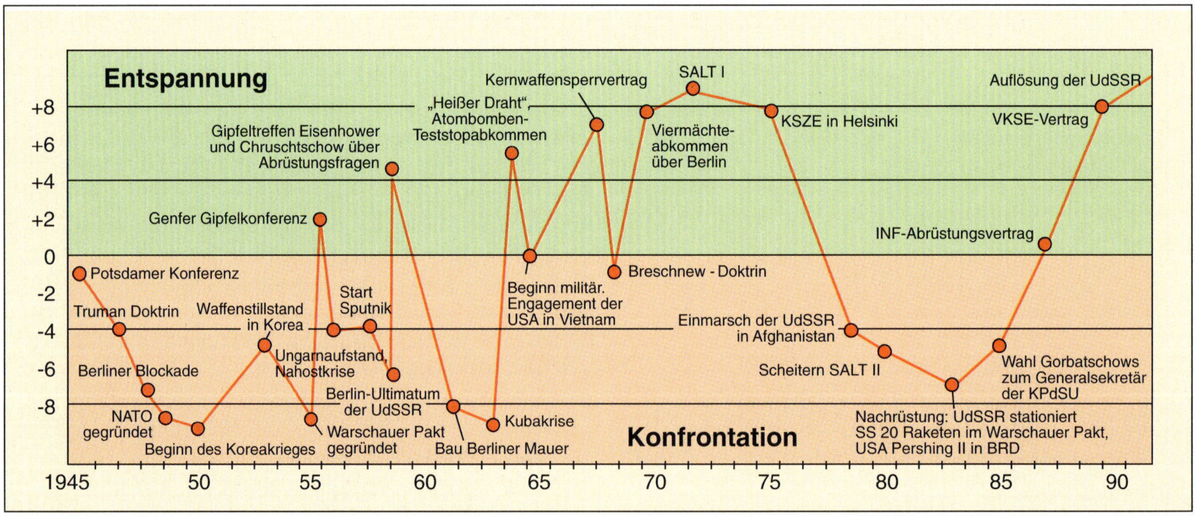

Entspannung in Europa

Im Schatten der Politik der friedlichen Koexistenz zwischen den Großmächten eröffneten sich auch Möglichkeiten zu Verhandlungen zwischen Ost und West in Europa. Einen ersten Erfolg hatte diese Politik für Gesamteuropa – nach Abschluss der Ostverträge –, als sich 1972/73 und 1975 alle europäischen Staaten sowie die Großmächte und Kanada in Helsinki zu einer *Konferenz für Sicherheit und Zusammenarbeit in Europa* (KSZE) trafen. Diese KSZE einigte sich darauf, dass zu den Grundlagen einer zukünftigen Friedensordnung in Europa die Souveränität und Gleichberechtigung aller Staaten, das Selbstbestimmungsrecht der Völker, der Gewaltverzicht bei der Regelung von Streitigkeiten, die Nichteinmischung in die inneren Angelegenheiten anderer Staaten und die Achtung der Menschenrechte gehören. Aus der Sicht der Sowjetunion, auf deren Initiative die KSZE eingerichtet wurde, sollte sie die Nachkriegsordnung in Europa, d. h. den Status quo eines geteilten Europas, endgültig zementieren. Aus der Sicht der westlichen Staaten standen dagegen die Erweiterung der „menschlichen Kontakte" und die Beachtung der Menschenrechte im Vordergrund.

Die Einbeziehung der Menschen- und Bürgerrechte in die KSZE-Abkommen und ihre Folgekonferenzen sollte für die Sowjetunion und ihren Herrschaftsbereich weit reichende Folgen haben. Denn unter Berufung auf die Prinzipien von Helsinki entstanden in den osteuropäischen Staaten Bürgerrechtsbewegungen, die trotz Einschüchterungen und Verfolgungen die Einhaltung der Menschenrechte forderten.

Die Verlagerung des Ost-West-Konflikts auf die Dritte Welt

Im Widerspruch zum Abbau der Konfrontation in Europa in den 70er Jahren verlief allerdings die Entwicklung in der Dritten Welt. Das Ringen zwischen Ost und West um Einflusszonen verlagerte sich immer mehr auf diesen Teil der Welt. Die Auflösung der alten Kolonialreiche und die politische Instabilität der unabhängig gewordenen Staaten nutzten beide Weltmächte immer häufiger, um ihren Einflussbereich auszudehnen. Die Sowjetunion führte z. B. mit Hilfe Kubas sogenannte „Stellvertreterkriege" in Äthiopien und Angola. Auch nach dem Ende der amerikanischen Intervention in Vietnam (siehe S. 169f.) unterstützten die USA ihrerseits Aufstandsbewegungen in Mosambik und Angola, die sich gegen die von der Sowjetunion gestützten Regime richteten. Beide rüsteten ihre jeweiligen Verbündeten auf und ermöglichten damit Kriege. Zu einem besonderen Krisenherd entwickelte sich dabei der Nahe Osten, wo sich die politischen, wirtschaftlichen und militärischen Interessen der Weltmächte mit dem arabisch-israelischen Konflikt verbanden. Einen neuen Höhepunkt dieser indirekten Konfrontation stellte Ende 1979 der Einmarsch sowjetischer Truppen in Afghanistan dar, um den Sturz der kommunistischen Regierung zu verhindern. Dies war der Endpunkt der Entspannungsphase.

„Der Rüstungswettlauf". Karikatur von Horst Haitzinger, 1981

Ein erneuter Rüstungswettlauf

Die sowjetische Intervention in Afghanistan hatte weit reichende Folgen. Auf diese Verletzung des Selbstbestimmungsrechts* antworteten die USA damit, dass der amerikanische Präsident Carter ein bereits im Sommer 1979 von ihm und dem sowjetischen Generalsekretär Breschnew unterschriebenes Abkommen über die Begrenzung der strategischen Raketenrüstung (SALT II) gar nicht mehr dem amerikanischen Senat und Kongress zur Ratifizierung vorlegte. Jetzt war es auch nicht schwer im westlichen Bündnis den sogenannten „NATO-Doppelbeschluss" durchzusetzen. Er drohte als „Nachrüstung" zur verstärkten sowjetischen Raketenrüstung die Stationierung amerikanischer Mittelstreckenraketen in der Bundesrepublik an, wenn die Sowjetunion ihre Raketen nicht bis 1982 abbaue. Unter Breschnews Führung war die Sowjetunion zu einem solchen Schritt nicht bereit. Amerikanische Mittelstreckenraketen wurden daraufhin in Mitteleuropa stationiert.

Ein erneuter Rüstungswettlauf kam in Gang. Nicht mehr das „Gleichgewicht des Schreckens", das Grundlage der Entspannungspolitik gewesen war, sondern das Streben nach Überlegenheit bestimmte die Beziehungen der beiden Supermächte in der ersten Hälfte der 80er Jahre. An die Stelle

von Verhandlungen war Sprachlosigkeit getreten, das wieder gestiegene Misstrauen drückte sich in einer weiter zunehmenden Aufrüstung und der Entwicklung immer raffinierterer Waffensysteme aus. Die Sowjetunion setzte auf immer gewaltigere Raketenkaliber, die USA beschleunigten ihr Programm zur Raketenrüstung im Weltraum.
In Europa lebten die Schreckensvisionen eines begrenzten atomaren Schlagabtausches wieder auf. Eine Friedensbewegung entstand, die ernsthafte Schritte zu einer weltweiten Abrüstung forderte. Doch hierzu kam es erst, als Michail Gorbatschow der sowjetischen Außenpolitik eine andere Richtung gab.

Der Übergang zur tatsächlichen Abrüstung

Michail Gorbatschow und sein Außenminister Eduard Schewardnadse traten 1985 ihre Ämter mit der Überzeugung an, dass ein weiteres Wettrüsten die Wirtschaft der Sowjetunion zugrunde richten würde. Sie waren deshalb bereit, die „Spirale des Wahnsinns" zurückzudrehen. Mit einseitigen sowjetischen Schritten zur Abrüstung wollten sie deutlich machen, dass die Sowjetunion unter ihrer Führung das Streben nach militärischer Überlegenheit aufgegeben hatte.

Entwicklung des Nuklearwaffen-Potentials der Sowjetunion und der USA seit Beginn der Abrüstungsgespräche (Anzahl der Atomsprengköpfe für strategische Trägersysteme)

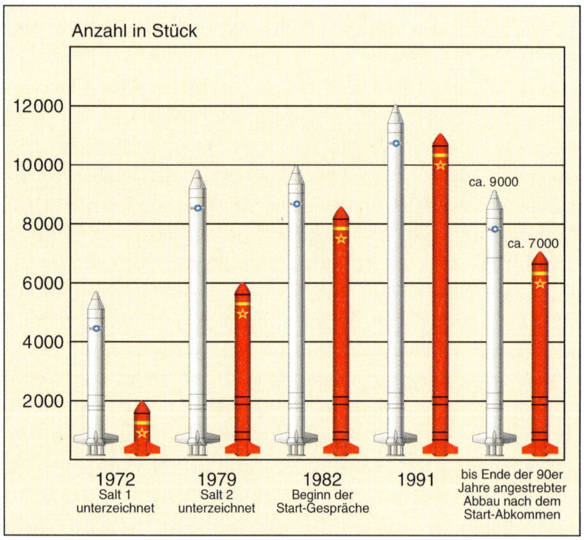

„Wer mehr Waffen hat, muss auch bereit sein, auf mehr Waffen zu verzichten" – nach dieser Grundregel wollten sie zukünftig über einen Rüstungsabbau verhandeln.
In der Folge kam es dann auch zu einem Durchbruch in der Abrüstung. 1987 wurde der Vertrag über die Beseitigung der atomaren Mittelstreckenraketen abgeschlossen. Zum ersten Mal wurden Waffenpotentiale tatsächlich vermindert. 1991 wurden auch die weit reichenden strategischen Raketenwaffen reduziert. In Europa kam es 1991 zu einem Vertrag über konventionelle Abrüstung im Rahmen der KSZE durch eine Initiative Gorbatschows.
Diese Abrüstungserfolge waren ein historischer Schritt in der Weltgeschichte: Das bisher ständig steigende und die gesamte Welt bedrohende Waffenpotential ist wohl erstmals in der Geschichte niedriger geworden. Gleichzeitig haben die seit 1985 kontinuierlich erfolgten Fortschritte in der Abrüstung ein Klima der Bereitschaft zur Zusammenarbeit zwischen Ost und West gefördert, auf das auch nach dem Ende des Ostblocks aufgebaut werden kann. Und schließlich haben sie dazu geführt, dass die Angst vor einem großen Krieg fast ganz verschwunden ist.

Der Wandel der Bündnissysteme in Europa

Oberflächlich betrachtet entsprach im Zeitalter des Kalten Krieges das osteuropäische Bündnissystem dem in Westeuropa: Auf militärisch-politischer Ebene stand die NATO des Westens dem Warschauer Pakt im Osten gegenüber und auf wirtschaftlicher Ebene galt als das Gegenstück zur Europäischen Gemeinschaft der Rat für gegenseitige Wirtschaftshilfe. Ein genauer Blick auf die Ziele, Strukturen und Entscheidungsprozesse der jeweiligen Zusammenschlüsse legt aber schnell die grundsätzlichen Unterschiede frei. Ein Bündnissystem gleichberechtigter Partner, das auf nationale Interessen der einzelnen Mitglieder gemeinsame Ziele zu verwirklichen sucht, konnte es im Ostblock nicht geben. Die Interessen der Sowjetunion und der notfalls mit Truppen durchgesetzte Führungsanspruch der KPdSU war bei allen Verbindungen innerhalb des Ostblocks ausschlaggebend. Alle bilateralen „Freundschafts- und Beistandsverträge" sowie übernationale Zusammenschlüsse dienten letztlich dazu die machtpolitischen, wirtschaftlichen und ideologischen Interessen der Sowjetführung in den „Satellitenstaaten" durchzusetzen. Als Gorbatschow den Ländern Osteuropas das Recht auf einen eigenen Weg zugestand, war damit nicht nur das Signal für den revolutionären Umbruch in den Staaten Osteuropas gegeben, sondern auch das gesamte Bündnissystem des Ostblocks in Frage gestellt.

Die Auflösung des Warschauer Paktes und der Wandel der NATO

Mit der Loslösung der Ostblockstaaten von der Sowjetunion stand auch sofort das Militärbündnis des Warschauer Paktes zur Debatte. Zum 1. Juli 1991 stimmte Gorbatschow dieser Auflösung zu, allerdings mit dem Vorbehalt, dass die bisherigen Warschauer-Pakt-Staaten nicht der NATO beitreten. Als auch die Sowjetunion zerbrochen war, wurde auf Initiative der NATO der „Nordatlantische Kooperationsrat“ (NAOC) gebildet. Hier sollen die GUS-Staaten, die ehemaligen Warschauer-Pakt-Staaten und die NATO-Staaten eng zusammenarbeiten. Der Rat soll vor allem die Verwirklichung der Abrüstungs- und Rüstungskontrollabkommen gewährleisten. Er könnte z. B. aber auch bei Konflikten über die Vertragsauslegung oder bei notwendigen Neuverhandlungen regulierende Aufgaben übernehmen.

Die Politiker und Militärs der NATO haben sich schnell auf die neue Situation nach der Auflösung des Ostblocks eingestellt. In dem im November 1991 verabschiedeten Strategiepapier heißt es zur Einschätzung der neuen Situation: „Das Ende der Ost-West-Konfrontation hat das Risiko eines großen Konfliktes in Europa erheblich verringert. Andererseits ist das Risiko gewachsen, dass ganz anders geartete Krisen entstehen, die rasch eskalieren können und eine schnelle Reaktion erfordern, auch wenn sie von eher geringem Ausmaß wären.“ Die Konsequenz der Militärs ist, dass eine „hohe Flexibilität“ der NATO-Streitkräfte geschaffen und auch der Einsatzbereich über die NATO-Grenzen hinaus erwogen werden müsse. Festgehalten wird dabei daran, dass die NATO der entscheidende militärische Pfeiler zur Gewährleistung der atlantisch-europäischen Sicherheit bleiben und sich in enger Zusammenarbeit mit der zu neuem Leben erweckten Westeuropäischen Verteidigungsunion (WEU) auf mögliche kriegerische Konflikte in Europa vorbereiten soll. Im Krieg im ehemaligen Jugoslawien hat mittlerweile die NATO auch militärische Unterstützung für die UNO-Truppen übernommen wie Luftbeobachtung, Hilfsgütertransporte, aber auch die Drohung mit bzw. den Einsatz von Bombern. Ungeklärt ist aber die Frage der „Osterweiterung“ der NATO. Soll sie nur die Staaten bis Polen aufnehmen oder gar Russland mit einbeziehen? Oder wird Russland doch eher die NATO, vor allem, wenn sie erweitert würde, als Bedrohung ihrer Unabhängigkeit ansehen?

„Die NATO tappt im Dunkeln“. Karikatur von Mohr, 1991

Suche nach neuen Bündnisstrukturen: Die KSZE

Die Regierungen der ost- und westeuropäischen Staaten einigten sich schnell darauf, dass als zukünftiges gesamteuropäisches Forum der politischen Zusammenarbeit die *Konferenz für Sicherheit und Zusammenarbeit in Europa* (KSZE) anzusehen ist. Denn die KSZE hatte schon in den Zeiten der Blockkonfrontation seit Anfang der 70er Jahre den Dialog über die Systemgrenzen hinweg gesichert. Und außerdem hat die in der KSZE-Schlussakte von Helsinki 1975 vereinbarte Einhaltung der Menschen- und Bürgerrechte nicht unwesentlich dazu beigetragen, dass es überhaupt zum Wandel in Mittel- und Osteuropa gekommen ist. Um ein tragfähiges Fundament des vielbeschworenen „Gemeinsamen Europäischen Hauses“ zu bilden und in zukünftigen Konfliktfällen handlungsfähig zu sein, musste die KSZE aber ihren bisher lockeren Rahmen der „Folgekonferenzen“ aufgeben und durch die Schaffung von ständigen Institutionen gestärkt werden. Ein erster Schritt dazu wurde beim KSZE-Gipfel Ende November 1990 mit der Verabschiedung der „Charta von Paris für ein neues Europa“ getan. Ein zweiter Schritt folgte Anfang Juli 1992 beim KSZE-Gipfel in Helsinki, auf dem beschlossen wurde, dass sich die KSZE zukünftig als „regionales Übereinkommen“ im Sinne der Charta der Vereinten Nationen definiert, d. h. sich als eine Art „UNO für Europa“ versteht. In Konfliktfällen – z. B. dem Krieg im ehemaligen Jugoslawien – kann sich die KSZE jetzt auf Beschluss des UN-Sicherheitsrates mit der Bitte um friedenserhaltende Maßnahmen an die NATO oder die WEU wenden.

Eine neue Weltordnung?

Der Golfkrieg 1991: Das Signal für eine neue Weltordnung?

Am 2. August 1990 überfielen irakische Streitkräfte Kuwait. Noch an demselben Tag verurteilte der Sicherheitsrat der Vereinten Nationen *einstimmig* die Invasion als Bruch des Völkerrechts. Einen Tag später forderten die beiden Supermächte Sowjetunion und USA in einer gemeinsamen Erklärung den sofortigen Abzug der irakischen Truppen aus Kuwait. Am 8. August gab der amerikanische Präsident George Bush nach Rücksprache mit Moskau die Entsendung amerikanischer Streitkräfte zum Schutz Saudi-Arabiens bekannt. Ende November verabschiedete der Sicherheitsrat dann eine Resolution, in der dem Irak unter Androhung militärischer Gewalt für die Räumung Kuwaits eine Frist bis zum 15. Januar 1991 gesetzt wurde. Die USA hatten diesen Beschluss eingebracht, die Sowjetunion stimmte dem Antrag zu, China enthielt sich der Stimme. Als in der Nacht des 17. Januars 1991 der Golfkrieg mit massiven Luftangriffen der alliierten Streitmacht unter dem Oberkommando der USA begann, waren sowjetische Truppen daran zwar nicht beteiligt, doch die Sowjetunion unterstützte politisch das militärische Vorgehen. War die Kuwait-Krise nicht ein einmaliges Zeichen, dass sich die weltpolitische Situation grundlegend gewandelt hatte? War ein neues Zeitalter angebrochen, das durch Kooperation statt durch Konfrontation geprägt ist?

Schon während des Golfkrieges gab es Stimmen, die dem massiven Einsatz militärischer Mittel nicht das Prädikat „entscheidendes Ereignis zur Herausbildung einer neuen Weltordnung" zusprechen wollten. Viele lehnten es grundsätzlich ab, einen Krieg im Zeitalter der Hochrüstung und Massenvernichtungswaffen mit seinen unkalkulierbaren menschen- und umweltzerstörenden Wirkungen als den Grundstein für eine neue Friedensordnung zu akzeptieren. Andere erkannten zwar an, dass in der Kuwait-Krise und dem Golfkrieg die beiden Supermächte in einer beispiellosen Aktion im Rahmen der UN zusammengearbeitet hatten und die UN erstmals das Forum waren, das diese Aktion beschloss. Doch nach ihrer Ansicht waren die UN mehr Mittel und Bühne für die handelnden Supermächte als selbst Akteur. Neu war nur, dass die zerfallende Supermacht Sowjetunion jetzt nicht ihr Veto einlegte, sondern sich den Zielen der anderen Supermacht USA anschloss. Unter diesem Aspekt schien das Vorgehen in der Kuwait-Krise und dem Golfkrieg gar nicht mehr so neu, sondern Ausdruck der alten Politik der Stärke statt einer neuen Politik der kollektiven Sicherheit.

Die weltpolitische Lage 1995: Zwischen Hoffnung und Ungewissheit

Was sich in der Kuwait-Krise und dem Golfkrieg andeutete, ist seit dem Zusammenbruch der Sowjetunion zur Gewissheit geworden: Die zweigeteilte Welt des Kalten Krieges* hat sich in eine *unipolare Welt* mit den USA in der Rolle als alleinige Führungsmacht gewandelt. Aber das bedeutet nicht, dass damit eine einheitliche Welt zustande gekommen wäre. Die Euphorie über das Ende des Kalten Krieges und die Spaltung Europas sowie über das einheitliche Vorgehen der großen Mächte im Golfkrieg täuschte darüber hinweg, dass die verschiedenen Interessen der Länder durch ihre unterschiedliche innenpolitische, ökonomische und geographisch-sicherheitspolitische Lage damit nicht beseitigt waren. Es war nur eine Frage der Zeit, wann sie wieder mehr an Gewicht in der politischen Entwicklung bekamen.

- Unklar ist, wie die USA ihre neue Rolle in der Welt ausfüllen werden: als „Weltpolizist" oder im Rahmen einer Partnerschaft? Die USA sind offensichtlich zu schwach der „Weltpolizist" zu sein, wie das Scheitern der Somalia-Intervention (1992–1995) gezeigt hat, und zu stark, um sich einer Mehrheit anderer Staaten zu beugen.
- Die UNO hat sich mit den friedenspolitischen Zielsetzungen ihres Generalsekretärs Butros-Ghali von 1992 eine Vielzahl neuer Aufgaben gestellt: Beilegung zwischenstaatlicher regionaler Konflikte, innerstaatlicher Auseinandersetzungen, Überwachung der Menschenrechte und Hilfe für die Zivilbevölkerung in Kriegen. Die gescheiterte Mission in Somalia 1995, die nicht endenden Kriege im ehemaligen Jugoslawien schwächten das Ansehen der UNO als einem Instrument weltweiter Friedenssicherung. Viele meinen, dass die UNO eine demokratische Reform und ein eigenes militärisches Oberkommando benötigten, um den Aufgaben der Charta gerecht zu werden.
- Die innere Lage der Länder der GUS ist von Unsicherheit geprägt. Konflikte in und zwischen den Nachfolgestaaten wie in Georgien bzw. zwischen Armenien und Aserbeidschan scheinen unlösbar. Der Krieg Russlands in seiner Teilrepublik Tschetschenien rüttelt in seiner Grausamkeit die Welt auf und hat zu ersten ernsten Verstimmungen mit den USA und den westeuropäischen Staaten geführt. Der Krieg bedroht das mühsam hergestellte Rüstungsgleichgewicht von 1990 und die innere demokratische Entwicklung in Russland.
- Im Nahen Osten schien das Gaza-Jericho-Abkommen zwischen Israel und der Palästinensischen Befreiungsorganisation (PLO) von 1994 den Weg zum Frieden zu

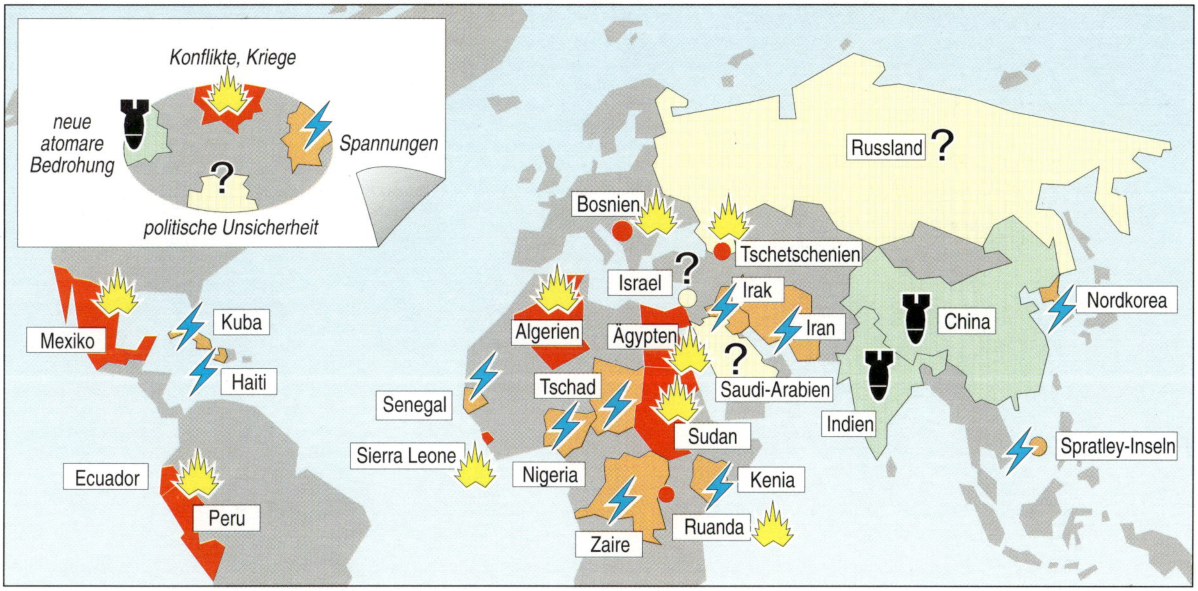

Kriege und Spannungen in der Welt 1994/95 (Jahresbericht des Internationalen Instituts für strategische Studien)

eröffnen, aber die Terroranschläge palästinensischer Extremisten drohen diese Hoffnung zu zerstören.

– *Unüberschaubar* ist, welche Konflikte daraus entstehen, dass sich die Probleme der *Länder der Dritten Welt* in den letzten Jahren dramatisch verschärft haben, aber ein Nord-Süd-Dialog noch immer nicht in Gang gekommen ist. Bei den für die Dritte Welt existentiellen Fragen eines weltweiten gerechten Wirtschaftsausgleichs bleibt es bei unverbindlichen Absichtserklärungen. Auch das seit dem 1. Januar 1995 in Kraft getretene „Welthandelssystem" (WTO) droht durch seine zwar jetzt verbindlichen Dreiviertel-Mehrheits-Beschlüsse dennoch die Länder der Dritten Welt zu benachteiligen. Den Industrieländern geht es um weltweite Harmonisierungen zur Globalisierung der Produktionsprozesse, die ärmsten Entwicklungsländer befürchten dadurch gänzlich abgekoppelt zu werden. Auch die Lösung der Umweltprobleme droht eher zu Lasten der Entwicklungsländer zu gehen.

Aber es gibt auch mehr als nur Hoffnungszeichen, dass Konflikte lösbar sind. Die friedliche Beendigung des rassistischen Apartheid-Regimes in Südafrika und die Wahl des farbigen Nelson Mandela zum Präsidenten der Republik haben dort der Demokratie und den Menschenrechten zum Durchbruch verholfen. Und trotz aller Sorge über Konflikte und Kriege stellt das Londoner „Internationale Institut für Strategische Studien" (IISS) fest, dass das Jahr 1994 „erheblichen Fortschritt beim Anpacken bislang noch ungelöster Abrüstungsfragen" gebracht habe.

Fragen und Arbeitsaufgaben

1. *Vergleiche die Phase der Beziehungen zwischen Ost und West von 1963 bis 1985 mit der von 1945 bis 1963. Ziehe dazu das entsprechende Kapitel hinzu.*
2. *Beurteile historisch-kritisch die Karikatur Horst Haitzingers zum Rüstungswettlauf S. 303.*
3. *Benenne die Veränderungen des Verhältnisses zwischen Ost und West mit dem Regierungsantritt Michail Gorbatschows 1985 in der UdSSR.*
4. *Beschreibt die Entwicklung von Konflikten in der Welt seit 1945 an Hand der Grafik S. 302 und der Karte auf S. 307.*
   Debattiert über die Chancen und Hindernisse für eine bessere Konfliktlösung zwischen und innerhalb der Staaten.
5. *1990 war die Hoffnung auf eine partnerschaftliche Zusammenarbeit der Staaten in der Einen Welt unter der Führung der UNO aufgekommen. 1995 stellt Theo Sommer in der „Zeit" fest, dass die Welt zweigeteilt bleiben werde (siehe S. 301). Nimm Stellung zu dieser Behauptung.*

Die UNO seit 1990 – Suche nach einer neuen Rolle

1 *Karikatur von Mussil, 1994*

2 *Karikatur von Murschatz, 1994*

(OAU: Organisation Afrikanischer Einheit, die in Ruanda die UNO unterstützte)

1. *Erarbeite aus den Karikaturen die Probleme der UN-Friedenspolitik, die hier charakterisiert werden.*
2. *Nimm Stellung zur Kritik aus der Sicht eines UN-Vertreters.*

3 *Auszug aus einem Gespräch der Wochenzeitschrift „Der Spiegel" mit dem Generalsekretär der Vereinten Nationen Pérez de Cuellar zur UNO nach dem Golfkrieg:*

Q *Pérez de Cuellar:* Mir liegt sehr daran, dass diese Organisation so erhalten bleibt, wie sie gedacht war: als Forum für die friedliche Lösung von Problemen ohne den beherrschenden Einfluss eines Landes oder einer Gruppe von Ländern. Sonst wäre die UNO keine demokratische Organisation mehr. Ich achte die USA sehr. Sie sind ein Land, das ich außerordentlich schätze. Aber schon die Idee von Supermächten war mir immer verhasst, weil sie in ernsthaftem Konflikt mit dem Konzept der Vereinten Nationen steht. Und wenn ich zwei Supermächte nicht mochte, so ist mir eine einzige noch viel weniger geheuer.

Spiegel: Sie haben vor einigen Monaten gesagt, der Golfkrieg sei kein Krieg der Vereinten Nationen gewesen, obwohl er legal war.

Pérez de Cuellar: Stimmt. Im Korea-Krieg waren die Vereinten Nationen voll einbezogen. Es gab Blauhelme, eine UNO-Flagge und ein Oberkommando der Vereinten Nationen. In Kuwait handelte es sich um einen Krieg, der von der UNO gebilligt worden war, aber nicht um einen UNO-Krieg. Der US-Oberbefehlshaber, General Schwarzkopf, hat seine Berichte nicht an uns geschickt. Der Sicherheitsrat hatte keinen Einfluss auf die militärischen Operationen …

Spiegel: Wäre es da nicht an der Zeit, auch den Sicherheitsrat neu zu gestalten?

Pérez de Cuellar: Wer es für falsch hält, dass der Sicherheitsrat fünf ständige Mitglieder hat, die Sonderrechte genießen, sollte nicht daran denken, die Zahl dieser Privilegierten zu erhöhen. Viele Menschen meinen, alle Mitglieder des Sicherheitsrates sollten gleichgestellt sein und niemand dürfte ein Vetorecht haben. Aber wenn man am Vetorecht festhalten will, gibt es sicher Länder, die an einem ständigen Sitz im Sicherheitsrat Interesse haben … Deswegen müssen wir uns zunächst einmal darüber einig werden, ob wir das Vetorecht für nützlich oder für schädlich halten.

Der Spiegel vom 1. 7. 1991, S. 127.

4 *Ein neues Modell von UN-Hilfseinsätzen wurde in Somalia (1992–1995) erprobt:*

D Im Dezember 1992 stand die internationale Gemeinschaft also vor einer äußerst schwierigen Wahl – nämlich sich entweder aus Somalia zurückzuziehen und Hunderttausende, wenn nicht Millionen von Menschen ihrem Schicksal zu überlassen oder durch eine militärische Absicherung der humanitären Aktionen und erneute Vermittlungsversuche diesem tragischen Verlauf eine Wende zu geben. Die Entscheidung fiel für Letzteres. Der Vorwurf Butros-Ghalis, dass der Westen sich nur um die Kriege der „Reichen im Norden" kümmern würde, d. h. um die Auseinandersetzungen im ehemaligen Jugoslawien, fand vor allem in Washington Resonanz …
Schnell, viel zu schnell sind viele Stimmen in Politik und Öffentlichkeit zu dem Urteil gelangt, dass UNOSOM II[1] gescheitert sei. Das ist zumindest voreilig. Eindrucksvoll ist immerhin, dass im ganz überwiegenden Teil des Landes die Gewaltakte in wenigen Monaten auf ein Minimum zurückgegangen waren und der Hunger beendet wurde …
Auf ein völlig schiefes Gleis ist jedoch der militärische Einsatz in Mogadischu geraten. In einer umfassenden Studie zu diesem Thema wurde bereits früher darauf hingewiesen, dass es bei dem erweiterten, mit Elementen der militärischen Durchsetzung angereicherten *Peacekeeping* eine der Hauptanforderungen an Militärs und Politik sein würde, grundlegend umzulernen und nicht einseitig in den traditionellen Kategorien Krieg und Frieden, Freund und Feind, militärisch und nichtmilitärisch zu denken. Es geht eben nicht um Sieg, sondern um die Aufrechterhaltung des Friedens- und Verhandlungsprozesses. Das muss, anders als bei Kriegsführung, mit einem Minimum an Verlusten nicht nur bei den eigenen Truppen, sondern auch bei den Konfliktparteien und ihren Anhängern geschehen. Sie sollen nicht vernichtet, sondern zur Rückkehr an den Verhandlungstisch und zur Einhaltung des Mandats bewegt werden …
Es ist kaum vorstellbar, dass in Somalia bis Anfang Frühjahr 1994 ein Aufbau der Strukturen gelingt, der aus sich heraus stabil ist. Im Dezember 1993 scheiterte in Addis Abeba ein weiterer Versuch des äthiopischen Präsidenten, der VN, der Amerikaner und anderer Akteure, zwischen Aidid und zwölf Bürgerkriegsparteien unter der Führung seines Gegenspielers Ali Mahdi Mohammed zu vermitteln. Die Angola-Variante, also der Rückfall in einen noch schlimmeren Bürgerkrieg als vorher, ist wahrscheinlicher …
Die humanitäre Hilfe wird dann erneut ihre vergeblichen Versuche aufnehmen das Unheil abzuwenden. Erreichen wird sie nur einen kleinen Teil der Bevölkerung. Denn sie wird denjenigen, die im Besitz der Waffen und Macht sind, beträchtlichen Tribut entrichten müssen. Das wiederum macht die Fortführung des Kampfes möglich und lohnend. Offenbar ein Teufelskreis: Je umfangreicher die humanitäre Hilfe ist, desto länger dauern die Kämpfe.[2]

[1]UN-Hilfseinsatz in Somalia 1992

[2]Anfang 1995 zogen die letzten UN-Soldaten ab.

W. Kühne, Die Friedenssicherung der Vereinten Nationen in der Krise?, in: Aus Politik und Zeitgeschichte, Bd. 2, 1994, S. 22–25.

5 *Eine Auseinandersetzung zwischen einem Politikwissenschaftler und einem Historiker 1995:*

D Und der Autor hält auch ein Beispiel dafür bereit, dass dieses Rezept (Kooperation statt Machtausübung seitens der UN – d. Verf.) funktioniert: „Der stark vergrößerte Aufwand mit UNPROFOR[1] in Bosnien-Herzegowina hat sich – soweit der Rundblick Mitte 1994 trägt – bewährt." Dass die Vereinten Nationen dort Schlimmeres verhindert haben, wie man immer wieder hört, ist möglich, aber nicht ausgemacht. Fest steht, dass nach wie vor sogenannte UN-Schutzzonen von Banden und Armeen belagert, beschossen und ausgehungert, dass im Auftrag der UN stationierte Soldaten als Geiseln genommen und dass die Vereinten Nationen durch die eruptive Macht des Nationalismus zu der Überlegung gezwungen werden, ob sie nicht gegebenenfalls ihre „Blauhelme" mit militärischer Gewalt befreien müssen …
Das festzustellen heißt nicht auf Gewalt als geeignetes und gar als Allheilmittel zur Lösung der anstehenden Konflikte zu setzen. Aber wenn das Beispiel Bosnien-Herzegowina etwas gelehrt hat, dann dies: Sollte sich die UNO der Option begeben rechtzeitig mit Entschlossenheit zu demonstrieren, dass alle Nationen gleichermaßen das Recht haben zu leben und zu überleben, dann bedarf es nicht mehr ihrer Reform, dann haben sich die „Vereinten Nationen", ein halbes Jahrhundert nach ihrer Gründung, endgültig selbst überlebt.

[1]UNPROFOR=UN-Protection-Force. Die UN-Schutztruppe nahm ihre Arbeit im März 1992 auf; es gelang ihr aber nicht, die serbischen Milizen in den überwiegend von Serben besiedelten Regionen außerhalb der Stationierungsgebiete zu entwaffnen.

G. Schöllgen, „Vereinte Ohnmacht", in: Die Zeit vom 20.1.1995, S. 18.

1. *Warum möchte Pérez de Cuellar, dass die UNO so erhalten bleibt, wie sie ist?*
2. *Worin liegt die Gefahr, wenn es nur noch eine Supermacht gibt?*
3. *Erarbeite aus den Quellen 3 bis 5 die verschiedenen Methoden der Friedenspolitik der UNO und die Probleme, die sich daraus ergeben haben bzw. ergeben.*

6 *Eine Perspektive für Friedenssicherung durch UN-Truppen? Ein dänisch-norwegisches Forschungsprojekt 1995:*

Q Unabhängig von diesen in nationaler Verfügung bleibenden UN-Bereitschaftskräften haben Kanada und die Niederlande am Sitz der Vereinten Nationen eine Diskussion in Gang gesetzt, wie zusätzlich eine ständige UN-Truppe für Peace-keeping-Einsätze unter der Leitung des UN-Generalsekretärs aufzustellen wäre.

Die von Brian Urquhardt, einem der „Urväter" der UN-Blauhelme, entwickelte Idee einer Freiwilligen UN-Truppe ist damit erneut in der offiziellen UN-Diskussion. Der Vorschlag aus der Agenda für den Frieden (siehe S. 322, Q 4, 2), UN-Einheiten für militärische Zwangsmaßnahmen („peace-enforcement units") aufzustellen, hat keine Realisierungsperspektive. Einer Analyse der Ditchley Foundation zufolge könnte jedoch Urquhardts Freiwillige UN-Truppe in Form einer „moderaten, humanitären Polizeitruppe aus hochqualifizierten und sofort einsetzbaren Zivilisten und Polizisten" eher breite Unterstützung finden. Ihre Aufgaben wären darauf gerichtet schnellstmöglich eine angespannte oder kritische Situation (z. B. wie in Ruanda) zu stabilisieren. Den zahlreichen Anstrengungen liegt die Erkenntnis zugrunde, dass Peace-keeping eine vergleichsweise billige und dennoch effektive Investition ist, um Kriege anders als durch großangelegte militärische Operationen nach dem „Golf-Modell" einzudämmen. Den zahlungssäumigen US-Amerikanern erläuterte kürzlich der UN-Generalsekretär, dass trotz ihrer gewachsenen Größenordnung alle heutigen UN-Friedensmissionen „zusammen weniger als ein halbes Prozent des US-Verteidigungshaushaltes" kosten. In den USA hat sich – auf Seiten der Regierung – diese Erkenntnis durchgesetzt. Der stellvertretende Verteidigungsminister Frank G. Wiesner erklärte vor dem Senat: „Je effektiver internationale Peacekeeping-Fähigkeiten werden desto mehr können Konflikte verhütet oder eingedämmt werden und desto weniger Gründe wird es für die Amerikaner geben außerhalb ihres Landes Kriege zu führen."

W. Biermann, „Was ist machbar und erreichbar in einer Welt, so wie sie ist", in: Frankfurter Rundschau vom 21.4.1995, S. 12.

7 *Der Journalist Theo Sommer 1995 über die neuen Aufgaben der UNO:*

Q Nichtintervention, so steht zu erwarten, wird deshalb die Regel werden, Intervention die Ausnahme. Dafür spricht eine Reihe von Gründen.

Zum Ersten haben die UN-Einsätze in Kambodscha, Somalia und – vor allen Dingen – im zerfallenen Jugoslawien starke Zweifel am Sinn und an der nachhaltigen Wirksamkeit von Blauhelmaktionen geweckt. Auch die Greuel in Ruanda haben beides belegt: die Notwendigkeit ebenso wie die Schwierigkeit des Eingreifens.

Zum Zweiten überfordert die schiere Zahl der Notfälle die Kapazität der Vereinten Nationen. Von einer Pflicht zur humanitären Intervention ist nur noch wenig zu hören, seitdem die traurigen Anlässe so zahlreich geworden sind. Seit 1988 hat die Weltorganisation mehr friedenserhaltende Missionen lanciert als zwischen 1948 und 1987. Knapp 10 000 Blauhelme waren 1987 im Einsatz, sechs Jahre später waren es 75 000. Die Kosten der UN-Aktionen haben sich in den ersten fünf Jahren nach dem Kalten Krieg verfünfzehnfacht; sie liegen mittlerweile bei knapp vier Milliarden Dollar im Jahr.

Zum Dritten wird die UNO auch von ihrer erweiterten Aufgabenstellung überfordert. Sie soll nun bei Friedensoperationen nicht nur militärische Hilfestellung leisten, sondern zusätzlich die Einhaltung der Menschenrechte überwachen, Flüchtlinge unterstützen und in ihre Heimat zurückführen, Abstimmungen und Wahlen organisieren, Verwaltungen aufbauen und die wirtschaftliche wie die gesellschaftliche Entwicklung ankurbeln. In seiner „Agenda für den Frieden" hat UN-Generalsekretär Butros-Ghali im Juni 1992 den klassischen Aufgabenkatalog auf Konfliktvorbeugung, Friedenssicherung und Friedenskonsolidierung ausgedehnt. Inzwischen ist ihm klar geworden, dass solch ein ehrgeiziges Programm in der Welt, wie sie ist, keine große Chance auf Verwirklichung hat.

Th. Sommer, „Der eitle Traum vom Frieden", in: Die Zeit vom 28.4.1995, S. 54.

1. *Benenne die Gründe für friedenspolitische Interventionen bzw. Rückzug aus Konflikten oder Nicht-Interventionen nach Quelle 6 und 7.*
2. *Führt eine Debatte über die Frage: Rückzug/Nicht-Intervention der UNO oder weitere friedenspolitische Interventionen.*
3. *Statt der UNO wäre es besser die USA und die NATO als Weltpolizisten zu beauftragen, um Frieden und Ordnung zwischen den Staaten zu sichern bzw. herzustellen. Macht eine Umfrage zu dieser Forderung und diskutiert die Ergebnisse.*

Zeittafel

1963 Einrichtung des „heißen Drahtes“ zwischen den USA und der UdSSR nach der Kuba-Krise; Beginn der Entspannungspolitik; Vertrag über die Beendigung der oberirdischen Atomwaffenversuche

1968 Vertrag über die Nichtweitergabe von Atomwaffen (Laufzeit bis 1995)

1979 Militärische Intervention der UdSSR im Bürgerkrieg in Afghanistan auf der Seite der kommunistischen Führung; Beginn erneuten Wettrüstens zwischen Ost und West

1985 Michail Gorbatschow wird Generalsekretär der KPdSU: Einleitung der effektiven Abrüstung, Beendigung der Afghanistan-Intervention der UdSSR

1987/91 Vertrag über die Reduzierung der Mittelstreckenraketen bzw. der strategischen weitreichenden Raketen

1990 Vertrag über die konventionellen Streitkräfte in Europa: Herstellung eines akzeptierten Gleichgewichts zwischen Ost und West; KSZE-Gipfel in Paris: Charta von Paris für ein neues Europa

1991 Golf-Krieg der UNO unter dem Kommando der USA als einheitliche Aktion aller Großmächte; Auflösung des Warschauer Paktes und damit äußeres Ende des Ost-West-Konfliktes, Auflösung der Sowjetunion, Bildung der Gemeinschaft Unabhängiger Staaten (GUS)

1992 „Agenda für den Frieden“ des Generalsekretärs der UNO, Butros-Ghali, als neue und erweiterte Grundsätze der weltweiten Friedenspolitik der UNO

1992–95 „Humanitäre Intervention“ der UNO in Somalia unter anfänglicher Führung der USA scheitert

1994 Krieg Russlands in Tschetschenien; Gaza-Jericho-Abkommen zwischen Israel und der Palästinensischen Befreiungsorganisation (PLO); Ende des Apartheid-Regimes in Südafrika

1995 Inkrafttreten eines neuen verbindlichen Welthandelsabkommens (WTO) mit Dreiviertel-Mehrheitsbeschlüssen; Verlängerung des Vertrages über die Nichtweitergabe von Atomwaffen ohne Frist

Abschreckung ist ein militärpolitisches Konzept, das nach dem Zweiten Weltkrieg entstanden ist und die Militärstrategien in der Zeit des Ost-West-Konflikts bis 1991 bestimmte. Nach ihm werden nukleare und konventionelle Streitkräfte soweit ausgebaut, dass sie den möglichen Gegner von einem Angriff abhalten, da ein solcher auch die Vernichtung des eigenen Landes nach sich ziehen würde. Die Abschreckung wurde in Amerika zu Beginn des Kalten Krieges* entwickelt und war Bestandteil der NATO-Politik. Die nukleare Abschreckung beruhte vor allem auf der nicht kalkulierbaren Eskalation atomarer Vergeltungsschläge.

Befreiungsbewegungen sind Widerstandsorganisationen, die mit gewaltfreien Mitteln oder durch bewaffneten Kampf die Loslösung und staatliche Unabhängigkeit, z. B. von der Fremdherrschaft oder von einem Gesamtstaat, erstreben. Im 20. Jh. bildeten sich Befreiungsbewegungen vor allem in den Ländern der Dritten Welt gegen die Kolonialherrschaft.

Entspannung. Verminderung des Risikos eines Krieges zwischen den beiden Weltmächten. Als Gegenbegriff zum Kalten Krieg* aufgekommen, der seit Anfang der 60er Jahre durch Vereinbarungen zur Friedenssicherung, Rüstungskontrolle und den Ausbau politischer, wirtschaftlicher und kultureller Beziehungen begrenzt wurde. Die politischen Spannungen zwischen den Machtblöcken der UdSSR und der USA verminderten sich in der Folgezeit (Koexistenz*).

Koexistenz. Von der UdSSR vertretene Theorie des friedlichen Nebeneinanders von Staaten mit kommunistischen und kapitalistischen Gesellschaftsordnungen. Die von Chruschtschow als Alternative zum Kalten Krieg* 1956 geforderte friedliche Koexistenz als Leitlinie sowjetischer Außenpolitik wollte auf die militärische Konfrontation verzichten, ohne die ideologische Auseinandersetzung und die wirtschaftliche Konkurrenz zu vernachlässigen.

Brey, Thomas, Die Logik des Wahnsinns. Jugoslawien – von Tätern und Opfern, Freiburg/Basel/Wien (Herder) 1993. – *Der dpa-Korrespondent, der sehr lange selbst in Jugoslawien gelebt hat, beschreibt spannend und anschaulich die Entwicklung und Zukunftsperspektiven im Konflikt der jugoslawischen Völker.*

Gelhard, Susanne, Ab heute ist Krieg. Der blutige Konflikt im ehemaligen Jugoslawien, Frankfurt/M. (Fischer TB) 1992. – *Die Fernsehjournalistin begleitet den Konflikt mit ihren Reportagen, die zu entsprechenden Fernsehberichten von ihr geschrieben worden sind.*

Oben: „War and Peace". Gemälde von Jürgen Waller, 1982
Rechts: Das Symbol der Bürger- und Friedensbewegung in der DDR. Es wurde 1982 von der DDR-Regierung als „staatsfeindlich" erklärt.

13. Längsschnitt: Krieg und Frieden

Ein Wort aus dem Alten Testament umschreibt den Spannungsbogen zwischen Krieg und Frieden und zeigt eine scheinbar einfache Alternative auf:
„Der Herr spricht Recht im Streite der Völker, mächtige Völker weist er zurecht. Da schmieden sie Pflugscharen aus ihren Schwertern und Winzermesser aus ihren Lanzen.“ (Micha 4.2). Die Alternative griffen in den USA die Brüder Berrigan auf, beide katholische Priester. Sie hatten im Jahr 1965 eine „Erklärung des Gewissens“ gegen den Vietnamkrieg unterzeichnet und weiterhin durch Protestaktionen gegen das vietnamesische und amerikanische Blutvergießen opponiert, gegen das nukleare Wettrüsten, gegen weltweite Waffenexporte. Im Jahr 1980 schließlich drangen sie in eine Niederlassung der General Electric ein, wo Atomraketenteile produziert wurden. In wörtlicher Auslegung des Bibelwortes bearbeiteten sie Atomsprengköpfe mit Hämmern und wurden mit hohen Gefängnisstrafen verurteilt. Ziviler Ungehorsam? Unruhestiftung für den Frieden? Ist ihr Vorbild nachzuahmen, kann und darf Pazifismus so radikal sein? Auch die Friedensbewegung der 80er Jahre in Deutschland trat unter dem Leitwort „Macht Schwerter zu Pflugscharen“ an und auch sie sah sich staatlichem Zwang und Druck ausgesetzt.
Warum ist die von der Bibel aufgezeigte Alternative so schwer in der politischen Wirklichkeit einzulösen? Warum kommt es zwischen Menschen und Völkern immer wieder zu Gewaltausbrüchen und Kriegen, obwohl die Menschen doch ahnen und wissen, dass sie allein es sind, die in jedem Krieg zum Schluss als Verlierer dastehen? Wer hindert die Menschheit den Traum vom Frieden auf Erden zu verwirklichen, einen Traum, der so alt ist wie die Menschheit selbst. Seit dem Altertum zeichnen literarische Visionen Bilder von einem Leben auf der Welt, in denen Menschen brüderlich miteinander umgehen, Wolf und Schaf nebeneinander leben, in denen es keinen Kampf um Macht, Recht, Vorrangstellung, Arbeit und Brot gibt. Solche Visionen stehen gegen die jahrtausendealte Realität ständiger kriegerischer Auseinandersetzungen.
Der Historiker könnte auf Folgendes verweisen: Was wäre z. B. aus Europa geworden ohne diejenigen, die für Freiheit und Demokratie auf die Barrikaden gingen und gegen Unterdrückung und Willkür zu den Waffen griffen? Es stellt sich die Frage, ob es in bestimmten Situationen Gründe gibt, die eine bewaffnete Auseinandersetzung rechtfertigen, ohne dass dadurch der Krieg als solcher gerechtfertigt wird. Seit der Antike hat man immer wieder über das Problem des „gerechten Krieges“ nachgedacht und Antworten darauf zu finden gesucht. Bis heute gibt es unterschiedliche Positionen zu der Frage, ob man mit friedfertigen Mitteln der Politik aggressive Diktatoren oder Unrechtssysteme von ihren politischen Zielen abhalten kann und darf. Ist es vertretbar zuzuschauen, wenn Menschenrechte verletzt werden, wenn schwächere Staaten von mächtigeren gewaltsam unterdrückt werden? Der Blick zurück in die Geschichte kann uns instand setzen, gegenwärtige Situationen zu analysieren und unser Bewusstsein für Recht und Unrecht, unsere Bereitschaft für Engagement zu schärfen.
In diesem Längsschnitt könnt ihr an verschiedenen Beispielen aus unterschiedlichen Epochen den Fragen nachgehen, wie Menschen über Krieg und Frieden nachgedacht haben, welche Erfahrungen sie aus Kriegen gewonnen haben und welche Schwierigkeiten sie hatten einen dauerhaften Frieden zu finden. Selbst die Massenvernichtung in den beiden Weltkriegen des 20. Jahrhunderts und die Gefahr der atomaren Auslöschung des Lebens auf unserem Planeten haben keine stabilere Friedensordnung auf der Welt hinterlassen. Zwar ist der Krieg als Mittel zur Durchsetzung politischer Interessen international geächtet, dennoch brechen immer wieder Kriege aus.
„Der Krieg ist aller Dinge Vater, aller Dinge König“, hat der griechische Philosoph Heraklit im 5. Jahrhundert vor Christus gesagt. Dieser Gedanke kann aber eigentlich nur zum Schluss führen, dass er der Zerstörer aller Dinge wird. Er muss eine Umkehrung erfahren, nicht der Krieg, sondern nur der Friede kann in Zukunft zum Vater aller Dinge werden. Wie aber kann eine weltweite Friedensordnung politisch realisiert werden? Dieses Problem gehört zu den großen Herausforderungen der Menschheit.

Krieg und Frieden – Von der Antike bis zum Zeitalter der Aufklärung

Der erste römische Kaiser, Augustus, bemerkt in seinem Tatenbericht, den er an mehreren Orten im Römischen Reich veröffentlichen ließ: „Unsere Vorfahren wollten, dass der Janustempel geschlossen werde, wenn im ganzen Römischen Reich ein durch Siege errungener Friede herrschte. Während meiner Herrschaft wurde dieser Tempel auf Antrag des Senats dreimal geschlossen. Seit der Gründung der Stadt bis zu meiner Geburt wurde er überhaupt nur zweimal geschlossen." – So selten waren die Bedingungen erfüllt, die es erlaubten die Tore des Tempels zu schließen, den Frieden also festzuhalten oder den Krieg einzusperren. Um so bemer- kenswerter ist der Hinweis des Augustus, dass während seiner etwa 40-jährigen Regierungszeit dreimal tiefer Friede geherrscht habe. In jener Zeit erfuhr der Friede – Pax – göttliche Verehrung; dem personifizierten Frieden wurde ein Altar geweiht. Damit ist ein zentrales Thema der antiken Geschichte berührt; Kriege gehören zum politischen Alltag, die Sehnsucht nach Frieden begleitet die Menschheit wie die Realität kriegerischer Auseinandersetzungen. Gleichwohl galten nur unter bestimmten Voraussetzungen Kriege als gerecht, etwa wenn ein Bündnis gebrochen, ein Vertrag verletzt, Bundesgenossen angegriffen wurden. Kriege dienten also nach antiker Vorstellung zur Neugestaltung der Verhältnisse, zur Sühne und Wiedergutmachung. So steht neben der Erfahrung, dass Krieg Unheil und Not bringt, eine positive Einschätzung kriegerischer Handlungen, die zu Verträgen, Ordnung und Stabilität führen. Bei Griechen und Römern mussten bestimmte Regeln eingehalten werden den Krieg rechtmäßig zu führen; dazu gehörte zum Beispiel dem Gegner den Kriegsgrund mitzuteilen. Im Krieg selbst konnte Gewalt gegenüber jedermann angewendet werden; wer in Gefangenschaft geriet, verlor alle Rechte. Der Sieger konnte über Gefangene, über das Gebiet und den Besitz der Besiegten frei verfügen. Die Geschichtsschreiber berichten, dass für die Verwundeten – nur für die eigenen – Wundärzte, Pfeilzieher und heilkundige Männer sorgten. Das Ende des Krieges erfolgte durch die totale Unterwerfung des Gegners oder durch die Beendigung des Kriegszustandes und einen Vertrag, der es gestattete erneut friedliche Beziehungen aufzunehmen.

Die Ausbreitung der römischen Herrschaft setzte bei den Zeitgenossen auch ein Nachdenken über Krieg und Frieden in Gang, führte zu Rechtfertigungen und zu offener oder versteckter Kritik am „Frieden nach Art der Römer".

Der Friede erhielt durch das Auftreten und die Verbreitung des Christentums eine neue Qualität, Friede ist die Botschaft Christi, Friede ist die wichtigste Aufgabe seiner Jünger. Daher verweigerten auch die frühen Christen den Dienst an der Waffe für den römischen Kaiser. Dies änderte sich, als das Christentum zur allgemeinen Religion im Römischen Reich wurde. Konnte und durfte es nunmehr noch Krieg geben? Augustinus, christlicher Theologe und Philosoph des 5. Jahrhunderts, nahm die Idee vom gerechten Krieg wieder auf und betonte, dass jedes Kriegführen auf einen Frieden und einen gerechten Zustand hinzielen müsse. Wenn ein Friedenszustand ungerecht sei, müsse das Gute, das sich dem Bösen gegenübersähe, den Krieg aufnehmen. Indem er Gutes fördere und Böses verhindere, diene der Krieg dem Gemeinwohl. Selbst Angriffskriege, wenn sie gegen Heiden geführt wurden, waren damit gerechtfertigt; dies fand seine Konkretisierung später in den Kreuzzügen, die von den Zeitgenossen als gerechte Kriege für Gottes Sache gedeutet wurden.

Eine besondere Rolle spielte im Mittelalter der Begriff des Gottesfriedens, des Waffenstillstands für Gott, durch welchen für bestimmte Zeiten Waffenruhe hergestellt werden sollte. Da der Staat keine verbindliche Rechtsordnung für alle garantieren konnte, ließen die Herrscher den kriegs- und fehdegewohnten Adel auf großen kirchlichen und weltlichen Versammlungen vor der Öffentlichkeit einen Gottesfrieden schwören. So versuchte man den Fehden der Ritter und deren Begleiterscheinungen Zügel anzulegen. Eine Veränderung erfuhr das Nachdenken über den Krieg durch Machiavelli im Zeitalter der Renaissance. Indem er den reinen Erfolg zum Maßstab für das politische Handeln erhob, löste er den Krieg von moralisch-ethischen Bindungen. Da für ihn der erfolgreiche Krieg die Macht eines Staates offenbarte, ging es nur noch um die Frage, ob er gerechtfertigt sei.

Nach der Erfahrung des Dreißigjährigen Krieges fand im Abendland eine Neubesinnung auf den Toleranzgedanken statt, der Kriege aus religiösen Motiven zurückwies. Die Vordenker der Aufklärung im 18. Jahrhundert formulierten Grundzüge eines allgemeinen Völkerrechts, um den Frieden zwischen den Staaten zu ermöglichen. Der Philosoph Immanuel Kant forderte darüber hinaus als Vorbedingungen für einen allgemeinen Frieden eine republikanische Verfassung für alle Staaten und die Kontrolle der Macht durch Gewaltenteilung sowie die Abschaffung der stehenden Heere. Durch vernünftige Einbindung der Bürger in die politische Mitverantwortung würde der Friede gesichert, da die Bürger eine Zustimmung zum Krieg verweigern würden, weil sie keine Not und Verwüstung wünschen.

Krieg und Frieden von der Antike bis zur Aufklärung

Macht und Recht in der Antike

1 *Während des Krieges, den Athen gegen den Peloponnesischen Bund führte (431–404 v. Chr.), hatte sich die Insel Melos für neutral erklärt. Nach der Darstellung des Geschichtsschreibers Thukydides verhandelten athenische Gesandte mit den Meliern, um sie auf ihre Seite zu bringen. Der folgende Text gibt Kernstellen des Dialogs wieder:*

Q *Die Athener:* „Ihr seht ja ein, dass ihr es in unserem Fall mit Leuten zu tun habt, die wissen, dass nach menschlicher Denkweise nur da nach Recht und Gerechtigkeit entschieden wird, wo man gegenseitig mit gleicher Macht zwingen kann, dass aber der an Macht Überlegene so weit geht, wie er kann und der Schwache nachgibt."

Die Melier: „Nach unserm Ermessen freilich ist von Nutzen ... zu reden, da ihr ja unserer Verhandlung nicht das Recht, sondern den Vorteil zur Grundlage geben wolltet ... Und dies ist nicht minder in eurem eigenen Interesse ..."

Die Athener: Wer über andere herrscht ... ist den Unterworfenen darum nicht gleich furchtbar: Dies gilt eher schon für einen Untertanen, der sich gegen seinen Oberherrn auflehnt und so zur Macht kommt. Das aber soll man unsere Sorge sein lassen. Jetzt wollen wir euch nur erklären, dass es die Absicht unseres Hierseins ist, alles, was unserer Macht förderlich ist, wahrzunehmen ... Unser Wille ist es kampflos über euch zu herrschen und euch zu unser beider Vorteil vor Unglück zu bewahren."

Die Melier: „Wie aber sollte es zu unserem Vorteil gereichen euch untertan zu sein?"...

Die Athener: „Wir sind der Meinung, dass die Herrschaft der Gottheit, nach allgemeinem Glauben, und die der Menschen aber, einer unwiderleglichen Erfahrung zufolge, allenthalben auf der natürlichen Notwendigkeit beruht, dass da Herrschaft ist, wo einer an Macht überlegen ist. Nach diesem Gesetz richten wir uns, einem Gesetz, das wir weder zuerst erlassen (haben), als bereits Bestehendes übernommen haben und werden es auch als Bleibendes auf unsere späteren Nachkommen vererben. Ja, wir sind sogar davon überzeugt, ihr selbst würdet wie jeder andere bei gleichen Machtverhältnissen ebenso handeln wie wir.

Thukydides, Der Peloponnesische Krieg, V., S. 89ff. Zit. nach: W. Arend, Geschichte in Quellen, München 1975, S. 244.

2 *Der römische Politiker Cicero äußerte sich zu gerechten und ungerechten Kriegen:*

Q In einem Staat muss, wenn Krieg geführt wird, das Recht beachtet werden. Es gibt nämlich zwei Möglichkeiten sich auseinanderzusetzen: durch Verhandlung und durch Gewalt. Dieses passt zu den Tieren, jenes zu den Menschen. Man darf also erst zur Gewalt greifen, wenn Verhandlungen nicht möglich sind. Kriege müssen freilich deshalb geführt werden, damit man in Frieden und ohne Unrecht erleiden zu müssen leben kann. Wenn man den Sieg errungen hat, müssen diejenigen geschont werden, die im Krieg nicht grausam, nicht unmenschlich waren. Nach meiner Meinung sollte man immer für einen Frieden, der nichts Hinterhältiges in sich birgt, sorgen.

Cicero, Von den Pflichten I, 11. Übers. d. Verf.

Q Kein Krieg wird von dem besten Staat unternommen, es sei denn, um ein gegebenes Wort zu erfüllen oder die eigene Sicherheit zu gewährleisten ... Das sind ungerechte Kriege, die ohne Grund unternommen worden sind. Denn nur dann kann ein Krieg, der geführt wird, als gerecht gelten, wenn es sich darum handelt, Rache an den Feinden zu üben oder diese abzuwehren; sonst nicht.
Kein Krieg gilt als gerecht, wenn er nicht vorher angekündigt, wenn er nicht formell erklärt ist, wenn er nicht aus Gründen der Wiedergutmachung geführt wird.

Cicero, Über den Staat, 3. Buch, Kap. 23 (24). Übers. d. Verf.

1. *Wie begründen die Athener ihre Position gegenüber den Meliern?*
2. *Nimm Stellung zur Haltung der Athener, indem du die Folgen einer solchen Position für das Miteinander von Staaten aufzeigst.*
3. *Welche Maßstäbe enthalten die Gedanken Ciceros für die Bewältigung von Konflikten zwischen Staaten? Welcher Fortschritt liegt darin?*

Bericht über einen Gottes- und Landfrieden im Mittelalter

3 *Um Gewaltakte zu unterbinden und das Fehde-Unwesen zu bekämpfen, wurden im Mittelalter immer wieder Gesetze für eine bestimmte Zeit erlassen:*

Q Im Jahre seit der Fleischwerdung des Herrn 1103 hat Kaiser Heinrich (IV.) in Mainz den Frieden eigenhändig bekräftigt und eingerichtet und die Erzbischöfe und Bischöfe haben ihn eigenhändig bekräftigt. Der Sohn des Königs hat geschworen und die Großen des gesamten Reiches ... haben den gleichen Frieden geschworen bis Pfingsten und von da an auf vier Jahre: sie haben geschworen, sage ich, Friede den Kirchen, den Geistlichen, den Mönchen, den Laien; den Kaufleuten, den Frauen, dass sie nicht gewaltsam entführt werden, den Juden.

4 Teilansicht des im Jahr 13 v. Chr. zu Ehren des Augustus gestifteten Friedensaltars (Ara Pacis) in Rom

Der Eid lautet folgendermaßen: Keiner soll in jemandes Haus in feindlicher Absicht eindringen, noch es durch Brandstiftung verwüsten; keiner soll jemanden gefangen nehmen wegen des Geldes, noch soll er ihn verwunden, noch schwer verletzen, noch töten. Und wenn einer dies tut, dann soll er sein Augenlicht oder eine Hand verlieren. Wenn einer diesen verteidigt, soll er die gleiche Strafe erleiden. Wenn einer in eine Burg flüchtet, dann soll diese von den Schwurgenossen drei Tage lang belagert und dann zerstört werden. Wenn jemand sich diesem Urteil entzieht, soll, wenn er ein Lehen hat, der Lehnsherr ihm dieses entziehen, sein Eigengut sollen ihm seine Verwandten wegnehmen. Wenn jemand einen Diebstahl im Werte von 5 Schilling oder mehr begeht, soll er sein Augenlicht oder eine Hand verlieren. Wenn er einen Diebstahl im Werte von weniger als 5 Schilling begeht, soll er seine Haare einbüßen und der Prügelstrafe überantwortet werden und das Diebesgut zurückgeben; und wenn er dreimal einen solchen Diebstahl begeht oder zum dritten Mal einen Raub begeht, dann soll er sein Augenlicht oder die Hand verlieren. Diesen Schwur gebrauchen die Freunde des Königs als Schild, seinen Feinden nützt er überhaupt nichts.

Bericht über den Mainzer kaiserlichen Landfrieden, in: Pax, Modelle für den altsprachlichen Unterricht, Frankfurt/M. 1977, S. 78f.

1. *Welche Vorstellung von Frieden vermittelt die Darstellung (Mat. 4)?*
2. *Erkläre an Hand des Textes die Besonderheit des Friedensbegriffes im Mittelalter. Beachte, wer beteiligt ist, für wen und wie lange er gilt.*
3. *Welche Rückschlüsse lässt der Landfrieden für die Rechts- und Staatsordnung im Mittelalter zu?*

Die Idee des Friedens in der Aufklärung

5 Im Jahr 1795 erschien der Entwurf „Zum Ewigen Frieden" des Philosophen I. Kant (1724–1804), der in der Weltliteratur weit verbreitet wurde:

Q Der Friedenszustand unter Menschen, die nebeneinander leben, ist kein Naturzustand …, der vielmehr ein Zustand des Krieges ist, das ist, wenngleich nicht immer ein Ausbruch der Feindseligkeiten, doch immerwährende Bedrohung mit denselben. Er muss also gestiftet werden; denn die Unterlassung der letzten ist noch nicht Sicherheit dafür, und, ohne dass sie einem Nachbarn von dem anderen geleistet wird (welches aber nur in einem gesetzlichen Zustand geschehen kann), kann jener diesen, welchen er dazu aufgefordert hat, als einen Feind behandeln …
Da es nun mit der unter den Völkern der Erde einmal durchgängig überhand genommenen Gemeinschaft so weit gekommen ist, dass die Rechtsverletzung an einem Platz der Erde an allem gefühlt wird, so ist die Idee eines Weltbürgerrechts keine phantastische und überspannte Vorstellungsart des Rechts, sondern eine notwendige Ergänzung des ungeschriebenen Kodex, sowohl des Staats- als Völkerrechts zum öffentlichen Menschenrechte überhaupt, und so zum ewigen Frieden.

I. Kant, Zum Ewigen Frieden. Ein philosophischer Entwurf, hg. von W. Weischedel, Darmstadt 1970, S. 191ff.

1. *Kläre die Begriffe Naturzustand und Friedenszustand nach den Vorstellungen Kants.*
2. *Warum sieht er in der Idee des Weltbürgertums einen Fortschritt auf dem Weg zum Frieden unter den Völkern? Wie beurteilst du Leistung und Grenzen dieser Idee?*

Krieg – Nationale Pflicht oder Irrweg der Menschheit?

Die Französische Revolution stellte auch für die Auffassung von Krieg und Frieden einen bedeutenden Einschnitt dar. Aber nicht das, was Kant im Sinne der Aufklärung erhofft hatte, trat ein. Die Revolutionäre entdeckten den Krieg als Mittel zur Durchsetzung ihrer neuartigen politischen und gesellschaftlichen Ziele. Der Girondist Brissot sprach vom „Kreuzzug für die Freiheit“ und sein Parteifreund Isnard forderte eine Ausweitung der gewaltsamen Auseinandersetzung mit den Kräften der alten Ordnung Europas. „Sagen wir Europa, dass wenn die Kabinette die Könige in einen Krieg verwickeln, wir die Völker in einen Krieg gegen die Völker verwickeln werden.“ Die neue Idee des Volkskriegs wurde erstmals 1793 Wirklichkeit, als Carnot die „levée des masses“, d. h. die Massenmobilmachung, proklamierte. Der Volkskrieg wurde mit dem Missionsgedanken der Freiheit für die Völker und der Gleichheit der Menschen legitimiert. Mit dem Krieg gegen die alte Ordnung sollte das Glück der Menschheit realisiert werden. Das hatte Folgen für die Art der Kriegführung. Im Zeitalter des Absolutismus war der Kabinettskrieg die bestimmende Form der gewaltsamen Auseinandersetzung gewesen. Fürsten und Könige führten mit ihren Söldnerheeren Krieg, um ihre Macht auf ein bestimmtes Gebiet auszuweiten oder sich einen anderen politischen Vorteil zu verschaffen. Zu dieser begrenzten Zielsetzung gehörte, dass man z. B. den Krieg abbrach, wenn der Gegner sich dieser Zielsetzung beugte.

Die Entwicklung neuartiger Waffentechniken und Strategien und die Volkskriege, für die der moderne Staat mit Hilfe der allgemeinen Wehrpflicht die Massen mobilisierte und sie auch im Sinne eines auf die eigene Nation bezogenen Patriotismus erzog, führte zu einem immer größeren Massensterben auf den Schlachtfeldern. Kriege richteten sich seit dem 19. Jahrhundert gezielt gegen den Feind und zu ihm gehörte nicht nur der Soldat, sondern auch die Bewohner des Landes, gegen das Krieg geführt wurde. Je mehr sich der Nationalismus als politische Idee durchsetzte, um so stärker bestimmte das Feindbild die Köpfe der Kämpfenden.

Es gab geistige Strömungen, die dieser Unmenschlichkeit des Tötens Einhalt zu gebieten suchten. Die Britin Florence Nightingale und der Schweizer Henry Dunant, die beide das qualvolle Sterben Verwundeter während des Krimkrieges miterlebt hatten, zogen daraus die Konsequenz, dass man – wenn schon der Krieg nicht abzuschaffen sei – etwas für die Kranken- und Verwundetenpflege tun müsse. 1864 wurde auf die Initiative von Henri Dunant das Rote Kreuz gegründet, das sich humanitärer Aufgaben während und nach der Kriegführung annahm. Die meisten Staaten haben sich seit dieser Zeit zu den Grundsätzen der in Genf abgeschlossenen Konvention bekannt.

Den Pazifisten des 19. Jahrhunderts genügte ein solches Hilfswerk nicht, sie wollten den Krieg gänzlich aus der Geschichte der Menschheit entfernen. Das Problem war nur, wie man dies erreichen könne. Dabei fanden sie ganz unterschiedliche Antworten. Zunächst schlossen sich in England und Frankreich – nicht aber in Deutschland – bürgerliche Kreise zu Friedensvereinen zusammen. Ein Teil dieser Friedensbewegung forderte die Begrenzung des Rüstens, den Abbau nationaler Vorurteile und die Einrichtung einer internationalen Kontrollinstanz, durch die Konflikte zwischen Staaten geschlichtet werden sollten. Diese Bemühungen mündeten schließlich 1899 in der ersten Haager Konferenz, in der europäische Staatsmänner erstmals über solche Angelegenheiten verhandelten. Der Gedanke, dass durch ein übergeordnetes internationales Recht der Ausbruch von Gewalt unterbunden werden kann, reicht bis in die heutige UNO. Aber wie kann das Recht gegen gewaltbereite Staaten, denen der Vorteil wichtiger als die Rechtsanerkennung ist, durchgesetzt werden? Wie lässt sich Krieg verhindern?

Mit dieser Frage sah sich der andere Teil der Friedensbewegung konfrontiert, der glaubte, durch Öffentlichkeitsarbeit und persönliche Kriegsverweigerung die Menschheit von der Unsinnigkeit des Krieges überzeugen zu können. Dieser Pazifismus wurde und wird bis in unsere Zeit hinein oft als utopische Schwärmerei abgetan.

Eine verhängnisvolle Gegenströmung sah in diesem „gefühlsbetonten Pazifismus“ einen Irrweg, der zur Verweichlichung der Menschheit führe, und pries gegen Ende des 19. Jahrhunderts zunehmend den Krieg als „ein Glied in Gottes Weltordnung“, in dem sich die „edelsten Tugenden des Menschen“ – Mut, Entsagung, Pflichttreue und Opferbereitschaft – entfalten, so General von Moltke. Er sprach nur das aus, was sehr viele in Europa dachten, die den Krieg als Ort der Bewährung des Mannes bestimmten. In solcher Gesinnung erzogen, erlebte die Jugend mit ihrer Kriegsbegeisterung im Ersten Weltkrieg ein grauenvolles Erwachen. Warum aber schlug nach der Erfahrung dieses „unvorstellbaren Sterbens“ in Verdun und anderswo nicht die Stunde der Pazifisten?

Krieg und Kriegserfahrung seit der Französischen Revolution

Der Krieg als nationale Notwendigkeit?

1 *Am 23. August 1793 beschloss der Nationalkonvent in Paris während der Revolutionskriege in einem Dekret die allgemeine Volksbewaffnung:*

Q Art. 1 Von jetzt an bis zu dem Tage, an dem die Feinde vom Gebiet der Republik vertrieben sind, unterliegen alle Franzosen der ständigen Heeresdienstpflicht.
Die jungen Männer ziehen in den Kampf, die verheirateten schmieden Waffen und befördern die Verpflegung; die Frauen fertigen Zelte und Uniformen und leisten in den Lazaretten Dienst; die Kinder zupfen altes Leinenzeug zu Scharpio[1], die Alten lassen sich auf öffentliche Plätze tragen, um in den Kriegern Mut und Hass gegen die Könige anzustacheln und ihnen die Einheit der Republik ans Herz zu legen.

Art. 2 Die Gebäude der Nation werden in Kasernen, die öffentlichen Plätze zu Waffenwerkstätten umgewandelt, die Kellerfußböden zur Gewinnung von Salpeter ausgelaugt.

Art. 6 Die zur Durchführung dieses Gesetzes ausgesandten Volksvertreter ... besitzen ebensolche unbegrenzte Vollmachten wie die zu Armeen entsandten Volksvertreter.

Art. 7 Niemand kann sich in dem Dienst, zu dem er eingezogen wird, von einem anderen vertreten lassen.

Art. 8 Die Aushebung wird allgemein sein; die unverheirateten Bürger und kinderlosen Witwer im Alter von 18 bis 25 Jahren bilden die erste Dienstklasse ...

Art. 11 Das in jedem Distrikt aufgestellte Bataillon sammelt sich unter einem Banner, das die Aufschrift trägt: Das französische Volk steht auf wider die Tyrannen.

[1]zerrupfte Leinwand

zit. nach: W. Markov, Revolution im Zeugenstand. Frankreich 1789–1799, Bd. 2, Frankfurt/M. 1987, S. 48f.

Der Kampf um die Humanisierung des Krieges

2 *Henry Dunant, der Gründer des Roten Kreuzes, bei den Verwundeten und Sterbenden der Schlacht von Solferino, 1859:*

Q Auf den steinernen Fliesen der Spitäler und Kirchen von Castiglione liegen Seite an Seite Kranke aller Nationen: Franzosen, Araber, Deutsche und Slaven: ... sie haben nicht mehr die Kraft sich zu bewegen und können sich auf dem engsten Raum nicht rühren ... Sie haben schwere Mühen ausgestanden, sie haben Nächte ohne Schlaf verbracht, dennoch können sie keine Ruhe finden. Verzweifelt flehen sie nach einem Arzt, sie werfen sich in Zuckungen hin und her, bis schließlich der Starrkrampf eintritt oder der Tod sie erlöst ...
Dort liegt ein völlig entstellter Soldat, dessen Zunge übermäßig lang aus dem zerrissenen und zerschmetterten Kiefer heraushängt. Er macht alle Anstrengungen sich zu erheben. Ich benetze seine vertrockneten Lippen und seine verdorrte Zunge. Dann nehme ich eine Handvoll Scharpio, tauche sie in einen Kübel, den man mir nachträgt, und drücke das Wasser aus diesem Schwamm in die unförmige Öffnung, die die Stelle seines Mundes vertritt ...
Gibt es während einer Zeit der Ruhe und des Friedens kein Mittel, um Hilfsorganisationen zu gründen, deren Ziel es sein müsste, die Verwundeten in Kriegszeiten durch begeisterte, aufopfernde Freiwillige, die für ein solches Werk besonders geeignet sind, pflegen zu lassen? ... Hätte es bei Solferino ein solches internationales Hilfswerk gegeben, ... wie viel unbeschreiblich Gutes hätten sie leisten können! ... Menschlichkeit und Zivilisation verlangen gebieterisch, dass man ein Werk, wie wir es hier angedeutet haben, in Angriff nimmt.
Ist es in einer Epoche, wo man so viel von Fortschritt und Zivilisation spricht, nicht dringend nötig, da nun einmal unglücklicherweise Kriege nicht immer verhindert werden können, darauf zu bestehen, dass man im Sinne wahrer Menschlichkeit und Zivilisation einen Weg sucht, um wenigstens ihre Schrecken etwas zu mildern?

Handbuch des Geschichtsunterrichts, Bd. V, hg. von H. Krieger, Frankfurt/M. 1973, S. 86.

1. *Wen fordert der Krieg? Beschreibe die unterschiedlichen Kriegsdienste, die geleistet werden sollen. Wodurch unterscheidet sich ein solcher Krieg von dem Kabinettskrieg?*
2. *Inwiefern ist die Idee Dunants (Q 2) etwas grundsätzlich Neues? Informiere dich über Aufgaben und Organisation des Roten Kreuzes.*

Persönliche Erfahrungen aus den Weltkriegen

3 *Feldpostbrief vom 17. Oktober 1914:*

Q Ich befinde mich, wie du weißt, vor des Feindes Angesicht. Da ist einem nicht bekannt, ob man die andere Stunde noch erlebt ... Ich weiß gar nicht, wofür weiter gekämpft werden soll ... Wer für den Krieg weiter ist, der ist überhaupt kein Mensch mehr. Die Not könnte nicht größer sein im Feindesland und auch daheim. Es können das nur Leute sein, die keine Ahnung haben ... Heute kommen wir wieder vor in die erste Linie in den Schützengraben. Man könnte dadrinnen lebendig erfrieren in der Nacht, denn in Nordfrankreich ist es sehr kalt. Doch niemand hilft einem. Die ganze Nacht hört das Schießen nicht auf. Die ganze Mannschaft ist erschöpft. Wir haben oft drei Tage nichts zu essen bekommen

… du kannst dir also, lieber Schwager, ein Bild machen, wie es im Kriege hergeht. Wir alle wollen den Frieden. Was nützt es uns, wenn wir die halbe Welt erobern und alle unsere Kräfte opfern. Seid alle draußen nur recht für den Frieden! Wir wollen keinen Heller von den eroberten Gebieten, auch wenn wir sie noch so teuer erkauft haben mit unserem Leben und unserer Gesundheit. Wir geben Hab und Gut dazu und noch dazu die Freiheit. Es ist unser Ziel, Frau und Kind wieder zu bekommen.

Frontalltag im Ersten Weltkrieg. Wahn und Wirklichkeit, hg. von B. Ulrich und B. Ziemann, Frankfurt/M. 1994, S. 61f.

4 *Aus dem Brief einer Londonerin vom 4. Februar 1941:*

Q Tapferkeit ist eine wundervolle Sache und ich bin stolz auf mein Volk dafür, dass es tapfer ist, aber es ist bei weitem nicht die einzige Tugend. Wir kämpfen um unser Leben und unsere Freiheit und keiner von uns würde daran denken aufzugeben, weil wir wissen, es würde nur noch schlimmer kommen. Wir haben wenigstens jetzt noch Hoffnung, aber wir gehen etwas benommen von einem Tag in den nächsten. Nach jedem Tag gibt es noch mehr Schaden, noch mehr Ruinen, wo früher Häuser und schöne Gebäude waren, noch mehr Menschen, die tot oder verwundet sind. Wir stellen das nicht in Frage, wir akzeptieren es – aber das ist doch kein Leben. An Angst zu leiden ist furchtbar … Wir erwarten, dass es noch schlimmer wird, und wir erwarten, dass wir es auf die gleiche Art und Weise hinnehmen werden – aber es stumpft ab und macht uns müde.

zit. nach: Praxis Geschichte, Heft 5/1990, S. 37.

1. *Vergleiche die beiden Kriegserfahrungen in den Quellen 3 und 4. Wie erklärst du dir die unterschiedlichen Konsequenzen?*
2. *Die Erfahrung des Krieges spiegelt sich auch in den Materialien 5 und 6. Interpretiere die unterschiedlichen Aussagen.*

5 *Plakat von Käthe Kollwitz aus dem Jahr 1924*

6 *Ehrenmal für die Gefallenen des Ersten Weltkriegs von S. Mages in Kaiserslautern. Die Denkmalinschrift lautet: „Ehret die Toten. Sie sind nicht vergeblich gefallen. Das Licht ihrer Tat kündet den Enkeln das Heil."*

Das 20. Jahrhundert – kann der Frieden weltweit gesichert werden?

„Der eitle Traum vom Frieden" – so lautet ein Artikel in der „Zeit", der 50 Jahre nach dem Ende des Zweiten Weltkrieges erschien. In diesem pessimistischen Licht zeigt sich die Geschichte des 20. Jahrhunderts, die trotz der Versuche eine heile Welt zu schaffen und trotz vieler Faktoren, die auf eine Einheit hinwirken, eine Geschichte blutiger kriegerischer Auseinandersetzungen bleibt. Nach dem Ersten Weltkrieg wurde der Völkerbund gegründet, dessen Mitgliedstaaten sich zur Erhaltung des Weltfriedens verpflichteten und berechtigt waren, gegen einen Friedensbrecher Sanktionen zu verhängen. Aber dieser erste Anlauf durch eine internationale Organisation den Weltfrieden zu erhalten scheiterte. Das Verhältnis der Staaten durch eine Weltinnenpolitik zu regeln war von Anfang an problematisch und wurde zunehmend unmöglich, weil der Völkerbund ein Instrument der Siegermächte blieb, weil die USA ihre Mitarbeit versagten und weil er den Kriegswillen Hitler-Deutschlands, Japans und Italiens nicht unterbinden konnte. Immerhin gelang es Briand und Stresemann einen wichtigen Schritt zu einem dauerhaften Frieden in Europa zu tun und ihre Völker davon zu überzeugen, dass eine Aussöhnung möglich sei; aber diesem Versöhnungswillen war nicht die Zeit gegeben sich zu verfestigen. So beachtlich auch die Idee des Briand-Kellogg-Paktes war den Angriffskrieg als Mittel der Politik zu verbieten, so wirkungslos blieb er in der Realität der 30er Jahre. Zu den Auswirkungen der Weltwirtschaftskrise traten politische Bedrohungen durch Diktaturen und totalitäre Systeme. Die Welt beobachtete mit Sorge die scheinbare Friedfertigkeit der Außenpolitik Hitlers. Um den Frieden nicht zu gefährden, verfolgten die westlichen Demokratien, insbesondere die britische Regierung, eine Politik des „Appeasement", die die Ansprüche Hitlers, eine unverhohlene Revision des Versailler Vertrags, zufrieden stellen und das Deutsche Reich in ein gegenseitiges System der Sicherheit einbinden sollte. Höhepunkt dieser Politik war das Münchner Abkommen; Chamberlain war überzeugt damit den „Frieden für unsere Zeit" gerettet zu haben. Hitlers Antwort war Krieg.

„Die kommenden Generationen vor der Geißel des Krieges zu bewahren" – das war das wesentliche Ziel der UNO, die sich im April 1945 bildete. Wir wissen, dass das Vorhaben den Sieg über den Krieg davonzutragen und überall auf der Welt Menschenwürde und Menschenrechte zu schützen auch von der UNO (noch) nicht eingelöst werden konnte. Nicht eine Welt ist nach dem Zweiten Weltkrieg entstanden, sondern durch den Ost-West-Konflikt zwei, dann aufgrund der Entkolonialisierung die Dritte Welt. Auch die „Zeitenwende" der Jahre 1989/90 hat die UNO nicht befähigt ihre eigentliche Aufgabe zu erfüllen. Die Einsätze der UN-Friedenstruppen sind zwar notwendig, aber in ihrer Wirksamkeit fragwürdig. Die Erwartungen an die UNO sind in der heutigen Situation fast uneinlösbar. Unabdingbar scheinen gemeinsame Strategien, um im Vorfeld kriegerischer Aktionen soziale Konflikte zu erkennen und im Sinne eines Krisenmanagements zu entschärfen, Armut und Unterentwicklung zugunsten des Weltfriedens aufzubrechen. Dringend geboten ist auch im Kleinen wie im Großen gegen militanten Nationalismus und Fanatismus jeder Schattierung Aufklärungsarbeit zu leisten und einer Erziehung zur gewaltfreien Lösung von Konflikten den Weg zu ebnen.

„Krieg und Frieden". Fresko von Otto Dix im Rathaus von Singen, 1960

Der Weltfriede – viele Ideen, keine Lösung?

1 *„Der Graben" von Kurt Tucholsky, 1926:*

Mutter, wozu hast du deinen aufgezogen?
Hast dich zwanzig Jahr mit ihm gequält?
Wozu ist er dir in deinen Arm geflogen,
Und du hast ihm leise was erzählt?
Bis sie ihn dir weggenommen haben.
Für den Graben, Mutter, für den Graben.

Junge, kannst du noch an Vater denken?
Vater nahm dich oft auf seinen Arm.
Und er wollt dir einen Groschen schenken,
Und er spielte mit dir Räuber und Gendarm.
Bis sie ihn dir weggenommen haben.
Für den Graben, Junge, für den Graben.

Drüben die französischen Genossen
lagen dicht bei Englands Arbeitsmann.
Alle haben sie ihr Blut vergossen,
und zerschossen ruht heut Mann bei Mann.
Alte Leute, Männer, mancher Knabe
in dem einen großen Massengrabe.

Seid nicht stolz auf Orden und Geklunker!
Seid nicht stolz auf Narben und die Zeit!
In die Gräben schicken euch die Junker,
Staatswahn und der Fabrikantenneid.
Ihr wart gut genug zum Fraß für Raben,
Für das Grab, Kamraden, für den Graben.

Werft die Fahnen fort!
Die Militärkapellen
spielen auf zu eurem Todestanz.
Seid ihr hin: ein Kranz von Immortellen –
das ist dann der Dank des Vaterlands.
Denkt an Todesröcheln und Gestöhne.
Drüben stehen Väter, Mütter, Söhne.
schuften schwer, wie ihr, ums bißchen Leben.
Wollt ihr denen nicht die Hände geben?
Reicht die Bruderhand als schönste aller Gaben
Übern Graben, Leute, übern Graben –!

Kurt Tucholsky, Gedichte, hg. von Mary Gerold-Tucholsky, Hamburg 1983, S. 517f.

1. *Welche Erfahrungen vom Krieg enthält das Gedicht? – Nimm Stellung zu folgender Bewertung: Menschlich, verständlich, aber mit geringer realistischer Perspektive.*

2 *Amerikanische Karikatur zur Friedensrede Hitlers am 7. Mai 1933 im Deutschen Reichstag*

1. *Formuliere für die Karikatur eine aussagekräftige Überschrift oder einen knappen Kommentar aus amerikanischer Sicht.*

Was leistet „Appeasement-Politik"?

3 *Chamberlain in der Debatte vom 1. November 1938:*

Q Wir werden niemals weit kommen, wenn wir uns nicht mit der Idee vertraut machen, dass die Demokratien und die totalitären Staaten nicht gegeneinander in zwei gegensätzliche Blöcke eingeordnet werden dürfen, sondern dass sie, wenn sie wollen, zusammenarbeiten können nicht nur für die Beilegung von Streitigkeiten, wenn sie erst einmal entstanden sind, sondern auch für die Verwirklichung eines konstruktiven Programms, das ... die Regulierung der internationalen Beziehungen in verschiedener Weise und zum Nutzen aller erleichtern wird.

zit. nach: N. Chamberlain, The Struggle for Peace, London 1939, S. 347.

1. *Hat Chamberlain die Aussage der Karikatur nicht sehen wollen, als er sein Konzept der Appeasement-Politik in die Tat umsetzte? Wo liegt das grundsätzliche Problem einer solchen „Friedensstrategie"? Diskutiert darüber.*

Neue Wege beim Krisenmanagement

4 *1992 legte der Generalsekretär Butros-Ghali einen neuen Aufgabenkatalog für die UNO vor, die Agenda für den Frieden. Die internationale Gemeinschaft soll dadurch nicht nur bei Kriegen zwischen Staaten, sondern auch bei drohenden Bürgerkriegen vor Ausbruch von Gewalt eingreifen. Die Agenda nennt fünf Aufgabenbereiche, die in engem Zusammenhang stehen:*

Q **1.** *Vorbeugende Diplomatie:* Durch sie sollen Streitigkeiten schon vor Ausbruch eines offenen Konflikts durch Verhandlungen und vertrauensbildende Maßnahmen verhindert werden. Dazu gehört auch der vorbeugende Einsatz von UN-Truppen, die entmilitarisierte Zonen errichten und den Beginn von Kriegshandlungen vermeiden sollen.

2. *Friedensschaffung:* Gewaltlose Sanktionen, Vermittlung von Verhandlungen und internationale Schiedssprüche sollen den Frieden ermöglichen. Erst wenn alle friedlichen Maßnahmen versagen, hat die UNO durch militärische Gewalt den Frieden wiederherzustellen.

3. *Friedenssicherung:* Ziel ist es die Lage in einer Konfliktzone zu entschärfen und Sorge zu tragen, dass die Vereinbarungen auch eingehalten werden. Wichtige Mittel sind: Beobachterdelegationen, Einsatz von UNO-Friedenstruppen zur Untersuchung von Grenzverletzungen, Beobachtungen von Wahlen und Überwachung von Waffenstillstands- und Friedensvereinbarungen, Bildung einer Pufferzone zwischen gegnerischen Mächten, Sicherung humanitärer Maßnahmen usw.

4. *Friedenskonsolidierung:* Nach Beendigung eines Konflikts soll die UNO die Konfliktparteien beim friedlichen Wiederaufbau unterstützen. Dazu zählen die Entwaffnung der verfeindeten Parteien, die Wiederherstellung einer staatlichen Ordnung (Schutz der Menschenrechte, Wahlüberwachung, Ausbildung und Beratung von Sicherheitskräften) sowie die Förderung von Projekten, die die soziale und wirtschaftliche Entwicklung im Krisengebiet voranbringt.

Weil der Einsatz der UNO bislang häufig am Vetorecht gescheitert ist, sieht die Agenda vor, dass das Initiativrecht des Generalsekretärs gestärkt wird. Damit erhält er eine wichtige politische Aufgabe für die Erhaltung des Weltfriedens.

zit. nach: Informationen zur politischen Bildung, Heft 246, I/1995.

„Wenn Armut und Unterentwicklung das Weltklima vergiften …"

5 *Aus dem Vortrag des ehemaligen Bundeskanzlers Willy Brandt vor dem Hamburger Kongress „Klima und Entwicklung" im Jahr 1988:*

Q Es führt kein Weg daran vorbei: Wir müssen umdenken und die Erde – wieder, wenn man so will – als Ganzes ins Auge nehmen. Die Ausbeutung der Natur und die Verschwendung ihrer Reichtümer und Rohstoffe sind an gefährliche Grenzen gestoßen. Entscheidend für die Milderung des Treibhauseffektes und für den Stopp der Ozonkiller sind Änderungen in der industriellen Produktionsweise …

Tschernobyl hat vielen bewusst werden lassen, dass Umweltgefahren vor Staats- und auch vor Systemgrenzen nicht haltmachen. Wir hier in Westeuropa befinden uns in einer Risikogemeinschaft mit den osteuropäischen Nachbarn – und sie umgekehrt mit uns. Ökologische Sicherheit – soweit sie nicht nur noch international zu gewährleisten ist – können wir im „europäischen Haus" nur durch Zusammenarbeit und Ost-West-Partnerschaft erreichen.

Gemeinsame Sicherheit muss das Ziel sein – im Umweltschutz nicht weniger offenkundig als im militärischen Bereich. Die Begriffe Abrüstung und Verteidigung erhalten einen neuen Gehalt: Verteidigen müssen wir zukünftig nicht zuletzt unsere natürliche Umwelt. Das wird etwas leichter sein, wenn es im Übrigen gelingt, Destruktionspotentiale abzubauen …

Aber was tun wir, um in jenen Teilen der Welt, wo die „Umweltlobbies" fehlen und so vielfach bittere existentielle Not zum Raubbau an der Natur zwingt, was tun wir, um den Hunderten von Millionen Menschen in der sogenannten Dritten und Vierten Welt eine umweltverträgliche Entwicklung vernünftig möglich und lohnend erscheinen zu lassen? Ihnen nahe zu bringen, dass Frieden und Entwicklung wie Klima und Entwicklung nicht nur unsere Themen, sondern auch die ihren sind? Wir tun weithin viel zu wenig. Wir verstehen noch nicht deutlich zu machen, dass wir in globaler Verantwortung handeln möchten, obwohl wir doch wissen oder zumindest erahnen, wie sehr Armut und Unterentwicklung das Weltklima vergiften – im direkten und übertragenen Sinne des Wortes – und damit die Zukunft aller gefährden.

Frankfurter Rundschau vom 21.11.1988.

1. *Welche Chancen der Friedenserhaltung siehst du in dem neuen Aufgabenkatalog für die UNO?*
2. *Welche Voraussetzungen müssen erfüllt sein, damit diese Forderungen in die Tat umgesetzt werden können?*

1. *Vor welchen neuen Bedrohungen des Friedens warnt Brandt? Was kann deiner Ansicht nach getan werden, um diesen Bedrohungen entgegenzutreten?*

Register

Die mit * gekennzeichneten Begriffe werden auf den fett gedruckten Seiten erklärt.

Das **Titelfoto** zeigt Brasiliens Hauptstadt Brasilia (erbaut 1956–1960), die von der UNESCO zum Weltkulturerbe der Menschheit erklärt wurde. Zu sehen ist der Blick über den Platz der drei Gewalten mit dem Nationalkongress und der Plastik von Bruno Giorgi „Dois Guerreiros“ (Die beiden Krieger), auch „Candangos“ genannt, die an die Arbeiter erinnern soll, die Brasilia erbauten.

Bildquellen

Arbeiterkultur und Ökologie. Institut und Studienarchiv: S. 80; Archiv der Deutschen Städte – Reklame GmbH, München: S. 86, 87 (l.); Archiv für Kunst und Geschichte: S. 41, 95 (r.), 222 (2), © VG Bild-Kunst, Bonn 1995: S. 83; Archiv Gerstenberg, Wietze: S. 37, 129; K. Mäding (aus: „Time“): S. 257; Aus den Beständen des Instituts für Zeitungsforschung der Stadt Dortmund: S. 82, 226; Photo Associated Press: S. 203 (o. r.); © Fritz Behrendt, Cartoon-Caricature-Contor: S. 199; Bavaria – M. Mirecki: Titelfoto; © Bildarchiv Preußischer Kulturbesitz: S. 16, 97 (o.), 98 (2), 101, 102, 107, 110, 131, 132, 134, 156, 208 (o.), 216, 250 (u. und o. r.); Bilderberg, Hamburg: S.289, Wolfgang Kunz; Bilderdienst Süddeutscher Verlag: S. 23, 95 (l.), 120, 170, 198, 211, 217, 225, 252, 267, 280, 295; Bundesarchiv Koblenz: S. 66; Chaplin-Archiv, Frankfurt/M.: S. 24; China Photos Peking: S. 266; Chronik des Films, Harenberg Verlag, Dortmund 1993: S. 85; © 1935, 1963 by the Condé Nast Publications, Inc./HBJ Photo: S. 31; H. Darchinger, Bonn: S. 237; Deutsches Institut für Filmkunde, Wiesbaden: S. 61; Foto dpa: S. 127 (l.), 182 (r.), 200, 203 (u. l. u. r.), 234, 238, 256, 262, 268, 270, 276 (u.), 282, 294; © Erich Schmidt Verlag: S. 141; Galerie Nierendorf Berlin: S. 219; © Paul Glaser: S. 244; Globus: S. 246; R. Hagen, Norway, Cartoonists & Writers Syndicate: S. 195; Interfoto, München: S. 61 (2); Jürgens Ost- und Europa-Photo, Berlin: S. 182 (l.), 208 (m. r.); Jacksonville-Times-Union: S. 159 (l. o.); Käthe Kollwitz Museum, Köln, Träger: Kreissparkasse Köln. © VG-Bildkunst, Bonn 1995: S. 319 (l.); Keystone: S. 208 (m. l.), 263; B. Klemm, F.A.Z.: S. 208 (u.); C. Kleßmann: S. 214; © Joachim Kohlbrenner, Cartoon-Caricature-Contor: S. 243; Kulturamt der Stadt Singen: S. 320; Kunstbibliothek SMPK Berlin: S. 162 (r.); Landesarchiv Berlin: S. 251; Foto: Landesbildstelle Berlin: S. 250 (o. l.); Lenin-Bibliothek, Moskau: S. 38 (aus: Kunst in die Produktion!, hg. v. d. NGBK, Berlin 1977), 52, 54; Library of Congress Collections, Washington (aus: D. Franck, Die Welt der dreißiger Jahre, München 1985): S. 35; Memorial Art Gallery of the University of Rochester; Marion Stratton Gould Fund: S. 27 (o.) © Till Mette, Cartoon-Caricature-Contor: S. 255 (l.); © Burkhard Mohr, Cartoon-Caricature-Contor: S. 305; Luis Murschetz: S. 255 (r.) – Die Zeit, 308 (r.) – Cartoon-Caricature-Contor; © Felix Mussil, Cartoon-Caricature-Contor: S. 308 (l.); New School for Social Research N. Y. (aus: Amerika, Traum und Depression, hg. v. d. NGBK, Berlin 1981): S. 27 (u.); Photo- und Presseagentur Focus, Hamburg: S. 293; Foto: Presseagentur Nowosti: S. 48; Scala, Antella: S. 316; Sheldon Swope Art Gallery Terre Haute: S. 28; Spectrum/BAVARIA: S. 162 (l.); Spiegel, Hamburg: S. 159 (r. o.); © Staatliche Museen zu Berlin. Preußischer Kulturbesitz, Kunstbibliothek: S. 278; Staatsarchiv Hamburg: S. 78; Stadtmuseum Berlin, © VG Bild-Kunst, Bonn 1995: S. 62; Foto: Stadt- und Universitätsbibliothek, Frankfurt/M.: S. 92, 104; Städtische Galerie im Lenbachhaus, München: S. 97 (u.); © Stiftung Deutsche Kinemathek: S. 87 (r.); St. Louis Post-Dispatch: S. 154, 212; Studio X, © Novovitch: S. 300; Südwest Verlag, München 1984: S. 235; © The Equitable Life Assurance Society of the United States. Photo 1988 by Dorothy Zeidman: S. 20 (o.); The New York Public Library Picture Collection: S. 44; The Whitney Museum of American Art: S. 20 (u.), 29; Time-life Picture Agency, New York: S. 26 (2); Times Internationale (M. Ilic): S. 173; Topham Picture Source: S. 33 (o.); Foto: Ullstein: S. 8, 55, 69, 109, 130, 142, 259, 260; Foto: Ullstein – Ursula Röhnert: S. 25; Foto: Ullstein – AP: S. 166; view – die agentur, Kaiserslautern: S. 319 (r.); Foto und © Visum/Götz Linzenmeier (o. l.): S. 203; Wilhelm-Busch-Museum, Hannover: S. 127 (r.); Zenit Bildagentur: S. 248; aus: Agitation zum Glück, S. 72, 102 u. 143: S. 57, 184; aus: W. Ballhause, Zwischen Weimar und Hitler. Sozialdemokratische Fotografie 1930–1933, München 1981, S. 27: S. 90; aus: Das Atomzeitalter, S. 66: 272; aus: Die Kunst der Oktoberrevolution 1917–1921, Düsseldorf, Wien 1979: S. 50; aus: Evening standard, 9.10.39, Karikatur C. Berryman: S. 122; aus: Friedrich Jahreshefte, Heft IX, S. 107, E. Friedrich Verlag: S. 178; aus: John A. Garraty, American History, Chicago 1986, Foto: Culver Pictures: S. 33 (u.); aus: Kunst im Verborgenen: Nonkonformisten. Russland 1957–1995, Sammlung des Staatlichen Zarizino-Museums, Moskau, Prestel, S. 63 u. 122: S. 189 (2); aus: Langewiesche-Brandt, Anschläge. Politische Plakate in Deutschland 1900–1970: S. 67, 72, 91, 144, 204, 231 (2), 233; aus: Life. Das zweite Jahrzehnt, London, S. 40: S. 291; aus: Propyläen, Geschichte Europas, Band 6, S. 298, 244: S. 148, 153, 185, 276 (o.); aus: H. Pross, Jugend, Eros, Politik. Die Geschichte der deutschen Jugendverbände, Bern 1964, S. 315: S. 81; aus: Unser Jahrhundert im Bild, Gütersloh 1964, S. 259: S. 12

Nicht in allen Fällen war es uns möglich den Rechteinhaber der Abbildungen ausfindig zu machen. Berechtigte Ansprüche werden selbstverständlich im Rahmen der üblichen Vereinbarungen abgegolten.

Tabelle wichtiger Daten

1914 bis 1945

1914–18	Erster Weltkrieg
1917	„Epochenjahr“: Kriegseintritt der USA und Revolution in Russland
1918	Friedensprogramm des amerik. Präsidenten Wilson
1918	Friede von Brest-Litowsk der Sowjetunion mit den Mittelmächten
1918	Novemberrevolution in Deutschland
1919	Pariser Friedenskonferenz zur Neuordnung Europas und Gründung des Völkerbundes
1919	Unterzeichnung des Versailler Vertrages
1919–33	Weimarer Republik in Deutschland
1921	Washingtoner Abrüstungskonferenz
1922	Dt.-sowjet. Vertrag von Rapallo
1922	Machtübernahme Mussolinis in Italien
1923	Krisenjahr der Weimarer Republik mit Ruhrbesetzung, Inflation u. Hitler-Putsch
1924	Tod Lenins, Beginn des Aufstiegs Stalins zum Alleinherrscher in der UdSSR
1925	Vertrag von Locarno: Ausgleich Deutschlands mit ehem. Kriegsgegnern
1926	Beitritt Deutschlands zum Völkerbund
1928	Kellogg-Pakt zur Kriegsächtung
seit 1928	Zwangskollektivierung in der UdSSR
1929	„Schwarzer Freitag“: Zusammenbruch der New Yorker Börse, Beginn der Weltwirtschaftskrise
30.1.1933	Hitler wird dt. Reichskanzler („Machtergreifung“)
1933	Beginn des New Deal in den USA
1934	Dt. Austritt aus dem Völkerbund
1935–38	Schauprozesse in der UdSSR
1935–36	Ital. Krieg gegen Äthiopien
1936–39	Span. Bürgerkrieg
1936	Dt.-japan. Antikominternpakt
1937	Japan. Angriff auf China
1938	Dt. Eingliederung Österreichs
1938	Münchener Konferenz
9.11.1938	Pogrome gegen jüd. Bevölkerung in Deutschland
1939	Besetzung der Tschechoslowakei
1939	Dt.-sowjet. Nichtangriffsvertrag
1.9.1939	Beginn des 2. Weltkriegs
1940	Dt. Besetzung Dänemarks, Norwegens, Belgiens, der Niederlande und Frankreichs
1941	Dt. Überfall auf die UdSSR
1941	Atlantik-Charta
7.12.1941	Japan. Überfall auf Pearl Harbor eröffnet 2. Weltkrieg im Pazifik
1942	Nat.-soz. Regierung beschließt Massenvernichtung der jüd. Bevölkerung in Europa
1943	Dt. Niederlage von Stalingrad leitet Wende des Krieges ein
1943	Konferenz von Teheran legt Grundzüge einer Nachkriegsordnung fest
20.7.1944	Gescheitertes Attentat auf Hitler
1945	Konferenz von Jalta
1945	Gründung der UNO
8.5.1945	Bedingungslose dt. Kapitulation
6./9.8.45	Nach amerikan. Atombombenabwürfen auf Hiroshima und Nagasaki beendet Kapitulation Japans 2. Weltkrieg

1945 bis heute

1945	Potsdamer Konferenz zur Behandlung Deutschlands und Entwicklung einer Nachkriegsordnung
1945–47	Flucht und Vertreibung der dt. Bevölkerung aus Ostpreußen u. unter poln. Verwaltung stehender Gebiete
1945–52	Errichtung von Volksdemokratien in den osteuropäischen Staaten
1946–54	Unabhängigkeitskrieg in Indochina
1947	Amerikan. Eindämmungspolitik und Aufbauhilfe für Europa (Truman-Doktrin u. Marshallplan)
1947	Unabhängigkeit Indiens
1947	UN-Teilungsplan für Palästina
1948	Gründung Israels, Beginn des 1. arab.-israel. Krieges (Palästina-Krieg)
1948	Währungsreform in den westdt. Zonen
1948–49	Blockade Berlins
1949	UdSSR wird Atommacht
1949	Gründung der NATO
1949	Gründung des Rats für gegenseitige Wirtschaftshilfe (COMECON)
1949	Gründung der Bundesrepublik Deutschland und der DDR
1949	Gründung der Volksrepublik China
1950–53	Koreakrieg
1953	Tod Stalins
17.6.1953	Arbeiteraufstand in der DDR
1954–62	Algerischer Unabhängigkeitskrieg
1955	Bundesrepublik Deutschland wird souverän, Beitritt zur NATO
1955	Gründung des „Warschauer Paktes“
1955	Konferenz der „Blockfreien Staaten“ in Bandung
1956	Beginn der Entstalinisierung
1956	Volksaufstand in Ungarn und Polen
1957	Start des ersten Satelliten („Sputnik“)
1957	Gründung der Europäischen Gemeinschaften in Rom
1960	„Afrikanisches Jahr“: 17 ehem. Kolonien werden unabhängig
1960	Beginn des sowjet.-chines. Konfliktes
1961	Erster Weltraumflug eines Menschen
1961	Bau der Berliner Mauer
1962	Kubakrise
1963	Vertrag über dt.-frz. Zusammenarbeit
1964–73	Amerikan. Truppeneinsatz im Vietnamkrieg
1966–69	Kulturrevolution in der VR China
1967	2. arab.-israel. Krieg (Sechstagekrieg)
1968	Vertrag über die Nichtweiterverbreitung von Atomwaffen
1968	Einmarsch von Truppen des „Warschauer Paktes“ in ČSSR beenden „Prager Frühling“
1969	Erste Mondlandung
1969	Chin.-Sowjet. Grenzkonflikt
1970	Gewaltverzichtverträge der Bundesrepublik mit Polen und UdSSR
1971	Viermächteabkommen über Berlin
1972	Grundlagenvertrag zwischen der Bundesrepublik und der DDR
1975	Unterzeichnung der KSZE-Schlussakte von Helsinki
1979	Sowjet. Invasion in Afghanistan
1985–91	Reformpolitik M. Gorbatschows in der UdSSR
seit 1987	Vereinbarungen zur Abrüstung zwischen UdSSR und USA
1989	Friedliche Revolution in Osteuropa
9.11.1989	Öffnung der Berliner Mauer
3.10.1990	Deutsche Vereinigung
1991	Golfkrieg gegen irakische Invasion in Kuwait
1991	EG-Vertrag von Maastricht
31.12.91	Ende der UdSSR, Gründung der GUS
1991–95	Nationalitätenkrieg im ehem. Jugoslawien
1994	Gaza-Jericho-Abkommen zwischen Israel und der PLO
1994	Ende des Apartheid-Regimes in Südafrika
1995	Abkommen zur Beendigung des Bosnien-Krieges im amerikanischen Dayton